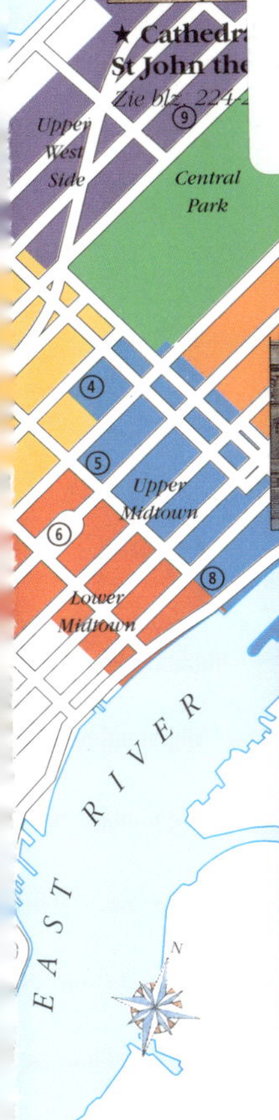

★ Cathedra
St John the
Zie blz. 224-2
9

★ **Solomon R Guggenheim Museum** ⑪
Zie blz. 186-187

★ **Metropolitan Museum** ⑩
Zie blz. 188-195

★ **St Patrick's Cathedral** ⑤
Zie blz. 176-177

★ **Verenigde Naties** ⑧
Zie blz. 158-161

★ **Grand Central Terminal** ⑥
Zie blz. 154-155

Buiten het centrum

★ **De Cloisters** *Zie blz. 234-237*

★ **Botanical Garden** *Zie blz. 240-241*

★ **Bronkx Zoo/Wildlife Conservation Park** *Zie blz. 242-243*

★ **Brooklyn Museum** *Zie blz. 248-251*

CAPITOOL REISGIDSEN

NEW YORK

GE

CAPITOOL REISGIDSEN

NEW YORK

ELEANOR BERMAN

VAN REEMST
UITGEVERIJ

HOUTEN

Oorspronkelijke titel:
Dorling Kindersley Travel Guides – New York
© 2001 Oorspronkelijke uitgave:
Dorling Kindersley Limited, Londen
© 2001 Nederlandstalige uitgave:
Van Reemst Uitgeverij/Unieboek bv
Postbus 97
3990 DB Houten
www.capitoolgids.nl

10de herziene druk 2001

Auteurs: Lester Brooks, Patricia Brooks en Susan Farewell
Tekstverzorging: *de Redactie*, Amsterdam
Vertaling: Luisa Batista, Pieter Bijker, Elsemarie Lauret en Hans Roth
Bewerking: Jaap Deinema
Omslag: *Teo van Gerwen-design*, Leende

Cartografie: Dorling Kindersley Cartography

ISBN 90 410 1801 8
NUGI 471

INHOUD

Baseball-ster, Babe Ruth (1895-1948)

INLEIDING OP NEW YORK

Zuid-Manhattan

Solomon R. Guggenheim Museum, Upper East Side

HOE GEBRUIKT U DEZE GIDS

Deze reisgids zal u helpen uw verblijf in New York zo aangenaam mogelijk te maken. Het eerste deel, *Inleiding op New York*, beschrijft de geografische ligging en plaatst het moderne New York in zijn historische context. Ook leest u hoe het leven in New York door het jaar heen verandert. *New York in het kort* is een overzicht van de belangrijkste bezienswaardigheden van de stad. Nadere informatie vindt u in *New York van buurt tot buurt*. Daar worden alle bezienswaardigheden via kaarten, foto's en gedetailleerde tekeningen beschreven. Vijf wandelingen nemen u bovendien mee naar delen van New York die u anders misschien zou missen.

Tips voor hotels, winkels en markten, restaurants en cafés, sport en vertier vindt u in *Tips voor de reiziger*. *Wegwijs in New York* adviseert u over van alles, van het posten van een brief tot het gebruik van de metro.

NEW YORK VAN BUURT TOT BUURT

Manhattan is verdeeld in 15 toeristische wijken. Elk deel opent met een korte beschrijving van het karakter en de geschiedenis van de wijk. Tevens treft u een lijst aan met alle bezienswaardigheden. Deze worden duidelijk gelokaliseerd via nummers op een *wijkkaart*. Hierna volgt een gedetailleerde *stratenkaart*, die de belangrijkste delen van de wijk bespreekt. De bezienswaardigheden zijn genummerd, zodat u eenvoudig uw weg door de wijk vindt. In de daaropvolgende bladzijden worden de bezienswaardigheden in deze volgorde besproken.

1 Wijkkaart

Op de wijkkaart zijn de genummerde bezienswaardigheden aangegeven. De kaart vermeldt ook de metro- en treinstations en parkeergelegenheid.

2 Stratenkaart

Deze kaart biedt een gedetailleerde blik op het hart van iedere buurt. Om de belangrijkste gebouwen tijdens uw wandeling eenvoudiger te kunnen vinden, zijn deze in kleur aangegeven.

Foto's van gevels en opmerkelijke details van gebouwen helpen u bezienswaardigheden te lokaliseren.

Een oriëntatiekaart toont uw positie ten opzichte van omliggende buurten. Het gebied van de *stratenkaart* is rood afgebeeld.

De kleurcode op elke bladzijde maakt dat u de buurt gemakkelijk vindt.

Trump Tower ❷ wordt ook op deze kaart getoond.

Bezienswaardigheden in het kort is een lijst van bezienswaardigheden van de buurt per categorie: historische straten en gebouwen, kerken, musea en galeries, monumenten en pleinen, parken en tuinen.

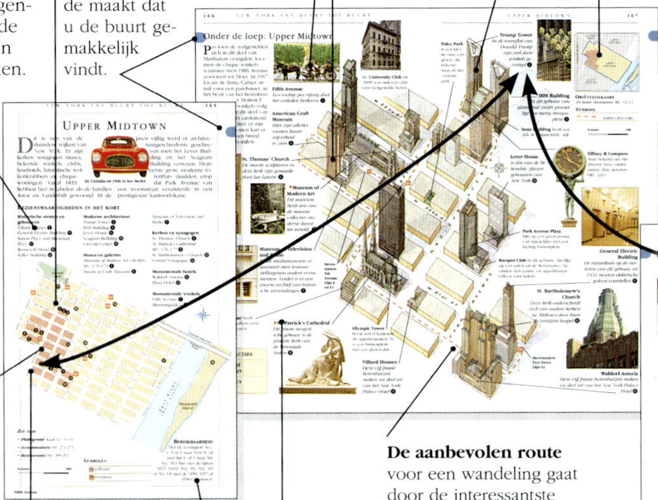

De buurt die in de *stratenkaart* gedetailleerder te zien is, is rood gekleurd.

De aanbevolen route voor een wandeling gaat door de interessantste straten van de buurt.

Omcirkelde nummertjes markeren alle bezienswaardigheden van de lijst op de kaart van de buurt. Trump Tower is bijvoorbeeld ❷

Reistips helpen u de buurt snel te bereiken.

Rode sterren staan bij bezienswaardigheden die u niet mag missen.

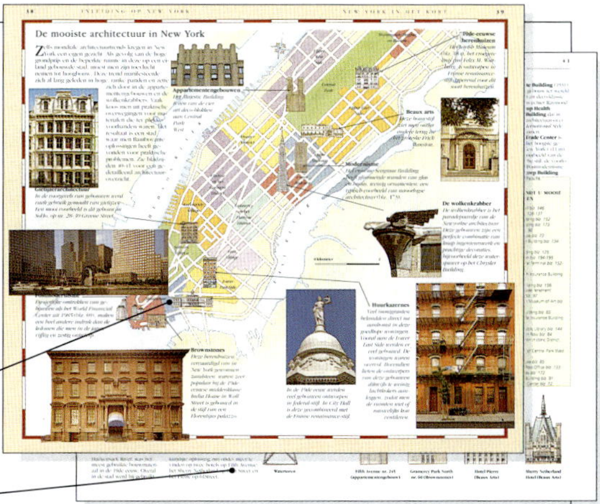

NEW YORK IN HET KORT deelt de bezienswaardigheden in naar onderwerp: *musea, architectuur, multicultureel New York, bekende Newyorkers.* De kaart toont de belangrijkste bezienswaardigheden; andere bezienswaardigheden volgen op de daaropvolgende twee bladzijden.

Elk stadsdeel heeft zijn eigen kleur.

Het thema wordt op de volgende bladzijden uitgediept.

3 Informatie over bezienswaardigheden

Alle belangrijke bezienswaardigheden van de wijk worden in dit deel gedetailleerd beschreven, volgens de nummering op de wijkkaart. Ook vindt u hier praktische informatie.

PRAKTISCHE INFORMATIE
Onder elk kopje vindt u de informatie die u nodig hebt. De verklaring van de symbolen vindt u binnen op de achterflap.

Verwijzing naar kaarten achter in boek

Adres

Nummer bezienswaardigheid

Trump Tower ❷

725 5th Ave. **Kaart** 12 F3.
☎ 832-2000. Ⓜ *5th Ave-53rd St.*
***Openingstijden winkels** ma-za 10.00-18.00 uur.* ***Openingstijden gebouw** dag. 8.00-22.00 uur.* ***Toegang vrij.** Zie Winkelen blz. 311.*

Openingstijden

Diensten en faciliteiten

Telefoonnummer

Dichtstbijzijnde metrostation

4 De belangrijkste attracties

Deze bezienswaardigheden worden over twee of meer hele bladzijden beschreven. Historische gebouwen zijn opengewerkt, waardoor het interieur zichtbaar wordt. Musea en galeries hebben een met kleur gecodeerde plattegrond.

In **Tips voor de toerist** krijgt u praktische informatie om uw bezoek voor te bereiden.

Een foto van **het vooraanzicht** van elke belangrijke bezienswaardigheid maakt dat u deze snel kunt ontdekken.

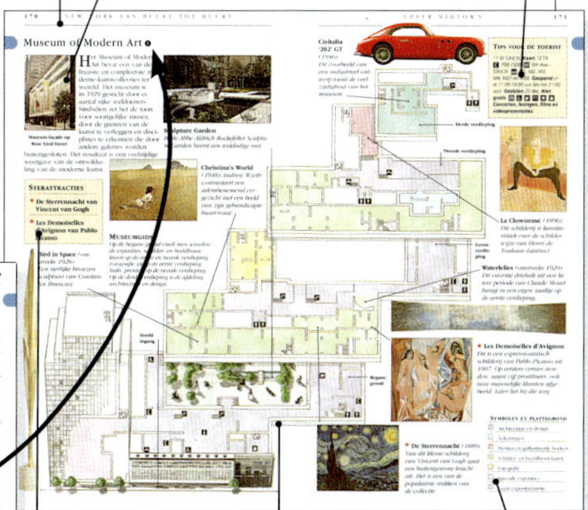

Rode sterren maken u attent op de interessantste architectonische details van het gebouw en de belangrijkste kunstwerken of tentoonstellingen die u binnen kunt vinden.

Via de **kleurcode** kunt u gemakkelijk uw weg vinden.

Begane grond heet in de VS **first floor**. In het boek is het Nederlandse systeem gebruikt.

INLEIDING OP NEW YORK

New York in kaart gebracht

New York is een stad met meer dan 9 miljoen inwoners en een totale oppervlakte van 780 km². De staat waar de stad in ligt, heet ook New York. De hoofdstad van de staat New York is het 251 km noordelijker gelegen Albany. New York is een goede uitvalsbasis voor een bezoek aan de historische steden Boston en Philadelphia en aan de Niagara-watervallen.

Manhattan vanuit de lucht gezien

Noord-Amerika

New York ligt aan de oostkust van Amerika, 380 km ten noorden van de hoofdstad van de VS, Washington DC. New York ligt op dezelfde breedtegraad als Rome en Istanbul. Er zijn drie internationale vliegvelden. Vanuit Europa is het gemiddeld 8 uur vliegen naar New York.

Satellietopname van Manhattan, genomen van een hoogte van 830 km

Greater New York

New York City bestaat uit vijf gemeenten: Manhattan (het stadsdeel waar de meeste bezienswaardigheden zijn), de Bronx, Queens, Brooklyn en Staten Island. Zie blz. 230-253 voor een gedetailleerde beschrijving van de bezienswaardigheden die verder weg, maar binnen de stadsgrenzen liggen. Op blz. 377 vindt u beschrijvingen van enkele dagtochtjes in de staat New York en daarbuiten.

Manhattan

De meeste bezienswaardigheden die in dit boek worden beschreven, zijn te vinden in één van Manhattan's 15 wijken. Iedere wijk wordt in een apart hoofdstuk besproken. Als u weinig tijd hebt, zou u kunnen besluiten slechts één of twee wijken te bezoeken. In Lower Manhattan staan oude en nieuwe gebouwen door elkaar. Hiervandaan kunt u de Staten-Islandveerboot nemen voor een blik op de beroemde skyline en het Vrijheidsbeeld. In het Theater District en in Midtown vindt u de schitterende winkels van Fifth Avenue, maar ook musea, amusement en indrukwekkende wolkenkrabbers. De 'Museum Mile' in de Upper East Side is het culturele hart van Manhattan. Hier kunt u bovendien even op adem komen in het ernaast gelegen Central Park.

Blz. 138-147
Stratengids, kaart 8, 11-12

Blz. 128-137
Stratengids, kaart 7-8

Blz. 106-113
Stratengids, kaart 3-4

Blz. 100-105
Stratengids, kaart 4

Blz. 64-79
Stratengids, kaart 1-2

Blz. 80-91
Stratengids, kaart 1-2

Blz. 92-99
Stratengids, kaart 4, 5

Blz. 208-217
Stratengids, kaart
11-12, 15-16
Morningside
Heights en
Harlem
Blz. 218-229
Stratengids, kaart
19-20
Upper
West Side
Central
Park
Blz. 202-207
Stratengids, kaart
12, 16
Upper East
Side
Blz. 180-201
Stratengids, kaart
12-13, 16-17
Theater
District
Upper
Midtown
Lower
Midtown
EAST RIVER
Blz. 164-179
Stratengids, kaart
12, 13-14
Blz. 148-163
Stratengids, kaart
9, 12, 13
Blz. 114-119
Stratengids, kaart
4, 5
Blz. 120-127
Stratengids, kaart
8, 9
0 kilometer
2

ORTH, OR, HUDSON'S RIVER
EAST RIV
Southward Boundaries
Westward Boundaries
Ship Yards
Delancy's Square
Salt Meadows
Brookland Ferry
The WALLABOUT BAY
Outward Boundaries
The Governours or Nutten Island
Red Hook
Road to Jamaica

DE GESCHIEDENIS VAN NEW YORK

Sinds de ontdekking van New York door Giovanni da Verrazano, bijna 500 jaar geleden, was deze havenplaats voor Europa van veel belang. In 1621 stuurden de Hollanders de eerste pelshandelaren naar dit gebied, maar in 1664 verloren zij de tot Nieuw Amsterdam gedoopte kolonie aan de Engelsen. De nederzetting kreeg een nieuwe naam: New York. De stad zou deze naam behouden, ook nadat de Engelsen deze kolonie in 1783, aan het einde van de Amerikaanse Onafhankelijkheidsoorlog, op hun beurt moesten afstaan.

Mantel van een Indiaans stamhoofd

DE STAD WORDT GROTER

In de 19de eeuw maakte New York een snelle groei door. Het werd een van de belangrijkste havens ter wereld. De scheepvaart bracht industrie en de handel bloeide. In 1898 werden Manhattan en de vier omringende gemeenten samengevoegd waardoor de op één na grootste stad ter wereld ontstond. Tussen 1800 en 1900 groeide de bevolking van 79.216 tot 3 miljoen inwoners. De stad ontwikkelde zich tot hét culturele en economische centrum van Amerika.

DE SMELTKROES

De stad bleef groeien doordat duizenden immigranten hier een beter bestaan hoopten te vinden. Er ontstonden getto's. De vermenging van culturen heeft de stad echter ook verrijkt. Vandaag de dag worden er door de 9 miljoen inwoners zo'n 80 verschillende talen gesproken.

Hoewel ook New York in de loop van de geschiedenis tijden van economische teruggang en voorspoed heeft gekend, is het altijd een van de vitaalste steden ter wereld gebleven.

Petrus Stuyvesant:

Akte uit 1664, getekend door Peter Stuyvesant, de laatste Hollandse gouverneur van Nieuw Amsterdam

De zuidelijke helft van Manhattan en een deel van Brooklyn in 1767

Het vroege New York

Indiaans masker van maïsvlies

Manhattan was nog een dichtbebost, door Indianen bewoond gebied toen de Hollandse West-Indische Compagnie er in 1625 een pelshandelspost stichtte, die ze Nieuw Amsterdam noemde. De eerste kolonisten bouwden hun huizen zonder enige 'planning'. Dit is tegenwoordig nog terug te vinden in het kronkelige stratenpatroon van Lower Manhattan. Broadway (de Breede Wegh) was een oude Indiaanse weg en Harlem een ongeregeld stadje totdat Peter Stuyvesant er orde op zaken kwam stellen. De kolonie bracht echter niet de verwachte baten op en in 1664 gaven de Hollanders haar over aan de Engelsen.

GROEI VAN DE METROPOOL

1664 *Heden*

Het zegel van Nieuw Nederland. *Het bevervel en de schelpenkettingen op het zegel vormden de betaalmiddelen van Nieuw Nederland.*

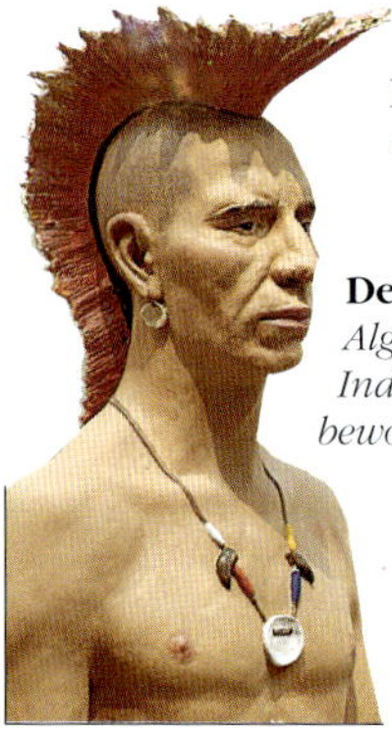

De eerste Newyorkers *Algonkin-sprekende Indianen waren de eerste bewoners van Manhattan.*

EERSTE GEZICHT OP MANHATTAN (1626) *De zuidelijke punt van Manhattan leek op een Hollands stadje, compleet met windmolen. Het fort was nog niet gebouwd.*

Hollandse schepen

Indiaanse kano

Vaas van de Irokezen *Irokezen brachten regelmatig bezoeken aan het vroege Manhattan.*

Indiaans dorp *De Algonkin-Indianen woonden in Manhattan in hun 'longhouses'.*

TIJDBALK

1524 Giovanni da Verrazano vaart de haven van New York binnen

1609 Henry Hudson vaart de Hudson op, op zoek naar de noordwestelijke doorvaart

1624 Hollanders vestigen de eerste permanente handelspost

1625 Eerste zwarte slaven uit Afrika gehaald

1626 Peter Minuit koopt Manhattan van de Indianen

1600 — 1620 — 1640

1643-1645 Indiaanse schermutselingen beëindigd door tijdelijke wapenstilstand

1647 Peter Stuyvesant wordt koloniaal gouverneur

1653 Muur gebouwd als bescherming tegen Indianen; aangrenzende straat wordt Wall Street genoemd

1654 Aankomst van de eerste joodse kolonisten

Delfts aardewerk
Kolonisten brachten dit geliefde Delftsblauwe aardewerk mee uit Holland.

Het spant van de *Tijger*

Waar vindt u het Hollandse New York

Deze overblijfselen van het Hollandse schip de *Tijger* uit 1613 vormen de vroegste artefacten van het tijdperk. Ze liggen nu in het Museum of the City of New York *(blz. 197)*. Tentoonstellingen van Nederlands aardewerk, tegelwerk en meubels zijn ook in dit museum te zien, evenals in het Morris-Jumel Mansion *(blz. 233)* en het Van Cortlandt House Museum *(blz. 238)*.

De skyline van Manhattan
In Whitehall Street verrees het eerste bakstenen huis van de stad.

De koop van Manhattan
Peter Minuit kocht het eiland in 1626 voor $24 aan kralen van de Indianen.

Hollandse windmolen

Fort Amsterdam

Peter Stuyvesant
De laatste Hollandse gouverneur was een tiran die strenge wetten instelde. Zo moesten alle kroegen in de stad om 9 uur 's avonds sluiten.

1660 Eerste ziekenhuis geopend

1664 Britse leger verdrijft de Hollanders zonder strijd en verandert naam in New York

1676 Aan de East River wordt het 'Great Dock' gebouwd

1698 Trinity Church gewijd

1660 | 1680 | 1700

De overgave van Nieuw Amsterdam aan de Engelsen

1680-1690 'Builwet' geeft New York alleenrecht op doorslag en verscheping van granen

1683 Eerste Handvest van de stad New York vastgelegd

1689 De koopman Jacob Leisler leidt een opstand tegen de belastingen en neemt twee jaar lang de macht in de stad over

1693 Verdedigingslinie van 92 kanonnen opgesteld; de plek krijgt als naam 'the Battery'

1691 Leisler ter dood veroordeeld wegens verraad

Koloniaal New York

Gentleman

New York gedijde onder de Britse heerschappij en de bevolking nam snel toe. Het builen van meel was de belangrijkste industrie, maar ook de scheepsbouw nam toe. De elite liet voor zijn huizen kostbaar meubilair en tafelzilver vervaardigen. Tijdens de meer dan een eeuw durende heerschappij over New York toonde Engeland zich meer geïnteresseerd in winst dan in het wel en wee van de kolonie. De Kroon stelde vele gehate belastingen in en het verzet ertegen nam toe, hoewel er, vooral in New York, sprake was van grote verdeeldheid onder de bevolking. Aan de vooravond van de Revolutie was New York, met 20.000 inwoners, de op één na grootste stad in de koloniën.

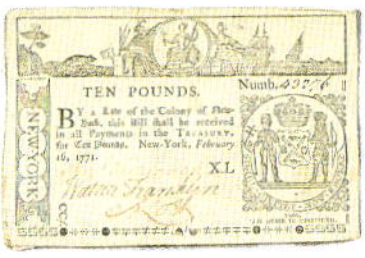

Koloniaal geld

Groei van de metropool

1760 *Heden*

Koloniaal straatbeeld

Varkens en honden liepen los over straat in koloniaal New York.

Kast

Deze vurenhouten linnenkast in Hollandse stijl werd rond 1720 in de Hudson Valley gemaakt.

Scheepvaart

De handel met West-Indië en Engeland bracht veel rijkdom. In sommige jaren bezochten meer dan 200 schepen de haven.

Tijdbalk

1702 Lord Cornbury als koloniaal gouverneur aangesteld; hij droeg graag vrouwenkleding

1711 Slavenmarkt geopend aan het begin van Wall Street

1720 Eerste scheepswerf geopend

1700 | 1710 | 1720 | 1730

1710 Hendrick, opperhoofd der Irokezen, bezoekt Engeland

1732 Eerste theater geopend

1725 *New York Gazette*, de eerste krant van de stad, opgericht

Kapitein Kidd
De Engelse piraat Kapitein Kidd werd alom gerespecteerd; ten behoeve van de bouw van de Trinity Church (blz. 68) *droeg hij een touw en blok bij.*

VAN CORTLANDT HOUSE
Frederick Van Cortlandt bouwde dit huis in georgiaanse stijl in 1748 op een tarweplantage in wat nu de Bronx is. In het tegenwoordige museum is goed te zien hoe een welgestelde Hollands-Engelse familie toen leefde (blz. 238).

WAAR VINDT U KOLONIAAL NEW YORK

Koloniale gebouwen zijn te bezichtigen in de Richmondtown Restoration op Staten Island *(blz. 252).* Prachtige voorbeelden van zilverwerk en meubilair uit die tijd vindt u in het Museum of the City of New York *(blz. 197).*

'General Store' in Richmondtown

Kolonale keuken
Verse kaas, 'wit vlees' genoemd, werd vaak in plaats van vlees gegeten. Wafels, door de Hollanders geïntroduceerd, waren geliefd. Vers fruit was zeldzaam, men at vooral ingemaakt fruit.

Tinnen zuigfles

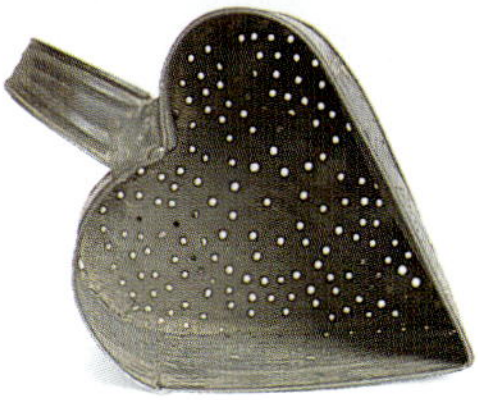

Kaasvorm

Wafelijzer

Ornamenten
Een uit steen gebouwen gezicht hangt boven elk van de voorramen.

Vork voor het eten van ingemaakt fruit

1734 Proces wegens laster tegen John Peter Zenger, uitspraak vóór persvrijheid

1741 Slavenopstand leidt tot hysterie; 31 slaven geëxecuteerd, 150 gevangengenomen

1754 Frans-Indiaanse Oorlog begint; King's College (nu Columbia University) opgericht

Britse soldaat

1759 Eerste gevangenis gebouwd

1740 **1750** **1760**

1733 Bowling Green wordt eerste stadspark; eerste veerboten varen op Brooklyn

King's College

1762 Eerste betaalde politiekorps

1763 Oorlog beëindigd; Britten nemen de macht over in Noord-Amerika

Het New York van de Revolutie

George Washington, generaal van de Revolutie

Omringd door verdedigingswerken, zwaar gebombardeerd door de Engelse troepen en getekend door branden: New York had het zwaar te verduren tijdens de Amerikaanse Onafhankelijkheidsoorlog. Toch bleef de burgerij zich vermaken met cricketwedstrijden, paardenrennen, balspelen en bokswedstrijden. De stad was al langer een loyalistisch bolwerk geweest, maar na de overname door de Engelsen in 1776 vestigden er zich ook loyalisten uit andere staten.

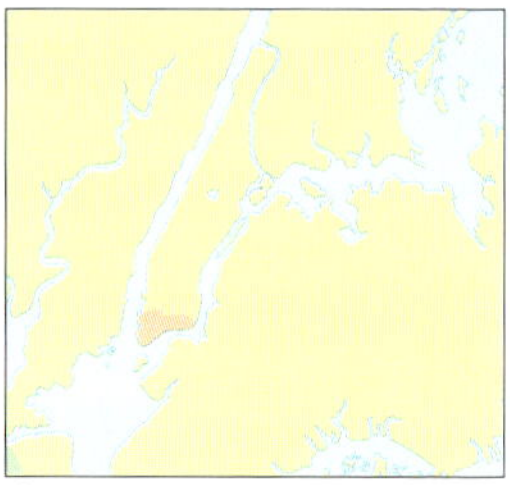

GROEI VAN DE METROPOOL

1776 *Heden*

Amerikaanse soldaat

Uniform
Het Amerikaanse leger had blauwe uniformen, het Engelse rode.

Engelse soldaat

Haverzak
De Amerikaanse soldaten droegen tijdens de Onafhankelijkheidsoorlog hun voorraden in haverzakken bij zich.

DE KONING OMVER
De Newyorkers haalden het standbeeld van koning George III op Bowling Green omver en smolten het om tot munitie.

De slag om Harlem Heights
Deze slag werd op 16 september 1776 door Washington gewonnen. Desondanks bleef New York in handen van de Engelsen.

De dood van een patriot
In 1776 werd Nathan Hale, die achter de Britse linies werkte, door de Engelsen zonder proces opgehangen wegens spionage.

Opstandeling

TIJDBALK

1765 De Engelsen voeren de Zegelwet in; Newyorkers protesteren; 'Sons of Liberty' opgericht

1767 Townshend Act: nieuwe belastingen; na protesten wordt de wet ingetrokken

1770 De 'Sons of Liberty' leveren gevecht met de Engelsen in de 'Battle of Golden Hill'

1774 Opstandelingen gooien thee in de haven uit protest tegen de belastingen

1760 — **1770** — **1780**

St Paul's Chapel

1766 St. Paul's Chapel voltooid; Zegelwet ingetrokken; standbeeld van George III opgericht op Bowling Green

Generaal William Howe, opperbevelhebber van de Britse troepen

1776 De oorlog begint; 500 schepen verzamelen zich onder generaal Howe in de haven van New York

Lederen brandemmer

De brandweer

Tijdens de oorlog werd de stad door een serie branden bijna geheel vernietigd. Na de patriottische terugtocht verwoestte op 21 september 1776 een verschrikkelijke brand de Trinity Church en 1000 woningen.

De terugkeer van generaal Washington

Washington werd als held onthaald bij zijn terugkeer in New York op 25 november 1783.

De vlaggen van de revolutie

Washington's leger voerde de continentale vlag, met een streep voor ieder van de 13 koloniën, en in de hoek de 'Union Jack'. In 1777 werd de 'Stars and Stripes' de officiële vlag.

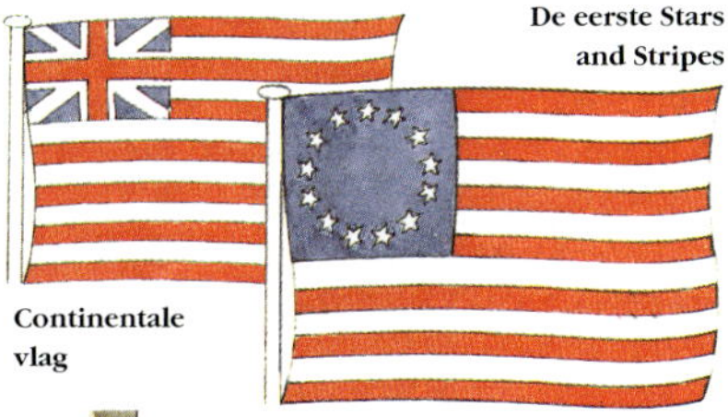

De eerste Stars and Stripes

Continentale vlag

Standbeeld van George III

Juichende patriotten

Waar vindt u het New York van de revolutie

In 1776 gebruikte George Washington het Morris-Jumel Mansion *(blz. 233)* als hoofdkwartier. Tevens sliep hij in het Van Cortlandt House *(blz. 19 en 238)*. Na de oorlog nam hij afscheid van zijn officieren in Fraunces Tavern *(blz. 76)*.

Morris-Jumel Mansion

1783 Verdrag van Parijs getekend, VS krijgen onafhankelijkheid; de Engelsen verlaten New York

1784 Bank of New York gevestigd

1785 New York hoofdstad van VS

1789 Inauguratie van George Washington als eerste president in Federal Hall

Inauguratie van Washington

1790

1790 Philadelphia wordt hoofdstad VS

1791 Opening van het New York Hospital

1792 Bouw van het Tontine Coffee House – de eerste beurslocatie

1794 Opening van Bellevue Hospital aan de East River

1800

1801 *New York Post* opgericht door Alexander Hamilton

1804 Vice-president Aaron Burr doodt politiek rivaal Alexander Hamilton in duel

New York in de 19de eeuw

Gouverneur De Witt Clinton

New York was nu 's lands grootste stad en voornaamste zeehaven, en de stad werd met de dag rijker. Dank zij de havenfaciliteiten nam de handel toe; en mensen als John Jacob Astor verdienden kapitalen. De rijken verhuisden 'uptown', het openbaar vervoer volgde. Maar met de snelle groei namen ook de problemen toe: branden, epidemieën en financiële crises eisten hun tol. Met de komst van grote aantallen immigranten raakte de stad overbevolkt. In 1846 leefde één op de zeven Newyorkers in armoede.

GROEI VAN DE METROPOOL

1840 *Heden*

Bladmuziek
De Newyorker Stephen Foster schreef veel populaire liederen, zoals Jeanie With the Light Brown Hair.

Het **Croton Distributing Reservoir** werd gebouwd in 1842. Tot dan toe hadden de Newyorkers geen vers water gehad, maar moesten dit in flessen laten aanvoeren.

Gezondheid
In de jaren 1830-1840 werden in New York verschillende gymnastiekscholen opgericht, zoals het Instituut van Dr. Rich.

Omnibus
De paardenomnibus werd in 1832 als openbaar vervoer ingevoerd en bleef tot de Eerste Wereldoorlog in gebruik.

TIJDBALK

1805 Eerste openbare scholen in New York gevestigd

1807 Robert Fulton laat eerste stoomboot te water op de Hudson

1810

1811 Het 'Randel Plan' verdeelt Manhattan volgens rasterstelsel boven 14th Street

1812-1814 Oorlog van 1812; Engelsen blokkeren haven

1820

1822 Gele-koortsepidemie; bevolking naar Greenwich Village geëvacueerd

1823 New York haalt Boston en Philadelphia in als 's lands grootste stad

De Constitution, *het beroemdste schip uit de Oorlog van 1812*

1827 New York schaft slavernij af

1830

1835 Groot deel van oud New York brandt af

1837 Samuel Morse verstuurt eerste telegrafische boodschap

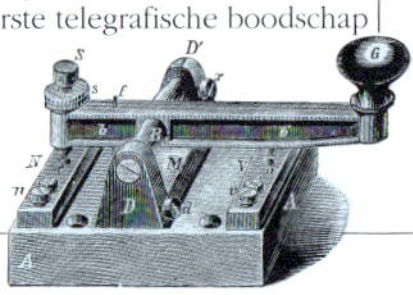

Zandsteen
In de eerste helft van de eeuw werden veel huizenblokken van bruinrode zandsteen gebouwd. De woonvertrekken waren gescheiden van de bediendenvertrekken.

Crystal Palace was een hal van ijzer en glas, gebouwd voor de Wereldtentoonstelling van 1853.

New York in 1855

Crystal Palace en het Croton Distributing Reservoir stonden ten zuiden van 42nd Street, waar zich nu de Public Library en het Bryant Park bevinden.

De haven van New York

Het belang van New York als haven nam in het begin van de 19de eeuw snel toe. In 1807 liet Robert Fulton zijn eerste stoomboot, de *Clermont*, te water. Het gebruik van stoomboten versnelde het vervoer aanzienlijk – men kon nu in 72 uur in Albany zijn, hoofdstad van de staat en toegang tot het Westen. De handel met het Westen (per stoomboot en trekschuit) en met de rest van de wereld (per klipper) bracht vele Newyorkers tot grote rijkdom.

De stoomboot *Clermont*

Crystal Palace gaat in vlammen op
Op 5 oktober 1858 brandde het Crystal Palace volledig af, net als zijn voorganger in Londen.

De opening van het kanaal
Schepen 'vieren' in de haven van New York de opening van het Erie Canal in 1825. Door de verbinding van de Great Lakes met de aan de Hudson gelegen staatshoofdstad Albany opende het kanaal een waterweg tussen de 'Midwest' en de haven van New York.

1840 | 1850 | 1860

1842 Croton Reservoir gebouwd

Vroege baseballspeler

1845 Eerste georganiseerde baseballteam, de New York Knickerbockers, opgericht

1849 Rellen van Astor Place; schepen varen uit voor Californische 'Goldrush'

1851 Eerste editie van de *New York Times*

1853 Wereldtentoonstelling in New York

Klipper-affiche

1857 Financiële crisis en depressie

1858 Central Park ontworpen door Vaux en Olmsted; Macy's in gebruik genomen

1861 Begin van de Burgeroorlog

1863 Rellen tegen dienstplicht duren vier dagen; vele doden

1865 Abraham Lincoln in City Hall opgebaard

Menigte in Central Park

Een tijd van overdaad

De industrieel Andrew Carnegie

De welvaart van de Newyorkse handelsbaronnen bleef toenemen en de stad ging een gouden tijd tegemoet. Met de vestiging van het Metropolitan Museum, de Public Library en Carnegie Hall kwamen er miljoenen vrij voor de kunsten. Luxehotels als het Plaza en het oorspronkelijke Waldorf-Astoria werden gebouwd en er verrezen schitterende warenhuizen voor de rijken. Het was ook de tijd van legendarische fguren als William 'Boss' Tweed, koning van de corruptie, en circusbaas Phineas T. Barnum.

Groei van de metropool

1890 *Heden*

Uitzicht op het park

Het Dakota uit 1880 was het eerste grote luxeflatgebouw in de Upper West Side (blz. 216).

Wonen als een vorst

Fifth Avenue was een straat met herenhuizen. Bij de bouw in 1882 was het paleisje van W.K. Vanderbilt op nr. 660 een van de noordelijkste huizen.

Modestad

Lord & Taylor bouwden een winkel op Broadway's 'Ladies' Mile'; 6th Avenue tussen 14th en 23rd Street stond bekend als 'Fashion Row'.

De luchtspoorweg (de 'El')

Tegen het midden van de jaren 1870 werden verhoogde spoorlijnen aangelegd. Ze versnelden het vervoer, maar zorgden ook voor geluidsoverlast en vervuiling.

Tijdbalk

1865

1867 Prospect Park in Brooklyn voltooid

1868 Eerste luchtspoorweg ('El') aangelegd op Greenwich Street

1869 Eerste flatgebouw neergezet op 18th Street; Wall Street overvallen door krach van Zwarte Vrijdag

Interieur van de Beurs

1870

1870 J.D. Rockefeller richt Standard Oil op

1871 Eerste Grand Central Depot geopend op 42nd Street; 'Boss' Tweed gearresteerd en tot gevangenis veroordeeld

1872 Bloomingdale's geopend

1873 Banken failliet; beurs in paniek

1875

1877 A.G. Bell demonstreert in New York zijn telefoon

1879 St. Patrick's Cathedral voltooid; eerste stedelijke telefooncentrale geopend op Nassau Street

De verjaardag van Mark Twain
Mark Twain, wiens roman The Gilded Age *uit 1873 een beeld gaf van het decadente leven van de Newyorkers, vierde zijn verjaardag in Delmonico's.*

WAAR VINDT U DE STAD VAN DE OVERDAAD

In de gulden kamer in de Henry Villard Houses *(blz. 174)* kan men het verleden van de stad goed herbeleven. Het Museum of the City of New York heeft ook twee stijlkamers *(blz. 197).*

De 'Tweedkring'
William 'Boss' Tweed was de leider van Tammany Hall, die het stadsbestuur in zijn greep hield. Hij stal miljoenen aan stadsfondsen.

Nast's cartoon van 'Boss' Tweed

Tammany-tijger
Het Museum of the City of New York bewaart de wandelstok van Boss Tweed, met als knop de gouden Tammany-tijger.

Landelijk Fifth Avenue
Dit schilderij van Ralph Blakelock toont oude huisjes op 86th Street. Dit is nu een van de duurste wijken van New York.

1880 Ingeblikt voedsel verschijnt voor het eerst in de winkels; het Metropolitan Museum of Art wordt geopend; elektrische straatverlichting

1883 Opening van de Metropolitan Opera op Broadway; Brooklyn Bridge voltooid

1886 Vrijheidsbeeld onthuld

1891 Carnegie Hall geopend

1880 | 1885 | 1890

1888 De 'Great Blizzard' laat 56 cm sneeuw achter

1890 Eerste filmvoorstellingen in New York

1883, Vuurwerkspektakel boven Brooklyn Bridge

1892 Bouw Cathedral of St. John the Divine begonnen; Ellis Island geopend

New York rond de eeuwwisseling

Paardenkoets

Rond 1900 was New York de spil van de Amerikaanse industrie geworden: 70% van de Amerikaanse ondernemingen had zich er gevestigd. De rijken werden rijker, maar voor de armen verslechterden de omstandigheden. In 1900 werd de International Ladies' Garment Workers' Union opgericht, die opkwam voor de rechten van de vrouwen en kinderen die tegen lage lonen in de gevaarlijke fabrieken moesten werken. Pas na de brand in de Triangle Shirtwaist Factory werden echter hervormingen doorgevoerd.

Groei van de metropool

1914 *Heden*

Portret van de armoede
De Lower East Side was, met bijna vijf keer zoveel inwoners als de rest van New York, het dichtstbevolkte gebied ter wereld.

Woningnood
De huurkazernes waren onhygiënisch en overbevolkt. Vaak ontbeerden ze ramen, ventilatie en sanitaire voorzieningen.

New York rond de eeuwwisseling
Het Lower East Side Tenement Museum *(blz. 97)* verzorgt exposities.

Zitbad

Kleermakersschaar

'Sweatshop' van binnen
In de overvolle werkplaatsen van het confectiedistrict maakten de arbeiders lange uren. Dit kijkje in de winkel van Moe Levy werd in 1912 genomen.

Trams op Broadway

Tijdbalk

1895 Olympia Theater geopend in het Broadway district

1896 Eerste 'bagel' verkocht in een bakkerij op Clinton Street

1897 Opening van het Waldorf-Astoria Hotel, het grootste ter wereld

1898 De vijf gemeenten voegen zich samen; de op één na grootste stad ter wereld ontstaat

1900 Burgemeester Robert Van Wyck start met zilveren spade de bouw van de eerste ondergrondse van de stad

1901 Macy's opent warenhuis op Broadway

1903 Opening van het Lyceum Theater, het oudste nog in gebruik zijnde gebouw op Broadway

1895 | 1900

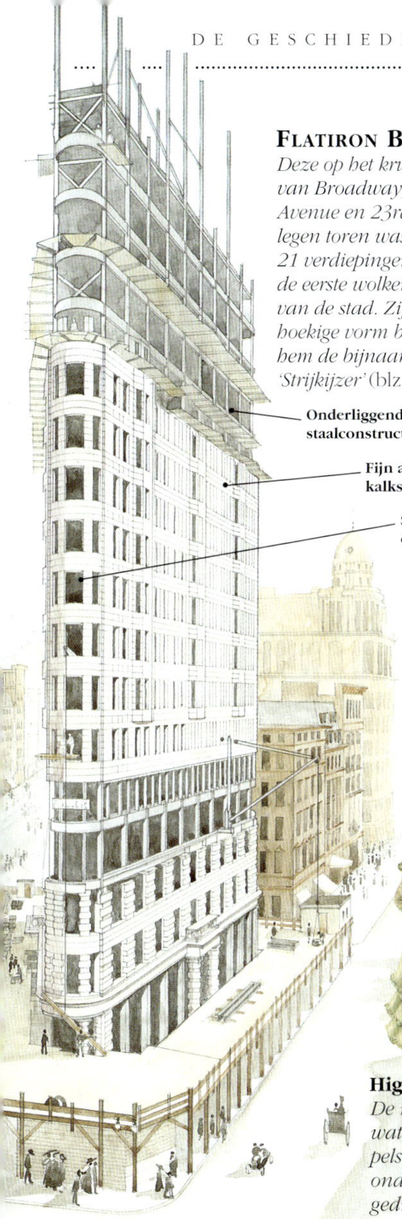

Flatiron Building
Deze op het kruispunt van Broadway, Fifth Avenue en 23rd Street gelegen toren was met zijn 21 verdiepingen één van de eerste wolkenkrabbers van de stad. Zijn driehoekige vorm bezorgde hem de bijnaam het 'Strijkijzer' (blz. 125).

Gezadeld souper
Decadente feestjes waren 'in', maar toch was C.K.G. Billings' diner te paard in het Sherry's restaurant in 1903 het gesprek van de dag in New York.

Plaza Promenade
Het stuk Fifth Avenue voor het Plaza Hotel werd gezien als het deftigste deel van de stad.

High Fashion
De mode in 1900 was wat stijfjes; ijzeren hoepels en tournures die onder sierlijke jurken gedragen werden.

Luchtdoorlatend haarstukje

Lange tournure

IJzeren hoepel

1905 Eerste vaart van de Staten Island-veerpont

1906 Architect Stanford White neergeschoten in het door hem in 1890 aangelegde Madison Square Garden

1907 Eerste met meters uitgeruste taxi's; eerste Ziegfield Follies

1909 Wilbur Wright vliegt over New York

1910 Opening van Pennsylvania Station

1911 146 confectiearbeiders komen om bij brand in Triangle Shirtwaist Factory; New York Public Library voltooid

1913 Woolworth Building hoogste ter wereld; nieuwe Grand Central Terminal geopend; opening van Apollo Theater

Woolworth Building

New York tussen de oorlogen

Toegangsbewijs voor de Cotton Club

De jaren twintig waren voor de Newyorkers een voorspoedige tijd. Burgemeester Jimmy Walker zette de toon, of het nu ging om het versieren van revuemeisjes, het drinken in de 'speakeasies', of het bijwonen van de wedstrijden van de Yankees. Maar aan het goede leven kwam een einde met de beurskrach van 1929. Na de verkiezing van Fiorello LaGuardia tot burgemeester in 1933 begon New York weer op te bloeien.

GROEI VAN DE METROPOOL

1933 *Heden*

Exotische kostuums
De revuemeisjes vormden de hoofdattractie van de Cotton Club.

THE COTTON CLUB
Met als bandleiders achtereenvolgens Duke Ellington en Cab Calloway bood deze nachtclub in Harlem de beste jazz uit de stad. Uit de hele stad stroomden er mensen heen.

De drooglegging ontdoken
Hoewel alcohol verboden was, werd het toch verkocht in illegale drankholen, de 'speakeasies'.

Homerun-'hitter'
In 1927 scoorde baseballer Babe Ruth een recordaantal van 60 homeruns voor de Yankees (blz. 239).

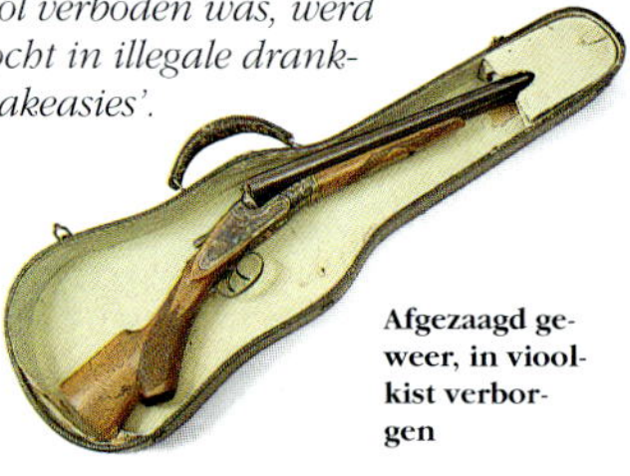

Afgezaagd geweer, in vioolkist verborgen

Gangsters
Dutch Schultz was de spil van een illegale sterke-drankbende.

TIJDBALK

1918 Einde Eerste Wereldoorlog

1919 18de Amendement verbiedt alcohol en luidt het tijdperk van de Drooglegging in

1920 Kiesrecht voor vrouwen in de VS

1920

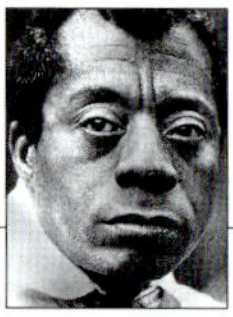

1924 Romanschrijver James Baldwin in Harlem geboren

1925 Oprichting van het tijdschrift *The New Yorker*

1926 Jimmy Walker wordt burgemeester

Opening van de Holland Tunnel

1925

1927 Lindbergh vliegt over de Atlantische Oceaan; première van *The Jazz Singer*, de eerste geluidsfilm

1929 Beurskrach; begin van Grote Depressie

1930 Chrysler Building voltooid

1930

1931 Empire State Building wordt hoogste gebouw ter wereld

Het nachtleven van Harlem
Zwarte artiesten als Cab Calloway waren te zien in de Cotton Club.

De klank van Broadway
De jaren twintig waren hoogtijdagen voor de Broadwaymusical.

De grote depressie

De 'Roaring Twenties' eindigden met de beurskrach van 29 oktober 1929, waaruit de depressie volgde. New York werd zwaar getroffen: in Central Park verschenen krottenwijken en duizenden mensen zaten zonder werk. Maar de kunst bloeide op toen kunstenaars in het kader van werkprojecten door de WPA tewerk werden gesteld.

Werklozen, 1931

Menukaart

Lindbergh's vliegtuig, de *Spirit of St. Louis*

De vlucht van Lindbergh
De Newyorkers vierden uitgebreid Lindbergh's non-stop solovlucht over de Atlantische Oceaan in 1927. Ze verzorgden ter ere van hem onder meer een ontbijt.

Massale opkomst
Vijfenveertig miljoen mensen bezochten de Wereldtentoonstelling in New York in 1939.

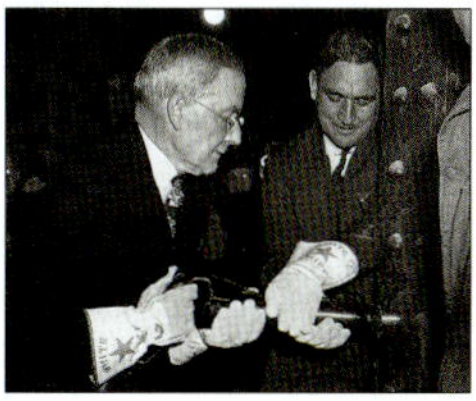

Rockefeller Center
Miljonair John D. Rockefeller drijft de laatste klinknagel in, waarmee de opening van het Rockefeller Center op 1 mei 1939 een feit is.

1933 Drooglegging beëindigd; Fiorello LaGuardia begint aan zijn eerste ambtstermijn als burgemeester

1940 Opening Queens-Midtown Tunnel

1942 Times Square verduisterd gedurende Tweede Wereldoorlog; opening Idlewild International Airport (nu JFK)

1935 — 1940 — 1945

1936 Robert Moses neemt parkbeheer over; nieuwe parken worden aangelegd

1939 Rockefeller Center voltooid

1941 VS betrokken bij Tweede Wereldoorlog

1944 Zwarte leider Adam Clayton Powell in het congres gekozen

Het naoorlogse New York

New York heeft sinds de Tweede Wereldoorlog zowel hoogte- als dieptepunten gekend. De financiële wereldhoofdstad ging in de jaren zeventig bijna failliet. In de jaren tachtig bereikte Wall Street haar hoogtepunt – om daarna de ergste krach sinds 1929 te beleven. De afgelopen vijf jaar is het misdaadcijfer drastisch gedaald en hebben monumenten als Grand Central Terminal en Times Square een grote opknapbeurt ondergaan. Dit onafgebroken proces van verbouwing is symbolisch voor de positie van New York als financiële en culturele spil van de VS.

1945 Einde Tweede Wereldoorlog

1946 Hoofdkwartier VN gevestigd in New York

1953 Merce Cunningham richt dansgezelschap op

1954 Ellis Island gesloten

1959 Guggenheim Museum geopend

1963 Pennsylvania Station gesloopt

1966 Kranten en openbaar vervoer staken

1967 Off-Broadway-première hippie-musical Hair, daarna voorstellingen in Biltmore Theater

1970 John Lindsay begint tweede termijn als burgemeester

1971 Pop-kunstenaar Andy Warhol houdt overzichtstentoonstelling van zijn werk in het Whitney Museum

1945	1950	1955	1960	1965	1970
BURGEMEESTERS:	**IMPELLITERI**	**WAGNER**	**WAGNER**	**LINDSAY**	**LINDSAY**
1945	1950	1955	1960	1965	1970

1947 Jackie Robinson, de eerste zwarte baseballspeler in de Major League, tekent voor de Brooklyn Dodgers

The Beatles, de beroemdste popgroep uit de 'swinging sixties'

1964 Wereldtentoonstelling in New York gehouden; rassenrellen in Harlem en in Bedford-Stuyvesant; Verrazano Narrows Bridge verbindt Brooklyn en Staten Island; Beatles spelen in het Shea Stadium

Souvenir

1968 20.000 hippies komen samen in Central Park; er zijn demonstratieve sit-ins op Columbia University

Andy Warhol, met actrices Candy Darling en Ultra Violet

Donald Trump

1975 Staatslening behoedt New York voor faillissement

1977 Stroomuitval in New York duurt 25 uur

1981 New York weer kapitaalkrachtig

1983 Economische opleving: bodemprijzen schieten omhoog; Trump Tower voltooid door onroerend-goedgigant Donald Trump, symbool van de 'yuppie'-rijkdom van de jaren tachtig

1987 Beurskrach

1988 Een kwart van de Newyorkers leeft onder de armoedegrens

1990 David Dinkins, de eerste zwarte burgemeester van New York, treedt aan; Ellis Island heropent als immigratiemuseum

1993 Rudolph Giuliani treedt aan als burgemeester

1975	1980	1985	1990	1995
BEAME	**KOCH**	**KOCH**	**DINKINS**	**GIULIANI**
1975	1980	1985	1990	1995

1973 World Trade Center voltooid

1986 Corruptieschandalen bedreigen bestuur van burgemeester Koch; Vrijheidsbeeld viert eeuwfeest

1995 De verwaarloosde Chelsea Piers zijn gerenoveerd en dienen nu als reusachtige sport- en amusementscomplex *(blz. 136)*

ONE WAY

NEW YORK IN HET KORT

In het hoofdstuk *New York van buurt tot buurt* worden meer dan 300 interessante plekken beschreven, uiteenlopend van de bedrijvige New York Stock Exchange *(blz. 70-71)* tot Central Park's vredige Strawberry Fields *(blz. 206)*, van synagoge tot wolkenkrabber. Om u te helpen zoveel mogelijk uit uw verblijf te halen, vindt u op de volgende 16 bladzijden een korte gids van de interessantste bezienswaardigheden. De musea en architectuur worden elk apart beschreven en u treft informatie aan omtrent de volken en culturen die de stad haar unieke karakter hebben verleend.

TIEN GROOTSTE TOERISTISCHE ATTRACTIES VAN NEW YORK

Ellis Island
Blz. 78-79.

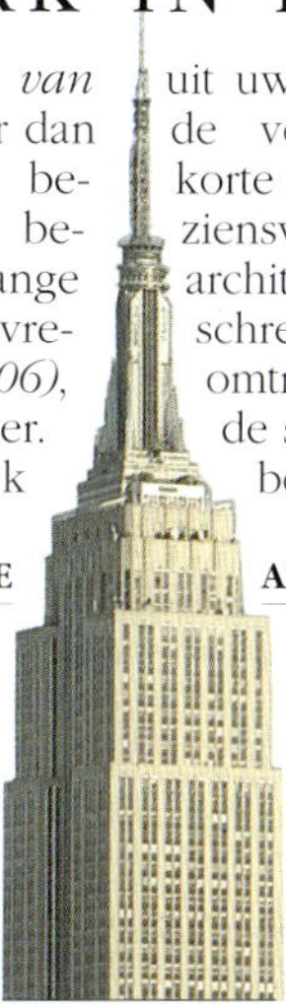

Empire State Building
Blz. 134-135.

South Street Seaport
Blz. 84.

Rockefeller Center
Blz. 142.

Museum of Modern Art
Blz. 170-173.

Central Park
Blz. 202-207.

Vrijheidsbeeld
Blz. 74-75.

Metropolitan Museum of Art
Blz. 188-195.

Brooklyn Bridge
Blz. 86-89.

Chinatown
Blz. 96.

De onophoudelijke verkeersstroom van Park Avenue

De beste musea van New York

Er zijn in New York veel musea: hele grote, zoals het Metropolitan Museum, maar ook kleinere, bijvoorbeeld de privé-collectie van de financier J. Pierpont Morgan. In verschillende musea kan men een indruk krijgen van het New-yorkse erfgoed. Hieronder zijn de belangrijkste musea aangegeven. Op bladzijden 36 en 37 wordt een gedetailleerd overzicht gegeven.

Museum of Modern Art
Hier vindt u de grootste collectie moderne kunst ter wereld, met onder andere de Geit van Picasso (1950).

Intrepid Sea-Air-Space Museum
Dit marinemuseum is gevestigd op een groot vliegdekschip in de Hudson River. Ook de ontwikkeling van de luchtvaart komt aan de orde.

Pierpont Morgan Library
Een fraaie collectie manuscripten, prenten en boeken, waaronder deze zeldzame Franse bijbel uit 1230.

Merchant's House Museum
Dit huis uit 1820 was eigendom van een rijke handelaar.

Ellis Island
In dit museum wordt een beeld gegeven van de ervaringen van de vele miljoenen immigranten.

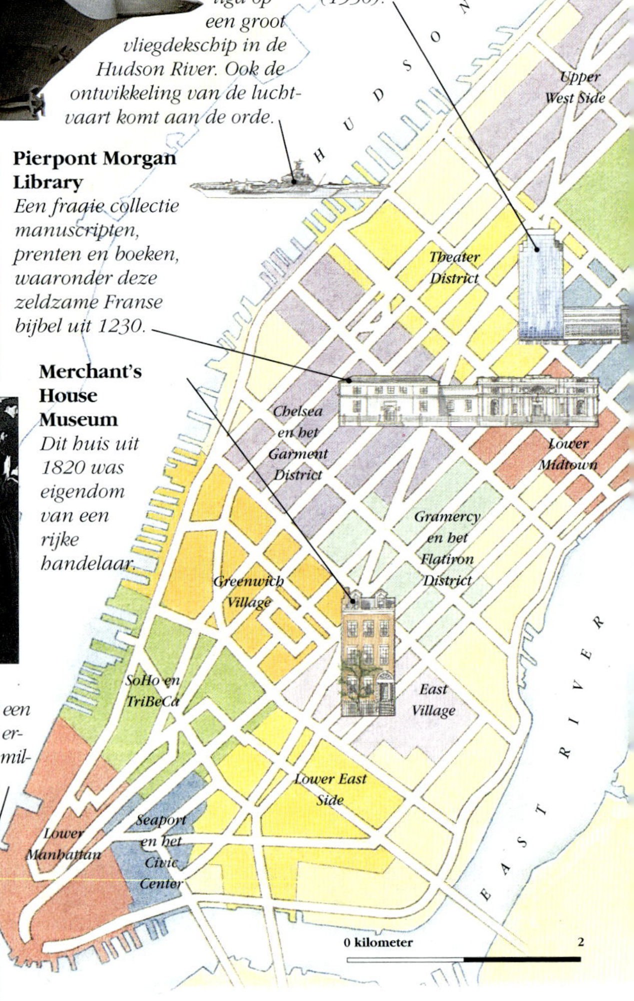

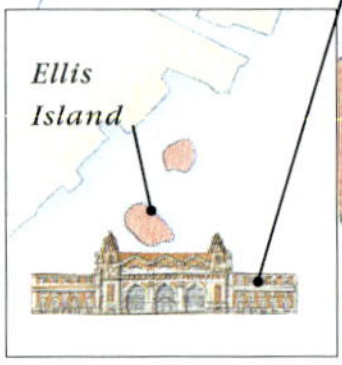

American Museum of Natural History
Vele generaties bezoekers raakten hier gefascineerd door dinosaurussen, meteorieten en nog veel meer.

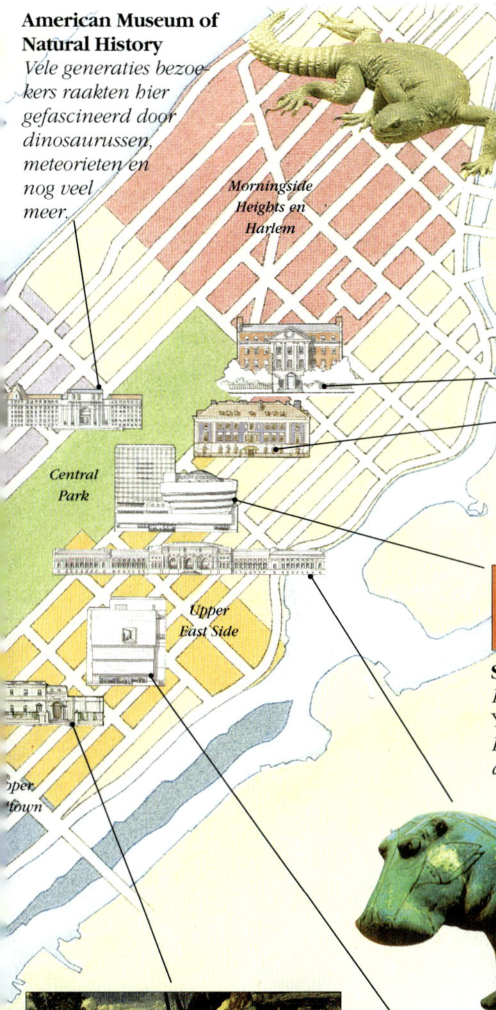

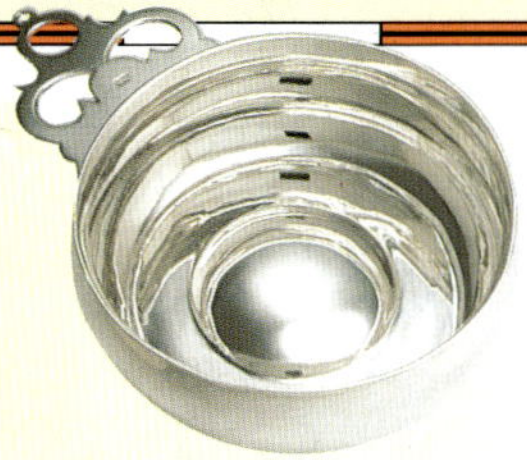

Museum of the City of New York
Aan de hand van gebruiksvoorwerpen zoals deze zilveren schaal uit 1725 wordt een beeld gegeven van de geschiedenis van New York.

Cooper-Hewitt Museum
In de schitterende entourage van het kapitale huis van Andrew Carnegie in de Upper East Side wordt een schat aan sierkunst tentoongesteld.

Solomon R Guggenheim Museum
Hier hangt onder andere Blue, Green, Yellow, Orange, Red *van Ellsworth Kelly (1966). Dit museum is gebouwd door de architect Frank Lloyd Wright.*

Metropolitan Museum of Art
De collectie van dit museum omvat miljoenen werken. Dit Egyptische nijlpaardje van geglazuurd aardewerk uit de 12de dynastie is de mascotte van het museum.

Frick Collection
De collectie van de 19de-eeuwse spoorwegmagnaat Henry Clay Frick. Tentoongesteld wordt onder andere Sint-Franciscus in de Woestijn *(ong. 1480) van Giovanni Bellini.*

Whitney Museum of American Art
Deze fraaie collectie bevat vele Newyorkse stadsgezichten. Eén van de mooiste is Brooklyn Bridge: Variation on an Old Theme *(1939) van Joseph Stella.*

Ontdek de musea van New York

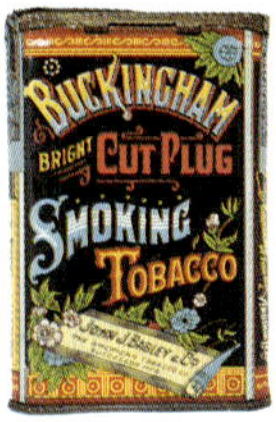

Tabaksdoos uit Richmond Town

Een maand zou nog niet voldoende zijn om de musea van New York te verkennen. In Manhattan alleen al bevinden zich meer dan 60 musea. De rijkdom aan kunstwerken en de enorme variatie in het aanbod kan zich met elke wereldstad meten. U vindt hier zeer uiteenlopende verzamelingen, van oude meesters tot oude brandweerwagens, van dinosaurussen tot poppen, van Tibetaanse wandkleden tot Afrikaanse maskers. Opgelet: sommige musea zijn op maandag gsloten, soms ook op andere dagen. Veel musea zijn één- of tweemaal in de week ook 's avonds geopend en soms zijn ze dan nog gratis ook.

Schilder- en beeldhouwkunst

New York staat in de eerste plaats bekend om zijn kunstmusea. Het **Metropolitan Museum of Art** huisvest een uitgebreide collectie Amerikaanse kunst, naast wereldberoemde meesterwerken. **The Cloisters**, een afdeling van het 'Met' in Upper Manhattan, herbergt een schat aan middeleeuwse kunst en architectuur. De **Frick Collection** heeft een buitengewone tentoonstelling oude meesters. Het **Museum of Modern Art (MoMA)** bezit een aantal van 's werelds beroemdste impressionistische en moderne schilderwerken. Het **Whitney Museum of American Art** en het **Solomon R. Guggenheim Museum** zijn eveneens in moderne kunst gespecialiseerd. De avant-garde van de moderne kunst is te zien in het **New Museum of Contemporary Art**, en het werk van ongeschoolde kunstenaars in het **Museum of American Folk Art**. De **National Academy of Design** toont een collectie 19de- en 20ste-eeuwse kunst. Het **Studio Museum** in Harlem toont het werk van zwarte kunstenaars.

***The Peaceable Kingdom (ca. 1840-1845)* van Edward Hicks, Brooklyn Museum**

Handwerk en vormgeving

Als u geïnteresseerd bent in textiel, porselein en glas, borduur- en kantwerk, behang en patronen, dan moet u het **Cooper-Hewitt Museum** bezoeken, het kunstfiliaal van het Smithsonian Institution. De designcollecties in het **MoMA** zijn net zo beroemd als de schilderijen die er hangen. Het **American Craft Museum** toont de beste werken van hedendaagse professionele handwerkslieden, terwijl het **Museum of American Folk Art** de volksstijlen toont. Vermeldenswaard zijn de zilverwerkcollecties van het **Museum of the City of New York**. De prachtige tentoonstellingen in het **Museum of the American Indian** tonen onder andere sieraden, kleden en aardewerk.

Drukwerk en fotografie

Het kleine maar voortreffelijke **International Center of Photography** is het enige museum in New York dat volledig aan dit vak gewijd is. U zult ook collecties aantreffen in het **Metropolitan Museum of Art** en het **MoMA**, en vele voorbeelden uit de vroege fotografie in het **Museum of the City of New York** en op **Ellis Island**. Afdrukken en tekeningen van beroemde illustrators zijn te zien in de **Pierpont Morgan Library**. Het **Cooper-Hewitt museum** toont het gebruik van druktechnieken bij de decoratieve kunsten.

Meubilair en kleding

De jaarlijkse tentoonstelling van het Costume Institute in het **Metropolitan Museum of Art** is altijd een bezoekje waard. Indrukwekkend is ook de Amerikaanse vleugel, die met zijn 24 oorspronkelijk gemeubileerde kamers het leven van 1640 tot de 20ste eeuw volgt. Kamers die New York in zijn verschillende perioden laten zien, beginnend met de 17de-eeuwse Hollandse Periode, zijn te bezichtigen in het **Museum of the City of New York**. Ook zijn er enkele museumhuizen die een realistisch beeld geven van de inrichting en het leven in het New York van weleer. Het **Merchant's House Museum**, een woning in oude staat uit omstreeks 1820, werd 98 jaar lang door dezelfde familie bewoond. **Gracie Mansion**, de burgemeesterswoning, is bij gelegenheid voor het publiek geopend. **Theodore Roosevelt Birthplace** is het patriciërshuis waarin de 26ste president van de Verenigde Staten opgroeide, en het **Mount Vernon Hotel Museum** was een vakantieoord uit begin 19de eeuw.

Maïsvlies-pop, American Museum of Natural History

Geschiedenis

Handpistool, Police Academy Museum

De Amerikaanse geschiedenis ontvouwt zich in **Federal Hall**. Hier legde George Washington in april 1789 zijn eed af als eerste president van de VS. Bezoek voor een beeld van het koloniale New York het **Fraunces Tavern Museum**. **Ellis Island** en het **Lower East Side Tenement Museum** tonen de ontberingen die de immigranten moesten doorstaan. Het nieuwe **Museum of Jewish Heritage** in Battery City geeft een beeld van de holocaust. Het **NYC Fire Museum** en het nieuwe **Police Museum** verhalen van heldenmoed en tragedie, terwijl het **South Street Seaport Museum** de vroege zeevaart tot leven wekt.

Technologie en natuurwetenschappen

Bonga, American Museum of Natural History

In de wetenschappelijke musea vindt u tentoonstellingen die uiteenlopen van de natuur tot de technologieën van het ruimtetijdperk. Het **American Museum of Natural History** heeft enorme collecties op het gebied van flora, fauna en culturen van de hele wereld. Het ***Intrepid* Sea-Air-Space Museum**, gevestigd aan boord van een vliegdekschip, toont werkelijk alles op het gebied van de militaire technologie. Hebt u een beroemde aflevering van de Lucy Ball-show gemist of beelden van de eerste maanlanding, dan mag u het **Museum of Television and Radio** niet missen.

Kunst uit andere culturen

Egyptische mummie, Brooklyn Museum

Verscheidene bijzondere collecties spitsen zich toe op kunstwerken uit andere culturen. Oosterse kunst is de specialiteit van de **Asia Society** en de **Japan Society**. Het **Jewish Museum** beschikt over omvangrijke collecties judaïca. **El Museo del Barrio** is gewijd aan de Puertoricaanse kunsten en vertoont daarbij vele pre-Columbiaanse artefacten. Bezoek voor een indrukwekkend beeld van de Afro-Amerikaanse kunst en geschiedenis het **Schomburg Center for Research in Black Culture**. Het **Metropolitan Museum of Art** ten slotte blinkt uit in haar multiculturele kunsttentoonstellingen.

Bibliotheken

De uitstekende bibliotheken van New York, zoals de **Pierpont Morgan Library**, bieden een aantal uitgelezen kunstcollecties, naast de mogelijkheid om zeldzame boeken in te kijken. De collectie van de **New York Public Library** bevat ook beroemde manuscripten.

Buiten Manhattan

Onder de overige musea die een bezoekje waard zijn, bevindt zich ook het **Brooklyn Museum** met zijn anderhalf miljoen schilderijen. Het **American Museum of the Moving Image** op Queens heeft een unieke collectie filmgeschiedenis. Het **Jacques Marchais Center of Tibetan Art** op Staten Island blijft zonder weerga. Ook op Staten Island bevindt zich **Historic Richmond Town.**

Hier vindt u de musea

De mooiste architectuur in New York

Zelfs mondiale architectuurtrends kregen in New York een eigen gezicht. Als gevolg van de hoge grondprijs en de beperkte ruimte in deze op een eiland gebouwde stad, moest men zijn toevlucht nemen tot hoogbouw. Deze trend manifesteerde zich al lang geleden in hoge, ranke panden en zette zich door in de appartementengebouwen en de wolkenkrabbers. Vaak koos men uit praktische overwegingen voor materialen die ter plekke voorhanden waren. Het resultaat is een stad waar men flamboyante oplossingen heeft gevonden voor praktische problemen. Zie bladzijden 40-41 voor een gedetailleerd architectuuroverzicht.

Gietijzerarchitectuur
In de voorgevels van gebouwen werd vaak gebruik gemaakt van gietijzer. Een mooi voorbeeld is dit gebouw in SoHo, op nr. 28-30 Greene Street.

Appartementengebouwen
Het Majestic Building is een van de vier art deco-blokken aan Central Park West.

Postmodernisme
De sierlijke omtrekken van gebouwen als het World Financial Center uit 1985 (blz. 69) *maken een heel andere indruk dan de kolossen die men in de jaren vijftig en zestig ontwierp.*

Brownstones
Deze herenhuizen, vervaardigd van in New York gewonnen zandsteen, waren zeer populair bij de 19de-eeuwse middenklasse. India House in Wall Street is gebouwd in de stijl van een Florentijns palazzo.

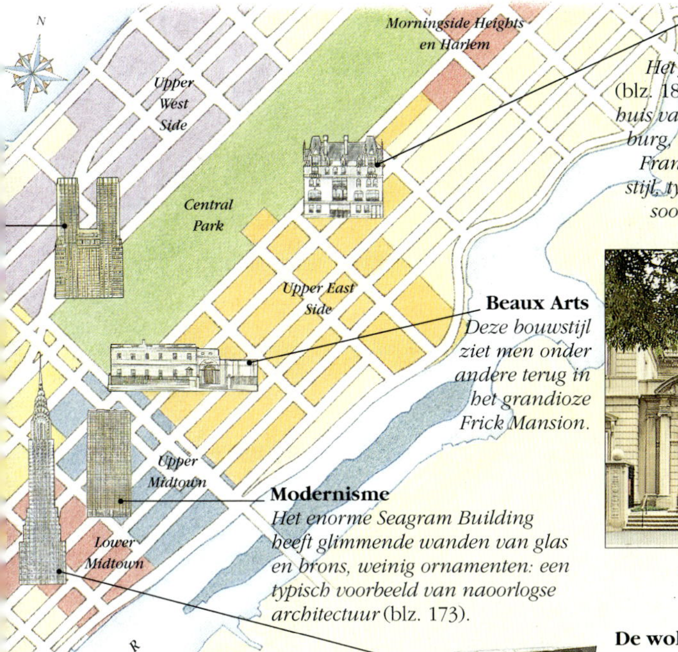

19de-eeuwse herenhuizen
Het Jewish Museum (blz. 184), *het vroegere huis van Felix M. Warburg, is ontworpen in Franse renaissancestijl, typerend voor dit soort herenhuizen.*

Beaux Arts
Deze bouwstijl ziet men onder andere terug in het grandioze Frick Mansion.

Modernisme
Het enorme Seagram Building heeft glimmende wanden van glas en brons, weinig ornamenten: een typisch voorbeeld van naoorlogse architectuur (blz. 173).

De wolkenkrabber
De wolkenkrabber is het paradepaardje van de Newyorkse architectuur. Deze gebouwen zijn een perfecte combinatie van knap ingenieurswerk en prachtige decoraties, bijvoorbeeld deze waterspuwer op het Chrysler Building.

Federal-architectuur
In de 19de eeuw werden veel gebouwen ontworpen in federal-stijl. In City Hall is deze gecombineerd met de Franse renaissancestijl.

Huurkazernes
Veel immigranten belandden direct na aankomst in deze goedkope woningen. Vooral aan de Lower East Side werden er veel gebouwd. De woningen waren overvol. Bovendien lieten de ontwerpers van deze gebouwen dikwijls te weinig luchtkokers aanleggen, zodat men de ruimten niet of nauwelijks kon ventileren.

Ontdek de architectuur van New York

Voordeur in federal-stijl

Gedurende de eerste 200 jaar van zijn bestaan volgde New York de Europese ontwikkelingen op architectuurgebied. De gebouwen in Manhattan die onstonden in de Hollandse periode zijn alle verloren gegaan. De meeste gingen ten onder in de grote brand van 1776 of werden aan het begin van de 19de eeuw gesloopt. Door de ontwikkeling van de gietijzer-architectuur rond 1850, het art deco-tijdperk en de steeds hogere wolkenkrabbers nam de architectuur van New York langzamerhand een eigen vorm aan.

Architectuur in federal-stijl

Deze Amerikaanse stijl raakte in zwang in de eerste decennia van de jonge natie. Kenmerkend waren de vierkante huizen met hun lage schilddaken, balustrades en ornamenten. De **City Hall** (1811, John McComb Jr. en Joseph François Mangin) toont een mengeling van federal- en Franse renaissance-invloeden. De warenhuizen aan **Schermerhorn Row** (ca. 1812) zijn ook in federal-stijl gebouwd.

Brownstones

De goedkope bruinrode zandsteen, die in overvloed gevonden werd in de nabijgelegen Connecticut River Valley en langs de oevers van New Jersey's Hackensack River, was het meest gebruikte bouwmateriaal in de 19de eeuw. Overal in de stad werd hij gebruikt, vooral voor de bouw van de kleinere huizen of flatjes. Een paar van de beste voorbeelden zijn te vinden in **Chelsea**. Een typisch zandstenen huis heeft een verhoogde trap die stoep genoemd wordt en die naar het woongedeelte voert. Gescheiden trappen voeren naar de kelders waar zich de bediendenvertrekken bevonden.

Typisch zandstenen huis, met verhoogde stoep naar hoofdingang

Huurkazernes

Huurkazernes werden gebouwd om de grote toestroom van immigranten in de jaren tussen 1840 en de Eerste Wereldoorlog te huisvesten. De blokken van zes verdiepingen hoog, 30 meter lang en 8 meter breed waren donker en benauwd. In de zijmuren zaten kleine luchtschachten die maar weinig lucht doorlieten en ook de vensters waren zeer klein. De middelste kamers kregen zelfs helemaal geen licht. In het **Lower East Side Tenement Museum** kunt u schaalmodellen van deze oude huurkazernes bekijken.

Gietijzer-architectuur

Gietijzer, een Amerikaanse architectonische vondst uit de 19de eeuw, was goedkoper dan steen en baksteen, en gaf de mogelijkheid gevelornamenten vantevoren in gieterijen te maken. New York heeft het grootste aantal gietijzeren gevels ter wereld. De mooiste, daterend uit 1870-1880, zijn te zien in het **SoHo Cast-Iron Historic District**.

De gietijzeren gevel van Greene Street nr. 72-76, SoHo

Beaux Arts

Deze Franse architectuurstroming drukte haar stempel op de openbare gebouwen en woonhuizen voor de rijken in de 'Gouden Eeuw' van New York. Dit tijdvak (1880-±1920) bracht vele van de vooraanstaandste architecten van de stad voort, onder wie Richard Morris Hunt (**Carnegie Hall**, 1891; **Metropolitan Museum**, 1895), die in 1845 de eerste in Parijs studerende Amerikaanse student zou worden; Cass Gilbert (**Custom House**,

Architectonische vermomming

Sommige van de mooiste skyline-silhouetten zijn ontworpen als vermomming van de op de daken van de wolkenkrabbers gebouwde watertorens. De fraaie koepels, pieken en gewelven onttrekken de vaak lelijke watervoorzieningen aan het oog. Voorbeelden van deze bouwkundige oplossing zijn onder meer te vinden op twee hotels op Fifth Avenue: het Sherry Netherland op 60th Street en het Pierre op 61st Street.

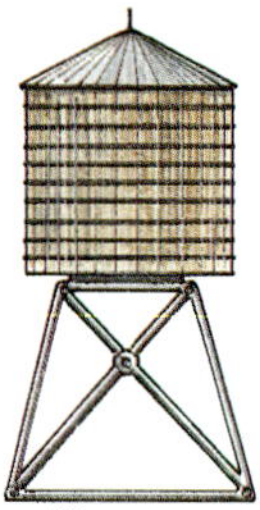

Watertoren

Beaux arts-huis, gebouwd voor Cornelius Vanderbilt II (1843-1899); inmiddels gesloopt

1907; **New York Life Insurance Building**, 1928; **US Courthouse**, 1936); Warren & Wetmore (**Grand Central Terminal**, 1913; **Helmsley Building**, 1929); Carrère & Hastings (**New York Public Library**, 1911; **Frick Mansion**, 1914); en McKim, Mead & White, het beroemdste architectenbureau dat de stad gekend heeft (**Villard Houses**, 1884; **United States General Post Office**, 1913).

APPARTEMENTSGEBOUWEN

Door de toename van de bevolking en de stijgende grondprijzen werd het wonen in eengezinswoningen in Manhattan voor de meeste Newyorkers onbetaalbaar, en zelfs de rijken konden zich slechts een gedeelde woning permitteren. Het door Henry Hardenbergh in 1884 gebouwde Dakota *(blz. 216)* was een van de eerste luxeflatgebouwen. Later zouden er, vooral in de Upper West Side, nog vele volgen. Beroemde voorbeelden zijn de vier **Twin Towers** – de Eldorado, de Century, de San Remo en de Majestic, die tijdens de hoogtijdagen van de Art Deco (1929-1931) aan Central Park West verrezen. Het aangezicht van deze gebouwen is bepalend voor de skyline zoals die vanuit het park is te zien.

WOLKENKRABBERS

In 1902 bouwde Daniel Durham, een architect uit Chicago, het **Flatiron Building**, met zijn 91 m zo hoog dat sceptici meenden dat het zou instorten. In 1931 nam het **Woolworth Building** de kop over met 241 m. Algauw kwamen er verordeningen om de wildgroei tegen te gaan – de bovenste verdiepingen moesten trapsgewijs aangelegd worden, zodat het daglicht de straat nog kon bereiken. Dit sloot goed aan op de art deco-stijl. Het **Chrysler Building** (1930) was tot de voltooing van het **Empire State Building** (1931) het hoogste gebouw ter wereld. Beide waren art deco-klassiekers. Het was echter Raymond Hood's **Group Health Insurance Building** dat in 1932 in het architectuuroverzicht van de Internationale Stijl werd opgenomen.
Het **World Trade Center** is momenteel het hoogste gebouw van New York (411 m). Het is een voorbeeld van de modernistische stijl, de voorloper van het Postmodernisme, dat het **Citicorp Center** (1977) voortbracht.

Art deco-boog op piek van Chrysler Building

HIER VINDT U MOOIE GEBOUWEN

Carnegie Hall *blz. 146*
Chelsea *blz. 128-137*
Chrysler Building *blz. 152*
Citicorp Center *blz. 175*
City Hall *blz. 90*
Custom House *blz. 73*
Empire State Building *blz. 134-135*
Flatiron Building *blz. 125*
Frick Mansion *blz. 200-201*
Grand Central Terminal *blz. 154-155*
Group Health Insurance Building *blz. 145*
Helmsley Building *blz. 156*
Lower East Side Tenement Museum *blz. 97*
Metropolitan Museum of Art *blz. 188-195*
Municipal Building *blz. 85*
New York Life Insurance Building *blz. 124*
New York Public Library *blz. 144*
Schermerhorn Row *blz. 84*
SoHo Cast-Iron Historic District *blz. 102*
Twin Towers of Central Park West *blz. 212*
US Courthouse *blz. 85*
US General Post Office *blz. 133*
Villard Houses *blz. 172*
Woolworth Building *blz. 91*
World Trade Center *blz. 72*

Fifth Avenue nr. 245 (appartementengebouw)

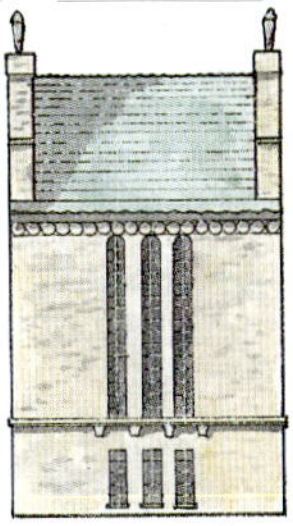

Gramercy Park North nr. 60 (Brownstones)

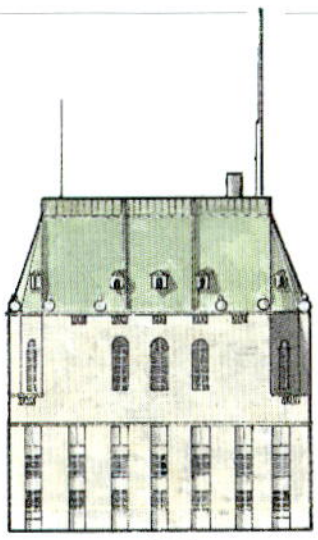

Hotel Pierre (Beaux Arts)

Sherry Netherland Hotel (Beaux Arts)

Multicultureel New York

Waar u ook gaat of staat in New York, u zult merken dat deze stad in de eerste plaats gekenmerkt wordt door zijn multiculturele samenstelling. Tijdens een busrit kunt u zich afwisselend in Madras, Moskou, Hongkong en Haïti wanen. Er komen nog steeds immigranten naar New York, hoewel minder in aantal dan tijdens de jaren 1880-1910, toen er 17 miljoen mensen arriveerden. In de jaren tachtig van deze eeuw kwamen er nog eens één miljoen mensen bij, voornamelijk uit Azië en het Caribisch gebied. Het hele jaar door zijn er straatfestivals, opgezet door de verschillende etnische groepen. Op bladzijden 50-53 vindt u hierover meer informatie.

Hell's Kitchen
Hier streek de Ierse gemeenschap oorspronkelijk neer; nu nog ziet Fifth Avenue ieder jaar groen op hun St. Patrick's Day (17 maart).

Klein-Oekraïne
Op Taras Sevchenko Place worden diensten gehouden op 17 mei, de gedenkdag van de bekering van de Oekraïners tot het christendom.

Klein-Korea
Niet ver van Herald Square heeft zich een kleine Koreaanse gemeenschap gevestigd.

Klein-Italië (Little Italy)
In september komt de Italiaanse gemeenschap tien dagen lang samen in het gebied rond Mulberry Street om het Festa di San Gennaro te vieren.

Chinatown
Eind januari vult Mott Street zich ieder jaar met feestvierders die het Chinese Nieuwjaar vieren.

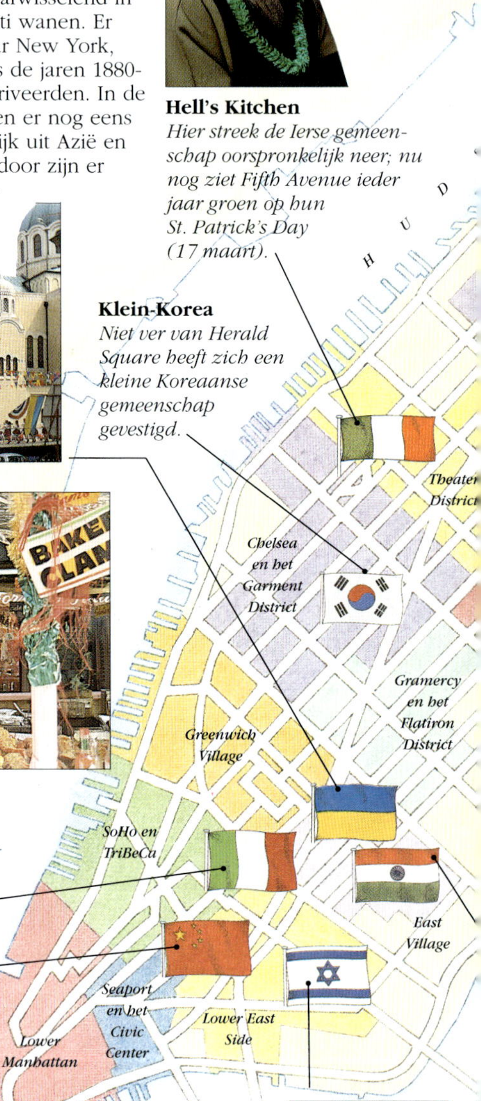

Lower East Side
De synagogen rondom Rivington Street weerspiegelen de religieuze gebruiken in deze oude joodse wijk.

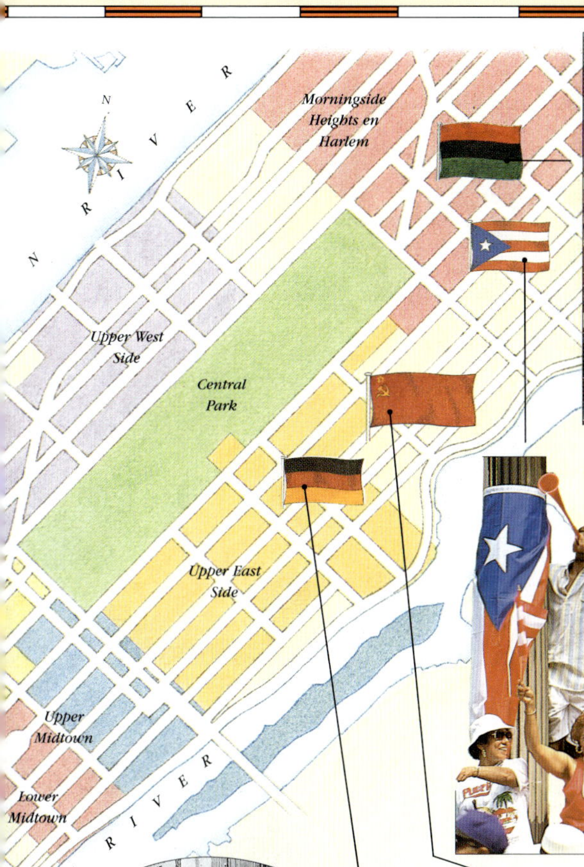

Harlem
De zondagse gospeldienst in de Abyssinian Baptist Church is een van de mooiste in Harlem.

El Barrio
De levendige Latijnse gemeenschap van Harlem's El Barrio concentreert zich rond La Marquetta, de markt.

Yorkville
In een paar cafés en bierkellers kan men de sfeer van deze vroegere Duitse wijk nog proeven. In september wordt hier de jaarlijkse Von Steuben Day Parade gehouden.

Klein-India
De restaurants op East 6th Street bieden een Oosterse sfeer tegen betaalbare prijzen.

Upper East Side
De schitterende St. Nicholas Russian Orthodox Cathedral op East 97th Street herinnert aan de Wit-Russische gemeenschap. 's Zondags wordt, in het Russisch, de mis voorgedragen.

Ontdek de vele culturen van New York

Glas-in-lood, Cotton Club

Ook 'geboren' Newyorkers stammen oorspronkelijk uit andere landen. Tijdens de 17de eeuw waren het de Hollanders en de Engelsen die hier hun handelsposten vestigden. Al gauw werd Amerika een symbool van hoop voor de kansarmen van Europa. Massaal staken ze de oceaan over, vaak zonder een cent op zak. De mislukte aardappeloogst rond 1840 bracht de eerste golf Ierse immigranten, spoedig gevolgd door Duitse en andere Europese arbeiders die door de industriële revolutie van hun werk beroofd waren. Tegenwoordig worden er wel 80 verschillende talen gesproken.

Turkse immigranten komen aan op Idlewild Airport, 1963

Joden

De joodse gemeenschap van New York stamt al uit 1654. De eerste synagoge – Shearith Israel, nog steeds in gebruik – werd gesticht door vluchtelingen uit een Hollandse kolonie in Brazilië. Deze eerste kolonisten waren sefardische joden van Spaanse origine. Ze werden gevolgd door Duitse joden. De Russische jodenvervolging leidde tot een massale immigratie aan het einde van de 19de eeuw. Tegen het begin van de Eerste Wereldoorlog woonden er 600.000 joden in de Lower East Side. Tegenwoordig is dit meer een Latijns-Amerikaanse dan een joodse wijk, hoewel nog veel herinnert aan de bewoners van weleer.

Duitsers

De Duitsers arriveerden in de 19de eeuw in New York. Sinds de dagen van Peter Zenger *(blz. 19)* heeft de Duitse gemeenschap op de bres gestaan voor de vrijheid van meningsuiting. Ook bracht ze industriële giganten voort zoals John Jacob Astor, de eerste miljonair van de stad.

Italianen

De Italianen verschenen in de jaren tussen 1830 en 1850 in New York. Velen van hen kwamen uit Noord-Italië, op de vlucht voor de mislukte revolutie aldaar. Rond 1870 deed de armoede in Zuid-Italië nog eens vele Italianen de oversteek wagen. In de loop van de tijd ontwikkelden ze zich tot een politieke factor van betekenis.

Chinezen

De Chinezen verschenen vrij laat in New York. In 1880 telde de gemeenschap rond Mott Street nog slechts 700 zielen. Tegen 1940 vormden ze de snelst groeiende en expanderende etnische groepering van de stad: de oude grenzen van Chinatown werden verlegd en nieuwe gemeenschappen werden gevormd in delen van Brooklyn en Queens. Eens was het een gesloten gemeenschap, maar tegenwoordig bruist Chinatown van de toeristen.

Eastern States Buddhist Temple, Chinatown *(blz. 96-97)*

Latino's

Latijns-Amerikaans houtsnijwerk, El Museo del Barrio *(blz. 229)*

Sinds 1838 wonen er al Puertoricanen in New York, maar de grote immigratie voltrok zich pas na de Tweede Wereldoorlog toen grote groepen Latino's hier arriveerden op zoek naar werk. De meesten van hen wonen in El Barrio, vroeger bekend als Spanish Harlem. De uit het Cuba van Fidel Castro gevluchte hoger opgeleiden hebben een grote invloed op de Latijnse handel en cultuur.

Ieren

De Ieren, die rond 1840 voor het eerst in New York verschenen, hadden het zwaar te verduren. Ternauwernood aan de hongerdood ontsnapt en zonder een cent op zak, werkten ze hard om aan de sloppenwijken van Five Points en Hell's Kitchen te ontkomen. Daarbij leverden ze een grote bijdrage aan de bouw van de stad zoals wij die nu kennen. Velen meldden zich aan bij politie en brandweer, waar ze door hun plichtsgetrouwheid hoge posten verkregen.

Afro-Amerikanen

Harlem is ongetwijfeld de bekendste zwarte gemeenschap van de westerse binnensteden. De voorouders van vele Afro-Amerikanen werden als slaven naar de VS gehaald om op de zuidelijke plantages te werken. De trek van het zuiden naar de grotere steden in het noorden begon na de afschaffing van de slavernij in de jaren 1860. Ze kwam echter pas goed op gang in de jaren twintig van deze eeuw toen de zwarte bevolking groeide van 83.000 tot 204.000 zielen, en Harlem het centrum van de zwarte cultuur werd.

De smeltkroes

New York kent nog vele andere etnische groepen die, hoewel minder uitgesproken aanwezig, toch gemakkelijk herkenbaar zijn. De Oekraïners concentreren zich in East Village, rond de St. George's Ukrainian Catholic Church op East 7th Street. Little-India is te vinden in de restaurants aan de East 6th Street. De Koreanen hebben overal in Manhattan kruidenierswinkels. De religieuze diversiteit van de bevolking van New York komt tot uiting in het naast elkaar bestaan van de Russian Orthodox Cathedral op East 97th Street *(blz. 197)*, en het Islamic Cultural Center op 96th Street.

Vrouwelijke feestvierder, Greek Independence Day Parade

De buitenwijken

Brooklyn is verreweg de meest internationaal getinte wijk. Caribische nieuwkomers uit Jamaica en Haïti vormen een van de snelst groeiende groepen immigranten. Veel van de West-Indiërs wonen rond het stuk Eastern Parkway tussen de Grand Army Plaza en Utica Avenue – de route van de uitbundige en exotische West Indian Day Parade, in september. De Russisch-joodse immigranten van de laatste jaren hebben van Brighton Beach een 'Klein Odessa' gemaakt. De Scandinaviërs en Libanezen hebben zich in Bay Ridge gevestigd, de Finnen in Sunset Park. In Borough Park en Williamsburg bevinden zich de orthodoxe joden en Midwood heeft een Israëlisch-Midden-Oosters karakter. De Italianen wonen in het gebied rond Bensonhurst. Greenpoint wordt Klein-Polen genoemd, en in Atlantic Avenue bevindt zich de grootste Arabische gemeenschap van Amerika.

De Ieren waren een van de eerste groepen die zich aan de andere kant van de Harlem River, in de Bronx, vestigden. Japanse zakenlieden geven de voorkeur aan het exclusievere Riverdale. Een van de meest uitgesproken etnische wijken is Astoria in Queens, waar zich de grootste Griekse gemeenschap buiten Griekenland bevindt. Jackson Heights herbergt een grote Latijns-Amerikaanse gemeenschap.

De Newyorkse politie, de thuishaven van de Iers-Amerikanen

Nieuwkomers die geschiedenis maakten *Zie ook blz. 46-49.*

De data geven het jaar aan waarin de immigranten de VS binnenkwamen.

1890 – 1895 – 1900 – 1905 – 1910 – 1915 – 1920 – 1925 – 1930 – 1935 – 1940

- **1893** Musicus Irving Berlin (Rusland)
- **1894** Zanger Al Jolson (Litouwen)
- **1896** Film-kopstuk Samuel Goldwyn (Polen)
- **1902** Arbeidersactivist Joe Hill (Zweden)
- **1903** Filmregisseur Frank Capra (Italië)
- **1904** Hyman Rickover (Rusland), ontwerper van de atoomduikboot
- **1906** Gangster 'Lucky Luciano' (Italië, in 1946 uitgewezen)
- **1908** Komiek Bob Hope (Engeland)
- **1909** Schouwburgdirecteur Lee Strasberg (Oostenrijk)
- **1912** Filmster Claudette Colbert (Frankrijk)
- **1913** Filmster Rudolph Valentino (Italië)
- **1921** Bela Lugosi (Hongarije), de ster uit *Dracula*
- **1923** Wetenschapper/schrijver Isaac Asimov (Rusland)
- **1932** Balletchoreograaf George Balanchine (Rusland)
- **1933** Wetenschapper Albert Einstein (Duitsland)
- **1938** De zingende familie Von Trapp (Oostenrijk)

Beroemde bezoekers; beroemde Newyorkers

Bijna alle Newyorkers stammen af van immigranten, als je maar ver genoeg teruggaat in de tijd. Sommigen kwamen naar New York op zoek naar vrijheid omdat ze op de vlucht waren voor onderdrukking in hun geboorteland. De grootste bijdrage aan de kleurrijke geschiedenis en cultuur van New York werd vaak geleverd door de immigranten van het eerste uur, maar ook door mensen die hier slechts korte tijd verbleven.

George Balanchine *(1904-1983)* *Deze choreograaf, die in 1933 emigreerde uit Rusland, is de oprichter van het New York City Ballet.*

Dylan Thomas *(1914-1953)* *Deze jonggestorven dichter uit Wales was stamgast van de White Horse Tavern in Greenwich Village.*

Marcel Duchamp *(1887-1968)* *In 1917 beklom deze Franse dadaïst uit protest tegen de Amerikaanse inmenging in de Eerste Wereldoorlog de boog op Washington Square.*

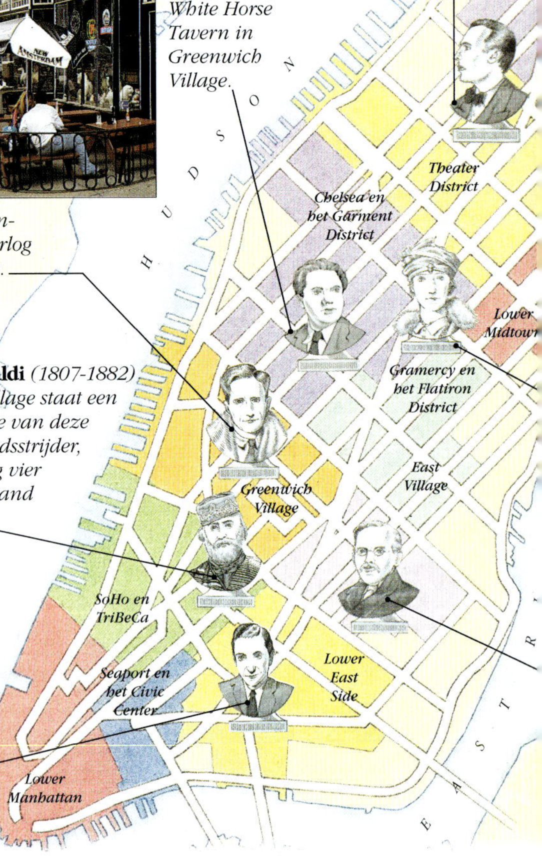

Giuseppe Garibaldi *(1807-1882)* *In Greenwich Village staat een standbeeld ter ere van deze Italiaanse vrijheidsstrijder, die als banneling vier jaar op Staten Island doorbracht.*

Irving Berlin *(1888-1989)* *kwam oorspronkelijk uit Siberië en groeide op in de Lower East Side. Hij componeerde het zeer Amerikaanse* White Christmas.

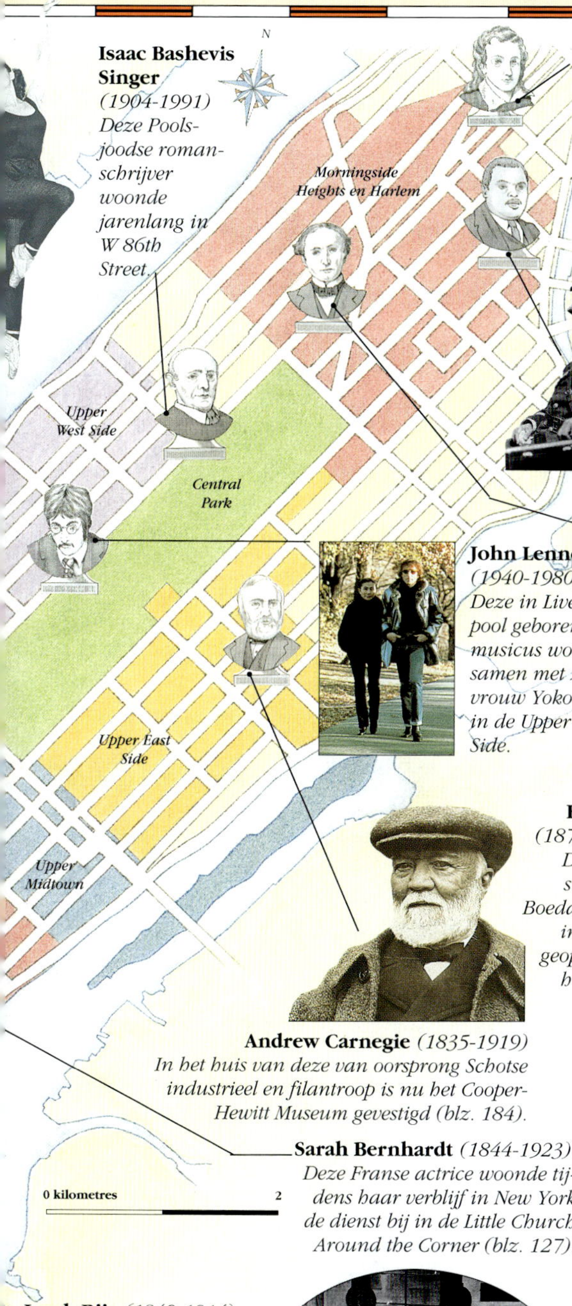

Isaac Bashevis Singer *(1904-1991) Deze Pools-joodse romanschrijver woonde jarenlang in W 86th Street.*

John Audubon *(1785-1851) De beroemdste ornitholoog van Amerika groeide op in Frankrijk. Hij woonde in Washington Heights.*

Marcus Garvey *(1887-1940) De in Jamaica geboren zwarte activist Marcus Garvey woonde in de jaren twintig in Harlem.*

John Lennon *(1940-1980) Deze in Liverpool geboren musicus woonde samen met zijn vrouw Yoko Ono in de Upper West Side.*

Harry Houdini *(1874-1926) Deze illusionist uit Boedapest was in een visioen geopenbaard dat hij vroegtijdig zou sterven op 52-jarige leeftijd.*

Andrew Carnegie *(1835-1919) In het huis van deze van oorsprong Schotse industrieel en filantroop is nu het Cooper-Hewitt Museum gevestigd (blz. 184).*

Sarah Bernhardt *(1844-1923) Deze Franse actrice woonde tijdens haar verblijf in New York de dienst bij in de Little Church Around the Corner (blz. 127).*

Jacob Riis *(1849-1914) Deze Deense emigrant sliep in portieken van de Bowery voordat hij het boek* How the Other Half Lives *schreef, over de misère in de stad.*

Beroemde Newyorkers

New York heeft een paar van de creatiefste talenten van deze eeuw voortgebracht. In deze bakermat van de Pop-Art is Manhattan nog steeds het modernekunstcentrum van de wereld. De alternatieve schrijvers van de jaren vijftig en zestig deden in de jazzclubs van deze stad hun inspiratie op. In de financiële hoofdstad van Amerika voelden ook veel ondernemers zich thuis.

Schrijvers

Schrijver James Baldwin

New York is de bakermat van de Amerikaanse literatuur. *Charlotte Temple, A Tale of Truth* door Susanna Rowson (ca. 1762-1824), verschenen in 1791, handelde over verleiding in de grote stad. Het zou 50 jaar lang een bestseller blijven. Charles Brockden Brown (1771-1810), die zich in 1791 in New York vestigde, was de eerste Amerikaanse beroepsschrijver. Edgar Allan Poe (1809-1849), de pionier van de moderne detective, verlegde met zijn romans de grenzen van de toenmalige thriller. Henry James (1843-1916) vestigde met de publicatie van zijn *The Bostonians* (1886) zijn naam als grootmeester van de psychologische roman. Zijn vriendin Edith Warton (1861-1937) stond bekend om haar satirische beschrijvingen van de Amerikaanse samenleving. De Amerikaanse literatuur kreeg uiteindelijk internationale erkenning met *A History of New York* (1809), de satire van Washington Irving (1783-1859). Greenwich Village heeft altijd veel schrijvers aangetrokken – Herman Melville (1819-1891) bijvoorbeeld, wiens meesterwerk *Moby Dick* (1851) bij de verschijning ervan zeer matig werd ontvangen. Jack Kerouac (1922-1966), Allen Ginsberg en William Burroughs kwamen met andere schrijvers samen in het San Remo Café in Greenwich Village. Dylan Thomas (1914-1953) bracht zijn laatste dagen door in het Chelsea Hotel *(blz. 137)*. Romanschrijver Nathanael West (1902-1940) had zijn werkruimte in het Gramercy Park Hotel, waar ook zijn vriend Dashiell Hammett (1894-1961) woonde toen hij *The Maltese Falcon* schreef. De in Harlem geboren James Baldwin (1924-1987) schreef in New York na zijn terugkeer uit Europa *Another Country* (1963).

Kunstenaars

De New York School of Abstract Expressionists heeft aan de wieg gestaan van de eerste invloedrijke Amerikaanse kunststroming. De oprichters waren Hans Hofmann (1880-1966), Franz Kline en de Nederlander Willem de Kooning. De door hen ontworpen stijl werd later gepopulariseerd door Adolph Gottlieb, Mark Rothko (1903-1970) en Jackson Pollock (1912-1956). Pollock, Kline en De Kooning hadden hun ateliers in de Lower East Side. In de jaren zestig ontstond in New York de Pop-Art. Grondleggers

Pop-kunstenaar Andy Warhol

waren Roy Lichtenstein en Andy Warhol (1926-1987), die op 33 Union Street een aantal van zijn cultfilms opnam. Ook een zeer productief kunstenaar was Keith Haring (1958-1990), wiens werk als popkunstenaar inmiddels internationale erkenning heeft gekregen. Robert Mapplethorpe (1946-1989) raakte in opspraak door zijn homo-erotische foto's. Inmiddels is hij door Jeff Koons opgevolgd als het zwarte schaap van de internationale kunstwereld.

Acteurs

In 1849 veroorzaakte de Britse toneelspeler Charles Macready een rel toen hij de Amerikanen vulgair noemde. Het Astor Place Opera House, waar Macready Macbeth opvoerde, werd door een woedende menigte bestormd. In 1927 werd Mae West (1893-1980) tot 10 dagen werkinrichting en $500 boete veroordeeld wegens obsceen gedrag in haar Broadway-voorstelling *Sex*. Marc Blitzstein's politieke opera *The Cradle Will Rock*, geproduceerd door Orson Welles (1915-1985) en John Houseman (1902-1988), werd na de première onmiddellijk verboden en de ge-

Vaudeville-actrice Mae West

censureerde show moest naar een ander theater verhuizen. De musical is New York's eigen bijzondere bijdrage aan de theaterwereld geweest. De *Follies* van Florenz Ziegfield (1869-1932) draaiden van 1907-1931. Met de opening in 1943 van *Oklahoma* op Broadway begon het tijdperk van de musicals van Richard Rogers (1902-1979) en Oscar Hammerstein Jr. (1895-1960). De Provincetown Players van No. 33 Mac Dougal Street voerden off-Broadway als eersten Eugene O'Neill's (1888-1953) *Beyond The Horizon* (1920) op. Zijn opvolger als belangrijkste vernieuwer van het Amerikaanse toneel was Edward Albee, schrijver van *Who's Afraid of Virginia Woolf?* (1962).

Josephine Baker

Musici en dansers

Leonard Bernstein (1918-1990) was een van de beroemde dirigenten van het New York Philharmonic, waartoe ook Bruno Walter (1876-1962), Arturo Toscanini (1867-1957) en Leopold Stokowski (1882-1977) gerekend worden. Maria Callas (1923-1977) werd in New York geboren, maar verhuisde later naar Europa.
In Carnegie Hall *(blz. 146)* zijn, onder anderen, Enrico Caruso (1873-1921), Bob Dylan en The Beatles te zien geweest.
De jazzclubs die zich in de jaren dertig en veertig in 52nd Street bevonden zijn inmiddels allemaal verdwenen. De gedenkplaten op de 'Jazz Walk', voor het CBS-gebouw, herinneren nog aan beroemdheden als Charlie Parker (1920-1955) en Josephine Baker (1906-1975). Tussen 1940 en 1965 werd New York één van de danscentra van de wereld door de oprichting van George Balanchine's (1904-1983) New York City Ballet en door de oprichting van het American Ballet Theater. In 1958 begon choreograaf Alvin Ailey (1931-1989) het American Dance Theater, een multiraciaal dansgezelschap.

Musicalproducent Florenz Ziegfield

Industriëlen en ondernemers

Magnaat Cornelius Vanderbilt

De krantenjongen die miljonair wordt is een onlosmakelijk onderdeel van de 'Amerikaanse Droom'.
Andrew Carnegie (1835-1919), 'de staalbaron met het gouden hart', startte zijn carrière zonder een cent op zak – bij zijn dood liet hij een vermogen van $350 miljoen na, dat voor een deel werd geschonken aan openbare bibliotheken en universiteiten verspreid over heel Amerika. Ook vele andere instituten hebben hun bestaan aan rijke weldoeners te danken. Sommigen, zoals Cornelius Vanderbilt (1794-1877), ontfermden zich over de kunst, hun vroegere armoede indachtig. Waar het op zaken aankwam, gingen de 'roofheren' van New York schijnbaar ongestraft hun gang. De financiers Jay Gould (1836-1892) en James Fisk (1834-1872) versloegen Vanderbilt in de strijd om de Erie-spoorlijn door te sjoemelen met aandelen. In september 1869 veroorzaakten ze in een poging de goudmarkt te monopoliseren de eerste 'Zwarte Vrijdag' van Wall Street.
Moderne ondernemers zijn o.a. Donald Trump *(blz. 31)*, eigenaar van de Trump Tower, en Harry en Leona Helmsley.

Architecten

Cass Gilbert (1858-1934), bouwer van neogotische wolkenkrabbers zoals het Woolworth Building uit 1913 *(blz. 91)*, was één van de grote architecten van New York. Een karikatuur van hem is te bewonderen in de lobby van bovenstaand gebouw. Stanford White (1853-1906) was niet alleen bekend door zijn exuberante levensstijl maar ook door de prachtige, door hem ontworpen beaux arts-gebouwen, zoals de Players Club *(blz.124)*. Frank Lloyd Wright (1867-1959) hield zich aanvankelijk niet met stadsarchitectuur bezig. Toen hij uiteindelijk werd overgehaald zijn bijdrage te leveren, ontwierp hij het Guggenheim Museum *(blz. 186-187)*. 'Je kunt niet iedere maandagochtend een nieuwe architectuur verwachten' vond de Duitser Ludwig Mies van der Rohe (1886-1969), bouwer van het Seagram Building.

Agenda van New York

De lente in New York is te herkennen aan de bloeiende bloesems op Park Avenue. Fifth Avenue is één en al groen op St. Patrick's Day, de eerste uit een lange reeks optochten die gedurende het jaar gehouden worden. De zomers in New York zijn heet en drukkend, maar het is alleszins de moeite waard de airconditioning te verruilen voor de openbare parken en pleinen, waar u kunt genieten van gratis muziek- en theatervoorstellingen. Labor Day, op de eerste maandag van september, kondigt het begin aan van de herfst met zijn oranje-rode kleuren. In de kersttijd zijn de straten versierd en zijn de etalages van de winkels oogverblindend ingericht. De data van de feestdagen kunnen wisselen. Raadpleeg voor precieze informatie de uitagenda's *(blz. 353)* of de driemaandelijkse agenda van het New York Convention and Visitors Bureau *(blz. 352)*.

Voorjaar

Ieder jaargetijde in New York kent zijn eigen verlokkingen. In het voorjaar schudt de stad de winter van zich af met bloemen in de parken en lentemode in de winkels. Iedereen gaat winkelen of bezoekt een galerie. Duizenden wonen de zeer populaire St. Patrick's Day Parade bij en de kleurrijke Easter Parade op Fifth Avenue.

Originele hoofddeksels in de Easter Parade

Maart

St. Patrick's Day Parade *(17 maart)*, Fifth Avenue, van 44th tot 86th Street. De kleding, de bloemen en zelfs het bier zijn groen.

Greek Independence Day Parade *(25 maart)*, Fifth Avenue, van 49th tot 59th Street. Grieks dansen en eten.

New York City Opera Spring Season *(maart-half april)*, Lincoln Center *(blz. 338)*.

Ringling Bros and Barnum & Bailey Circus *(eind maart-eind mei)*, Madison Square Garden *(blz. 133)*.

Gele tulpen en taxi's op Park Avenue

Pasen

Easter Flower Show *(week voor Pasen)*, Macy's Department Store *(blz. 132-133)*.

Easter Parade *(Eerste Paasdag)*, Fifth Avenue, van 44th tot 59th Street. Schitterende optocht rond St. Patrick's Cathedral.

April

Cherry Blossom Festival *(eind april-mei)*, Brooklyn Botanic Garden. Beroemd om zijn Japanse kersenbomen en prachtige tuinen.

Annual Earth Day Festival Activities *(varieert)*.

Baseball *(april-mei)*, Yankees en Mets beginnen Major League-seizoen *(blz. 344)*.

New York City Ballet Spring Season *(april-juni)*, New York State Theater en Metropolitan Opera House in het Lincoln Center *(blz. 212)*.

Mei

Martin Luther King Jr. Day Parade *(derde zondag van mei)*, Fifth Avenue, van 57th tot 79th Street. Herdenkingsoptocht voor de vermoorde leider van de zwarte burgerrechtenbeweging.

Optocht in nationale klederdracht op Greek Independence Day

Ninth Avenue Street Festival *(half mei)*, tussen W 37th en W 57th Street. Etnisch eten, muziek en dans.

Washington Square Outdoor Art Exhibit *(laatste weekeinde mei, eerste weekeinde juni)*.

Memorial Day *(laatste weekeinde)*. Parade over Fifth Ave, feest in South Street Seaport.

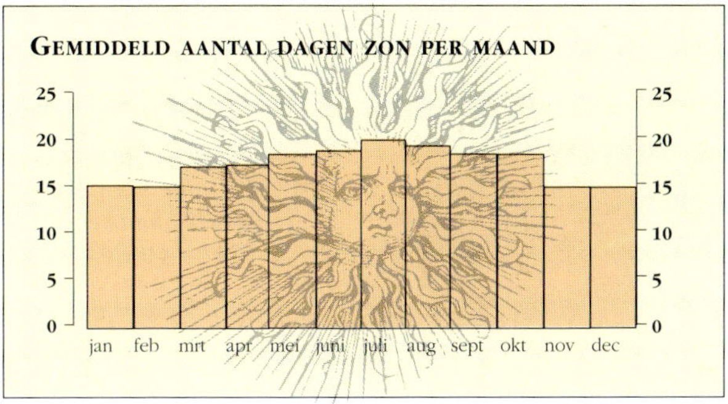

Aantal dagen zon
New York geniet van juni tot augustus van lange zomerse dagen, met juli als zonnigste maand. De winterdagen zijn veel korter, maar toch vaak helder en droog. Ook de herfst en lente zijn zonnig, de herfst iets meer dan de lente.

ZOMER

Als het even kan ontvluchten de Newyorkers de hitte van de stad, met picknicks, zeiltochten en strandbezoek. Op de viering van de 4de juli zet het vuurwerk van Macy's de hemel in vlam. Een heel ander soort vuurwerk bieden de New York Yankees en de Mets. En in de zomer zijn er ook de straatfeesten.

Dansende agent in de Puerto Rican Day Parade

JUNI

Puerto Rican Day Parade *(eerste zondag van juni)*, Fifth Ave, van 44th tot 86th St. Praalwagens en fanfares.
Museum Mile Festival *(tweede dinsdag van juni)*, Fifth Ave, van 82nd tot 105th St. Gratis entree in alle musea.
Central Park Summerstage *(juni-aug.)*, Central Park. Allerlei soorten muziek en dans, bijna dagelijks, weer of geen weer.
Metropolitan Opera Parks Concerts. Gratis avondvoorstellingen in parken in de hele stad *(blz. 338-339)*.
Goldman Memorial Band Concerts *(juni-aug)*, Lincoln Center *(blz. 212)*. Traditionele muziekoptredens.
Shakespeare in the Park *(juni-sept.)*. Broadway-sterren spelen Shakespeare in Cental Park, Delacorte Theater *(blz. 335)*.
Lesbian and Gay Pride Day Parade *(half juni)*, Fifth Ave, Columbus Circle tot Washington Square *(blz. 113)*.
JVC Jazz Festival *(eind juni-begin juli)*. Topmuzikanten in verschillende zalen *(blz. 341)*.

JULI

Macy's Firework Display *(4 juli)*, East River. Hoogtepunt van Independence Day.
American Crafts Festival *(eind juni-begin juli)*, Lincoln Center *(blz. 212)*. Kunstnijverheid van niveau.
Mostly Mozart Festival *(half juli-eind aug.)*, Avery Fisher Hall, Lincoln Center *(blz. 338-339)*.
NY Philharmonic Parks Concerts *(eind juli-begin aug.)*. Gratis concerten in diverse parken *(blz. 339)*.

Zomers straatfeest in Greenwich Village

Lincoln Center Festival *(juli)*. Dans, opera en meer, uit de hele wereld. Optredens in **World Trade Center** *(juli)*.

AUGUSTUS

Harlem Week *(half aug)*. Film, kunst, muziek, dans, mode, sport en rondleidingen.
Out-of-Doors Festival *(half juli-begin sept.)*, Lincoln Center. Gratis dans- en theatervoorstellingen *(blz. 334)*.
US Open Tennis Championships *(eind aug.-begin sept.)*, Tennistoernooi in Flushing Meadows *(blz. 345)*.

Vuurwerk in East River op Independence Day (4 juli)

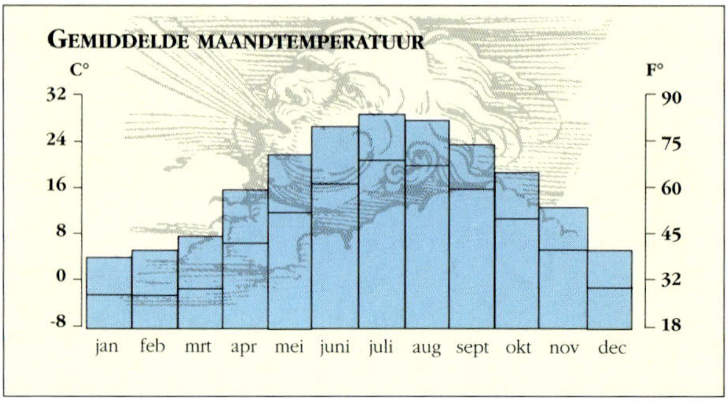

Temperatuur
De tabel toont de gemiddelde minimum- en maximumtemperatuur per maand. Bij maximumtemperaturen rond de 29˚C kan het in de stad erg heet en drukkend zijn. Andersom kunnen de wintermaanden bitter koud lijken.

Najaar

Met Labor Day begint de herfst. De Giants en de Jets beginnen aan een nieuw footballseizoen en op Broadway neemt het nieuwe theaterseizoen een aanvang. In Little Italy vormt het Festa di San Gennaro het hoogtepunt van een reeks uitbundige buurtfeesten. De Thanksgiving Day Parade luidt een tijd van feesten in.

September

Richmond County Fair *(weekeinde van Labor Day)*, op het terrein van Historic Richmond Town *(blz. 252)*. Een authentiek dorpsfeest.
West Indian Carnival *(weekeinde van Labor Day)*, Brooklyn. Carnavalsoptocht met wagens, muziek, dans en eten.
Brazilian Festival *(begin sept.)*, E 46th Street, tussen Times Sq en Madison Ave.

Exotisch kostuum, Caribisch carnavalsfeest in Brooklyn

Braziliaanse muziek, eten en kunstnijverheid.
New York is Book Country *(half sept.)*, Fifth Avenue, tussen 48th en 59th Street. Boekenbeurs.
Festa di San Gennaro *(derde week van sept.)*, Little Italy *(blz. 96)*. Tien dagen lang festiviteiten en optochten.
New York Film Festival *(half sept.-begin okt.)*, Lincoln Center *(blz. 212)*.
Von Steuben Day Parade *(derde week van sept.)*, Upper Fifth Avenue. Duits-Amerikaans feest.
American Football *(begin van het seizoen)*, Giants Stadium, thuishaven van de Giants en de Jets *(blz. 344)*.

Oktober

Columbus Day Parade *(tweede maandag van okt.)*, Fifth Avenue, van 44th tot 86th Street. Viering van de ontdekking van Amerika.
Pulaski Day Parade *(zondag rond 5 okt.)*, Fift Avenue, van 26th tot 52nd Street. Herdenking van de Pools-Amerikaanse held Casimir Pulaski.
Halloween Parade *(31 okt.)*, Greenwich Village.
Big Apple Circus *(okt.-jan.)*, Damrosch Park, Lincoln Center. Ieder jaar een ander thema *(blz. 347)*.
Basketball *(begin van het seizoen)*, Madison Square Garden. Het plaatselijk team heet The Knicks *(blz. 344)*.
New York City Marathon *(laatste zondag van okt. of eerste zondag van nov.)*.

Superman zweeft als ballon boven Macy's Thanksgiving Day Parade

November

Macy's Thanksgiving Day Parade *(vierde donderdag van nov.)*, van Central Park West en W 79th Street tot Broadway en W 34th Street. Populair bij de kinderen.
Rockefeller Center Ice Skating Rink *(nov.-maart)*, Schaats onder de beroemde kerstboom.
Magnificent Christmas Spectacular *(nov.-jan.)*, Radio City Music Hall. Variétéspektakel met de Rockettes.

Feestvierders bij de Halloween Parade in Greenwich Village

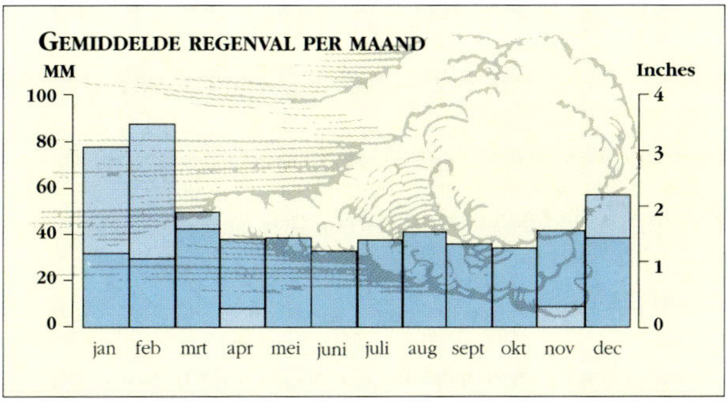

Regenval
In maart en augustus valt in New York de meeste regen. Het voorjaar is vaak onvoorspelbaar, dus wees op uw hoede. 's Winters kunnen sneeuwbuien chaos in de stad veroorzaken.

Regenval

Sneeuwval

WINTER

New York lijkt wel een sprookje rond de kersttijd – zelfs de stenen leeuwen van de Public Library zijn voor de gelegenheid met slingers versierd en de winkels zijn in ware kunstwerken veranderd. De nieuwjaarsviering is het hoogtepunt van het seizoen, met feesten in de hele stad.

Central Park, beeld van Alice in Wonderland

DECEMBER

Tree-Lighting Ceremony *(begin dec.)*, Rockefeller Center *(blz. 142)*. De enorme kerstboom voor het RCA-gebouw wordt verlicht.
Messiah Sing-In *(half dec.)*, Lincoln Center *(blz. 212)*. Publiek repeteert en geeft een uitvoering onder leiding van verschillende dirigenten.
Hanukkah Menorah *(half-eind dec.)*, Grand Army Plaza, Brooklyn. Gedurende Chanoeka wordt iedere avond de grote menora ontstoken.
Oudejaarsavond Vuurwerk in Central Park *(blz. 204-205)*; feesten op Times Square *(blz. 145)*; hardloopwedstrijd (8 km) in Central Park; poëzievoordrachten in St. Mark's Church.

JANUARI

National Boat Show *(half jan.)*, Jacob K. Javits Convention Center *(blz. 136)*.
Chinese New Year *(eind jan.)*, Chinatown *(blz. 96-97)*. Draken, vuurwerk en eten.
Winter Antiques Show *(eind jan.)*, Seventh Regiment Armory *(blz. 185)*. Fraaie antiekbeurs.

FEBRUARI

Black History Month. Afro-Amerikaanse happenings.
Empire State Building Run-Up *(begin feb.)*. Hardloopwedstrijd naar de 102de verdieping *(blz. 134-135)*.
Lincoln and Washington Birthday Sales *(12-22 feb.)*. Aanbiedingen in warenhuizen.
Westminster Kennel Club Dog Show *(half feb.)*, Madison Square Garden *(blz. 133)*. Beroemde hondententoonstelling.

Chinese nieuwjaarsviering in Chinatown

OFFICIËLE FEESTDAGEN

New Year's Day (1 jan.)
Martin Luther King Day (3de ma, jan.)
President's Day (half feb.)
Memorial Day (eind mei)
Independence Day (4 juli)
Labor Day (1ste ma, sept.)
Columbus Day (2de ma, okt.)
Election Day (1ste di, nov.)
Veterans Day (11 nov.)
Thanksgiving Day (4de do, nov.)
Christmas Day (25 dec)

De enorme kerstboom en versieringen bij Rockefeller Center

Oriëntatiekaart

De zuidpunt

De zuidpunt van Manhattan

Wanneer u Lower Manhattan vanaf de Hudson River bekijkt, ziet u enkele van de kenmerkendste moderne gebouwen in de skyline van New York, zoals de onmiddellijk herkenbare tweelingtorens van het World Trade Center en het recentere viertal van het World Financial Center. Van de oudere gebouwen vallen het Castle Clinton op, dat zich aftekent tegen het groen van Battery Park, en het daarachter gelegen statige Custom House.

World Trade Center
De tweelingtorens van glas en staal beheersen de skyline. Aan de voet is een plaza dat groter is dan het San Marcoplein in Venetië.

World Financial Center
Midden in dit complex ligt de Winter Garden met zijn winkels, restaurants, voorstellingen en schitterend uitzicht over de Hudson (blz. 69).

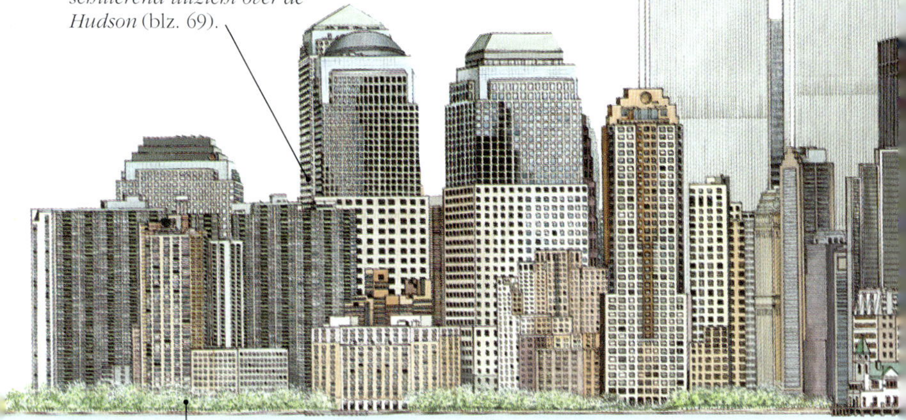

De *Upper Room*, detail

De 'Upper Room'
Dit beeldhouwwerk van Ned Smyth is een van de vele kunstwerken in Battery Park City (blz. 72).

Manhattan vroeger
Deze foto uit 1898 toont een vrijwel onherkenbare skyline.

Downtown Athletic Club
In dit prachtige art deco-gebouw wordt de Heisman-trofee voor footballers bewaard.

US Custom House
Dit schitterende beaux arts-gebouw uit 1907 huisvest tegenwoordig het Museum of the American Indian (blz. 73).

East Coast War Memorial
Een grote bronzen adelaar van Albino Manca herdenkt de slachtoffers van de Tweede Wereldoorlog in Battery Park.

26 Broadway
De toren van dit vroegere Standard Oil Building heeft de vorm van een olielamp. Het interieur is nog steeds met de emblemen van Standard Oil getooid.

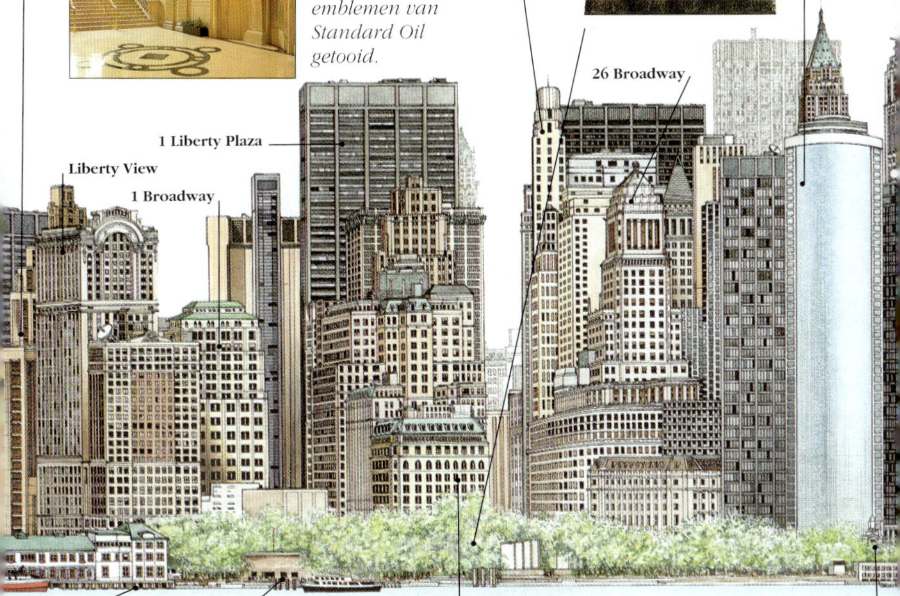

American Merchant Mariners' Memorial (1991)
Dit beeldhouwwerk van Marisol staat op Pier A, de laatste van de oude pieren van Manhattan. Op de pier staat ook een klokkentoren, met scheepsbellen als klok.

Huis van Mother Seton
Amerika's eerste heilige (blz. 76).

Lower Manhattan vanaf de East River

ORIËNTATIEKAART

Vanaf East River

Op het eerste gezicht vormt dit stuk East-Riveroever, beginnend bij het puntje van Manhattan Island, een ononderbroken rij 20ste-eeuwse kantoorgebouwen. Maar vanaf het water ziet men nog de straten en scheepshellingen van het oude New York. Meer naar het westen wordt het Financial District zichtbaar. In de skyline vallen de oudere wolkenkrabbers op. Hun daken zijn vaak mooier dan die van hun moderne tegenhangers.

India House
Het zandstenen huis op 1 Hanover Square is een van de mooiste in zijn soort.

Vietnam Veterans Plaza
Een monument van gegraveerd groen glas torent uit boven het vroegere Coenties Slip, een gedempte scheepswerf.

Hanover Square
Hier staat het standbeeld van Abraham De Peyster, een van de Nederlandse burgemeesters van New York.

Battery Maritime Building
Deze historische veerpont vaart alleen op Governors Island.

Downtown Heliport
Kustwacht- en rondvluchten.

Delmonico's
Het voormalige eethuis voor de high society.

New York Stock Exchange
Hoewel aan het zicht onttrokken door modernere hoogbouw, blijft dit de spil van het drukke Financial District (blz. 70-71).

40 Wall Street
In de jaren veertig werd de piramidevormige spits van de voormalige Bank of Manhattan geraakt door een sportvliegtuig.

70 Pine Street
Kopieën van deze elegante toren in gotische stijl zijn te zien bij de ingangen aan Pine en Cedar Street.

Bank of New York
Dit interieur uit 1928 maakt deel uit van de in 1784 door Alexander Hamilton opgerichte bank (blz. 21).

Morgan Bank
De zuilen in de ontvangsthal zijn kenmerkend voor dit moderne gebouw.

100 Old Slip
Het kleine, palazzo-achtige First Precinct Police Department was bij de bouw in 1911 het modernste politiebureau van de stad.

Ornament, 100 Old Slip

Queen Elizabeth Monument
Hier herdenkt men het in 1972 gezonken oceaanschip.

South Street Seaport

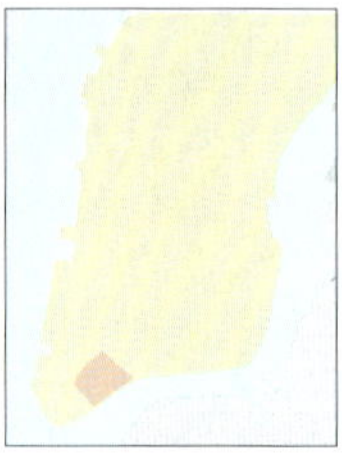

ORIËNTATIEKAART

Rond South Street

De skyline ten oosten van het Financial District ziet er, zoals u vanaf de East River of vanuit Brooklyn kunt zien, heel anders uit. In plaats van kantoren bevinden zich hier de steigers, de laagbouw en de warenhuizen van deze oude havenwijk, de volledig gerestaureerde South Street Seaport *(blz. 82-83)*. Niet ver landinwaarts ligt het Civic Center, waarvan men enige van de monumentale gebouwen kan zien liggen. Vanaf de Brooklyn Bridge tot aan Midtown wordt het beeld van de skyline weer door flatgebouwen bepaald.

Ornament op Woolworth Building

Pier 17
Deze wandelpier in traditionele stijl, met winkels, stalletjes en restaurants, is het centrum van de Seaport.

Woolworth Building
Onder de prachtige spits bevindt zich het hoofdkwartier van F.W. Woolworth's imperium, nog altijd beschouwd als het mooiste bedrijfsgebouw ter wereld (blz. 91).

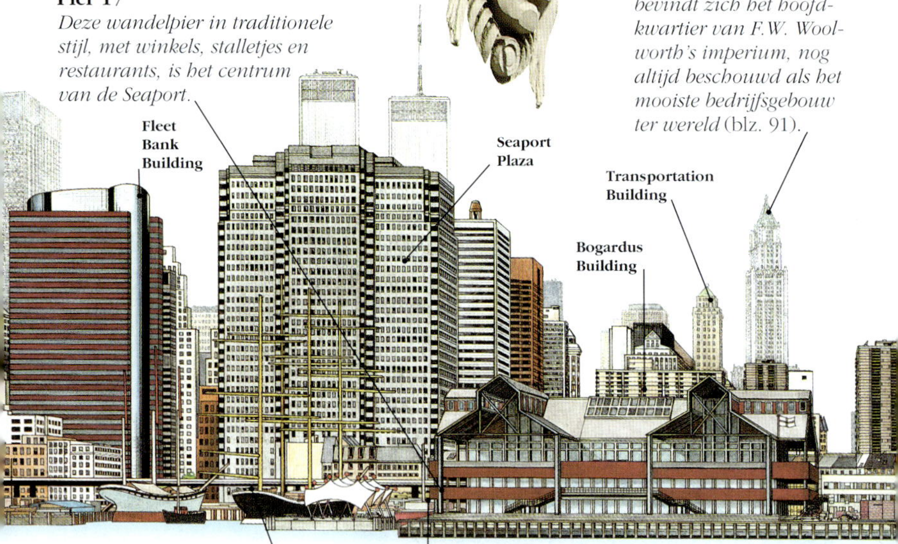

Maritime Crafts Center
Op Pier 15 demonstreren handwerkslieden traditionele vaardigheden, zoals houtsnijwerk en modelbouw.

Sweets
Dit visrestaurant was van 1847 tot 1933 op Schermerhorn Row gevestigd.

Fulton Fish Market
Tot zonsopgang is in de Seaport de grootste visgroothandelsmarkt van de VS in bedrijf.

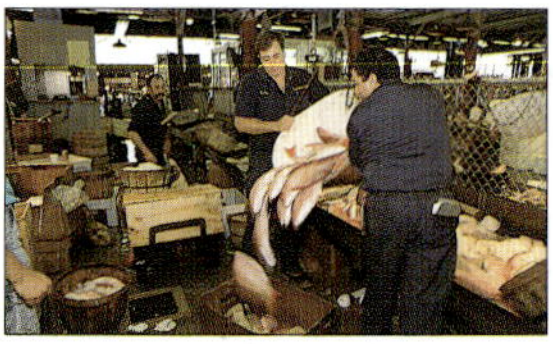

Police Plaza
Het Five in One *(1971-1974) op Police Plaza is een werk van Bernard Rosenthal. Het stelt de vijf deelgemeenten van New York voor.*

United States Courthouse
Het Civic Center is herkenbaar aan de goudkleurige piramide op het Courthouse van architect Cass Gilbert (blz. 85).

Municipal Building
In dit enorme gebouw bevindt zich onder andere de Marriage Chapel, waar men voor de burgerlijke stand kan trouwen. Het koperen beeld dat zich in de skyline aftekent is Civic Fame *van Adolph Weinman* (blz. 85).

Surrogate's Court and Hall of Records
Opslag en expositie van gemeentearchieven tot 1664 (blz. 85).

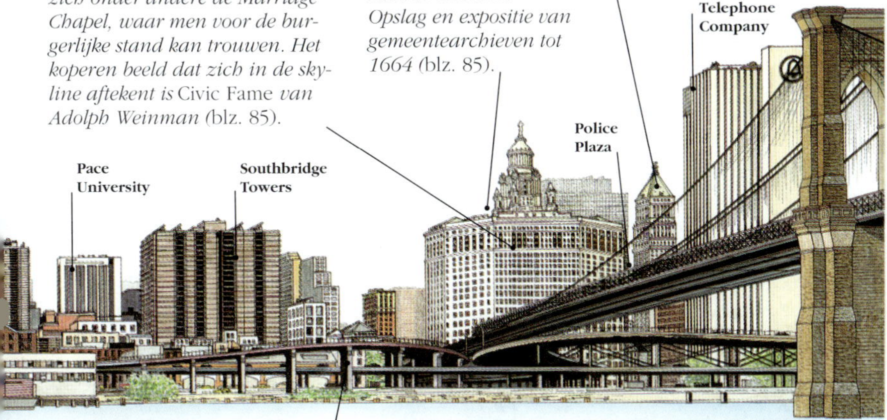

Con Edison Mural
Richard Haas schiep in 1975 een tweede Brooklyn Bridge op de zijmuur van een voormalig onderstation.

Brooklyn Bridge
Door het uitzicht dat men vanaf de brug heeft, is dit een van de geliefdste plaatsen van New York.

ORIËNTATIEKAART

Midtown

Midtown Manhattan

De skyline van Midtown Manhattan wordt opgesierd door een paar van de spectaculairste torens en spitsen van de stad, van de bekende aanblik van de art deco-spits van het Empire State Building tot het indrukwekkende, wigvormige hoofdkwartier van de Citicorp. In de richting van het centrum, 'uptown', worden de gebouwen prijziger. Eerst zien we het zeer uitgebreide complex van de Verenigde Naties, waarna Beekman Place het begin vormt van een reeks exclusieve woongebieden.

Empire State Building
Met zijn 381 m was dit lange tijd het hoogste gebouw ter wereld (blz. 134-135).

Chrysler Building
Vanwege zijn roestvrijstalen spits, die overdag schittert in de zon, is dit volgens velen de ultieme wolkenkrabber van New York (blz. 153).

Grand Central Terminal
Dit karakteristieke gebouw, dat nu in de schaduw van zijn buren staat, zit vol opmerkelijke details, zoals deze klok (blz. 154-155).

MetLife Building

Tudor City
Dit complex, met zijn meer dan 3000 woningen, een groots uitgevoerde parodie op de tudor-stijl (blz. 156).

Verenigde Naties
Onder de door de lidstaten geschonken kunstwerken bevindt zich ook dit beeldhouwwerk van Barbara Hepworth.

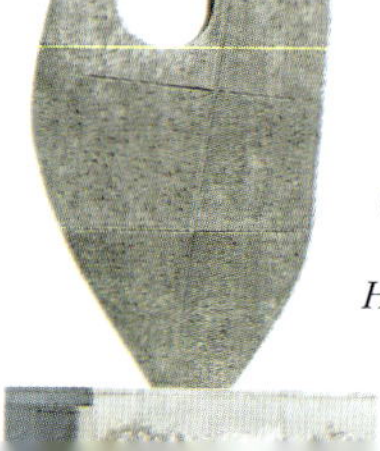

1 & 2 UN Plaza
De kantige glazen torens huisvesten kantoren en het UN Plaza Hotel (blz. 156 en 280).

General Electric Building
Dit bakstenen art deco-gebouw uit 1931 is getooid met een hoge kroon met punten, die de radiogolven moet uitbeelden (blz. 172).

Waldorf-Astoria
De tweelingtorens torenen met hun koperen daken hoog uit boven dit hotel, dat een van de beste van de stad is. Het interieur is al even prachtig (blz. 173).

Citicorp Center
St. Peter's Church bevindt zich in een van de hoeken van het Citicorp Center.

The Nail, **van Arnoldo Pomodoro, St. Peter's Church, Citicorp Center**

Rockefeller Center
De openlucht-ijsbaan en de galerijen van dit kantorencomplex zijn geliefde plaatsen om andere mensen gade te slaan (blz. 142).

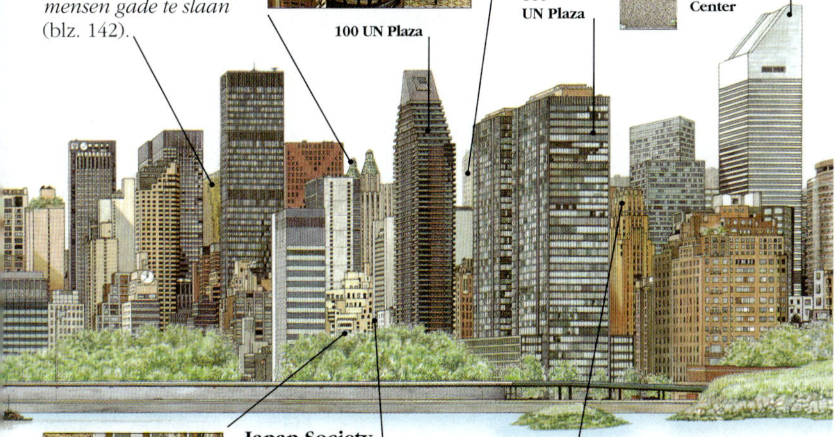

Japan Society
Men geniet hier van de Japanse cultuur, van avant-gardetoneel tot antieke kunst (blz. 156-157).

Beekman Tower
Deze art decotoren werd in 1928 gebouwd als hotel voor leden van de Amerikaanse vrouwelijke studentensociëteiten.

St. Mary's Garden
De tuin van de Holy Family Church is een oase van rust.

NEW YORK
VAN BUURT TOT BUURT

Lower Manhattan

Oud en nieuw komen samen in dit zuidelijke puntje van Manhattan: koloniale kerken en oude Amerikaanse monumenten staan in de schaduw van de wolkenkrabbers. Dit is het oudste gedeelte van de stad, uit de tijd dat New York nog de hoofdstad van het land was. De geschiedenis gaat terug tot 1626, het jaar waarin de Nederlander Peter Minuit een van de beroemdste grondaankopen uit de geschiedenis deed. Hij kocht het eiland Man-a-hatt-ta voor $24 aan kralen en snuisterijen van de Algonkin-indianen *(blz. 17)*. Tegenwoordig bevindt zich hier het financiële hart van de stad: Wall Street, het World Trade Center en de Stock Exchange.

Gedenksteen voor Minuit, Bowling Green

De Trinity Church aan het begin van Wall Street

BEZIENSWAARDIGHEDEN IN HET KORT

Historische straten en gebouwen
Federal Reserve Bank 1
Federal Hall 2
New York Stock Exchange blz. 70-71 3
Downtown Athletic Club 8
Cunard Building 9
Fraunces Tavern Museum 13
Battery Maritime Building 16

Musea
US Custom House 11
Ellis Island blz. 78-79 18
Castle Clinton National Monument 20
Museum of Jewish Heritage 21

Monumenten en standbeelden
Statue of Liberty blz. 74-75 17

Parken en pleinen
Bowling Green 10
Vietnam Veterans' Plaza 14
Battery Park 19

Boottochten
Staten Island Ferry 15

Kerken
Trinity Church 4
St. Elizabeth Ann Seton Shrine 12

Moderne architectuur
World Financial Center 5
World Trade Center 6
Battery Park City 7

Stier (symbool van Wall Street) in brons, nabij Custom House

BEREIKBAARHEID

De beste metroverbindingen met Lower Manhattan zijn de Lexington Ave. nrs. 4 en 5 naar Bowling Green; de N of R naar Whitehall St.; of de 7th Ave. nrs. 1 en 9 naar South Ferry; voor Wall Street metro 2, 3, 4 of 5 naar Wall St., of de N of R naar Rector Street. Ook de bussen M1, M6 en M15 rijden naar deze wijk.

ZIE OOK

- ***Stratengids***, kaart 1, 2
- ***Accommodatie*** blz. 274-275
- ***Restaurants*** blz. 290-292

0 meter 500

SYMBOLEN

- Stratenkaart
- Metrostation
- Aanlegplaats veerboot
- Heliport

Onder de loep: Wall Street

Geen kruispunt is van groter belang voor de stad geweest dan dat van Wall Street en Broad Street. Drie belangrijke gebouwen zijn hier gevestigd: ten eerste het Federal Hall National Monument, de plaats waar George Washington in 1789 als president werd beëdigd; ten tweede de Trinity Church, een van de oudste anglicaanse gemeenten van de stad; ten derde de New York Stock Exchange uit 1817, het zakelijk zenuwcentrum van de stad, dat zijn invloed heeft op de hele financiële wereld. Samen met de omringende gebouwen is dit het financiële hart van New York.

Marine Midland Bank
De 55 verdiepingen hoge glazen toren beslaat ongeveer 40 procent van het terrein. De overige 60 procent wordt ingenomen door een plein, met het beeldhouwwerk van Isamu Noguchi: de Cube.

Trinity Building
Een gotische wolkenkrabber uit het begin van de 20ste eeuw. Moest qua ontwerp aansluiten bij de nabijgelegen Trinity Church.

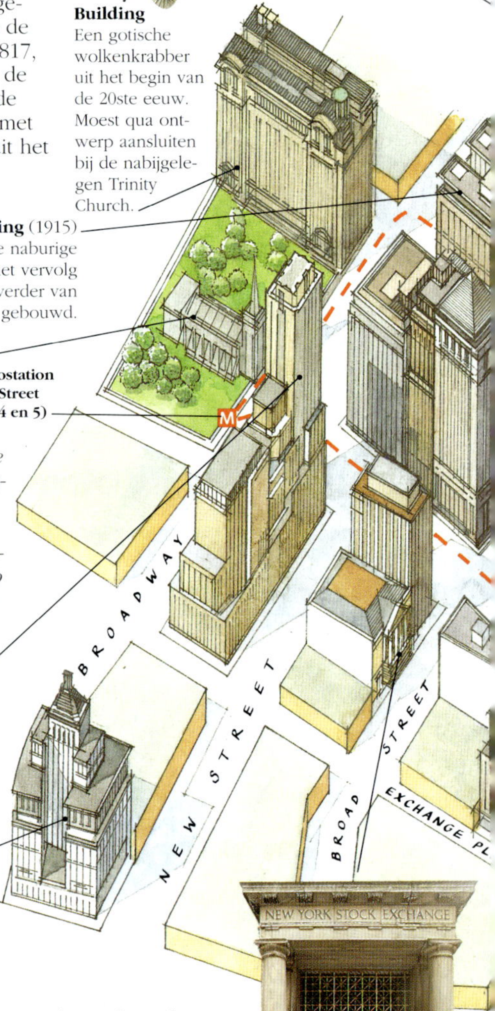

Het Equitable Building (1915) nam het daglicht van de naburige gebouwen weg; in het vervolg moesten wolkenkrabbers verder van de rooilijn af worden gebouwd.

★ **Trinity Church**
Deze in 1846 in gotische stijl gebouwde kerk is het derde godshuis op deze plaats. De klokkentoren, ooit het hoogste bouwwerk van de stad, staat in de schaduw van de omringende wolkenkrabbers. Op het kerkhof liggen vele beroemde Newyorkers begraven ❹

Metrostation Wall Street (lijn 4 en 5)

The Irving Trust Company
Gebouwd in 1932. De buitenmuur ziet eruit alsof hij gestuct is. De lobby is gedecoreerd met een art deco-mozaïek.

26 Broadway
Gebouwd om de Standard Oil Trust te huisvesten. Op het dak prijkt een olielamp.

New York Stock Exchange ★
Het hart van de financiële wereld is gehuisvest in een uit 1903 daterend gebouw van 17 verdiepingen. In het bezoekerscentrum worden geschiedenis en functioneren van de beurs uitgelegd ❸

De Liberty Tower is met witte terracotta afgewerkt. Dit gebouw heeft nu een woonfunctie.

De Chamber of Commerce is een fraai beaux arts-bouwwerk uit 1901.

STERATTRACTIES

- ★ **Federal Hall National Monument**
- ★ **Federal Reserve Bank**
- ★ **New York Stock Exchange**
- ★ **Trinity Church**

ORIËNTATIEKAART
Zie plattegrond Manhattan blz. 12-13

SYMBOOL

— — — Aanbevolen route

0 meter **100**

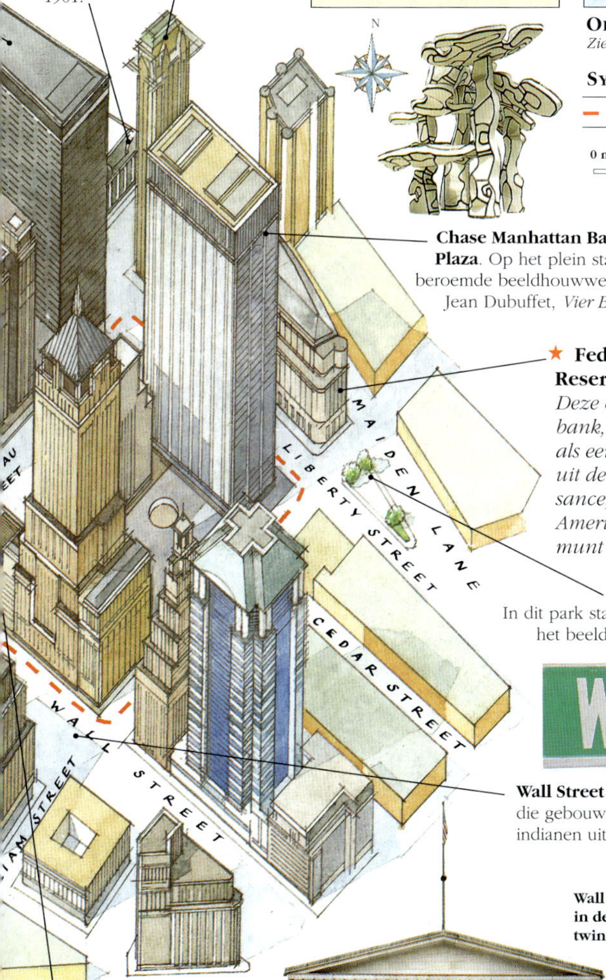

Chase Manhattan Bank en Plaza. Op het plein staat het beroemde beeldhouwwerk van Jean Dubuffet, *Vier Bomen*.

★ **Federal Reserve Bank**
Deze centrale bank, gebouwd als een paleis uit de Renaissance, geeft de Amerikaanse munt uit. ❶

Louise Nevelson Plaza
In dit park staat de *Shadows and Flags*, het beeldhouwwerk van Nevelson.

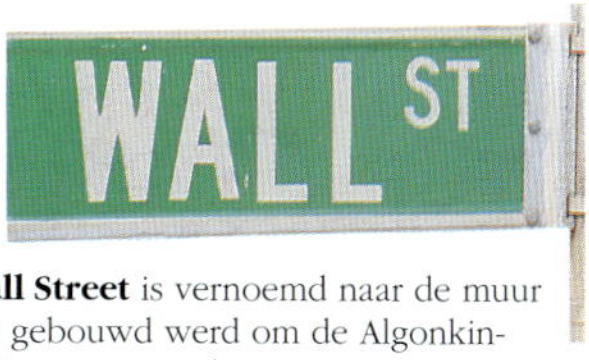

Wall Street is vernoemd naar de muur die gebouwd werd om de Algonkin-indianen uit Manhattan te weren.

Wall Street in de jaren twintig

★ **Federal Hall National Monument**
Dit classicistische gebouw, het vroegere US Custom House, huisvest nu een tentoonstelling over de Grondwet ❷

Federal Reserve Bank ❶

33 Liberty St. **Kaart** 1 C2. *720-6130.* *Wall St.* *ma-vr 8.30-17.00 uur.* *feestdagen* *elk uur 9.30-14.30 uur, reserveren.* www.ny.frb.org

Ingang Federal Reserve Bank

Deze overheidsbank, een van de 12 nationale banken, produceert de Amerikaanse munt. De hier vervaardigde bankbiljetten zijn herkenbaar aan de letter B in het zegel op het biljet. Hier bevindt zich een ondergrondse kluis van vijf verdiepingen, de grootste opslagplaats van goud ter wereld. Ongeveer een kwart van de totale goudvoorraad van de wereld ligt hier opgeborgen, het kapitaal van ieder land in een afzonderlijke kluis, afgesloten met 90 ton zware deuren. Vroeger werden betalingen van het ene land aan het andere uitgevoerd in baar goud. Tegenwoordig gebeurt dit nog slechts op papier. Het gebouw, dat in 1924 door York & Sawyer werd ontworpen, beslaat een heel blok.

Federal Hall ❷

26 Wall St. **Kaart** 1 C3. *825-6870.* *Wall St.* *ma-vr 9.00-17.00 uur, juli-aug. ook za-zo.* *feestdagen.* www.nps.gov.feha

Het bronzen beeld van George Washington bij de ingang van Federal Hall markeert de plaats waar de eerste president van de VS in 1789 zijn ambtseed aflegde. Op Wall Street en Broad Street hadden zich duizenden Newyorkers verzameld, die luidkeels hun bijval betuigden toen de kanselier van de staat New York uitriep: 'Lang leve George Washington, president van de Verenigde Staten.' Het indrukwekkende gebouw, tussen 1834 en 1842 gebouwd als het US Custom House, is een van de mooiste classicistische ontwerpen van de stad. Vanuit de koepel bereikt men ruimten als de Bill of Rights Room.

Koepelzaal met marmeren zuilen in Federal Hall

New York Stock Exchange ❸

Blz. 70–71.

Trinity Church, kerkhof

Trinity Church ❹

Broadway en Wall Street. **Kaart** 1 C3. *602-0872.* *Wall St, Rector St.* *ma-vr 7.00-18.00 uur; za 8.00-16.00 uur; zo 7.00-16.00 uur.* *zo 11.15 uur.* *behalve tijdens diensten* *dag. 14.00 uur.* ***Concerten*** *do.* www.trinitywallstreet.org

Deze kerk met zijn vierkante toren aan de kop van Wall Street is het derde godshuis op deze plek en tevens een van de oudste (1697) anglicaanse gemeenten van Amerika. De kerk, in 1846 ontworpen door Richard Upjohn, was een van de statigste van zijn tijd en markeerde het begin van een periode waarin de beste neogotiek in Amerika tot stand kwam.

De met koper beslagen deuren, ontworpen door Richard Morris Hunt, zijn geïnspireerd op de *porte del paradiso* van Ghiberti in Florence.

Tijdens de restauratie is door het verwijderen van lagen stadsvuil het oorspronkelijke rozerode zandsteen weer zichtbaar geworden. De torenspits, 86 m hoog en tot 1860 het hoogste bouwwerk van New York, is ondanks zijn veel hogere buren nog steeds indrukwekkend.

Op het kerkhof liggen vele prominente Newyorkers begraven.

World Financial Center ❺

West St. **Kaart** 1 A2. 945-0505. *1, 2, 3, 9, A, C, E naar Chambers St, 1, 9, N, R naar Cortlandt St.* *M1, M6, M9, M10, M22.* www.worldfinancialcenter.com

Dit project, een voorbeeld van de stadsarchitectuur van Cesar Pelli & Associates, heeft een belangrijke rol gespeeld in de herwaardering van Lower Manhattan. Vier kantoortorens rijzen hemelwaarts, elk met een verschillend dak gekroond. Enkele van de belangrijkste handelsondernemingen ter wereld hebben hier hun hoofdkwartier. Door middel van een luchtbrug is het Financial Center verbonden met het World Trade Center. Er is hier echter meer te vinden dan alleen maar kantoren.

In het midden van het Center bevindt zich de schitterende Winter Garden, een enorm 'kristalpaleis' van glas en staal. Hier vindt u 45 restaurants en winkels en hebt u een schitterend uitzicht op een drukke promenade.

De Winter Garden in het World Financial Center

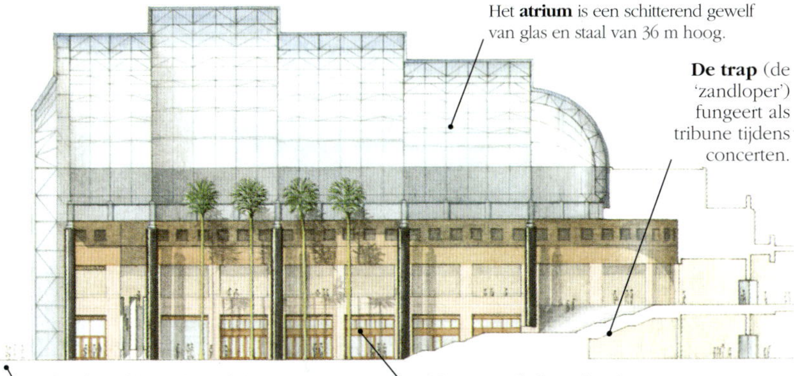

Het **atrium** is een schitterend gewelf van glas en staal van 36 m hoog.

De trap (de 'zandloper') fungeert als tribune tijdens concerten.

De boulevard langs de Hudson.

Cafés en winkels rondom het atrium.

De marmeren trap die naar de Winter Garden leidt fungeert vaak als tribune bij gratis voorstellingen, uiteenlopend van theater tot liefdadigheidsgala's.

Door de zestien palmen, 15 m hoog, uit de Mojave-woestijn, is de Winter Garden een moderne variant van de aloude 'palmentuin' van vroeger.

Het World Financial Center, gezien vanaf de Hudson

New York Stock Exchange ❸

In 1790 was de handel in effecten en aandelen op en rond Wall Street nog ongeorganiseerd. In 1792 tekenden echter 24 effectenmakelaars, die hun handel bedreven onder een plataan voor het pand nr. 68 Wall Street, een overeenkomst om uitsluitend nog zaken met elkaar te doen. Hiermee was de basis voor de New York Stock Exchange gelegd. Het lidmaatschap was aan strenge eisen gebonden. In 1817 kostte een plaats op de beursvloer $25 – tegenwoordig moet men hiervoor soms meer dan één miljoen dollar betalen. Tevens wordt men aan een strenge selectie onderworpen. Bezoekers kunnen de bedrijvigheid gadeslaan vanaf een galerij boven de beursvloer.

Tickertape-apparaat
Deze apparaten, die in de jaren 1870 verschenen, bielden de actuele handelsprijzen bij, ingetikt op stroken papier.

Publieks-ingang, Broad Street

Gecomputeriseerde koerstelegrafen tonen de constante prijzenstroom, zo snel dat het menselijk oog het nog net volgen kan.

Hoe werkt een beurspost

De 17 beursposten bestaan elk uit 22 groepen of 'secties' van handelaren en technologie, waarvan ieder de aandelen van maximaal 10 genoteerde ondernemingen beheert. De commissionairs werken voor de makelaardijen. Zij spoeden zich van post naar post en kopen en verkopen aandelen en obligaties voor het publiek. Een specialist houdt zich slechts met één aandeel tegelijk bezig en noemt een bod aan andere makelaars, en onafhankelijke makelaars beheren de zaken van drukke makelaardijen. De klerken voeren de orders die binnenkomen bij de beurspost via SuperDOT-computer in in het Exchange's Market Data System. De taak van de supervisor is ervoor te zorgen dat alles op de post efficiënt en legaal blijft functioneren. De pages helpen mee op de drukke beursvloer, en brengen bijvoorbeeld de orders rond van de posten naar de makelaars en de specialisten. Monitors bij de posten tonen de beurskoersen en vrijhangende monitors tonen de prijzen en handelingen voor de specialisten.

beurspost

Een lange dag
Tijdens de krach van 1929 bleven de beursklerken 48 uur non-stop doorwerken. Ondanks de paniek buiten bleef de stemming goed.

Tips voor de toerist

20 Broad St. **Kaart** 1 C3. ☎ 656-5168. Ⓜ *2, 3, 4, 5 naar Wall St, N, R naar Rector St.* 🚌 *M1, M6, M15.* ***Galerij*** ○ *ma-vr 9.00-16.30 uur (geen toegang na 14.45 uur).* ● *feestdagen.* ***Video's.*** W www.nyse.com

De beursvloer
Te midden van het gedrang op de beursvloer worden dagelijks 200 miljoen aandelen verhandeld, voor meer dan 2000 ondernemingen. De geavanceerde elektronica van de Designated Order Turnaround (SuperDOT) computer is verstopt in een web van gouden pijplijnen.

De grote krach van 1929
Tijdens de krach van 29 oktober wisselden meer dan 16 miljoen aandelen van eigenaar. Verdwaasde investeerders drongen samen op Wall Street, maar, de legende ten spijt, er sprongen geen wanhopige handelaars uit de ramen.

Tijdbalk

1792 Buttonwood Agreement, getekend op 17 mei

1844 De telegraaf maakt de weg vrij voor handel in het hele land

1867 Tickertape-apparaten in gebruik genomen

1903 Huidige beursgebouw geopend

1976 DOT-systeem vervangt de tickertape

1987 Krach van 'Zwarte Maandag' op 19 oktober. Dow Jones daalt 508 punten

1750 | 1800 | 1850 | 1900 | 1950

1817 Oprichting New York Stock & Exchange Board

1863 Nieuwe naam: New York Stock Exchange

1865 Exchange Building geopend op hoek Wall en Broad Street

1869 Goudkrach van 'Zwarte Vrijdag' op 24 september

1929 Krach van 29 oktober

1981 Beursposten gemoderniseerd met elektronische apparatuur

De menigte op straat tijdens de krach van 1929

World Trade Center 6

Kaart 1 B2. *Chambers St. en Rector St.* **Dakplatform** *Two World Trade Center* *323-2340.* *'s winters dag. 9.30-21.30 uur; 's zomers dag. 9.30-23.30 uur.* *niet op dakplatform.* *Het plein dat de torens verbindt is een openbare ruimte met van juni-sept. optredens.* www.wtc-top.com

De tweelingtorens van het World Trade Center domineren met hun 110 verdiepingen de skyline van Lower Manhattan. Het enorme gewicht van de gebouwen wordt niet door een stalen geraamte, maar door een kooi van staaldraad aan de binnenkant gedragen. Als gevolg hiervan zijn de werknemers binnen van grote ramen verstoken – het spectaculaire uitzicht valt slechts vanaf de daken te bewonderen. Critici vergelijken de gebouwen met enorme kartonnen dozen. Het complex, gebouwd tussen 1966 en 1977, bestaat uit vijf kantoorgebouwen en een hotel, die met elkaar in verbinding staan door een uitgestrekt ondergronds netwerk van winkels en restaurants. Het World Trade Center herbergt 450 bedrijven met 50.000 werknemers. Jaarlijks komen grote aantallen bezoekers van het ongeëvenaarde uitzicht vanaf het dakplatform en de galerij van Two World Trade Center genieten. De lift doet er slechts 58 seconden over om de 107de verdieping te bereiken. In One World Trade Center vindt u op dezelfde hoogte het restaurant 'Windows on the World' *(blz. 295)*.

Wanneer u op het dakplatform bent moet u eens aan Philippe Petit denken, die op 7 augustus 1974 bijna een uur lang het kantoorpersoneel verbaasde met een koorddans tussen beide torens.

Op het plein tussen de twee torens vindt jaarlijks van juni tot en met augustus de serie voorstellingen 'On Stage at the Twin Towers' plaats.

De koorddanser in actie

Philippe Petit staat op het punt zijn act uit te voeren in 1974

Battery Park City 7

Kaart 1 A3. *Rector St.* www.batteryparkcity.org

Battery Park City boulevard

Gouverneur Mario Cuomo zette de toon voor dit project toen hij er in 1983 bij de projectontwikkelaars op aandrong: 'Dit project moet een maatschappelijk belang hebben – geef het een ziel!' Deze nieuwe stadswijk, gebouwd op 37 ha drooggemalen land langs de Hudson, is zeer ambitieus opgezet. Bij het ontwerpen van de kantoorgebouwen, de restaurants, de woonhuizen, de beeldhouwwerken en de tuinen werd grote waarde gehecht aan kwaliteit en gebruiksvriendelijkheid.

Battery Park City zal volgens de plannen in de toekomst huisvesting moeten bieden aan meer dan 25.000 mensen. Het markantste deel van deze 'stad' is het World Financial Center, de vier torens rond de Winter Garden.

Downtown Athletic Club 8

19 West St. **Kaart** 1 B4. *425-7000.* *Rector St.* **Foyer** *voor het publiek geopend, tijdens club-uren.* www.dacnyc.org

Dit opvallende art deco-gebouw uit 1926, heeft aan de voorzijde een arcade in Moorse stijl. Tegen de pui zijn siertegels van zoutglazuur aangebracht in schakeringen van oranje tot bruin. Dankzij hun stadsvuilbestendige glans zien de tegels er nog steeds nieuw uit. In de clubruimten, die slechts toegankelijk zijn voor leden en hun gasten, hangt een rustige sfeer die herinneringen oproept aan ouderwetse oceaanstomers.

De Downtown Athletic Club

Plafonddecoratie in de grote hal van het Cunard Building

Cunard Building 9

25 Broadway. **Kaart** 1 C3. *363-9490* *Bowling Green.* *zie postkantoren (blz. 361).* ***NYC Police Museum*** *301-4440* *ma-vr 10.00-18.00, za-zo 10-16.00 uur.* www.nycpolicemuseum.org

Achter de gevel in renaissancestijl en de koperen deuren en smeedijzeren hekken van het US Post Office ligt de barokke Great Hall met zijn fraaie koepeldak. Het gebouw stamt uit 1921. Hier werden passages geboekt op bekende schepen zoals de de *Queen Mary* en de *Queen Elizabeth*, toen de Cunard Line de grootste passagiersschepenrederij ter wereld was. In de hal ziet u prachtige muurschilderingen en fresco's, en een opvallend sierplafond. Op de gewelven hangen schilderijen van Ezra Winter van de schepen van de eerste ontdekkingsreizigers. Het gebouw herbergt nu het nieuwe **Police Museum**. De tentoonstelling omvat onder meer voorwerpen van het NYPD.

Bowling Green 10

Kaart 1 C4. *Bowling Green.*

Dit driehoekige stuk land ten noorden van Battery Park was het eerste park van de stad. Het werd eerst gebruikt als veemarkt en later als bowlingveld. Er stond ooit een beeld van koning George III van Engeland, maar na de onafhankelijkheidsverklaring werd dit als symbool van de Britse overheersing in stukken gehakt en omgesmolten tot munitie *(blz. 20-21)*. Men zegt dat de vrouw van de gouverneur van Connecticut uit het gesmolten metaal 42.000 kogels heeft laten maken.
Het hek uit 1771 staat nog steeds overeind, zij het zonder de oorspronkelijke kroontjes, die hetzelfde lot ondergingen als het beeld. Vroeger was de Green omringd door fraaie huizen.
Even verderop begint Broadway, de straat die heel Manhattan in de lengte doorkruist.

Fontein op Bowling Green

US Custom House 11

1 Bowling Green St. **Kaart** 1 C4. *668 6624.* *dag. 10.00-17.00 uur.* *25 dec.* www.si.edu/nmai

Dit granieten paleis uit 1907, dat werd ontworpen door Cass Gilbert, is een van de mooiste beaux arts-gebouwen van New York. Het is een passend monument voor de rol van de stad als wereldhaven. De beste beeldhouwers en kunstenaars hebben eraan bijgedragen. De entree wordt gevormd door 44 statige Ionische zuilen met daarboven een kunstige fries. De vier beelden van Daniel Chester stellen de vier continenten voor als zittende vrouwen: Azië (nadenkend), Amerika (optimistisch omhoog kijkend), Europa (omringd door symbolen van haar vergane glorie) en Afrika (nog in slaap).
De fraaie marmeren muren van de ronde zaal zijn door Reginald Marsh opgesierd met schilderingen van schepen die de haven binnenlopen. Rechts tegenover de ingang hangt een portret van filmster Greta Garbo die een persconferentie geeft aan boord van een schip. Sinds de Amerikaanse douane zich elders heeft gevestigd, zit er alleen nog een kleine faillissementsrechtbank.
In 1994 kreeg het Custom House een nieuwe functie: drie verdiepingen werden toen in gebruik genomen door het George Gustav Heye Center van het National Museum of the American Indian *(blz. 232)*. Dit museum heeft een prachtige collectie van ongeveer 1 miljoen artefacten en een archief met duizenden foto's. Het omvat alle inheemse culturen van Noord-, Midden- en Zuid-Amerika.

Bovenkant van een pilaar in het US Custom House

Vrijheidsbeeld ⓱

Het vrijheidsbeeld is een geesteskind van de beeldhouwer Frédéric Auguste Bartholdi. Het was een geschenk van het Franse aan het Amerikaanse volk en is overal ter wereld een vrijheidssymbool. In het gedicht van Emma Lazarus, dat in het voetstuk staat gegraveerd, zegt Lady Liberty: 'Geef mij uw vermoeide, uw arme, uw bijeengekropen massa's die smachten naar vrijheid.' Het beeld stond in Parijs voordat de huidige standplaats op Liberty Island gereed was. Het werd op 28 oktober 1886 onthuld.

★ **Gouden toorts**
In 1986 werd de originele toorts, die was verroest, vervangen door een nieuwe. De vlam is bedekt met 24-karaats bladgoud.

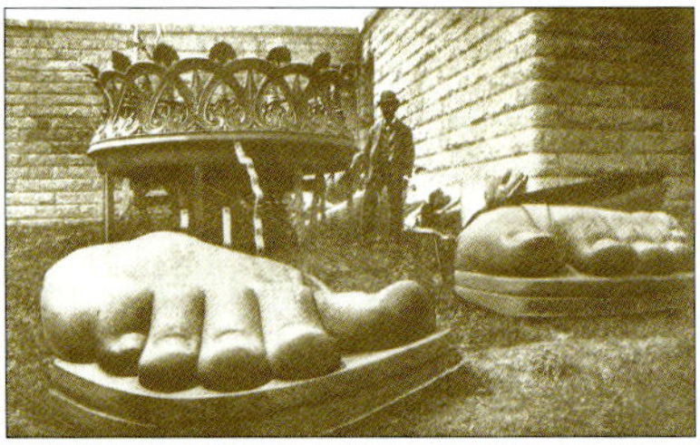

Van toorts tot teen
Lady Liberty bestaat uit driehonderd gemodelleerde koperplaten die aan elkaar zijn geklonken.

★ **Statue of Liberty Museum**
Hier hangen onder andere affiches waar het beeld op voorkomt.

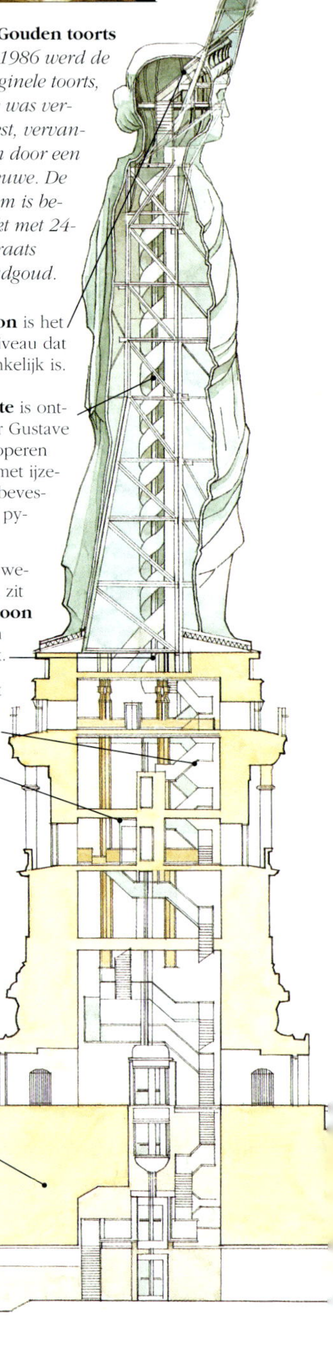

De kroon is het hoogste niveau dat toegankelijk is.

Het geraamte is ontworpen door Gustave Eiffel. Het koperen omhulsel is met ijzeren stangen bevestigd aan een pyloon.

Het 225 ton wegende beeld zit met een **pyloon** verankerd in zijn voetstuk.

Van de ingang tot de top is het **354 treden** klimmen.

Uitkijkpunt en museum

HET BEELD
Door zijn hoogte van 93 m, van de grond tot aan de toorts, domineert het Vrijheidsbeeld de Newyorkse haven.

Het beeld draagt cementen pantoffels: voor **het voetstuk** werd een record-hoeveelheid beton gestort.

De **originele toorts** staat nu in de grote hal.

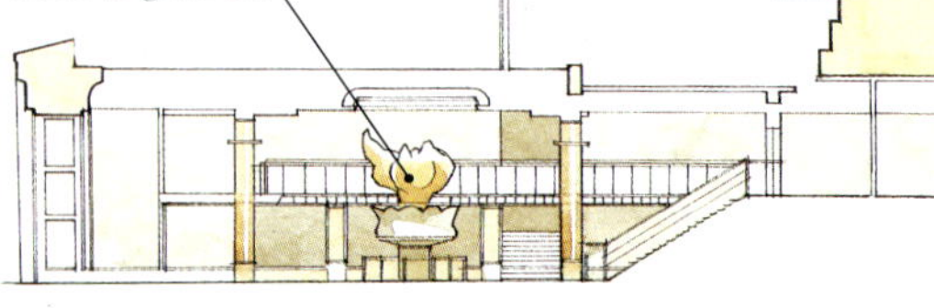

★ **Uitzicht op Lower Manhattan** *Vanaf het Vrijheidsbeeld heeft men een prachtig uitzicht op de stad, zowel vanaf het uitkijkpunt, de kroon als van de boot ernaartoe.*

TIPS VOOR DE TOERIST

Liberty Island. **Kaart** 1 A5. *363-3200. 1,9, N en R naar South Ferry, 4 en 5 naar Bowling Green. M6 en M15 naar South Ferry, daarna Circle Line-Statue of Liberty Ferry vanaf de Battery. Afvaarten 's zomers van 9.30-15.30 uur, om het halfuur. 's Winters andere dienstregeling. 269-5755. juli-aug.: dag. 9.30-17.30 uur; sept.-juni: dag. 9.30-18.00 uur. 25 dec. alleen lift naar platform.* www.nps.gov/stli

Mother Liberty *Bartholdi's moeder stond model voor het beeld. De zeven 'stralen' aan haar kroon symboliseren de zeven zeeën en de zeven continenten.*

Het maken van de hand *Van een houten model werd een gipsafdruk gemaakt die als mal diende voor de kopermantel.*

Modelfiguren *Bartholdi maakte bij de bouw van het grootste metalen beeld aller tijden gebruik van een serie schaalmodellen.*

FRÉDÉRIC-AUGUSTE BARTHOLDI

De Franse beeldhouwer die het Vrijheidsbeeld heeft ontworpen, wilde dat het beeld een monument zou zijn voor de vrijheid die hij in zijn eigen land meende te missen. Hij wijdde 21 jaar van zijn leven aan de realisering van dit plan. In 1871 reisde hij zelfs naar Amerika om met president Ulysses S. Grant en andere leiders te praten over de financiering van het beeld en de plaatsing in de haven van New York.

STERATTRACTIES

★ **Gouden toorts**

★ **Statue of Liberty Museum**

★ **Uitzicht op Lower Manhattan**

Feest ter gelegenheid van de restauratie *Op 3 juli 1986 werd het beeld opnieuw onthuld na een schoonmaakactie van 69,8 miljoen dollar. Bij dit feest werd groots vuurwerk afgestoken.*

St. Elizabeth Ann Seton Shrine ⓬

7 State St. **Kaart** 1 C4. *269-6865* *Whitehall, South Ferry.* *ma-vr 6.30-17.00 uur; mis.* *regelmatig.* www.setonshrine.org

Elizabeth Ann Seton

Elizabeth Ann Seton (1774-1821), de eerste in Amerika geboren vrouw die door de rooms-katholieke Kerk heilig werd verklaard, woonde hier van 1801-1803. Moeder Seton was oprichtster van de American Sisters of Charity, de eerste zusterorde van de Verenigde Staten. Na de Amerikaanse Burgeroorlog vestigde de Mission of Our Lady of the Rosary in het gebouw een opvangcentrum voor dakloze Ierse immigrantes. Ongeveer 170.000 Ierse vrouwen brachten er enige tijd door op weg naar een nieuw leven in Amerika. De naburige kerk werd gebouwd in 1883. De Mission plaatste de tombe van Moeder Seton en zorgt voor het onderhoud. Het huis zelf werd in 1793 gebouwd. In 1806 werd er een nieuwe vleugel in Federal-stijl aangebouwd met een rond voorportaal met zuilen. De gevels in Georgian- en Federal-stijl zijn met zorg gerestaureerd.

Fraunces Tavern Museum ⓭

54 Pearl St. **Kaart** 1 C4. *425-1778* *South Ferry, Bowling Green.* *ma-vr 10.00-16.45 uur; za-zo 12.00-16.00 uur.* *feestdagen en dag na Thanksgiving.* ***Lezingen, films***

De gerestaureerde Fraunces Tavern uit 1719 ligt in het enige stratenblok in New York dat nog geheel uit 18de-eeuwse gebouwen bestaat. George Washington nam hier in 1783 afscheid van zijn officieren. De herberg kreeg al in het begin van de Amerikaanse Revolutie, in augustus 1775, een voltreffer van het Britse schip *Asia* te verwerken. Het gebouw werd in 1904 aangekocht door de afdeling New York van de Sons of the Revolution. De restauratie in 1907 was een van de eerste pogingen om het nationaal erfgoed voor de ondergang te behoeden. Op de begane grond zit een restaurant met fraaie schouwen. Boven is een museum met wisselende exposities van schilderijen, prenten en kunstvoorwerpen uit de vroegste periode van de Amerikaanse cultuurgeschiedenis gevestigd.

Het 18de-eeuwse Fraunces Tavern Museum met restaurant

Vietnam Veterans Plaza ⓮

Tussen Water St. en South St. **Kaart** 2 D4. *Whitelhall, South Ferry.*

Dit is een nogal saai ogend, bakstenen complex met verschillende niveaus. Beneden zit een winkelcentrum. Middenin staat een enorme wand van doorzichtig groen glas met citaten uit toespraken, nieuwsberichten en brieven die zijn geschreven door Amerikaanse soldaten.

Ga met de pont naar Staten Island en terug

Staten Island Ferry ⓯

Whitehall St. **Kaart** 2 D5. *487-8403.* *South Ferry.* *24 uur per dag.* ***Gratis.*** *Zie ook* ***Praktische informatie*** *blz. 353.*

Dit veer was de eerste onderneming van een talentvolle jongen van Staten Island, Cornelius Vanderbilt. Het veer is sinds 1810 in bedrijf en brengt pendelaars naar de stad en weer terug.

Het biedt toeristen een onvergetelijk uitzicht op de haven, het Vrijheidsbeeld, Ellis Island en de indrukwekkende skyline van Lower Manhattan. Het boottochtje kost tegenwoordig zelfs helemaal niets.

Battery Maritime Building ⓰

11 South St. **Kaart** 2 D4. Ⓜ *South Ferry.* ● *voor het publiek.*

Van 1909 tot 1939 vertrokken hier de gemeenteponten naar Brooklyn. Hier was vroeger de kaai van Schreijers Hoek, vanwaaruit de schepen van de Nederlandse kolonialisten de terugvaart aanvingen. Tijdens de bloeitijd van het pontwezen vertrokken hier 17 lijndiensten. Nu wordt deze pier alleen nog gebruikt door de kustwacht van Governors Island.
Het gebouw stamt uit 1907. Vanaf een aangemeerd schip ziet men gewelfde openingen die worden geflankeerd door een 91 m brede rij zuilen met sierlijke voluten en ijzerwerk, lijstwerk en roosvensters in typische beaux arts-stijl. Het is een schijngevel van staal en bladmetaal dat groen is geverfd om het op koper te laten lijken.

IJzeren hek op het Battery Maritime Building

Vrijheidsbeeld ⓱

Blz. 74-75.

Ellis Island ⓲

Blz. 78-79.

Castle Clinton National Monument in Battery Park

Battery Park ⓳

Kaart 1 B4. Ⓜ *South Ferry, Bowling Green.*

Het park is genoemd naar de batterij kanonnen waarmee men ooit de haven verdedigde. Het biedt een van de mooiste uitzichten over de zee die de stad kent. Het groengebied heeft zich steeds verder uitgebreid op het puin dat er jarenlang is gestort.

Metrostation in beaux arts-stijl bij Battery Park

Langs het park staan veel beelden en monumenten, waaronder het Netherlands Memorial Monument en gedenktekens voor de eerste joodse immigranten en de kustwacht. Ook staan er monumenten ter ere van Giovanni da Verrazano en de dichteres Emma Lazarus.

Castle Clinton National Monument ⓴

Battery Park. **Kaart** 1 B4. ☎ *344-7220.* Ⓜ *Bowling Green, South Ferry* ○ *dag. 8.30-17.00 uur.* ● *25 dec.* **Concerten.** www.nps.gov.cacl

Castle Clinton werd in 1807 gebouwd als artilleriebolwerk. Oorspronkelijk stond het 91 m uit de kust en werd het door een dam verbonden met Battery Park, maar door vuilstort is het geleidelijk aan door het land opgeslokt. De 28 kanonnen zijn nooit in de strijd gebruikt.
Nadat het fort in 1824 was opgedoekt, werd het omgebouwd tot een chic theater: Castle Garden. Phineas T. Barnum organiseerde hier in 1850 het eerste optreden van de 'Zweedse nachtegaal' Jenny Lind. In 1855 werd de stedelijke immigratiedienst, die later zou verhuizen naar Ellis Island, in het gebouw gevestigd. De immigratieformaliteiten van 7,5 miljoen nieuwkomers werden hier afgewikkeld. In 1896 werd het gebouw door McKim, Mead en White verbouwd tot het New York Aquarium, een druk bezochte attractie, die in 1941 naar Coney Island verhuisde *(blz. 247)*.
Nu is het monument ingericht als bezoekerscentrum voor de nationale parken.

Museum of Jewish Heritage ㉑

18 First Place. **Kaart** 1 B4. ☎ *968-1800.* Ⓜ *Bowling Green.* ○ *zo-wo 9.00-17.00, do 9.00-20.00, vr 9.00-14.00 uur.* ● *za, joodse feestdagen.* **Lezingen.** www.mjhnyc.org

Het Museum of Jewish Heritage, geopend in 1997, documenteert het joodse leven in de 20ste eeuw en dient als herinnering aan de holocaust. Er zijn drie hoofdthema's: de tijd vóór de nazi's, de verschrikkingen van de Tweede Wereldoorlog en de moderne tijd. Het verhaal komt tot leven door foto's, objecten en films.

Ellis Island ⑱

De helft van alle Amerikanen kan zijn herkomst terugvoeren tot Ellis Island, dat van 1892 tot 1954 dienst deed als immigratiedepot. Tijdens de grootste volksverhuizing uit de wereldgeschiedenis zijn hier bijna 17 miljoen mensen gepasseerd. Tegenwoordig is Ellis Island een nationaal museum. Bij het museumonderdeel *Through America's Gate* staan de vroegere inreisformaliteiten centraal. *Peopling of America* is een elektronische kaart met de verschillende nationaliteiten waaruit de bevolking is opgebouwd. Het verhaal wordt grotendeels verteld aan de hand van foto's en de originele stemmen van immigranten. Nergens anders krijgt u zo'n duidelijke uitleg van de unieke bevolkingsopbouw van New York en de rest van de VS.

Hoofdgebouw

Spoorkaartje
Met een speciaal tarief reisden veel immigranten door naar Californië.

In het **spoorwegkantoor** werden kaartjes naar iedere bestemming verkocht.

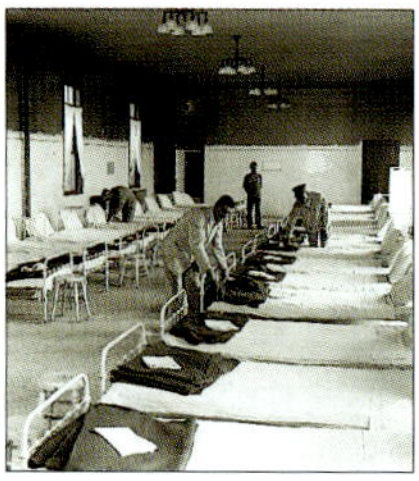

★ **Slaapzaal**
Er waren gescheiden slaapruimten voor mannen en vrouwen.

In het **veerkantoor** werden kaartjes naar New Jersey verkocht.

★ **Bagagekamer**
De schamele bezittingen van de immigranten werden hier na aankomst gecontroleerd.

De restauratie

Tot 1990 lag Ellis Island in puin. Tijdens een restauratie werd voor een bedrag van 156 miljoen dollar onder meer de inrichting zoveel mogelijk in de oorspronkelijke staat hersteld.

Grote Hal ★
De immigrantengezinnen moesten wachten tot in de Registry Room de inreisformaliteiten konden worden afgehandeld. De oude metalen balustrades werden in 1911 vervangen.

Tips voor de toerist

Kaart 1 A5. ☎ *363-7620.* Ⓜ *4 en 5 naar Bowling Green; 1, 9, N en R naar South Ferry; vervolgens Circle line/Statue of Liberty Ferry vanaf The Battery.* **Afvaarten** *elk half uur van 9.30-15.30 uur in de zomer ('s winters mogelijk andere dienstregeling); entreeprijs incl. Liberty Island.* ℹ *269-5755.* ***Geopend*** *juli-aug.: dag. 9.30-18.00 uur; sept.-juni: dag. 9.30-17.00 uur.* ***Gesloten*** *25 dec.*

De aankomst *Tussendekspassagiers drommen samen op het dek als het schip Ellis Island nadert.*

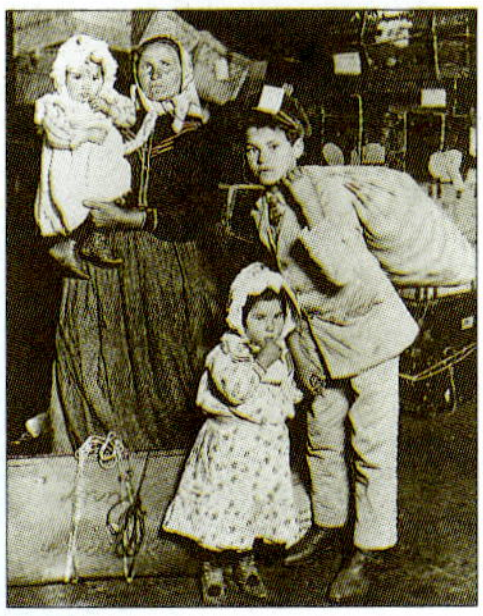

Immigrantenfamilie *De aankomst van een Italiaanse moeder en haar kinderen in 1905.*

Ruimten voor medisch onderzoek *Immigranten met besmettelijke ziekten kon de inreis worden geweigerd. Ze konden worden teruggestuurd. Dit is nog steeds zo.*

Sterattracties

★ **Grote Hal**

★ **Slaapzaal**

★ **Bagageruimte**

PEKING

SEAPORT EN HET CIVIC CENTER

Boegbeeld, South Street Seaport

Het drukke Civic Center in Manhattan is het juridisch centrum van de stad, de staat en het land. Ook het hoofdbureau van politie is er gevestigd. Rond 1880 was het ook het perscentrum van de stad. Deze wijk is nog steeds een eiland van indrukwekkende architectuur met monumenten uit elke periode van de geschiedenis van New York: van het 20ste-eeuwse Woolworth Building tot de 19de-eeuwse City Hall en de 18de-eeuwse St. Paul's Chapel, het oudste gebouw van New York dat nog steeds in gebruik is. Niet ver hiervandaan is de South Street Seaport. In de 19de eeuw werd deze de 'Street of Sails' genoemd vanwege de vele schepen die hier lagen aangemeerd. Toen de zeilvaart niet langer winstgevend was, ging het bergafwaarts met de Seaport. De wijk is nu gerestaureerd en herbergt een museum en veel winkels en restaurants. Meer naar het noorden ligt de Brooklyn Bridge, ooit de grootste hangbrug ter wereld.

BEZIENSWAARDIGHEDEN IN HET KORT

Historische straten en gebouwen

South Street Seaport 1
Schermerhorn Row 2
Brooklyn Bridge blz. 86-89 3
Criminal Courts Building 4
New York County Courthouse 5
United States Courthouse 6
Municipal Building 7
Surrogate's Court, Hall of Records 8
Old New York County Courthouse 9
City Hall 10
Woolworth Building 12
AT&T Building 14

Kerken

St. Paul's Chapel 13

Parken en pleinen

City Hall Park en Park Row 11

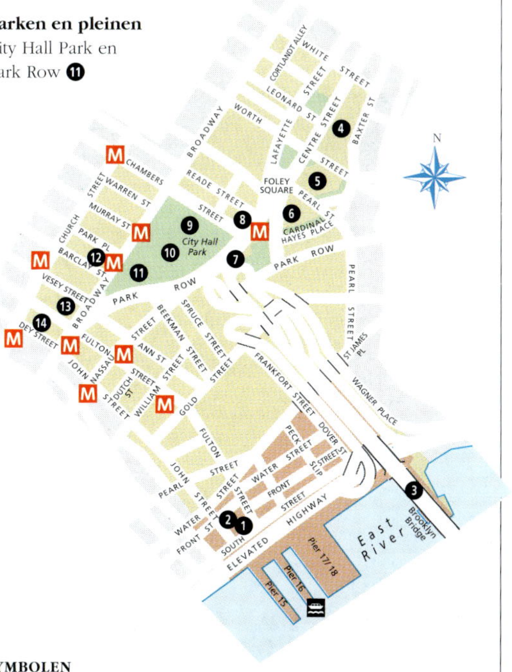

BEREIKBAARHEID

Men kan veel metrolijnen nemen naar deze wijk: de 7th Ave/Broadway nrs. 2 en 3 naar Park Place; de Lexington Ave nrs. 4, 5 en 6 naar Brooklyn Bridge; de 8th Ave nrs. A, C en E naar Chambers St. en lijn N en R naar City Hall. Verder met bus M1, M6, M9, M10, M15, M101/102 of de M22 Crosstown.

ZIE OOK

- ***Stratengids***, kaart 2
- ***Restaurants*** blz. 290-292
- ***Wandeling*** blz. 257

SYMBOLEN

- Detailkaart
- M Metrostation
- Opstappunt veerpont

0 meter 500

South Street Seaport

Onder de loep: South Street Seaport

Bij de ontwikkeling van de South Street Seaport gingen commercie en restauratie hand in hand. Hierdoor is het 19de-eeuwse centrum van New York, dat lang was verwaarloosd, een van de levendigste delen van de stad geworden. Overal zijn winkels en cafés en ook liggen er weer grote schepen aangemeerd. Het South Street Seaport Museum probeert door middel van demonstraties en rondvaarten iets te laten zien van de Newyorkse scheepvaartgeschiedenis.

★South Street Seaport
Ooit lag de Seaport vol zeilschepen, en passagierden veel zeelui in deze buurt. Nu zijn er veel winkels, restaurants en musea ❶

Cannon's Walk is een rij gebouwen uit de 19de en 20ste eeuw met terrassen, winkels en een drukke markt.

Het **Titanic Memorial** is een vuurtoren uit 1913 in Fulton Street. Het is een monument ter nagedachtenis van de slachtoffers bij de ramp met de *Titanic*.

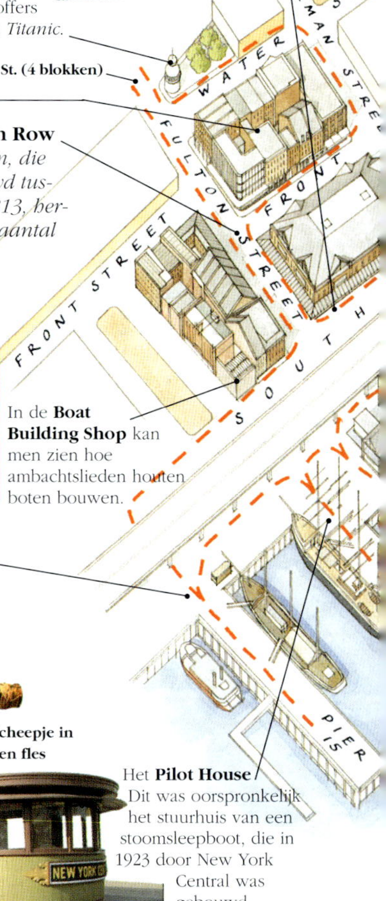

Naar metrostation Fulton St. (4 blokken)

Schermerhorn Row
Deze pakhuizen, die werden gebouwd tussen 1811 en 1813, herbergen nu een aantal eethuizen ❷

In de **Boat Building Shop** kan men zien hoe ambachtslieden houten boten bouwen.

In het **Maritime Crafts Center** kan men houtsnijders en schilders aan het werk zien aan scheepsmodellen, houtsnijwerk en boegbeelden.

Scheepje in een fles

Het **Pilot House**
Dit was oorspronkelijk het stuurhuis van een stoomsleepboot, die in 1923 door New York Central was gebouwd.

STERATTRACTIES

- ★ **Brooklyn Bridge**
- ★ **South Street Seaport**

Op de buitenmuur van het **Consolidated Edison**-onderstation uit 1975 staat een trompe-l'oeil van de Brooklyn Bridge van de hand van Richard Haas. Zo wordt het gebouw geïntegreerd in de historische omgeving.

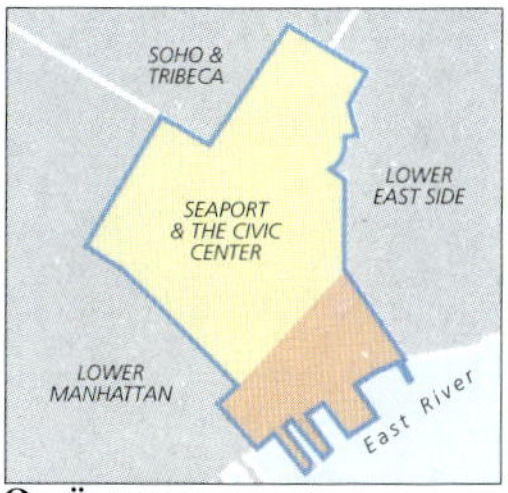

ORIËNTATIEKAART

Zie kaart Manhattan blz. 12-13

SYMBOLEN

Aanbevolen route

0 meter 100

Meyer's Hotel uit 1873 werd in 1881 een hotel. Nu is er een bar waar men nog iets van de sfeer kan proeven uit de tijd van de revolverheldin Annie Oakley.

★ **Brooklyn Bridge** *Toen deze brug in 1883 werd gebouwd, was hij een wonder van techniek. Nog steeds is het een bijzondere constructie. Vanaf het voetpad heeft men een mooi uitzicht over de stad en op de brug zelf* ❸

De **Fulton Fish Market** zit hier al 150 jaar. Ooit werd de vis hier vers van het schip verkocht, maar tegenwoordig wordt hij over de weg aangevoerd. De markt is er alleen 's ochtends vroeg *(blz. 347)*.

Pier 17 heeft drie verdiepingen met winkels, restaurants and eettentjes. Vanaf de bovenste verdieping hebt u uitzicht op de Brooklyn Bridge.

De schoener *Pioneer* wordt gebruikt voor tochten op de rivier vanaf de Seaport. U kunt ook varen met de traditionele stoomboot *De Witt Clinton (zie blz. 353)*.

De haven van de East River bij South Street Seaport

South Street Seaport ❶

Fulton St. **Kaart** 2 E2. *732-7678.* *Fulton St.* *ma-za 10.00-21.00; zo 11.00-20.00 uur.* ***Concerten*** **South Street Seaport Museum** *Front St 207.* *748-8600.* *mei-sept.: dag. 10.00-18.00, do 20.00 uur; okt.-apr. :10.00-17.00 uur.* *di, 1 jan, Thanksgiving, 25 dec.* ***Lezing, tentoonstelling, film.*** www.southstseaport. com; www.southstseaport.org (museum).

Het hart van de 19de-eeuwse havenwijk van New York heeft een geslaagde facelift ondergaan. De chique winkels en restaurants, de zeezeilschepen, de historische gebouwen en het museum vormen een harmonieus geheel. Men heeft hiervandaan een indrukwekkend uitzicht op de Brooklyn Bridge en de East River. Aan de pieren liggen historische schepen, zoals het sleepbootje *W.O. Decker* en de viermaster *Peking*, het op één na grootste, nog bestaande zeilschip. U kunt tochtjes maken op de schoener *Pioneer*, een leuke manier om de Seaport vanaf de rivier te zien. Hier is ook sinds 1821 de Fulton Fish Market gevestigd. Hoewel de vis niet langer wordt aangeleverd door boten, maar in koelauto's, is de ochtendmarkt nog steeds interessant.
Het museum, opgericht in 1967, beslaat de 11 blokken van wat ooit de belangrijkste haven van het land was. Naast de zes historische schepen heeft het museum meer dan 10.000 maritieme voorwerpen, kunstobjecten en documenten uit de 19de en begin 20ste eeuw, evenals talloze archeologische objecten gevonden in de omringende stad.

De Fulton Fish Market 's morgens

Schermerhorn Row ❷

Fulton St./South St. **Kaart** 2 D3. *Fulton St.*

Deze gebouwen zijn het paradepaardje van de Seaport. Ze werden in 1811 door reder en kaarsenfabrikant Peter Schermerhorn gebouwd op een drooggelegd stuk grond langs de rivier en dienden oorspronkelijk als pakhuizen en kantoren. Door de ingebruikneming van het veer naar Brooklyn in 1814 en de Fultonmarkt in 1822 werd dit blok een aantrekkelijke bezit. Schermerhorn Row is gerestaureerd en er zijn nu een bezoekerscentrum, winkels, restaurants en een ijsbaan gevestigd.

Brooklyn Bridge ❸

Blz. 86-89

Criminal Courts Building ❹

100 Centre St. **Kaart** 4 F5. *Canal St.* *ma-vr 9.00-17.00 uur.* *feestdagen.*

De torens van dit gebouw uit 1939 in art modernestijl doen denken aan een Babylonische tempel. De drie verdiepingen hoge ingang ligt aan een binnenplaats achter twee enorme vrijstaande vierkante granietzuilen, een angstaanjagend gezicht voor de verdachten. In het gebouw is ook het Manhattan Detention Court for Men gevestigd, dat vroeger aan de overkant zat in een gebouw dat vanwege de Egyptisch aandoende architectuur bekend stond als 'The Tombs' (de graven). Hoewel dit gebouw al lang verdwenen is, heeft het gerechtsgebouw die bijnaam nog steeds. Een 'Brug der Zuchten' verbindt de rechtbank met de strafinrichting aan de overkant van Centre Street.

De ingang van het Criminal Courts Building

New York County Courthouse ❺

60 Centre St. **Kaart** 2 D1. *Brooklyn Br.-City Hall.* *ma-vr 9.00-17.00 uur.* *feestdagen.*

Dit nieuwe provinciale gerechtsgebouw werd neergezet ter vervanging van het Tweed Courthouse *(blz. 90).*

Het is in 1926 voltooid. De galerij van Corinthische zuilen met cannelures, boven aan de brede trap, is het opvallendste onderdeel van dit zeshoekige gebouw. Ter compensatie van de sobere buitenkant is er binnen een ronde hal met zuilen, lampen van Tiffany-glas, fraai marmer en plafondschilderingen van Attilio Pusterla rond de thema's wet en recht. Vanaf de ronde hal strekken zich zes vleugels uit, die elk een rechtszaal met alle faciliteiten bevatten.

New York County Courthouse

United States Courthouse ❻

40 Centre St. **Kaart** 2 D1. *Brooklyn Br.-City Hall.* *ma-vr 9.00-17.00 uur.* *feestdagen.*

Dit gerechtsgebouw is het laatste werk van de bekende architect Cass Gilbert, de ontwerper van het Woolworth Building. In 1933, een jaar voor zijn dood, werd begonnen met de bouw. Zijn zoon maakte het werk af. De 31 verdiepingen tellende constructie bestaat uit een torengebouw met een piramidevormig dak, dat boven op een basisconstructie met het uiterlijk van een Griekse tempel is geplaatst. Het bronswerk op de deuren is fraai.

United States Courthouse

Municipal Building ❼

1 Centre St. **Kaart** 1 C1. *Brooklyn Br-City Hall.*

Het Municipal Building uit 1914, dat Chambers Street overspant, overheerst het Civic Center. Het was de eerste wolkenkrabber van McKim, Mead & White. In het gebouw bevinden zich gemeentekantoren en een trouwzaal. Aan de buitenkant is het uitgevoerd in de stijl van City Hall, maar het is wel zo sober mogelijk gehouden om aan dat gebouw geen afbreuk te doen. Het opvallendste onderdeel is de dakconstructie van fantasietorens, die wordt bekroond door het beeld *Civic Fame* van Adolph Wienman.
Om aan de moderne vervoerbehoeften te voldoen, werd door de basis een spoorwegtunnel (niet meer in gebruik) aangelegd en werd het gebouw via het plein verbonden met het IRT-metrostation.

Municipal Building

Surrogate's Court, Hall of Records ❽

31 Chambers St. **Kaart** 1 C1. *City Hall.* *ma-vr 9.00-17.00 uur.* *feestdagen.*

De bouw van de oorspronkelijke Hall of Records, een beaux arts-paleis, duurde van 1899 tot 1911. De fijn afgewerkte gevel van wit Maine-graniet heeft een zuilenrij en een hoog mansardedak. De figuren van Henry K. Bush-Brown op het dak stellen de verschillende stadia van een mensenleven voor. De beelden boven de colonnade, van Philip Martiny, stellen bekende Newyorkers voor, zoals Peter Stuyvesant. Eveneens van de hand van Martiny zijn de bij de ingang aan Chambers Street aangebrachte voorstellingen van New York in zijn beginjaren en ten tijde van de Amerikaanse Revolutie.
De Parijse Opéra vormde de inspiratiebron voor de dubbele marmeren trap en het beschilderde plafond van de indrukwekkende centraal gelegen hal. Het plafondmozaïek van William de Leftwich Dodge toont de tekens van de dierenriem en de symbolen uit de wereld van de archivering.
Het oudste archiefstuk in de Hall of Records dateert uit 1664.

Surrogate's Court

Brooklyn Bridge ❸

De in 1883 voltooide Brooklyn Bridge was de grootste hangbrug ter wereld en de eerste die van staal was gemaakt. De ingenieur John A. Roebling kwam op het idee van een brug over de East River toen hij met een veerpont naar Brooklyn vast was komen te zitten in het ijs. De bouw ervan duurde 16 jaar en eiste de levens van 20 van de 600 arbeiders die eraan werkten, waaronder dat van Roebling. Toen de brug eenmaal af was, vormde ze de verbinding tussen Manhattan en Brooklyn, wat in die dagen twee afzonderlijke steden waren.

Herinneringsmedaillon dat werd geslagen ter gelegenheid van de opening van de brug

BROOKLYN BRIDGE

Bij de bouw van de brug, van de bekabeling tot de pijlers, werden nieuwe technieken gebruikt.

Verankering
De uiteinden van de vier staalkabels van de brug zitten vast aan een serie ankerstaven die door ankerplaten op hun plaats worden gehouden. Deze worden in positie gehouden door reusachtige granieten gewelven die drie verdiepingen hoog zijn.

Caisson
Boven de caissons, die elk zo groot waren als vier tennisvelden, verhieven zich twee torens, van waaruit het opgravingsgebied onderwater werd drooggepompt.

Ankerplaten
Alle vier de gietijzeren ankerplaten zitten vast aan een kabel. De muren erombeen werden gebouwd nadat de ankerplaten waren aangebracht.

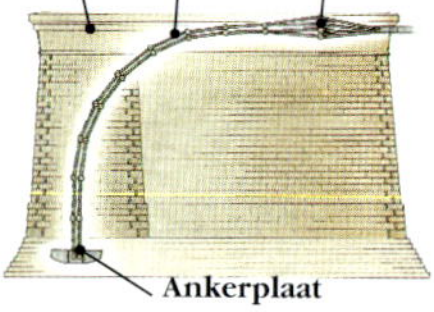

De centrale spanwijdte is 486 m

De beide verankeringspunten liggen 1.091 m uit elkaar

De eerste oversteek
De hoofdwerktuigkundige E.F. Farrington stak in 1876 als eerste de rivier over via een bewegende kabel met stoomaandrijving. Zijn overtocht duurde 22 minuten.

Tips voor de toerist

Kaart 2 D2. M *4, 5 of 6 naar Brooklyn Br.-City Hall (Manhattan); A of C naar High St.-Brooklyn (Brooklynt).* *M9, M22, M101 en M102.*

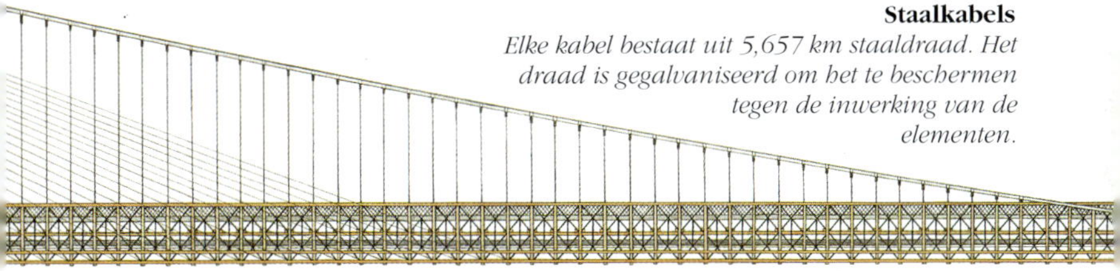

Staalkabels
Elke kabel bestaat uit 5,657 km staaldraad. Het draad is gegalvaniseerd om het te beschermen tegen de inwerking van de elementen.

Brooklyn Tower (1875)
Twee dubbele gotische bogen van elk 84 m hoog, de ene aan de kant van Manhattan en de andere aan de kant van Brooklyn, dienden als toegangspoorten.

In het caisson
Immigranten deden het zware werk op de rivierbodem.

John A Roebling

De in Duitsland geboren Roebling was de ontwerper van de brug. In 1869, vlak voor het begin van de bouw, werd zijn voet verbrijzeld tussen een aanleggende veerboot en de kade. Hij overleed drie weken later. Zijn zoon Washington Roebling volgde hem op, maar in 1872 raakte deze gedeeltelijk verlamd ten gevolge van caissonziekte. Zijn vrouw maakte vervolgens op zijn aanwijzingen het werk af.

HET MAKEN VAN DE KABELS

Dikte van het staaldraad (ware grootte) **Uiteinde**

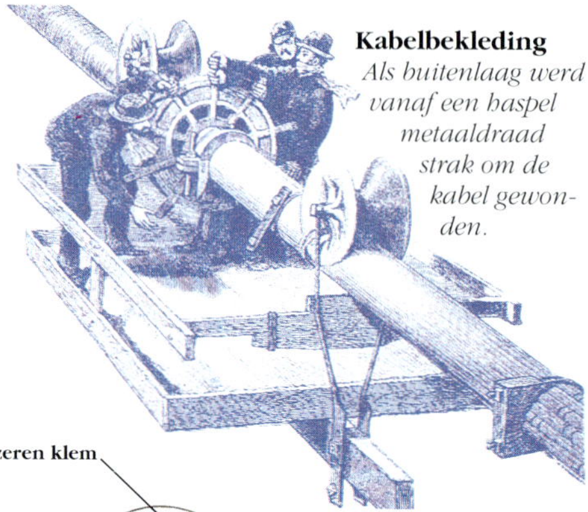

Kabelbekleding
Als buitenlaag werd vanaf een haspel metaaldraad strak om de kabel gewonden.

Hoe de kabels werden gemaakt
De vier grote kabels bestaan elk uit 19 strengen van 278 staaldraden. De draden waren niet ineengedraaid, maar liepen parallel.

De 19 strengen van een grote kabel

De **strengen** werden in positie gelegd. Na het leggen van de onderste 12 strengen, werden de middelste bijeengebonden.

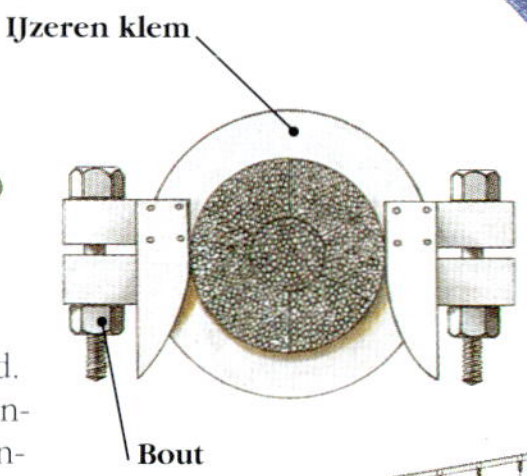

Nadat de strengen in positie waren gelegd, werden ze met een **zware ijzeren klem** in een op maat geconstrueerde cilinder geperst.

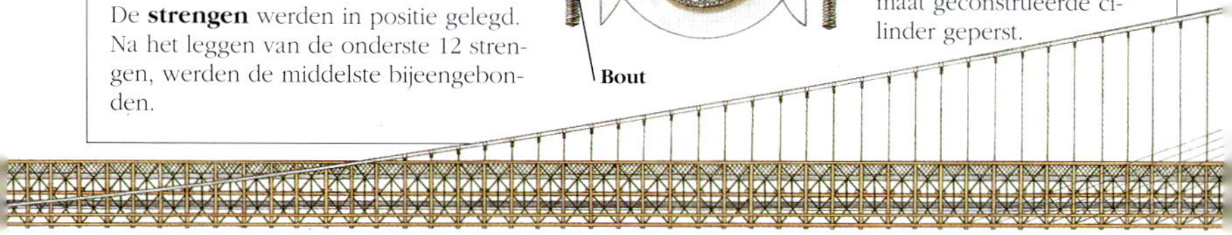

Vuurwerk boven Brooklyn Bridge
Elk jaar op 4 juli is er een groot vuurwerk.

Drukte op de brug
Op deze afbeelding uit 1883 ziet men de oorspronkelijke buitenbanen voor paard-en-wagen, de beide binnenbanen voor het kabelspoor en de verhoogde voetgangerspromenade in het midden.

De paniek op 30 mei 1883
Nadat een vrouw op de brug was gestruikeld, brak er paniek uit. Van de 20.000 mensen op de brug werden er 12 doodgedrukt.

Bijna klaar (1883)
De vloerbalken worden op hun plaats gehouden door ophangingskabels.

De verankering op de torens
Boven aan de beide torens zijn de kabels met behulp van brede staalplaten verankerd.

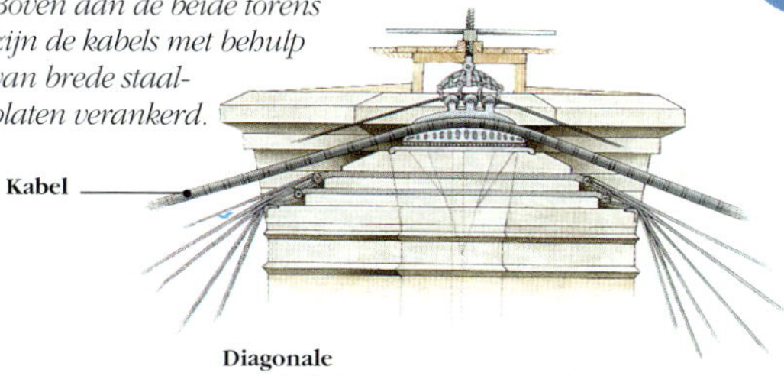

Vloerbalken
De stalen vloerbalken wegen elk 4 ton.

Robert Odlum
sprong in mei 1885 als eerste van de brug om een weddenschap. Hij overleed aan de gevolgen.

De verhoogde voetgangerspromenade
De dichter Walt Whitman beschreef het uitzicht vanaf het voetpad dat 5,5 m boven de weg liep als 'het beste, doeltreffendste medicijn voor mijn ziel'.

Old New York County Courthouse ❾

52 Chambers St. **Kaart** 1 C1. *Chambers St.-City Hall.* ***wegens renovering.***

Dit gebouw is bekend geworden door een schandaal. Het kreeg de bijnaam 'Tweed Courthouse' naar de politicus die het twintigvoudige van de voor het gebouw begrote kosten uitgaf en 9 van de 14 miljoen dollar aan totale kosten in eigen zak stak. 'Boss' Tweed kocht zelfs een marmergroeve en verkocht met woekerwinsten materiaal aan de gemeente. De verontwaardiging bij het publiek leidde ten slotte in 1871 tot zijn val. Ironisch genoeg werd hij berecht in zijn eigen gerechtsgebouw. Hij overleed later in een Newyorkse gevangenis *(blz. 25)*. Na vele sloopplannen te hebben overleefd, wordt het gebouw nu voor 6,3 miljoen dollar gerenoveerd.

Vanaf City Hall Park kijkt men naar de brand van Barnum's Museum

De imponerende 19de-eeuwse gevel van City Hall

City Hall ❿

City Hall Pk. **Kaart** 1 C1. *788-6865.* *Brooklyn Br.-City Hall.* *alleen voor rondleidingen die van tevoren worden afgesproken.* *788-6865.*

City Hall, waar het gemeentebestuur van New York zetelt, is een van de fraaiste voorbeelden van vroege 19de-eeuwse Amerikaanse bouwkunst. Het is een statig gebouw in Georgian stijl met een vleugje Franse Renaissance, dat werd ontworpen door de Franse emigrant Joseph Mangin en John McComb Jr, de eerste bekende architect die in Amerika was geboren.

Op de achterwand van het gebouw werd geen marmerlaag aangebracht, want men verwachtte niet dat de stad zich nog verder naar het noorden zou uitbreiden. Pas bij een renovatie in 1954 werd aan de achterzijde marmer aangebracht en het interieur opgeknapt.

Mangin kreeg alle lof voor de buitenkant, terwijl McComb wordt geprezen vanwege zijn schitterende hal met een door tien zuilen omringd koepeldak. De ruimte daaronder geeft aan weerskanten toegang tot een sierlijke marmeren trap die leidt naar de schitterende raadskamers en de gouverneurskamer op de eerste verdieping. Hier bevindt zich een portrettengalerij van de eerste Newyorkse leiders. Al meer dan 200 jaar zijn bewindslieden en helden in deze prachtige ambiance ontvangen. In 1865 lag het lichaam van Abraham Lincoln in deze hal opgebaard.

Rechts van de trap staat het beeld van Nathan Hale, een Amerikaanse soldaat die tijdens de Amerikaanse onafhankelijkheidsoorlog in 1776 door de Britten werd opgehangen.

City Hall Park and Park Row ⓫

Kaart 1 C2. *Brooklyn Br-City Hall.*

Dit was 250 jaar geleden de dorpsweide van New York. Er scharrelde vee en er stond een geselpaal. Hier klonken nog vóór de Amerikaanse Revolutie de eerste protesten tegen de Engelse overheersing, en op het westelijke grasperk van City Hall staat een monument ter ere van de 'Liberty Poles' (verzetssymbolen). Hier werd op 9 juli 1776 de Declaration of Independence voorgelezen aan George Washington en zijn troepen. Vanaf 1842 was het aan de zuidpunt van het park gelegen American Museum van Phineas T. Barnum een grote trekpleister. Het museum brandde in 1865 af. In het gebouw van Park Row was het Park Theater gevestigd. Van 1798 tot 1848 traden daar de beste acteurs van het land op, zoals Edmund Kean en Fanny Kemble. Park Row ligt aan de oostzijde van City Hall Park. Ooit stonden hier de kantoren van *The*

Benjamin Franklin op Printing House Square

Sun, *The World* en *The Tribune*. Op Printing House Square staat een standbeeld van Benjamin Franklin met zijn *Pennsylvania Gazette*..
In 1999 werd City Hall Park grondig gerenoveerd.

Woolworth Building ⓬

233 Broadway. **Kaart** 1 C2. *City Hall.* *tijdens kantooruren.*

Karikatuur van de architect Gilbert, in het Woolworth Building

In 1879 opende de winkelbediende Frank W. Woolworth een nieuw type winkel waar de klanten de waren konden bekijken en aanraken en waar alles 5 cent kostte. De winkelketen die hieruit voortkwam, leverde hem een fortuin op en heeft het winkelbedrijf ingrijpend veranderd.
Het gotische gebouw uit 1913, dat dienst deed als hoofdkantoor van dit imperium, was tot 1930 het hoogste gebouw van New York.
Het was de eerste grote wolkenkrabber en het fraaiste kantoorgebouw.
Het in twee lagen uitgevoerde ontwerp van architect Cass Gilbert is opgesierd met gargouilles in de vorm van vleermuizen en andere dieren en heeft een dak in de vorm van een piramide met luchtbogen, pinakels en vier torentjes. Het marmeren interieur bevat veel filigreinwerk, sculpturen en wandschilderingen. De hal is een juweeltje. Hier toonde Gilbert zijn gevoel voor humor in de bas-reliëfs. Men ziet hoe de oprichter zijn centjes zit te tellen, hoe de makelaar een overeenkomst afsluit en hoe Gilbert zelf een model van het gebouw in de armen sluit. Het gebouw werd contant betaald met $13,5 miljoen. Woolworth's hield er in 1997 mee op. Het gebouw is nu eigendom van de Witkoff Group.

St. Paul's Chapel ⓭

Broadway 209-211. **Kaart** 1 C2. *602-0874.* *Fulton St.* *ma-vr 9.00-15.00, zo 7.00-15.00 uur.* *feestdagen.* *zo 8.00 uur.* *op afspraak.* ***Concerten*** *ma 13.00 uur.* www.trinitywallstreet.org

In de lange schaduw van het World Trade Center staat de enige kerk van Manhattan die is gebouwd vóór de Onafhankelijkheidsoorlog. Het is Georgian juweeltje. Te midden van het kleurrijke interieur worden bij het licht van Waterford-kroonluchters gratis concerten gegeven. De kerkbank waar George Washington na zijn inhuldiging bad, is bewaard gebleven. Op het kerkhof staat het Actor's Monument ter nagedachtenis aan George F. Cooke, een acteur die vele grote rollen speelde.

Het georgian-interieur van St. Paul's Chapel

AT&T Building ⓮

195 Broadway. **Kaart** 1 C2. *Broadway-Nassau.* *tijdens kantooruren.*

In dit voormalige AT&T-hoofdkantoor, dat tussen 1915 en 1922 werd gebouwd naar een ontwerp van Welles Bosworth, heeft de 'verzuiling' flink toegeslagen. Men zegt dat in de gevel meer zuilen zijn verwerkt dan in welk ander gebouw ook. Binnen is het een woud van marmeren pilaren. Het gebouw lijkt op een enorm stuk gelaagd gebak.

Decoratie boven de deur van het AT&T (American Telephone and Telegraph) Building

Lower East Side

Nergens manifesteert het multiculturele karakter van New York zich duidelijker dan in Lower East Side, waar zich veel immigranten hebben gevestigd. Hier wonen Italianen, Chinezen en joden in hun eigen buurten. In deze buurten kon men de oorspronkelijke taal, gebruiken, eetgewoonten en godsdienst behouden. Nu wonen er in de zandstenen laagbouwhuizen van deze wijken nieuwe immigranten van vele nationaliteiten, maar de sfeer is er nog hetzelfde. Er zijn veel leuke restaurantjes, goedkope winkels en er hangt een speciale sfeer. De componist Irving Berlin, die hier opgroeide, zei later: 'Iedereen moet eigenlijk een Lower East Side in zijn leven hebben.'

Blikken trommel, Lower East Side Tenement Museum.

Bezienswaardigheden in het kort

Historische straten en gebouwen
Home Savings of America ❶
Hoofdbureau van politie ❷
Little Italy ❸
Chinatown ❹
Orchard Street ❽
Delancey Street ❿
Puck Building ⓬
Engine Company No. 31 ⓮

Parken en pleinen
Columbus Park ❺

Musea en galeries
Lower East Side Tenement Museum ❼

Kerken en synagogen
Eldridge Street Synagogue ❻
Bialystoker Synagogue ❾
Old St. Patrick's Cathedral ⓭

Monumentale winkels
Schapiro's Winery ⓫

0 meter 500

Bereikbaarheid

Chinatown en Little Italy kunnen worden bereikt met metro N en R of Lexington Ave 4, 5 of 6 naar Canal St. Of met bus M101/102. De Lower East Side is bereikbaar met lijn B en D naar Grand St., lijn F naar Delancey St. of bus M15.

Symbolen

Detailkaarten
M Metrostation

Zie ook

- ***Stratengids***, kaart 4 en 5
- ***Accommodatie*** blz. 274-275
- ***Restaurants*** blz. 290-292
- ***Wandeling door de Lower East Side*** blz. 258-259

Draak in Chinatown tijdens het Chinese Nieuwjaarsfeest

Onder de loep: Little Italy en Chinatown

De grootste en kleurrijkste immigrantenwijk van New York is Chinatown. Deze wijk groeit zo snel, dat ze het nabijgelegen Little Italy en de joodse Lower East Side dreigt op te slokken. Er zijn veel kruideniersstalletjes, winkeltjes en honderden Chinese restaurants. Zelfs in de eenvoudigste eettentjes is het eten uitstekend. In Mulberry Street en Grand Street vindt men nog iets terug van de Europese sfeer van Little Italy.

★ **Little Italy**
Hier woonden ooit duizenden Italiaanse immigranten. Dat is nu minder ❸

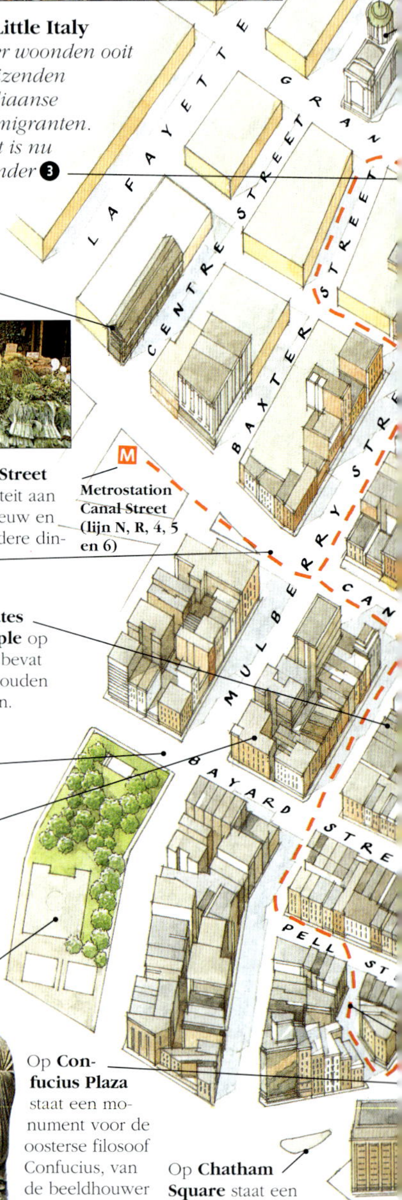

★ **Chinatown**
Chinatown is een snel groeiende gemeenschap van Chinese immigranten. Deze wijk staat bekend om haar restaurants en drukke straatleven. Tijdens het Chinese nieuwjaarsfeest komt deze wijk pas echt tot leven ❹

De markt in Canal Street biedt een grote variëteit aan goedkope kleren (nieuw en tweedehands) en andere dingen.

Metrostation Canal Street (lijn N, R, 4, 5 en 6)

De **Eastern States Buddhist Temple** op 64b Mott Street bevat meer dan 100 gouden boeddhabeelden.

De **Wall of Democracy** in Bayard Street hangt vol met muurkranten met berichten over China.

Columbus Park ❺
Hier bevond zich in de 19de eeuw de armste achterbuurt van de stad.

Op **Confucius Plaza** staat een monument voor de oosterse filosoof Confucius, van de beeldhouwer Liu Shih.

Op **Chatham Square** staat een monument voor Chinese Amerikanen.

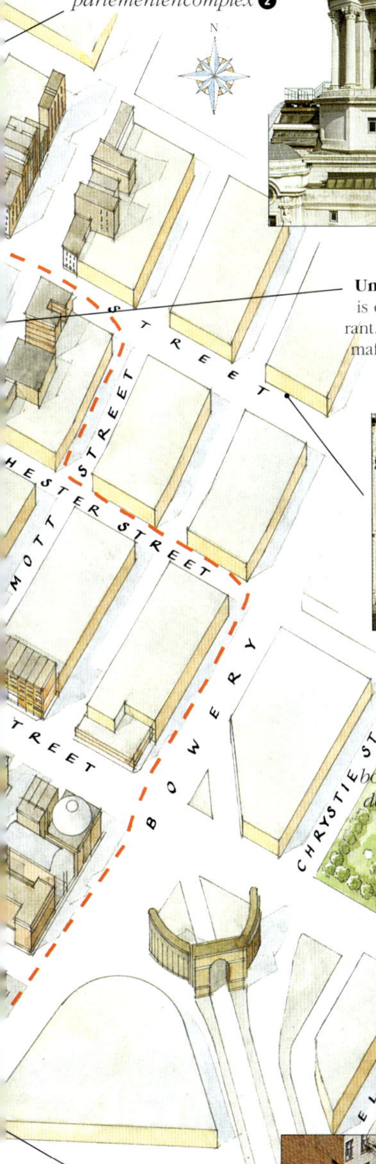

Police Headquarters Building
De koepel van dit overheidsgebouw overheerst de wijk rond City Hall. De politie vertrok in 1973; 10 jaar later was het omgetoverd tot een appartementencomplex ❷

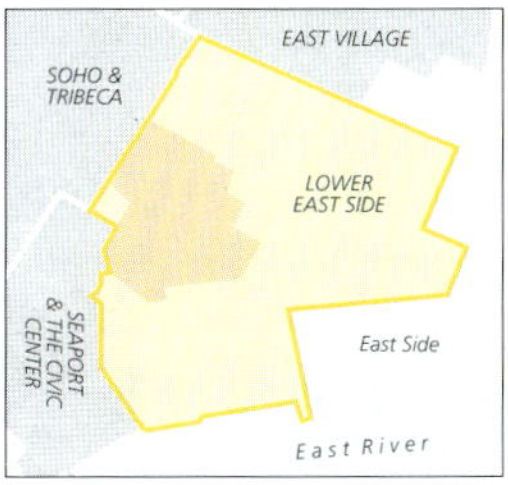

ORIËNTATIEKAART
Zie kaart van Manhattan blz. 12-13

Umberto's Clam House is een Italiaans visrestaurant. Hier werd in 1972 de mafiabaas Joey Gallo vermoord.

SYMBOOL

– – – Aanbevolen route

0 meter 100

Home Savings of America
De architect Stanford White ontwierp dit gebouw in 1894 voor de Bowery Savings Bank ❶

★ **Eldridge Street Synagogue**
Dit barokke godshuis wordt nu gerestaureerd na tientallen jaren van leegstand ❻

In **Bloody Angle**, de scherpe bocht in Doyers Street, vonden in de jaren twintig veel bloedige afrekeningen in de onderwereld plaats.

STERATTRACTIES

- ★ **Eldridge Street Synagogue**
- ★ **Chinatown**
- ★ **Little Italy**

Home Savings of America ❶

130 Bowery. **Kaart** 4 F4. M *Grand St, Bowery.* ◷ *tijdens kantooruren.*

Dit neoklassieke gebouw, dat zowel van binnen als van buiten imposant is, werd in 1894 gebouwd voor de Bowery Savings Bank. De architect Stanford White ontwierp de siergevel van witte kalksteen. Deze gevel moest het hoekperceel aan het oog onttrekken omdat de eigenaar, de concurrerende Butchers' and Drovers' Bank, bleef weigeren het te verkopen. Binnen is het verfraaid met marmeren pilaren en een plafond met rozetten.

Detail Home Savings of America

Police Headquarters Building ❷

240 Centre St. **Kaart** 4 F4. M *Canal St.* ● *voor het publiek.*

Deze passende behuizing voor het nieuwe, professionele politiekorps van de stad werd voltooid in 1909. Rijen Corinthische zuilen markeren de hoofdpoort en de zijpaviljoens, terwijl het silhouet wordt gedomineerd door de koepel. Door ruimte gebrek moest de politie echter genoegen nemen met een vreemde, wigvormige locatie midden in Little Italy. 'New York's finest' hebben hier bijna driekwart eeuw gewerkt. Tijdens de Drooglegging stond het deel van Grand Street tussen hier en de Bowery bekend als 'Bootleggers' Row'. Men kon er gemakkelijk aan alcohol komen, behalve als er een politie-inval op til was. In 1973 verhuisde de politie naar een nieuw hoofdbureau en in 1985 werd de oude behuizing verbouwd tot een appartementencomplex.

Sculptuur op de gevel van het Police Headquarters Building

Little Italy ❸

De straten in de buurt van Mulberry St. **Kaart** *4 F4.* M *Canal St.* W www.littleitalynyc.com

De Zuid-Italianen die zich aan het eind van de 19de eeuw in New York vestigden, kwamen in armoedige appartementen terecht. De huizen stonden zo dicht op elkaar dat het zonlicht nooit de onderste ramen en de achtertuintjes bereikte. Doordat er meer dan 40.000 mensen in zeventien kleine stratenblokken woonden met slechte sanitaire voorzieningen, kwamen ziekten als tuberculose veel voor. Ondanks de vele ontberingen in de Lower East Side behield men in de buurt van Mulberry Street de kleuren, luchtjes en sfeer van Italië. Dit is nog steeds zo, hoewel er tegenwoordig nog maar 5000 Italianen wonen en Chinatown een deel van het oorspronkelijke Little Italy heeft opgeslokt. De beste tijd voor een bezoek aan de wijk is tijdens het feest van San Gennaro, dat rond 19 september plaatsvindt *(blz. 52).* Elk jaar heet Mulberry Street negen dagen lang Via San Gennaro. Op de naamdag van San Gennaro worden tijdens een optocht de relikwieën van de heilige door de straten gedragen. De mensenmassa vermaakt zich met muziek, dans en kermisattracties, terwijl men bij kraampjes allerlei Italiaanse hapjes en drankjes kan krijgen. In de restaurants van Little Italy kan men eenvoudige maaltijden krijgen in een vriendelijke ambiance en tegen redelijke prijzen.

Italiaans café in Little Italy

Chinatown ❹

De straten in de buurt van Mott St. **Kaart** 4 F5. M *Canal St.* ***Eastern States Buddhist Temple*** ◷ *dagelijks 9.00-20.00 uur.*

Chinatown was net na de eeuwwisseling voornamelijk een mannengemeenschap, die was samengesteld uit immigranten die in Californië het land waren binnengekomen. Hun loon stuurden ze naar hun familie in China, want de Amerikaanse immigratiewetten stonden niet toe dat familieleden meekwamen. De mannen vermaakten zich in hun vrije tijd met het mahjongspel. Het bleef een gesloten gemeenschap, waar het bestuur en de financiën in handen waren van geheime organisaties: de Tongs. Sommige Tongs waren familieorganisaties, waarvan men geld kon lenen. Andere, zoals de On Leong en de Hip Sing, waren criminele kongsi's die elkaar bestreden. Doyers

Een Chinese kruidenier in zijn winkel in Canal Street

Street, een bochtig straatje, kreeg de bijnaam 'Bloody Angle'. De argeloze slachtoffers werden de straat in gelokt en na de bocht opgewacht door de bendeleden. In 1933 sloten de Tongs vrede en werd het rustig in Chinatown. In 1940 was het een middenklassebuurt geworden. Na 1945 brak voor de wijk een nieuwe bloeiperiode aan dankzij de vestiging van immigranten en bedrijven uit Hongkong. Tegenwoordig wonen er meer dan 80.000 Chinese Amerikanen.

Veel mensen gaan alleen naar Chinatown om er te eten, maar de buurt heeft meer te bieden. Er zijn galeries en antiek- en curiosawinkels en er worden oosterse festivals gehouden *(blz. 53)*. In de Eastern States Buddhist Temple op nr. 64b Mott Street liggen stapels offergaven.

Glas-in-loodraam van de synagoge

Columbus Park ❺

Kaart 4 F5. [M] *Canal St.*

De rust die Columbus Park tegenwoordig uitstraalt, is het tegenovergestelde van de sfeer die hier in het begin van de 19de eeuw hing. Deze wijk, die bekend stond als Mulberry Bend, was een hoerenbuurt die deel uitmaakte van het beruchte Five Points Slum. Benden met namen als de Dead Rabbits en de Plug Uglies maakten de buurt onveilig. Eén moord per dag was heel gewoon. Zelfs de politie kwam hier niet graag. Mede door de publicaties van de hervormer Jacob Riis *(blz. 47)* werd de wijk ten slotte in 1892 met de grond gelijkgemaakt.

Eldridge Street Synagogue ❻

12 Eldridge St. **Kaart** 5 A5. [☎] *219-0888.* [M] *E Broadway.* [◯] *zo 11.00-16.00 uur.* [✡] *vr zonsondergang, za vanaf 10.00 uur.* [♿] [⊘] [🎧] *di en do 11.00 en 14.30 uur en op afspraak.* [🛍] [W] www.eldridgestreet.org

Toen deze synagoge in 1887 werd gebouwd door orthodoxe asjkenaziem uit Oost-Europa, was het de mooiste van de buurt. Maar veel joodse immigranten zagen de Lower East Side slechts als een springplank naar een beter leven en vestigden zich later elders. Grote synagogen waren toen niet meer nodig. Deze enorme sjoel met zijn fraaie interieur met glas-in-loodramen, koperen kroonluchters, tijgerhouten lambriseringen en houtsnijwerk werd in de jaren dertig gesloten. Dertig jaar later zamelde een groep burgers geld in voor het behoud van het gebouw en de restauratie is nu in volle gang.

De gevel, waarin men romaanse, gotische en Moorse elementen kan herkennen, is zelfs na al die jaren van achterstallig onderhoud indrukwekkend. De met de hand gesneden ark en het fraai bewerkte houten balkon maken duidelijk waarom dit ooit de trots van de buurt was.

Lower East Side Tenement Museum ❼

90 Orchard St. **Kaart** 5A4 [☎] *431-0233.* [M] *Delancey, Grand St.* [◯] *alleen voor* [🎧] *di-zo 13.00-16.00, za-zo 11.00-16.30 uur elk halfuur, 's zomers wisselende tijden.* [●] *1 jan., Thanksgiving, 25 dec.* [♿] [⊘] [🎭] ***Lezingen, films, video's.***

Handkar van een straatventer in het museum

Men heeft dit gebouw ingericht zoals het er in verschillende perioden uitzag: tegen 1880, 1916, 1918 en 1935. De leefomstandigheden in de huurkamers waren tot 1879 aan geen enkele wetgeving onderworpen. Veel kamers hadden geen ramen en geen riolering. De heringerichte kamers geven een beeld van de slechte woonomstandigheden. In het museum zijn wisselende tentoonstellingen te zien over de eerste immigranten en diavoorstellingen. Het organiseert wandelingen door de buurt.

Orchard Street 8

Kaart 5 A3. M *Delancey, Grand St.*
Zie ***Winkelen*** *blz. 312*
W www.lowereastsideny.com

Joodse immigranten begonnen de eerste kledingbedrijven in Orchard Street. Deze straat ontleent haar naam aan de boomgaarden die in de tijd van de Britse overheersing op James De Lancey's landgoed stonden. Jarenlang wemelde het in deze straat van de handkarren met koopwaar. Veel van deze goederen waren geproduceerd in de overvolle huurhuizen in de buurt.
De handkarren zijn allang verdwenen en niet alle winkeliers zijn joden, maar de sfeer is nog hetzelfde. De winkels zijn op zaterdag, de joodse sabbat, gesloten. 's Zondags is er tussen Houston Street en Canal Street een straatmarkt.

Muurschildering in de synagoge

Bialystoker Synagogue 9

7–11 Willett St. **Kaart** 5 C4.
475-0165. M *Essex St.*
regelmatige diensten.

In dit gebouw in Federal-stijl uit 1926 was oorspronkelijk de Willett Street Methodist Church gevestigd. In 1905 werd het aangekocht door joodse immigranten uit de Poolse provincie Bialystok, die er een synagoge van maakten. Daarom ligt de synagoge met de voorgevel op het westen en niet op het oosten zoals de traditie voorschrijft. Hij heeft een schitterend interieur met mooie gebrandschilderd ramen en een ark met houtsnijwerk.

Groentekraam op Canal Street Market

Delancey Street 10

Kaart 5 C4. M *Essex St.*
Zie ***Winkelen*** *blz. 312*

Hoewel Delancey Street ooit een chique boulevard was, is het tegenwoordig niet veel meer dan de oprit van de Williamsburg Bridge. De straat is genoemd naar James De Lancey, wiens landgoed hier lag in de tijd van de Britse overheersing. De Lancey bleef tijdens de Revolutie koning George III trouw en vluchtte na de oorlog naar Engeland voordat zijn land werd geconfisqueerd.
De meeste winkels in deze ooit bloeiende winkelstraat zien er wat sjofel uit, maar bij de Buranelli Hat Company op nummer 101 kan men nog steeds een echte Engelse bolhoed of een authentieke Stetson-cowboyhoed kopen.

Schapiro's Winery 11

126 Rivington St. **Kaart** 5 B3.
674-4404. M *Essex St.*
ma-do 11.00-17.00 uur; zo 10.00-15.00 uur. *joodse feestdagen en vr.* *om het uur, alleen zo (reserveren noodzakelijk).* W www.shapiro-wine.com

Schapiro's Winery opende in 1899 zijn deuren opdat joodse immigranten in New York voor de sabbat en joodse feestdagen kosjere wijn konden kopen. De zaak bestaat nog steeds, ondanks de Drooglegging, de crisistijd en het afnemend aantal joodse buurtbewoners. De eigenaar zweert dat de zaak nog in bedrijf zal zijn als zijn kleinkinderen zelf weer kleinkinderen hebben. Vandaag de dag produceert Schapiro's 32 verschillende wijnen. Hoewel de druiven tegenwoordig in het noorden van de staat New York worden geperst, vinden de gisting en het bottelen nog steeds in de zaak plaats. Tijdens een korte rondleiding kan de zaak worden bezichtigd. Na afloop kan men de zoete, stroperige wijn proeven waaraan Schapiro's zaak zijn motto ontleent: 'Je kunt er bijna plakjes van snijden.'

Schapiro's kosjere wijn

Ook in Rivington Street, op nummer 150, zit Streit's Matzoh, een zaak die eveneens sinds lang in deze buurt zit.

Puck Building ⓬

295–309 Lafayette St. **Kaart** 4 F3.
Lafayette. tijdens kantooruren.
274-8900.

Beeld van Puck in de noordoosthoek van het gebouw

Dit merkwaardige, blokvormige gebouw is in 1885 ontworpen door Albert en Herman Wagner. Het vertegenwoordigt een variatie op de Duitse *Rundbogenstil*, een bouwstijl uit het midden van de 19de eeuw, die wordt gekenmerkt door horizontale rijen boogramen en het gebruik van rode baksteen. Het gebouw speelt een rol in de geschiedenis van de uitgeverijbranche. Van 1887 tot 1916 werd in dit gebouw, dat aan de rand van de oude drukkerijwijk van Manhattan staat, het satirische blad *Puck* uitgegeven, een zelfde soort blad als het Britse *Punch*. Rond de eeuwisseling was dit het grootste gebouw ter wereld waarin een drukkerij of een uitgeverij was gevestigd. Tegenwoordig worden er galafeesten gehouden en wordt het als decor gebruikt voor modereportages.

Al wat er nu nog rest van de baldadige geest van Puck is het met bladgoud bedekte beeldje op de tweede verdieping op de hoek van Mulberry en Houston Street en een kopie boven de ingang van Lafayette Street.

Old St. Patrick's Cathedral ⓭

263 Mulberry St. **Kaart** 4 F3.
226-8075. Prince St.
dag. 8.00-13.00, 15.30-18.00 uur. wo. ma-za 9.00 uur, za 17.30 uur, zo 9.30 uur, zo 11.00 uur in het Spaans.
www.oldsaintpatricks.org

De eerste St. Patrick's Cathedral stamde uit 1809 en was een van de oudste kerken van de stad. Na een brand rond 1860 werd zij herbouwd en kreeg haar huidige uiterlijk. Toen het aartsbisdom verder in het noorden een kathedraal had laten bouwen *(blz. 170-175)*, werd dit de parochiekerk. In de gewelven onder de kerk bevindt zich onder andere het familiegraf van de Delmonico's, een bekende Newyorkse restauranthoudersfamilie. Ook Pierre Toussaint werd hier begraven. In 1990 werden zijn stoffelijke resten van het kerkhof naast de kerk overgebracht naar de grafkelder van de nieuwe St. Patrick's Cathedral. Toussaint was een slaaf die geboren was op Haïti en in 1766 naar New York werd gebracht, waar hij als vrij man een beroemde pruikenmaker

Old St. Patrick's Cathedral

werd. Later wijdde hij zijn leven aan de armenzorg. Hij verpleegde cholerapatiënten en liet van zijn geld een weeshuis bouwen. Het Vaticaan overweegt nu om hem heilig te verklaren.

Engine Company No. 31 ⓮

87 Lafayette St. **Kaart** 4 F3.
966-4510. Canal St. voor het publiek.

In de 19de eeuw vond men dat de brandweer best in een mooi gebouw mocht zitten. De architectenfirma Le Brun was hierin bij uitstek gespecialiseerd. Deze brandweerkazerne uit 1895 is een van hun fraaiste ontwerpen. Het gebouw heeft veel weg van een kasteeltje.
De tegenwoordige huurder is het Downtown Community Television Center. Deze instelling organiseert cursussen, workshops en tentoonstellingen van het werk van plaatselijke kunstenaars en cineasten.

De kasteelachtige gevel van Engine Company No. 31, een brandweerkazerne

LIPPE
TAIB
ALLERY

SoHo en TriBeCa

Etalage van een bakkerij in SoHo

Kunst en architectuur zijn bepalend voor de aanblik van deze vroegere industriewijken. Soho (South of Houston St.) dreigde in de jaren zestig te worden gesloopt. Voorstanders van het behoud van de buurt vestigden echter de aandacht op de prachtige gietijzeren gevels die het aanzien van de buurt bepalen. De sloop ging niet door en kunstenaars namen de wijk in bezit. Er kwamen galeries, cafés, winkels en coutureboetieks. Veel kunstenaars voor wie de huurprijzen in SoHo te hoog werden, vestigden zich later in TriBeCa (TRIangle BElow CAnal St.), waar u niet alleen galeries, maar ook de nieuwste restaurants van de stad vindt.

Bezienswaardigheden in het kort

Historische straten en gebouwen
Haughwout Building ❶
St. Nicholas Hotel ❷
Greene Street ❸
Singer Building ❹
Harrison Street ❾
White Street ❿

Musea en galeries
Guggenheim Museum SoHo ❺
Museum for African Art ❼
New Museum of Contemporary Art ❻
New York City Fire Museum ❽

Bereikbaarheid

Metro: neem de 6th Ave. D of F naar Broadway-Lafayette; de Lexington Ave. 6 naar Bleecker St.; of lijn N of R naar Prince St. Naar Canal St. gaan de 7th Ave./Broadway 1 of 9, de 8th Ave. A, C of E, en de Lexington Ave. 4, 5, 6, N of R. Verder bus M1, M6 en de M21 Houston St.

0 meter 500

Symbolen

Detailkaart
M Metrostation

Zie ook

- ***Stratengids***, kaart 4
- ***Wandeling door SoHo*** blz. 260
- ***Restaurants*** blz. 290-292

Gietijzeren gevels in Greene Street

Onder de loep: de gietijzeren architectuur van SoHo

De grootste verzameling gietijzerarchitectuur ter wereld *(blz. 40-41)* is te vinden tussen West Houston en Canal St. Het hart van de wijk is Greene Street, waar verspreid over vijf blokken vijftig huizen staan die tussen 1869 en 1895 werden gebouwd. Hoewel de ingewikkeld geconstrueerde gietijzergevels in massaproductie in een gieterij werden vervaardigd, zijn het nu unieke voorbeelden van industriële vormgeving.

Zona, 97 Greene Street, is een fantasierijke winkel vol woonideeën.

Speelgoedbeest in de Enchanted Forest

In de speelgoed- en kinderboekenwinkel **Enchanted Forest** hangt, zoals de naam al doet vermoeden, de sfeer van een sprookjesbos. *(blz. 314)*

Het deel van **West Broadway** dat door SoHo loopt, is een combinatie van opvallende architectuur en galeries, kunsthandels, coutureboetieks en kleine restaurants.

72-76 Greene Street, de 'King of Greene Street', is een schitterend gebouw met Corinthische zuilen. De architect, Isaac F. Duckworth, was een van de meesters van de gietijzerbouw.

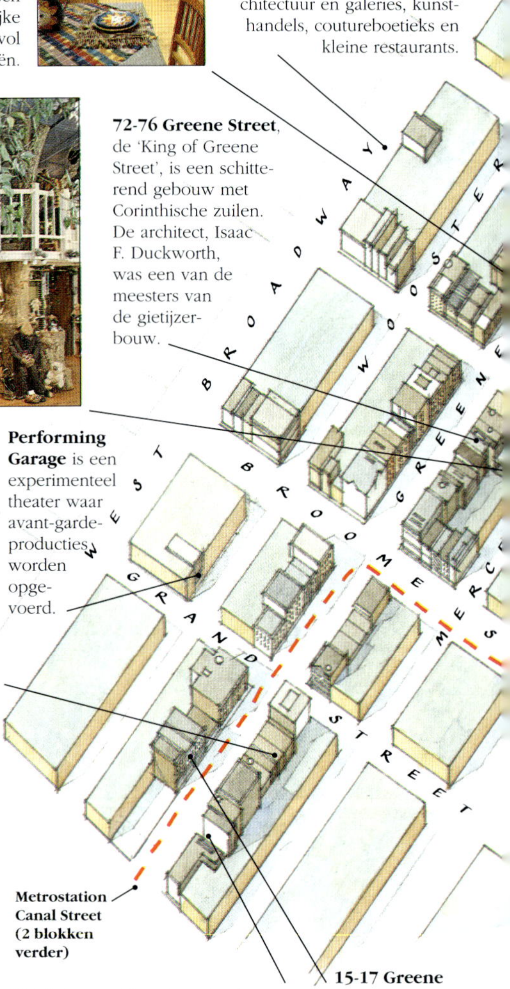

Performing Garage is een experimenteel theater waar avant-gardeproducties worden opgevoerd.

★ **Greene Street**

De fraaiste gietijzerarchitectuur van Greene Street is te zien op nr. 28-30, de 'Queen'. Dit gebouw met zijn hoge mansardedak werd in 1872 gebouwd door Duckworth ❸

Metrostation Canal Street (2 blokken verder)

10-14 Greene Street werd gebouwd in 1869. Let op de ronde kelderramen in de ijzeren stoep waardoor het daglicht in de kelder kon komen.

15-17 Greene Street is een bouwproject uit 1895 in sobere Corinthische stijl.

Pace-Wildenstein Gallery is een van de galeries in een gietijzeren gebouw in Toscaanse stijl van Henry Fernbach. *(blz. 324)*

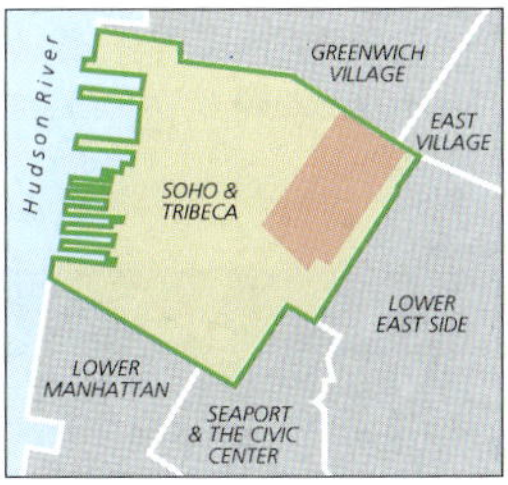

ORIËNTATIEKAART
Zie kaart Manhattan blz. 12-13

SYMBOOL

Aanbevolen route

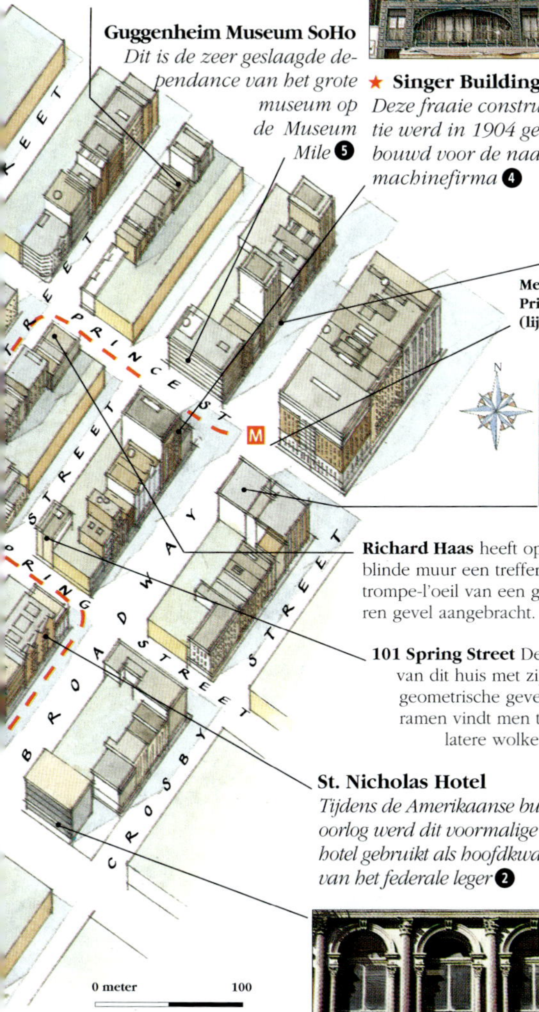

Guggenheim Museum SoHo
Dit is de zeer geslaagde dependance van het grote museum op de Museum Mile ❺

★ **Singer Building**
Deze fraaie constructie werd in 1904 gebouwd voor de naaimachinefirma ❹

New Museum of Contemporary Art
Stelt werk van hedendaagse avant-gardekunstenaars tentoon ❻

Metrostation Prince Street (lijn N en R)

Dean & DeLuca is een van de beste delicatessenzaken van New York, met onder andere een rijk assortiment aan koffiebonen. *(blz. 326)*

Richard Haas heeft op een blinde muur een treffende trompe-l'oeil van een gietijzeren gevel aangebracht.

101 Spring Street De bouwstijl van dit huis met zijn sobere geometrische gevel en hoge ramen vindt men terug in de latere wolkenkrabbers.

St. Nicholas Hotel
Tijdens de Amerikaanse burgeroorlog werd dit voormalige luxehotel gebruikt als hoofdkwartier van het federale leger ❷

Haughwout Building
In 1857 had deze chique zaak de eerste Otis-veiligheidslift ❶

STERATTRACTIES

★ **Singer Building**

★ **Greene Street**

Haughwout Building ❶

488-492 Broadway. **Kaart** 4 E4.
M *Canal St.*

Gevel van het Haughwout Building

Dit gebouw met zijn gietijzeren gevel stamt uit 1857. Het werd gebouwd voor het glas- en porseleinbedrijf van E. en V. Haughwout, ooit officiële leveranciers van het Witte Huis. Onder het roet gaat een schitterend ontwerp schuil: rijen boogvensters worden geflankeerd door dubbele zuilen. Dit patroon vindt men overal terug in de geprefabriceerde elementen. Het was het eerste gebouw met een door stoom aangedreven veiligheidslift.

St. Nicholas Hotel ❷

521-523 Broadway. **Kaart** 4 E4.
M *Prince St.*

Het Engelse parlementslid W.E. Baxter schreef tijdens zijn bezoek aan New York in 1854 over het pas geopende St. Nicholas Hotel: 'Overal liggen pluchen tapijten, de stoelen zijn bekleed met zijde- of satijndamast en het borduurwerk op de klamboes is een koning waardig.' Het is logisch dat de bouwkosten meer dan 1 miljoen dollar bedroegen. Niemand heeft ooit spijt gehad van deze investering, want het eerste jaar bedroeg de winst al meer dan 50.000 dollar. De glorietijd van het hotel was echter van korte duur. Tijdens de burgeroorlog was hier het hoofdkwartier van het federale leger gevestigd. Later kreeg het concurrentie van de hotels die in de noordelijker gelegen nieuwe uitgaanswijken werden gebouwd en rond 1875 werd het St. Nicholas Hotel gesloten.

Het St. Nicholas Hotel in betere tijden

Greene Street ❸

Kaart 4 E4. M *Canal St.*

Muurschildering van Haas

Greene Street is het hart van de gietijzerbouw van SoHo. In vijf blokken aan deze straat staan 50 gebouwen met gietijzeren gevels, die werden gebouwd tussen 1869 en 1895. In het blok tussen Broome Street en Spring Street kunt u 13 gietijzeren gevels onderscheiden. Nummer 8 tot nummer 34 is de langste ononderbroken gevel met gietijzerarchitectuur ter wereld. Het gedeelte met de nummers 72-76 wordt vaak de 'King of Greene Street' genoemd, maar de nummers 28-30, de 'Queen', zijn het fraaist. Hoewel bepaalde gebouwen speciale aandacht verdienen, komt deze architectuur het best tot haar recht als verscheidene huizen naast elkaar hetzelfde uiterlijk hebben. Op de hoek van Greene Street en Prince Street heeft de muurschilder Richard Haas een bakstenen zijmuur het uiterlijk gegeven van een gietijzeren front.

Singer Building ❹

561-563 Broadway. **Kaart** 4 E3.
M *Prince St.*

Het 'little' Singer Building van Ernest Flagg uit 1904 is de kleinste van twee gelijknamige ontwerpen van Flagg. Volgens veel critici is dit het fraaiste van de twee. Het andere, een torengebouw van 41 verdiepingen in Lower Broadway, is in 1967 gesloopt. Dit fraaie gebouw heeft gietijzeren balkons en gracieuze donkergroene bogen. De 12 verdiepingen tellende gevel van terracotta, glas en staal was een voorloper van de wanden van metaal en glas die in de jaren veertig en vijftig in zwang zouden raken. In het gebouw waren kantoren en opslagruimten van de Singer-naaimachinefabriek gevestigd. De naam Singer prijkt nog steeds in ijzer gegoten boven de ingang van de winkel in Prince Street.

Een van de eerste elektrische naaimachines van Singer

Guggenheim Museum SoHo ❺

575 Broadway. **Kaart** 4 E3. *423-3600.* *Prince St.* *do-ma 11.00-18.00 uur.* www.guggenheim.org

Dit indrukwekkende museum werd in 1992 geopend en oogstte veel lovende kritieken. De collectie is een aanvulling op die van het 'grote' Guggenheim Museum *(blz. 186)*.

New Museum of Contemporary Art ❻

583 Broadway. **Kaart** 4 E3. *219-1222.* *Prince St.* *wo, zo 12.00-18.00; do, vr, za 12.00-20.00 uur.* ***Lezingen.*** www.newmuseum.org

Les enfants de Dijon **van Christian Boltanski in het New Museum**

Marcia Tucker was conservatrice van het Whitney Museum, maar stichtte in 1977 dit museum. Er zijn themavoorstellingen over het werk van onder anderen Jeff Koons en John Cage gehouden. Marcia Tucker stelt kunst tentoon die volgens haar ontbreekt in de traditionelere musea.

Museum for African Art ❼

593 Broadway. **Kaart** 4 E3 *966-1313.* *Prince St.* *di-vr 10.30-17.30, za, zo 12.00-18.00 uur.* www.africanart.org

Een van de slechts twee Amerikaanse musea gewijd aan Afrikaanse kunst. De zalen zijn op ingenieuze wijze ontworpen door architect Maya Lin, bekend van het Vietnam Veterans' Memorial. De hoogstaande exposities worden vaak in het binnen- en buitenland tentoongesteld. Er worden ook lezingen en muziek- en dansuitvoeringen gehouden. De winkel is uitstekend.

Een stoomspuit uit 1901 van La France in het City Fire Museum

New York City Fire Museum ❽

278 Spring St. **Kaart** 4 D4. *691-1303.* *Houston St., Spring St.* *di-zo 10.00-16.00 uur.* www.nycfiremuseum.org

Deze brandweerkazerne in beaux arts-stijl uit 1904 bevat een verzameling brandweerattributen uit 1700-1917. Onder andere te zien zijn schaalmodellen, bijlen, brandkranen, bellen en foto's. Boven staat een rij glimmende brandweerwagens uit ongeveer 1890.
Soms worden er speciale tentoonstellingen gehouden.

Harrison Street ❾

Kaart 4 D5. *Chambers St.*

Dit rijtje van acht schitterend gerestaureerde huizen in federal-stijl met aflopende daken en dakkapellen heeft te midden van de omringende moderne hoogbouw veel weg van een filmdecor. De huizen stammen uit het eind van de 17de en het begin van de 18de eeuw. Twee van de gebouwen zijn ontworpen door John McComb jr, de eerste bekende architect die in New York was geboren. Oorspronkelijk stonden deze huizen in Washington Street, waar ze als opslagruimte werden gebruikt. Toen men ze echter in 1969 wilde slopen, greep de Landmarks Preservation Commission in en bracht het geld bijeen voor een grondige restauratie. Tegenwoordig zijn de huizen privé-eigendom. Aan de andere kant van het hoogbouwcomplex is Washington Market Park gevestigd. Dit gebied was voorheen de locatie van de Newyorkse groothandelsmarkt. Begin jaren zeventig is de markt echter van dit historische district verhuisd naar de Bronx.

White Street ❿

Kaart 4 E5. *Franklin St.*

De gebouwen met gietijzergevels in TriBeCa zijn minder fraai dan die in Soho, maar vertonen meer onderlinge verschillen. Nr. 2 met zijn merkwaardige gebroken dak heeft bijvoorbeeld federaltrekken, terwijl nr. 17 een mansardedak heeft. De nrs. 8 tot 10, in 1869 ontworpen door Henry Fernbach, hebben daarentegen indrukwekkende Toscaanse zuilen en bogen; neorenaissance-architecten pasten een trucje toe om hun gebouwen hoger te doen lijken: hoe hoger de etage, des te lager het plafond en de ramen. In schril contrast hiermee staat galerie 'Let There Be Neon' van de neonkunstenaar Rudi Stern op nr. 38.

De galerie 'Let There Be Neon' van Rudi Stern

QUITTING SMOKING NOW GREATLY REDUCES SERIOUS HEALTH RISKS
EXCEPT DELIVERIES THIS BLOCK
9A
WEST SIDE HWY
HERITAGE OF PRIDE PRESENTS
PRIDE
7 AV SOUTH
CHRISTOPHER ST
ONE WAY
ONE WAY
VILLAGE CIGARS
VILLAGE CIGARS
VILLAGE CIGARS
VILLAGE CIGARS
110 7 AVE SO
PIPES
UMBRELLAS
BOOKS
STATIONERY
ATLANTIC CITY BUS
Christopher Station Downtown
1 9
Marlboro

Greenwich Village

Newyorkers noemen deze wijk simpelweg 'the Village' (het dorp) en het was ooit inderdaad een rustig dorp. Tijdens de gelekoortsepidemie van 1822 was het een toevluchtsoord voor veel stadsbewoners. Het onregelmatige stratenpatroon, dat oude verkavelingen en waterlopen volgde, kon niet worden ingepast in de dambordstructuur van de stadsplattegrond. Greenwich Village is een eilandje gebleven, een alternatief buurtje, waar veel bekende schrijvers en kunstenaars hebben gewoond. Tegenwoordig wonen er veel homoseksuelen, maar over het geheel bezien zijn de buurtbewoners burgerlijker en jonger dan vroeger.

Vlag van een jazzclub in West 3rd Street

Bezienswaardigheden in het kort

Historische straten en gebouwen
St. Luke's Place ❶
Nr. 75½ Bedford Street ❷
Isaacs-Hendricks House ❸
Grove Court ❹
Jefferson Market Courthouse ❻
Patchin Place ❼
Salmagundi Club ❾
Washington Mews ⓬
New York University ⓭

Musea en galeries
Forbes Magazine Building ❽

Kerken
First Presbyterian Church ❿
Church of the Ascension ⓫
Judson Memorial Church ⓮

Parken en pleinen
Sheridan Square ❺
Washington Square ⓯

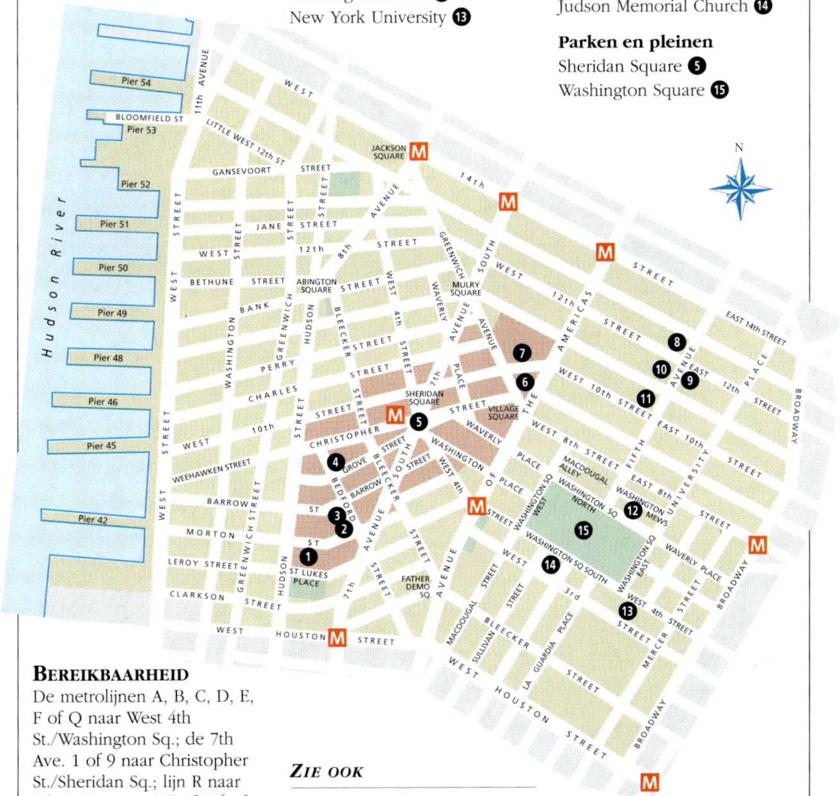

Bereikbaarheid

De metrolijnen A, B, C, D, E, F of Q naar West 4th St./Washington Sq.; de 7th Ave. 1 of 9 naar Christopher St./Sheridan Sq.; lijn R naar 8th St. Bus M1, M5 of M6 of de M8 Crosstown.

0 meter 500

Zie ook

- ***Stratengids***, kaart 3-4
- ***Wandeling*** blz. 260-261
- ***Accommodatie*** blz. 274-275
- ***Restaurants*** blz. 290-292

Symbolen

Detailkaart
Metrostation

Reclameborden op de hoek van Christopher Street en Seventh Avenue South

Onder de loep: Greenwich Village

Tijdens een wandeling door het oude Greenwich Village kan men vele verrassende bezienswaardigheden ontdekken: fraaie huizenrijen, stille straatjes en lommerrijke hofjes. De grillige manier van bouwen sluit goed aan bij de alternatieve sfeer van de Village. Veel beroemdheden – met name kunstenaars en schrijvers – woonden in deze ouderwets aandoende buurt, bijvoorbeeld de toneelschrijver Eugene O'Neill en de acteur Dustin Hoffman. 's Avonds komt de Village pas echt tot leven. Overal zijn cafés, experimentele theaters en muziekgelegenheden, waaronder enkele van de beste jazzclubs van de stad.

Het Lucille Lortel Theater op 121 Christopher Street werd in 1955 geopend met een uitvoering van *Die Dreigroschenoper.*

In **Christopher Street** zijn allerlei winkels, boekenzaken en ook veel bars voor homoseksuelen.

Twin Peaks op 102 Bedford Street werd in 1830 als woonhuis ontworpen. In 1926 werd het door de architect Clifford Daily verbouwd tot een huis voor kunstenaars. Daily meende dat hun creativiteit in deze vreemde behuizing zou opbloeien.

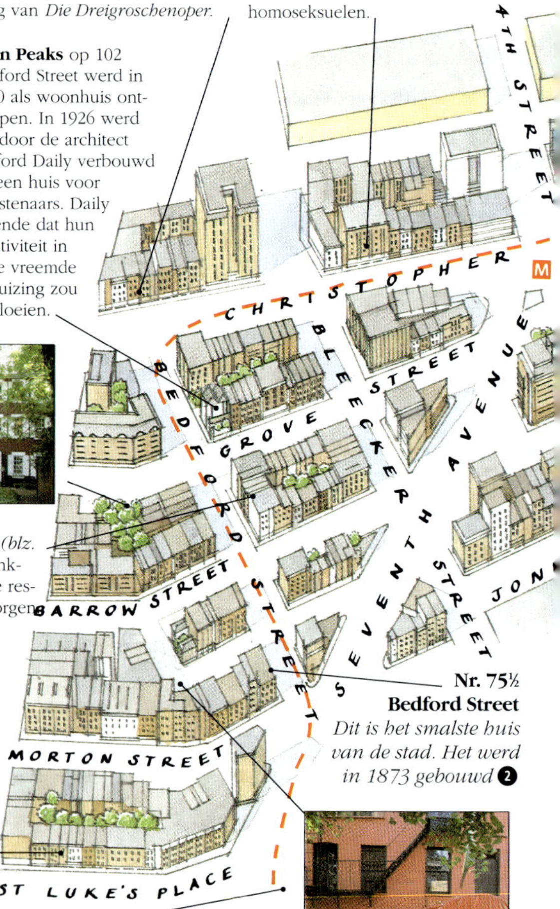

Grove Court
Aan een lommerrijke binnenplaats staan zes huizen uit 1853-1854 ❹

Chumley's, 86 Bedford Street *(blz. 309)*, was ooit een illegaal dranklokaal *(speakeasy)*. Het huidige restaurant is nog steeds wat verborgen.

Nr. 75½ Bedford Street
Dit is het smalste huis van de stad. Het werd in 1873 gebouwd ❷

★ **St. Luke's Place**
Deze fraaie rij huizen in Italiaanse stijl werd gebouwd in de jaren 1850 ❶

Naar metrostation Houston Street (2 blokken)

Het **Cherry Lane Theater** opende in 1924 in een voormalige brouwerij. Het was een van de eerste off-Broadway theaters.

Patchin Place
Deze huizen werden in 1848 gebouwd als onderkomen voor de kelners van het Brevoort Hotel. Later woonden er bekende schrijvers ❼

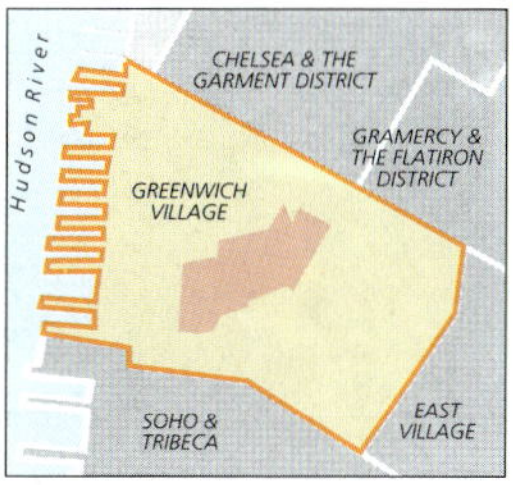

ORIËNTATIEKAART
Zie kaart Manhattan blz. 12-13

STERATTRACTIES

- ★ **St. Luke's Place**
- ★ **Jefferson Market Courthouse**

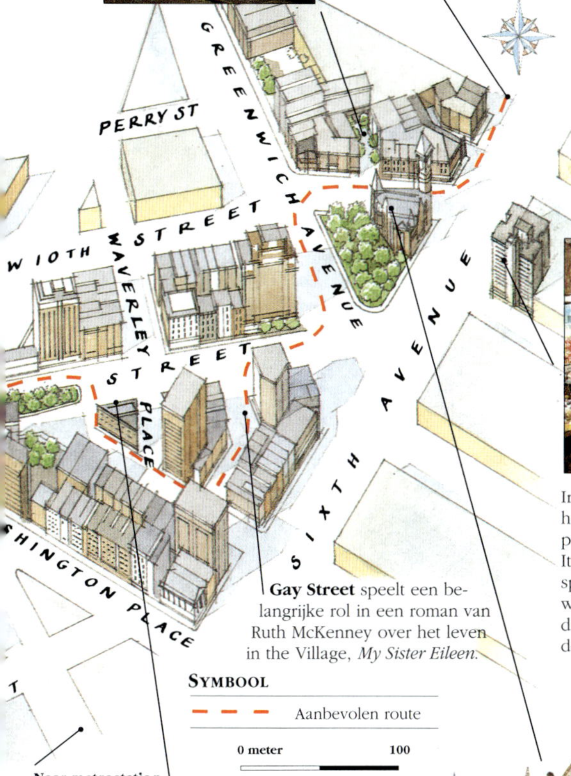

Naar metrostation W 14th Street (3 blokken)

Gay Street speelt een belangrijke rol in een roman van Ruth McKenney over het leven in the Village, *My Sister Eileen*.

SYMBOOL

Aanbevolen route

0 meter 100

Naar metrostation West 4th Street (2 blokken)

In **Balducci's** *(blz. 327)* worden heerlijke etenswaren verkocht: prima kaas en veel Italiaanse producten en specialiteiten. De zaak wordt gerund door drie generaties van dezelfde familie.

In **The Northern Dispensary** wordt sinds 1827 gratis medische bijstand aan armen verleend. Edgar Allan Poe werd hier behandeld.

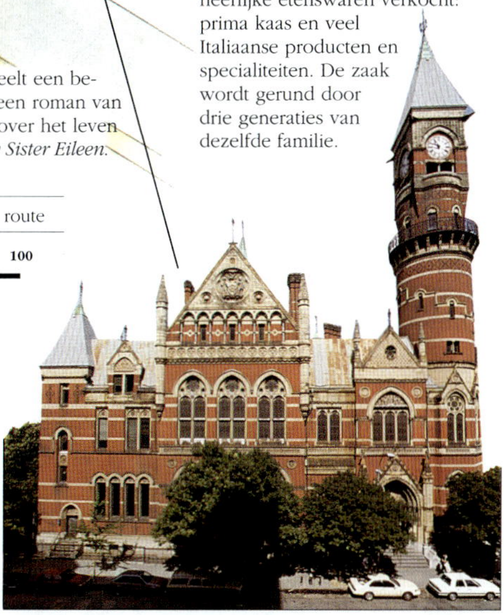

★ **Jefferson Market Courthouse**
Deze openbare bibliotheek werd in 1877 gebouwd als gerechtsgebouw. Het werd verkozen tot het op vier na mooiste gebouw van Amerika. In 1967 werd het verbouwd tot bibliotheek ❻

Rij huizen op St. Luke's Place

St. Luke's Place ❶

Kaart 3 C3. M *Houston St.*

Aan de noordzijde van deze straat staan vijftien mooie rijtjeshuizen uit de jaren 1850. Het park aan de overkant is genoemd naar een vroegere bewoner van St. Luke's Place, burgemeester Jimmy Walker. Deze was burgemeester van 1926 tot 1932 in welk jaar hij na een financieel schandaal moest aftreden.

Voor nr. 6 staan de lantaarns die in New York altijd het huis van een burgemeester markeren. In recente jaren was nr. 10 het bekendste huis van het blok: het was het huis van de familie Huxtable in de televisieserie *The Cosby Show* (hoewel de serie zogenaamd in Brooklyn speelde). Dit blok was ook de plaats van handeling van de film *Wait Until Dark* met in de hoofdrol Audrey Hepburn als het blinde meisje van nr. 4. Er hebben hier enkele schrijvers en dichters gewoond, zoals Marianne Moore en Theodore Dreiser, die op nr. 16 woonde. Op de hoek van Hudson Street en Morton Street bevond zich 300 jaar geleden de oever van de Hudson.

Burgemeesterslantaarn

Nr. 75½ Bedford Street ❷

Kaart 3 C2. M *Houston St.*
● *voor het publiek.*

Het smalste huis van New York is slechts 2,90 m breed. Het werd in 1893 gebouwd in een steeg. De dichteres Edna St. Vincent Millay woonde hier korte tijd, terwijl ze de *Ballad of the Harp-Weaver* schreef, gevolgd door de acteur John Barrymore en later Cary Grant. Het gebouw van drie verdiepingen is inmiddels gerenoveerd. Het wordt nu getooid door een plaquette. Direct om de hoek op 38 Commerce Street opende Millay in 1924 het Cherry Lane Theatre als podium voor experimenteel toneel. Het theater is er nog steeds.

Huis in Bedford Street

Isaacs-Hendricks House ❸

77 Bedford Street. **Kaart** 3 C2.
M *Houston St.*
● *voor het publiek.*

Dit huis uit 1799 is het oudste dat nog overeind staat in de Village. Opzij en aan de achterkant zijn de houten muren te zien. Het baksteen en de derde verdieping werden later toegevoegd. De eerste eigenaar, John Isaacs, kocht het land in 1794 voor 295 dollar. Daana kwam de koperhandelaar Harmon Hendricks. Een van zijn klanten was Robert Fulton, die het koper gebruikte voor zijn stoomketels.

Isaacs-Hendricks House

Grove Court ❹

Kaart 3 C2. M *Christopher St.-Sheridan Sq.*

Een ondernemende kruidenier, Samuel Cocks, was verantwoordelijk voor deze groep van zes huizen in de bocht van de straat. (De bochten in de straten in dit deel van de Village geven aan waar in de tijd van de Britse overheersing de grenzen tussen de landerijen liepen.) Cocks meende dat het zijn zaak op nr. 18 ten goede zou komen als er aan de open ruimte tussen 10 en 12 Grove Street mensen zouden wonen. Hoewel hofjes nu een exclusief tintje hebben, vond men ze in 1854 geen woonplaats voor fatsoenlijke mensen. Het grauw dat er ging wonen, bezorgde de buurt al snel de naam 'Mixed Ale Alley'. O. Henry gebruikte dit blok later als achtergrond voor zijn werk *The Last Leaf* uit 1902.

Huizen uit het midden van de 19de eeuw op Grove Court

Sheridan Square ❺

Kaart3 C2. **M** *Christopher St.-Sheridan Sq.*

Sheridan Square is het hart van de Village. In oude reisgidsen werd dit onoverzichtelijke plein, waarop zeven straten uitkomen, 'de muizenval' genoemd. Het plein dankt zijn naam aan Philip Sheridan, die tijdens de Amerikaanse burgeroorlog generaal was en in 1883 opperbevelhebber van het Amerikaanse leger werd. In het nabijgelegen Christopher Park staat een standbeeld van hem.
De dienstplichtrellen van 1863 speelden zich af op dit plein: een menigte herrie-

Sheridan Square

schoppers probeerde tijdens een demonstratie vrijgemaakte slaven te lynchen. Meer dan 100 jaar later was het plein weer het toneel van een bekend opstootje. De Stonewall Inn in Christopher Street was een bar voor homoseksuelen, die open kon blijven doordat men steekpenningen aan de politie betaalde (het was toen verboden voor homoseksuelen om elkaar in bars te ontmoeten). Op 28 juni 1969 kwamen de klanten hiertegen in verzet. Dit betekende een mijlpaal in de geschiedenis van de Amerikaanse homobeweging. De Inn is duidelijk te herkennen, maar is geen bar meer.
De Village is nog steeds het middelpunt van de Newyorkse gay scene.

Standbeeld van generaal Sheridan in Christopher Park

De torenspits van 'Old Jeff'

Jefferson Market Courthouse ❻

425 6th Ave. **Kaart** 4 D1. ☎ *243-4334.* **M** *W 4th St.-Washington Sq.* ○ *ma 10.00-18.00; di, do, vr 12.00-18.00; wo 12.00-20.00; za 10.00-17.00 uur.* ● *zo en feestdagen.* ♿ W www.nypl.org

Old Jeff is misschien wel het meest gewaardeerde monument in de Village. Dank zij een actieve campagne aan het eind van de jaren vijftig is het gebouw gered van de slopershamer en vergebouwd tot filiaal van de New York Public Library. Het complex ontleent zijn naam aan president Thomas Jefferson. In 1833 werd hier een markt gevestigd. Op een uitkijktoren hing een enorme klok waarmee in geval van brand de vrijwillige brandweer van de buurt werd gewaarschuwd. In 1865 werd deze klok overbodig door de oprichting van het gemeentelijke brandweerkorps. Toen werd ook het Third Judicial District of Jefferson Market Courthouse gebouwd. Toen het gebouw met zijn torentjes in Venetiaans-gotische stijl in 1877 in gebruik werd genomen, werd de oude brandklok in de torenspits bevestigd. In dit gebouw stond in 1906 Harry Thaw terecht voor de moord op Stanford White *(blz. 124)*.
In 1945 was de markt verplaatst en de rechtbank gesloten. De torenklok stond stil en het voortbestaan van het gebouw werd bedreigd. In de jaren vijftig werd eerst actie gevoerd voor het herstel van de klok, later voor het behoud van het hele gebouw. Dank zij de architect Giorgio Cavaglieri is veel in de oorspronkelijke staat behouden.

Gevel van Patchin Place met hemelboom

Patchin Place ❼

W 10th St. **Kaart** 4 D1. **M** *W 4th St.-Washington Sq.*

Dit huizenblok met zijn rij hemelbomen *(ailanthus)* – tegen de luchtvervuiling – is een van de leuke onverwachte plekjes in the Village. Deze huizen werden halverwege de 19de eeuw gebouwd als onderkomen voor de Baskische kelners van het Brevoort Hotel op Fifth Avenue.
Later werd het blok een gewilde woonplek. Er hebben veel bekende schrijvers gewoond: de dichter E.E. Cummings woonde van 1923 tot zijn dood in 1962 op nr. 4; de Engelse *poet laureate* John Masefield woonde ook in dit blok, evenals de toneelschrijver Eugene O'Neill en John Reed, de schrijver van *Ten Days That Shook The World*, een ooggetuigenverslag van de Russische Revolutie.

Speelgoedoorlogsboot uit de Forbes Magazine Collection

Forbes Building en Galleries ❽

62 5th Ave. **Kaart** 4 E1. *206-5548.* M *14th St.-Union Sq.* ***Galeries*** *di, wo, vr, za 10.00-16.00 uur. Geen kinderwagens.* *do.*

Sommige architectuurcritici vonden dit kalksteenblok uit 1925 van Carrère & Hastings pompeus. Oorspronkelijk zat hier het hoofdkantoor van uitgeverij Macmillan. Nadat deze vertrokken was, vestigde wijlen Malcolm Forbes zich hier met zijn financiële tijdschrift *Forbes*. De Forbes Magazine Galleries geven een indruk van de veelzijdige smaak van Forbes: Fabergé-eieren die zijn gemaakt voor de laatste Russische tsaar, meer dan 500 antieke speelgoedbootjes, meer dan 12.000 speelgoedsoldaatjes, een gesigneerd exemplaar van het *Gettysburg Address* van Abraham Lincoln en andere curiositeiten.

Salmagundi Club ❾

47 5th Ave. **Kaart** 4 E1. *255-7740.* M *14th St.-Union Sq.* *ma-vr 8.30-24.00, za 8.00-17.00, zo 12.00-17.00 uur.*

De oudste kunstenaarssociëteit van Amerika is gevestigd in een oud herenhuis aan Fifth Avenue. Het huis werd in 1853 gebouwd voor Irad Hawley. Nu wordt het behuisd door de American Artists' Professional League, de Greenwich Village Society for Historic Preservation en de American Watercolor Society. De club, in 1871 opgericht, dankt zijn vreemde naam aan het satirische tijdschrift *The Salmagundi Papers* van Washington Irving.

De Salmagundi Club

First Presbyterian Church ❿

5th Ave. bij 12th St. **Kaart** 4 D1. *675-6150* M *7th Ave.-Union Sq.* *ma, wo, vr 12.15-12.45, zo 11.00-13.30 uur.* www.firstpresnyc.org

Deze kerk in gotische stijl is ontworpen naar het voorbeeld van de Church of Saint Saviour te Bath in Engeland. Het opvallendste onderdeel van dit ontwerp van Joseph C. Wells uit 1846 is de toren van bruinrode zandsteen. Op de houten panelen op het altaar staan de namen van alle predikanten sinds 1716. Het dwarsschip aan de zuidzijde is in 1893 aangebouwd.

Church of the Ascension ⓫

5th Ave., bij 10th St. **Kaart** 4 E1. *254-8620.* M *14th St.-Union Sq.* *dag. 12.00-14.00 en 17.00-19.00 uur.* *dag. 18.00; zo 9.00, 11.00, 18.00 uur.* *(niet tijdens diensten).* www.ascensionnyc.org

Church of the Ascension

Deze Engelse, neogotische kerk werd in 1840-1841 ontworpen door Richard Upjohn, de architect van Trinity Church. In 1888 kreeg de kerk een nieuw interieur dat was ontworpen door Stanford White. Het altaarreliëf is van Augustus Saint-Gaudens. *The Ascension*, een muurschildering van John La Farge, is te zien boven het altaar. Deze kunstenaar ontwierp ook enkele van de gebrandschilderde ramen. De klokkentoren is 's avonds speciaal verlicht.

Washington Mews ⓬

Washington Sq. N bij E 8th St. **Kaart** 4 E2. M *W 4th St.*

Oorspronkelijk waren er in dit achterafblok stallen, maar rond 1900 werd het een koetshuis. De zuidelijke vleugel werd in 1939 aangebouwd. Gertrude Vanderbilt Whitney, oprichtster van het Whitney Museum, woonde en werkte hier.
Op de hoek van University Place staat het in Franse stijl vormgegeven *Maison Française* van de NYU.

New York University ⓭

Washington Sq. **Kaart** 4 E2.
☎ *998-1212* Ⓜ *W 4th St.*
🕐 *ma-vr 8.30-20.00 uur.*
W www.nyu.edu

De NYU heette oorspronkelijk de University of the City of New York. Ze werd in 1831 opgericht als alternatief voor de anglicaanse Columbia University. Het is nu de grootste particuliere universiteit van de VS en bestrijkt meer dan vier blokken bij Washington Square.
De bouw van het eerste universiteitsgebouw was de aanleiding tot het oproer van de steenhouwersbond in 1833. De aannemers protesteerden ertegen dat men gevangenen uit de State Prison steen liet houwen. De National Guard moest de orde herstellen. Het telegraaftoestel van Samuel Morse, het eerste fototoestel van John W. Draper en de revolver van Samuel Colt zijn hier uitgevonden.

De *Buste van Sylvette* van Picasso tussen Bleecker en West Houston St.

In het Brown Building op Washington Place bij Greene Street zat de Triangle Shirtwaist Company. Hier kwamen in 1911 146 arbeiders om bij een brand, hetgeen leidde tot nieuwe wetten op het gebied van de brandveiligheid en de arbeidsomstandigheden. Een 11 m hoge vergroting van de *Buste van Sylvette* van Picasso staat in University Village.

Judson Memorial Church ⓮

55 Washington Sq S. **Kaart** 4 D2.
☎ *477-0351.* Ⓜ *W 4th St.* 🕐 *ma-vr 10.00-13.00, 14.00-18.00 uur.* ✝ *zo 11.00 uur.* W www.judson.org

Dit imposante gebouw in romaanse stijl van McKim, Mead & White uit 1892 heeft gebrandschilderde ramen van John La Farge. Het is genoemd naar de eerste Amerikaanse missionaris die naar het buitenland werd gestuurd: Adoniram Judson, die in 1811 in Birma werkte. Een kopie van zijn Birmese bijbelvertaling werd tijdens de inwijding van de kerk ingemetseld in een hoeksteen.
Het bijzondere aan deze kerk is de unieke sfeer. Judson Memorial heeft een actieve rol gespeeld bij de discussies over plaatselijke en wereldwijde problemen, variërend van aids tot de bewapeningswedloop. Ook worden er exposities gehouden en worden er off-off-Broadwaystukken opgevoerd.

De boog aan de noordzijde van Washington Square

Washington Square ⓯

Kaart 4 D2. Ⓜ *W 4th St.*

Eens stroomde de rustige Minetta Brook door wat nu een van de levendigste open ruimten van de stad is. Aan het eind van de 18de eeuw was hier een openbare begraafplaats; bij het begin van de graafwerkzaamheden voor het park werden zo'n 10.000 geraamten opgegraven. Lang geleden werden op het plein duels uitgevochten en tot 1819 werden hier veroordeelden in het openbaar opgehangen. De 'Hanging Elm' in de noordwesthoek is er nog steeds. In 1826 dempte men het moeras en leidde de beek ondergronds, en daar stroomt hij nog steeds. Een bordje op de fontein bij de ingang van No. 2 Fifth Avenue geeft de loop ervan aan.
De grote, wit-marmeren boog van Stanford White werd in 1895 opgericht. Hij verving een eerdere houten boog over Lower Fifth Avenue ter gelegenheid van het eeuwfeest van de inauguratie van George Washington. Rechts in de boog is een trap. In 1916 drong een groep kunstenaars onder leiding van John Sloan en Marcel Duchamp hier binnen en riep de vrije, onafhankelijke republiek van Washington Square uit: de staat New Bohemia.
Aan de overkant is 'The Row'. In dit blok, dat nu deel uitmaakt van de NYU, woonden ooit de meest vooraanstaande families van New York. De familie Delano, de schrijvers Edith Wharton, Henry James en John dos Passos en de kunstenaar Edward Hopper hebben hier gewoond. No. 8 was ooit de ambtswoning van de burgemeester.
Nu genieten zowel studenten als gezinnen van het park.

Raam op de hoek van West 4th Street en Washington Square.

East Village

Peter Stuyvesant bezat een landgoed in East Village. In de 19de eeuw woonden hier de Astors en Vanderbilts. Toen rond 1900 de mensen uit de hogere kringen zich in noordelijker wijken vestigden, kwamen de immigranten. Ieren, Duitsers, joden, Polen, Oekraïners en Puertoricanen lieten hun sporen achter in de vorm van kerken, gebouwen en een groot aantal goedkope buitenlandse restaurantjes. In de jaren zestig kwam de *beat generation* op de lage huren af. Daarna kwamen de hippies en de punks. Nog steeds is deze wijk het domein van de nieuwste muziek- en theaterstijlen. Op Astor Place wemelt het van de studenten van NYU en Cooper Union. Oostelijk ligt de wijk 'Alphabet City'.

Mozaïek aan de voorzijde van St. George's Ukrainian Catholic Church

Bezienswaardigheden in het kort

Historische straten en gebouwen
Cooper Union ❶
Colonnade Row ❸
Bayard-Condict Building ❽

Musea en galeries
Merchant's House Museum ❹

Kerken
St. Mark's-in-the-Bowery Church ❺
Grace Church ❻

Parken en pleinen
Tompkins Square ❼

Bekende theaters
Public Theater ❷

Zie ook

- ***Stratengids***, kaart 4, 5
- ***Accommodatie*** blz. 274-275
- ***Restaurants*** blz. 290-292

Bereikbaarheid

Per metrolijn met de Lexington Ave. 6 naar Astor Place; of met de buslijnen M15, M101/102 en de M8 Crosstown.

0 meter 500

Symbolen

▭ Detailkaart
M Metrostation

Bas-reliëf in gotische stijl op de gevel van Grace Church

Het interieur van McSorley's Old Ale House

Onder de loep: East Village

Op de plaats waar Tenth en Stuyvesant Street elkaar kruisen, stond vroeger het landhuis van Peter Stuyvesant. Zijn zoon, die ook Peter heette, erfde het grootste deel van het landgoed en liet er in 1787 straten aanleggen. De belangrijkste bezienswaardigheden in de historische wijk St. Mark's zijn de St. Marks-in-the-Bowery Church en twee huizen in Stuyvesant Street: het Stuyvesant Fish House en het huis van Nicholas Stuyvesant uit 1795. Veel huizen in deze wijk zijn gebouwd tussen 1871 en 1890 en hebben nog de originele architectonische details.

Metrostatio Astor Place (lijn 6)

Astor Place was in 1849 het toneel van rellen. Nadat de Engelse acteur William Macready kritiek had geleverd op de Amerikaanse acteur Edwin Forrest, maakten de fans van Forrest amok: 34 doden.

Alamo is de titel van de 4,5 meter hoge stalen kubus op Astor Place, die werd ontworpen door Bernard Rosenthal.

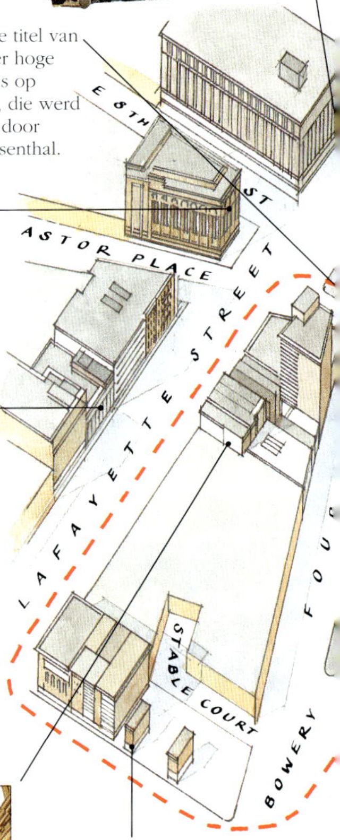

Colonnade Row
Deze nu vervallen panden waren ooit de duurste huizen van de stad. Het marmer voor de gevel werd uitgebakt door gevangenen uit de Sing-Sing-gevangenis ❸

Public Theater
In 1965 wist wijlen Joseph Papp de gemeente te overreden de Astor Library uit 1849 aan te kopen om er een theater van te maken ❷

★ **Merchant's House**
Hier ziet u het originele meubilair: meubels in federal-, American empire- en Victoriaanse stijl ❹

STERATTRACTIES

★ **Cooper Union**

★ **Merchant's House Museum**

★ **Cooper Union**
werd in 1859 opgericht door de autodidact Peter Cooper. Men kan er nog steeds gratis onderwijs volgen ❶

St Mark's-in-the-Bowery-Church
De kerk werd gebouwd in 1799. De toren werd er in 1828 opgezet ❺

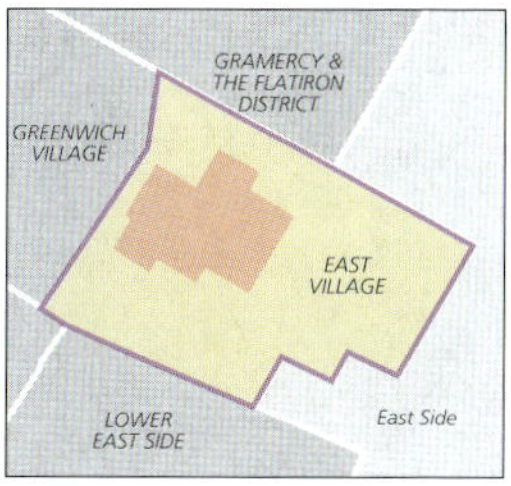

ORIËNTATIEKAART
Zie kaart Manhattan blz. 12-13

Het bakstenen **Stuyvesant Fish House** uit 1803-1804 is een schoolvoorbeeld van een huis in federal-stijl.

Renwick Triangle is een groep van zestien huizen uit 1861 in Anglo-Italiaanse-stijl.

De **Stuyvesant Polyclinic** werd in 1857 geopend en is nog steeds als kliniek in gebruik. De gevel wordt opgesierd door de borstbeelden van beroemde artsen en geleerden.

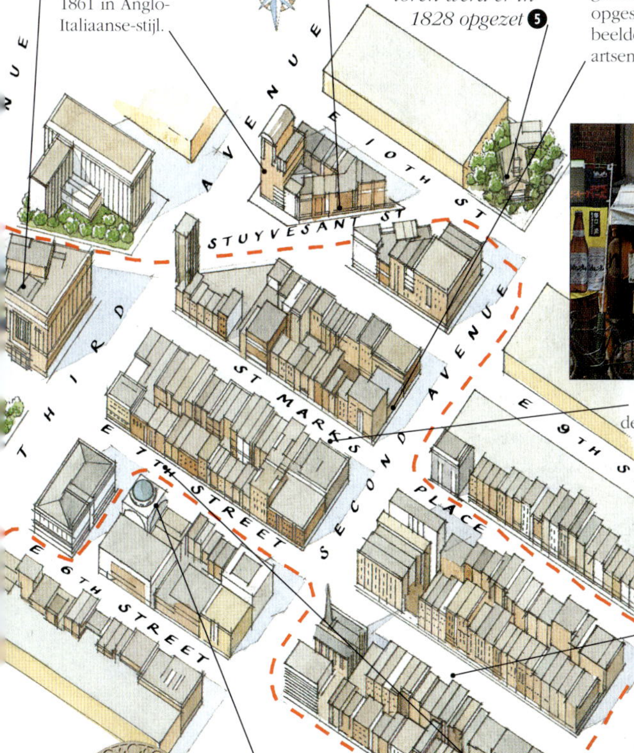

St. Mark's Place was ooit de belangrijkste hippiestraat en is nog steeds het middelpunt voor de jongeren uit East Village. In veel van de kelders zitten nu winkeltjes.

In **Little India**, de rij Indiase eethuisjes aan de zuidzijde van East Sixth Street, kan men goed Indiaas eten.

In **Little Ukraine** wonen 30.000 Oekraïeners. Het middelpunt is St. George's Ukrainian Catholic Church.

SYMBOOL

– – – Aanbevolen route

0 meter 100

In **McSorley's Old Ale House** wordt nog steeds *real ale* gebrouwen; de inrichting is zo te zien sinds de opening in 1854 niet veranderd. *(blz. 309)*

De grote hal van de Cooper Union, waar Abraham Lincoln sprak

Cooper Union ❶

30 Cooper Square. **Kaart** 4 F2. *353-4100* M *Astor Pl.* *alleen op afspraak, en concerten en lezingen in de grote hal.* *juni-aug. en feestdagen.* W www.cooper.edu

Peter Cooper was een rijke industrieel. Hij bouwde de eerste Amerikaanse stoomlocomotief, hij fabriceerde de eerste stalen rails en nam deel in de eerste transatlantische telegraafverbinding. Toch had hij geen formeel onderwijs gevolgd. Om het onderwijs voor anderen toegankelijker te maken, stichtte Cooper het eerste gratis, non-confessionele college. Nog steeds zijn er veel gegadigden voor plaatsing op deze school, want het onderwijs is er nog altijd gratis. Het zes verdiepingen tellende gebouw werd in 1973-1974 gerenoveerd. In de grote hal, die in 1859 plechtig was geopend door Mark Twain, hield Lincoln in 1860 zijn bekende redevoering 'Right makes Might'.

Public Theater ❷

425 Lafayette St. **Kaart** 4 F2. *260-2400 (kaartverkoop).* M *Astor Pl. Zie ook* ***Uitgaan*** *blz. 332.* W www.publictheater.org

In dit grote gebouw van baksteen en bruinrode zandsteen vindt het New York Shakespeare Festival plaats. In 1849 was hier de Astor Library gevestigd, de eerste gratis bibliotheek van de stad en nu een onderdeel van de New York Public Library. De architectuur is een Amerikaanse versie van de Duitse neoromaanse stijl. In 1965 dreigde het gebouw te worden gesloopt. Joseph Papp, de initiatiefnemer van het Shakespeare Festival, haalde toen de gemeente New York over het gebouw aan te kopen als thuisbasis voor het theatergezelschap. Men begon in 1967 met de renovatie. Het prachtige interieur heeft weinig te lijden gehad van de verbouwing. In de zes theaterzalen worden meestal experimentele stukken opgevoerd.

Het Public Theater in Lafayette Street

Colonnade Row ❸

428–434 Lafayette St. **Kaart** 4 F2. M *Astor Pl.* *voor het publiek.*

De Corinthische zuilen van deze vier gebouwen zijn al wat rest van een schitterende rij van negen neoklassieke herenhuizen. In 1833 legde de aannemer Seth Geer er de laatste hand aan. Sceptici die dachten dat niemand zo ver in het oosten zou willen wonen, gaven de huizen de bijnaam 'Geer's Folly'. Ze kregen ongelijk toen vooraanstaande Newyorkers, zoals Jacob Astor en Cornelius Vanderbilt er gingen wonen. Washington Irving, de auteur van *Rip Van Winkle* en andere Amerikaanse klassiekers, woonde hier een tijdje, evenals de Engelse schrijvers William Makepeace Thackeray en Charles Dickens. Vijf van de huizen werden begin 20ste eeuw gesloopt om plaats te maken voor een garage.

Merchant's House Museum ❹

29 E 4th St. **Kaart** 4 F2. *777-1089* M *Astor Pl.* *do-ma 13.00-17.00 uur en op afspraak.* *geen flitslicht.* ***Lezingen.*** W www.merchantshouse.com

Het originele 19de-eeuwse ijzeren fornuis van het Merchant's House Museum

In dit bijzondere, uit baksteen opgetrokken neoklassieke herenhuis, dat is weggestopt in een donker hoekje van East Village, hangt de sfeer van lang vervlogen tijden. Het interieur en de keuken verkeren nog in de oorspronkelijke staat. Het huis staat vol met het meubilair, de ornamenten en de gebruiksvoorwerpen van de familie die hier bijna 100 jaar heeft gewoond. Dit uit 1832 daterende huis werd in 1835 gekocht door Seabury Tredwell, een rijke koopman. Het zou familiebezit blijven tot de laatste telg van deze familie, Gertrude Tredwell, in 1933 overleed. Zij had de inrichting van het huis, overeenkomstig de wens van haar vader, ongewijzigd gelaten. Een familielid stelde het huis in 1936 open voor publiek.

St. Marks-in-the-Bowery Church ❺

131 E 10th St. **Kaart** 4 F1. *674-6377.* *Astor Pl.* *ma-vr 8.30-16.00 uur.* *wo 18.30, zo 10.30 uur.* www.stmarkschurch.org

Dit gebouw uit 1799 is een van de oudste kerken van New York. Het werd gebouwd op de *bouwerie* (boerderij) van gouverneur Peter Stuyvesant ter vervanging van een kerk uit 1660. Peter Stuyvesant ligt hier begraven, samen met zeven generaties nakomelingen en veel andere vooraanstaande Newyorkers van het eerste uur. Ook is hier een gedenkteken voor de dichter W.H. Auden, eveneens een parochielid.

In 1878 ontvreemdden misdadigers het stoffelijk overschot van warenhuismagnaat A.T. Stewart uit het kerkhof en eisten een 'losgeld' van 20.000 dollar.

De predikantswoning van de kerk, 232 East 11th Street, is een ontwerp van Ernest Flagg.

Grace Church ❻

802 Broadway. **Kaart** 4 F1. *254-2000.* *Astor Pl.* *ma-vr 10.00-17.30; za 12.00-16.00 uur.* *feestdagen.* *ma-vr 7.30, wo 18.00, zo 9.00, 11.00, 18.00 uur.* ***Concerten***. www.gracenyc.org

Hoewel James Renwick jr., de architect van St. Patrick's Cathedral, nog maar 23 was toen hij deze kerk ontwierp, beschouwen velen het als zijn mooiste werkstuk. De gratie van de vroeggotische vormen doet de naam van de kerk eer aan. De prerafaëlitische glas-in-loodramen en de fraaie mozaïekvloer geven het interieur dezelfde glans als de buitenkant. De vrede en rust in de kerk werden in 1863 korte tijd verstoord, toen Phineas T. Barnum er het huwelijk van de dwerg generaal Tom Thumb organiseerde. Het drukbezochte evenement liep uit op een reusachtige chaos. In 1888 verving men de houten toren van de kerk door een spits van marmer. Velen meenden dat de spits te zwaar voor de kerk zou blijken en hij staat nu inderdaad een flink eind uit het lood. De kerk staat in een bocht en is al van verre te zien.

Tom Thumb en zijn bruid in Grace Church

Altaar en raam in Grace Church

Tompkins Square ❼

Kaart 5 B1. *2nd Ave, 1st Ave.*

Hoewel dit park in Engelse stijl alle kwaliteiten van een rustig plekje bezit, heeft het een turbulent verleden. Op deze plek vond in 1874 de eerste georganiseerde demonstratie van arbeiders plaats, in de jaren zestig was het een verzamelplaats van hippies en in 1991 waren er bloedige rellen toen de politie een groep daklozen die het park had gekraakt wilde verwijderen. Op het plein staat een aangrijpend monument voor de grootste tragedie in de historie van de buurt. Ter nagedachtenis van de meer dan 1000 buurtbewoners die omkwamen tijdens de ramp met de stoomboot *General Slocum* staat er een beeldje van een jongen en een meisje die naar een stoomboot kijken. Op 15 juni 1904 brak tijdens een boottochtje op de East River brand uit aan boord. De boot was afgeladen met vrouwen en kinderen uit deze toen vooral door Duitse immigranten bevolkte buurt. Veel mannen uit de buurt verloren hun hele gezin.

Bayard-Condict Building ❽

65 Bleecker St. **Kaart** 4 F3. *Bleecker St.*

De sierlijke zuilen, de met fraai filigreinwerk versierde bruinrode gevel en de prachtige kroonlijst van dit gebouw uit 1898 bepalen het gezicht van het enige werk in New York van de uit Chicago afkomstige architect Louis Sullivan. Men zegt dat Sullivan in eerste instantie weinig moest hebben van de sentimentele engelen die de kroonlijst van het gebouw ondersteunen. Uiteindelijk is hij echter door de knieën gegaan voor de wensen van de eigenaar, Silas Alden Condict. Omdat dit gebouw staat ingeklemd tussen kantoorpanden, kan men het beter van een afstand bekijken. Voor het beste zicht erop moet men de straat oversteken en een eindje Crosby Street in lopen.

Het Bayard-Condict Building

Gramercy en het Flatiron District

Speelgoed in het Police Museum

In de 19de eeuw werden vier pleinen aangelegd naar het voorbeeld van de rustige woonbuurten in de Europese steden. Gramercy Park was een van deze pleinen. De herenhuizen aan het plein zijn ontworpen door de beste architecten van de stad en worden bewoond door vooraanstaande Newyorkers. In de omgeving vindt u dure boetieks en trendy cafés, in een gebied dat zich uitstrekt tot aan het vroeger sjofele gedeelte van Lower Fifth Avenue, ten zuiden van het beroemde Flatiron Building.

Bezienswaardigheden in het kort

Historische straten en gebouwen
New York Life Insurance Company 2
Appellate Division of the Supreme Court of the State of New York 3
Metropolitan Life Insurance Company 4
Flatiron Building 5
Ladies' Mile 6
National Arts Club 8
The Library at the Players 9
Block Beautiful 11
Con Edison Headquarters 14

Musea
Theodore Roosevelt Birthplace 7

Kerken
The Little Church Around the Corner 16

Parken en pleinen
Madison Square 1
Gramercy Park 10
Stuyvesant Square 13
Union Square 15

Zie ook

- ***Stratengids***, kaart 8, 9
- ***Accommodatie*** blz. 274-275
- ***Restaurants*** blz. 290-292

Bereikbaarheid

Het dichtstbijzijnde metrostation is op 23rd St., waar de Lexington Ave. nr. 6 stopt. Per bus met de M101/102 naar 3rd Ave. of met lijn M1, M2 of M3 naar 5th Ave. of Madison Ave. Of met de M26 Crosstown.

Symbolen
Detailkaart
Metrostation

Hagedis-beeldje op Union Square

Con Edison Headquarters bij nacht

Onder de loep: Gramercy Park

Gramercy Park en het nabijgelegen Madison Square zijn tegengestelden. De sfeer op Madison Square wordt bepaald door kantoorgebouwen en het drukke verkeer, maar vanwege de architectuur en de beeldhouwwerken is het zeker een bezoek waard. Hier stond vroeger de oude Madison Square Garden, het beroemde pretpaleis van Stanford White dat altijd vol zat met plezier makende mensen. In Gramercy Park daarentegen hangt nog steeds de rustige sfeer waar de wijk om bekend is geworden. Rond het laatste privé-park van de stad staan villa's en clubgebouwen. Alleen degenen die aan het plein wonen, hebben de sleutel van het park.

Beeld van Diana op de oude Madison Square Garden

★ Madison Square
Hier was in de periode rond 1840 het veld van de Knickerbocker Club, waar als eerste volgens vaste spelregels werd gehonkbald. Tegenwoordig brengen de mensen die in de nabijgelegen kantoren werken er hun lunchpauze door ❶

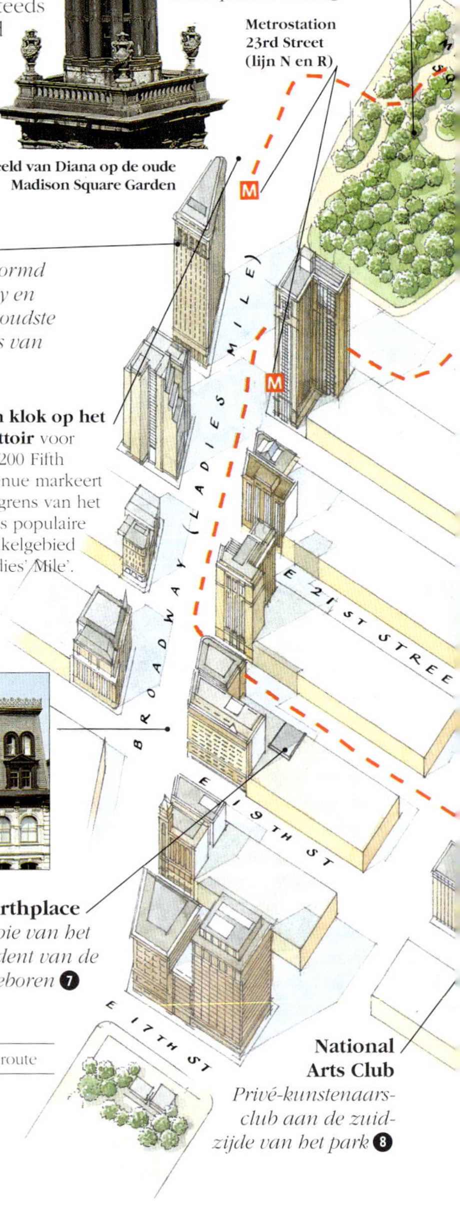

★ Flatiron Building
In de driehoek die wordt gevormd door Fifth Avenue, Broadway en 23rd Street staat een van de oudste en bekendste wolkenkrabbers van New York ❺

Een klok op het trottoir voor nr. 200 Fifth Avenue markeert de grens van het eens populaire winkelgebied 'Ladies' Mile'.

Ladies' Mile
Broadway tussen Union Square en Madison Square was ooit het mooiste winkelgebied van New York ❻

Theodore Roosevelt Birthplace
Dit huis is een exacte kopie van het huis waar de 26ste president van de Verenigde Staten werd geboren ❼

SYMBOOL

Aanbevolen route

0 meter 100

National Arts Club
Privé-kunstenaarsclub aan de zuidzijde van het park ❽

Appellate Court
Naar verluidt het drukste gerechtsgebouw ter wereld ❸

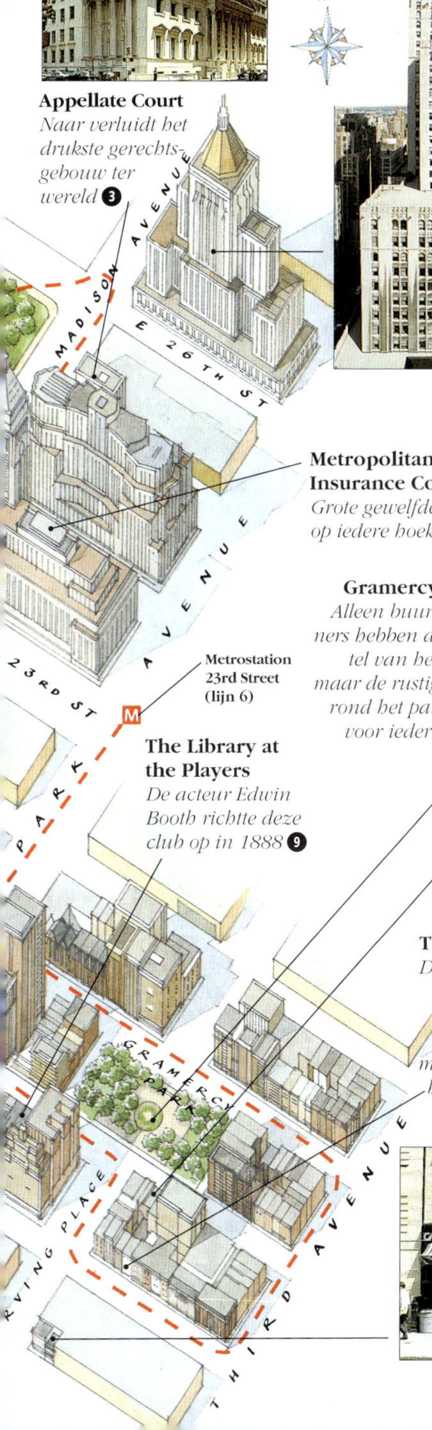

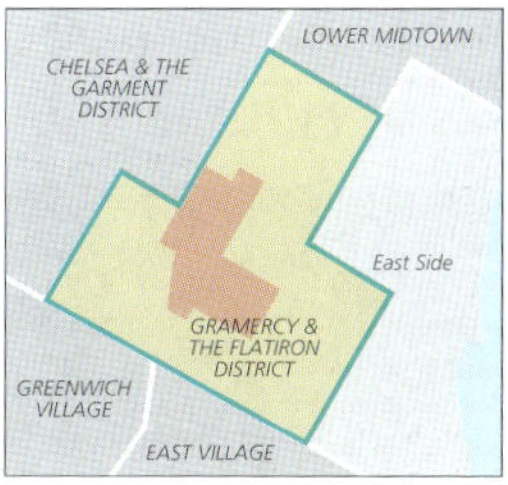

ORIËNTATIEKAART
Zie kaart Manhattan blz. 12-13

New York Life Insurance Company
Dit gebouw van architect Cass Gilbert draagt het kenmerkende piramidevormige dak ❷

STERATTRACTIES

- ★ **Flatiron Building**
- ★ **Madison Square**

Metropolitan Life Insurance Company
Grote gewelfde ingangen op iedere hoek ❹

Gramercy Park
Alleen buurtbewoners hebben de sleutel van het park, maar de rustige wijk rond het park is er voor iedereen ❿

Metrostation 23rd Street (lijn 6)

The Library at the Players
De acteur Edwin Booth richtte deze club op in 1888 ❾

The Brotherhood Synagogue was van 1859 tot 1975 een sociëteit. Sindsdien is het een synagoge.

The Block Beautiful
De huizen in dit lommerrijke deel van East 19th Street zijn niet echt bijzonder, maar de straat als geheel is schitterend ⓫

Pete's Tavern is hier gevestigd sinds 1903. O'Henry, auteur van veel verhalen die in New York spelen, schreef *The Gift of the Magi* in het tweede nisje.

Madison Square ❶

Kaart 8 F4. M *23rd St.*

Standbeeld David Farragut

Ondanks de plannen om van dit plein het middelpunt van een chique woonbuurt te maken, werd het na de Amerikaanse burgeroorlog een druk uitgaanscentrum. Aan het plein stonden het fraaie Fifth Avenue Hotel, het Madison Square Theater en de Madison Square Garden van Stanford White. De arm van het Vrijheidsbeeld die de toorts vasthoudt, werd hier in 1884 tentoongesteld.
Nu komt het personeel van de omliggende kantoren hier in de lunchpauze van de rust genieten en de beeldhouwwerken bekijken. Het beeld van admiraal David Farragut uit 1880 werd gemaakt door Augustus Saint-Gaudens en het voetstuk is van Stanford White. Het beeld van Roscoe Conkling staat er ter nagedachtenis aan een senator die doodvroor tijdens de grote sneeuwstorm in 1888. De Eternal Light Flagpole is opgericht ter ere van de soldaten die tijdens de Eerste Wereldoorlog in Frankrijk sneuvelden.

New York Life Insurance Company ❷

51 Madison Ave. **Kaart** 9 A3. M *28th St.* ◯ *tijdens kantooruren.*

Dit imposante gebouw werd in 1928 ontworpen door Cass Gilbert, de architect van het Woolworth Building. Het meesterlijke interieur bestaat uit enorme luchters, bronzen deuren en panelen, en een fraaie trap die naar het metrostation leidt.
Op deze plek hebben nog meer bekende gebouwen gestaan. Het Hippodrome van Barnum stond hier van 1874 tot 1879, toen de eerste Madison Square Garden opengıng. Hier was van alles te beleven, bijvoorbeeld de gevechten van zwaargewichtbokser Jack Dempsey in de periode rond 1880. De volgende Madison Square Garden, het legendarische pretpaleis van Stanford White, werd in 1890 ook op deze plek gebouwd. Er waren overdadige revues en gezelligheidsevenementen voor de Newyorkse beau-monde en men betaalde er grif 500 dollar voor een logeplaats bij de prestigieuze jaarlijkse paardenshow.
Het gebouw had gaanderijen op straatniveau en een toren die was ontworpen naar het voorbeeld van de Giralda in Sevilla. Op de torenspits stond een gouden beeld van de godin Diana. Men nam aanstoot aan haar naakte lichaam, maar het decadente leven en de dood van Stanford White zelf veroorzaakten een veel groter schandaal. Hij werd in 1906 tijdens de opvoering van een revue in de daktuin doodgeschoten door de miljonair Harry K. Thaw, de man van zijn vroegere maîtresse, het revuemeisje Evelyn Nesbit.

Het gouden piramidedak van de New York Life Insurance Company

Appellate Division of the Supreme Court of the State of New York ❸

E 25th St. bij Madison Ave. **Kaart** 9 A4. ☎ *340 0400.* M *23rd St.* ◯ *ma-vr 9.00-17.00 uur. (zittingen: di-do vanaf 14.00 uur; vr vanaf 10.00 uur).* ● *feestdagen.*

Hier behandelt men civiele en strafrechtelijke beroepszaken voor het district New York en de Bronx. Men zegt dat dit in zijn soort de drukste rechtbank ter wereld is. Dit kleine, maar statige neopalladiaanse gebouw is in 1900 ontworpen door James Brown Lord.

De beelden *Justice* en *Study* op het Appellate Court

Er staan meer dan tien fraaie beelden op het gebouw, waaronder *Justice* van Daniel Chester French (tussen *Power* en *Study*). Op weekdagen kunnen bezoekers het prachtige, door de gebroeders Herter ontworpen interieur bewonderen, met inbegrip van de rechtszaal, mits die niet in gebruik is. Speciale aandacht verdienen de gebrandschilderde ramen, de koepel, de fresco's en het schrijnwerk. Vaak wordt in de hal materiaal tentoongesteld over geruchtmakende processen die hier zijn gevoerd. Hier zijn onder andere beroepszaken behandeld namens de honkballer Babe Ruth, Charlie Chaplin, Fred Astaire, Harry Houdini, de schrijver Theodore Dreiser en Edgar Allan Poe.

Klokkentoren van de Metropolitan Life Insurance Company

Metropolitan Life Insurance Company ❹

1 Madison Ave. **Kaart** 9 A4. *578-2211.* *23rd St.* *voor publiek, behalve de hal.*

Na de aanbouw van een 210 m hoge toren in 1909 streefde deze wolkenkrabber uit 1893 het Flatiron Building voorbij als hoogste gebouw ter wereld. Men zegt dat de grote wijzers van de vier klokken elk 454 kilo wegen. 's Avonds levert het verlichte gebouw een fraaie bijdrage aan de skyline. Soms is ook de toren verlicht. De kantine werd oorspronkelijk opgesierd met een serie muurschilderingen van N.C. Wyeth, die bekend werd als illustrator van *Robin Hood, Schateiland* en *Robinson Crusoe*. Hij is de vader van de schilder Andrew Wyeth. De schilderingen zijn nu te zien in de hal.

Flatiron Building ❺

175 5th Ave. **Kaart** 8 F4. *23rd St.* *tijdens kantooruren.*

Dit gebouw van de uit Chicago afkomstige architect David Burnham, dat oorspronkelijk Fuller Building heette, was bij de voltooiing in 1903 het hoogste ter wereld. Als een van de eerste gebouwen met een stalen frame was het een voorloper van de latere wolkenkrabbers. Het gebouw stond vanwege zijn bizarre driehoekige vorm al gauw bekend als het Flatiron (het strijkijzer). Anderen noemden het 'Burnham's Folly' en voorspelden dat het gebouw in zou storten ten gevolge van de luchtstromen die door de vreemde vorm ervan zouden ontstaan. Het Flatiron heeft de tand des tijds weerstaan. De wind in 23rd Street heeft echter op een andere manier van zich doen spreken. Toen het gebouw pas geopend was, kwamen veel mannen naar 23rd Street om een glimp op te vangen van de enkels van passerende vrouwen wier lange rokken opwaaiden. Er moesten politieagenten aan te pas komen om de menigte te laten doorlopen. Sinds die tijd is de kreet '23-skidoo' een algemene volksuitdrukking voor 'oprotten!'

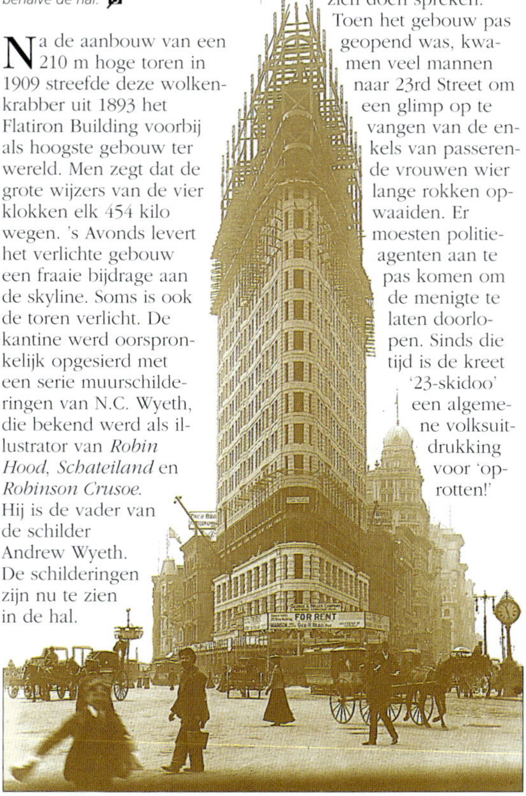

Het Flatiron Building tijdens de bouw

Ladies' Mile ❻

Broadway (van Union Sq. tot Madison Sq.). **Kaart** 4 E1 naar 8 F4. *14th St., 23rd St.*

De winkel van Arnold Constable

In de 19de eeuw kwamen de welgestelden uit de nabijgelegen herenhuizen hier winkelen. Populaire zaken waren bijvoorbeeld Arnold Constable (nr. 881-887) en Lord & Taylor (nr. 901).
Als u omhoog kijkt naar de gevels, ziet u nog iets van de vroegere glorie.

President Teddy Roosevelt

Theodore Roosevelt Birthplace ❼

28 E 20th St. **Kaart** 9 A5. *260-1616* *14th St.-Union Sq.* *wo-zo 9.00-17.00 uur (niet toegankelijk na 16.00 uur).* *feestdagen.* ***Lezingen, concerten, films, video's.*** www.nps.gov/thrb

In deze reconstructie van het huis waar de kleurrijke 26ste president van de VS tijdens zijn jongensjaren woonde, is een tentoonstelling over Roosevelt ingericht: men ziet er onder andere zijn kinderspeelgoed, zijn campagnebuttons en zijn hoed van de 'Rough Riders', over wie hij tijdens de Spaans-Amerikaanse Oorlog het bevel voerde.

Bas-reliëfs van grote schrijvers in de National Arts Club

National Arts Club ❽

15 Gramercy Pk S. **Kaart** 9 A5.
473-3424. *14th St.-Union Sq.*
voor exposities.
www.nationalartsclub.org

Dit grote zandstenen gebouw, ontworpen door Calvert Vaux, werd gebouwd tussen 1881 en 1884. Het was de ambtswoning van de New-yorkse gouverneur Samuel Tilden, die 'Boss' Tweed veroordeelde en een gratis openbare bibliotheek opende. De National Arts Club kocht het huis in 1906 aan; de oorspronkelijke hoge plafonds en gebrandschilderde ramen werden intact gelaten. De meeste grote Amerikaanse kunstenaars uit de 19de en begin 20ste eeuw waren lid en doneerden bij wijze van contributie een kunstwerk. Deze giften vormen de permanente collectie. De club is open voor tentoonstellingen.

The Library at the Players ❽

16 Gramercy Pk S. **Kaart** 9 A5.
228-7610. *14th St.-Union Sq.* *behalve voor van tevoren geboekte groepsrondleidingen.*

In dit twee verdiepingen tellende huis van bruinrode zandsteen heeft de acteur Edwin Booth gewoond. Hij was de broer van John Wilkes Booth, de moordenaar van president Lincoln. Edwin Booth liet het gebouw in 1888 door de architect Stanford White tot club verbouwen. De club was bedoeld voor acteurs, maar bijvoorbeeld White zelf en Winston Churchill waren ook lid. Een standbeeld van Booth staat in het park aan de overkant.

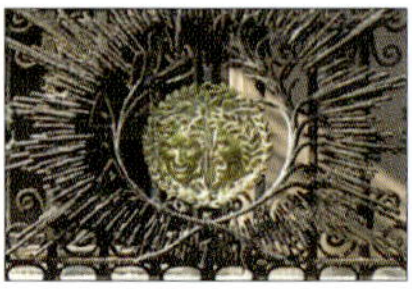

Siersmeedwerk in de Players Club

Gramercy Park ❿

Kaart 9 A4. *23rd St.*

Gramercy Park is een van de vier pleinen (samen met Union, Stuyvesant en Madison Square) die tussen 1830 en 1840 werden aangelegd om het betere woonpubliek aan te trekken. Het is het enige privé-park van de stad: de bewoners van de huizen aan het park krijgen de sleutel van het hek. In de zuidoosthoek kan men door het hek een fontein zien met een versiering van giraffen die om een lachende zon springen. De fontein is een ontwerp van Greg Wyatt. De gebouwen aan het plein zijn ontworpen door bekende architecten, onder wie Stanford White. Het huis van White stond op de plaats van het tegenwoordige Gramercy Park Hotel. Het fraaist zijn de nrs. 3 en 4 met hun sierlijke gietijzeren deuren en veranda's. De lantarens voor nr. 4 markeren het huis van James Harper, een vroegere burgemeester van New York. Nr. 34 (uit 1883) is het huis geweest van de beeldhouwer Daniel Chester French, de acteur James Cagney en de circusimpresario John Ringling.

Fontein met zon en giraffen van Greg Wyatt in het Gramercy Park

Block Beautiful ⓫

E 19th St. **Kaart** 9 A5. *3rd Ave., 14th St.-Union Sq.*

Gevel van de Block Beautiful in East 19th Street

Dit is een rustig, door bomen omzoomd blok woningen uit de jaren twintig, dat prachtig is gerestaureerd. De huizen op zich zijn niet bijzonder, maar het geheel ziet er schitterend uit. Op nr. 132 hebben twee beroemde actrices gewoond: Theda Bara, een ster uit de tijd van de stomme film en het eerste sekssymbool van Hollywood, en de Shakespeare-vertolkster Mrs. Patrick Campbell, die in 1914 als eerste de rol van Eliza Doolittle speelde in *Pygmalion* van George Bernard Shaw. De palen bij nr. 141 en het reliëf met giraffen bij nr. 147-149 zijn twee fraaie details die men niet mag missen.

Gramercy Park Hotel

2 Lexington Ave bij 21st St. Kaart 9 B4. *475-4320.* *14th St-Union Sq.*

Dit hotel, gelegen op de plek van het huis van Stanford White, is al meer dan zestig jaar een thuis ver van huis voor zowel internationale bezoekers als New Yorkers. De heerlijk ouderwetse bar met zijn antieke muurlampen, kaarsen en ramen met houten latten is een van de best bewaarde geheimen van New York en lijkt gemaakt voor romantische of clandestiene ontmoetingen. Hier zou u naast een rijke, erg oude matrone kunnen zitten of een rijke, heel jonge popster. Het hotel zelf staat aan het enige privé-park van Manhattan. Als u in het park wilt lopen en doen alsof u in deze exclusieve wijk woont, vraag dan bij de receptie naar een gastensleutel voor het park.

Stuyvesant Square ⓭

Kaart 9 B5. *14th St.-Union Sq.*

Deze oase van rust, die bestaat uit twee door Second Avenue gescheiden parken, maakte in 1600 deel uit van de eerste boerderij van Peter Stuyvesant. Toen men in 1836 het park wilde aanleggen, was het land nog steeds in het bezit van de familie Stuyvesant. Peter G. Stuyvesant verkocht het land aan de gemeente voor het symbolische bedrag van vijf dollar, tot grote tevredenheid van de omwonenden, die de prijzen voor onroerend goed omhoog zagen schieten.

Con Edison Headquarters ⓮

145 E 14th St. **Kaart** 9 A5. *3rd Ave., 14th St.-Union Sq.* ***Museum*** *460-6244.* *voor het publiek.*

De klokkentoren van dit gebouw uit 1911

Het Con Edison (rechts), Metropolitan Life en Empire State Building

fungeert als oriëntatiepunt. Het 26 verdiepingen tellende bouwwerk, oorspronkelijk bedacht door Henry Hardenbergh, de architect die bekend is door gebouwen als het Dakota (*zie blz. 216*) en het Plaza (*zie blz. 179*), werd gebouwd door het bedrijf dat ook Grand Central Terminal ontwierp. Bij de punt van de toren staat een 11,6 m hoge bronzen lantaren, gebouwd ter nagedachtenis aan de werknemers van Con Ed's die omkwamen in WO I. De toren zelf is niet zo hoog als het nabije Empire State Building, maar hij ziet er 's nachts, als hij verlicht is, heel fraai uit.

Union Square ⓯

Kaart 9 A5. *14th St-Union Sq.* ***Markt*** *op ma, wo, vr , za.*

Groentemarkt op Union Square

Dit park uit 1839 vormde de verbinding tussen Bloomingdale Road (nu Broadway) en Bowery Road (Fourth Avenue of Park), vandaar de naam Union Square. Later werd het middenterrein opgehoogd voor de aanleg van de metro. Het park was geliefd bij straatredenaars. In 1930, tijdens de crisistijd, verzamelden zich hier meer dan 35.000 werklozen voor een demonstratieve tocht naar het stadhuis om banen te eisen. Op het plein wordt een groente- en fruitmarkt gehouden, waar boeren hun waar verkopen.

The Little Church Around the Corner ⓰

1 E 29th St. **Kaart** 8 F3. *684-6770.* *28th St.* *dag. 9.00-17.00 uur.* *zo 8.00, 9.00, 11.00 uur.* *zo na dienst 11.00 uur.* ***Lezingen, concerten, recitals.***
www.littlechurch.org

Deze anglicaanse kerk van de Transfiguratie, die werd gebouwd tussen 1849 en 1856, is een rustig oord. Sinds 1870 staat de kerk bekend onder bovenstaande bijnaam. Toen de acteur Joseph Jefferson de begrafenis van zijn collega George Holland wilde regelen, weigerde de predikant van een andere kerk in de buurt de acteur te begraven en verwees hem door naar 'the little church around the corner'. Deze naam sloeg aan en sindsdien heeft de kerk nauwe banden met de theaterwereld. Sarah Bernhardt ging hier ter kerke.
In een raam in de zuidelijke zijbeuk is de verzuchting van Jefferson vereeuwigd: 'God zegene het kerkje om de hoek.'

CHELSEA EN HET GARMENT DISTRICT

In 1750 was Chelsea een landbouwgebied, in 1830 was het een buitenwijk en na de aanleg van de luchtspoorweg *(blz. 24-25)* in de jaren 1870 werd het een handelswijk. In 23rd Street waren variététheaters en toneelhuizen. De warenhuizen van Fashion Row, die vlak naast de luchtspoorweg stonden, richtten zich op de Newyorkse middenklasse, maar toen steeds meer modezaken uitweken naar noordelijker gelegen wijken, ging het slechter met Chelsea. Het werd een wijk met pakhuizen tot de Newyorkers, na het verdwijnen van de spoorweg, de fraaie 19de-eeuwse wijk herontdekten. Terwijl de bloei van Chelsea tanende was, ging het steeds beter met Herald Square.

Beeld van een kleermaker bij No. 555 7th Avenue

The Empire Diner in Chelsea

BEZIENSWAARDIGHEDEN IN HET KORT

Historische straten en gebouwen
Empire State Building blz. 134-135 ❷
General Post Office ❼
General Theological Seminary ⓫
Chelsea Historic District ⓬
Hugh O'Neill Dry Goods Store ⓮

Kerken
Marble Collegiate Reformed Church ❶
St. John the Baptist Church ❺

Moderne architectuur
Madison Square Garden ❻
Jacob K Javits Convention Center ❽
Chelsea Piers Sports and Entertainment Complex ❾

Monumenten
Worth Monument ⓯

Parken en pleinen
Herald Square ❸

Monumentale hotels en restaurants
Empire Diner ❿
Chelsea Hotel ⓭

Monumentale winkels
Macy's ❹

Medaillon ter ere van de technologie in het Empire State Building

BEREIKBAARHEID

Neem naar Chelsea de 7th Ave.-Broadway 1 of 9 naar 18th of 23th Street. De 8th Avenue A, C en E komen in 23th Street. Bus: lijn M11, M14, M26 of de M23 Crosstown.

ZIE OOK

- ***Stratengids***, kaart 7-8
- ***Accommodatie*** blz. 274-275
- ***Restaurants*** blz. 290-292

SYMBOLEN

- Detailkaart
- M Metrostation
- Helihaven

Onder de loep: Herald Square

Herald Square is genoemd naar de krant de *New York Herald*, waarvan het kantoor hier van 1894 tot 1921 was gevestigd. Hoewel het nu een druk winkelgebied is, was het ooit een van de smoezeligste wijken van New York. In de jaren 1880 en 1890 stond de wijk bekend als Tenderloin District en stond het vol met dansgelegenheden en bordelen. Toen in 1901 Macy's zijn deuren opende, begon de mode er steeds belangrijker te worden. De kledingwijk van New York ligt nu vlak bij Macy's, rondom Seventh Avenue, die ook wel 'Fashion Avenue' wordt genoemd.

Fashion Avenue is een andere naam voor het deel van Seventh Avenue rond 34th Street. Deze buurt is het hart van de Newyorkse kledingindustrie.

Manhattan Mall, ooit de plaats van Macy's aartsrivaal, Gimbel's, omvat 90 winkels, een enorm food court en een etage met kinderkleding en speelgoed.

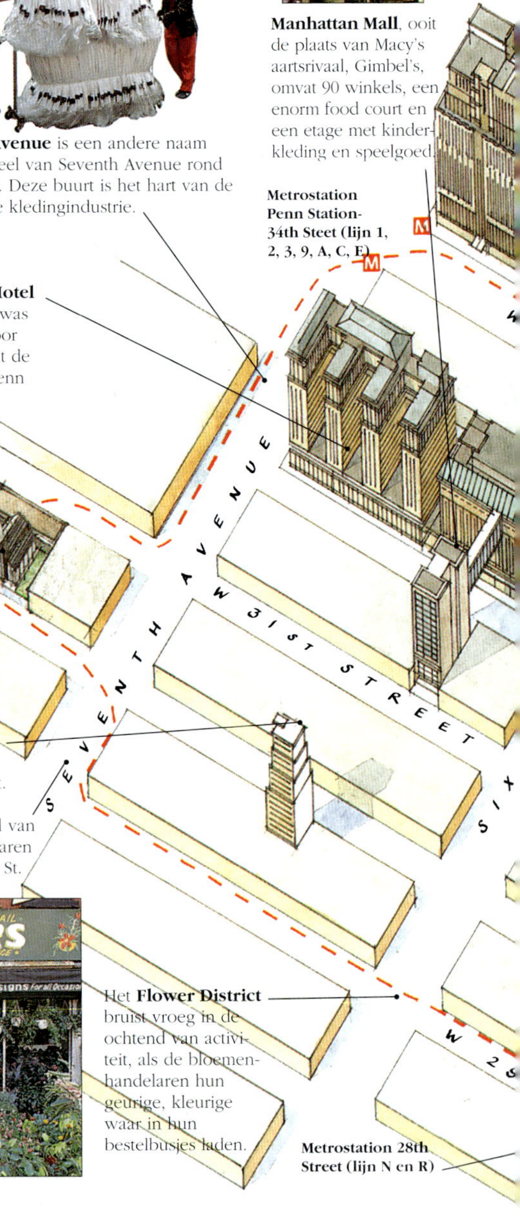

Metrostation Penn Station-34th Steet (lijn 1, 2, 3, 9, A, C, E)

The Ramada Hotel Pennsylvania was een centrum voor de big bands uit de jaren dertig. Glenn Miller schreef het nummer *Pennsylvania 6-5000.*

St. John the Baptist Church
Een fraaie serie kruiswegstaties siert de witmarmeren muren van deze kerk ❺

Het **SJM Building** staat op 130 West 30th Street. Op de buitenmuren zijn Mesopotamische friezen aangebracht.

Het **Fur District** is het zuidelijk deel van het Garment District. De bonthandelaren zitten tussen West 27th en West 30th St.

Het **Flower District** bruist vroeg in de ochtend van activiteit, als de bloemenhandelaren hun geurige, kleurige waar in hun bestelbusjes laden.

Metrostation 28th Street (lijn N en R)

★ **Macy's**
Het grootste warenhuis ter wereld heeft voor elk wat wils ❹

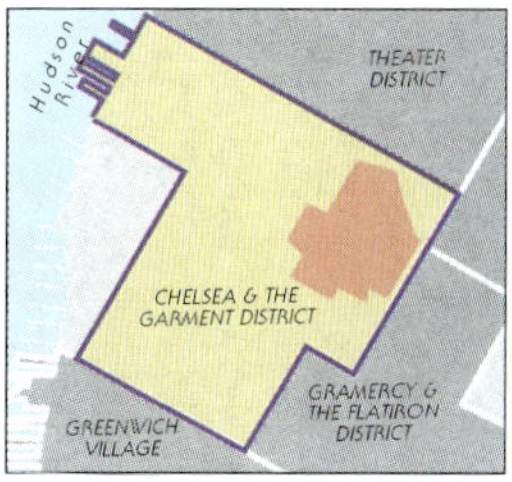

ORIËNTATIEKAART
Zie kaart Manhattan blz. 12-13

SYMBOOL

— — — Aanbevolen route

0 meter 100

De **Greenwich Savings Bank** (nu de HSBC) is een Griekse bankierstempel met aan drie zijden enorme zuilen.

Metrostation 34th Street (lijn B, D, F, N, Q, R)

Herald Square
De klok van het New York Herald-gebouw staat nu op de plaats waar Broadway en Sixth Ave. elkaar kruisen ❸

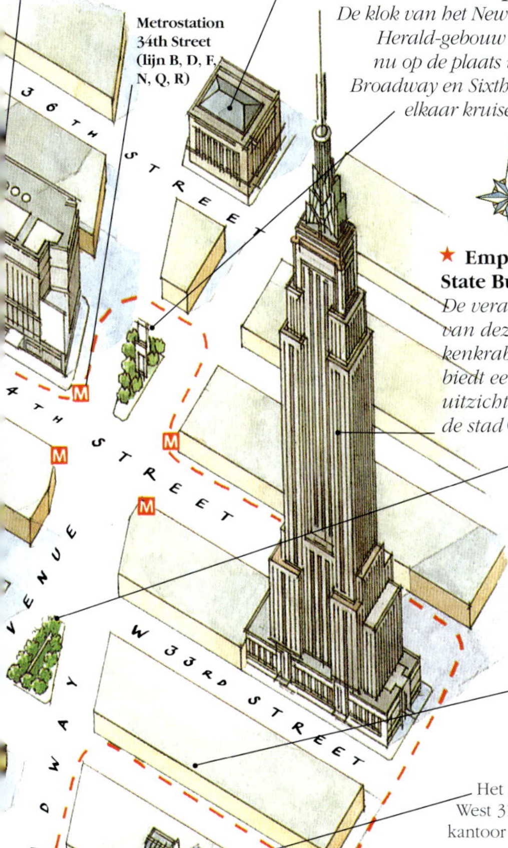

★ **Empire State Building**
De veranda van deze wolkenkrabber biedt een fraai uitzicht over de stad ❷

Greeley Square is een druk plein, maar er staat een fraai standbeeld van Horace Greeley, de oprichter van de *New York Tribune*.

Little Korea is het Koreaanse zakendistrict van de stad. Naast winkels zijn er restaurants op West 31st en West 32nd Street.

Het **Life Building**, 19 West 31st Street, was het kantoor van het satirische weekblad *Life*. Carrère & Hastings ontwierpen het gebouw in 1894. Het is nu een hotel *(blz. 276)*.

Marble Collegiate Reformed Church
Deze neogotische kerk werd gebouwd in 1854. Norman Vincent Peale was er predikant ❶

STERATTRACTIES

★ **Macy's**

★ **Empire State Building**

Tiffany-ramen in Marble Collegiate Reformed Church

Marble Collegiate Reformed Church ❶

1 W 29th St. **Kaart** 8 F3. ☎ *686-2770.* Ⓜ *28th St.* ◯ *alleen op afspraak.* ✝ *sept.-juni: zo 11.15 uur; juni-sept.: zo 10.30 uur.* ⊘ *tijdens kerkdiensten.* ♿ W marblechurch.org

Deze kerk is bekend geworden door haar vroegere predikant Norman Vincent Peale, de auteur van *The Power of Positive Thinking*. Richard M. Nixon, ging hier naar de kerk in de tijd toen hij nog advocaat was.

De kerk dankt haar naam aan de blokken marmer die in 1854 bij de bouw werden gebruikt. In die dagen was Fifth Avenue een stoffige landweg en diende het gietijzeren hek om het vee buiten de kerk te houden.

De oorspronkelijke wit met gouden binnenmuren werden vervangen door een gesjabloneerd *fleur-de-lis*-patroon op een roestbruine achtergrond. In de zuidwand werden in 1893 twee gebrandschilderde ramen aangebracht.

Empire State Building ❷

Blz. 134-135.

Herald Square ❸

6th Ave. **Kaart** 8 E2. Ⓜ *34th St.-Penn Station. Zie **Winkelen** blz. 313.*

Herald Square ontleent zijn naam aan de New York *Herald*, die van 1893 tot 1921 hier kantoor hield in een mooi gebouw in Italiaanse stijl van Stanford White. Het plein was eind 19de eeuw het middelpunt van het luidruchtige Tenderloin District. Theaters als het Manhattan Opera House, danszalen, hotels en restaurants zorgden voor een levendige sfeer, totdat deze losbandigheid werd ingetoomd in de jaren 1890-1900. De Bennett-klok, genoemd naar James Gordon Bennett Jr., de uitgever van de *Herald*, is het enige wat er nog over is van het Herald-gebouw.

In 1901 werd de opera gesloopt om plaats te maken voor Macy's, en al spoedig volgden er meer grote warenhuizen. Een daarvan was het warenhuis van de gebroeders Gimbel, dat nu ter ziele is maar ooit Macy's grootste concurrent was (hun concurrentiestrijd is mooi in beeld gebracht in de Newyorkse kerstfilm *A Miracle on 34th Street*). In 1988 is er een winkelgalerij (*mall*) van gemaakt. Herald Square is nog steeds een belangrijk winkelgebied.

Macy's in 34th Street

Macy's ❹

151 W 34th St. **Kaart** 8 E2. ☎ *695-4400* Ⓜ *34th St.-Penn Station.* ◯ *ma, do, vr 10.00-20.30; di, wo 9.00-20.30; za 9.00-20.30; zo 11.00-19.00 uur. Zie **Winkelen** blz. 311.* ● *feestdagen.*

In het grootste warenhuis ter wereld, dat een heel blok bestrijkt, is zo ongeveer alles te koop in iedere prijsklasse. Macy's is opgericht door een voormalige walvisjager, Rowland Hussey Macy, die in 1857 een winkeltje opende in West 14th Street. De rode ster die als logo voor het warenhuis dient, is ontleend aan een tatoeage van Macy, een aandenken aan zijn zeemanstijd. Toen Macy in 1877 stierf, bestreek zijn zaak de breedte van 11 gebouwen. De zaak zou nog verder uitgroeien onder leiding van twee broers, Isidor en Nathan Straus, die de kristal- en porseleinafdeling hadden geleid. In 1902 was het gebouw in 14th Street te klein geworden voor Macy's en de firma verhuisde

Het schip van St. John the Baptist Church

naar het huidige onderkomen. De oostelijke gevel heeft een nieuwe ingang, maar de oorspronkelijke erkers en de Corinthische pilaren zijn bewaard gebleven. Naast de ingang aan 34th Street staan de originele kariatiden. Wimberg, klok en letters zijn ook origineel. Veel van de oude houten liften doen het nog. In 1912 speelt de zee nogmaals een rol in de geschiedenis van Macy's: bij de hoofdingang is een plaquette aangebracht ter nagedachtenis van Isidor en zijn vrouw die omkwamen bij de ramp met de *Titanic*. Macy's sponsort de optocht op Thanksgiving Day en het vuurwerk op 4 juli, Onafhankelijkheidsdag.

St. John the Baptist Church ❺

210 W 31st St. **Kaart** 8 E3. *564-9070.* *34th St.-Penn Station.* *dag. 6.45-18.00 uur.* *de hele dag.*

Deze kleine rooms-katholieke kerk werd in 1840 gebouwd voor een gemeente van pas gearriveerde immigranten. Nu staat de kerk vrijwel midden in het Fur District. Hoewel het saaie front van bruinrode zandsteen aan 30th Street onder het stadsvuil zit, zijn er binnen vele kostbaarheden te vinden. De ingang bevindt zich in het moderne klooster aan 31st Street. Het priesterkoor van de hand van Napoleon Le Brun bestaat uit fraaie witmarmeren spitsbogen die worden bekroond met sierlijke kapitelen. Aan de muren zijn reliëfs aangebracht van religieuze taferelen en door de gebrandschilderde ramen valt zonlicht binnen. Naast het klooster bevindt zich ook de gebedstuin, een groene oase van rust.

Madison Square Garden ❻

4 Pennsylvania Plaza. **Kaart** 8 D2. *465-6741.* *34th St.-Penn Station.* *ma-za variabele tijden.* *Zie* ***Uitgaan*** *blz. 344.* www.thegarden.com

In 1961 werd het fraaie Pennsylvania Station van McKim, Mead & White gesloopt om plaats te maken voor dit oninteressante complex. Een gunstig neveneffect hiervan was dat de voorstanders van stadsbehoud er zo woedend over waren dat ze een vereniging oprichtten om ervoor te zorgen dat zoiets nooit meer zou gebeuren. Het gebouw van Madison Square Garden staat boven op het ondergrondse treinstation Pennsylvania Station. Het is een functioneel gebouwde cilinder van voorgestort beton, die plaats biedt aan 20.000 toeschouwers en fungeert als de centraal gelegen thuishaven van het beroemde basketballteam de New York Knicks en het ijshockeyteam de New York Rangers. Ook vinden er veel evenementen plaats, van popconcerten tot worstelgala's. Verder organiseert men circusvoorstellingen door Ringling Bros en Barnum & Bailey, antiek- en hondententoonstellingen. Tevens is er een theaterzaal met 5600 plaatsen. Ondanks enkele recente renovaties haalt het gebouw het niet bij zijn fraaie voorganger, het Stanford White-gebouw met zijn bijzondere vormen van vermaak *(blz. 124)*.

De enorme zaal van Madison Square Garden

General Post Office ❼

421 8th Ave. **Kaart** 8 D2. *967-8585.* *34th St.-Penn Station.* *dag. 24 uur per dag (ook op feestdagen). Zie* ***Praktische informatie*** *blz. 361.*

Het postkantoor werd in 1913 ontworpen door McKim, Mead & White als stilistische aanvulling op hun Pennsylvania Station uit 1910. Het is een mooi voorbeeld van utiliteitsbouw uit de beaux arts-periode. De indrukwekkende gevel heeft twee hoekpaviljoens en een brede trap die omhoog voert naar een met 20 Corinthische zuilen getooid front. De 85 m lange inscriptie over de volle lengte van het gebouw is een vrije vertaling van een tekst van Herodotus: 'Sneeuw noch regen, hitte noch duisternis beletten deze koeriers de hun opgedragen ronde snel af te werken.'

De Corinthische colonnade van het General Post Office

Empire State Building ❷

Empire State Building

In de jaren zeventig verdrong het World Trade Center het Empire State Building als het hoogste gebouw ter wereld. Het Empire State Building is echter nog steeds de bekendste wolkenkrabber van New York. Men begon enkele weken voor de Wall Street Crash van 1929 met de bouw en toen het gebouw in 1931 gereed was, bleek het zo moeilijk om huurders te vinden dat het de bijnaam 'Empty State Building' kreeg. Slechts de populaire uitkijkpunten hebben het gebouw voor het faillissement behoed.

Symbolen van de moderne tijd sieren deze art deco-medaillons die u verspreid door de hal vindt.

Constructie

In het ontwerp van het gebouw werd prioriteit gegeven aan bouwgemak en -snelheid. Zo veel mogelijk onderdelen werden geprefabriceerd en op hun plaats gezet.

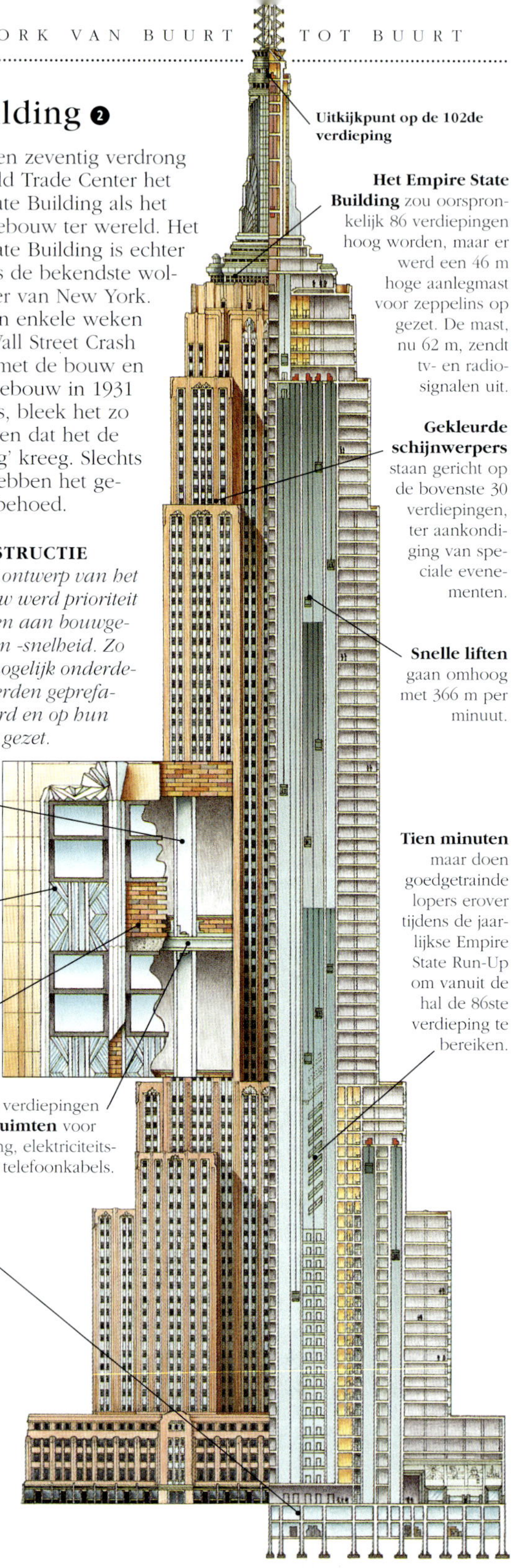

Uitkijkpunt op de 102de verdieping

Het Empire State Building zou oorspronkelijk 86 verdiepingen hoog worden, maar er werd een 46 m hoge aanlegmast voor zeppelins op gezet. De mast, nu 62 m, zendt tv- en radiosignalen uit.

Gekleurde schijnwerpers staan gericht op de bovenste 30 verdiepingen, ter aankondiging van speciale evenementen.

Snelle liften gaan omhoog met 366 m per minuut.

Tien minuten maar doen goedgetrainde lopers erover tijdens de jaarlijkse Empire State Run-Up om vanuit de hal de 86ste verdieping te bereiken.

Het geraamte is gemaakt van 60.000 ton staal en werd in 23 weken opgetrokken.

Rondom de 6500 ramen zijn **aluminium platen** aangebracht, die onregelmatigheden van de stenen gevel aan het oog onttrekken.

De buitenmuren van het gebouw bevatten **10 miljoen bakstenen.**

Tussen de verdiepingen zijn **loze ruimten** voor waterleiding, elektriciteitsdraden en telefoonkabels.

Het 365.000 ton wegende gebouw rust op **meer dan 200 stalen en betonnen heipalen**.

Sterattracties

★ **Hal van de ingang aan Fifth Avenue**

★ **Uitzicht van de observatieplatforms**

★ **Uitzicht van de observatieplatforms**
Op de 86ste verdieping is een uitzichtpunt. Vanaf de 102de verdieping (op 381 m hoogte) bedraagt het uitzicht op heldere dagen meer dan 125 km. In de hal beneden is aangegeven hoe helder het uitzicht is.

TIPS VOOR DE TOERIST

350 5th Ave. **Kaart** 8 F2. *736-3100.* B, D, F, N, Q R naar 34th St. Q32, M1, M2, M3, M4, M5, M16, M34. **Uitkijkpunten** dag. 9.30-24.00 uur (ingang sluit om 23.30 uur); 24 dec. 9.00-17.00 uur; 25 dec. en 1 jan. 11.00-19.00 uur. **Snackbar**. www.esbnyc.com

Hemelbestormer
De foto's van Lewis Hine geven een goed beeld van de risico's die tijdens de bouw werden genomen. Hier klimt een bouwvakker tegen een kabel op. De brede Hudson ziet er van deze hoogte uit als een beekje.

Blikseminslag
Het Empire State Building is een natuurlijke bliksemafleider en wordt 500 maal per jaar getroffen. Bij onweer wordt het uitkijkpunt gesloten.

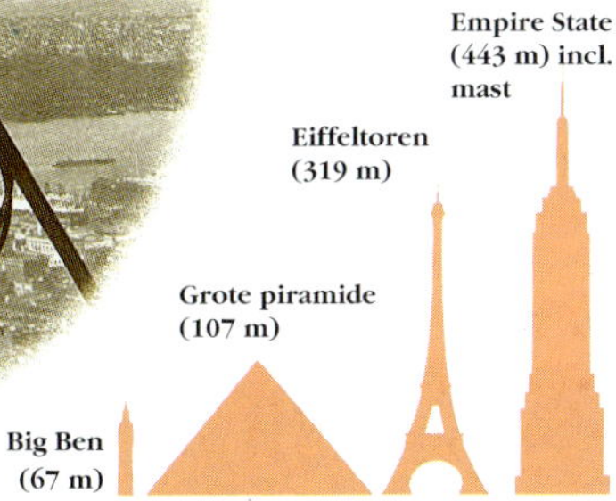

Het hoogste gebouw
Newyorkers zijn trots op het symbool van hun stad, dat hoger is dan dat van andere landen.

★ **Hal van de ingang aan Fifth Avenue**
In de marmeren hal is de wolkenkrabber in reliëf afgebeeld tegen de kaart van de staat New York.

LUCHTGEVECHT

Het Empire State Building is in veel films te zien. Het bekendst is echter de slotscène van *King Kong*, de klassieker uit 1933, waarin de reusachtige aap zich aan de spits vastklampt en de strijdt aangaat met gevechtsvliegtuigen. In 1945 raakte een echte bommenwerper, die te laag over Manhattan vloog, het gebouw net boven de 78ste verdieping. Hierbij ontsnapte een jonge liftbediende aan de dood: haar lift kwam 79 verdiepingen lager in de kelder terecht.

Jacob K. Javits Convention Center ❽

655 W 34th St. **Kaart** 7 B2. *216-2000.* *34th St.-Penn Station.* *afhankelijk van tentoonstelling.* *als er geen tentoonstelling is.* www.javitscenter.com

Het Convention Center: moderne architectuur op haar best

Dit hypermoderne glazen tentoonstellingsgebouw aan de Hudson, geopend in 1986, werd ontworpen door I.M. Pei en biedt plaats voor partijcongressen. Het 15 verdiepingen tellende gebouw telt 16.000 ramen.
De twee grote zalen bieden plaats aan duizenden afgevaardigden en de voorzaal is zo hoog dat het Vrijheidsbeeld erin zou passen. Met het gereedkomen van het Galleria River Pavilion in 1989 werd hieraan nog eens 3750 m² aan open ruimte toegevoegd, evenals twee terrassen met uitzicht op de rivier.

Chelsea Piers Complex ❾

11th Ave tussen 17th en 23rd St. **Kaart** 7 B5 *336-6666.* *14th St, 23rd St.* *M23.* *dag.* www.chelseapiers.com

Het mammoetcomplex is geopend in 1995. Vier verwaarloosde pieren zijn omgebouwd tot een centrum voor een heel scala van sport- en ontspanningsactiviteiten *(blz. 31)*. Er zijn schaatsbanen, hardloopbanen, een oefenbaan voor golf, een jachthaven en elf tv- en filmstudio's.

Empire Diner ❿

210 10th Ave. **Kaart** 7 C4. *243-2736.* *23rd St.* *24 uur per dag.* *di 4.00-8.00 uur. Zie* ***Restaurants*** *blz. 306.*

Dit art deco-juweel is een getrouwe kopie van een Amerikaanse 'diner' uit 1929; de bar is van roestvrij staal met zwarte en chromen sierstrips. Het was de favoriete diner van Bette Davis. De maaltijden en de klanten zijn echter eigentijds Newyorks.

15de-eeuws muziekmanuscript uit de collectie van het Seminary

General Theological Seminary ⓫

20th-21st St. **Kaart** 7 C4. *243-5150.* *23rd St of 34th St.-Penn Station.* *ma-vr 12.00-15.00, za 11.00-15.00 uur.* www.gts.edu

Op deze campus ter grootte van een stratenblok, die in 1817 werd gesticht, worden groepen van 150 studenten opgeleid voor het priesterschap. Het plekje op het oude Chelsea Square was een geschenk van de bijbelgeleerde Clement Clarke Moore. Het oudste gebouw dateert uit 1836, terwijl het modernste, St. Mark's Library, werd gebouwd in 1960. Deze bibliotheek bevat de grootste collectie Latijnse bijbels ter wereld.
Alleen vanaf Ninth Avenue kan men op de campus komen.

De Empire Diner voordat de hongerige stappers voor het ontbijt arriveren

Chelsea Historic District ⓬

Van 9th tot 10th Ave. en W 20th tot 21st St. **Kaart** 8 D5. **M** *18th St.*

Clement Clarke Moore is bekender als schrijver van *A Visit from St. Nicholas* dan als stadsplanner. Toch heeft hij het landgoed dat hij hier bezat opgedeeld in kavels waarop huizenrijen werden gebouwd. Door restauratie zijn veel van de oorspronkelijke gebouwen voor de ondergang behoed.

Tot de mooiste behoren 7 huizen tussen 406 en 418 West 20th Street, die bekend staan als Cushman Row. Ze werden in 1839-1840 gebouwd voor Don Alonzo Cushman. Hij was een handelaar die ook de Greenwich Savings Bank oprichtte. Samen met Moore en James N. Wells richtte hij zich op de ontwikkeling van Chelsea. De huizen van Cushman Row, met hun fraaie ijzerwerk en mooie ornamenten, worden samen met Washington Square gerekend tot de schoolvoorbeelden van het Neoclassisisme. Let op de gietijzeren kransen rondom de zolderramen en de ananassen op de hoofdbalusters van twee van de huizen (een oud symbool van gastvrijheid).

Verderop, op West 20th Street, tussen nummer 446 en 450, zijn mooie voorbeelden te zien van de Italiaanse bouwstijl waar Chelsea ook om bekend staat.

Een huis op Cushman Row

Hugh O'Neill Dry Goods Store

Chelsea Hotel ⓭

222 W 23rd St. **Kaart** 8 D4. ☎ *243-3700.* **M** *23rd St, 34 St.-Penn Station.* **W** www.chelseahotel.com

Het cultureel en artistiek verleden van het Chelsea Hotel is niet alleen groots, maar ook berucht. De namen van veel vroegere gasten staan vermeld op de koperen plaquettes aan de voorzijde van het hotel: onder anderen Tennessee Williams, Mark Twain, Jack Kerouac en Brendan Behan. Dylan Thomas bracht er zijn laatste dagen door. In 1966 werd de cult-status van het hotel verhoogd, doordat het fungeerde als decor voor de Andy Warhol-film *Chelsea Girls*. In 1978 vermoordde de punkrocker Sid Vicious in het hotel zijn vriendin. Voor veel mensen maakt dit het hotel alleen maar aantrekkelijker. Er komen nog steeds kunstenaars en schrijvers.

Het trappenhuis van het Chelsea Hotel

Hugh O'Neill Dry Goods Store ⓮

655–671 Sixth Avenue. **Kaart** 8 E4. **M** *23rd St.*

De winkel is al lang weg, maar de gevel uit 1876, met haar ijzerwerk, zuilen en pilasters, heeft nog iets van de pracht en praal van de bloeitijd van de grote winkels op Sixth Avenue tussen 18th en 23rd Street. Dit gebied staat bekend als Fashion Row. O'Neill, wiens naam nog steeds op de gevel prijkt, was een publiciteitsgevoelige topverkoper, met als handelsmerk zijn mooie bestelwagens. Zijn klanten kwamen in drommen uit het spoorwegstation op Sixth Avenue. Dit was weliswaar niet het welgestelde publiek van de 'Ladies' Mile' *(blz. 125)*, maar ze kwamen wel met zovelen dat de zaken op Fashion Row prima liepen. Rond de eeuwwisseling kwam het keerpunt toen de modieuze kledingzaken zich in noordelijker gelegen delen van Manhattan vestigden.

Worth Monument ⓯

5th Ave. **Kaart** 8 F4. **M** *34th St, 34th St.-Penn Station.*

Weggestopt achter een hydrometer staat op een verkeerseiland een obelisk uit 1857. Deze werd opgericht om het graf te markeren van de enige overheidsdienaar die begraven ligt onder de straten van Manhattan. Die eer valt te beurt aan generaal William J. Worth, een held uit de Mexicaanse oorlogen uit de 19de eeuw.

Het Worth Monument

THEATER DISTRICT

Na de verhuizing van het Metropolitan Opera House naar Broadway, in 1883, verschenen in deze wijk de eerste theaters en restaurants. In de jaren twintig kreeg Broadway vanwege de steeds grotere lichtreclames van de bioscopen de bijnaam 'Great White Way'. Na de Tweede Wereldoorlog werden de bioscopen minder druk bezocht en daalde een grauwsluier neer over Broadway. Door een herstelplan is het nu echter weer een uitgaanswijk van betekenis. Tussen al het gedruis zijn ook enkele oasen van rust te vinden: de Public Library en Bryant Park. Rockefeller Center biedt een combinatie van drukte en rust.

Werk van Lee Lawrie in het Rockefeller Center

De grote leeszaal van de New York Public Library

Bezienswaardigheden in het kort

Historische straten en gebouwen
New York Yacht Club 5
New York Public Library 7
American Standard Building 8
Times Square 9
Group Health Insurance Building 11
Paramount Building 12
Shubert Alley 13
Alwyn Court Apartments 18

Musea
Intrepid Sea-Air-Space Museum 19

Moderne architectuur
Rockefeller Center 1
MONY Tower 14

Parken en pleinen
Bryant Park 6

Beroemde theaters
Lyceum Theater 3
New Amsterdam Theater 10
City Center of Music and Dance 15
Carnegie Hall 16

Monumentale hotels en restaurants
Algonquin Hotel 4
Russian Tea Room 17

Monumentale winkels
Diamond Row 2

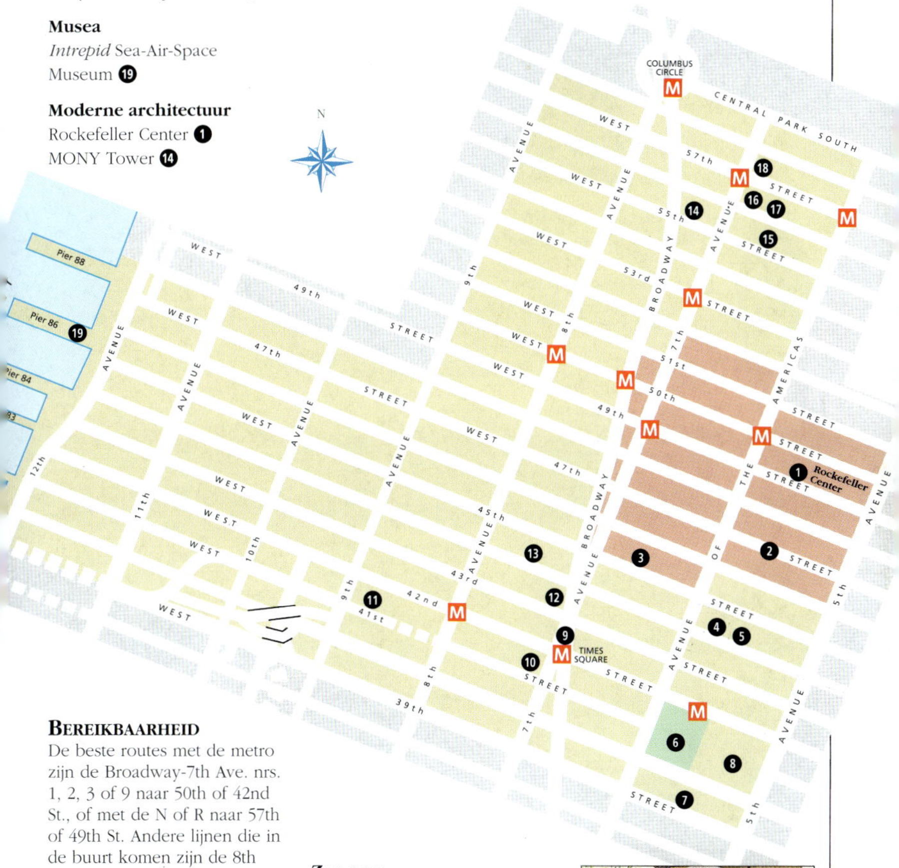

Bereikbaarheid

De beste routes met de metro zijn de Broadway-7th Ave. nrs. 1, 2, 3 of 9 naar 50th of 42nd St., of met de N of R naar 57th of 49th St. Andere lijnen die in de buurt komen zijn de 8th Ave. A, C of E en de 6th Ave. B, D, F of O. De wijk is ook te bereiken met bus M5, M6, M7, M10, M34, M42, M50, M57 en de M58 Crosstown.

Zie ook

• ***Stratengids***, kaart 8, 11-12
• ***Accommodatie*** blz. 274-275
• ***Restaurants*** blz. 290-292

0 meter 500

Fontein met meermin en dolfijn in de Channel Gardens

Symbolen

- Detailkaart
- M Metrostation
- Aanlegpunt boot

Onder de loep: Rockefeller Center

Het Rockefeller Center was het eerste kantoorcomplex ter wereld waarbij ook winkels, uitgaansgelegenheden en groenvoorzieningen waren gepland. Het gehele jaar door wemelt het Rockefeller Center 24 uur per dag van de mensen: personeel van 's werelds grootste bedrijven, winkelend publiek en toeristen die op de schat aan Amerikaanse kunst en architectuur afkomen. 's Winters wordt er onder de beroemde kerstboom geschaatst. Voor wie het een rondje wil proberen, zijn er schaatsen te huur.

In de **Winter Garden** worden sinds 1911 revues en musicals opgevoerd.

In de hal van het **Equitable Center** vindt men een muurschildering van Roy Lichtenstein uit 1985.

Het **Rockefeller Center** werd in de jaren zestig in westelijke richting uitgebreid met vier flatgebouwen die nu een saaie achtergrond vormen.

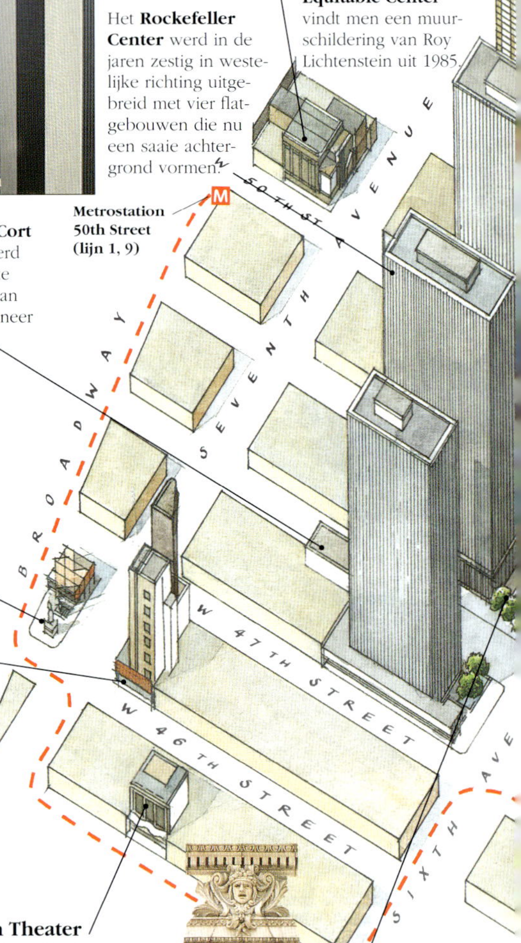

Metrostation 50th Street (lijn 1, 9)

De voorzijde van het **Cort Theater** is gemodelleerd naar de Petit Trianon te Versailles. Een buste van Marie Antoinette kijkt neer op de kaartverkoop.

Het standbeeld van **George M. Cohan** tegenover de TKTS-kiosk op Duffy Square is een eerbewijs aan de schrijver van *Give my Regards to Broadway*.

Het **Miller Building** was voor de Tweede Wereldoorlog 'The Show Folks' Shoe Shop'. Vier standbeelden van Amerikaanse actrices, van Stirling Cooper, verwijzen nog naar die vroegere rol.

Lyceum Theater

Dit is het oudste theater in New York dat nog in gebruik is, hoewel er tegenwoordig weinig voorstellingen zijn. Het werd in 1903 gebouwd voor de producer Daniel Froman, die er een appartement had vanwaaruit hij door een vloerluik op het toneel kon kijken ❸

Details van de voorzijde van het Lyceum Theater

Sun Triangle op Lower Plaza toont met behulp van een weerkaatsend bassin en glimmende stalen bollen de werking van ons planetenstelsel.

Radio City Music Hall biedt het hele jaar door topvoorstellingen. Het jaarlijkse hoogtepunt is de Christmas Spectacular met het dansgezelschap The Rockettes. *(blz. 333)*

Metrostation 47-50th St. (lijn B, D, F, Q)

★ **Rockefeller Center**
Het hoge General Electric Building is het 'vlaggenschip' van het Rockefeller Center. 's Avonds is het fel verlicht ❶

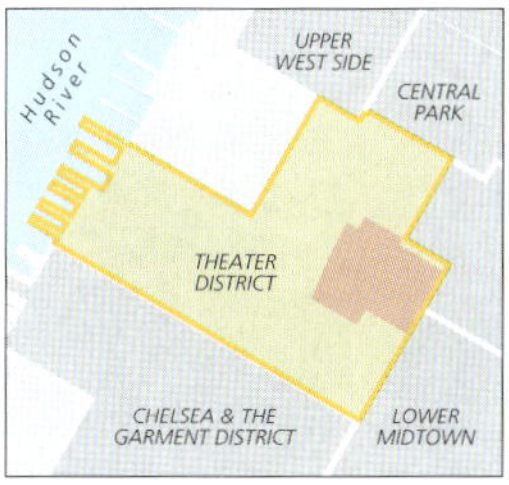

ORIËNTATIEKAART
Zie kaart Manhattan 12-13

SYMBOOL

Aanbevolen route

0 meter 100

STERATTRACTIES

★ **Rockefeller Center**

★ **Diamond Row**

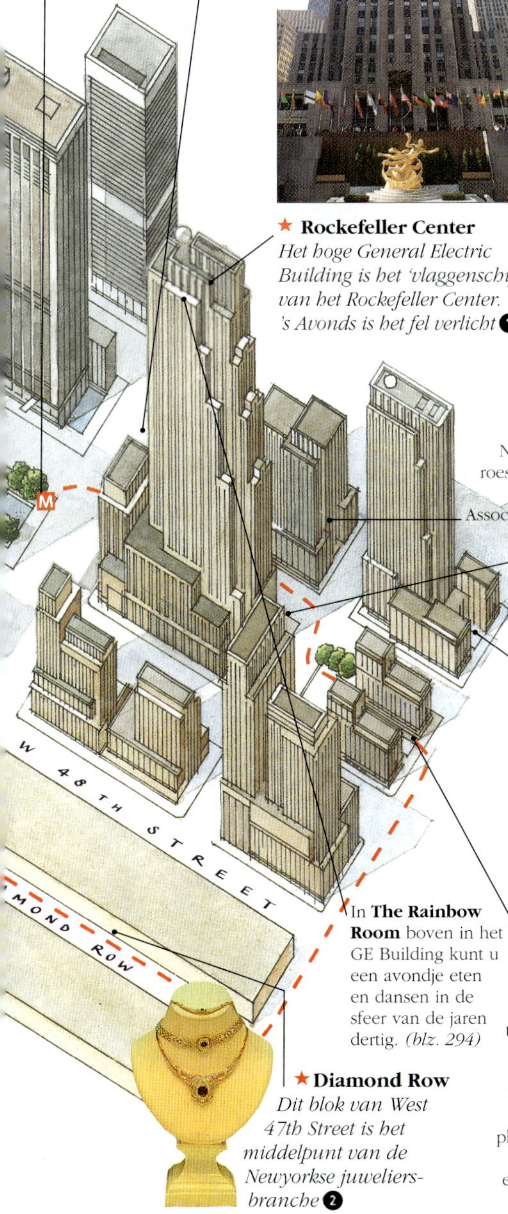

News, van Isamu Noguchi, is een groot roestvrijstalen paneel bij de ingang van het Associated Press Building.

De **ijsbaan** op Rockefeller Plaza maakt 's zomers plaats voor cafés.

Deze **Atlas** van Lee Lawrie staat bij de hoofdingang van het International Building. Het bronzen beeld, dat 1800 kilo weegt, is een van de 12 werken van Lawrie in het Rockefeller Center.

In **The Rainbow Room** boven in het GE Building kunt u een avondje eten en dansen in de sfeer van de jaren dertig. *(blz. 294)*

De **Channel Gardens** liggen tussen het British Empire Building en La Maison Française. Het is een aangename plek om te midden van de bloemen en fonteinen even rustig te zitten.

★ **Diamond Row**
Dit blok van West 47th Street is het middelpunt van de Newyorkse juweliersbranche ❷

Het G E Building in het Rockefeller Center

Rockefeller Center ❶

Kaart 12 F5. **M** *47th-50th Sts.*

Toen de leden van de Newyorkse commissie voor monumentenzorg het Rockefeller Center in 1985 unaniem tot monument verklaarden, noemden ze het 'het hart van New York... een belangrijk bindend element te midden van de chaos van Centraal Manhattan'.
Het is het grootste particuliere complex in zijn soort. Met zijn aantrekkelijke mengsel van stedelijke activiteiten is het complex voor tal van andere steden een inspiratiebron geweest. Een team van toparchitecten, onder leiding van Raymond Hood, was verantwoordelijk voor het art deco-ontwerp. In foyers, op gevels en in tuinen vindt men het werk van 30 kunstenaars.
Op deze plek lag eens de botanische tuin van de Columbia University. In 1928 werd het terrein gepacht door John D. Rockefeller jr. die het een ideale, centraal gelegen plek vond voor een nieuw operagebouw. Toen deze plannen door de krach van 1929 op de helling raakten, besloot Rockefeller er zelf een bestemmingsplan voor op te stellen. De 14 gebouwen die er tussen 1931 en 1940 werden neergezet boden, juist toen de crisis op zijn hevigst was, aan 225.000 mensen werk. Het complex telt nu 19 gebouwen. In december 1932 ging in dit complex Radio City Music Hall open. In 1999 bracht een renovatie de glitter en glans terug van het oorspronkelijke interieur.

***Wisdom* van Lee Lawrie op het G E Building**

Diamond Row ❷

47th St. **Kaart** 12 F5. **M** *47th-50th Sts. Zie **Winkels** blz. 320.*

In bijna alle etalages in 47th Street liggen goud en diamanten. De juweliers in de winkels en ateliers beconcurreren elkaar fel en in de bovenruimten worden miljoenentransacties afgesloten. De diamantwijk ontstond toen in de jaren dertig veel diamantbewerkers uit Amsterdam en Antwerpen voor het opkomend nazisme naar Amerika vluchtten. Nog steeds zijn veel juweliers chassidische joden met hoeden, baarden en slaaplokken. Er zijn vooral groothandels, maar individuele klanten zijn ook welkom. Er zijn koopjes voor mensen met geld, die kunnen afdingen en prijzen vergelijken, maar degenen die niets van diamanten afweten, kunnen beter wegblijven. Te midden van dit alles bevindt zich de Gotham Book Mart, een goed gesorteerd boekenantiquariaat *(blz. 319).*

De handelswaar van Diamond Row

Lyceum Theater ❸

149 W 45th St. **Kaart** 12 E5. *239-6200.* **M** *42nd St-5th Ave. Zie **Uitgaan** blz. 330.*

Het oudste theater van New York is een barok gebouw met het uiterlijk van een uitbundig versierde hoededoos. Dit bouwsel uit 1903 was het eerste theater dat werd ontworpen door Herts en Tallant, die later bekend zouden worden vanwege hun extravagante stijl. Het Lyceum Theater maakte historie doordat het blijspel *Born Yesterday* er 1600 maal werd opgevoerd. Het theater is gered uit handen van de slopers, maar de zaal wordt niet veel meer gebruikt.

The Rose Room in het Algonquin Hotel

Algonquin Hotel ❹

59 W 44th St. **Kaart** 12 F5. ☎ *840-6800.* Ⓜ *42nd St-5th Ave. Zie **Accommodatie** blz. 278.*

De verticale rijen erkers, rode baksteen en overdadige ornamenten van het Algonquin Hotel zijn net iets te veel van het goede. Niet de architectuur, maar de speciale sfeer maakt dit hotel uit 1902 tot iets bijzonders. In de jaren twintig was in de Rose Room de bekendste lunchsociëteit van Amerika gevestigd, met als leden literaire kopstukken zoals Alexander Woollcott, Franklin P. Adams, Dorothy Parker, Robert Benchley en Harold Ross. Al deze schrijvers waren verbonden aan de *New Yorker* (Ross was medeoprichter). Het hoofdkantoor van dit blad, op 25 West 43rd Street, stond via een achterdeur in verbinding met het hotel. Dank zij een recente renovatie is de ouderwetse, formele sfeer van de Rose Room behouden gebleven. Ook de van een lambrisering voorziene lobby is in oude staat hersteld. Dit is nog steeds een plaats waar theaterbezoekers en mensen uit de uitgeverswereld komen.

Beeld van de dichter William Cullen Bryant in Bryant Park

New York Yacht Club ❺

37 W 44th St. **Kaart** 12 F5. Ⓜ *42nd St-5th Ave.* ● *voor het publiek (lidmaatschap vereist).*

In de erkers van dit eigenaardige gebouw uit 1899 zijn de met houtsnijwerk versierde achterstevens van 18de-eeuwse zeilboten ingebouwd. De voorstevens van de schepen worden gedragen door gebeeldhouwde dolfijnen en golven die de vensterbanken overspoelen en op het trottoir uiteenspatten. Hier kwam men op het idee van de zeilrace voor de America's Cup. De felbegeerde beker heeft hier vanaf 1857 op een tafel gestaan, tot in 1983 de bemanning van de *Australia II* de prijs na een historische overwinning mee naar huis nam.

De America's Cup, de felbegeerde zeiltrofee

Bryant Park ❻

Kaart 8 F1. Ⓜ *42nd St-5th Ave.*

In 1853, toen het Croton Reservoir nog op de plaats stond van de Public Library, werd in Bryant Park (toen nog Reservoir Park genaamd) een schitterend glazen paleis gebouwd voor de wereldtentoonstelling van dat jaar *(blz. 22).* In de jaren zestig was het park het domein van drugdealers en ander gespuis. In 1989 sloot de gemeente het park voor een opknapbeurt om het weer geschikt te maken voor bezoekers. In de lente en herfst vinden hier modeshows plaats; in de zomer zijn er gratis klassieke films.

In de opslagruimten onder het park liggen meer dan 7 miljoen boeken.

American Standard Building ❼

40 W 40th St. **Kaart** 8 F1. Ⓜ *42nd St-Grand Central.* ● *voor het publiek.*

Het American Standard Building was het eerste grote gebouw in New York van Raymond Hood, die later ook het News Building *(blz. 153)* en het Rockefeller Center zou ontwerpen. Dit gebouw uit 1924 lijkt op Hoods bekendste neogotische ontwerp uit die tijd, de Tribune Tower in Chicago. Maar het gebouw in New York is gladder en sierlijker, zodat het hoger lijkt dan de 21 verdiepingen die het werkelijk telt. Op de begane grond is brons aangebracht tegen een achtergrond van glanzend zwart marmer.

Vanuit Bryant Park, aan de overkant, is de opvallende gouden daktoren mooi te zien. In 1989 werd het gebouw verkocht aan een Japans bedrijf. Het is daarna weer in andere handen overgegaan en nu is het een luxehotel middenin Manhattan geworden.

Het American Standard Building, gezien vanuit Bryant Park

New York Public Library ❽

5th Ave. en 42nd St. **Kaart** 8 F1. *869-8089.* *42nd St.-Grand Central.* *ma-za variabele tijden.* *feestdagen.* ***Lezingen, workshops, voordrachten.*** www.nypl.org

De deur van de grote leeszaal

In 1897 kregen de architecten Carrère & Hastings de eretaak om een ontwerp te maken voor de centrale vestiging van de Public Library van New York. De eerste directeur van de bibliotheek had een lichte, stille, ruime leeszaal voor ogen waar miljoenen boeken konden worden opgeslagen, die zo snel mogelijk ter beschikking van de lezers konden worden gesteld. Deze ideeën werden verwezenlijkt in het gebouw van Carrère & Hastings, dat wordt beschouwd als het fraaiste beaux arts-ontwerp in New York. Het werd gebouwd op de plaats van het voormalige Croton Reservoir *(blz. 22)*. Ondanks het feit dat de bouw de gemeente 9 miljoen dollar had gekost, oogstte het ontwerp al bij de opening in 1911 veel lof.

Gewelven van wit marmer boven de trap in de Astor Hall

De ruime, gelambriseerde Main Reading Room bestrijkt twee hele blokken. Vanuit twee binnenplaatsen valt er licht naar binnen. In de kelder staan op boekenplanken, met een totale lengte van 140 km, ongeveer 7 miljoen banden. De meer dan 100 personeelsleden kunnen met behulp van de computergestuurde dienstlift binnen 10 minuten elk gewenst boek leveren. In de tijdschriftenzaal vindt men 10.000 tijdschriften uit 128 landen. De muurschilderingen van Richard Haas zijn een hommage aan de grote Newyorkse uitgeverijen. De oorspronkelijke bibliotheek was samengesteld uit de collecties van John Jacob Astor en James Lenox. Tegenwoordig bezit men onder andere een door Thomas Jefferson met de hand geschreven exemplaar van de Declaration of Independence. Dagelijks worden zo'n 1000 vragen beantwoord met behulp van de enorme CATNYP-database.

De grote leeszaal met de originele bronzen leeslampen

Een van de twee stenen leeuwen van de bibliotheek

Neonreclames op Times Square

Times Square ❾

Kaart 8 E1. Ⓜ *42nd St.-Times Sq.* Ⓦ www.timessquarebid.org

In de 19de eeuw was dit plein, dat toen nog Longacre Square heette, een paardenmarkt met smederijen en stallen. Het lag aan de rand van 'Thieves' Lair', een buurt vol zakkenrollers. Oscar Hammerstein bouwde er in 1899 het Victoria en het Republic Theater. Het laatste werd later omgedoopt tot Minsky's. Hier voerde onder andere Gypsy Rose Lee haar pikante act op. Het ging goed met Broadway en Times Square werd het hart van de theaterwijk.
In de crisistijd gingen veel theaters op de fles. Het uitgaanspubliek van Broadway maakte langzaam plaats voor allerlei zwervers en werklozen. In de jaren negentig onderging het een grote transformatie: het plein is nu een veilige, levendige plek voor theatergangers en toeristen. Times Square werd in 1904 vernoemd naar het 25 verdiepingen tellende torengebouw van de *New York Times*. Deze krant organiseerde er in dat jaar op Oudejaarsavond voor het eerst een vuurwerk. Nog steeds wordt er op 31 december afgeteld en wordt er ter aankondiging van het nieuwe jaar een verlichte bal neergelaten. Duizenden mensen verdringen zich dan op het plein en miljoenen anderen, overal in het land, volgen het evenement via de televisie.

New Amsterdam Theater ❿

214 W 42nd St. **Kaart** 8 E1. ☎ *282-2907.* Ⓜ *42nd St.-Times Sq.* *ma 10.00-17.00, di 10.00-12.00 uur.*

W.C. Fields (uiterst links) en Eddie Cantor (rechts, met hoge hoed) in *Ziegfeld Follies* in 1918 in het New Amsterdam Theater

Toen het New Amsterdam Theater in 1903 openging, was het het deftigste theater van het land en het eerste met een art nouveau-interieur. Florenz Ziegfeld, die een tijd lang de eigenaar van het theater was, bracht hier van 1914 tot 1918 zijn fameuze *Follies*-revue op de planken. Voor het eerst in de geschiedenis van Broadway kostte een kaartje 5 dollar. Siegfeld liet ook de daktuin verbouwen tot een theater: The Aerial Gardens. Dit is een van de theaters die sinds de recente sanering van Times Square weer helemaal terug zijn.

Group Health Insurance Building ⓫

330 W 42nd St. **Kaart** 8 D1. Ⓜ *42nd St.* *tijdens kantooruren.*

Dit gebouw van Raymond Hood uit 1931 werd als enige in New York geselecteerd voor het gezaghebbende overzicht van de Internationale Stijl uit 1932 *(blz. 41)*. Het is een bijzonder ontwerp: gezien vanuit het oosten en westen heeft het gebouw een getrapt profiel, maar vanuit het noorden en zuiden is het profiel rechthoekig. Het gebouw heeft de bijnaam 'Jolly Green Giant', vanwege de horizontale gevelbanden van blauwgroene terracotta. De hal heeft een klassiek art deco-interieur met matglas en roestvrij staal.

Paramount Building ⓬

1501 Broadway. **Kaart** 8 E1. Ⓜ *34th St.*

Op de begane grond was vroeger een schitterende bioscoopzaal, waar in de jaren veertig de tienermeisjes zich verdrongen voor de optredens van Frank Sinatra. Nog steeds heeft dit indrukwekkende gebouw van Rapp & Rapp uit 1927 iets theaterachtigs. Aan beide zijden heeft de gevel veertien symmetrische terugsprongen en het wordt bekroond door een toren, een klok en een wereldbol in art decostijl.

Het art deco-dak van het Paramount Building

Shubert Alley ⓭

Tussen W 44th en W 45th St.
Kaart 12 E5. M *42nd St.-Times Sq.*

De fraai gebouwde schouwburgen ten westen van Broadway kennen een rijke theatertraditie. Twee klassieke theaters uit 1913 zijn het Booth (nr. 22 West 45th Street), genoemd naar de acteur Edwin Booth, en het Shubert (nr. 221 West 44th Street), genoemd naar baron Sam S. Shubert. Samen vormen ze de westwand van Shubert Alley, waar de acteurs ooit in de rij stonden in de hoop een rol te krijgen in een stuk van Shubert.

A Chorus Line werd hier tot 1990 een recordaantal malen opgevoerd: 6137 voorstellingen. Eerder liep hier *The Philadelphia Story*, met in de hoofdrol Katharine Hepburn. Lopend in de richting van 44th Street ziet u aan de overkant het St. James Theater, waar Rodgers en Hammerstein in 1941 hun debuut maakten met *Oklahoma*, gevolgd door *The King and I*. Hier vlakbij is ook restaurant Sardi's. *The Music Box Revue* van Irving Berlin werd in 1921 opgevoerd in een theater aan het andere eind van de straat.

De Moorse gevel van het City Center of Music and Drama

MONY Tower ⓮

1740 Broadway. **Kaart** 12 E4. M *57th St.* ● *voor het publiek.*

Dit hoofdkantoor van de Mutual Of New York Insurance Company (tegenwoordig MONY Financial Services) werd gebouwd in 1950. Erbovenop staat een windwijzer die alles behalve de windrichting aangeeft. Mooi weer wordt aangegeven door groene verlichting, bewolking door oranje, regen door een oranje knipperlicht en sneeuw door wit licht.

Het Shubert Theater, dat in 1913 werd gebouwd door Henry Herts

City Center of Music and Dance ⓯

131 W 55th St. **Kaart** 12 E4.
581-1212. M *57th St.*
Zie ***Uitgaan*** *blz. 334.*
W www.citycenter.org

Dit fraai versierde gebouw in Moorse stijl werd in 1924 ontworpen als vrijmetselaarsloge. Het werd uit de handen van de projectontwikkelaars gered door burgemeester LaGuardia, die het in 1943 liet betrekken door The New York City Opera and Ballet. Zelfs toen de meeste theatergroepen naar Lincoln Center waren verhuisd, bleef het City Center een van de belangrijkste danspodia. Het is mooi gerenoveerd.

Carnegie Hall ⓰

154 W 57th Street. **Kaart** 12 E3.
903-9765. M *57th St., 59th St.*
Museum ○ *dag. 11.00-16.30 uur en na concerten.* ● *wo.*
Zie ***Uitgaan*** *blz. 338.*
W www.carnegiehall.org

De eerste grote concertzaal van New York (geopend in 1891) lag in een voormalige buitenwijk. De bouw werd gefinancierd door de miljonair en filantroop Andrew Carnegie. Het is een gebouw in Italiaanse renaissancestijl van baksteen en terracotta. Men zegt dat de zaalakoestiek tot de beste ter wereld behoort. Op de avond van de opening was Tsjaikovski gastdirigent;

alle Newyorkse notabelen zaten in de zaal, maar de meesten hadden eerst een uur moeten wachten voordat ze konden uitstappen.
Het New York Philharmonic heeft jarenlang in Carnegie Hall gespeeld, onder leiding van onder andere Arturo Toscanini, Leopold Stokowski, Bruno Walter en Leonard Bernstein. Een optreden in Carnegie Hall was zowel in de klassieke als de lichte muziek een teken van succes. Een actie die was opgezet door de violist Isaac Stern verhinderde dat het gebouw aan het eind van de jaren vijftig werd omgebouwd tot kantoorruimte. In 1964 werd het op de monumentenlijst geplaatst.
Tijdens een grote renovatie in 1986 werden de bronzen galerijen en de interieurornamenten in de oorspronkelijke staat hersteld. In de gangen zijn herinneringen te vinden aan de artiesten die hier ooit hebben opgetreden. In 1991 werd er ter gelegenheid van het honderdjarig bestaan in het gebouw een museum geopend waarin de geschiedenis van Carnegie Hall wordt getoond. Er treden nog steeds topmusici op uit alle delen van de wereld.

De miljonair Andrew Carnegie

Russian Tea Room ⑰

150 W 57th St. **Kaart** 12 E3. ☎ *974-2111.* Ⓜ *57th St.*
*Zie **Restaurants** blz. 303.*
W www.russiantearoom.com

Dit is een klassiek Newyorks restaurant, ideaal gelegen naast Carnegie Hall. Na veel vertragingen heropende het restaurant in 1999. Het interieur toont het beeld dat de eigenaar heeft van St.-Petersburg aan de Hudson, compleet met beren, vergulde bomen met glazen eieren, weelderig

Het weelderige restaurant van de vernieuwde Russian Tea Room

gedecoreerde privé-zalen, een aquarium en Russisch eten in een modern jasje.

Alwyn Court Apartments ⑱

180 W 58th St. **Kaart** 12 E3. Ⓜ *57th St.* ***Niet geopend** voor het publiek.*

Dit appartementenblok van Harde en Short uit 1909 kunt u niet over het hoofd zien door de terracotta-sculpturen van kronen, draken en andere beeldhouwwerken in Franse renaissance-stijl. Hoewel de onderste deklijst bij een verbouwing van de benedenverdieping is verwijderd, is de rest van het gebouw intact gebleven. Het lijkt op een fraai wandkleed van steen en is uniek voor New York.
De gevel is vormgegeven in de stijl van Frans I, tijdens wiens bewind enkele fraaie kastelen aan de Loire zijn gebouwd. Zijn symbool, de gekroonde salamander, is aangebracht boven de ingang aan 58th Street. De bewoners en hun gasten kunnen genieten van de binnenplaats, waar de kunstenaar Richard Haas de blinde muren met behulp van fantastische trompe-l'oeils veranderd heeft in beeldhouwwerken.

Salamander op Alwyn Court

Vliegdek van de *Intrepid*

Intrepid Sea-Air-Space Museum ⑲

Pier 86, W 46th St. **Kaart** 11 A5.
☎ *245-0072.* Ⓜ *M42, M16, M27.*
◷ *april-sept.: ma-vr 10.00-17.00 uur, za, zo 10.00-18.00 uur; okt.-maart: wo-zo 10.00-17.00 uur.*
W www.intrepidmuseum.org

Op de *Intrepid*, een Amerikaans vliegdekschip uit de Tweede Wereldoorlog, loopt de expositie uiteen van gevechtsvliegtuigen uit de jaren veertig tot de SR-71, het snelste spionagevliegtuig ter wereld. De onderzeeër *Growler* en de mijnenveger *Edson* kunnen ook worden bezichtigd. Bezoek ook de Pioneers Hall (historie) en de Technologies Hall (de toekomst). Mission Control biedt een live verslag van NASA shuttle-missies via de sateliet.

Lower Midtown

In Lower Midtown staan enkele fraaie art deco- en beaux arts-gebouwen. De rustige woonwijk Murray Hill dankt haar naam aan een landgoed dat hier vroeger lag. Rond de eeuwwisseling woonden hier veel belangrijke Newyorkers, zoals de financier J.P. Morgan, wiens bibliotheek een indruk geeft van de grandeur van die tijd. 42nd Street, ter hoogte van het Grand Central Terminal, is een zakenwijk. Maar veel van de niewbouw kan wat schoonheid betreft niet in de schaduw staan van het prachtige beaux arts-ontwerp van het Grand Central Terminal of het in art deco-stijl opgetrokken Chrysler Building.

Koperen deur, Fred F. French Building

Bezienswaardigheden in het kort

Historische straten en gebouwen
Grand Central Terminal blz. 154-155 ❷
Home Savings of America ❸
Chanin Building ❹
Chrysler Building ❺
News Building ❻
Tudor City ❼
Helmsley Building ❽
Fred F. French Building ⓬
Sniffen Court ⓯

Musea en galeries
Pierpont Morgan Library blz. 162-163 ⓮
Japan Society ⓫

Moderne architectuur
MetLife Building ❶
Nr. 1 en 2 United Nations Plaza ❾
United Nations blz. 158-161 ❿

Kerken
Church of the Incarnation ⓭

Bereikbaarheid
Metro: de Lexington Ave. 4, 5 of 6 naar 42nd St.-Grand Central. Bus: de lijnen M15, M101/102, M1, M2, M3 en M4 en de lijnen M34 en M42 Crosstown.

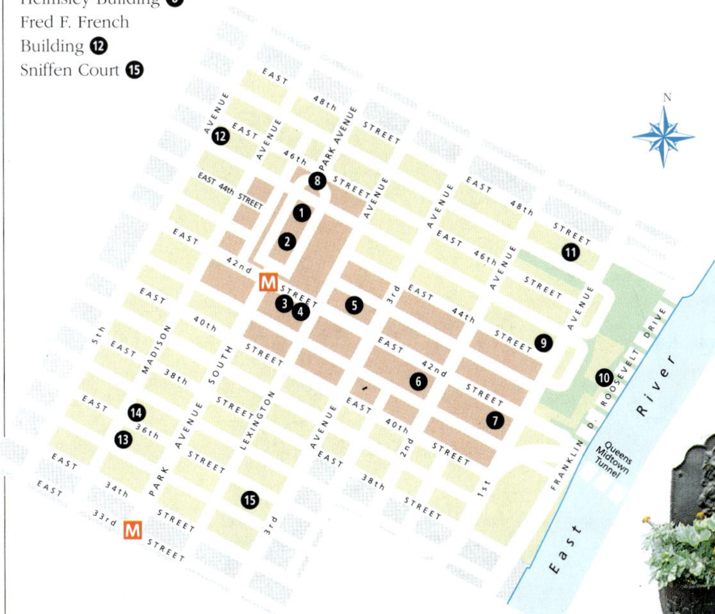

Bloembak in Sniffen Court

Zie ook

- ***Stratengids***, kaart 9, 12, 13
- ***Accommodatie*** blz. 274-275
- ***Restaurants*** blz. 290-292

Symbolen
Detailkaart
M Metrostation

0 meter 500

De roestvrijstalen spits van het Chrysler Building

Onder de loep: Lower Midtown

Wie een wandeling maakt in de buurt van het Grand Central krijgt een breed spectrum van Newyorkse bouwstijlen te zien. Bekijk de hoogste wolkenkrabbers niet alleen van buiten maar neem ook binnen een kijkje. Werp een blik op de fraaie moderne binnenpleinen in het Philip Morris Building en de Ford Foundation, de prachtige ornamenten in de Home Savings Bank en de enorme hallen van het Grand Central Terminal.

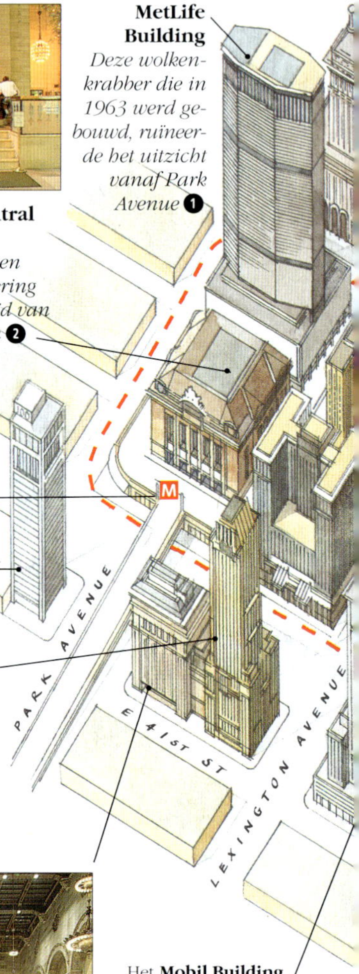

MetLife Building
Deze wolkenkrabber die in 1963 werd gebouwd, ruïneerde het uitzicht vanaf Park Avenue ❶

★ Grand Central Terminal
Dit station is een fraaie herinnering aan de bloeitijd van de spoorwegen ❷

Metrostation Grand Central/42nd St. (lijn S, 4, 5, 6 en 7)

Het **Philip Morris Building** is het hoofdkantoor van de sigarettenfabriek. Er is ook een moderne-kunstdependance van het Whitney Museum in gevestigd.

Het **Chanin Building** *werd in 1922 gebouwd in opdracht van de onroerend-goedmagnaat Irwin Chanin. Er is een fraaie hal in art deco-stijl* ❹

STERATTRACTIES

- ★ **Grand Central Terminal**
- ★ **Chrysler Building**
- ★ **Home Savings of America**
- ★ **News Building**

Koperen deur, Home Savings Bank

★ Home Savings of America
Dit vroegere hoofdkantoor van de Bowery Savings Bank, dat is ontworpen door York & Sawyer, is een van de fraaiste bankgebouwen van New York. Het lijkt op een paleis ❸

Het **Mobil Building** uit 1955 heeft een zelfreinigende roestvrijstalen gevel met geometrische drijfwerkmotieven tegen het kromtrekken.

Helmsley Building
De barokke ingang symboliseert de rijkdom van de New York Central Railroad, de eerste eigenaar van dit gebouw ❽

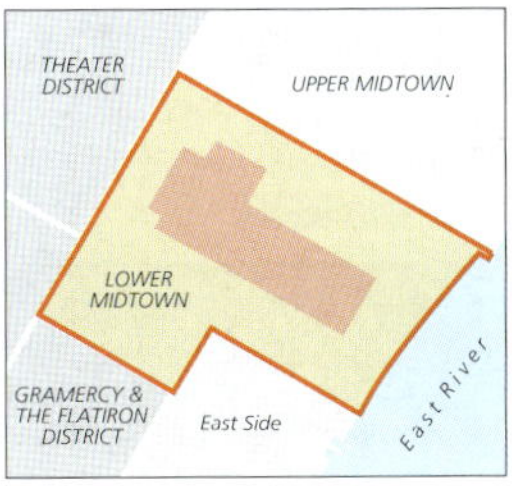

ORIËNTATIEKAART
Zie kaart Manhattan blz. 12-13

SYMBOOL

Aanbevolen route

0 meter 100

Brievenbus in het Chrysler Building

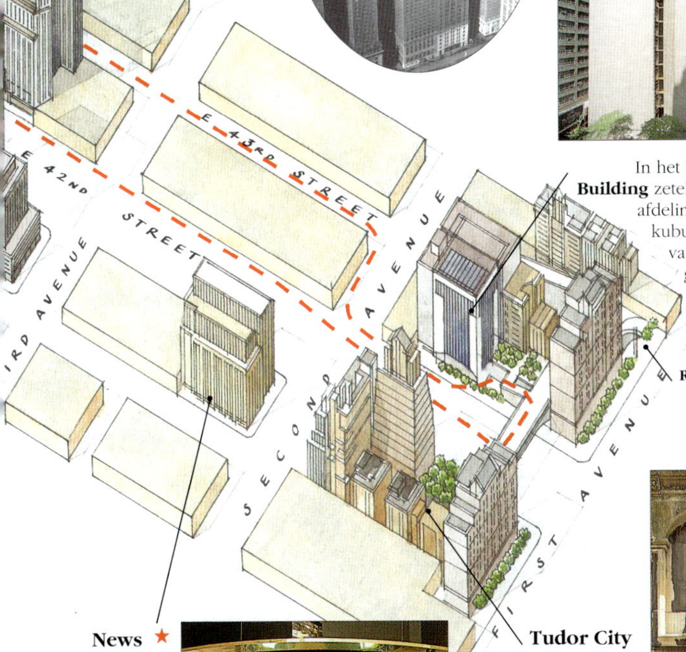

★ **Chrysler Building**
Deze fraaie art deco-toren werd in 1930 gebouwd voor het automobielbedrijf Chrysler ❺

Schafttijd tijdens de bouw van het Chrysler Building

In het **Ford Foundation Building** zetelt de filantropische afdeling van Ford. In het kubusvormige gebouw van grijsroze graniet, glas en staal is een prachtige binnentuin.

Ralph J. Bunche Park

News Building ★
In de hal van dit art deco-kantoor van de Daily News staat een globe die om zijn as draait ❻

Tudor City
Dit complex uit 1928 telt 3000 appartementen. Het werd gebouwd in Amerikaanse tudor-stijl en bevat fraai steenwerk ❼

MetLife Building ❶

200 Park Ave. **Kaart** 13 A5.
42nd St-Grand Central. *tijdens kantooruren.*

Hal van het MetLife Building

Achter de sculpturen boven op het Grand Central Terminal was vroeger de blauwe lucht te zien. Maar sinds in 1963 deze kolos (voorheen het PanAm Building) van Walter Gropius, Emery Roth & Sons en Pietro Belluschi verrees, is het gedaan met het uitzicht vanuit Park Avenue; het Grand Central verzinkt bij deze weerzinwekkende reus in het niet. Toen het in gebruik werd genomen, was het het grootste kantoorgebouw ter wereld. De weerzin tegen de enorme afmetingen ervan vormde later een belangrijk argument om bouwplannen voor een torenflat boven het Terminal niet te laten doorgaan.
Ironisch genoeg beperkte dit vroegere PanAm-kantoor het blikveld van de Newyorkers, terwijl deze luchtvaartmaatschappij ook de blik van miljoenen Amerikanen heeft verruimd. PanAm werd in 1927 opgericht. In 1936 lukte het PanAm de eerste passagiersverbinding over de Grote Oceaan tot stand te brengen en in 1947 kwam men met de eerste luchtvaartroute rond de wereld. Toen PanAm failliet ging, werd het gebouw in 1981 verkocht aan de Metropolitan Life Organization.

Grand Central Terminal ❷

Zie blz. 154-155

Home Savings of America ❸

110 E 42nd St. **Kaart** 9 A1.
42nd St.-Grand Central.
tijdens bankuren.

Dit gebouw uit 1923 wordt door velen beschouwd als het mooiste ontwerp van de architecten York & Sawyer. Ze bouwden deze vestiging van de eerbiedwaardige Bowery Savings Bank (nu de Home Savings of America) in de stijl van een romaanse basiliek. Via een gewelfde entree komt men in een enorme ruimte met een hoog, van balken voorzien plafond, vloermozaïeken en marmeren zuilen die stenen bogen ondersteunen. Tussen de zuilen zijn mozaïeken uit Frankrijk en Italië aangebracht. Ook zijn er als ornament diermotieven aangebracht, bijvoorbeeld een eekhoorn als symbool voor spaarzin.

Gevel van het Home Savings of America Building

Chanin Building ❹

122 E 42nd St. **Kaart** 9 A1.
42nd St-Grand Central.
tijdens kantooruren.

Sculptuur in het Chanin Building

In dit torengebouw van 56 verdiepingen zetelde vroeger Irwin S. Chanin, een van de grootste projectontwikkelaars van New York. Het gebouw was een voorloper van de wolkenkrabbers die later in de buurt van het Grand Central zouden verrijzen. Het ontwerp van Sloan & Robertson uit 1929 is een schoolvoorbeeld van art deco-architectuur. Over de hele breedte van de gevel loopt een bronzen band met vis- en vogelmotieven. Het onderste deel van de gevel is versierd met gestileerde sculpturen van planten en bloemen. De reliëfs, liftdeuren, brievenbussen en het golfmotief op de vloer zijn ontworpen door René Chambellan, die bekend werd door zijn werk in Radio City Music Hall.

Sculptuur in het Home Savings of America Building

Chrysler Building ❺

405 Lexington Ave. **Kaart** 9 A1.
☎ *682-3070.* Ⓜ *42nd St.-Grand Central.* 🕒 *tijdens kantooruren, alleen hal.* 📷 ♿

Roestvrijstalen waterspuwer op het Chrysler Building

Walter P. Chrysler begon zijn loopbaan in een machinewerkplaats van de Union Pacific Railroad, maar door zijn liefde voor de automobiel maakte hij in de opkomende autobranche snel carrière. In 1925 stichtte hij het bedrijf dat zijn naam draagt. Toen Chrysler een passend gebouw zocht als hoofdkantoor in New York koos hij voor dit gebouw, dat altijd zal zijn verbonden met het gouden tijdperk van de autobranche. In overeenstemming met de wensen van Chrysler heeft de roestvrijstalen spits in art deco-stijl de vorm van het radiatorscherm van een auto. De trapsgewijs gebouwde spits van het gebouw is verder versierd met gestileerde voorstellingen van gevleugelde radiatorkappen, wielen en auto's. Ook ziet men waterspuwers in de vorm van de motorkapdecoratie van de Chrysler Plymouth uit 1929.
Al enkele maanden na de voltooiing in 1929 kwam er een gebouw gereed dat hoger was: het Empire State Building. Maar het 77 verdiepingen tellende, door William van Alen ontworpen Chrysler Building uit 1930 is nog steeds een van de bekendste en meest geliefde monumenten van de stad. Het ontwerp van de dakspits werd tot op het laatste moment geheim gehouden. De spits, die in de brandschacht was gebouwd, werd binnendoor naar het dak gehesen. Dank zij deze spits was het gebouw hoger dan de Bank of Manhattan. Dit gebouw in downtown Manhattan stamt uit dezelfde tijd.
De magnifieke hal, die vroeger als showroom dienst deed, is in 1978 prachtig gerestaureerd. Naast het gebruik van verchroomd siermetaal zijn er veel decoraties in marmer en graniet aangebracht. De grote plafondschildering van Edward Trumball geeft een indruk van het verkeer aan het eind van de jaren twintig. Hoewel het Chrysler-concern het gebouw nooit als zijn hoofdkantoor in gebruik heeft genomen, is de naam Chrysler onlosmakelijk met het gebouw verbonden.

Liftdeur in het Chrysler Building

Ingang van het News Building

News Building ❻

220 E 42nd St. **Kaart** 9 B1.
Ⓜ *42nd St.-Grand Central.*
🕒 *ma-vr 8.00-18.00 uur.*

De *Daily News* werd opgericht in 1919 en al in 1925 werden er dagelijks miljoenen exemplaren van verkocht. De krant werd smalend 'de dienstmeisjesbijbel' genoemd, vanwege de aandacht voor schandalen, beroemdheden en moord, de sappige stijl en de vele illustraties. De Daily News hanteert deze formule nog steeds. Dit heeft de krant geen windeieren gelegd. De krant kwam met primeurs als de romance tussen Edward VIII en Mrs. Simpson en staat bekend om zijn schreeuwerige koppen. Hoewel de Daily News de laatste jaren verliezen maakt, behoren de verkoopcijfers nog steeds tot de hoogste van het land.
Het hoofdkantoor uit 1930, dat werd ontworpen door Raymond Hood, heeft een gevel met rijen rode en zwarte baksteen, afgewisseld met ramen, waardoor een verticaal streep-effect ontstaat. De door Hood ontworpen hal werd bekend als de hal van de *Daily Planet* (uit de Supermanfilms uit de jaren tachtig). In de hal staat de grootste globe ter wereld: de gegevens op deze verlichte en ronddraaiende wereldbol worden voortdurend bijgewerkt. Bronzen lijnen op de vloer geven aan in welke richting de wereldsteden liggen.

Grand Central Terminal ❷

In 1871 opende Cornelius Vanderbilt een spoorwegstation in 42nd Street. Door de aanwas van het passagiersaanbod moest het meermalen vergroot worden. Uiteindelijk werd het gesloopt om plaats te maken voor het huidige gebouw, dat in 1913 zijn poorten opende. Het is sindsdien een van de symbolen van de stad. Het station valt op door de grote hal en de manier waarop voetgangers-, auto- en treinverkeer van elkaar is gescheiden. Het gebouw bestaat uit een stalen frame, bekleed met marmer en pleisterwerk. In 1998 werd de restauratie voltooid.

Zuilenrij in 42nd Street

Gevel met beeldengroep in 42nd Street
Beelden van Mercurius, Hercules en Minerva, van J.-A. Coutan, bekronen de hoofdingang.

Het station verwerkt een half miljoen **forenzen** per dag. Men kan per lift in het MetLife Building komen. Er zijn vele nieuwe, gespecialiseerde winkels geopend in het gebouw.

Cornelius Vanderbilt
Deze spoorwegmagnaat stond bekend als de 'Commodore'.

Grand Central Oyster Bar
Dit populaire visrestaurant (blz. 294), met zijn interieur van gele Guastavino-egels is zeer populair. Behalve de afzonderlijke restaurants is er ook een food court *voor elke smaak.*

STERATTRACTIES

- ★ **Grote trappen**
- ★ **Stationshal**
- ★ **Informatiekiosk**

TIPS VOOR DE TOERIST

E 42nd St. bij Park Ave. **Kaart** 13 A5. ☎ *532-4900.* Ⓜ *4, 5, 6, 7, S naar Grand Central Stn.* 🚌 *M104, M42.* 🕒 *dag. 5.30-1.30 uur.* 📷 ♿ *wo 12.30 uur Municipal Arts Society (gratis).* ☎ *935-3960.* 🍴 ☕ 🛍 ***Bagagedepot; gevonden voorwerpen**.*
W www.grandcentralterminal.com

★ **Stationshal**
De enorme hal met zijn gewelfde plafond heeft aan beide zijden drie 23 m hoge boogramen.

Gewelfd plafond
De plafonddecoratie van de Franse kunstenaar Paul Helleu is ontworpen naar het voorbeeld van een middeleeuws manuscript.

Het onderste niveau staat via (rol)trappen in verbinding met de andere niveaus.

Grote trappen ★
De twee dubbele trappen, ontworpen naar de grote trap in de Parijse Opéra, roepen herinneringen op aan de gouden jaren van het reizen per spoor.

★ **Informatiekiosk**
Deze vierzijdige klok staat op het dak van de informatiekiosk in de stationshal.

Tudor City 7

E 42nd St. **Kaart** 9 B1.
M *42nd St.-Grand Central.*
W www.tudorcity.com

Dit complex werd tussen 1925 en 1928 gebouwd door de Fred F. French Company in het kader van een van de eerste stadsvernieuwingsprojecten. Door het bouwen op grote schaal konden de huren laag gehouden worden. Het in tudor-stijl gebouwde complex bestaat uit twaalf gebouwen met 3000 appartementen, een hotel, winkels, een postkantoor en twee particuliere parkjes.
Het is nu een rustige wijk, maar halverwege de 19de eeuw was het een gevaarlijke buurt die bekend stond als het Corcoran's Roost (nest), naar Paddy Corcoran, de leider van de beruchte 'Rag Gang'. Langs de East River stonden lijmfabrieken, slachthuizen, brouwerijen en een gasfabriek. Om deze reden hebben de gebouwen van het complex aan de kant van de rivier weinig ramen.

Tudor City

Helmsley Building 8

230 Park Ave. **Kaart** 13 A5.
M *42nd St.-Grand Central.* *tijdens kantooruren.*

Als u in zuidelijke richting Park Avenue af kijkt, hebt u een prachtig uitzicht op het Helmsley Building. Helaas wordt de achtergrond van het gebouw nu gevormd door het kolossale MetLife Building, dat in 1963 werd gebouwd als hoofdkwartier van PanAm.

Voorstelling in de Japan Society

In het Helmsley Building, dat in 1929 is ontworpen door Warren & Whetmore, was oorspronkelijk het hoofdkwartier gevestigd van de New York Central Railroad Company. De huidige eigenaar is Leona Helmsley, de weduwe van Harry Helmsley, een miljardair die zijn loopbaan begon als jongste bediende met een salaris van 12 dollar per week. Leona werd bekend door haar beeltenis op de reclames voor de hotelketen van de Helmsleys. In 1989 werd zij wegens grootschalige belastingontduiking veroordeeld tot een gevangenisstraf. Boze tongen beweren dat Leona, met haar slechte smaak, de hand heeft gehad in de overdadige renovatie van het gebouw.

Nr. 1 & 2 United Nations Plaza 9

Kaart 13 B5. M *42nd St.-Grand Central.*

Deze twee grote zuilen van prachtig blauwgroen spiegelglas staan haaks op elkaar. Door de lichtval en de weerspiegelingen lijken ze op een enorm, steeds weer veranderend modern kunstwerk. Van binnen zijn ze zeer fraai, met veel marmer en spiegels. Er zijn moderne kantoren in gevestigd.
In het Regal United Nations Plaza Hotel op nr. 1 *(blz. 280)* logeren VN-afgevaardigden en buitenlandse staatshoofden die de VS bezoeken. Zelfs de stress van een druk diplomatenleven vermindert als ze rustig ronddobberen in het door glaswanden omringde zwembad met uitzicht op de stad en het Verenigde-Naties-complex.

United Nations 10

Zie blz. 158-161.

Japan Society 11

333 E 47th St. **Kaart** 13 B5.
832-1155. M *42nd St.-Grand Central.* ***Galerie*** *di-zo 11.00-18.00 uur.*
W www.japansociety.org

De Japan Society werd in 1907 opgericht ter bevordering van het wederzijds begrip van en de culturele uitwisseling tussen Japan en de VS. John D. Rockefeller III heeft 4,3 miljoen dollar bijgedragen aan de bouw van

Romeinse goden zitten geleund tegen de klok van het Helmsley Building

dit hoofdkantoor. Dit opvallende, zwarte gebouw met sierlijke grilles is een ontwerp uit 1971 van de Japanse architecten Junzo Yoshimura en George Shimamoto. Het bevat onder andere een aula, een taalinstituut, een wetenschappelijke bibliotheek, een galerie en een Japanse tuin.
Er zijn wisselende tentoonstellingen van kunst en artefacten uit Japan, variërend van zwaarden tot kimono's en perkamentrollen. Ook presenteert de Society culturele voorstellingen, lezingen, taalcursussen en managementtrainingen voor Amerikanen en Japanners.

Gebrandschilderde Tiffany-ramen in de Church of the Incarnation

Fred F. French Building ⓬

521 5th Ave. **Kaart** 12 F5.
42nd St.-Grand Central.
tijdens kantooruren.

Dit chic ogende gebouw uit 1927 was het kantoor van de bekendste onroerendgoedfirma uit die tijd. Het was een gezamenlijk ontwerp van de toparchitect van Fred F. French, H. Douglas Ives, en Sloan & Robertson, die de architecten waren van onder andere het Chanin Building *(blz. 152)*. Zij combineerden de bouwstijlen van het Midden-Oosten en het oude Griekenland en Egypte met vroege art deco-elementen. De bovenkant van de gevel is getooid met veelkleurige ornamenten van geglazuurd aardewerk. De brandladder is gecamoufleerd door een pseudobovenverdieping met ornamenten in de vorm van een zon, geflankeerd door griffioenen, bijen en de symbolen van de deugd, zoals integriteit en ijver. In de hal vindt men oosterse motieven terug in de kleurige decoraties van het gewelfde plafond en de 25 glimmende bronzen deuren. Dit was het eerste bouwproject waaraan Canadese Gaughnawaga-indianen als bouwvakker meewerkten. Zij bleken geen last te hebben van hoogtevrees en werden spoedig zeer gewilde steigerbouwers.

Hal van het Fred F. French Building

Church of the Incarnation ⓭

209 Madison Ave. **Kaart** 9 A2.
689-6350. *42nd St.-Grand Central.* *ma-wo, vr 11.30-14.00 uur.* *zo 8.00-13.00 uur.*
op afspraak.
www.churchoftheincarnation.org

Deze anglicaanse kerk en het parochiehuis dateren uit 1864, toen op Madison Avenue de elite woonde. Dit gebouw, dat is uitgevoerd in twee kleuren zandsteen, is representatief voor deze periode. Binnen vindt u een eikenhouten communiebank van Daniel Chester French, een schildering in het koor van John La Farge, en gebrandschilderde ramen van La Farge, Louis Comfort Tiffany, William Morris en Edward Burne-Jones.

Pierpont Morgan Library ⓮

Zie blz. 162-163.

Sniffen Court ⓯

150-158 E 36th St. **Kaart** 9 A2.
33rd St.

Hier wacht u een aangename verassing: een verborgen hofje met tien neoromaanse bakstenen gebouwen die in de jaren rond 1850 zijn ontworpen door John Sniffen. Ze staan in een heel druk deel van de stad en zijn merkwaardig genoeg prachtig bewaard gebleven. Het huis aan de zuidzijde was het atelier van de Amerikaanse beeldhouwster Malvina Hoffman.

Het atelier van Malvina Hoffman

Verenigde Naties ⑩

Vlag van de Verenigde Naties

Bij de stichting in 1945 hadden de Verenigde Naties 51 lidstaten. Nu zijn er ongeveer 188 staten lid. De organisatie stelt zich ten doel de wereldvrede te bewaren, zelfbeschikking te bevorderen en waar ook ter wereld sociaal-economische hulp te bieden. New York werd gekozen als zetel van de VN, waarna John D. Rockefeller jr. 8,5 miljoen dollar ter beschikking stelde voor de aankoop van het terrein aan de East River. Het complex werd ontworpen door een internationaal panel van architecten, onder leiding van de Amerikaan Wallace Harrison. Het terrein van 7 ha behoort niet tot het grondgebied van de VS. Het is internationaal gebied met eigen postzegels en een eigen postkantoor.

In het **Conference Building** bevinden zich de vergaderruimten voor de Veiligheidsraad, de Trustschapsraad en de Economische en Sociale Raad.

★ **Veiligheidsraad**

De afgevaardigden en hun assistenten overleggen aan een tafel in de vorm van een hoefijzer; aan de lange tafel in het midden zitten notulisten en andere medewerkers van de VN.

★ **Peace Bell**

Dit cadeau van Japan, gemaakt van omgesmolten munten uit 60 landen, hangt in een pagode van cipressenhout.

Rose Garden

In de keurig onderhouden tuinen aan de East River staan 25 soorten rozen.

STERATTRACTIES

- ★ **Algemene Vergadering**
- ★ **Veiligheidsraad**
- ★ **Peace Bell**
- ★ **Reclining Figure**

★ **Reclining Figure** *(1982)*
Dit bronzen beeld werd geschonken door de Henry Moore Foundation.

Tips voor de toerist

1st Ave. bij 46th St. **Kaart** 13 C5. *963-8687.* *4, 5, 6 en 7 naar 42nd St.-Grand Central Station.* *M15, M27, M42, M50, M104.* *maart-dec. dag. 9.15-16.45 uur; jan.-feb. alleen ma-vr.* *1 jan., Thanksgiving, 25 dec. (gewijzigde tijden rond Oudjaar).* *rondleidingen.* *in 20 talen.* ***Lezingen, films.*** www.un.org

Colours of the World
Voor het VN-complex wapperen de vlaggen van de lidstaten.

Algemene ★ Vergadering
Dit is het enige orgaan van de VN waarin alle lidstaten zijn vertegenwoordigd.

Non-Violence *(1988)*
Luxemburg schonk dit vredesbeeld van de Zweedse kunstenaar Karl Fredrik Reutersward.

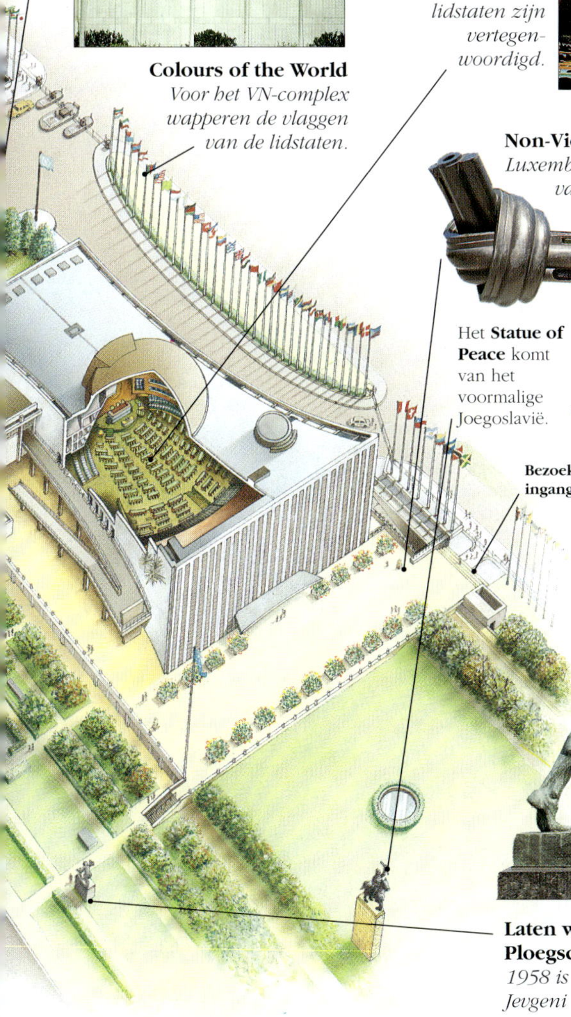

Het **Statue of Peace** komt van het voormalige Joegoslavië.

Laten we Zwaarden Omsmeden tot Ploegscharen *Dit bronzen beeld uit 1958 is van de Russische beeldhouwer Jevgeni Voechetisj.*

Het werk van de Verenigde Naties

Het beleid van de Verenigde Naties wordt uitgevoerd door drie VN-raden en een Algemene Vergadering, waarin alle lidstaten zijn vertegenwoordigd. Het secretariaat verzorgt de administratie van de organisatie. Er worden rondleidingen gehouden door de vergaderzaal van de Veiligheidsraad en de Algemene Vergadering.

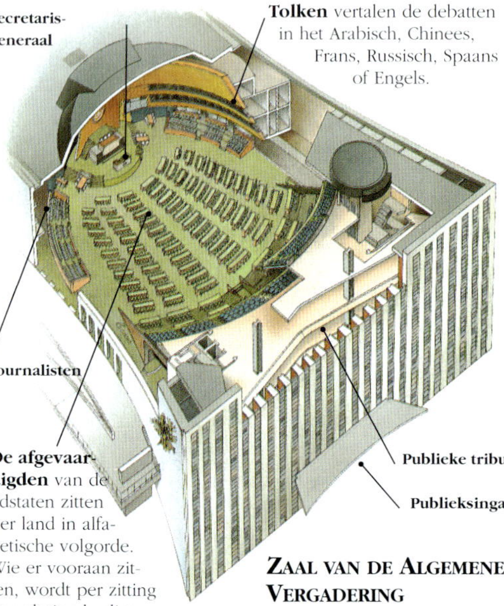

ZAAL VAN DE ALGEMENE VERGADERING

Algemene Vergadering

De Algemene Vergadering is het bestuurslichaam van de VN en heeft jaarlijks een vaste zittingsperiode van half september tot half december. Op verzoek van de Veiligheidsraad of een meerderheid van de lidstaten vinden ook bijzondere zittingen plaats. De stemmen van de lidstaten wegen even zwaar, ongeacht de grootte van het land. In de Algemene Vergadering worden internationale kwesties besproken op verzoek van de leden of andere VN-instellingen. Hoewel de besluiten van de VN niet wettelijk kunnen worden opgelegd, zijn ze van grote invloed op de wereldopinie. Besluiten worden genomen op basis van een tweederde meerderheid.
Voor elke zitting wordt door middel van een loting bepaald waar de leden in de vergadering komen te zitten. Om simultaanvertalingen in diverse talen te kunnen volgen, zijn alle 1898 zitplaatsen in de zaal uitgerust met koptelefoons. De Algemene Vergadering stelt ook de secretaris-generaal aan, keurt de VN-budgetten goed en kiest de niet-permanente leden van de raadsorganen.

De *Slinger van Foucault* (Nederland) toont het ronddraaien van de aarde om haar as aan

Veiligheidsraad

De Veiligheidsraad is het machtigste orgaan van de VN. Het doel van de raad is internationale vrede en veiligheid. Ze intervenieert bij oorlogssituaties zoals in Koeweit en het voormalige Joegoslavië, waaronder de strijd in Kosovo. Het is het enige VN-orgaan waarvan de beslissingen dwingend worden opgelegd en dat het hele jaar door bijeenkomt.

Muurschildering van Per Krohg (Noorwegen) 'vrede en vrijheid'

Er zijn vijf permanente leden: China, Frankrijk, de Russiche Federatie, het Verenigd Koninkrijk en de Verenigde Staten. De overige landen worden voor perioden van twee jaar gekozen door de Algemene Vergadering.
Bij internationale conflicten probeert de veiligheidsraad in eerste instantie een voor alle betrokken partijen aanvaardbare oplossing te bedenken. Als er oorlog uitbreekt, kan men opdracht geven om het vuren te staken en militaire of economische sancties opleggen. Ook kan er worden besloten om VN-vredestroepen naar de oorlogsgebieden te sturen om de strijdende partijen te scheiden tot de problemen langs diplomatieke weg kunnen worden opgelost.

Trustschapsraad

Dit is de kleinste VN-raad en de enige die het steeds minder druk krijgt. Hij werd opgericht in 1945 met het doel om langs vreedzame weg niet-autonome gebieden en koloniën naar de onafhankelijkheid te leiden. Sindsdien zijn meer dan 80 koloniën onafhankelijk geworden, waarmee het aantal mensen in niet-autonome gebieden is gedaald van 750 miljoen tot 3 miljoen. Deze raad bestaat uit de vijf vaste leden van de Veiligheidsraad.

Muurschildering van Zanetti (Dominicaanse Republiek) met als thema de strijd voor de vrede

Zaal van de Trustschapsraad

Economische en sociale raad

Deze 54 leden tellende raad streeft naar de verbetering van de levensstandaard en het welzijn overal ter wereld. Hiermee is 80 procent van de middelen van de VN gemoeid. De raad adviseert de Algemene Vergadering, de afzonderlijke lidstaten en de bijzondere organen van de VN. Deze raad werkt samen met commissies voor regionale economische problemen, mensenrechten, bevolkingsgroei, drugs en de rechten van de vrouw. Men werkt ook samen met de Internationale Arbeidsorganisatie ILO, de Wereldgezondheidsorganisatie WHO en UNICEF.

Secretariaat

Op het secretariaat houdt men zich bezig met het dagelijks werk van de VN. Men ondersteunt de raden, commissies en speciale organen. Aan het hoofd van het secretariaat staat de secretaris-generaal, die tevens de spreekbuis van de VN is ten aanzien van de uitvoering van de vredestaken. De secretaris-generaal wordt aangesteld door de Algemene Vergadering voor een ambtstermijn van 5 jaar.

Belangrijke gebeurtenissen

De Russische premier Chroesjtsjov op de Algemene Vergadering (1960)

De VN bezit geen vast interventieleger, zodat men afhankelijk is van de vrijwillige militaire bijdragen van de lidstaten. De vredesinspanningen van de VN zijn daardoor niet altijd even succesvol. In 1948 erkende de VN de Zuid-Koreaanse aanspraken op heel Korea. Twee jaar later speelde de VN een belangrijke rol bij de verdediging van Zuid-Korea tegen de Noord-Koreaanse troepen. In 1949 kwam door bemiddeling van de VN een wapenstilstand tussen Nederland en Indonesië tot stand. Vervolgens werd door de VN een conferentie georganiseerd die leidde tot een onafhankelijk Indonesië. China werd lange tijd het lidmaatschap geweigerd ten gunste van Taiwan. In 1974 trad China toe tot de VN en ging zo weer deel uitmaken van de internationale gemeenschap.
De problemen in het Midden-Oosten waren het hardnekkigst. Toen Israël in 1948 door vijf Arabische landen werd aangevallen, wist de VN een staakt-het-vuren tot stand te brengen. Sinds 1974 zijn er VN-troepen in dit gebied.
Dank zij de bemiddeling van de VN werd Cyprus in 1957 onafhankelijk van Engeland en in 1964 kwamen VN-troepen tussenbeide om de vrede te bewaren tussen Griekse en Turkse Cyprioten.

Kunst bij de VN

Het VN-gebouw bevat veel kunstwerken en reproducties van de hand van bekende kunstenaars. Veel ervan zijn geschenken van lidstaten. Het thema van de meeste werken is vrede of vriendschap tussen de volken. Het motto van *The Golden Rule* van Norman Rockwell luidt: 'Behandel anderen zoals gij wilt dat zij u behandelen.' Marc Chagall ontwiep een groot glas-in-loodraam ter nagedachtenis aan secretaris-generaal Dag Hammarskjöld, die in 1961 tijdens een vredesmissie verongelukte. Buiten staat een beeld van Henry Moore. Er zijn nog meer beelden en schilderijen van kunstenaars uit veel landen.

***The Golden Rule* (1985), een groot mozaïek van Norman Rockwell**

Morgan Library ⓮

De Morgan Library is ontstaan als privé-collectie van de bankier J. Pierpont Morgan. In 1902 ontwierpen de architecten McKim, Mead & White een schitterend gebouw om de bibliotheek in te vestigen. De zoon van Morgan, J. Pierpont Morgan jr., maakte er in 1924 een openbare bibliotheek van. Nu vindt men er een van 's werelds fraaiste verzamelingen zeldzame manuscripten, boeken en prenten. De bibliotheek omvat ook het huis van J.P. Morgan jr.

Het oorspronkelijke bibliotheekgebouw

★ **Garden Court**
De bibliotheek staat via deze tuin met glazen wanden in verbinding met het Morgan House.

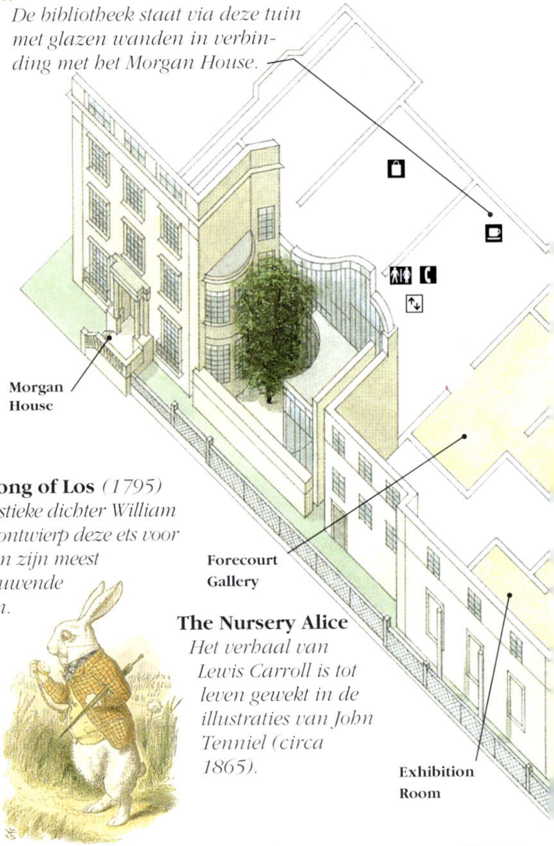

Symbolen

- Tentoonstellingsruimte
- Andere bestemmingen

The Song of Los *(1795)*
De mystieke dichter William Blake ontwierp deze ets voor een van zijn meest vernieuwende werken.

The Nursery Alice
Het verhaal van Lewis Carroll is tot leven gewekt in de illustraties van John Tenniel (circa 1865).

Sterattracties

- ★ **Livre de la Chasse**
- ★ **Adam en Eva van Albrecht Dürer**
- ★ **Binnentuin**
- ★ **Manuscript van het hoornconcert in E van Mozart**

Gutenberg-bijbel *(1455)*
Deze op perkament gedrukte bijbel is een van de elf die er nog over zijn.

★ **Hoornconcert in E van Mozart**
De zes bladen van deze partituur zijn beschreven met verschillende kleuren inkt.

Tips voor de toerist

29 E 36th St. **Kaart** 9 A2.
685-0008. *nr. 6 naar 33rd St.* *M1, M2, M3 en M4.* *di-do 10.30-17.00, vr tot 20.00, za tot 18.00, zo 12.00-18.00 uur.* *ma en feestdagen.* ***Concerten, lezingen, films en video's.***
www.morganlibrary.org

Bibliotheekwijzer
De studeerkamer van Morgan bevat enkele van zijn favoriete schilderijen en bijzondere aanwinsten. Wisseltentoonstellingen laten de bezoeker kennismaken met onschatbare cultuurvoorwerpen.

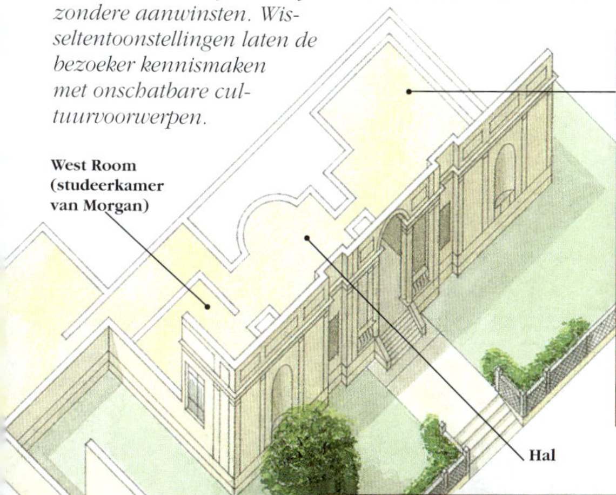

East Room
Van de vloer tot aan het plafond staan boeken in boekenkasten. Op muurschilderingen staan afbeeldingen van historische figuren en hun muzen, en de tekens van de dierenriem.

★ **Adam en Eva** *(1504)*
Dit is een van de bekendste werken van Albrecht Dürer. De tekening is een poging om de menselijke gestalte perfect weer te geven.

★ **Livre de la Chasse**
Deze kopie van het boek over de jacht door Gaston Phébus dateert uit 1410.

Pierpont Morgan

J.P. Morgan (1837-1913) was niet alleen een groot zakenman, maar ook een van de grootste verzamelaars van originele manuscripten. Opname in zijn collectie was een eer. Toen Morgan in 1909 aan Mark Twain vroeg of hij het manuscript van *Pudd'nhead Wilson* mocht hebben, antwoordde deze: 'Een lang gekoesterde wens is in vervulling gegaan.'

Ermenegildo Zegna
CLEAR
FIRE LANE
FOR
EMERGENCY
VEHICLES
ONE WAY
NO
STANDING
ANY
TIME
2B54

UPPER MIDTOWN

Dit is een van de duurdere wijken van New York. Er zijn kerken, synagogen, musea, bekende winkels, clubs, luxehotels, futuristische wolkenkrabbers en chique woningen. Vanaf 1833 hebben hier notabelen als de families Astor en Vanderbilt gewoond. In de jaren vijftig werd er architectuurgeschiedenis geschreven toen het Lever Building en het Seagram Building verrezen. Deze eerste grote moderne torenflats duidden erop dat Park Avenue van een woonstraat veranderde in een prestigieuze kantoorlocatie.

De Cisitalia uit 1946 in het MoMA

BEZIENSWAARDIGHEDEN IN HET KORT

Historische straten en gebouwen
Villard Houses 9
General Electric Building 11
Sutton Place and Beekman Place 17
Roosevelt Island 18
Fuller Building 20

Moderne architectuur
Trump Tower 2
IBM Building 3
Lever House 13
Seagram Building 14
Citicorp Center 15

Musea
Museum of Modern Art (MoMA) blz. 170-173 5
American Craft Museum 6
Museum of Television and Radio 7

Kerken en synagogen
St. Thomas' Church 4
St. Patrick's Cathedral blz. 176-177 8
St. Bartholomew's Church 10
Central Synagogue 16

Monumentale hotels
Waldorf–Astoria 12
Plaza Hotel 21

Monumentale winkels
Fifth Avenue 1
Bloomingdale's 19

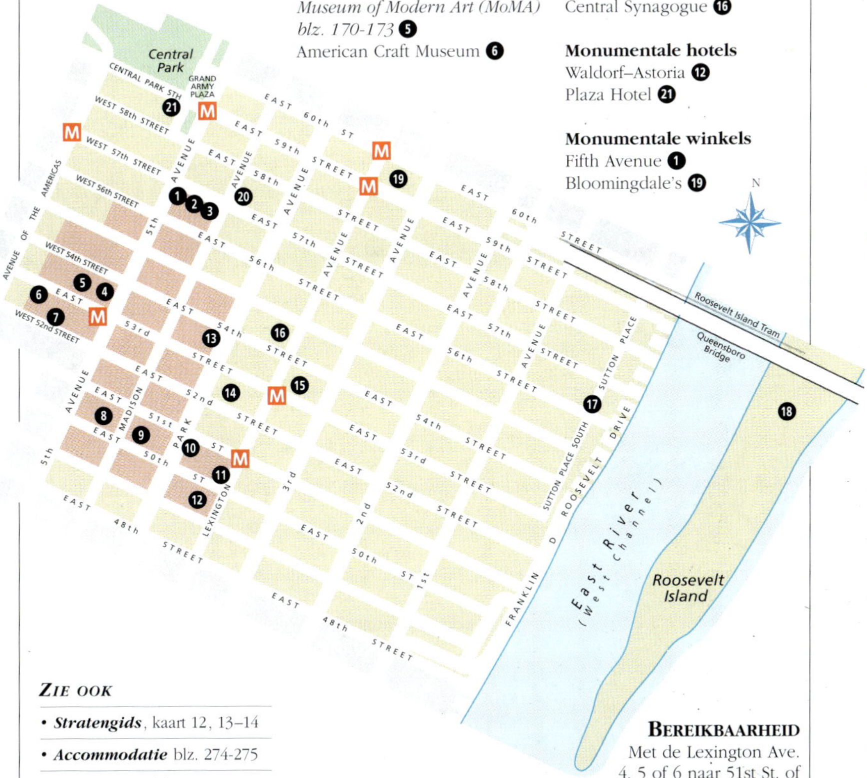

ZIE OOK

- ***Stratengids***, kaart 12, 13–14
- ***Accommodatie*** blz. 274-275
- ***Restaurants*** blz. 290-292

0 meter 500

SYMBOLEN

Detailkaart

M Metrostation

BEREIKBAARHEID

Met de Lexington Ave. 4, 5 of 6 naar 51st St. of met lijn E of F naar 5th Ave. Per bus met de lijnen M15, M101/102, M1, M2, M3 of M4. Of met de M50, M57 of M58 Crosstown.

Fifth Avenue

Onder de loep: Upper Midtown

Pas toen de welgestelden zich in dit deel van Manhattan vestigden, kwamen de chique winkels waarmee men Fifth Avenue associeert tot bloei. In 1917 kwam de firma Cartier, in ruil voor een parelsnoer, in het bezit van het herenhuis van de bankier Morton F. Plant. Andere winkels volgden snel. Maar dit deel van Midtown is niet uitsluitend een winkelgebied: er zijn drie musea en men kan er genieten van een breed scala aan bouwstijlen.

De **University Club** uit 1899 was ooit een club voor welgestelde heren.

Fifth Avenue
Een tochtje per rijtuig doet het verleden herleven ❶

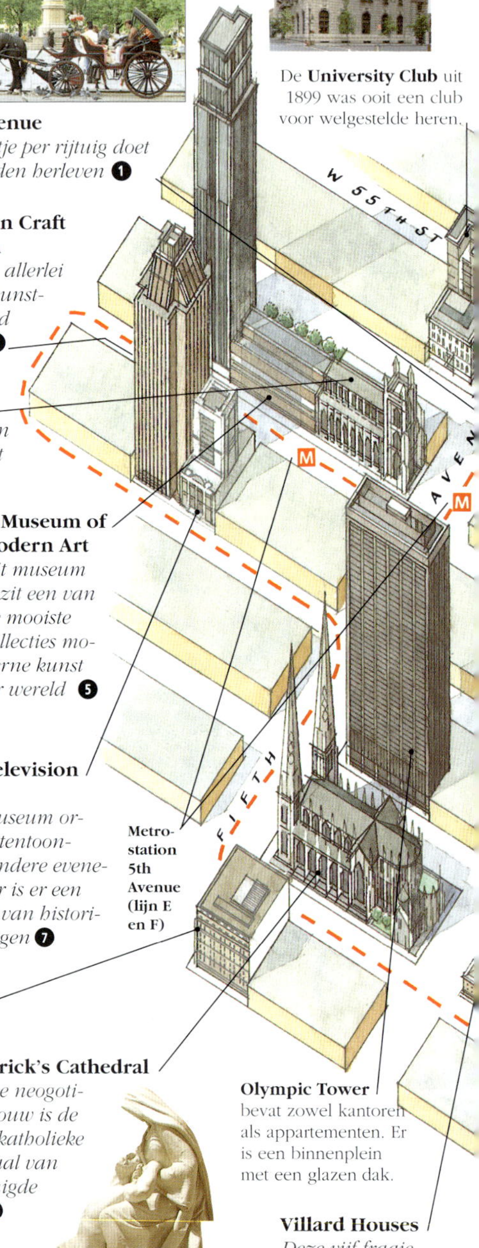

American Craft Museum
Hier zijn allerlei soorten kunstnijverheid te zien ❻

St. Thomas' Church
De meeste sculpturen in deze kerk zijn gemaakt door Lee Lawrie ❹

★ **Museum of Modern Art**
Dit museum bezit een van de mooiste collecties moderne kunst ter wereld ❺

Museum of Television and Radio
In dit mediamuseum organiseert men tentoonstellingen en andere evenementen. Verder is er een enorm archief van historische uitzendingen ❼

Metro-station 5th Avenue (lijn E en F)

Saks Fifth Avenue heeft generaties Newyorkers voorzien van prima waren. *(blz. 311)*

★ **St. Patrick's Cathedral**
Dit fraaie neogotische gebouw is de grootste katholieke kathedraal van de Verenigde Staten ❽

Olympic Tower bevat zowel kantoren als appartementen. Er is een binnenplein met een glazen dak.

Villard Houses
Deze vijf fraaie herenhuizen maken nu deel uit van het New York Palace Hotel ❾

STERATTRACTIES

★ **Museum of Modern Art**

★ **St. Patrick's Cathedral**

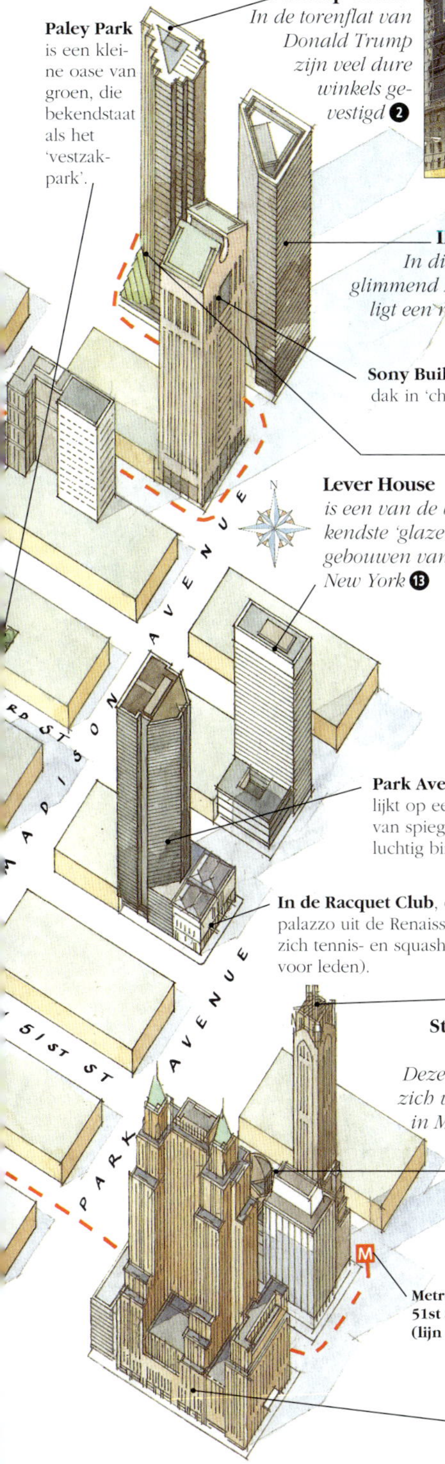

Paley Park is een kleine oase van groen, die bekendstaat als het 'vestzakpark'.

Trump Tower
In de torenflat van Donald Trump zijn veel dure winkels gevestigd ❷

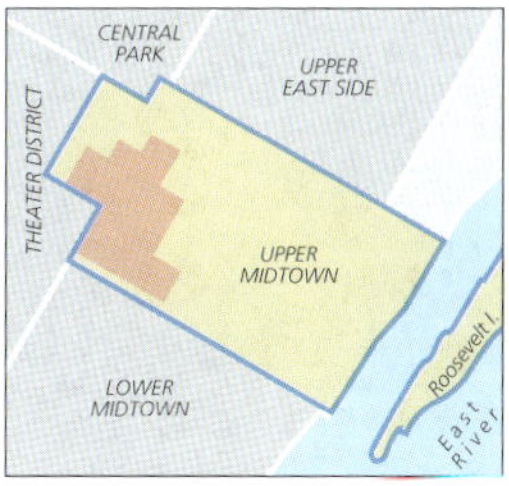

ORIËNTATIEKAART
Zie kaart Manhattan blz. 12-13

SYMBOOL

— — — Aanbevolen route

0 meter 100

IBM Building
In dit gebouw van glimmend zwart graniet ligt een rustig binnenplein ❸

Sony Building heeft een dak in 'chippendale'-stijl.

Tiffany & Company staat bekend om zijn discrete luxe: onder andere dure juwelen. *(blz. 321)*

Lever House
is een van de bekendste 'glazen' gebouwen van New York ⓭

Park Avenue Plaza lijkt op een groot prisma van spiegelglas met een luchtig binnenplein.

General Electric Building
De uitsteeksels op de siertoren van dit gebouw uit 1931 moeten elektrische golven voorstellen ⓫

In de Racquet Club, die lijkt op een palazzo uit de Renaissance, bevinden zich tennis- en squashbanen (alleen voor leden).

St. Bartholomew's Church
Deze kerk onderscheidt zich van andere kerken in Midtown door haar Byzantijnse koepel ❿

Metrostation 51st Street (lijn 6)

Waldorf-Astoria
Vele beroemde gasten hebben gelogeerd in dit zeer stijlvolle hotel, onder wie gekroonde hoofden ⓬

Etalage van Bergdorf Goodman (*blz. 311*)

Fifth Avenue ❶

Kaart 4 F1-16 E1. M *5th Ave.-53rd St.*

In 1883 liet William Henry Vanderbilt een herenhuis bouwen aan Fifth Avenue, ter hoogte van 51st Street. Andere welgestelde families, zoals de Astors, de Belmonts en de Goulds, volgden zijn voorbeeld: tussen Central Park en 51st Street verrezen aan Fifth Avenue vorstelijke huizen. Hoewel de meeste ervan nu zijn verdwenen, zijn er enkele panden bewaard gebleven. Eén hiervan is de winkel van Cartier op 651 Fifth Avenue. Dit was oorspronkelijk het woonhuis van de miljonair Morton F. Plant, die tevens voorzitter was van de New York Yacht Club. Toen er zich vanaf 1906 winkeliers in het noordelijk deel van Fifth Avenue vestigden, verhuisden de welgestelden naar mooiere wijken in de noordelijke buurten van Manhattan en aan de East River. In 1917 betrok Plant een kapitaal pand in 86th Street. Men zegt dat hij zijn oude huis met Pierre Cartier ruilde voor een kostbare parelketting.
Sindsdien associeert men Fifth Avenue met luxezaken zoals Cartier.

Trump Tower ❷

725 5th Ave. **Kaart** 12 F3. *832-2000.* M *5th Ave.-53rd St.* ***Winkels op tuinniveau*** *ma-za 10.00-18.00 uur; zo 12.00-17.00 uur.* ***Gebouw*** *dag. 10.00-19.00 uur. Zie* ***Geschiedenis*** *blz. 31.* ***Concerten.*** W www.trumponline.com

Boven een zes verdiepingen hoog binnenplein met dure winkels en cafés verheft zich een luxueuze, peperdure torenflat met appartementen en kantoren. De openbare ruimte is in 1983 aangelegd door Der Scutt van Swanke, Hayden, Connel & Partners. Het winkelcentrum is ingericht met blinkend roze marmer, spiegels en een waterval. Het is het duurste voorbeeld van een 'verticaal' winkelcentrum, de laatste mode in de stedelijke winkelbouw. Het gebouw van de projectontwikkelaar Donald Trump is een opzichtig monument van weelde. Trump zelf werd een symbool voor de uitwassen op economisch gebied in de jaren tachtig.
Het gebouw staat in scherp contrast met het naburige nr.727, de exclusieve juwelierszaak Tiffany & Co. Deze zaak uit 1837 staat bekend om zijn schitterende etalages.

Interieur van het Trump Tower

Ingang van de exclusieve juwelierswinkel Tiffany & Co

IBM Building ❸

590 Madison Ave. **Kaart** 12 F3. *745-5994.* M *5th Ave.* ***Garden Plaza*** *dag. 8.00-22.00 uur.* ***Newseum/NY*** *317-7503.* *ma-za 10.00-17.30 uur.* W *www.newseum.org*

Dit gebouw van 43 verdiepingen werd voltooid in 1983. Het is een glimmend prisma van zwart graniet met een console op de hoek van 57th Street. Het Garden Plaza is open voor het publiek. Bij het atrium staat een beeld van de Amerikaanse beeldhouwer Michael Heizer, getiteld *Levitated Mass*: binnen in een lage, roestvrijstalen bak lijkt een fors blok graniet op de lucht te drijven; eronderdoor stroomt water. Het nieuwe museum voor fotojournalisme, Newseum/NY, heeft tentoonstellingen, films en lezingen die erop gericht zijn het publiek meer inzicht te geven in kwesties rond het Eerste Amendement.

St. Thomas' Church

St. Thomas' Church ❹

1 W 53rd St. **Kaart** 12 F4. *757-7013.* *5th Ave.-53rd St.* *dag. 7.00-18.00 uur.* *regelmatig.* *na dienst 11.00 uur en concerten.* www.saintthomaschurch.org

Dit is de vierde kerk met deze naam en de tweede die op deze plaats staat. De huidige kerk werd tussen 1909 en 1914 gebouwd ter vervanging van haar voorganger, die in 1905 door brand werd verwoest. Aan het eind van de 19de eeuw was het oude kerkgebouw het toneel voor schitterende trouwpartijen. Het luisterrijkste huwelijk vond in 1895 plaats tussen de erfgename Cornelia Vanderbilt en de Engelse hertog van Marlborough.

Het kalkstenen gebouw in Frans-gotische stijl heeft slechts aan één kant een toren en een excentrisch schip. Op deze manier heeft de architect een originele oplossing gevonden voor de hoeklocatie van de kerk.

De fraai bewerkte witte koorhekken achter het altaar werden ontworpen door de architect Bertram Goodhue en de beeldhouwer Lee Lawrie. De houtsneden op het koorgestoelte bevatten afbeeldingen van moderne uitvindingen zoals de telefoon en de radio, de presidenten Roosevelt en Wilson, en Lee Lawrie zelf.

Museum of Modern Art ❺

Zie blz. 170-173.

American Craft Museum ❻

40 W 53rd St. **Kaart** 12 F4. *956-3535.* *5th Ave-53rd St.* *di, wo & vr-zo 10.00-18.00 uur; do 10.00-20.00 uur.* ***Lezingen, films.*** www.newyork.citysearch.com/E/V/NYCNY/0005/63/15

Een betere plaats om kennis te nemen van de bruisende Amerikaanse kunstnijverheidssector bestaat niet. Dit museum is de zetel van de American Craft Council. Men vindt er met de hand gemaakte quilts, keramiek, glaswerk, textiel, houtwerk, zilverwerk, meubels, papierwerk en metaalwerk. Dit is een deel van de grote kunstnijverheidcollectie die tussen 1900 en nu door het museum werd opgebouwd. Het museum werd in 1956 geopend in een voormalig herenhuis. In 1987 werd het museum heropend in het drie verdiepingen tellende atrium van een kantoorflat.

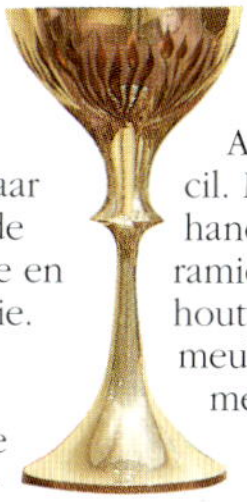

Zilveren kelk van Ronald Hayes Pearson in het Craft Museum

Museum of Television and Radio ❼

25 W 52nd St. **Kaart** 12 F4. *621-6600.* *5th Ave.-53rd St.* *di-zo 12.00-18.00 uur (do tot 20.00 uur). De theaters en videoruimten sluiten vr om 21.00 uur.* *feestdagen.* www.mtr.org

The Beatles (Paul, Ringo en John) in de Ed Sullivan Show in 1964

In dit unieke museum kan men kijken en luisteren naar een groot aantal radio- en televisieprogramma's. Men kan kiezen uit oude en recente nieuws- en sportreportages, amusementsprogramma's en documentaires. Per keer kan men zes keuzen maken uit een catalogusbestand met meer dan 50.000 programma's. De keuzeprogramma's worden vervolgens voor de aanvrager afgespeeld op een klein toestel. Er zijn ook grotere videoruimten en een zaal met 200 stoelen. Daar vinden retrospectieven plaats van bepaalde acteurs of regisseurs, of rond bepaalde thema's. In weer andere ruimten zijn tentoonstellingen van foto's, affiches en memorabilia.

De geestelijke vader van het museum was wijlen William S. Paley, de vroegere directeur van de televisiemaatschappij CBS. Het museum opende zijn deuren in 1975 in 53rd Street onder de naam Museum of Broadcasting. Het druk bezochte museum leed al snel aan ruimtegebrek. In 1991 verhuisde het naar deze hypermoderne locatie.

Dit mooie museumgebouw, dat 50 miljoen dollar heeft gekost, doet volgens sommigen aan een oud radiotoestel denken.

Lucille Ball, televisiester uit de jaren zestig

Museum of Modern Art ❺

Museumfaçade op West 53rd Street

Het Museum of Modern Art bevat een van de fraaiste en compleetste moderne-kunstcollecties ter wereld. Het museum werd in 1929 gesticht door een aantal rijke weldoeners. Sindsdien verlegt het de grenzen van de kunst en erkent het disciplines die door andere musea worden buitengesloten. Ter markering van het eind van het millennium wordt een uniek overzicht geboden van de boeiendste kunst van de 20ste eeuw.

Sculpture Garden
Momenteel gesloten wegens verbouwing, maar zal in 2004 weer opengaan.

Christina's World *(1948) Andrew Wyeth contrasteert een adembenemend vergezicht met een beeld van zijn gehandicapte buurvrouw.*

STERATTRACTIES

- ★ **Sterrennacht van Vincent van Gogh**
- ★ **Les Demoiselles d'Avignon van Pablo Picasso**

MUSEUMGIDS
Op de begane grond vindt men wisselende exposities, schilder- en beeldhouwkunst op de eerste en tweede verdieping. Fotografie zit op de eerste verdieping links, prenten op de tweede verdieping. Op de derde verdieping is de afdeling architectuur en design.

Bird in Space *(omstreeks 1928) Een sierlijke bronzen sculptuur van Constantin Brancusi.*

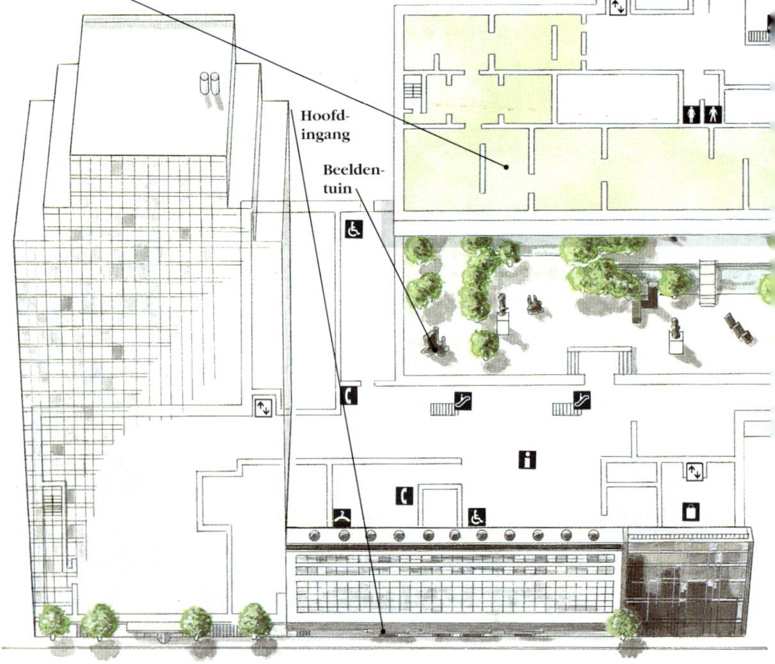

Cisitalia '202' GT *(1946)*
Dit voorbeeld van een industrieel ontwerp toont de veelzijdigheid van het museum.

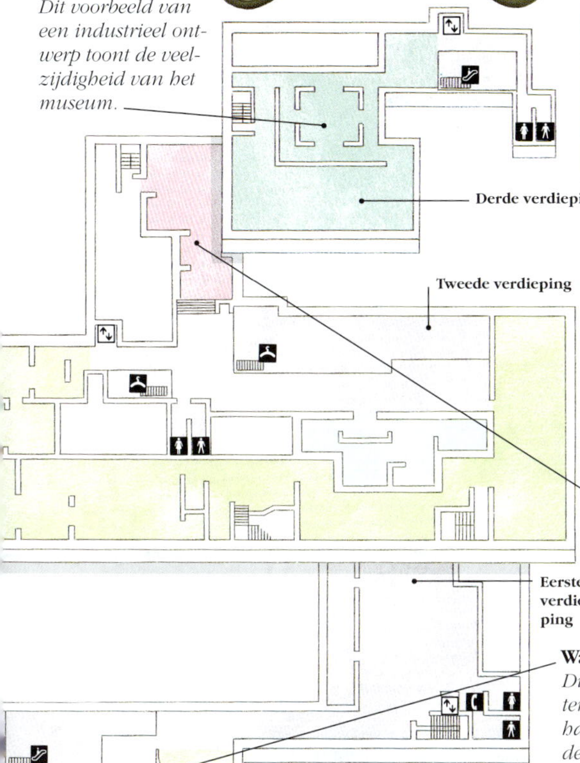

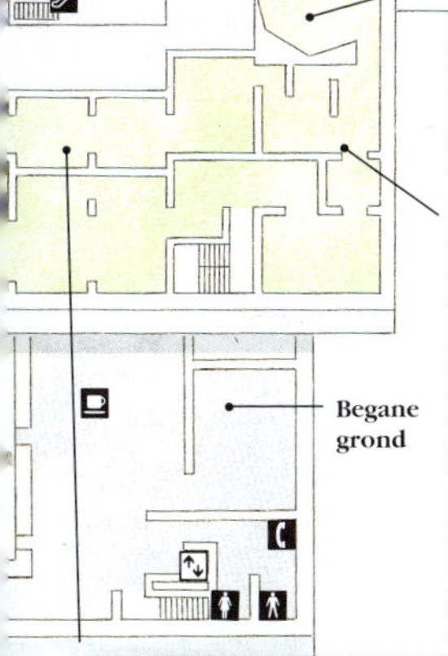

Tips voor de toerist

11 W 53rd St. **Kaart** 12 F4. *708-9400.* *5th Ave.-53rd St.* *M1, M2, M3, M4, M27 en M50.* *za-di 10.30-18.00; do, vr 10.30-20.30 uur.* *25 dec.* ***Concerten, lezingen, films en videopresentaties.*** www.moma.org

La Clownesse *(1896)*
Dit schilderij is karakteristiek voor de schilderwijze van Henri de Toulouse-Lautrec.

Waterlelies *(omstreeks 1920)*
Dit enorme drieluik uit een latere periode van Claude Monet hangt in een eigen zaaltje op de eerste verdieping.

★ **Les Demoiselles d'Avignon**
Dit is een expressionistisch schilderij van Pablo Picasso uit 1907. Op eerdere versies stonden, naast vijf prostituees, ook twee mannelijke klanten afgebeeld. Later liet hij die weg.

★ **Sterrennacht** *(1889)*
Van dit kleine schilderij van Vincent van Gogh gaat een buitengewone kracht uit. Het is een van de populairste stukken van de collectie.

Symbolen en plattegrond

- Architectuur en design
- Tekeningen
- Prenten en geïllustreerde boeken
- Schilder- en beeldhouwkunst
- Fotografie
- Speciale exposities
- Geen expositieruimte

De collectie verkennen

Het Museum of Modern Art bezit ongeveer 100.000 kunstwerken. De collectie omvat onder andere een verzameling postimpressionistische werken, een ongeevenaarde collectie moderne Amerikaanse kunst, fraaie staaltjes design en fotografie en film.

Kunststromingen van 1880 tot 1945

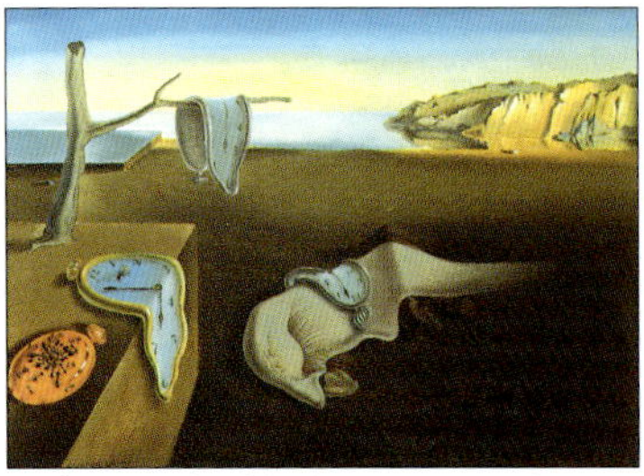

***De duurzaamheid der herinnering* van de surrealist Salvador Dali (1931)**

Het imponerende schilderij *De Bader* van Paul Cézanne en het emotionele, weergaloze doek *Sterrennacht* van Vincent van Gogh zijn enkele hoogtepunten van de collectie schilderkunst uit het eind van de 19de eeuw. Zowel het Fauvisme als het Impressionisme zijn goed vertegenwoordigd met werk van Matisse, Derain, Kirchner en anderen. *Les Demoiselles d'Avignon* van Pablo Picasso markeert de overgang naar een nieuwe stijl van schilderen. Het museum bezit ook een schitterende verzameling kubistische schilderijen. Te zien zijn onder andere *Meisje met Mandoline* van Picasso, *Man met Gitaar* en *Soda* van Georges Braque en *Gitaar met Bloemen* van Juan Gris. De futuristen, die kleur en beweging aan het Kubisme toevoegden, worden vertegenwoordigd door *Dynamic Hieroglyphic of the Bal Tabarin* van Gino Severini, *Dynamiek van een Voetballer* van Umberto Boccioni en werken van Balla, Carrà en Villon. De geometrische, abstracte kunst van de constructivisten wordt vertegenwoordigd door werken van Malevitsj, Lissitzky en Rodtsjenko. De invloed van De Stijl komt tot uiting in de schilderijen van Piet Mondriaan, waaronder *Broadway Boogie Woogie*. Een hele zaal is gewijd aan het werk van Matisse, waaronder *Dans I* en *Het Rode Atelier*. Dali, Miró en Ernst vertegenwoordigen de bizarre pracht van het Surrealisme.

Naoorlogse schilder- en beeldhouwkunst

De grote verzameling naoorlogse kunst op de tweede verdieping vangt aan met een serie expressieve werken van Bacon, Dubuffet en anderen. De fraaie verzameling werken van abstracte impressionisten omvat onder andere *One [Number 31, 1950]* van Jackson Pollock, *Woman, I* van Willem de Kooning, *Agony* van Arshile Gorky en *Red, Brown, and Black*, minimal art van Mark Rothko. In de andere zalen hangen bijvoorbeeld *Flag* van Jasper John en *First Landing Jump* en *Bed* beide van Robert Rauschenberg. De Pop Art is vertegenwoordigd door *Girl with Ball* en *Drowning Girl* van Roy Lichtenstein, het beroemde *Gold Marilyn Monroe* van Andy Warhol en *Giant Soft Fan* van Claes Oldenburg.
Het tentoongestelde werk van na 1965 wisselt voortdurend van samenstelling.

***Dog* (1952), olieverfschilderij van Francis Bacon**

Tekeningen en ander werk op papier

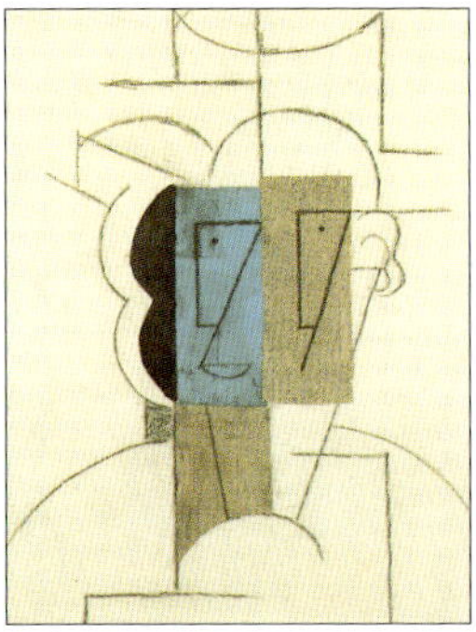

***Man met Hoed* van Pablo Picasso (1912); collage en houtskool**

De collectie moderne tekenkunst van het Museum of Modern Art is een van de grootste ter wereld. Ze bevat niet alleen een breed scala van werken die zijn gemaakt met potlood, inkt en houtskool, maar ook waterverfschilderijen, gouaches en collages. Soms gaat het om voorstudies van beroemde schilderijen. *Hoofd van Medisch Student* van Picasso is een voorstudie van *Les Demoiselles d'Avignon*. De werken die de Parijse School, Dada en het Surrealisme vertegenwoordigen, zijn een van de sterke punten van het museum.
De steeds wisselende tentoonstelling in de zalen op de eerste verdieping kan werk bevatten van Matisse, Ernst, Klee, Pollock, Dubuffet en Rauschenberg.

PRENTEN EN GEÏLLUSTREERDE BOEKEN

***American Indian Theme II* van Roy Lichtenstein (1980)**

Deze afdeling bevat zeer uiteenlopende voorbeelden van historische en eigentijdse druktechnieken, zoals litho's, etsen, zeefdrukken en houtsneden, maar ook experimentelere technieken. Er hangen fraaie voorbeelden van portretkunst, zoals *Zelfportret met Grimas* van Marc Chagall. De collectie bevat veel werk van Redon, Munch, Klee, Matisse, Picasso, Dubuffet, Villon en Johns. Grafiek van deze en andere kunstenaars wordt altijd tentoongesteld op de steeds wisselende exposities van deze afdeling op de eerste verdieping.
Bij de ingang van de prentenafdeling is een leeszaal met catalogi en literatuur over prenten. De eerste zaal bevat een historisch overzicht van de prentkunst van de jaren 1880 tot de jaren vijftig van de 20ste eeuw. In de volgende zaal hangt kunst vanaf de jaren zestig, met daarbij recent en hedendaags werk.

FOTOGRAFIE

De eerste foto's uit deze collectie dateren uit 1840, toen dit medium werd uitgevonden. De collectie omvat niet alleen werk van kunstenaars, journalisten, wetenschapsmensen en ondernemers, maar ook van amateurfotografen. De eerste zaal van deze afdeling op de tweede verdieping bevat eigentijds werk. In de andere zalen worden steeds weer andere hoogtepunten uit de collectie in chronologische volgorde tentoongesteld. Men kan er werk verwachten van Atget, Stieglitz, Lange, Arbus, Steichen, Cartier-Bresson en Kertesz. Daarnaast hangt er ook werk van hedendaagse fotografen, met name van Friedlander, Sherman en Nixon. De thema's zijn zeer gevarieerd: fraaie landschappen, ellende in de grote steden, abstracte motieven en kunstzinnige portretten, waaronder enkele schitterende zilverglansafdrukken van naakten van de Franse surrealist Man Ray. De collectie is een der fraaiste ter wereld.

FILMAFDELING

Het museum bezit een verzameling van 10.000 films en 4 miljoen filmfoto's. Er worden allerlei programma's gepresenteerd, zoals retrospectieven van regisseurs, experimentele films en tentoonstellingen. Het conserveren van films is een van de voornaamste taken van deze afdeling. Om dit essentiële, maar dure werk te steunen, schenken bekende regisseurs kopieën van hun films aan deze afdeling.

Filmfoto van Charlie Chaplin en Jackie Coogan in The Kid (1921)

***Zondag aan de oever van de Marne*, foto van Henri Cartier-Bresson uit 1939**

ARCHITECTUUR EN DESIGN

Het Museum of Modern Art was het eerste museum waar gebruiksvoorwerpen werden opgenomen in de collectie. Het gaat hier om huishoudelijke apparaten, stereoapparatuur, lampen, textiel, glaswerk en zelfs industriële kogelblokken en siliciumchips. De bouwkunst wordt vertegenwoordigd door een aantal schaalmodellen, tekeningen en foto's, grafische ontwerpen en affiches. In de eerste zaal vindt u maquettes en tekeningen van gebouwen en delen van de design-collectie. De Cisitalia van Pinin Farina en de helikopter van Bell worden permanent tentoongesteld op de derde verdieping.

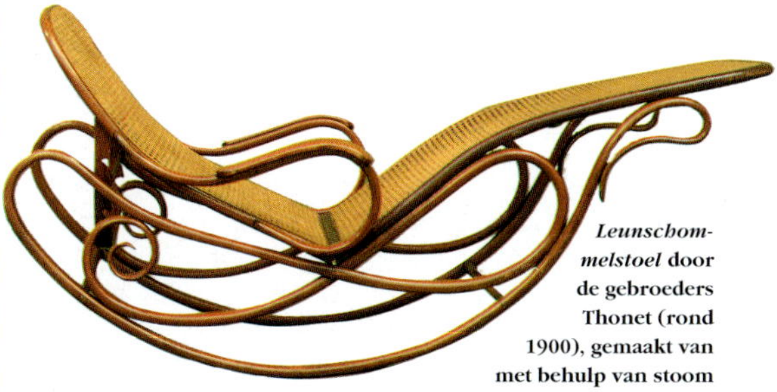

***Leunschommelstoel* door de gebroeders Thonet (rond 1900), gemaakt van met behulp van stoom gebogen beukenhout**

St. Patrick's Cathedral ❽

Zie blz. 176-177.

Villard Houses ❾

457 Madison Ave. (New York Palace Hotel). **Kaart** 13 A4. *935-3960.* *51st St.* ***Urban Center*** *ma-wo, vr en za 11.00-17.00 uur.* *Zie* ***Restaurants****, blz. 296.*

Henry Villard was een immigrant uit Beieren die carrière maakte als uitgever van de *New York Evening Post* en oprichter van de Northern Pacific Railroad. In 1881 kocht hij een stuk land tegenover St. Patrick's Cathedral en liet McKim, Mead & White een aantal huizenblokken ontwerpen. Het resultaat was een fraai complex van zes blokken van drie verdiepingen rond een centraal gelegen plein, zichtbaar vanaf de straat en de kerk aan de overkant. De zuidelijke vleugel zou bewoond worden door Villard, maar wegens geldgebrek moest hij deze al voor de voltooiing verkopen.
De nieuwe eigenaar werd het aartsbisdom van de rooms-katholieke kerk. De huizen werden bedreigd, toen de kerk in de jaren zeventig te klein werd. De oplossing kwam toen de Helmsley-keten toestemming kreeg voor de bouw van het 51 verdiepingen tellende Helmsley (nu New York) Palace Hotel, waar het aartsbisdom onderdak kon krijgen. De zuidelijke vleugel van de Villard Houses werd de officiële ingang van het hotel.

De Villard Houses, nu de ingang van het New York Palace Hotel

St. Bartholomew's Church

St. Bartholomew's Church ❿

109 E 50th St. **Kaart** 13 A4. *751-1616.* *51st St.* *dag. 7.30-18.00 uur.* *regelmatig.* ***Lezingen, concerten****.* *op zo.* www.stbarts.org

Newyorkers noemen deze kerk 'St Bart's'. De fraaie ornamenten, de roze-kleurige baksteen, de voorgalerij en de kleurige vergulde koepel van deze kerk in Byzantijnse stijl uit 1919 vormen een kleurrijke afwisseling met de rest van Park Avenue. De romaanse voorgalerij van Stanford White maakte oorspronkelijk deel uit van een eerdere St. Bartholomew's Church uit 1903 op Madison Avenue. De architect Bertram Goodhue verwerkte deze galerij, evenals enkele marmeren zuilen, in zijn eigen ontwerp. De muziekuitvoeringen van de kerk zijn befaamd, vooral de jazzconcerten. Tegenwoordig brengt men vooral klassieke, koor- en orgelmuziek.

General Electric Building ⓫

570 Lexington Ave. **Kaart** 13 A4. *Lexington Ave.* *voor het publiek.*

In 1931 kregen de architecten Cross & Cross de opdracht om een wolkenkrabber te ontwerpen die zou passen bij de ernaast gelegen St. Bartholomew's Church. Dat was geen gemakkelijke taak, maar het resultaat werd alom geprezen.
Wie de twee gebouwen naast elkaar ziet vanaf de hoek van Park Avenue en 50th Street moet wel concluderen dat het een geslaagd ontwerp is. Het General Electric Building is echter niet alleen mooi vanwege de naburige kerk; het is zelf ook een opvallend onderdeel van de skyline. Van de in marmer en chroom uitgevoerde hal tot aan de kroonspitsen is dit een fraai staaltje van art deco-architectuur.
Een blok noordelijker is er een bedevaartsoord voor cinefielen. Hier ligt het luchtrooster van de Lexington Avenue Subway waarboven, in de film *The Seven-Year Itch*, de witte jurk van Marilyn Monroe opwaaide.

Het General Electric Building aan Lexington Avenue

Waldorf-Astoria ⓬

301 Park Ave. **Kaart** 13 A5. *355-3000.* *Lexington Ave., 53rd St. Zie* ***Accommodatie*** *blz. 281.* www.waldorf.com

Dit klassieke art deco-gebouw werd in 1931 ontworpen door Schultze & Weaver. Het oorspronkelijke hotel in 34th Street werd gesloopt om plaats te maken voor het Empire State Building.

Winston Churchill en de Newyorkse filantroop Grover Whalen in het Waldorf-Astoria Hotel in 1946

Het Waldorf-Astoria is met recht een van de gerenommeerdste hotels in New York. Het roept herinneringen op aan de tijden van weleer. In de twee 190 m hoge torens van dit hotel heeft een groot aantal beroemdheden gelogeerd, onder wie alle Amerikaanse presidenten die sinds 1931 aan de macht zijn geweest. De grote klok in de lobby, ontworpen voor de wereldtentoonstelling van 1893 in Chicago, stond ooit in het eerste Waldorf-Astoria. De piano in de Peacock Alley Cocktail Lounge was het eigendom van Cole Porter.

Lever House ⓭

390 Park Ave. **Kaart** 13 A4. *888-1260.* *5th Ave.-53rd St.* ***Lobby en gebouw*** ● ***voor het publiek****. Bel voor nadere inlichtingen.*

Aan Park Avenue staan voornamelijk grote, deftige woonhuizen. Toen hier de eerste wolkenkrabber in New York met wanden van spiegelglas verrees, deed dit heel wat stof opwaaien. Het gebouw heeft echter veel navolging gevonden. De constructie van Skidmore, Owings & Merrill bestaat uit twee rechthoekige blokken van roestvrij staal en glas, het ene horizontaal, het andere verticaal daarboven. Het smetteloze gebouw is een symbool voor de producten van de Lever Brothers: zeep en andere wasmiddelen. In 1952 was het Lever House een voor die tijd zeer revolutionair ontwerp, maar nu valt het bijna niet meer op door de vele andere spiegelglastorens in de buurt. Het wordt echter nog steeds beschouwd als mijlpaal in de wolkenkrabberarchitectuur.

Het zwembad in het Four Seasons Restaurant in het Seagram Building

Lever House aan Park Avenue

Seagram Building ⓮

375 Park Ave. **Kaart** 13 A4. *572-7000.* *5th Ave.-53rd St.* *ma-vr 9.00-17.00 uur.* *di 15.00 uur.*

Samuel Bronfman, die vroeger aan het hoofd stond van de distilleerderij Seagram, nam een toparchitect in de arm: Mies van der Rohe. Het gebouw bestaat uit twee blokken van brons en veel licht doorlatend glas. Het wordt door velen beschouwd als het fraaiste modernistische gebouw uit de jaren vijftig. Het gebouw herbergt onder andere het exclusieve Four Seasons Restaurant *(blz. 293)*, een ontwerp van Philip Johnson. Het bestaat uit twee met elkaar in verbinding staande zalen. Midden in de ene zaal ligt een zwembad, in de andere staat een bar waarboven een schitterende sculptuur van Richard Lippold is aangebracht.

Lunchpauze op het ruime binnenplein van het Citicorp Center

Citicorp Center ⓯

153 E 53rd St. **Kaart** 13 A4. *53rd St.-Lexington Ave.* ***Geopend*** *dag. 7.00-23.00 uur.* ***St. Peter's Lutheran Church*** *935-2200.* *dag. 9.00-21.00 uur.* *zo 8.45 en 11.00 uur.* ***Jazzdiensten*** *zo 17.00 uur.* ***Concerten*** *dag. behalve ma.* ***Theater in St. Peter's Church*** *935-2200.* www.saintpeters.org

Het Citicorp Center is uniek: een toren met aluminiumbeslag en een schuin dak. Het staat op tien verdiepingen hoge palen. Het gebouw zorgde voor heel wat opschudding toen het in 1978 gereed kwam. De St. Peter's Lutheran Church werd in het ontwerp ingepast. De kerk staat zowel in ruimtelijke als in architectonische zin los van het gebouw, als een uit graniet geboetseerde sculptuur in een nis van het kolossale gebouw. Neem een kijkje in de kerk en bewonder het fraaie moderne interieur en de Erol Beker Chapel van de beeldhouwster Louise Nevelson. De kerk staat bekend om de orgel- en jazzconcerten die er worden georganiseerd.

Saint Patrick's Cathedral ❽

Façade aan Fifth Avenue

Hoewel de rooms-katholieke Kerk op deze plaats eerst een kerkhof wilde aanleggen, besloot aartsbisschop John Hughes in 1850 tot de bouw van deze kathedraal. Dit leverde eerst felle protesten op vanuit de buurt, waar de protestanten in de meerderheid waren. Maar de Ier Hughes ging gewoon door met zijn plannen en liet de architect James Renwick het fraaiste neogotische gebouw van New York ontwerpen. Het is tevens de grootste rooms-katholieke kathedraal van de VS.

Lady Chapel ★
Kapel ter ere van de Heilige Maagd. Op de gebrandschilderde ramen staan de mysteriën van de rozenkrans afgebeeld.

Piëta
De Amerikaanse beeldhouwer William O. Partridge maakte dit beeld van de piëta in 1906. Het staat naast de Lady Chapel.

★ **Baldakijn**
Het grote baldakijn boven het hoogaltaar is helemaal van brons. De vier palen waarop het verhemelte rust, zijn getooid met beelden van heiligen en profeten.

Gevel van de kathedraal
De buitenmuur is van wit marmer. De spitsen zijn 101 m hoog.

STERATTRACTIES

- ★ **Baldakijn**
- ★ **Grote bronzen deuren**
- ★ **Lady Chapel**
- ★ **Kerkorgel en roosvenster**

Kruiswegstaties
Met deze in Nederland gebeeldhouwde reliëfs won men op de wereldtentoonstelling van 1893 in Chicago de eerste prijs in de categorie religieuze kunst.

TIPS VOOR DE TOERIST

5th Ave. en 50th St. **Kaart** 12 F4. *753-2261.* *nr. 6 naar 51st St.; E, F naar 5th Ave.* *M1, M2, M3 en M4.* *dag. 7.30-20.30 uur.* *ma-za regelmatig; zo 7.00, 8.00, 9.00, 10.15, 12.00, 13.00, 16.00, 17.30 uur.* ***Concerten en lezingen.*** www.stpatrickscathedral.org

Tombe van St. Elizabeth Ann Seton
Dit bronzen beeld en scherm tonen het leven van de eerste heilige van Amerika, de oprichtster van de Sisters of Charity (blz. 76).

Kerkorgel ★ en roosvenster
Boven het kerkorgel, met meer dan 7000 pijpen, bevindt zich een roosvenster met een diameter van 8 m.

Hoofdingang

Grote bronzen ★ deuren
De 9000 kg zware deuren zijn versierd met sculpturen van belangrijke Newyorkse religieuze personen.

Central Synagogue ⑯

652 Lexington Ave. **Kaart** 13 A4. *838–5122.* *51st St., Lexington Ave.* ***wegens herstelwerkzaamheden tot 2001.*** *Diensten in Beir Hall in Community House, 123 E 55th St.*

Dit is de oudste synagoge van New York. Het is een ontwerp uit 1870 van de in Silezië geboren Henry Fernbach, de eerste grote joodse architect in de VS. Hij is ook de architect van enkele fraaie gietijzergebouwen in SoHo. De Central Synagogue wordt beschouwd als het fraaiste voorbeeld van neo-Moors-islamitische architectuur in New York. De congregatie werd in 1846 gesticht onder de naam Ahawath Chesed (liefde der barmhartigheid) door achttien pas gearriveerde joodse immigranten, van wie de meesten uit Bohemen kwamen.

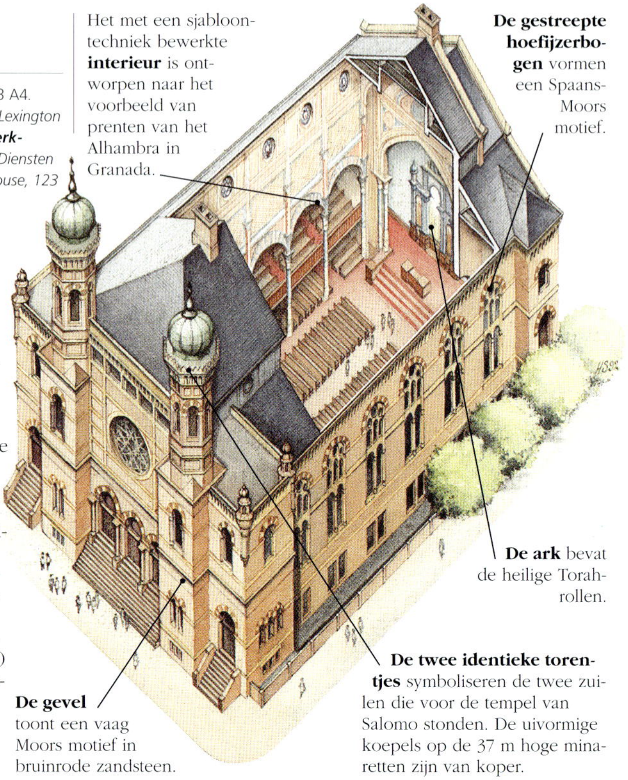

Sutton Place and Beekman Place ⑰

Kaart 13 C3, 13 C5. *59th St.*

Sutton Place is een aangename, chique laagbouwbuurt zonder al te veel verkeer. De flats en rijtjeshuizen zijn ontworpen door befaamde architecten. Tot in de jaren twintig, toen de Newyorkse welgestelden zich in deze buurt gingen vestigen, stonden er veel fabrieken en huurhuizen. Op nr. 3 Sutton Square staat de ambtswoning van de secretaris-generaal van de Verenigde Naties. Voorbij Sutton Square en 59th Street kunt u een glimp opvangen van Riverview Terrace, een bijzondere straat met vijf door klimop overwoekerde herenhuizen die uitkijken op de rivier. De parkjes aan het eind van 55th Street en 57th Street bieden een fraai uitzicht op de rivier en op de Queensboro Bridge. Beekman Place is kleiner en nog rustiger dan Sutton Place. Het is een zeer afgezonderde buurt ter grootte van twee stratenblokken. Er staan rijtjeshuizen uit de jaren twintig en wat kleinere gebouwen. Hier woonden onder anderen Gloria Vanderbilt, Rex Harrison, Irving Berlin en enkele telgen van de familie Rockefeller.

Tussen Beekman Place en Sutton Place staat River House, een woonblok uit 1931 met twee torens. Dit gebouw heeft altijd een zeker cachet uitgestraald door de squash- en tennisbanen, de grote privé-jachthaven, het

Park bij Sutton Place, gezien in de richting van Queensboro Bridge en Roosevelt Island

zwembad en de grote danszaal. Die reputatie heeft het nog steeds, hoewel de jachthaven opgeofferd is aan het wegverkeer.
De fraaie Italiaanse tuin van Turtle Bay Gardens wordt aan het oog onttrokken door twee rijen huizen. De filmster Katherine Hepburn behoorde tot degenen die gecharmeerd waren van deze plek.

Roosevelt Island ⓲

Kaart 14 D2. M *59th St. Kabelbaan Roosevelt Island Station (Q, B).*
W www.rioc.com

Sinds 1976 kan men Roosevelt Island per Zwitserse kabelbaan bereiken. Tijdens de snelle oversteek van de East River heeft men een mooi uitzicht op de stad en de Queensboro Bridge.
Bij het kabelstation vindt men de resten van het Blackwell Farmhouse, dat hier van 1796 tot 1804 heeft gestaan en waarnaar het eiland tot in de jaren twintig was vernoemd. Vanaf die tijd tot aan de jaren zeventig, toen de projectontwikkelaars het eiland ontdekten, heette het Welfare Island, want er waren toen ziekenhuizen, een werkinrichting, een armenhuis en een krankzinnigengesticht gevestigd.
In 1927 zat Mae West hier na een scabreuze voorstelling acht dagen vast in de federale gevangenis. Op haar verzoek was het haar toegestaan onder haar gevangenispak zijden lingerie te dragen. De ruïnes van de 19de-eeuwse ziekenhuizen zijn bewaard gebleven.
De kabelbaan begint op 2nd Ave bij 60th Street.

De winkel van Bloomingdale's

Bloomingdale's ⓳

1000 3rd Ave. **Kaart** 13 A3. ☎ *355-5900.* M *59th St.* ◯ *ma-vr 10.00-20.30, za 10.00-19.00, zo 11.00-19.00 uur. Zie* ***Winkelen*** *blz. 311.*

Tijdens de hausse van de jaren tachtig werd 'Bloomies' geassocieerd met het goede leven. Het warenhuis werd in 1872 gesticht door Joseph en Lyman Bloomingdale. Tot in de jaren zestig de verhoogde spoorbaan op 3rd Avenue werd gesloopt, stond het bekend om zijn lage prijzen. Vanaf die tijd is de zaak omgetoverd tot een modieus en duur winkelpaleis. Aan het eind van de jaren tachtig kreeg het een nieuwe eigenaar, die failliet ging. De zaak is nu weer in vol bedrijf.

Fuller Building ⓴

41 E 57th St. **Kaart** 13 A3. *Peter Findlay Gallery* ☎ *644-4433; James Goodwin Gallery* ☎ *583-3737.* ◯ *di-za 10.00-18.00 uur.* M *59th St.*

Dit slanke gebouw in zwart, grijs en wit, dat in 1929 werd ontworpen door Walker & Gillette, is een prachtig voorbeeld van geometrische art deco-architectuur. De opvallende beelden aan weerszijden van de klok boven de ingang zijn van Elie Nadelman. Binnen vindt u fraaie mozaïekvloeren, met voorstellingen van onder andere het Flatiron Building, de vroegere behuizing van de Fuller Company. In het Fuller Building is een aantal exclusieve galeries gevestigd, waarvan de meeste dagelijks geopend zijn voor het publiek.

De beelden boven de ingang van het Fuller Building

De gevel van het Plaza Hotel in Franse renaissancestijl

Plaza Hotel ㉑

5th Ave hoek Central Park South. **Kaart** 12 F3. ☎ *759-3000.* M *59th St. Zie* ***Accommodatie*** *blz. 281.*

Dit deftige hotel is ontworpen door Henry J. Hardenbergh, die bekend werd als de architect van het Dakota Building *(blz. 216)* en het oude Waldorf-Astoria. De bouwkosten bedroegen 12,5 miljoen dollar. Bij de opening in 1907 werd het bestempeld als 'het beste hotel ter wereld'. Het hotel had 800 kamers, 500 badkamers, een balzaal van twee verdiepingen hoog en appartementen met 14 tot 17 kamers voor families als de Vanderbilts en de Goulds *(blz. 49)*
De gietijzerconstructie van 18 verdiepingen lijkt op een grote uitvoering van een Frans renaissancekasteel. Veel van de interieurdecoraties komen uit Europa. In de Palm Court zijn spiegelwanden en pilaren met Italiaanse sculpturen die de vier jaargetijden voorstellen. De voormalige eigenaar, Donald Trump, heeft het hotel in de oude luister hersteld met Beierse kroonluchters, luxueuze tapijten en een overdaad aan bladgoud. De sfeer en het uiterlijk zijn echter onaangetast gebleven.

UPPER EAST SIDE

Rond de eeuwisseling gingen steeds meer welgestelde Newyorkers in de Upper East Side wonen. Veel van hun beaux arts-huizen van toen zijn nu musea of ambassades, maar er wonen nog steeds notabelen in de dure appartementen aan Fifth Avenue en Park Avenue. In Madison Avenue zijn dure winkels en galeries. Verder naar het oosten krijgt de wijk een internationaal tintje: schuin ten noorden van 80th Street ligt het Duitse deel van Yorkville, ten zuiden ervan het Hongaarse deel van Yorkville en ten zuiden van 78th Street het oorspronkelijke Tsjechische Little Bohemia.

Afrikaanse urn, Metropolitan Museum of Art

De hal van het Guggenheim Museum

Bezienswaardigheden in het kort

Historische straten en gebouwen
Seventh Regiment Armory ❿
Henderson Place ⓮
Gracie Mansion ⓰

Musea en galeries
International Center of Photography ❶
Jewish Museum ❷
Cooper-Hewitt National Design Museum ❸
National Academy of Design ❹
Solomon R. Guggenheim Museum blz. 186-187 ❺
Metropolitan Museum of Art blz. 188-195 ❻
Whitney Museum of American Art blz. 198-199 ❼
Frick Collection blz. 200-201 ❽
Asia Society ❾
Society of Illustrators ⓬
Mount Vernon Hotel Museum and Garden ⓭
Museum of the City of New York ⓳

Kerken en synagogen
Temple Emanu-El ⓫
Church of the Holy Trinity ⓱
St. Nicholas Russian Orthodox Cathedral ⓲

Parken en pleinen
Carl Schurz Park ⓯

Bereikbaarheid

De sneldiensten Lexington Ave. 4 en 5 stoppen in 59th St. en 86 St. De lokale dienst (nr.6) stopt ook in 68th, 77th en 96th Street. Per bus onder andere met de M1, M2, M3 en M4 over Fifth en Madison Ave., de M101/102 over Lexington/Third Ave. en de M15 over 1st/2d Ave. Crosstown met M66, M72, M79, M86 en M96.

Symbolen

- Detailkaart
- Metrostation
- Aanlegplaats veer
- Helihaven

0 meter 500

Zie ook

- ***Stratengids***, kaart 12-13, 16-17
- ***Wandeling door de Upper East Side*** blz. 262-263
- ***Accommodatie*** blz. 274-275
- ***Restaurants*** blz. 290-292

Beeld van Diana, National Academy of Design

Onder de loep: Museum Mile

In de Upper East Side vindt men vlak bij elkaar veel musea. De behuizing van de musea varieert van de voormalige herenhuizen van Frick en Carnegie tot het moderne Guggenheim Museum van Frank Lloyd Wright. De collecties zijn net zo gevarieerd als de architectuur: van oude meesters tot foto's en sierkunst. Het belangrijkste museum is het enorme Metropolitan Museum of Art, de Amerikaanse evenknie van het Franse Louvre. Veel musea zijn op dinsdagavond langer open en sommige zijn dan ook gratis.

Jewish Museum
Dit museum heeft de grootste collectie joodse voorwerpen ter wereld, onder andere archeologische objecten en ceremoniële en religieuze voorwerpen ❷

Cooper-Hewitt Museum ★
Hier staat een fraaie verzameling sierkunst, waaronder keramiek, glaswerk, meubels en textiel ❸

The Church of the Heavenly Rest is een neogotische kerk uit 1929. Het madonnabeeld op de kansel is van de beeldhouwster Malvina Hoffman.

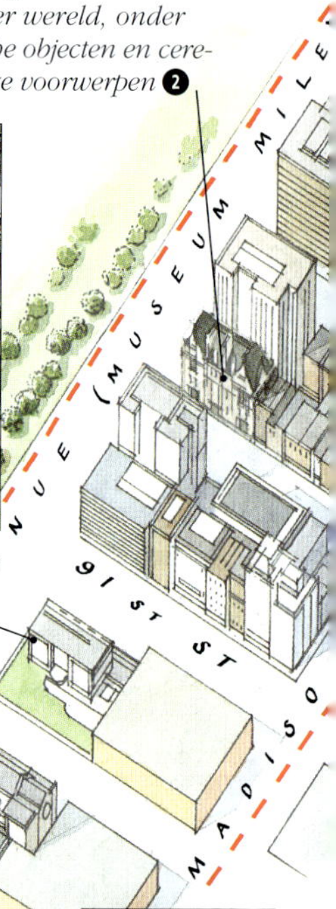

National Academy of Design
De academie, die in 1925 werd gesticht, betrok dit pand in 1940. De fraaie collectie omvat onder andere beelden en schilderijen gemaakt door de leden ❹

Graham House is een appartementenblok uit 1892 met een schitterende ingang in beaux arts-stijl.

★ **Solomon R. Guggenheim Museum**
Dit gebouw van Frank Lloyd Wright heeft de vorm van een spiraal. Neem de lift naar de bovenste verdieping en wandel vervolgens omlaag langs één van de mooiste collecties moderne kunst ter wereld ❺

STERATTRACTIES

- ★ **Solomon R. Guggenheim Museum**
- ★ **Cooper-Hewitt Museum**

International Center of Photography *Dit museum bezit een fraaie fotografie-collectie* ❶

Van het oorspronkelijke **Squadron A. Armoury** staat alleen de gevel nog overeind. Deze vormt nu de westelijke muur van de speelplaats van de Hunter High School. De bouwstijl van de school is aangepast aan die van dit voormalige wapenarsenaal.

ORIËNTATIEKAART
Zie kaart Manhattan blz. 12-13

SYMBOOL

Aanbevolen route

0 metres 100

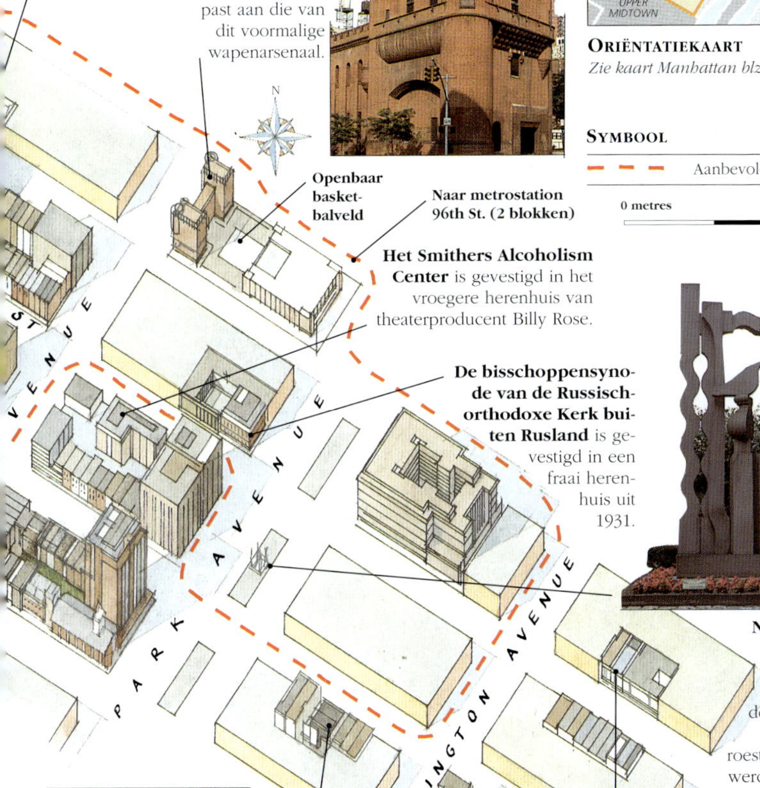

Het Smithers Alcoholism Center is gevestigd in het vroegere herenhuis van theaterproducent Billy Rose.

De bisschoppensynode van de Russisch-orthodoxe Kerk buiten Rusland is gevestigd in een fraai herenhuis uit 1931.

Night Presence IV (1972), een modern kunstwerk van roestend staal, werd gemaakt door Louise Nevelson. Volgens sommigen vloekt het met de bezadigde, ouderwetse sfeer van de rest van Park Avenue.

Op nr. 120 en 122 East 92nd Street staan twee van de laatste houten huizen van de stad. Ze werden gebouwd in 1859 en 1871. De stijl doet Italiaans aan.

De Marx Brothers sleten hun jeugd op een vierkamerwoning in een bescheiden rijtjeshuis op nr. 179 East 93rd Street.

International Center of Photography

International Center of Photography ❶

1130 5th Ave. **Kaart** 16 F2. Midtown 1133 6th Ave (43rd St.) **Kaart** 8 F1 *860-1777.* *86th St, 96th St.* *di-do 10.00-17.00, vr-zo 10.00-18.00 uur.* *feestdagen.* *op afspraak.* www.icp.org

Dit museum werd in 1974 gesticht door Cornell Capa om het werk van fotojournalisten te conserveren, zoals zijn broer Robert, die in 1954 tijdens zijn werk om het leven kwam. De collectie van zo'n 12.500 afdrukken omvat werk van de beste fotografen ter wereld, zoals Ansel Adams en Henri Cartier-Bresson. Er zijn ook uitstekende tentoonstellingen en er worden films, lezingen en cursussen georganiseerd. Dit bakstenen huis van zes verdiepingen in neo-Georgian stijl werd in 1915 gebouwd voor Willard Straight, de diplomaat en financier die de tijdschriften *New Republic* en *Asia* oprichtte.

Jewish Museum ❷

1109 5th Ave. **Kaart** 16 F2. *423-3200.* *86th St, 96th St.* *ma, wo, do en zo 11.00-17.45 uur, di 11.00-20.00 uur.* *vr, za, algemene en joodse feestdagen.* www.jewishmuseum.org

Het exclusieve, kasteelachtige huis van Felix M. Warburg, financier en leider van de joodse gemeenschap, werd in 1908 ontworpen door C.P.H. Gilbert. Het bevat nu een van de grootste collecties joods-religieuze en joods-historische voorwerpen ter wereld. De tentoonstellingsruimte is onlangs verdubbeld. De nieuwe vleugel is het werk van de steenhouwers van St. John the Divine *(blz. 224-225)*. De collectie omvat voorwerpen van overal ter wereld en sommige schenkers stelden met hun donatie hun leven in de waagschaal. De collectie artefacten bestrijkt een periode van 4000 jaar en omvat onder andere thorakronen, kandelabers, papyrusrollen en zilveren religieuze voorwerpen. Er is een thora-ark uit de Benguiat-collectie, fraai geglazuurd aardewerk uit de ingang van een Perzische synagoge uit de 16de eeuw en het indrukwekkende werk *Holocaust* van de beeldhouwer George Segal.

19de-eeuwse lampetkan en waskom uit Istanbul in het Jewish Museum

Cooper-Hewitt National Design Museum ❸

2 E 91st St. **Kaart** 16 F2. *849-8300, 849-8387.* *86th St.* *di 10.00-21.00, wo-za 10.00-17.00, zo 12.00-17.00 uur.* *feestdagen.* www.si.edu/ndm

Dit museum, dat een van de grootste design-collecties ter wereld bevat, is gevestigd in het vroegere woonhuis van de industrieel Andrew Carnegie. De collectie werd opgebouwd door de zusters Amy, Eleanor en Sarah Hewitt. Het museum opende in 1897 zijn deuren in de Cooper Union *(blz. 118)*. Het Smithsonian Institution kocht de collectie in 1967 aan en de Carnegie Corporation zorgde voor de behuizing. Carnegie zocht 'een bescheiden, onopgesmukte maar ruime behuizing in New

Hal van het Cooper-Hewitt Museum

York', maar de centrale verwarming, de personenlift en de airconditioning betekenden belangrijke innovaties, die later algemeen toegepast zouden worden.

National Academy of Design ❹

1083 5th Ave. **Kaart** 16 F3. *369-4880.* *86th St.* *wo-zo 12.00-17.00 uur, vr 10.00-18.00 uur.* *behalve vr 17.00-18.00 uur.* www.nationalacademy.org

The American Academy of Art werd in 1825 opgericht door een groep kunstenaars. De collectie omvat meer dan 6000 schilderijen, tekeningen en sculpturen, waaronder werk van Thomas Eakins, Winslow Homer en Frank Lloyd Wright. Het doel was kunstenaars op te leiden en hun werk te exposeren. De mecenas en filantroop Archer Huntington schonk de Academy in 1940 zijn huis, een fraai gebouw met rijk geschakeerde marmervloeren en sierplafonds. In de ruime hal staat een beeld van Diana van de beeldhowster Anna Hyatt Huntington.

Beeld van Diana in de hal van de National Academy of Design

Solomon R. Guggenheim Museum ❺

Blz. 186-187.

Metropolitan Museum of Art ❻

Blz. 188-195.

Whitney Museum of American Art ❼

Blz. 198-199.

Frick Collection ❽

Blz. 200-201

Asia Society ❾

725 Park Ave. **Kaart** 13 A1. *288-6400.* *68th St.* *gesloten tot 2001. Tijdelijk: 502 Park Ave.* *ma-za 10.00-18.00 uur.* *behalve do 18.00-20.00 uur.* www.asiasociety.org

De Asia Society werd in 1956 opgericht door John D. Rockefeller III om bij Amerikanen meer begrip te kweken voor Aziatische culturen. Men vindt er bijdragen uit 30 landen, van Japan tot Iran en Centraal-Azië tot Australië. Het acht verdiepingen tellende gebouw van rood graniet werd gebouwd in 1981. Het is een ontwerp van Edward Larrabee Barnes. Er zijn verschillende galeries, waarvan er één permanent is gewijd aan Rockefellers eigen verzameling Aziatische kunst. Het aardewerk en de bronzen en houten beelden zijn door hem en zijn vrouw verzameld tijdens hun vele Aziatische reizen.

Er zijn verder wisselende tentoonstellingen van allerlei Aziatische kunstvormen.

Zuid-Aziatisch beeldje in de Asia Society

Hal van de Seventh Regiment Armory

Seventh Regiment Armory ❿

643 Park Ave. **Kaart** 13 A2. *452-3067.* *68th St.* *ma-vr alleen op afspraak.* *feestdagen.*

Vanaf de oorlog van 1812 tot aan de beide wereldoorlogen heeft het Seventh Regiment een essentiële rol gespeeld in het Amerikaanse leger. Het was een elite-eenheid waarvan de leden werden gerecruteerd uit vooraanstaande families. Het arsenaal van deze eenheid kent dan ook zijn weerga niet. De vestingachtige buitenmuren herbergen prachtige zalen met luxueuze Victoriaanse meubels, kunstvoorwerpen en regimentsmemorabilia. Het ontwerp van Charles W. Clinton, ook een oudgediende van het regiment, voorzag in kantoren aan de kant van Park Avenue en een grote exercitiezaal, die zich tot aan Lexington Avenue uitstrekt. De ontvangstkamers omvatten onder andere de Veterans' Room en de bibliotheek, een ontwerp van Louis Comfort Tiffany.

Temple Emanu-El ⓫

1 E 65th St. **Kaart** 12 F2. *744-1400.* *68th St, 60th St.* *zo-vr 10.00-16.30 uur, za 12.30-16.45 uur (ingang sluit op vr om 15.30 uur)* *joodse feestdagen.* *zo-do 17.30, vr 17.15 uur, za 10.30 uur.* www.emanuelnyc.org

Dit indrukwekkende kalkstenen gebouw uit 1929, waarvan de hoofdzaal alleen al 2500 zitplaatsen telt, is een van de grootste synagogen ter wereld. Het is de oudste gemeente van New York. Fraaie details zijn onder andere de bronzen grilles van de deuren van de ark en de glas-in-loodramen met afbeeldingen van David en de Leeuw van Juda. Het opvallendste element van de gevel aan de kant van Fifth Avenue is de grote boog rondom een prachtig, in een nis gevat roosvenster.

De Beth-El Chapel is een Byzantijns ogende constructie met twee identieke torens.

Op de plaats van de huidige synagoge stond vroeger het vorstelijke huis van de welgestelde Mrs. William Astor. Dit legendarische kopstuk van de Newyorkse beau monde verliet haar huis in Midtown toen haar neef, met wie zij ruzie had, het Waldorf Hotel ernaast liet bouwen. Haar zoon liet op de plek van haar vroegere huis het Astoria Hotel bouwen.

De ark in Temple Emanu-El

Solomon R. Guggenheim Museum ❺

Het Guggenheim Museum bezit niet alleen een van de fraaiste collecties moderne kunst ter wereld, maar zit ook in een schitterend gebouw. Het museum, een ontwerp van de architect Frank Lloyd Wright, lijkt op een reusachtige witte schelp. De expositieruimte slingert zich in een flauw aflopende, steeds nauwer wordende spiraal vanaf de koepel langzaam omlaag. Er zijn speciale exposities van het werk van grote kunstenaars uit de 19de en 20ste eeuw. Op het zuidelijk deel van Manhattan is in 1992 een dependance geopend: het Guggenheim Museum SoHo *(blz. 105)*

Gezicht vanaf Fifth Avenue

Parijs, Vanuit het Venster Gezien
De felle kleuren van dit meesterwerk van Marc Chagall uit 1913 springen van het doek. Ze roepen beelden op van een magische, mysterieuze stad waar niets is wat het lijkt.

Strijkende Vrouw *(1904)*
Dit schilderij uit Picasso's blauwe periode drukt de essentie uit van werk en vermoeidheid.

Gele Koe *(1911)*
Franz Marc stond onder invloed van een Duitse terug-naar-de-natuurbeweging.

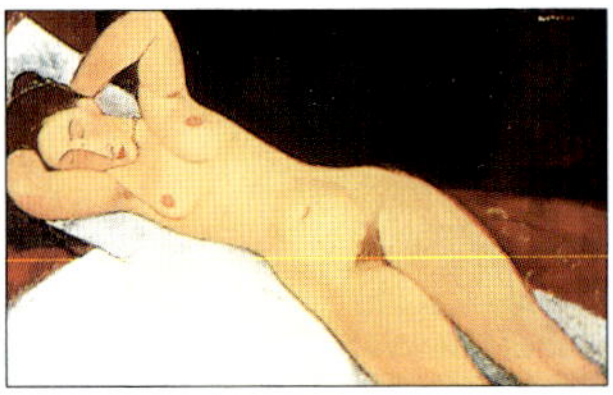

Naakt *(1917)*
Een kenmerkend werk van Amedeo Modigliani.

Museumgids

In de grote ronde zaal worden speciale tentoonstellingen gehouden. De kleine ronde zaal bevat een greep uit de bekendste impressionistische en postimpressionistische schilderijen die het museum in bezit heeft. In de nieuwe torenflat vindt u werk van hedendaagse kunstenaars. Vanaf het beeldenterras op de vijfde verdieping kijkt u uit over Central Park.

Voor de Spiegel *(1876)*
Edouard Manet legde met het beeld van de courtisane de sfeer van de 19de-eeuwse samenleving vast.

Tips voor de toerist

1071 5th Ave. bij 89th St. **Kaart** 16 F3. 423-3500. 4, 5, 6 naar 86th St. M1, M2, M3 en M4. zo-wo 9.00-18.00, vr-za 9.00-20.00 uur. 25 dec., 1 jan. **Concerten, lezingen en optredens.** www.guggenheim.org

Vrouw met Vaas
Fernand Léger verwerkte in dit schilderij uit 1927 kubistische elementen.

Zwarte Lijnen *(1913)*
Een van Vasily Kandinsky's eerste werken uit zijn abstracte periode.

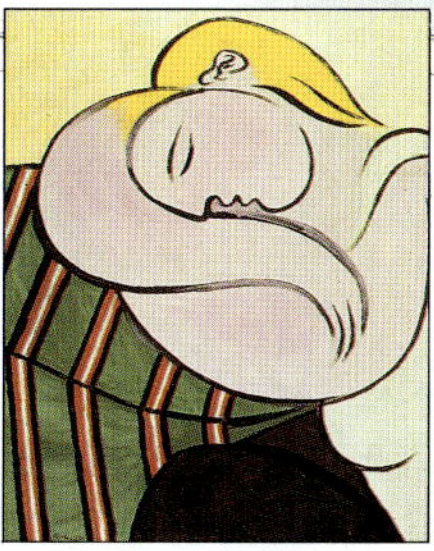

Blonde Vrouw *(1931)*
De tedere, zinnelijke gestalte van Picasso's minnares is vaak in zijn werk te zien.

Frank Lloyd Wright

Frank Lloyd Wright werd tijdens zijn leven beschouwd als het enfant terrible van de Amerikaanse architectuur. Typerend voor zijn werk zijn huizen in 'prairie-stijl' en kantoorflats van beton en glas. Wright kreeg in 1942 de opdracht tot het ontwerp van het Guggenheim Museum. Het gebouw werd kort na zijn dood in 1959 voltooid.

De grote rotonde van het Guggenheim

Metropolitan Museum of Art ❻

Dit museum werd in 1870 gesticht door een groep kunstenaars en filantropen, die een kunstinstituut wilden opzetten dat kon wedijveren met de musea in Europa. De collectie wordt beschouwd als de uitgebreidste ter wereld. Er zijn werken te zien vanaf de prehistorie tot heden. De collectie omvat bijdragen uit alle werelddelen, waaronder Egyptische kunst en Amerikaanse beeldhouwkunst en sierkunst vanaf de Britse koloniale tijd.

De ingang van het Metropolitan Museum of Art

★ **Gertrude Stein** *(1906)*
Dit portret van de Amerikaanse schrijfster Gertrude Stein door Pablo Picasso toont invloeden van Afrikaanse en Romeinse kunst.

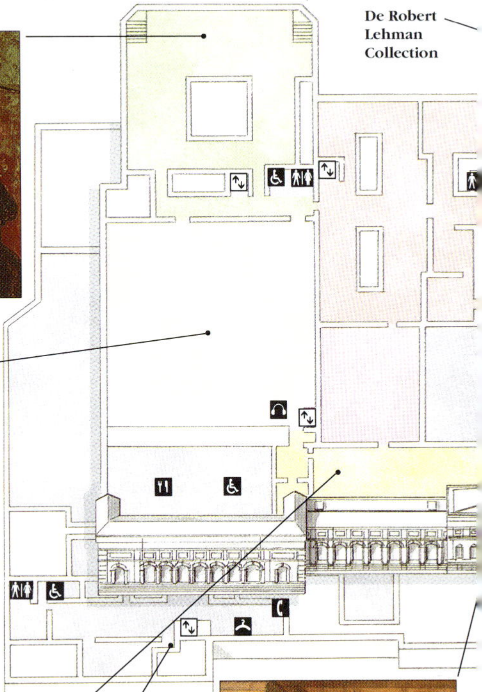

De Robert Lehman Collection

Hangend Masker
Het koninkrijk Benin (nu een deel van Nigeria) stond bekend om zijn maskers.

Beneden-verdieping

Zittende Man met Harp
Dit beeldje werd rond 3000 v.C. gemaakt.

De bruiloft te Kana
Deze kostbare, 16de-eeuwse triptiek van Juan de Flandes behoort tot de Linsky-collectie.

Museumgids
De meeste werken zijn te vinden op de eerste en tweede verdieping. De permanente exposities omvatten werk uit negentien afdelingen. Daarnaast zijn er tijdelijke exposities in aparte zalen. Op de eerste en tweede verdieping staan Europese schilderkunst, beeldhouwkunst en sierkunst centraal. De andere collecties vindt men in de minder centraal gelegen zalen.

Buste van Diderot *(1773)*
Buste door Jean Antoine Houdon gemaakt voor een Russische graaf.

★ **Portret van de prinses De Broglie**
Dit portret uit 1853 was het laatste dat Ingres zou schilderen.

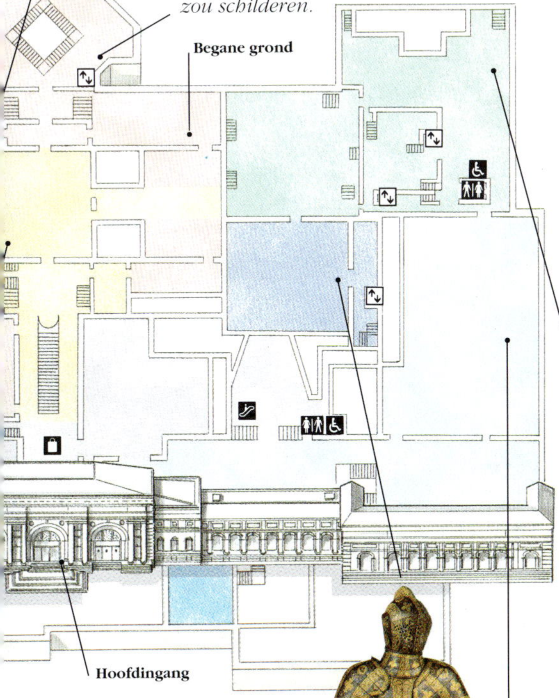

BEZOEKERSINFORMATIE

1000 5th Ave. **Kaart** 16 F4.
535-7710. M *4, 5 en 6 naar 86th St.* *M1, M2, M3 en M4.*
zo, di-do 9.30-17.15 uur; vr, za 9.30-20.45 uur. *25 dec., 1 jan., Thanksgiving.*
Concerten, lezingen, films, video's en presentaties.
www.metmuseum.org

Tiffany-zuilen *(ca. 1905)*
Barokke zuilen uit het huis van Louis Comfort Tiffany in Oyster Bay.

STERATTRACTIES

- ★ **Tempel van Dendur**
- ★ **Portret van de prinses De Broglie door Ingres**
- ★ **Gertrude Stein van Pablo Picasso**

SYMBOLEN PLATTEGROND

- Europese schilder-, beeldhouw- en sierkunst
- Kunst uit Afrika, Oceanië en Noord- en Latijns-Amerika
- 20ste-eeuwse kunst
- Amerikaanse kunst
- Egyptische kunst
- Griekse en Romeinse kunst
- Middeleeuwse kunst
- Wapens en harnassen
- Costume Institute
- Speciale exposities
- Geen tentoonstellingsruimte

Engels harnas
Werd in 1580 gemaakt voor George Clifford.

★ **Tempel van Dendur** *(15 v.C.)*
De Romeinse keizer Augustus liet deze tempel bouwen. Hij staat afgebeeld in de reliëfs van de tempel.

Metropolitan Museum of Art: bovenverdiepingen

Marrakech
Dit werk uit 1964 is een van Frank Stella's 'Marokkaanse' schilderijen: een vierkant met fluorescerende strepen.

Sculpture Garden
Deze moderne sculpturen op het dak van de 20ste-eeuwse vleugel wisselen elk jaar.

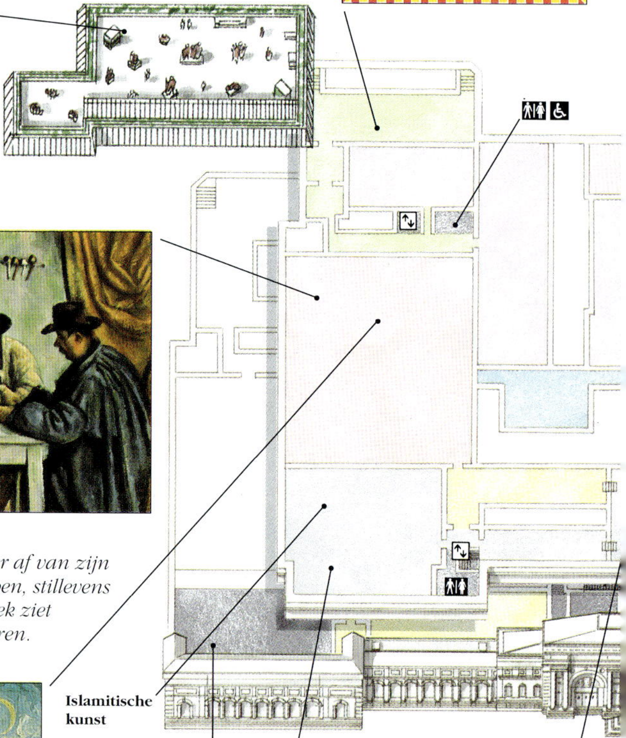

Kaartspelers *(1890)*
Paul Cézanne wijkt hier af van zijn vertrouwde landschappen, stillevens en portretten: op dit doek ziet men kaartspelende boeren.

★ **Cipressen** *(1889)*
Vincent van Gogh schilderde dit doek een jaar voor zijn dood. Grove penseelstreken en een wervelende stijl kenmerken dit werk.

STERATTRACTIES

- ★ **Zelfportret van Rembrandt uit 1660**
- ★ **George Washington Crossing the Delaware van Leutze**
- ★ **Cipressen van Vincent van Gogh**
- ★ **Tweeluik van Jan van Eyck**

Gevleugeld wezen met adelaarskop bestuift de Heilige Boom *(ca. 900 v.C.)*
Dit reliëf is afkomstig uit een Assyrisch paleis.

★ **Tweeluik** *(1425-1430)*
De Vlaamse schilder Jan van Eyck was een van de eerste grote olieverfschilders. Deze afbeeldingen tonen de Kruisiging en het Laatste Oordeel.

★ **Washington Crossing the Delaware**
In 1851 schilderde Emmanuel Gottlieb Leutze deze geromantiseerde - onjuiste - weergave van de beroemde overtocht.

SYMBOLEN PLATTEGROND

- Europese schilder-, beeldhouw- en sierkunst
- Antieke kunst uit het Nabije Oosten en islamitische kunst
- 20ste-eeuwse kunst
- Amerikaanse kunst
- Aziatische kunst
- Griekse en Romeinse kunst
- Muziekinstrumenten
- Tekeningen, prenten en foto's
- Speciale exposities
- Tentoonstellingsruimte

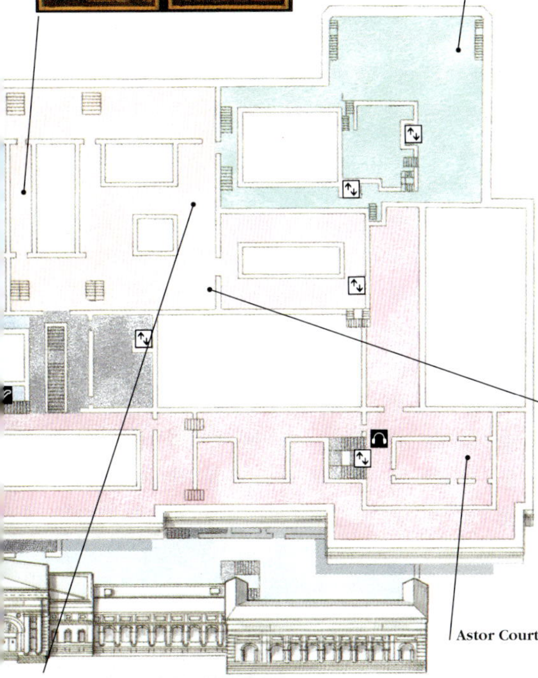

Astor Court

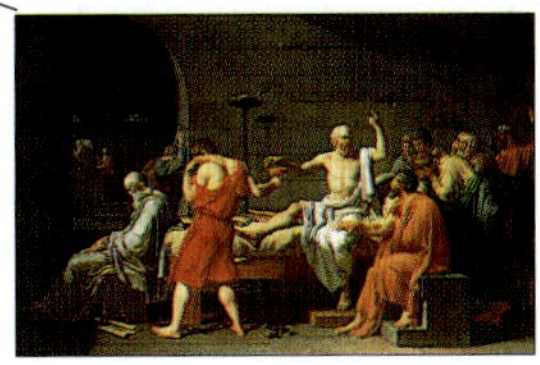

De Dood van Socrates *(1787)*
Op dit schilderij van Jacques Louis David staat Socrates op het punt de gifbeker te drinken.

★ **Zelfportret** *(1660)*
Rembrandt schilderde bijna 100 zelfportretten. Dit portret maakte hij op 54-jarige leeftijd.

HET ASTOR COURT

De 27 Chinese ambachtslieden die verantwoordelijk waren voor de historische tuinen van Souzhou, kwamen in 1979 naar New York om een replica van een tuin in Ming-stijl te maken voor het Metropolitan Museum. Zij gebruikten eeuwenoude technieken en met de hand gemaakte werktuigen. Dit was de eerste culturele uitwisseling tussen de Verenigde Staten en de Volksrepubliek China. Het resultaat is een rustige tuin: de westerse evenknie van de Tuin van de Meester van de Visnetten in Souzhou.

Het Metropolitan verkennen

De kunstschatten van 'the Met' omvatten een grote collectie Amerikaanse kunst en meer dan 3000 Europese schilderijen. Ook is er een grote afdeling met islamitische kunst. Daarnaast bezit het museum de grootste verzameling Egyptische kunst buiten Caïro.

Een zeldzame, 5000 jaar oude koperen kop uit het Nabije Oosten. Oorsprong onbekend

Afrika, Oceanië, Noord- en Latijns-Amerika

Een beschilderd gouden dodenmasker (10de-14de eeuw) uit de necropolis Batán Grande in Peru

Nelson Rockefeller liet in 1982 de Michael C. Rockefeller-vleugel bouwen ter nagedachtenis van zijn zoon, die tijdens een antropologische expeditie in Nieuw-Guinea om het leven was gekomen.

De Afrikaanse afdeling omvat onder meer schitterende bronzen en ivoren beelden uit het koninkrijk Benin (Nigeria). Prachtig zijn ook de houten beelden van de Dogon, de Bamana en de Senufo uit Mali. Uit het gebied van de Grote Oceaan komt houtsnijwerk van het Asmat-volk uit Nieuw-Guinea en sieraden en maskers uit Melanesië en Polynesië. Uit Mexico en Latijns-Amerika heeft men pre-Columbiaans goud en keramiek. Deze vleugel bevat ook fraaie artefacten van de oorspronkelijke bewoners van Amerika.

Amerikaanse kunst

De pièces-de-résistance van de Amerikaanse vleugel zijn het eerste portret van George Washington door Gilbert Stuart, *Fur Traders Descending the Missouri* van George Caleb Bingham, het beruchte portret van *Madame X* van John Singer Sargent en het kolossale doek *George Washington Crossing the Delaware* van Emanuel Leutze. Deze vleugel bevat een prachtige collectie Amerikaanse kunst, onder andere enkele werken van Edward Hopper en beeldhouw- en sierkunst van de Britse koloniale tijd tot heden. Er zijn zalen die zijn ingericht en gemeubileerd volgens de mode van een bepaalde tijd. Voorbeelden hiervan zijn de gelagkamer waar George Washington zijn laatste verjaardag vierde en de woonkamer in prairie-stijl van het Little House in Minnesota, een ontwerp uit 1912 van Frank Lloyd Wright.

Engelhard Court is een beeldentuin met grotere architectuurelementen. Men vindt er bijvoorbeeld de loggia uit het landhuis van Louis Comfort Tiffany op Long Island.

***The Lighthouse at Two Lights* (1929) van Edward Hopper**

Antieke kunst uit het Nabije Oosten en islamitische kunst

Bij de ingang van de zalen met klassieke kunst uit het Nabije Oosten staan de grote steensculpturen van gevleugelde leeuwen met mensenhoofden, die vroeger de ingang bewaakten van het paleis van de Assyrische koning Assoernasirpal II uit de 9de eeuw v.C. De collectie bestrijkt een periode van 7000 jaar. Men vindt er onder andere Perzische voorwerpen in brons, zilver en goud en ivoren voorwerpen uit Klein-Azië. In een aangrenzende zaal vindt men een overzicht van de islamitische kunst vanaf de 7de tot de 19de eeuw: glas- en metaalwerk uit Egypte, Syrië en Mesopotamië.

Wapens en harnassen

Op de binnenplaats van deze afdeling hakken ridders te paard lustig op elkaar in. Deze afdeling scoort hoog bij kinderen en degenen die gecharmeerd zijn van middeleeuwse romantiek en wapengekletter.

Er staan harnassen, degens en sabels voorzien van handvatten met goud en edelstenen, vuurwapens met inlegwerk van ivoor en parelmoer en

Het pistool van Karel V, keizer van het Heilige Roomse Rijk (16de eeuw)

kleurige vaandels en schilden. Een van de hoogtepunten is de wapenrusting van de gentleman-zeerover George Clifford, een gunsteling van koningin Elizabeth I. Ook staan hier de wapenrusting van een 14de-eeuwse Japanse shogun en de verzameling revolvers van Samuel Colt.

Oosterse en Aziatische kunst

***De Oude Pruimenboom*, een Japans papieren scherm uit de vroege Edo-periode (ca. 1650)**

De zalen van deze afdeling bevatten meesterwerken op het gebied van de Chinese, Japanse, Koreaanse, Indiase en Zuidoost-Aziatische kunst. De collectie bestrijkt de periode van 2000 v.C. tot de 20ste eeuw. Ambachtslieden uit Souzhou hebben hier een getrouwe kopie van een Chinese tuin in Ming-stijl aangelegd. Dit geschiedde in het kader van de eerste culturele uitwisseling tussen de VS en de Volksrepubliek China. Het museum bezit ook een van de fraaiste collecties Sung- en Yuan-schilderingen, monumentale boeddhistische beelden uit China, delicate Chinese keramiek en jade en een fraai overzicht van klassieke Chinese kunstvormen.
In tien zalen vindt men een adembenemende expositie van Japanse kunst: lakwerk, keramiek, schilderkunst, beeldhouwkunst, textiel en kamerschermen. Er zijn verder Indiase, Zuidoost-Aziatische en Koreaanse afdelingen.

Costume Institute

In de nieuwe overzichtszalen is altijd wel een expositie van een deel van de collectie van 45.000 kostuums van de 17de eeuw tot heden. Het Institute toont hier een overzicht van de mode door de eeuwen heen: fraai geborduurde jurken uit de 16de eeuw tot en met de felroze avondjurk van Elsa Schiaparelli, compleet met hoedjes, sjaaltjes, handschoenen, handtasjes en andere toebehoren. Tevens zijn er ontwerpen te zien van Worth, Quant en Balenciaga, gewaden uit de Victoriaanse en napoleontische tijd, de kostuums van Les Ballets Russes en een met lovertjes bezaaide suspensoir van David Bowie. Op de regionale afdeling is een groot aantal klederdrachten te zien uit Europa, Azië, Afrika en het Amerikaanse continent.
Het instituut verleent bovendien de NASA adviezen aangaande de reiniging van de ruimtepakken van de astronauten.

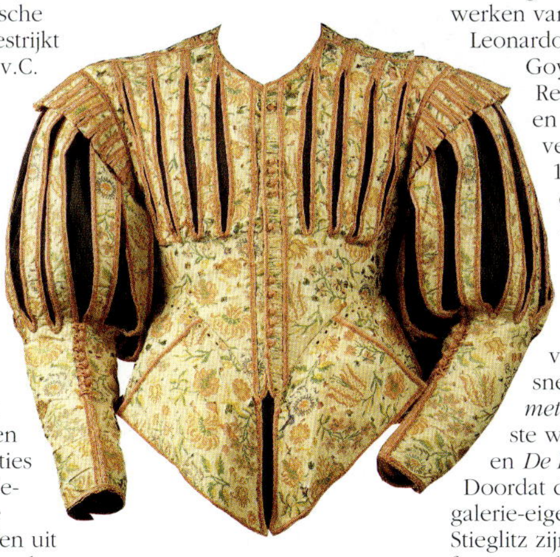

Een 17de-eeuwse Europese wambuis van zijde en satijn

Tekeningen, prenten en foto's

In een nieuwe zaal zijn regelmatig selecties te zien uit de enorme voorraad tekeningen, prenten, etsen en foto's die het museum bezit.

Libische sibille van Michelangelo; een voorstudie voor de plafondschildering in de Sixtijnse Kapel

De collectie tekeningen bevat met name Italiaanse en Franse werken van de 15de tot en met de 19de eeuw. De werken worden om beurten geëxposeerd, omdat kunst op papier zeer gevoelig is voor licht. De hoogtepunten van de 4000 tekeningen zijn onder andere werken van Michelangelo, Leonardo da Vinci, Ingres, Goya, Rubens, Rembrandt, Tiepolo en Seurat. De enorme verzameling van 12.000 losse prenten en bijna evenveel geïllustreerde boeken bevat werken van bijna alle grote namen op dit gebied: van een vroege Duitse houtsnede getiteld *Maria met Kind* tot de mooiste werken van Dürer en *De Reus* van Goya.
Doordat de gezaghebbende galerie-eigenaar Alfred Stieglitz zijn grote verzameling foto's aan het museum heeft geschonken, kan men nu ook genieten van meesterwerkjes als *The Flatiron* van Edward Steichen. Het zwaartepunt van de rest van de collectie ligt bij modernistische werken uit de tijd tussen de beide wereldoorlogen. Ook meer tijdgebonden illustraties, zoals affiches en reclames, maken deel uit van deze collectie.

EGYPTISCHE KUNST

De oude Egyptische vleugel is een van de fraaiste en drukst bezochte afdelingen. De enorme collectie van deze afdeling wordt in haar geheel tentoongesteld. Onder de objecten bevinden zich de scherven van de jaspis lippen van een koningin uit de 15de eeuw v.C. en de enorme tempel van Dendur. De meeste archeologische vondsten zijn toegevoegd aan de collectie dankzij door het museum georganiseerde archeologische expedities in het begin van de 20ste eeuw. De collectie telt vele belangwekkende stukken, zoals het nijlpaardje van geglazuurd aardewerk dat de mascotte van het museum is geworden.

Koningin Tiye, vrouw van Amenhotep III

EUROPESE SCHILDER-, BEELDHOUW EN SIERKUNST

Het mooiste bezit van het museum is de indrukwekkende collectie van meer dan 3000 Europese schilderij-

***Vrouw met waterkan* (1660) van Johannes Vermeer**

en. Uit Italië onder andere *De Laatste Communie van de Heilige Hiëonymus* van Botticelli en *Portret van een Jongeman* van Bronzino. Daarnaast heeft men fraaie Nederlandse en Vlaamse doeken, zoals *De oogst* van Brueghel, werken van Rubens en Van Dyck, een tiental Rembrandts en een aantal Vermeers. Ook zijn er Spaanse meesterwerken van El Greco, Velázquez en Goya en werk van de Franse schilders Poussin en Watteau. En prachtige impressionistische en postimpressionistische schilderijen: 30 Monets, waaronder *Terras te Saint-Adresse*, 17 Cézannes en de *Cipressen* van Van Gogh.

In de Kravis-vleugel en de aangrenzende zalen vindt men werken uit de 60.000 stukken tellende collectie Europese beeldhouw- en sierkunst. Hier staan bijvoorbeeld Tullio Lombardo's marmeren beeld van Adam, een bronzen beeldje van een achteruitlopend paard naar een voorbeeld van Leonardo da Vinci en tientallen werken van Degas en Rodin. Verder is er een zaal ingericht als de binnenplaats van een Spaans kasteel uit de 16de eeuw. Tevens heeft het museum een fraaie serie Franse 18de-eeuwse interieurs die bekend staan als de Wrightsman Rooms.

GRIEKSE EN ROMEINSE KUNST

Het eerste kunstwerk van het 'Met' was een Romeinse sarcofaag uit Tarsus, die in 1870 aan werd geschonken en nog steeds wordt geëxposeerd in de fraai gerestaureerde Griekse en Romeinse zalen. Daarnaast zijn er muurpanelen van een villa die in 79 n.C. bij een uitbarsting van de Vesuvius onder de lava werd bedolven, Etruskische spiegels, Romeinse borstbeelden, glazen en zilveren objecten en honderden Griekse vazen. Een groot beeld uit de 7de eeuw v.C. toont de ontwikkeling in de richting van het naturalisme, terwijl *De Oude Marktvrouw* al heel realistisch overkomt.

Een amfoor van Execias, met daarop een bruiloft (6de eeuw v.C.)

EGYPTISCHE GRAVEN

In 1920 drong een team archeologen van het 'Met' door in de grafkamer van de edelman Mekutra, die in 2000 jaar door niemand was betreden. Binnen vond men 23 kleine modellen van objecten uit zijn dagelijks leven: zijn huis en zijn tuin, zijn schepen en zijn vee. Ook Mekutra zelf is in het bootje te zien: terwijl hij de geur van een lotusknop opsnuift, geniet hij van zang en snarenspel.

LEHMAN COLLECTION

Een van de mooiste particuliere kunstcollecties ter wereld, die van de bankier Robert Lehman, kwam in 1971 in het bezit van het museum. De Lehman-vleugel, een indrukwekkende glazen piramide, bevat een buitengewoon gevarieerde collectie van oude meesters, Franse schilderijen uit de 19de eeuw,

Een paneel van een glas-in-loodraam in de 12de-eeuwse kathedraal van Troyes in Frankrijk

tekeningen, bronzen, majolica uit de Renaissance, Venetiaans glaswerk, meubels en emaillen kunstvoorwerpen. Er hangen doeken van Nederlandse en Spaanse meesters en werken uit Frankrijk.

Middeleeuwse kunst

De middeleeuwse collectie van het Metropolitan Museum omvat werken uit de tijd tussen de 4de en de 16de eeuw, ruwweg van de val van Rome tot het begin van de Renaissance. De collectie is verdeeld over de hoofdvestiging en de dependance The Cloisters (*blz. 234-237*) in het noorden van Manhattan. In het hoofdgebouw staat onder andere een kelk waarvan men ooit aannam dat het de Heilige Graal was en een preekstoel in de vorm van een adelaar van Giovanni Pisano uit 1301. Daarnaast vindt men er sieraden, grafschepen, gebrandschilderd glas, emaillen en ivoren kunstvoorwerpen en tapisserieën uit de 14de en 15de eeuw.

Muziekinstrumenten

De uitgebreide collectie – soms bizarre – muziekinstrumenten vanaf de prehistorie is afkomstig van zes continenten. Men vindt er bijvoorbeeld de oudste piano ter wereld, de gitaren van Andrés Segovia en een sitar in de vorm van een pauw. De instrumenten illustreren de geschiedenis van de muziek. De meeste kunnen nog steeds worden bespeeld. Speciale aandacht verdienen de muziekinstrumenten die afkomstig zijn van de Europese hoven uit de Middeleeuwen en de Renaissance: zeldzame violen, spinetten en clavecimbels. Verder zijn er instrumenten die zijn ingelegd met kostbare materialen en een volledig toegeruste vioolmakerswerkplaats. Er zijn ook Afrikaanse trommels, Aziatische *pi-pas* of luiten en panfluiten van indianen. Sommige instrumenten zijn te horen met audioapparatuur.

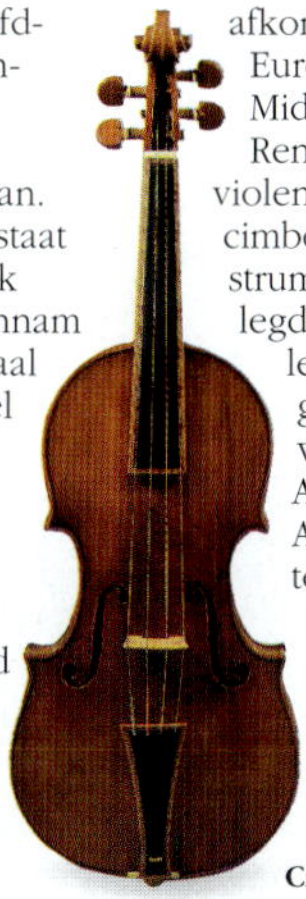

Stradivarius uit Cremona, Italië (1691)

20ste-eeuwse kunst

Het museum heeft vanaf de oprichting in 1870 een collectie moderne kunst opgebouwd, maar de 20ste-eeuwse kunst kreeg pas in 1987 haar eigen afdeling: de Lila Acheson Wallace Wing. Hoewel andere Newyorkse musea uitgebreidere collecties moderne kunst bezitten, is de tentoonstellingsruimte van dit museum een van de mooiste. Op drie verschillende niveaus wordt Amerikaanse en Europese kunst vanaf 1900 tentoongesteld. De collectie vangt aan met Europeanen als Picasso, Kandinsky en Bonnard. Het sterke punt van de collectie is echter vooral de verzameling moderne Amerikaanse kunst, met onder andere werken van de Newyorkse school 'The Eight' – waartoe ook John Sloan behoorde, modernisten als Charles Demuth en Georgia O'Keeffe, de landschapsschilder Grant Wood, de abstract-

Grant Wood's interpretatie van *The Midnight Ride of Paul Revere* (1931)

expressionist Willem de Kooning en schilders als Clyfford Still.
Speciale afdelingen zijn ingericht met art deco- en art nouveau-meubels en -metaalwerk, een groot aantal werken op papier van Paul Klee en grote beelden en doeken. Juweeltjes zijn het portret van Gertrude Stein door Picasso, *Waterkers en 'Dans'* van Matisse, *Autumn Rhythm* van Pollock en het laatste zelfportret van Andy Warhol.
Elk jaar wordt in de Cantor Roof Garden een nieuw, eigentijds beeld onthuld. De beelden in de daktuin komen prachtig uit tegen de achtergrond van de Newyorkse skyline en Central Park.

Boekomslag van de illustrator N.C. Wyeth uit 1916

Society of Illustrators ⓬

128 E 63rd St. **Kaart** 13 A2. *838-2560.* *Lexington Ave.* *wo-vr 10.00-17.00; di 10.00-20.00; za 12.00-16.00 uur.* *beperkt.* www.societyillustrators.org

Deze bond werd in 1901 opgericht ter bevordering van het vak van illustrator. Hij had eminente leden zoals Charles Dana Gibson, N.C. Wyeth en Howard Pyle. In 1981 werd in twee zalen het American Museum of Illustration geopend. Er zijn wisselende exposities over de geschiedenis van boek- en tijdschriftillustraties. Elk jaar is er een expositie van de beste Amerikaanse illustraties van het voorafgaande jaar.

Mount Vernon Hotel Museum ⓭

421 E 61st St. **Kaart** 13 C3. *838-6878.* *Lexington Ave, 59th St.* *di-zo 11.00-16.00 uur (juni-juli di tot 21.00 uur).* *aug. en op feestdagen.*

Het Mount Vernon Hotel Museum and Garden, gebouwd in 1799, was ooit een landelijk daghotel voor Newyorkers die wilden ontsnappen aan de drukke stad, toen alleen nog op de zuidpunt van het eiland. Het stenen gebouw staat op land dat vroeger eigendom van Abigail Adams Smith, de dochter van president John Adams.
In 1924 werd het aangekocht door de Colonial Dames of America, die het restaureerden in federal-stijl. Gidsen gekleed in traditionele dracht verzorgen een rondleiding langs de kunstschatten: Chinees porselein, Aubusson-tapijten, Sheraton-kisten en een Duncan Phyfe-sofa. In een van de slaapkamers ziet men zelfs een wieg en speelgoed. Rondom het huis is een tuin aangelegd in 18de-eeuwse stijl.

Henderson Place ⓮

Kaart 18 D3. *86th St.*

Queen Anne-rijtjeshuizen op Henderson Place

Deze buurt met 24 Queen Anne-rijtjeshuizen van rode baksteen uit 1882 is tegenwoordig omringd door moderne woonblokken. De rijtjeshuizen zijn in opdracht van de hoedenmaker John C. Henderson ontworpen door Lamb & Rich. De huizen hebben grijze dakleien, frontons, balustrades, dakkapellen en schoorstenen, gerangschikt in bepaalde patronen. Op ieder hoek van het blok staat een torentje.

Wandelpad in het Carl Schurz Park

Carl Schurz Park ⓯

Kaart 18 D3. *86th St.*

In dit park uit 1891 aan de oever van de East River loopt een breed wandelpad boven de East River Drive. Men heeft er een mooi uitzicht op de rivier en het wilde water van de Hell Gate, waar de East River overgaat in de Long Island Sound. Het park is genoemd naar Carl Schurz, een plaatselijke bekendheid die van 1869 tot 1875 minister van Binnenlandse Zaken was. Het eerste stuk van het wandelpad heet John Finley Walk, naar een redacteur van de *New York Times* die dol was op wandelen. Het is een van de leukste parken van New York.

Gracie Mansion ⓰

East End Ave bij 88th St. **Kaart** 18 D3. *570-4751.* *86th St.* *wo 10.00, 11.00, 13.00 en 14.00 uur. Alleen gereserveerde rondleidingen.* www.ci.nyc.us/html/om/html/gracie.html

Dit fraaie houten landhuis met balkon is de officiële burgemeesterswoning. Het werd gebouwd in opdracht van de rijke koopman Archibald Gracie. Het is een van de mooiste federal-huizen in New York. Nadat de gemeente het huis in 1887 had aangekocht, werd het de eerste behuizing van het Museum of the City of New York. In

De voorkant van Gracie Mansion

1942 nam burgemeester Fiorello LaGuardia er zijn intrek toen hij al 9 jaar burgemeester was. Hij prefereerde het boven een paleis met 75 kamers aan de Riverside Drive. Hij vond het veel bescheidener Gracie Mansion echter nog veel te chic.

Church of the Holy Trinity ⓱

316 E 88th St. **Kaart** 17 B3. *289-4100.* *86th St.* *ma-vr 9.00-17.00, zo 7.30-14.00 uur.* *winter: zo 8.00, 9.00, 11.00, 19.00; wo 18.30; zomer: 8.00, 10.00 uur.*

De gewelfde voordeur van de Church of the Holy Trinity

Deze kerk van goudkleurige baksteen en terracotta, die is omgeven door een schitterende tuin, werd in 1889 gebouwd in Franse renaissancestijl. De kerk heeft een van de mooiste klokkentorens van New York: een opvallend smeedijzeren uurwerk met koperen wijzers. De gewelfde ingang is versierd met afbeeldingen in reliëf van heiligen en profeten. Het complex was een schenking van Serena Rhinelander ter nagedachtenis van haar vader en grootvader. Het land maakte deel uit van de boerderij van de familie Rhinelander, die al 100 jaar in het bezit was van de familie. Verderop in het blok, op nr. 350, vindt u het Rhinelander Children's Center.

St. Nicholas Russian Orthodox Cathedral ⓲

15 E 97th St. **Kaart** 16 F1. *289-1915* *96 St.* *op afspraak.* *za 18.00; zo 10.00 uur (Russisch).* www.stnicholasronyc.com

Dit is echt 'Moskou aan de Hudson'. De kerk in Moskovitische barokstijl werd in 1912 gebouwd. Ze heeft vijf uivormige koepels met kruizen erop, blauw met geel tegelwerk tegen de gevel van rode baksteen en witte steen. Tot de eerste gemeente van de kerk behoorden enkele Wit-Russen die waren gevlucht voor de eerste opstanden in hun land; dit waren vooral intellectuelen en aristocraten die later zouden gaan behoren tot de hogere kringen van New York. Later volgden meer vluchtelingen, dissidenten en uitgewekenen. De Russische gemeenschap leeft nu verspreid, dus is de gemeente klein. De mis wordt met veel pracht en praal in het Russisch opgedragen.
In de kathedraal hangt de lucht van wierook. Het hoge, centraal gelegen sanctuarium heeft marmeren zuilen en een blauw-witte plafondversiering.

De gevel van de St. Nicholas Russian Cathedral

Het Museum of the City of New York

Museum of the City of New York ⓳

5th Ave bij 103rd St. **Kaart** 21 C5. *534-1672.* *103rd St.* *wo-za 10.00-17.00; zo 12.00-17.00 uur.* *feestdagen.* ***Donaties welkom.*** www.mcny.org

Dit museum is gesticht in 1923 en zat eerst in het Gracie Mansion. Het museum is gewijd aan de ontwikkeling van New York vanaf het prilste begin, zoals die is af te lezen uit kleding, schilderijen, gebruiksartikelen, speelgoed en andere voorwerpen.
Sinds 1932 zit het museum in dit mooie huis in Georgian stijl. Speciale aandacht verdienen de fraai ingerichte kamers, waaronder de slaapkamer en de kleedkamer van John D. Rockefeller, en de collectie speelgoed, poppen en poppenhuizen vanaf 1769. Begin met de video *The Big Apple* en bezoek daarna de tentoonstelling 'Broadway! 125 jaar muziektheater'. De eerste verdieping bevat een prachtige collectie zilveren voorwerpen uit de periode 1678-1984. De Alexander Hamilton Gallery heeft meubels en schilderijen die vroeger eigendom waren van de eerste minister van Financiën. De enorme collectie in de kelder omvat onder andere antieke brandblusapparatuur en prenten.

Whitney Museum of American Art ❼

Het Whitney Museum bezit een grote collectie 20ste-eeuwse Amerikaanse kunst. Het werd in 1930 gesticht door de beeldhouwster Gertrude Vanderbilt Whitney, nadat haar collectie eigentijdse kunst, inclusief werken van George Bellows en Edward Hopper, door het Metropolitan Museum of Art was geweigerd. In 1966 betrok het museum het huidige gebouw, een omgekeerde piramide, ontworpen door Marcel Breuer.

De vooruitspringende gevel van het Whitney Museum

Groene Coca-Colaflesjes
Dit werk van Andy Warhol uit 1962 refereert aan massaproductie, overvloed en monopolieposities.

The White Calico Flower
Georgia O'Keeffe's schilderijen van vergrotingen van bloemen hebben iets abstracts.

Little Big Painting
Dit werk van Roy Lichtenstein uit 1965 is een commentaar op het Abstract Expressionisme.

Early Sunday Morning *(1930)*
Edward Hoppers schilderij weerspiegelt de leegte van het Amerikaanse stadsleven.

MUSEUMGIDS

Er zijn geen permanente tentoonstellingen; het enige wat permanent is te bezichtigen, is het beeld Circus *van Alexander Calder (op de begane grond). De wisselende exposities zijn op de eerste, tweede en derde verdieping.*

Dempsey and Firpo
In 1924 schilderde George Bellows een van de gevechten van de eeuw.

TIPS VOOR DE TOERIST

945 Madison Ave. **Kaart** 17 A5.
570-3600. *6 naar 77th St.* *M1, M2, M3, M4.*
wo, vr-zo 11.00-18.00 uur, do 13.00-20.00 uur. *feestdagen.*
Lezingen, films, video's.
www.whitney.org

Three Flags *(1958)*
Jasper Johns' abstracte gebruik van alledaagse voorwerpen was van grote invloed op de ontwikkeling van de Pop Art.

Owh! In San Paõ *(1951)*
Dit op-en-top Amerikaanse schilderij van Stuart Davis is een unieke combinatie van abstracte vormen en letters.

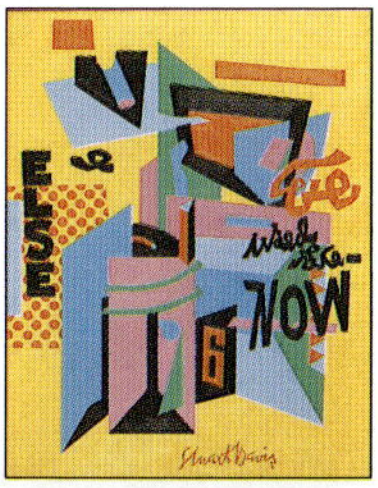

Circus *(1926-1931)*
van Alexander Calder wordt permanent tentoongesteld.

Tango *(1919)*
Dit wordt beschouwd als het mooiste werk van Elie Nadelman.

Hudson River Landscape *(1951)*
Deze stalen sculptuur is een van de bekendste werken van David Smith.

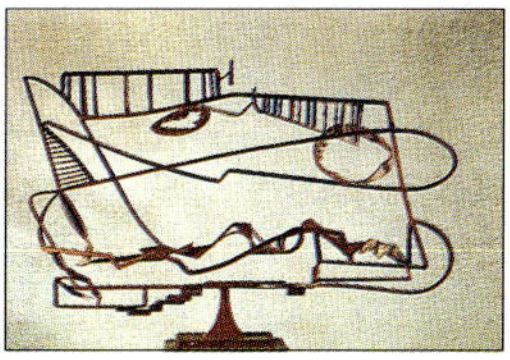

Frick Collection ❽

De zeer kostbare kunstcollectie van de staalmagnaat Henry Clay Frick (1849-1919) wordt tentoongesteld in een luxueus woonhuis, dat een goed idee geeft van de leefstijl van de zeer rijken in de hoogtijdagen van New York. Frick bepaalde dat de collectie een monument voor hemzelf zou worden en liet het gehele huis na aan de gemeenschap. De collectie bestaat uit oude meesters, Frans meubilair, emaillen voorwerpen uit Limoges en oosterse tapijten.

De Frick Collection aan de kant van Fifth Avenue

The Harbour of Dieppe *(1826)*
J.M.W. Turner kreeg veel kritiek van zijn tijdgenoten vanwege het on-Europese licht op deze compositie.

The White Horse *(1819)*
John Constable schilderde hier een tafereel uit Suffolk, de streek waar hij woonde.

Limoges-email
De verzameling emaillen voorwerpen omvat onder andere De Zeven Smarten van Maria

STERATTRACTIES

- ★ **Sir Thomas More van Hans Holbein**
- ★ **Mall in St. James's Park van Thomas Gainsborough**
- ★ **Jonge Vrouw en Soldaat van Jan Vermeer**
- ★ **Lady Meux van James A.M. Whistler**

★ **Sir Thomas More** *(1527)*
Holbein portretteerde de Lord Chancellor van Hendrik VIII acht jaar voordat hij wegens hoogverraad werd onthoofd.

MUSEUMGIDS
Speciale aandacht verdient de westvleugel, waar schilderijen hangen van Rembrandt, Hals en Vermeer; de oostvleugel met werk van Whistler; de bibliotheek en de eetzaal met werken van Engelse kunstenaars en ten slotte het woonvertrek met werken van Titiaan, Bellini en Holbein.

★ **Lady Meux** *(1881)*
Voordat Lady Meux met een bierbrouwer trouwde, was ze actrice. Dit is het tweede van drie portretten van haar door Whistler.

TIPS VOOR DE TOERIST

1 E 70th St. **Kaart** 12 F1. *288-0700.* *6 naar 68th St.* *M1, M2, M3, M4.* *di-za 10.00-18.00; zo 13.00-18.00 uur.* *meeste feestdagen.* *(kinderen onder de 10 jaar geen toegang).* ***Concerten, lezingen, films.*** www.frick.org

★ **Jonge vrouw en soldaat** *(1655-1660)*
Johannes Vermeer was een meester in de techniek van licht en schaduw.

SYMBOLEN PLATTEGROND

- Tentoonstellingsruimte
- Geen tentoonstellingsruimte

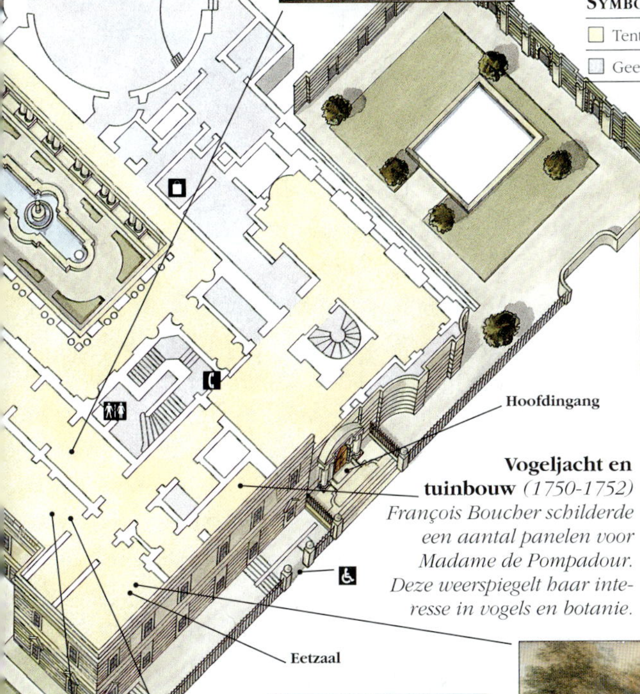

Vogeljacht en tuinbouw *(1750-1752)*
François Boucher schilderde een aantal panelen voor Madame de Pompadour. Deze weerspiegelt haar interesse in vogels en botanie.

De achtervolging
Dit is een onderdeel van De Voortgang der Liefde (1771-1773 en 1790-1791) van Jean-Honoré Fragonard. Deze serie doeken schildert het geïdealiseerde verloop van een liefde.

★ **Mall in St. James's Park** *(1783)*
Londens tafereel van Thomas Gainsborough met in het midden de dochters van George III.

Central Park

De 'achtertuin' van de stad werd in 1858 aangelegd door Frederick Law Olmsted en Calvert Vaux op een terrein met steengroeven, varkensfokkerijen, moerassen en hutjes van kolonisten. Met 10 miljoen karladingen stenen en aarde werden deze 340 ha moerasgebied omgetoverd tot een 'natuurlandschap'. Er zijn heuvels, meren, weelderige weiden en meer dan 500.000 struiken en bomen. In het park zijn met de jaren steeds meer speeltuinen, skatebanen, tennisbanen, sportveldjes en speelweiden gekomen. U kunt er ook schaken en concerten en andere evenementen bijwonen. In het weekeinde zijn auto's verboden en hebben fietsers, skaters en joggers het rijk alleen.

Beelden, Delacorte Theater ***(blz. 206)***

Bezienswaardigheden in het kort

Historische gebouwen
The Dairy ❶
Belvedere Castle ❸

Monumenten en beelden
Strawberry Fields ❷
Bethesda Fountain and Terrace ❺
Bow Bridge ❹

Vijvers en tuinen
Conservatory Water ❻
Central Park Wildlife Center ❼
Conservatory Garden ❽

Zie ook

- ***Stratengids***, kaart 12, 16
- ***Restaurants*** blz. 290-292

W www.centralparknyc.org

Bereikbaarheid

De metrolijnen B en C lopen langs de hele westzijde van het park. Er zijn stations in 59th, 72nd, 81st, 86th, 96th en 103rd St. Op het station 59th St./Columbus Circle komen ook de Broadway/7th Ave.-lijnen 1 en 9 en de 8th Ave.-lijnen. De Broadway locals N en R stoppen in 57th St. en 5th Ave. aan de zuidkant van het park. Langs de oostkant van het park rijden de bussen M1, M2, M3 en M4.

Panoramisch gezicht op Central Park

Parkwacht te paard

Symbolen
Rondwandeling
M Metrostation

Een rondwandeling door Central Park

Tijdens een korte wandeling van 59th tot 79th St. dwars door het park ziet u veel van de bezienswaardigheden van Central Park: van de dichtbegroeide Ramble tot het weidse Bethesda Terrace. Onderweg passeert u aangelegde meertjes en enkele van de prachtige bruggen en bogen die deel uitmaken van de 95 km voetpad, ruiterpad en autoweg in het park. Geen twee bruggen zijn hetzelfde. 's Zomers is het park een oase van koelte.

★ Strawberry Fields
Dit vredige stukje park is een monument ter nagedachtenis van John Lennon, die hier vlakbij woonde ❷

★ Bethesda Fountain and Terrace
Vanaf dit fraaie, geometrisch aangelegde terras kijkt men uit over het meer en de begroeiing van de Ramble ❺

Wollman Rink werd in de jaren tachtig door Donald Trump gerestaureerd.

Central Park Wildlife Center
Hier leven meer dan 100 diersoorten in drie klimaatzones ❼

The Pond (de vijver)

Plaza Hotel
(blz. 179)

Frick Collection
(blz. 200-201)

★ The Dairy
Dit gebouw in Victoriaans-gotische stijl herbergt het Visitor Center. Hier kunt u een overzicht krijgen van wat er te doen is in het park ❶

Het beeld van **Hans Christian Andersen** is populair bij kinderen. Het staat aan de westkant van het Conservatory Water. 's Zomers kan men hier luisteren naar verhalenvertellers.

Bow Bridge
Deze 18 m hoge gietijzeren boogbrug vormt de sierlijke verbinding tussen de Ramble en Cherry Hill ❹

ORIËNTATIEKAART
Zie kaart Manhattan blz. 12-13

Alice in Wonderland en haar vriendjes staan vereeuwigd in brons aan de noordoever van het Conservatory Water. Kinderen vinden het leuk om op de paddestoel te klimmen en naar beneden te glijden.

STERATTRACTIES

- ★ **The Dairy**
- ★ **Strawberry Fields**
- ★ **Belvedere Castle**
- ★ **Bethesda Fountain**
- ★ **Conservatory Water**

Dakota Building (blz. 216)

San Remo Apartments (blz. 212)

American Museum of Natural History (blz. 214-215)

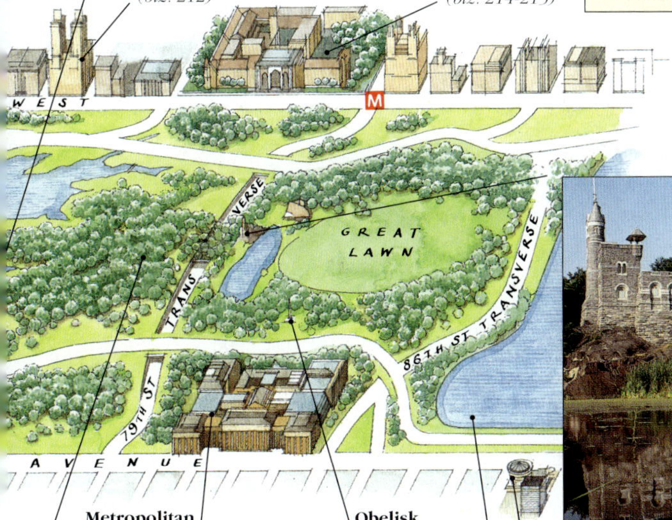

Metropolitan Museum (blz. 190-195)

Obelisk

Reservoir

Guggenheim Museum (blz. 186-187)

De **Ramble** is een bosgebied van 15 ha met veel voetpaden en watertjes. Het is een goede plek voor vogelliefhebbers: het gebied ligt op de Atlantische trekroute en er zijn meer dan 250 soorten waargenomen.

★ **Belvedere Castle**
Vanaf de terrassen hebt u een prachtig uitzicht over de stad en het park. Het is het onderkomen van het Central Park Learning Center ❸

★ **Conservatory Water**
Van maart tot november vinden hier op zaterdag modelbootwedstrijden plaats. Veel bootjes liggen opgeslagen in het botenhuis naast de vijver ❻

De draaimolen: een van de kinderattracties in het park

The Dairy ❶

Kaart 12 F2. *794-6564.* *5th Ave.* *april-okt.: di-zo 10.00-17.00 uur; nov.-maart: di-zo 10.00-16.00 uur.* ***Diavoorstelling.*** www.centralparknyc.org

Dit fraaie gebouw van natuursteen is nu in gebruik als informatiecentrum. Oorspronkelijk was het ontworpen als onderdeel van het 'Children's District' van het park (een speeltuin, een draaimolen, een kinderhuisje en een kinderboerderij). In 1873 graasden er koeien in de wei voor The Dairy en liep er een ooi met lammetjes rond. Op het grasveld scharrelden kippen, parelhoenders en pauwen. Stadskinderen konden hier verse melk en andere verfrissingen krijgen. The Dairy raakte echter steeds meer in verval en werd ten slotte alleen nog maar als opslagruimte gebruikt, totdat men in 1979 een restauratie uitvoerde op basis van oude foto's en tekeningen. The Dairy is het beginpunt van een wandeling door het park: u kunt hier een kaart en een programmaboekje krijgen en schaakstukken en damstenen huren om er op de mooi ingelegde borden mee te spelen.

Strawberry Fields ❷

Kaart 12 E1. *72nd St.*

De restauratie van dit traanvormige stukje park was een eerbewijs van Yoko Ono aan haar vermoorde man John Lennon. Het echtpaar woonde in het Dakota Building, dat uitkijkt op deze plek *(blz. 216)*. Uit alle delen van de wereld zijn schenkingen voor deze tuin binnengekomen. In het mozaïek op het pad staat het woord *Imagine* (de bekendste Lennon-song) afgebeeld; dit mozaïek is een schenking van de stad Napels in Italië. Dit deel van het park was oorspronkelijk een ontwerp van Vaux en Olmsted. Nu is het een internationale vredestuin met 161 plantensoorten, waaronder aardbeien (*strawberries*).

Exclusieve appartementen met uitzicht op Central Park

Belvedere Castle ❸

Kaart 16 E4. *772-0210.* *81st St.* *di-zo 10.00-17.00 uur.* *alleen benedenverdieping.*

Vanaf het dak van dit kasteel met torentjes op Vista Rock heeft men een fraai uitzicht over het park en de stad. In de Discovery Chamber van het Central Park Learning Institute kunnen jonge bezoekers zich laten informeren over het verrassend gevarieerde dierenleven in het park. Vanaf het kasteel kijkt men in noordelijke richting recht in het Delacorte Theater, waar 's zomers Shakespeare-vertolkingen worden opgevoerd, met bekende acteurs in de hoofdrollen *(blz. 335)*. Het theater was een schenking van George T. Delacorte, de oprichter en uitgever van Dell-paperbacks. Hij was een filantroop met gevoel voor humor, aan wie het park veel van zijn attracties dankt.

Het uitkijkpunt op Belvedere Castle

Bow Bridge ❹

Kaart 16 E5. *72nd St.*

Dit is een van de fraaiste van de gietijzeren bruggen in het park. De door Vaux ontworpen brug overspant de verbinding tussen de twee delen van het Lake. In de 19de eeuw, toen er op het Lake werd geschaatst, werd er in een klokkentoren op Vista Rock een rode bal gehesen ten teken dat het ijs veilig was. Vanaf de brug hebt u een fraai uitzicht op het park en op de gebouwen langs het park, zowel aan de west- als aan de oostzijde.

Bethesda Fountain and Terrace op een prent uit 1864

Bethesda Fountain and Terrace ❺

Kaart 12 E1. M *72nd St.*

Deze plek tussen het Lake en de Mall is het architectonische centrum van het park: een geometrisch aangelegd complex in een natuurlandschap. De fontein werd onthuld in 1873. Het beeld, *Angel of the Waters*, werd ontworpen ter gelegenheid van de opening van het eerste drinkwatersysteem van de stad in 1842; de naam verwijst naar een bijbeltekst over een genezende engel bij de vijver van Bethesda in Jeruzalem. De versiering in Spaanse stijl is van Jacob Wrey Mould.
Dit fraaie, geometrische terras is een van de beste plekjes om even uit te rusten en naar de mensen te kijken.

Conservatory Water ❻

Kaart 16 F5. M *77th St.*

Dit water is beter bekend onder de naam 'Modelbootvijver': in het weekeinde worden hier modelbootwedstrijden gehouden.
Aan de noordzijde van het meertje staat een beeld van Alice in Wonderland, een attractie voor kinderen. Het werd gemaakt in opdracht van George T. Delacorte ter ere van zijn vrouw. De kop van de gekke hoedenmaker is een karikatuur van hemzelf. Aan de westoever worden bij het beeld van Hans Christian Andersen gratis voorleesmiddagen gehouden. Het beeld toont Andersen terwijl hij voorleest uit *Het lelijke eendje*, terwijl de held van dit verhaal aan zijn voeten rondwaggelt.
Conservatory Water was ook de plaats waar Holden Caulfield, de hoofdpersoon uit *The Catcher in the Rye* van J.D. Salinger, zijn problemen aan de eendjes vertelde.

Central Park Wildlife Center ❼

Kaart 12 F2. *439-6500.* M *5th Ave.* *het hele jaar door ma-vr 10.00-17.00, za, zo, feestdagen 10.30-17.30 uur.* www.wcs.org/zoos; centralparkzoo.com

Na een renovatie die vier jaar duurde, werd deze fantastische dierentuin in 1988 heropend. Het creatieve en diervriendelijke gebruik van de kleine ruimte wordt alom geprezen. Er zijn meer dan 100 diersoorten te zien, uit drie klimaatzones: de tropen, het poolgebied en de Californische kust. Apen en vrij rondvliegende vogels bevolken een tropisch regenwoud, terwijl in een poollandschap pinguïns en ijsberen te zien zijn. Men kan ze zowel boven als onder water bekijken. Bij de ingang van de Tisch Children's Zoo staat de Delacorte Clock, ook een geschenk van de grillige George T. Delacorte. Elk halfuur draait een stoet van musicerende beesten een rondje om de klok. In de richting van Willowdale Arch staat nog een kinderattractie: het monument voor Balto, de kophond van een span poolhonden dat tijdens een difterie-epidemie een tocht dwars door Alaska maakte om medicijnen af te leveren.

IJsbeer in het Wildlife Center

Beeld van Balto, de heroïsche sledehond

Conservatory Garden ❽

Kaart 21 B5. M *Central Pk N, 103rd St.* *860-1382.*

De Vanderbilt Gate aan Fifth Avenue biedt toegang tot drie geometrisch aangelegde tuinen met duizenden bloeiende bomen en struiken. De Central Garden bestaat uit een groot grasveld met taxushagen. Verderop staan enkele heggen en struiken in een halve cirkel rond een door blauwe regen overwoekerde pergola. In de South Garden staan veel meerjarige planten. In de vijver staat een bronzen beeld van de helden uit het boek *The Secret Garden* van Frances Hodgson Burnett. Op de verderop gelegen helling, die zich uitstrekt tot aan het volgende parkje, groeien duizenden inheemse wilde bloemen. De North Garden is aangelegd rondom de bronzen *Fountain of the Three Dancing Maidens.*

Upper West Side

Pas tegen 1870, toen pendelen naar Midtown mogelijk werd door de aanleg van de Ninth Avenue El *(blz. 24-25)*, werd dit een woonbuurt. Toen tussen 1880 en 1884 de Dakota werd gebouwd, het eerste woonblok met luxeflats in New York, begon men aandacht te besteden aan de bestrating. Al snel rezen aan Broadway en Central Park West de gebouwen als paddestoelen uit de grond. In de zijstraten, waarvan de meeste dateren uit het laatste decennium van de 19de eeuw, staan fraaie rijtjeshuizen van bruinrode zandsteen. Er zijn hier veel culturele instellingen gevestigd.

Indiaans masker, Museum of Natural History

Bezienswaardigheden in het kort

Historische straten en gebouwen

Twin Towers van Central Park West ❶
Het Dakota ❾
Pomander Walk ⓭
Riverside Drive and Park ⓮
Het Dorilton ⓱

Musea en galeries

Museum of American Folk Art ❼
New-York Historical Society ❿
American Museum of Natural History blz. 214-215 ⓫
Hayden Planetarium ⓬
Children's Museum of Manhattan ⓯

Beroemde theaters

Lincoln Center for the Performing Arts ❷
New York State Theater ❸
Metropolitan Opera House ❹
Lincoln Center Theater ❺
Avery Fisher Hall ❻

Monumentale hotels en restaurants

Hotel des Artistes ❽
The Ansonia ⓰

Bereikbaarheid

Metro: de 6th Ave. B of D, de 7th Ave./Broadway 1/9, 2 en 3, of de 8th Ave. A, C en E. Bus: de M10 (Central Park West), M7, M11, M104 en M5. Crosstown-bus: de M66, M72, M79, M86 en M96.

0 meter 500

Zie ook

- ***Stratengids***, kaart 11, 15
- ***Accommodatie*** blz. 274-275
- ***Restaurants*** blz. 290-292

Stenen figuur op het Hotel des Artistes

Symbolen

Detailkaart
M Metrostation

De voorzijde van nr. 14 Riverside Drive

Onder de loep: Lincoln Center

Men kwam op het idee van Lincoln Center toen zowel het Metropolitan Opera House als het New York Philharmonic een nieuw eigen theater zochten. Bovendien had het westelijk deel van Manhattan in die tijd nieuwe impulsen nodig. Het concept van één cultureel complex voor meerdere podiumkunsten lijkt nu vanzelfsprekend, maar in de jaren vijftig vond men het een gewaagd en riskant idee. Het Lincoln Center heeft zijn bestaansrecht echter wel bewezen: jaarlijks trekt het 5 miljoen mensen.

★ **Lincoln Center for the Performing Arts**
Dans, muziek en theater staan centraal in dit cultureel centrum. Ook is het een goede plek om op de rand van de fontein te zitten en naar de mensen te kijken ❷

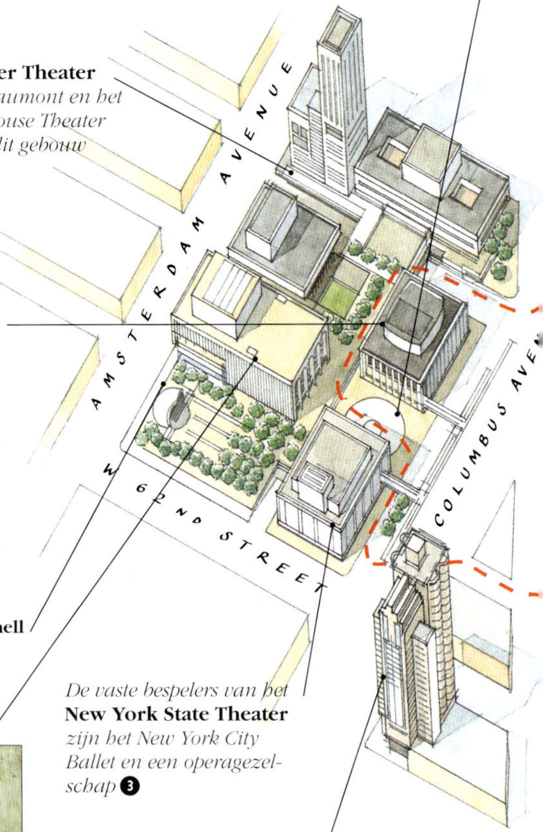

Lincoln Center Theater
Het Vivian Beaumont en het Mitzi E. Newhouse Theater zijn beide in dit gebouw gehuisvest ❺

De componist Leonard Bernstein baseerde zijn musical *West Side Story* op het thema uit Romeo en Julia. Het stuk speelde in de armoedige straten rond het huidige Lincoln Center. Later heeft Bernstein meegewerkt aan het opzetten van dit grote muziekcomplex.

In de **Guggenheim Bandshell** in Damrosch Park worden gratis concerten gehouden.

De vaste bespelers van het **New York State Theater** *zijn het New York City Ballet en een operagezelschap* ❸

Metropolitan Opera House
Het operagebouw is het middelpunt van Lincoln Center. Het café boven de hal biedt een mooi uitzicht ❹

In het **College Board Building,** gevestigd in een fraaie art deco-gebouw, zitten nu koopflats en het College Board (dat de toelatingsexamens voor de universiteit organiseert).

Karakteristieke quilt

Museum of American Folk Art
Hier worden onder andere quilts en inheemse schilderkunst tentoongesteld ❼

James Dean woonde op een eenkamerwoning op de bovenste verdieping van nr. 19 West 68th Street.

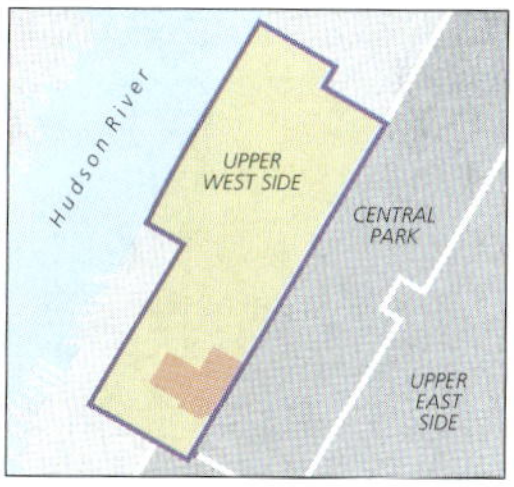

ORIËNTATIEKAART
Zie kaart Manhattan blz. 12-13

SYMBOOL

Aanbevolen route

0 meter 100

★ Hotel des Artistes
Hier hebben de kunstenaars Isadora Duncan, Noel Coward en Norman Rockwell gewoond. Er is ook een zeer goed restaurant (blz. 296) ❽

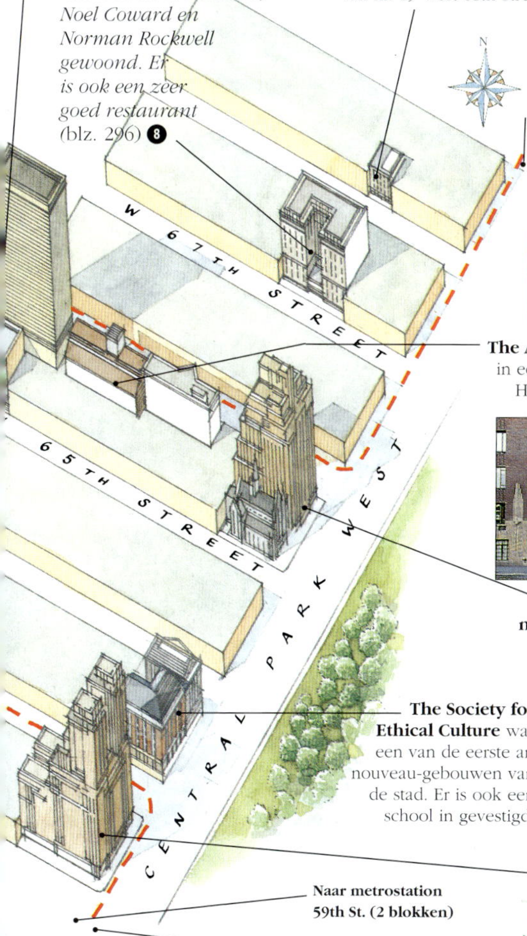

Naar metrostation 72nd St. (4 blokken)

The American Broadcasting Company zit in een gebouw dat eruitziet als een kasteel. Het was vroeger een wapenopslagplaats.

Het woonblok in art deco-stijl op **nr. 55 Central Park West** werd bekend door de film *Ghostbusters.*

The Society for Ethical Culture was een van de eerste art nouveau-gebouwen van de stad. Er is ook een school in gevestigd.

Naar metrostation 59th St. (2 blokken)

In **Central Park West** wonen veel beroemdheden die gesteld zijn op de privacy die deze exclusieve appartementen bieden.

Century Apartments
De opvallende, symmetrische torens van het Century Building zijn vanuit het park te zien ❶

STERATTRACTIES

- ★ **Lincoln Center**
- ★ **Hotel des Artistes**

San Remo, ontworpen door Emery Roth

Twin Towers of Central Park West ❶

Kaart 12 D1, 12 D2, 16 D3, 16 D5. *59th St-Columbus Circle, 72nd St.* *voor het publiek.*

De vier woonblokken met elk twee symmetrische torens aan Central Park West behoren tot de bekendste elementen uit de Newyorkse skyline. Ze werden gebouwd tussen 1929 en 1931, net voordat de bouw van luxe-huizen vanwege de crisis werd stopgezet. Het fraaie totaalontwerp werd ingegeven door een stadsplanningswet waarin toestemming werd gegeven voor hoogbouw, mits gebruik werd gemaakt van torens met een spits toelopende top.
In San Remo (nr. 145) hebben onder anderen Dustin Hoffman, Paul Simon en Diane Keaton gewoond. Madonna werd afgewezen door de bewonerscommissie. Zij woont hier vlakbij, op nr. 1 West 64th Street, naast de New York Society for Ethical Culture. De torens op het Eldorado (nr. 300) zijn eveneens ontworpen door Emery Roth; met hun futuristische spitsen lijken ze op twee opstijgende raketten. Hier woonden onder anderen Groucho Marx, Marilyn Monroe en Richard Dreyfuss. Het Majestic (nr. 115) en het Century (nr. 25) zijn fraaie klassieke ontwerpen van de art deco-architect Irwin S. Chanin.

Lincoln Center for the Performing Arts ❷

Kaart 11 C2. *546-2656.* *65th St.* *875-5350.* *Zie **Amusement** blz. 338-339.* www.lincolncenter.org

In mei 1959 verplaatste president Eisenhower een schepje aarde, hief Leonard Bernstein zijn dirigeerstok en zetten het New York Philharmonic en het Juilliard-koor het *Hallelujah* in: het belangrijkste culturele centrum van de stad was geboren.
Het complex beslaat 6 ha. Het staat op de plaats waar vroeger de achterbuurt was die als decor fungeerde voor de bekende musical *West Side Story* van Bernstein.
De fontein op het plein is van Philip Johnson en het beeld in de vijver, *Reclining Figure*, is van Henry Moore. U kunt een rondleiding onder begeleiding van een gids maken.

Het centrale plein van het Lincoln Center

New York State Theater ❸

Lincoln Center. **Kaart** 11 D2. *870-5570.* *66th St.* *Zie **Amusement** blz. 334-335.* www.nycballet.com; www.nyco.com

Dit door Philip Johnson ontworpen theater wordt bespeeld door het veelgeprezen New York City Ballet en door de New York City Opera, een gezelschap dat zijn voorstellingen tegen redelijke prijzen aanbiedt. De opening vond plaats in 1964. De vier verdiepingen hoge foyer wordt gedomineerd door enorme witmarmeren beelden van Elie Nadelman. Het theater wordt vanwege de verlichting wel eens vergeleken met een juwelenkist.

Metropolitan Opera House ❹

Lincoln Center. **Kaart** 11 D2. *362-6000.* *66th St.* *Zie **Amusement** blz. 338-339.* www.metopera.org; www.abt.org

De 'Met', verreweg het spectaculairste gebouw van Lincoln Center, vormt het middelpunt van het plein. Het is de thuisbasis van de Metropolitan Opera Company en het American Ballet Theater. Via vijf grote boogvensters kan men in de luxueuze foyer kijken. Daar bevinden zich twee muurschilderingen van Marc Chagall. 's Ochtends

zijn de schilderingen niet zichtbaar, omdat de zon er dan niet op staat.
Binnen ziet men witmarmeren

In de Guggenheim Bandshell zijn gratis openluchtconcerten

wenteltrappen, veel rood pluche en duizelingwekkend grote kristallen kroonluchters, die vlak voor de voorstellingen omhoog worden getrokken. Alle bekende operasterren hebben hier gezongen: Maria Callas, Jessye Norman, Luciano Pavarotti en vele anderen. De premières zijn avonden vol glitter en glamour.
De Guggenheim Bandshell, in Damrosch Park naast de Met, is een populair muziekpodium voor alle muziekvormen.

Lincoln Center Theater ❺

Lincoln Center. **Kaart** 11 C2. *362-7600 (Beaumont en Newhouse), 870-1630 (bibliotheek).* 66th St. *Zie* ***Amusement*** *blz. 338-339.* www.lct.org

Dit complex betaat uit twee theaters, waar moderne en vaak experimentele stukken worden opgevoerd. Het Vivian Beaumont Theater telt 1000 zitplaatsen, terwijl het knussere Mitzi E. Newhouse Theater 280 stoelen heeft. In het Beaumont Theater zijn stukken opgevoerd van de beste hedendaagse toneelschrijvers van New York. Het theater werd in 1962 ingewijd met de opvoering van *After the Fall* van Arthur Miller.
Het Newhouse Theater is zeer geschikt voor workshop-achtige voorstellingen, maar ook heeft het de kranten gehaald met een opvoering van *Wachten op Godot* van Samuel Beckett met in de hoofdrollen Steve Martin en Robin Williams. De New York Public Library for the Performing Arts (gesloten tot voorjaar 2001) bevat onder meer wasrollen van oude optredens van de Met.

Avery Fisher Hall ❻

Lincoln Center. **Kaart** 11 C2. *875-5030.* 66th St. *Zie* ***Amusement*** *blz. 338-339.* www.newyorkphilharmonic.org

De Avery Fisher Hall werd in 1962 geopend onder de naam Philharmonic Hall en is de thuisbasis van het New York Philharmonic, het oudste orkest van Amerika. Hij is ook het toneel van de Great Performers van het Lincoln Center zelf, het Mostly Mozart Festival en Jazz at Lincoln Center.
Hoewel de critici in het begin klaagden over de akoestiek, is het nu, na enkele verbouwingen (de laatste in 1992), een van de beste concertzalen van de wereld. Het publiek kan tegen een kleine vergoeding de repetitie op donderdagochtend bijwonen.

Museum of American Folk Art ❼

Lincoln Sq. **Kaart** 12 D2. 977-7170. 66th St. *di-zo van 11.30-19.30 uur.* *ma.* www.folkartmuseum.org

Dit leuke kleine museum met Amerikaanse volkskunst is in 1989 geopend. Veel bezoekers van de concerten in Lincoln Center weten dit moderne museumpje te waarderen. De expositie omvat, naast een vaste collectie quilts, houtsnijwerk en schilderijen, ook wisselende tentoonstellingen. Er zijn ook speciale kinderprogramma's en demonstraties van ambachten.
In de centraal gelegen hal staat een windvaan in de vorm van een Indiaan met de bijnaam 'Chief Tammany'. In het voorjaar van 2001 zal het museum verhuizen naar een groter pand aan W 53rd Street, maar op deze plaats zal een dependance gevestigd blijven.

Koperen windvaan in het Museum of American Folk Art

Hotel des Artistes ❽

1 W 67th St. **Kaart** 12 D2. *362- 6700.* *72nd St. Zie* ***Restaurants*** *blz. 296.*

Deze blokken van twee verdiepingen uit 1918 zijn ontworpen door George Mort Pollard. In deze atelierwoningen hebben tal van bekende kunstenaars gewoond: Alexander Woolcott, Norman Rockwell, Isadora Duncan, Rudolph Valentino en Noel Coward. Het Café des Artistes staat bekend om de wazige, romantische muurschilderingen van Howard Chandler, maar ook om zijn prima keuken.

Beeldje op het Hotel des Artistes

American Museum of Natural History ⓫

Dit is het grootste natuurwetenschappelijke museum ter wereld. Sinds de opening in 1877 heeft het complex zich uitgebreid over drie huizenblokken. Er zijn nu meer dan 36 miljoen artefacten. Het populairst zijn de dinosaurussen, de meteorieten en de mineralen en edelstenen, waaronder juwelen van $ 50 miljoen. Het nieuwe Rose Center for Earth and Space *(blz. 216)* staat naast het museum.

Ingang aan 77th Street

STERATTRACTIES

- ★ **Barosaurus**
- ★ **Blauwe vinvis**
- ★ **Haida-kano**
- ★ **Star of India**

★ Star of India

Dit is de grootste blauwe stersaffier ter wereld (563 karaats). Hij werd geschonken door J P Morgan in 1901.

MUSEUMGIDS

Ga eerst naar de eerste verdieping voor de barosaurus en Afrikaanse, Aziatische, Midden- en Zuid-Amerikaanse volken en dieren. Op de begane grond worden het oceaanleven, meteorieten en mineralen gedocumenteerd en daar is ook de nieuwe Hall of Biodiversity. Indianen, vogels en reptielen beslaan de tweede verdieping. Dinosaurussen en fossielen vindt u op de derde etage.

★ Blauwe vinvis

De blauwe vinvis is het grootste dier dat ooit heeft geleefd. Een exemplaar kan meer dan 150 ton wegen. Dit is een replica van een vrouwtje dat in 1925 bij de zuidkust van de VS werd gevangen.

★ Haida-kano

Deze 9,7 m lange, zeewaardige oorlogskano van de Haida-indianen, gemaakt uit één enkele cederstam, staat in de hal van 77th Street.

Ingang aan W 77th St

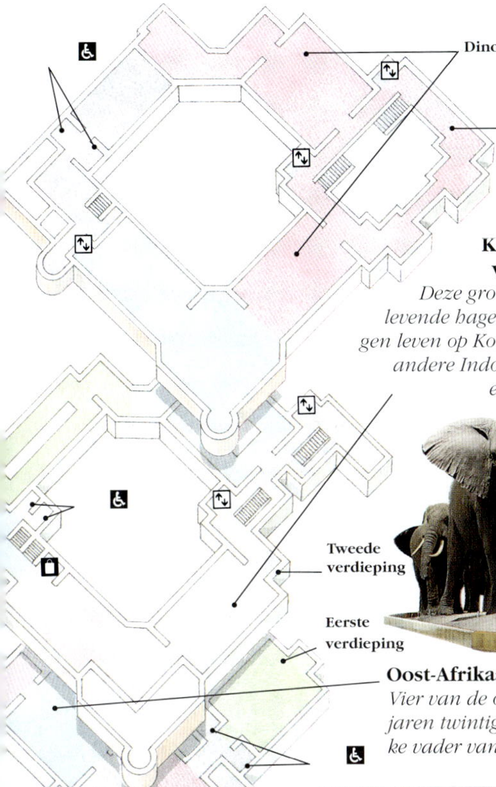

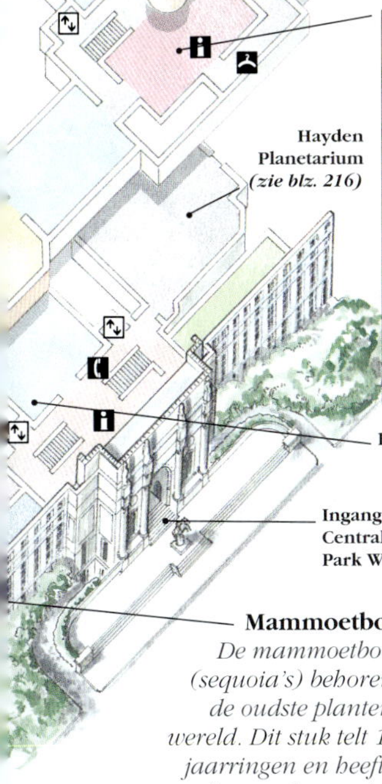

TIPS VOOR DE TOERIST

Central Park West bij 79th St. **Kaart** 16 D5. *769-5100.* *B en C naar 81st St.* *M7, M10, M11 en M79.* *ma-do, zo 10.00-17.45 uur; vr en za 10.00-20.45 uur. Donaties.* www.amnh.org

Komodovaranen
Deze grootste nog levende hagedisachtigen leven op Komodo en andere Indonesische eilanden.

Oost-Afrikaanse olifanten
Vier van de olifanten in deze groep werden in de jaren twintig opgezet door Carl Akeley, de geestelijke vader van de Hall of African Mammals.

★ Barosaurus
Hier staat een volledig exemplaar van een barosaurus: een barosaurusmoeder die op haar achterpoten staat om haar jong te beschermen. De meeste onderdelen van dit model zijn afgietsels van de originele fossielen.

Mammoetboom
De mammoetbomen (sequoia's) behoren tot de oudste planten ter wereld. Dit stuk telt 1342 jaarringen en heeft een doorsnede van 4,8 m.

PLATTEGROND

- Dinosaurussen en andere uitgestorven gewervelde dieren
- Vogels
- Vissen
- Zoogdieren
- Meteorieten en mineralen
- Menselijke culturen
- Ongewervelde dieren
- Amfibieën en reptielen
- Milieu en ecologie
- Memorabilia
- Speciale exposities
- Geen tentoonstellingsruimte

The Dakota ❾

1 W 72nd St. **Kaart** 12 D1. *72nd St.* *voor het publiek.*

De naam en bouwstijl van dit woonblok duiden erop dat het ten tijde van de bouw, tussen 1880 en 1884, in het 'verre Westen' stond. Het was omringd door de hutjes van kolonisten en rondscharrelend vee. Het is een ontwerp van de architect Henry J. Hardenberg, die ook het Plaza Hotel heeft ontworpen, in opdracht van Edward S. Clark, erfgenaam van het kapitaal van de Singer-fabrieken. Het is een van de meest prestigieuze woonlocaties van de stad. In de 65 luxe-appartementen in het Dakota hebben veel beroemdheden gewoond, onder wie Judy Garland, Lauren Bacall, Leonard Bernstein en Boris Karloff. De film *Rosemary's Baby* werd hier opgenomen. De ex-Beatle John Lennon werd voor de deur vermoord. Zijn weduwe, Yoko Ono, woont er nog steeds.

Indianenhoofd in reliëf boven de ingang van het Dakota

New-York Historical Society ❿

170 Central Park West/77th St. **Kaart** 16 D5. *873-3400.* *81st St.* ***Zalen*** *di-zo 11.00-17.00 uur.* ***Bibliotheek*** *di-za 11.00-17.00 uur.* *feestdagen.* *zalen.* www.nyhistory.org

De collectie van het oudste museum van New York omvat de originele plaatjes van *Birds of America* van Audubon en meer dan 150 Tiffany-lampen. De Society werd opgericht in 1804 en bezit een rijke collectie schilderijen en sierkunst vanaf de 17de eeuw. De verzameling portretten bevat onder andere *George Washington* van Gilbert Stuart. Er staat veel meubilair uit de Federal-tijd en een prachtige collectie zilverwerk.

The Rose Center for Earth and Space

American Museum of Natural History ⓫

Blz. 214-215.

Hayden Planetarium ⓬

Central Park West at 81st St. **Kaart** 16 D4. *769-5900; voor Space Show-kaartjes: 769-5200.* *81st St.* www.amnh.org/rose

Naast het American Museum of Natural History staat het Hayden Planetarium, het pronkstuk van het spectaculaire, nieuwe Rose Center for Earth and Space, ontworpen door Polcheck and Partners. Het Planetarium, gevestigd in een bol van 26,5 m, omvat een technologisch geavanceerd Space Theater, de Cosmic Pathway, een rondlopend pad van 106 m met een tijdslijn langs 13 miljard jaar evolutie, en een Big Bang Theater. In de Hall of Planet Earth, gebouwd rond stukken rots en met hightech computer- en videotentoonstellingen, wordt uitgelegd hoe de aarde werkt en wordt onze geologische geschiedenis getoond. Tentoonstellingen in de Hall of the Universe tonen de ontdekkingen van de moderne astrofysica. Er zijn vier interactieve, leerzame zones. Van buitenaf is het Rose Center 's nachts gewoonweg adembenemend; binnen wordt bewezen dat 'wij sterrenspul zijn', zoals Carl Sagan zei.

Pomander Walk ⓭

261-7 W 94th St. **Kaart** 15 C2. *72nd St.*

Een blik door het hek levert een aangename verrassing op: een dubbele rij kleine woonblokken uit 1921 die zijn ontworpen naar het voorbeeld van het Londense straatje dat als decor diende voor een populair stuk uit die tijd. Het was een gewilde woonplaats van filmacteurs, onder wie Humphrey Bogart.

Gevel van een huis in Pomander Walk

Riverside Drive and Park ⓮

Kaart 15 B4. *103rd St.*

Riverside Drive is een van de mooiste straten van de stad. De straat is breed, er staan mooie bomen en men heeft er een prachtig uitzicht op de Hudson. Er staan naast de oorspronkelijke kapitale panden ook woonblokken van recenter datum. Speciale aandacht verdienen de laat-19de-eeuwse huizen van de architect Clarence F. True op nr. 40-46, 74-77, 81-89 en

105-107 Riverside Drive. De ronde gevels, erkers en boogvensters lijken aan te sluiten bij de kromming van de weg en de rivierloop.
Het Cliff Dwellers' Apartment op nr. 243 is een gebouw uit 1914. Op een fries staan oude *cliff dwellers* (rotsbewoners) uit Arizona afgebeeld.
Riverside Park is in 1880 ontworpen door Frederick Law Olmsted. Hij maakte ook het ontwerp voor Central Park *(blz. 202-205)*.

Monument voor soldaten en mariniers in Riverside Park

Children's Museum of Manhattan ⓯

212 W 83rd St. **Kaart** 15 C4.
☎ *721-1223.* Ⓜ *86th St.* 🕐 *sept.-mei: ma, wo en do 13.30-17.30 uur; vr-zo 10.00-17.00 uur; juni-aug.: wo-zo 10.00-17.00 uur.* ● *1 jan., Thanksgiving, 25 dec.*
W www.cmom.org

Dit leuke doe-museum werd in 1973 geopend. De achterliggende gedachte was dat kinderen het beste leren door te spelen. In het 'Brainatarium' wordt de werking van de menselijke hersenen getoond tijdens een vier minuten durende multimediale presentatie op het gewelfde plafond. Met behulp van geavanceerde handapparatuur kunnen kinderen de vijf zintuigen verkennen – niet alleen hun eigen zintui-

Ingang van het Children's Museum

gen, maar ook die van vogels, insecten en andere dieren. In de moderne studio van het Time Warner Center for Media veranderen kinderen in een oogwenk in aankomende cameramensen, nieuwslezers en technici. In het weekeinde en tijdens de vakanties zijn er gastvoorstellingen van poppenspelers.

The Ansonia ⓰

2109 Broadway. **Kaart** 11 C1. Ⓜ *72nd St.* ● *voor publiek.*

Dit beaux arts-juweel werd gebouwd in 1899. De opdrachtgever was William Earl Dodge Stokes, de erfgenaam van het bedrijfskapitaal van Dodge. Hij liet de Franse architect Paul E.M. Duboy een gebouw ontwerpen dat het Dakota naar de kroon kon steken. In 1992 werd het verbouwd tot appartementencomplex. De opvallendste elementen zijn het ronde hoektorentje en het twee verdiepingen hoge mansardedak met enkele en dubbele dakkapellen. In betere tijden had het gebouw een daktuin met twee zwembaden.
Vroeger was het hotel vooral geliefd bij musici, vanwege de dikke, geluiddempende muren. Ooit behoorden Florenz Ziegfeld, Arturo Toscanini, Enrico Caruso en Igor Stravinsky tot de vaste gasten van het hotel.

De opvallende ronde hoektoren van het Ansonia Hotel

The Dorilton ⓱

171 W 71st St. **Kaart** 15 C5. Ⓜ *72nd St.* ● *voor het publiek.*

Dit appartementengebouw heeft een imposant hoog mansardedak en fraaie ornamenten. Aan de kant van 71st Street is een negen verdiepingen hoge poort. Volgens de huidige maatstaven wordt zo'n potsierlijke kolos wel grappig gevonden, maar net na de bouw in 1902 verscheen in *Architectural Record* de volgende reactie:

De figuren die het balkon van het Dorilton torsen, lijden zichtbaar

'Bij het zien van dit gebouw beginnen grote kerels te vloeken en krimpen vrouwtjes ineen van angst.'
Wat zouden recensenten hebben geschreven over het Alexandria Condominium op nr. 135 West 70th Street, een blok verderop? Het gebouw, dat oorspronkelijk de Pythian Temple heette, werd in 1927 voltooid. De huidige naam dankt deze voormalige vrijmetselaarsloge aan de Egyptische motieven op de gevel. Veel ornamenten zijn verwijderd toen het complex werd verbouwd tot een reeks appartementen, maar nog steeds is te zien hoe de veelkleurige versiering eruit heeft gezien.

MORNINGSIDE HEIGHTS EN HARLEM

In Morningside Heights aan de Hudson staan de Columbia University en twee van de fraaiste kerken van de stad. Verder naar het oosten ligt Hamilton Heights, op de grens met Harlem, de bekendste zwarte gemeenschap van de VS. Een goede manier om Harlem te bekijken is tijdens een rondleiding op zondagochtend *(blz. 353)*. Veel rondleidingen beginnen in Hamilton Heights en gaan dan oostwaarts naar het St. Nicholas Historic District, houden halt bij de Abyssinian Baptist Church vanwege het gospelkoor en eindigen met een brunch in *Southern* stijl in Sylvia's, het bekendste restaurant van Harlem.

Franciscus van Assisi, Museo del Barrio

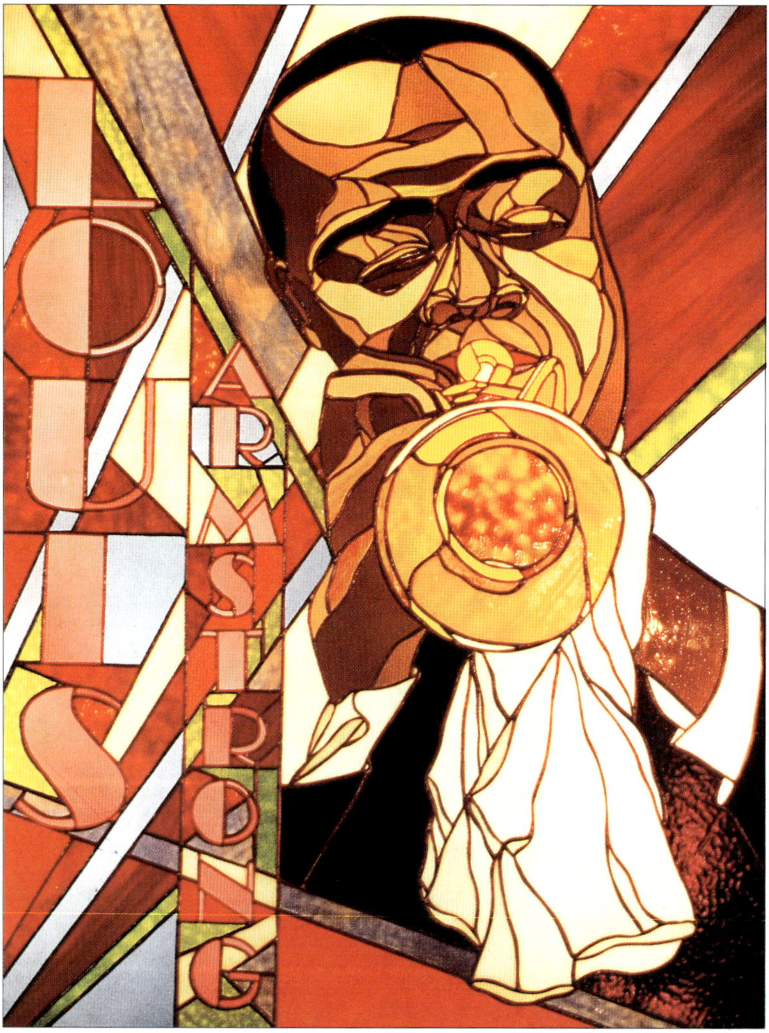

Louis Armstrong, afgebeeld in een gebrandschilderd raam in de Cotton Club

BEZIENSWAARDIGHEDEN IN HET KORT

Historische straten en gebouwen
Columbia University ❶
St. Paul's Chapel ❷
Low Library ❸
Grant's Tomb ❻
City College of the City University of New York ❼
Hamilton Grange National Memorial ❽
Hamilton Heights Historic District ❾
St. Nicholas Historic District ❿
Mount Morris Historical District ⓱

Musea en galeries
Schomburg Center for Research into Black Culture ⓬
Studio Museum in Harlem ⓰
Museo del Barrio ⓳

Bekende theatres
Harlem YMCA ⓭
Apollo Theater ⓯

Kerken
Cathedral of St. John the Divine blz. 224-225 ❹
Riverside Church ❺
Abyssinian Baptist Church ⓫

Parken en pleinen
Marcus Garvey Park ⓲

Monumentale restaurants
Sylvia's ⓮

BEREIKBAARHEID

Met de metro naar Columbia University: de 7th Ave./Broadway local 1 en 9 naar 116th St. Columbia University of met bus M4, M5, M11 en M104. Naar Harlem: lijn A, B, C of D naar 125th St. of met bus M1, M2, M7 of M101/102

Zuilornament, Cathedral of St. John the Divine

ZIE OOK

- ***Stratengids***, kaart 19-20
- ***Accommodatie*** blz. 174-175
- ***Restaurants*** blz. 290-292

0 meter 500

SYMBOLEN

- Detailkaart
- M Metrostation

Onder de loep: Columbia University

De kwaliteit van een universiteit wordt bepaald door mentaliteit én architectuur. Blijf, na de gebouwen te hebben bekeken, even hangen voor de Low Library op het centraal gelegen vierkante plein. Hier ontmoeten de toekomstige leiders van Amerika elkaar. Tegenover het universiteitscomplex, zowel op Broadway als op Amsterdam Avenue, zijn koffiehuizen en cafés waar studenten urenlange filosofische gesprekken houden, actualiteiten bespreken of even ontspannen.

Alma Mater, een beeld van Daniel Chester French uit 1903, overleefde een bomexplosie tijdens een studentendemonstratie in 1968.

Metrostation 116th St-Columbia University (lijn 1 en 9)

De **School of Journalism** is een van de vele gebouwen van McKim, Mead & White. Deze school werd in 1912 gesticht door de uitgever Joseph Pulitzer. Hier zetelt de commissie die de jaarlijkse Pulitzerprijzen toekent.

Butler Library is de hoofdbibliotheek van de universiteit.

Low Library
De imposante gevel en de hoge koepel van de bibliotheek domineren het grote vierkante plein. De bibliotheek is een ontwerp van McKim, Mead & White uit 1895-1897 ❸

★ **Central Quadrangle**
De oudste gebouwen zijn van McKim, Mead & White; ze staan om een verhoogd, vierkant plein. De bovenstaande foto toont het uitzicht op het plein in de richting van Butler Library ❶

St. Paul's Chapel
Deze kerk is een ontwerp uit 1907 van de architecten Howells & Stokes. Het gebouw staat bekend om zijn fraaie houtwerk en de schitterende gewelfde ruimte ❷

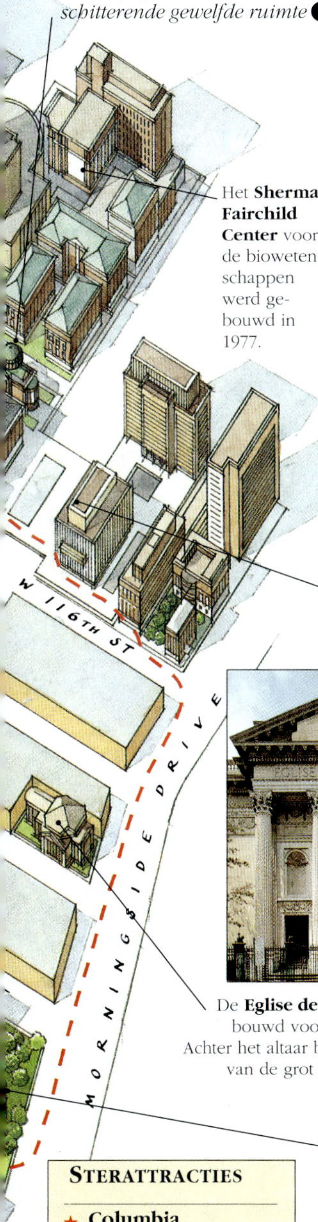

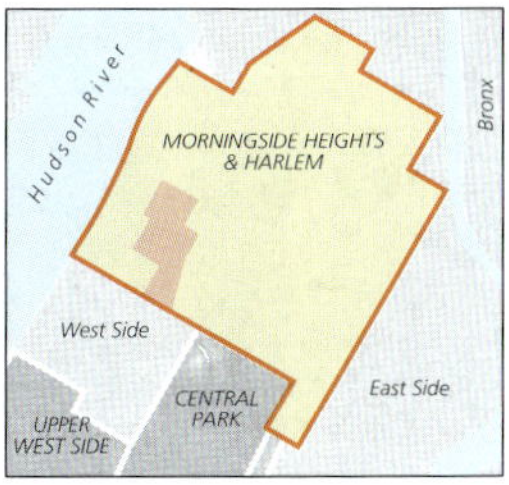

ORIËNTATIEKAART
Zie kaart Manhattan blz. 12-13

SYMBOOL

Aanbevolen route

0 meter 100

Het **Sherman Fairchild Center** voor de biowetenschappen werd gebouwd in 1977.

Door **studentendemonstraties** kwam Columbia University in 1968 in het nieuws. De demonstraties waren gericht tegen de plannen van de universiteit om in het nabijgelegen Morningside Park een sporthal te bouwen. Door de protesten zag de universiteit zich gedwongen elders te bouwen.

De **Eglise de Notre Dame** werd gebouwd voor Franstalige gelovigen. Achter het altaar bevindt zich een replica van de grot te Lourdes in Frankrijk.

Steensculpturen aan de voorzijde van de kathedraal.

★ **Cathedral of St. John the Divine**
Mocht deze neogotische kathedraal ooit worden voltooid, dan is het de grootste ter wereld. Hoewel het gebouw nog niet af is, biedt het plaats aan 10.000 kerkgangers ❹

STERATTRACTIES

- ★ **Columbia University**
- ★ **Cathedral of St. John the Divine**

Het beeld *Alma Mater* bij de Low Library, Columbia University

Columbia University ❶

Hoofdingang in W 116th St. **Kaart** 20 E3. *854-1754.* *116th St-Columbia Univ.* www.columbia.org

Dit is de derde locatie van Columbia University. Zij is een van de oudste en beste universiteiten van Amerika. Ze werd onder de naam King's College in 1754 geopend, niet ver van het huidige World Trade Center.
Toen de universiteit in 1814 wilde verhuizen, werd financiële steun gevraagd van de overheid, die een bouwterrein ter waarde van 75.000 dollar ter beschikking stelde. In plaats van er te bouwen heeft de universiteit het perceel verpacht. Het stuk land is uiteindelijk in 1985 voor 400 miljoen dollar verkocht aan de huurder, de Rockefeller Center Inc.
De huidige campus werd in 1897 aangelegd op de plaats van het krankzinnigengesticht Bloomingdale. De architect Charles McKim liet de universiteit op een verhoging bouwen boven het straatniveau. De brede lanen en weidse pleinen zijn een oase van rust in de drukke stad.
Bij de laatste telling waren er 19.000 studenten op deze campus. Columbia University, een Ivy League School, is bekend door haar juridische en medische faculteiten en haar school voor journalistiek. De universiteit heeft ruim 50 Nobelprijswinnaars voortgebracht. Beroemde oud-studenten zijn Isaac Asimov, J.D. Salinger, James Cagney en Joan Rivers.

St. Paul's Chapel ❷

Columbia University. **Kaart** 20 E3. *854-6625.* *116th St-Columbia Univ.* *ma-za 10.00-23.00 uur (collegeperiode), 10.00-14.00 uur (tijdens vakanties).* ***Gratis orgelconcerten** do 12.00 uur.* *zo.*

Bakstenen koepel van St. Paul's Chapel

Columbia's opmerkelijkste universiteitsgebouw, opgericht in 1904, kenmerkt zich door een combinatie van bouwstijlen: Italiaanse Renaissance, Byzantijns en Gotiek. De Guastavino-gewelven vertonen fraaie patronen van oude rode baksteen.
De gratis orgelconcerten zijn een mooie gelegenheid om het interieur en de akoestiek van deze kerk naar waarde te schatten.

De grote binnenplaats van Columbia University met de Low Library

St. Paul's Chapel

Low Library ❸

Columbia University. **Kaart** 20 E3. *116th St-Columbia Univ.*

Dit classicistische gebouw met een zuilenrij boven aan drie stenen trappen ontleent zijn naam aan Seth Low, een oud-burgemeester die de bibliotheek aan de universiteit heeft geschonken. Het beeld *Alma Mater* van Daniel Chester French, dat ervoor staat, werd in 1968 bekend als achtergrond van de vele studentendemonstraties tegen de oorlog in Vietnam. Het gebouw dient nu als kantoorruimte en in de ronde hal vinden plechtigheden plaats. De boeken zijn overgebracht naar Butler Library, aan de overkant van het vierkante plein.

Cathedral of St. John the Divine ❹

Blz. 224-225.

Riverside Church ❺

490 Riverside Dr bij 122nd St. **Kaart** 20 D2. *870-6700.* *116th St-Columbia Univ.* *dag. 9.00-17.00 uur.* *zo 10.45 uur* *op aanvraag.* ***Carillonconcerten*** *870-6784 zo 12.00 en 15.00 uur.* ***Theater.*** *864-2929.* www.theriversidechurch.org

Deze neogotische kerk met stalen frame heeft een hoogte van 21 verdiepingen. De kerk is ontworpen naar het voorbeeld van de Franse kathedraal van Chartres. De bouw ervan in 1930 werd ruim gesubsidieerd door John D. Rockefeller. Het Laura

Spelman Rockefeller Memorial Carillon met 74 klokken is het grootste ter wereld. De Bourdon-klok van 20 ton is de grootste en zwaarste klok die ooit is gegoten. Ook het orgel is met zijn 22.000 pijpen een van de grootste ter wereld.
Achter in de tweede galerij staat een met bladgoud bedekt Christusbeeld van gips: *Christ in Majesty* van Jacob Epstein. Op de binnenplaats naast de kruisgang staat nog een beeld van Epstein: *Madonna and Child.* Op de panelen van het koorhek staan afbeeldingen ter ere van acht mannen en vrouwen wier levens de leer van Christus weerspiegelen: van Socrates tot Michelangelo en van Florence Nightingale tot Booker T. Washington.
De rustige, kleine Christuskapel is gemodelleerd naar een 11de-eeuwse romaanse kerk in Frankrijk.
Neem om op het uitkijkpunt te komen de lift naar de 20ste verdieping en beklim vervolgens de 140 treden naar de top van de 120 m hoge klokkentoren. Vanaf het winderige uitkijkpunt hebt u een prachtig uitzicht over Upper Manhattan.

De 21 verdiepingen hoge Riverside Church, vanuit het noorden gezien

Muurmozaïek in Grant's Tomb: Grant (links) en Robert E. Lee

Grant's Tomb ❻

W 122nd St en Riverside Drive. **Kaart** 20 D2. 📞 *666-1640.* **M** *116th St-Columbia Univ.* 🕘 *dag. 9.00-17.00 uur.* ● *1 jan., Thanksgiving, 25 dec.* 📷 ♿ 🛍 W www.nps.gov/gegr

Dit pompeuze monument is een eerbewijs aan Ulysses S. Grant, de opperbevelhebber van de federale troepen tijdens de burgeroorlog en de 18de president van de VS.
In het mausoleum staan de kisten met de stoffelijke resten van Grant en zijn vrouw, want de laatste wens van de president was om samen met zijn vrouw te worden begraven. Na de dood van Grant in 1885 werd door meer dan 90.000 Amerikanen 600.000 dollar bijeengebracht om deze graftombe te bouwen. De tombe is ontworpen naar het voorbeeld van de tombe van Mausoleus in Halicarnassus, één van de zeven wereldwonderen van de klassieke oudheid. De graftombe werd ingewijd op 27 april 1897, de 75ste geboortedag van Grant. Een stoet van 50.000 mensen trok voorbij het graf.
Het interieur is gemodelleerd naar het graf van Napoleon in Les Invalides in Parijs. Iedere sarcofaag weegt 8,5 ton. In twee zalen is een expositie ingericht over het privé-leven van Grant en over zijn carrière als president en militair.

General Grant tijdens de Amerikaanse burgeroorlog

Aan de noord- en oostzijde van het gebouw staan 17 banken die door hun golfvormige ontwerp totaal niet passen in het plechtstatige geheel. De banken zijn een ontwerp uit het begin van de jaren zeventig van de in Chili geboren en in Brooklyn wonende kunstenaar Pedro Silva. Ze werden onder zijn supervisie door 1200 vrijwilligers gemaakt. De kleurige banken zijn geïnspireerd op het werk van de Spaanse architect Antonio Gaudi in Barcelona. De mozaïeken bevatten afbeeldingen met een breed scala aan onderwerpen: van de Inuit tot Newyorkse taxi's en Donald Duck.
Even ten noorden van de tombe van Grant is nog een grafmonument. Dit heeft ietwat bescheidener proporties. Een onopgesmukte urn op een voetstuk geeft aan waar het graf is van een kleuter die in de 18de eeuw in de rivier viel en verdronk.

Cathedral of St. John the Divine ❹

Cram's gotische westgevel

Met de bouw van deze grootste kathedraal ter wereld, die nu nog maar voor tweederde is voltooid, werd begonnen in 1892. Oorspronkelijk zou de kerk in romaanse stijl worden gebouwd naar een ontwerp van Heins en LaFarge, maar toen het project in 1911 werd overgenomen door Ralph Adams Cram, ontwierp deze het schip en de westelijke gevel in gotische stijl. Voor de voltooiing van de kathedraal worden nog steeds middeleeuwse bouwmethoden gebruikt.

Het koor
De koorzuilen van glanzend grijs graniet zijn 17 m lang.

Het schip
Sierlijke stenen bogen bekronen de 30 m hoge pilaren van het schip.

Roosvenster ★
Dit gestileerde roosmotief uit 1933 symboliseert tal van facetten van het christendom.

★ Westelijke ingang
De portalen van de ingang aan de westzijde van de kathedraal zijn met beelden versierd. Sommige grijpen terug op werken uit de Middeleeuwen. Andere, zoals deze apocalyptische visie van de Newyorkse skyline van de steenhouwer Joe Kinkannon, tonen de betrokkenheid van de kathedraal bij actuele politieke en sociale problemen.

STERATTRACTIES

- ★ **Roosvenster**
- ★ **Westelijke ingang**
- ★ **Nisaltaren**
- ★ **Peace Fountain**

★ Peace Fountain
Deze sculptuur is ontworpen door Greg Wyatt en symboliseert de natuur in al haar vormen. Ze staat tussen een granieten bekken op de Great Lawn, ten zuiden van de kathedraal.

TIPS VOOR DE TOERIST

Amsterdam Ave bij W 112th St. **Kaart** 20 E4. *316-7540.* ***Bespreekbureau*** *662-2133.* *1 en 9 naar Cathedral Pkwy. (110th St.).* *M4, M5, M7, M11 en M104.* *dag. 9.00-17.00 uur.* ***Donaties.*** ***Concerten, lezingen.*** www.stjohndivine.org

Doopvont
Gotische doopvont met Italiaanse, Spaanse en Franse invloeden.

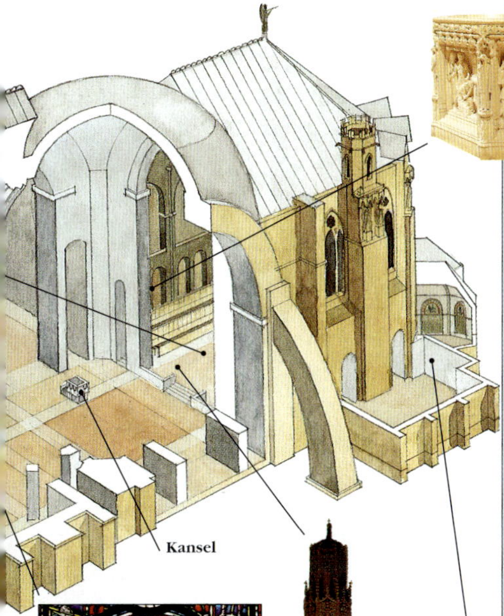

KATHEDRAAL NA VOLTOOIING

Voor de voltooiing van de kerk is ongeveer 400 miljoen dollar nodig. De zuidelijke dwarsbeuk, de kruistoren en de westelijke torens moeten nog worden gebouwd. Het zal dan nog ongeveer 50 jaar duren voor de kerk voltooid is.

★ Nisaltaren
De ramen van de altaren in de nissen laten afbeeldingen zien van menselijke activiteiten, onder andere sport.

Bisschopsstoel
Dit is een kopie van de stoel in de Henry VII Chapel in Westminster Abbey.

St. Ambrose Chapel
Deze kapel, die is genoemd naar een Italiaanse bisschop uit de 4de eeuw, is versierd met fraai ijzerwerk.

TIJDBALK

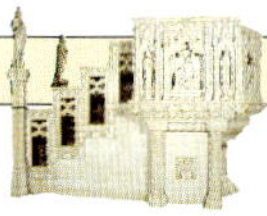

1823 Kathedraal gepland op Washington Square

1891 Locatie gekozen en toegekend: Cathedral Parkway

1909 Kansel ontworpen door Henry Vaughan

1911 Nieuw ontwerp van Cram

1967 Bronzen lampen uit voormalig Penn Station geïnstalleerd bij de trappen

1800 | 1850 | 1900 | 1950

1873 Vergunning verleend

1888 Ontwerpwedstrijd kathedraal gewonnen door Heins en LaFarge

1892 Eerste steen gelegd op 27 december (dag van St. John, Johannes de Evangelist)

1916 Begin aanleg schip

1941 Werkzaamheden onderbroken wegens Tweede Wereldoorlog. Hervat in 1978

1978 De derde bouwfase vangt aan; steenhouwerswerkplaats geopend

City College of the City University of New York ❼

Hoofdingang op de hoek van W 138th St. en Convent Ave. **Kaart** 19 A2. *650-7000.* *137th St-City College.* www.ccny.cuny.edu

Dit universiteitsgebouw is indrukwekkend gelegen op een heuveltop naast Hamilton Heights. Voor de bouw gebruikte men Manhattan-schist, een steensoort die bij de aanleg van de IRT-metro werd uitgegraven. De neorenaissance-elementen en de modernere gebouwen werden later toegevoegd. Het college heeft tegenwoordig 15.000 studenten. Voor inwoners van New York was het onderwijs aan het City College vroeger gratis, maar ook nu nog betaalt men weinig collegegeld. Driekwart van de studenten behoort tot de minderheidsgroepen. Veelal zijn het de eerste leden van de familie die doorstuderen.

De Shepard-poort van het City College van de universiteit

Hamilton Grange National Memorial ❽

287 Convent Ave. **Kaart** 19 A1. *283-5154.* *137th St-City College.* *vr-zo 9.00-17.00 uur.* www.nps.gov/hagr

Ingeklemd tussen een kerk en enkele flatgebouwen staat een van de interessantste historische gebouwen van de stad: het in 1802 gebouwde houten landhuis van Alexander Hamilton. Hij was een van de grondleggers van het politieke systeem van de VS, de eerste minister van Financiën en de

Standbeeld van Alexander Hamilton bij Hamilton Grange

oprichter van de Nationale Bank. Zijn konterfeitsel staat op de biljetten van 10 dollar. Hier woonde Hamilton de laatste twee jaar voor zijn dood. Hij werd in 1804 gedood tijdens een duel met Aaron Burr, een rivaliserend politicus. St. Luke's Episcopal Church kocht het huis in 1889 aan en verplaatste het twee blokken naar deze 'tijdelijke' locatie.

Hamilton Heights Historic District ❾

W 141st–W 145th St. **Kaart** 19 A1. *137th St-City College.*

Oorspronkelijk stonden hier landhuizen van de welgestelden. De wijk staat ook bekend onder de naam Harlem Heights. De wijk werd gebouwd in de jaren 1880 nadat de luchtspoorweg tot hier was doorgetrokken *(blz. 24)*.
Omdat het een op zichzelf staande enclave was op een heuvel naast Harlem, wilde men er graag wonen.
De wijk Sugar Hill was favoriet bij de beau monde van Harlem. Hier woonden onder anderen opperrechter Thurgood Marshall, de jazzmusici Count Basie, Duke Ellington en Cab Calloway en de bokser Sugar Ray Robinson. De mooie huizen van drie en vier verdiepingen zijn gebouwd tussen 1886 en 1906. De stijl varieert: men ziet naast Vlaamse en romaanse invloeden ook tudorelementen. Ze zijn nog in goede staat. Er wonen veel stafleden van het nabijgelegen City College.

Huizen in Hamilton Heights

St. Nicholas Historic District ❿

202-250 W 138th & W 139th St. **Kaart** 19 B2. *135th St (B en C).*

Deze twee huizenblokken, ook wel de King Model Houses genaamd, vormen een scherp contrast met de omgeving. Ze werden gebouwd in 1891, toen Harlem een wijk voor de betere stand was, en zijn nog steeds een mooi voorbeeld van herenhuizen in een rij.
Drie vooraanstaande architecten, met ieder hun eigen stijl, slaagden erin om in opdracht van David King een harmonieus geheel te creëren.
Het meest bekend was McKim, Mead & White, van

Huizen in St. Nicholas District

Adam Clayton Powell jr. tijdens een actie voor de burgerrechten

de Pierpont Morgan Library *(blz. 162-163)* en de Villard Houses *(blz. 174)*, die de noordelijkste rij renaissance-paleizen neerzette van massief baksteen. Hun huizen hebben een entree die direct op de begane grond is gevestigd, en niet zoals gebruikelijk in New York op een bruinrode zandstenen stoep.
De fraaie salons hebben smeedijzeren balkons onder het raam en siermedaillons erboven.
De Georgian gebouwen die zijn ontworpen door Price en Luce, zijn gemaakt van geel baksteen met witte versiering. Het deel van James Brown Lord, dat eveneens in Georgian stijl is uitgevoerd, neigt naar Victoriaans; het heeft rood-bakstenen voorgevels op een *brownstone*-onderkant.
In 1920-1940 trokken geslaagde zwarten hierheen, zoals de musici W.C. Handy en Ebie Blake, wat de blokken de bijnaam Strivers' Row (straatje van strebers) opleverde.

Abyssinian Baptist Church ⓫

132 W 138th St. **Kaart** 19 C2. *862-7474.* *135th St (B, C, 2, 3).* *zo 9,00, 11.00 uur. Groepen van meer dan 10 personen reserveren.*

De oudste 'zwarte' kerk van New York (gesticht in 1808) werd bekend door haar charismatische predikant Adam Clayton Powell jr. (1908-1972). Hij was congreslid en een strijder voor de burgerrechten. Onder zijn leiding werd het de rijkste en machtigste zwarte kerk van de VS. Een zaal in de kerk toont memorabilia uit zijn leven.
De zondagsdienst in het schitterende gotische kerkgebouw uit 1923 is zeer aan te bevelen. Een luisterrijk gospelkoor geeft dan liederen ten beste.

Schomburg Center for Research into Black Culture ⓬

515 Malcolm X Blvd. **Kaart** 19 C2. *491-2200.* *135th St (2 en 3).* *ma-wo 12.00-20.00 uur; do-za 10.00-18.00 uur. (variabele expositietijden).* *feestdagen.*

Het grootste centrum voor zwarte en Afrikaanse cultuur in de VS zit in een steriel ogend, modern gebouw uit 1991. De enorme collectie is verzameld door wijlen Arthur Schomburg, een zwarte van Puertoricaanse afkomst die van zijn leraar had gehoord dat zwarten geen geschiedenis hadden.

Kurt Weill, Elmer Rice en Langston Hughes in het Schomburg Center

De Carnegie Corporation kocht de collectie in 1926 aan en schonk haar aan de New York Public Library. Schomburg werd tot conservator benoemd.
De bibliotheek was de officieuze ontmoetingsplaats van de bekende schrijvers die in de jaren twintig voor een opleving van de 'zwarte literatuur' zorgden, de zogenaamde Harlem Renaissance: Langston Hughes, W.E.B. Du Bois, Zora Neale Hurston en vele anderen. Ook werden er veel literaire bijeenkomsten en poëzievoordrachten gehouden.
De Schomburg Library heeft uitstekende faciliteiten voor het behoud en toegankelijk maken van de zeldzame boeken, kunstwerken en geluidsopnamen die deel uitmaken van de collectie. Het is tevens een cultureel centrum, met een theater en twee galeries.

Harlem YMCA ⓭

180 W 135th St. **Kaart** 19 C3. *281-4100.* *135th St (2 en 3).*

De socioloog W.E.B. Du Bois

Paul Robeson en veel andere acteurs maakten in het begin van de jaren twintig hier hun debuut. De Krigqa Players werden in 1928 in de kelder opgericht door W.E.B. Du Bois. Deze wilde tegenwicht bieden aan het denigrerende beeld dat toen in Broadway-revues van zwarten werd gegeven. De 'Y' bood ook onderdak aan enige beroemdheden toen zij net in Harlem waren aangekomen.

Gospelzangers treden 's zondags tijdens de brunch op in Sylvia's

Sylvia's ⓮

328 Lenox Ave. **Kaart** 21 B1.
996-0660. *125th St (2,3). Zie* ***Restaurants*** *blz. 294.*

Het beste Afro-Amerikaanse restaurant van Harlem serveert Southern-style kip, pikante ribkoteletten, black eyed peas, koolbladeren, gekonfijte yams, zoete-aardappeltaart en andere specialiteiten uit de zuidelijke staten *(blz. 287)*. Tijdens de brunch op zondag treedt een gospelgroep op.

Verken op uw gemak de markt op de hoek van 125th Street en Lenox Avenue (over een lengte van twee blokken, tegenover Sylvia's). Men verkoopt hier Afrikaanse kleding, sieraden en kunst in alle kwaliteitsklassen.

Apollo Theater ⓯

253 W 125th St. **Kaart** 21 A1.
531-5305. *125th St (A, B, C en D).* *tijdens shows.*
Zie ***Amusement*** *blz. 341.*
www.showtimeattheapollo.com

Toen het Apollo Theater in 1914 openging, was het een operatheater dat uitsluitend door blanken kon worden bezocht. Het werd bekend nadat Frank Schiffman, een blanke ondernemer, de zaak in 1934 had overgenomen. Hij stelde het theater open voor mensen van alle rassen en maakte er het beste theater in Harlem van. Er traden legendarische zwarte artiesten op, zoals Bessie Smith, Billie

Het Apollo Theater

Holiday, Duke Ellington en Dinah Washington. De talentenjacht op woensdag was alom bekend: er waren lange wachtlijsten voor een optreden. Op deze talentenjachten begonnen de carrières van onder anderen Sarah Vaughan, Pearl Bailey, James Brown en Gladys Knight.

Het Apollo Theater was hét podium in de tijd van de swingbands. Na de Tweede Wereldoorlog werd deze traditie voortgezet door een nieuwe generatie musici, onder wie Charlie 'Bird' Parker, Dizzy Gillespie, Thelonious Monk en Aretha Franklin. Het is nog steeds een plaats waar de beste zwarte entertainers optreden.

Studio Museum in Harlem ⓰

144 W 125th St. **Kaart** 21 B2. *864-4500.* *125th St (2 en 3)* *wo-vr 10.00-17.00; za en zo 13.00-18.00 uur.* *1 jan., Thanksgiving, 25 dec.* *behalve za.* ***Lezingen, kinderprogramma's, films.***
www.StudioMuseuminHarlem.org

Dit museum opende in 1967 op een bovenverdieping aan Upper Fifth Avenue. Het zou het grootste centrum worden voor de verzameling en tentoonstelling van Afro-Amerikaanse kunst en artefacten. De huidige locatie, een gebouw van vier verdiepingen aan de drukste winkelstraat van Harlem, werd in 1979 aan het museum geschonken door de New York Bank for Savings. Het nieuwe museum ging in 1982 open. Op twee verdiepingen zijn zalen voor wisselende exposities rond een specifieke kunstenaar of een bepaald thema. In drie zalen is een permanente tentoonstelling ingericht van werk van bekende zwarte kunstenaars.

Expositieruimte in het Studio Museum in Harlem

Er is een uitgebreid fotoarchief over de bloeitijd van Harlem. Via een zijdeur komt men in een kleine beeldentuin. Naast de uitstekende exposities organiseert het museum ook een landelijk stageprogramma voor kunstenaars. Ook worden er regelmatig lezingen, seminars, kinderprogramma's en filmfestivals gehouden. In een leuk winkeltje worden boeken en Afrikaanse kunstnijverheid verkocht.

Mount Morris Historical District ⑰

W 119th-W 124th St **Kaart** 21 B2. M *125th St (2, 3).*

Het is duidelijk te zien dat de laat-Victoriaanse huizen bij Marcus Garvey Park betere tijden hebben gekend. Deze buurt was zeer geliefd bij Duitse joden die zich hadden opgewerkt vanuit de Lower East Side. De tand des tijds heeft deze wijk echter niet onberoerd gelaten. Er staat nog een aantal imponerende kerken, zoals St. Martin's Episcopal Church. Verschillende religies hebben hun stempel op de buurt gedrukt. In het van een zuilenrij voorziene gebouw van de Mount Olivet Baptist Church op nr. 201 Lenox Avenue zat eerst de Temple Israel. En in het voormalige herenhuis van de Ethiopian Hebrew Congregation op nr. 1 West 123rd St. zingt het gospelkoor 's zaterdags in het Hebreeuws.

St. Martin's Episcopal Church aan Lenox Avenue

Marcus Garvey Park ⑱

120th–124th St. **Kaart** 21 B2. M *125th St (2,3).*

De flamboyante zwarte nationalist Marcus Garvey

In dit heuvelachtige, rotsige stuk groen ter grootte van twee stratenblokken staat de laatste brandtoren van New York. Het is een open constructie van gietijzer met wenteltrappen die naar het uitkijkplatform leiden. Men kan de toren het beste van een afstandje bekijken. Dit is echter geen buurt om zomaar onbekommerd in rond te wandelen. Dit park heette vroeger Mount Morris Park. In 1973 werd het omgedoopt tot Marcus Garvey Park. Garvey kwam in 1916 van Jamaica naar Harlem en stichtte er de Universal Negro Improvement Agency ter bevordering van zelfhulp, raciale trots en de terugkeer van zwarten naar Afrika.

Museo del Barrio ⑲

1230 5th Ave. **Kaart** 21 C5. *832-7272.* M *103rd St (6).* *wo-zo 11.00-17.00 uur.* ***Donatie gewenst.*** W www.elmuseo.org

Dit museum, dat werd geopend in 1969, is het enige op het gebied van de Latijns-Amerikaanse kunst en cultuur, met name die van Puerto Rico.
De collectie omvat eigentijdse schilder- en beeldhouwkunst, kunstnijverheid en historische artefacten. Een hoogtepunt van de collectie is de serie van 240 Santos (heiligenbeelden) die zijn gemaakt door handwerkslieden. De objecten worden vaak gewisseld, maar sommige Santos zijn permanent tentoongesteld. Op de pre-Columbiaanse afdeling ziet u zeldzame artefacten uit het Caribisch gebied ten tijde van de ontdekkingsreizen van Columbus. Dit museum is het noordelijkste van de Museum Mile.

Volkskunst in het Museo del Barrio: een van de *Three Wise Men* (links) en de *Omnipotent Hand*

BUITEN HET CENTRUM

Hoewel de wijken buiten Manhattan officieel deel uitmaken van New York City, is de sfeer er heel anders. Het zijn woonwijken zonder de wolkenkrabbers waarmee New York meestal wordt geassocieerd. Het is veelzeggend dat de bewoners van deze wijken een bezoek aan Manhattan 'naar de stad gaan' noemen. In de buitenwijken is echter ook veel te zien, zoals de grootste dierentuin van de stad, musea en stranden. Zie voor een rondleiding bladzijden 264-265.

BEZIENSWAARDIGHEDEN IN HET KORT

Historische straten en gebouwen
Morris-Jumel Mansion 2
George Washington Bridge 3
Wave Hill 5
Yankee Stadium 10
Grand Army Plaza 17
Park Slope Historic District 18
Historic Richmond Town 23
Alice Austen House 26

Musea en galeries
Audubon Terrace 1
The Cloisters blz. 234-237 4
Van Cortlandt House Museum 6
New York Hall of Science 13
American Museum of the Moving Image and Kaufman Astoria Studio 14
Brooklyn Children's Museum 15
The Brooklyn Museum blz. 248-251 20
Jacques Marchais Center of Tibetan Art 24
Snug Harbor Cultural Center 25

Parken en tuinen
New York Botanical Garden blz. 240-241 8
Bronx Zoo/Wildlife Conservation Park blz. 242-243 9
Flushing Meadow-Corona Park 12
Prospect Park 19
Brooklyn Botanic Garden 21

Bekende theaters
Brooklyn Academy of Music 16

Begraafplaatsen
Woodlawn Cemetery 7

Stranden
City Island 11
Coney Island 22
Jamaica Bay Wildlife Refuge Center 27
Jones Beach State Park 28

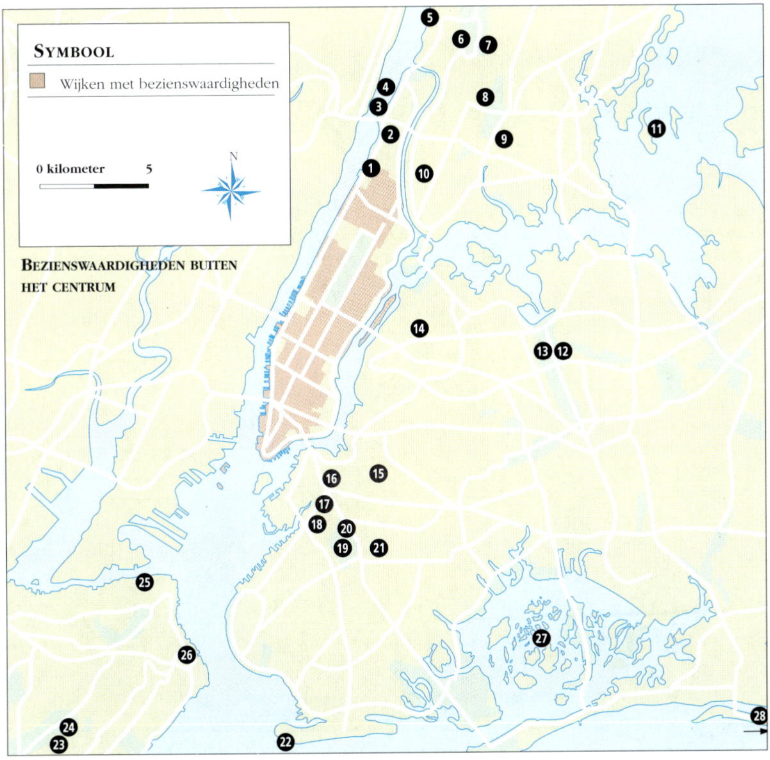

City Island

Upper Manhattan

In de 18de eeuw stonden hier de boerderijen van Nederlandse kolonisten. Nu is het een rustige buitenwijk. Het is een goede plaats om de drukte van Downtown Manhattan de rug toe te keren en op uw gemak musea en andere bezienswaardigheden te bezoeken. In The Cloisters *(blz. 234-237)* staat een prachtige verzameling middeleeuwse kunst uitgestald in een aantal originele Europese gebouwen uit die tijd. Het Morris-Jumel Mansion in Noord-Harlem is historisch gezien interessant. Het was het hoofdkwartier van George Washington in 1776.

The American Academy of Arts and Letters

Audubon Terrace ❶

Broadway bij 155th St. M *157th St.* ***American Numismatic Society*** *234-3130. di-za 9.00-16.30 uur; zo 13.00-16.00 uur.* W www.amnumsoc.org ***American Academy of Arts and Letters*** *368-5900. tijdens tentoonstellingen.* ***Hispanic Society of America*** *926-2234. di-za 10.00-16.30 uur; zo 13.00-16.00 uur. feestdagen.* ***Donatie gewenst.*** W www.hispanicsociety.org

Dit classicistische gebouwencomplex uit 1908 is ontworpen door Charles Pratt Huntington. Het is genoemd naar de natuurschilder John James Audubon, van wiens landgoed dit terrein ooit deel uitmaakte.

Audubon ligt begraven op het nabijgelegen Trinity Cemetery. Op zijn grafsteen in de vorm van een Keltisch kruis staan de symbolen van zijn carrière als kunstenaar: de vogels die hij schilderde, zijn palet, zijn kwasten en zijn geweren.

Het complex is gefinancierd door de oom van de architect, de spoorwegmagnaat en weldoener Archer Milton Huntington. Hij wilde dat het een cultureel-wetenschappelijk centrum zou worden. Op de binnenplaats staat werk van zijn vrouw, de beeldhouwster Anna Hyatt Huntington.

In Audebon Terrace zijn verschillende interessante gespecialiseerde musea gevestigd. The American Numismatic Society is het belangrijkste muntenmuseum in de VS. Naast de vaste collectie bezit het museum een half miljoen foto's en andere afbeeldingen van munten. Er is ook een uitgebreide bibliotheek.

Bronzen deur in de Academy

The American Academy of Art and Letters werd opgericht ter ere van Amerikaanse schrijvers, kunstenaars en componisten. Lid waren bijvoorbeeld de schrijvers John Steinbeck en Mark Twain, de schilders Andrew Wyeth en Edward Hopper en de componist Aaron Copland.

De expositie bestaat uit werk van de leden. De bibliotheek bevat oude manuscripten en eerste drukken.

The Hispanic Society of America is een openbare instelling en bibliotheek, die opgebouwd zijn rond de privé-collectie van Archer Huntington. Het National Museum of the American Indian, dat vroeger ook hier zat, is verhuisd naar het Custom House *(blz. 73)*.

Beeld van El Cid door Anna Hyatt Huntington in Audubon Terrace

Morris-Jumel Mansion ❷

Hoek W 160th St en Edgecombe Ave. 923-8008. M 163rd St. wo-zo 10.00-16.00 uur. feestdagen. **Entreeprijs**. op afspraak. www.preserve.org/hht/morris/jumel.htm

Dit is een van de weinige gebouwen van voor de Amerikaanse revolutie die bewaard zijn gebleven. Het is nu een museum. Het werd in 1765 gebouwd voor luitenant-kolonel Roger Morris. In 1776 richtte George Washington, een vriend van Morris, het in als hoofdkwartier tijdens het beleg van Manhattan.

Later werd het huis aangekocht en gerestaureerd door de rijke Franse wijnhandelaar Stephen Jumel en zijn beruchte vrouw Eliza. In haar boudoir staan een bed en een 'dolfijn'-stoel die zij, naar men zegt, heeft gekocht van Napoleon. Ook liggen er persoonlijke bezittingen van haar, zoals een jarretelle waarop het woord *amore* is geborduurd. Zij choqueerde de Newyorkse beau monde met haar omgang met bekende notabelen en haar liefdesaffaires. Het gerucht ging dat zij in 1832 haar man heeft laten doodbloeden, zodat zij zijn fortuin kon erven. Later trouwde ze met Raymond Burr, die toen 77 was. Op de dag van zijn dood zijn ze gescheiden.

Het Morris-Jumel Mansion uit 1765

De George Washington Bridge heeft een spanbreedte van 1065 m

George Washington Bridge ❸

M 175th St. www.panynj.gov

De Franse architect Le Corbusier noemde deze brug 'het enige fraaie in deze chaotische stad'. Deze brug van de ingenieur Othmar Ammann en de architect Cass Gilbert is weliswaar niet zo bekend als die naar Brooklyn, maar heeft toch een eigen karakter en historie. Toen de Port of New York Authority de 59 miljoen dollar voor de bouw van de brug had bijeengebracht, bestonden er al zestig jaar plannen voor een brug tussen Manhattan en New Jersey. Ammann gaf de voorkeur aan een weg boven een dure spoorverbinding. De bouw startte in 1927 en in 1931 was de brug gereed. Nu is de brug een essentiële schakel in het drukke pendelverkeer. Cass Gilbert wilde de beide torens eigenlijk bemetselen, maar zijn budget liet dit niet toe. Er staat nu dus een fraai geraamte van 183 m hoog en 1065 m lang. In het bouwplan van Gilbert was de mogelijkheid opengelaten om een tweede brugdek aan te leggen. Dit werd toegevoegd in 1962 en betekende dat de brug een veel grotere verkeersstroom kon verwerken. De cijfers van het tolhuis wijzen uit dat per jaar 50 miljoen auto's de brug in oostelijke richting oversteken.

Het vuurtorentje onder de brug

Onder de oostelijke toren staat een vuurtoren die in 1951 na protesten vanuit de bevolking werd gered van de slopershamer. De reden waarom is een deel van de stadsmythologie geworden. Er kwamen duizenden brieven binnen van kinderen uit New York en overal ter wereld, die hadden genoten van het kinderverhaaltje *The Little Red House and the Great Gray Bridge* waarin de brug en de vuurtoren een hoofdrol speelden.

The Cloisters ❹

Blz. 234-237.

The Cloisters ❹

The Cloisters gezien van Fort Tryon Park

Dit wereldberoemde museum met middeleeuwse kunst is gevestigd in een gebouw dat tussen 1934 en 1938 werd samengesteld uit delen van oude kruisgangen, kapellen en zalen. De beeldhouwer George Barnard stichtte het museum in 1914. Zijn verzameling kerkkunst vormt de basis van de collectie. Dankzij de steun van John D. Rockefeller jr. kon het Metropolitan Museum of Art de collectie in 1925 aankopen.

Grafbeeltenis van Jean d'Alluye
Hier is deze kruisvaarder uit de 13de eeuw vereeuwigd.

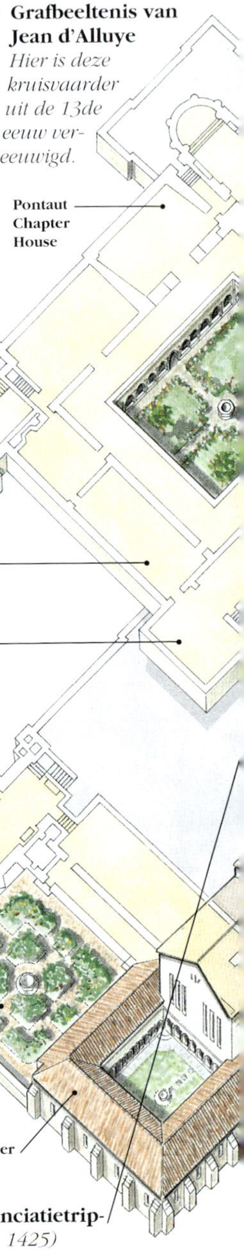

★ **Eenhoorntapisserieën**
Deze prachtige tapisserieën zijn rond 1500 in Brussel geweven. Ze beelden de jacht op de mythische eenhoorn uit.

Gebrandschilderde lancetvensters *(1440-1470)*
Onder het lancetvenster van de heilige Catharina tonen deze engelen het wapen van het kuipersgilde.

STERATTRACTIES

- ★ **Eenhoorntapisserieën**
- ★ **Belles Heures de Jean, Duc de Berry**
- ★ **Annunciatie-triptiek van Robert Campin**

★ **Annunciatietriptiek** *(ca. 1425)*
Dit kleine drieluik is van Robert Campin uit Doornik. Het is een prachtig staaltje vroege Vlaamse schilderkunst.

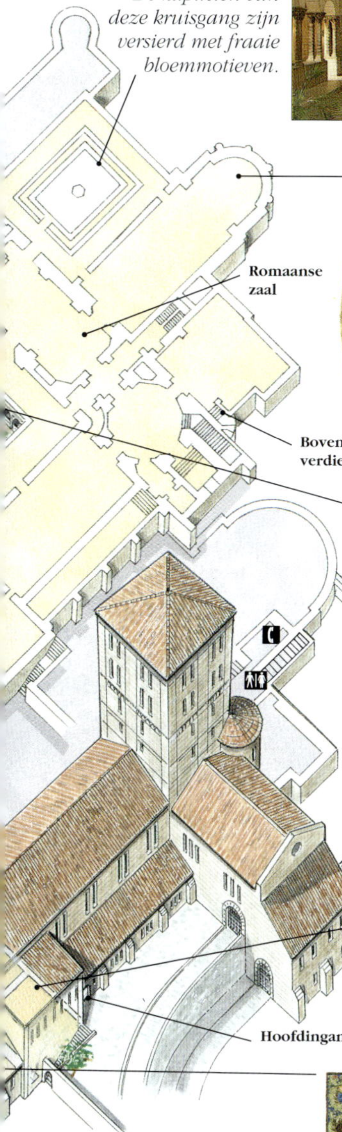

Saint-Guilhem Cloister
De kapitelen van deze kruisgang zijn versierd met fraaie bloemmotieven.

Fresco's van Maria met Kind
Deze 12de-eeuwse fresco komt uit de kerk van San Juan de Tredós in Catalonië.

Cuxa Cloister
Ornamenten en bouwstijl van deze nagebouwde kruisgang uit de 12de eeuw zijn romaans.

Tronende Maria met kind
Dit rijk bewerkte ivoren beeld werd aan het einde van de 13de eeuw in Engeland gemaakt.

★ **Belles Heures**
Dit gebedenboek, dat werd vervaardigd in opdracht van hertog Jean de Berry, bevat 94 miniaturen in tempera en goud.

MUSEUMGIDS
De collectie is in chronologische volgorde gerangschikt: eerst de romaanse periode (vanaf 1000 n.C.), vervolgens de Gotiek (1150-1520). Op de begane grond vindt u beeldhouwkunst, glas-in-lood, schilderijen en de tuinen. De Eenhoorntapisserieën *zijn op de bovenverdieping te zien.*

TIPS VOOR DE TOERIST
Fort Tryon Park. *923-3700.* *A naar 190th St.* *M4.* *maart-okt.: di-zo van 9.30-zonsondergang.* *1 jan., Thanksgiving, 25 dec.* ***Donatie.*** *geen video.* *beperkt.* *reserveren.* ***Concerten.*** www.metmuseum.org/collections/department.asp?dep=7

SYMBOLEN

- Tentoonstellingsruimte
- Geen tentoonstellingsruimte

The Cloisters verkennen

Hoewel The Cloisters vooral bekendstaat om de romaanse en gotische architectonische details, beslaat de collectie ook fraai verluchte manuscripten, glas-in-lood, smeedwerk, email, ivoor, schilderijen en de befaamde *Eenhoorntapisserieën*. Het schitterende middeleeuwse gebouwencomplex van The Cloisters is uniek in de VS.

Een 16de-eeuwse Vlaamse bukshouten rozenkrans uit de Treasury

Romaanse kunst

Een levensgroot 12de-eeuws kruisbeeld uit Spanje met Christus als de koning van het hemelrijk

De zuilen van de kruisgangen zijn versierd met fantasiebeesten en -mensen, acanthusbloemen en krulwerk. Veel kruisgangen zijn gebouwd in de romaanse stijl van de 11de en 12de eeuw. De vele meesterwerken van de romaanse kunst en architectuur geven een duidelijk beeld van de krachtige, ronde bogen en de fraaie detaillering die kenmerkend is voor deze stijl. Karakteristiek voor de 12de-eeuwse Cuxa-kruisgang uit de Franse Pyreneeën zijn de fraai versierde kapitelen en het warme roze marmer. In de romaanse zaal ziet u op een afbeelding hoe een gekroonde Christusfiguur zegeviert over de dood.

De apsis uit de kerk van San Martín in Fuentidueña in Spanje ziet er soberder uit: het reusachtige ronde gewelf is gebouwd van 3000 blokken kalksteen. Het is versierd met een 12de-eeuws fresco van Maria met Kind.

Meer dan 800 jaar geleden zaten er op de koude stenen banken van het Pontaut Chapter House benedictijner en cisterciënzer monniken. In de 19de eeuw werd het verwaarloosd en als stal gebruikt. Het kruisribgewelf duidt erop dat de gotische stijl in opkomst was.

Gotische kunst

Terwijl men zich in de romaanse stijl bediende van stevige vormen, werd de gotische stijl die erna kwam (van 1150 tot ca. 1520) gekenmerkt door openheid: spitsbogen, gebrandschilderde ramen en driedimensionale sculpturen. De gotische afbeeldingen van Maria met Kind verraden groot vakmanschap.

De felgekleurde ramen van de gotische kapel bevatten afbeeldingen van bijbelse taferelen en figuren. Ook zijn er levensgrote grafsculpturen,

Het gewelfde plafond van Pontaut Chapter House

onder andere de effigie van de kruisvaarder Jean d'Alluye. In de Boppard-zaal ziet men afbeeldingen van de levensloop van heiligen in een schitterend laatgotisch glas-in-loodraam uit Duitsland. Het meesterwerk *De Annunciatie* van de Vlaming Robert Campin vormt het middelpunt van de Campin-zaal. Het is een knusse ruimte met meubels die passen bij een welgestelde 15de-eeuwse familie.

Middeleeuwse tuinen

In de tuinen van The Cloisters groeien meer dan 250 plantensoorten die in de Middeleeuwen voorkwamen. In het Bonnefont Cloister groeien kruiden, geneeskrachtige planten en groenten. In het Trie Cloister groeien de planten die staan afgebeeld op de *Eenhoorntapisserieën*. De symboliek van bloemen speelt ook een rol: rozen staan voor de Heilige Maagd en madeliefjes voor het oog van Christus.

Bonnefont Cloister

De tapisserieën

De tapisserieën in The Cloisters vormen met hun rijke, symbolische beeldentaal het hoogtepunt van de collectie. De vier *Nine Heroes Tapestries* dragen het wapen van hertog Jean de Berry, een broer van de koning van Frankrijk en een bekende middeleeuwse mecenas. Deze tapisserieën zijn samen met nog één andere serie de enige laat-14de-eeuwse exemplaren die bewaard zijn gebleven. De andere serie was eigendom van Jean's broer, Lodewijk van Anjou. Op de doeken van Jean staan negen helden uit het verleden – drie heidense, drie joodse en drie christelijke – afgebeeld naast de leden van de middeleeuwse hofhouding: kardinalen, ridders, jonkvrouwen en muzikanten.
In de zaal ernaast vindt u de prachtige serie *The Hunt of the Unicorn*, zeven rond 1500 te Brussel geweven tapisserieën. De tapisserieën beelden taferelen uit van de symbolische jacht op het mythische dier de eenhoorn, die uiteindelijk door een maagd wordt gevangen. Hoewel de tapisserieën in de 19de eeuw werden gebruikt om fruitbomen tegen de vorst te beschermen, zijn ze goed bewaard gebleven. Ze zijn versierd met honderden gedetailleerde afbeeldingen van dieren en planten, die eerst nauwgezet zijn bestudeerd.

Julius Caesar met hofmuzikanten, detail van de tapisserie *Nine Heroes*

De Treasury

In de Middeleeuwen werden kostbare voorwerpen veilig opgeborgen in het sanctuarium, in The Cloisters liggen ze in de Treasury. Tot de collectie behoren onder andere verschillende gotisch geïllustreerde getijdenboeken. Dit waren religieuze boeken voor de adel, zoals *Belles Heures* van de gebroeders Limbourg, dat in 1410 werd gemaakt voor hertog Jean de Berry. Verder is er een miniatuurtje van de gotische meester Jean Pucelle, die rond 1325 werd gemaakt voor de Franse koningin. De collectie omvat verder bijvoorbeeld een 13de-eeuwse ivoren Mariabeeld uit Engeland en een 14de-eeuwse reliekschrijn van goudgerand email. Verder ziet u hier kandelaren, crucifixen, wierookvaten en kelken. Een curiositeit is de 'Apenkop', een geëmailleerde beker die waarschijnlijk werd gemaakt voor het Bourgondische hof; hij bevat een afbeelding van balorige apen die een slapende marskramer beroven. Ook bijzonder zijn een fraai bewerkte rozenkranskraal ter grootte van een walnoot en een 13de-eeuws, met edelstenen versierd zoutvaatje in de vorm van een boot.

Beelden en symbolen van de jacht afgebeeld op 15de-eeuwse speelkaarten

De westelijke salon van het Van Cortlandt House Museum

The Bronx

Hoewel de Bronx vroeger een welvarende buitenwijk was met dure appartementengebouwen en een beroemde Grand Concourse, is het nu een toonbeeld van stedelijk verval. De wijk telt nog enkele immigrantengemeenschappen en een aantal mooie buurtjes, zoals Riverdale in het noorden. Ook zijn er twee grote attracties: het dierenpark en de New York Botanical Garden. Honkballiefhebbers bezoeken nog steeds in groten getale het Yankee Stadium, dat ruim 50 jaar oud is (*zie blz. 239*).

Wave Hill ❺

W 249th St. hoek Independence Ave., Riverdale. ☎ *(718) 549-3200.* Ⓜ *231st St., dan bus Bx7, 10, 24.* ◯ *di-zo 9.00-17.30 uur (half okt.-half mei 9.00-16.30 uur).* *za, zo; nov.-maart gratis.* W www.wavehill.org

Als de stad u naar het hoofd begint te stijgen, wordt het tijd voor een bezoek aan deze 11 ha grote oase van rust en schoonheid. U hebt er een prachtig uitzicht op New Jersey aan de overzijde van de Hudson. Dit vroegere landgoed van de in monumentenzorg geïnteresseerde financier George W. Perkins heeft tal van beroemde bewoners gehad, onder wie Theodore Roosevelt, Mark Twain en Arturo Toscanini.

Het huis en het terrein zijn geopend voor het publiek. In het huis worden regelmatig concerten gehouden. Meestal vinden die plaats in de grootse Armor Hall, die in 1928 werd ontworpen voor Bashford Dean, de toenmalige conservator van de afdeling wapens en harnassen van het Metropolitan Museum of Art.

De tuinen zijn ontworpen door de Weense landschapsarchitect Albert Millard. Er zijn ook kassen, grasvelden, een kruidentuin en stukken bos. De onderwerpen van de tentoonstellingen variëren van beeldhouwkunst tot tuinbouw.

In het aangrenzende Riverdale Park ligt nog meer fraai bosgebied met mooie paadjes langs de rivier.

De majestueuze Armor Hall in Wave Hill

Van Cortlandt House Museum ❻

Van Cortlandt Park. ☎ *(718) 543-3344.* Ⓜ *242nd St., Van Cortlandt Park.* ◯ *di-vr 10.00-15.00; za-zo 11.00-16.00 uur (ingang sluit een halfuur eerder).* ● *meeste feestdagen.* *Zie **Geschiedenis van New York** blz. 18-19.* W www.nycparks.org

Van Cortlandt House

Het museum is gevestigd in een groot gerestaureerd landhuis uit 1748 in Colonial Georgian stijl. Oorspronkelijk was dit huis van Frederick van Cortlandt, een Newyorker die zijn vermogen had geërfd van rijke en machtige familieleden.

De eetzaal is in gebruik geweest als een van de hoofdkwartieren van generaal George Washington. Achter het huis hebben tijdens de Amerikaanse Revolutie schermutselingen plaatsgevonden. Het interieur dateert voor een deel uit de Engelse tijd, maar er staat ook een prachtige collectie Delfts blauw en er is een compleet ingerichte 17de-eeuwse Nederlandse slaapkamer.

Woodlawn Cemetery 7

Webster Ave. bij E 233rd St. (718) 920-0500. M Woodlawn. dag. 9.00-16.30 uur. ***Kantoor*** *op zo en feestdagen.*

De Woodland Cemetery is de laatste rustplaats van veel rijke en vooraanstaande Newyorkers. Op het prachtige terrein staan gedenktekens en grafstenen. F.W. Woolworth ligt hier begraven in een mausoleum dat qua pracht en praal maar weinig onderdoet voor het Woolworth Building. Het roze-marmeren gewelf van de vleesmagnaat Herman Armour heeft merkwaardig veel weg van een enorme ham.

Ingang van het Woolworth-mausoleum

Andere Newyorkse notabelen die hier liggen, zijn burgemeester Fiorello LaGuardia, Roland Macy (van het warenhuis), de schrijver Herman Melville en de jazzlegende Duke Ellington.

New York Botanical Garden 8

Blz. 240-241.

Bronx Zoo/ Wildlife Conservation Park 9

Blz. 242-243.

Yankee Stadium 10

E 161st St. bij River Ave., Highbridge. (718) 293-6000. M 161st St. Zie ***Uitgaansleven*** *blz. 344-345.* www.yankees.com

Dit is het stadion van de honkbalclub de New York Yankees. De beste honkballers aller tijden speelden voor de Yankees: Babe Ruth en Joe DiMaggio, die in 1954 nog korte tijd gehuwd is geweest met de filmster Marilyn Monroe. In 1923 werd het Yankees Stadium voltooid door ene Jacob Ruppert, de eigenaar van de ploeg. Later kreeg het stadion de bijnaam 'The House that Ruth built', een verwijzing naar de prestaties van legende Babe Ruth. In het midden van de jaren zeventig werd het stadion gerenoveerd. Er worden ook concerten en dergelijke gehouden.

Joe DiMaggio aan slag in het Yankee Stadium in 1941

City Island 11

610 City Island Ave. M 6 naar Pelham Parkway, dan bus Bx12 naar City Island. ***North Wind Undersea Institute Museum*** *(718) 885-0701. ma-vr 12.00-16.00 (za-zo 17.00 uur).* www.cityisland.com

City Island is een klein scheepvaartcentrum voor de noordoostkust van The Bronx. De sfeer doet aan New England denken. New York lijkt er mijlenver weg en het levenstempo is er veel lager. De mooie jachthavens liggen vol zeilboten en er zijn uitstekende visrestaurants. Van de boten die de America's Cup hebben gewonnen, zijn er verschillende op City Island gebouwd. De hoofdingang van het North Wind Undersea Institute Museum is een wijd opengesperde walvisbek met een doorsnee van 2,75 m. Hier kunt u tentoonstellingen over de geschiedenis van de walvisvaart zien, maar ook de enige zeehonden ter wereld die voor de politie werken. Ze zijn getraind om wapens en drugs op te duiken en in gezonken auto's of vliegtuigen de veiligheidsriemen los te maken en de mensen boven water te brengen. Men kan de zeehonden soms in hun bassin zien oefenen in het apporteren. City Island is tegenwoordig door middel van een brug met The Bronx verbonden. Iets noordelijker op het vasteland ligt Orchard Beach, een zeer populair zandstrand met een rij strandhuisjes uit de jaren dertig.

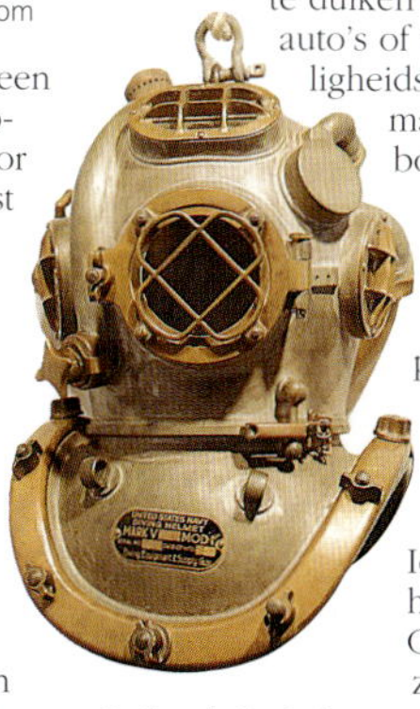

Duikershelm in het North Wind Undersea Institute Museum

Een oude sleepboot in het North Wind Undersea Institute Museum

New York Botanical Garden ❽

Hibiscus

De New York Botanical Garden bestaat uit 100 ha van verbluffende schoonheid. Van de meest glorieuze 19de-eeuwse kas van de Verenigde Staten tot de 5 ha grote Everett Children's Adventure Gardent is de botanische tuin vol met alles wat er maar te ontdekken valt. Het is een van de oudste en grootste botanische tuinen van de VS. De Garden bevat 28 gespecialiseerde tuinen en plantencollecties en 18 ha ongerept woud. Het spectaculaire Enid A. Haupt Conservatory is gerestaureerd en is nu een *World of Plants*, met nevelige regenwouden en ontzagwekkende woestijnen.

Ingang van het Enid A. Haupt Conservatory

Rotstuin

Met rotsblokken, richels, beekjes en een waterval is een natuurlijke alpiene omgeving gecreëerd waarin planten uit bergachtige streken groeien ④

Botanical Garden Forest

Een van de laatste ongerepte stukjes bos van New York City. Er groeien Amerikaanse eiken, magnolia's en esdoorns ⑤

Children's Adventure Garden

Kinderen kunnen hier het milieu en de plantenwereld ontdekken ⑧

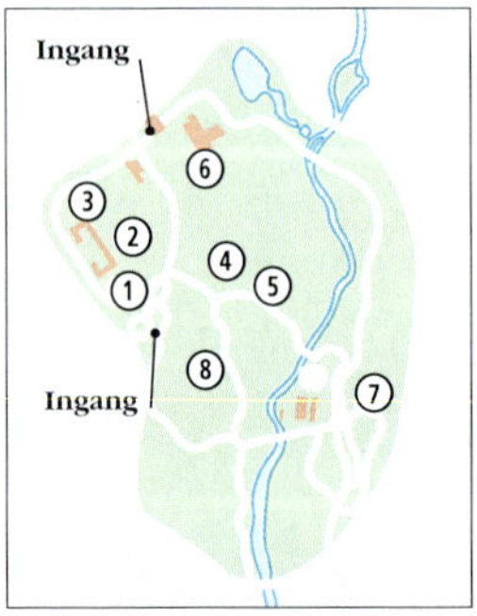

OVERZICHTSKAART

Rosarium

In de Peggy Rockefeller Rose Garden, die in 1988 naar een ontwerp uit 1915 werd aangelegd, staan meer dan 2700 rozen ⑦

Palms of the Americas
In de 27 m hoge glazen koepel rijzen honderd majestueuze palmen omhoog. Rond een rustige vijver staan tropische planten.

TIPS VOOR DE TOERIST

Kazimiroff Blvd., The Bronx.
(718) 817-8700.
M *4 en D naar Bedford Park Blvd.*
Bx12, Bx19, Bx41.
nov.-maart di-zo 10.00-16.00; april-okt. di-zo 10.00-18.00 uur (toegang. tot Conservatory tot 1 uur voor sluitingstijd).
Lezingen. W www.nybg.org

Het Enid A. Haupt Conservatory bestaat uit elf onderling verbonden glazen galerijen met daarin *A World of Plants,* met regenwouden, woestijnen, waterplanten en met het seizoen wisselende tentoonstellingen ①

Demonstration Gardens
Kleurige ontwerpen moeten bezoekers inspireren voor hun eigen tuin ③

Jane Watson Irwin Perennial Garden
Bloeiende, winterharde planten zijn fraai gerangschikt naar lengte, kleur van de bladeren en bloeitijd ②

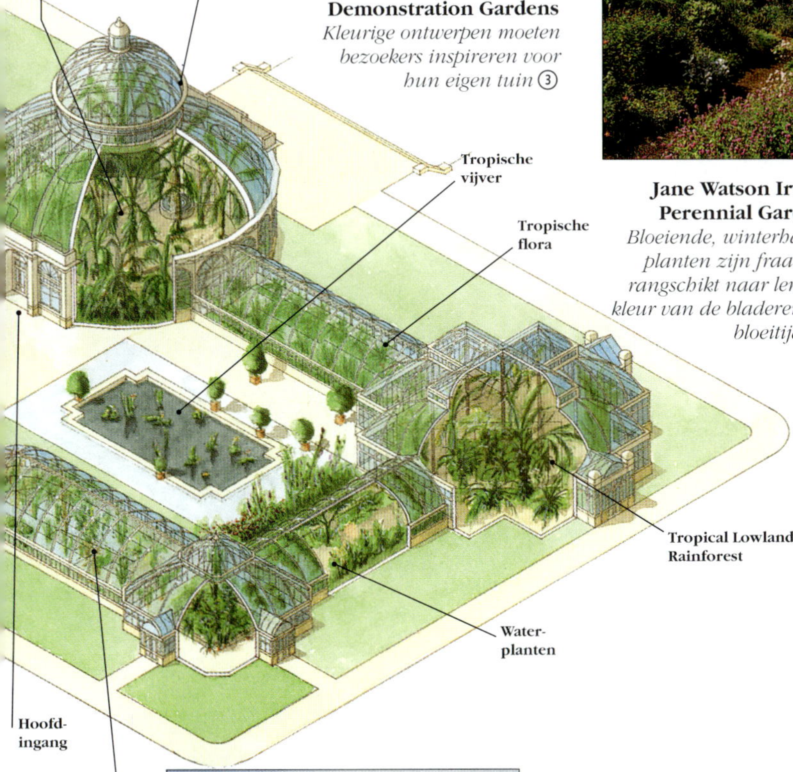

Garden Café
Het nieuwe Garden Café van Abigail Kirsch is een aangename plek om te lunchen of een kleine verfrissing te gebruiken. U kunt binnen zitten of op een terras met zicht op de Demonstration Gardens ⑥

Bronx Zoo/Wildlife Conservation Park ❾

Het Bronx Zoo/Wildlife Conservation Park uit 1899 is het grootste stadsdierenparken van de VS. Er leven zo'n 6500 exemplaren van meer dan 600 diersoorten in een zo goed mogelijk nagebootste habitat. De dierentuin speelt een leidende rol bij de bescherming van bedreigde diersoorten, zoals de Indische neushoorn en de sneeuwluipaard. Op de 107 ha bos, beekjes en parklandschap is onder meer een kinderdierentuin gevestigd, en de bezoekers kunnen zich met een treintje laten rondrijden. U mag ook vrij rondwandelen. De Skyfari-kabelbaan biedt het beste zicht op de verschillende onderdelen van het park.

Ingang van het Zoo Center

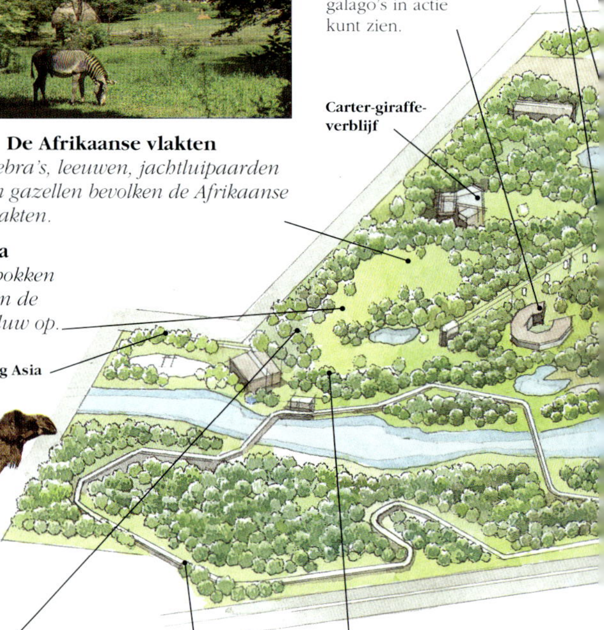

Moeras met wilde vogels

Nachtdierenverblijf
Hier is de dag/nachtcyclus omgedraaid, zodat u vleermuizen en galago's in actie kunt zien.

Muizenverblijf

Skyfari-kabelbaan

Carter-giraffeverblijf

★ **De Afrikaanse vlakten**
Zebra's, leeuwen, jachtluipaarden en gazellen bevolken de Afrikaanse vlakten.

Afrika
Spiesbokken zoeken de schaduw op.

Ingang Asia

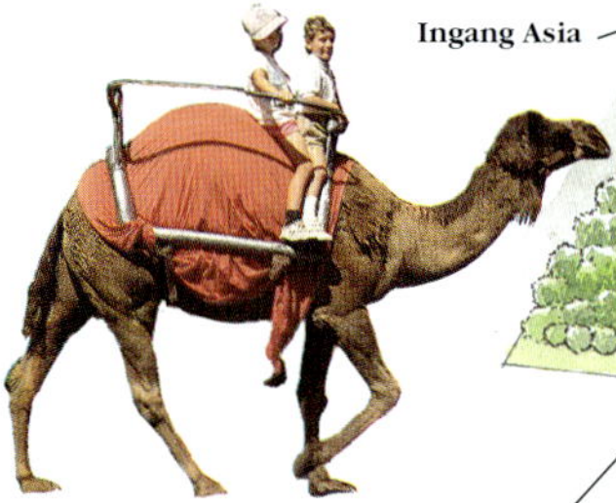

Ritje op de dromedaris
Kinderen zijn dol op dromedarisritjes (in het seizoen) en andere attracties.

Bengali Express Monorail

★ **JungleWorld**
In een tropisch regenwoud met klimaatbeheersing zijn zoogdieren, vogels en reptielen uit Zuidoost-Azië gehuisvest. Ravijnen, rivieren en steile rotsen scheiden dieren en bezoekers.

Apen in JungleWorld

Bavianenreservaat
Bezoekers kunnen hier dieren bekijken in een Ethiopisch bergmilieu.

Kinderboerderij
Kinderen kunnen hier door de tunnel van een prairiehond kruipen, in een spinnenweb klimmen en de beesten aaien en voeren.

★ **Vogelafdeling**
Tropische vogels fladderen rond in hun natuurlijke habitat: het tropisch regenwoud. Elke dag wordt een tropisch onweer gesimuleerd. Een kunstmatige waterval stort zich vanaf een kunststofrots 15 m omlaag.

Dubbelneushoornvogel

Hoogland van de Himalaja
Hier vindt u bedreigde diersoorten zoals de sneeuwluipaard en de kleine panda.

★ **Aziatisch wild**
De monorail Bengali Express rijdt door de bossen en weiden van de Aziatische habitat, waar olifanten, neushoorns en Siberische tijgers vrij rondlopen.

Tips voor de toerist

Fordham Rd /Bronx River Pkwy. ☎ *(718) 367-1010.* Ⓜ *2 of 5 naar E Tremont Ave.* 🚉 *naar Fordham Station.* 🚌 *Bx9, Bx12, Bx19, Bx36, BxM11 expresbus, Q44.* ◯ *okt.-april: dag. 10.00-16.30 uur; mei-sept. dag. 10.00-17.00 uur. (za en zo tot 17.30 uur).* *behalve wo.*
Kinderdierentuin.
W www.wcs.org/zoos/bronxzoo

Sterattracties

- ★ **Aziatisch wild**
- ★ **De Afrikaanse vlakten**
- ★ **JungleWorld**
- ★ **Vogelafdeling**

Queens

Queens is een uitgestrekte *borough* met een breed scala van attracties en verder woon- en kantoorwijken. De bekendste zakenwijk is Long Island City. De ontwikkeling van Queens kwam pas goed op gang nadat het door de aanleg van de Queensboro Bridge in 1909 gemakkelijker was geworden om te pendelen. De twee grootste Newyorkse luchthavens liggen hier. Ook zijn er diverse immigrantengemeenschappen, zoals de Grieken in Astoria en Aziaten in Flushing.

Een mutoscoop uit 1900 in het Museum of the Moving Image

Flushing Meadow-Corona Park ⓬

Willets Point-Shea Stadium. Zie **Uitgaansleven** *blz. 344-345.*

Deze plaats, waar beide Newyorkse wereldtentoonstellingen werden gehouden, is nu een uitgestrekt picknickterrein aan het water met vele attracties. Zo is er het Shea-stadion waar de honkbalclub New York Mets speelt. Ook vinden hier veel popconcerten plaats.
Op Flushing Meadow is ook het US Tennis Center gevestigd, waar het prestigieuze US Open-toernooi wordt gespeeld. De rest van het jaar kunnen de velden worden bespeeld door toekomstige Samprassen en Hingissen. In de jaren twintig stond dit gebied bekend als de Corona Dump, een weerzinwekkend oord met zoutmoerassen en hopen smeulend afval. De schrijver F. Scott Fitzgerald noemde het in zijn boek *The Great Gatsby* de 'valley of ashes'. Het stonk er naar rottend vuilnis en 's nachts hing er een onheilspellende rode gloed. Robert Moses, hoofd van de dienst voor de Newyorkse parken, was de grote man achter de opknapbeurt van dit gebied. Een hele berg vuil werd weggehaald en men verlegde de rivierloop. Het moeras werd drooggelegd en men zorgde voor een riolering, zodat het gebied zich kon herstellen. In 1939 werd op deze plaats de Wereldtentoonstelling gehouden die in het teken stond van de wankele vrede. De Unisphere, het symbool van de Wereldtentoonstelling van 1964, torent nog steeds uit boven de resten van het complex.

De Unisphere van de Wereldtentoonstelling van 1964.

New York Hall of Science ⓭

Hoek 46th Ave. en 111th St., Flushing Meadows, Corona Park. *(718) 699-0005. 111th St. ma-wo 9.30-14.00, do-zo 9.30-17.00 uur. feestdagen.* www.nyhallsci.org

Dit wetenschappelijke paviljoen werd gebouwd voor de Wereldtentoonstelling van 1964. Het is nu een doe-museum op het gebied van techniek en wetenschap. De collectie heeft onder andere betrekking op kleur en licht. De grote videoschermen waarop een druppel water sterk vergroot wordt weergegeven, zijn leuk voor kinderen.

De betonnen gordijnmuur van de New York Hall of Science

American Museum of the Moving Image and Kaufman Astoria Studio ⓮

35th Ave. bij 36th St, Astoria. ***Museum*** *(718) 784-4520.* ***Studio*** *(718) 392-5600. 36th St.* ***Museum*** *di-vr 12.00-17.00 uur; za-zo 11.00-18.00 uur.* ***Studio*** *voor publiek* www.ammi.org

Tijdens de hoogtijdagen van de Newyorkse filmindustrie was deze studio, die in 1929 werd opgezet door Paramount Pictures, de grootste van de stad. Rudolph Valentino, W. C. Fields, de Marx Brothers en Gloria Swanson hebben hier gewerkt. Toen de filmindustrie zich in Californië vestigde, kocht het leger de zaak op en maakte hier van 1941 tot 1971 instructiefilms.
In de jaren zeventig werd de Astoria Motion Pictures and

Affiche in het Museum of the Moving Image

Television Foundation opgericht om de oude studio's te behouden. De miljoenenproductie *The Wiz*, een musical van Sidney Lumet met in de hoofdrollen Michael Jackson en Diana Ross, werd hier gedraaid. Van de inkomsten die hierdoor binnenkwamen, kon een deel van de restauratie worden betaald. Op het ogenblik is het de best geoutilleerde studio aan de Oostkust. Er wordt weer druk gebruik van gemaakt. *Radio Days* van Woody Allen en *The Cotton Club* werden hier gefilmd.

In 1981 werd in een van de gebouwen het American Museum of the Moving Image gevestigd, waar interactieve apparatuur staat met informatie over filmproductie en -promotie. Ook zijn er bioscoop- en videozalen. Verder zijn er veel filmattributen te zien, variërend van de kleren van Annie Hall tot de ruimtepakken uit Star Trek. In de grote zaal op de eerste verdieping wordt de vaste collectie geëxposeerd. Ook staat er een spiegel waarin u uw eigen hoofd weergegeven ziet op het lijf van Sylvester Stallone als *Rocky*, Marilyn Monroe in *The Seven Year Itch* of Eddie Murphy in *Beverly Hills Cop*.

In 'Behind the Screen' wordt ingegaan op allerlei aspecten van het maken van een film, zoals de montage, het geluid en de kostuums. Bezoekers kunnen een kijkje nemen op de originele set van *The Glass Menagerie* van Paul Newman uit 1988. In de filmzaal wordt een volledig film- en videoprogramma afgewerkt, van oude stomme films tot de meest avant-gardistische producties. De nabijgelegen 31st St. is het middelpunt van de Griekse gemeenschap in Astoria, met veel Griekse restaurants.

Brooklyn

Het muziekpodium in Prospect Park *(blz. 246)*

Als Brooklyn geen deel van New York was, zou het de op drie na grootste stad van de VS zijn. Brooklyn heeft een heel eigen sfeer. Veel beroemdheden uit de wereld van het entertainment, zoals Mel Brooks, Phil Silver, Woody Allen en Neil Simon, hebben liefdevolle en humoristische beschrijvingen gegeven van Brooklyn. Deze stad is de smeltkroes bij uitstek: er wonen West-Indiërs, chassidische joden, Russen, Italianen, Arabieren en talloze andere nationaliteiten bij elkaar.

Brooklyn Children's Museum ⓯

145 Brooklyn Ave. *(718) 735-4400.* Kingston. *wo-vr 14.00-17.00, za, zo 10.00-17.00 uur; juli-aug.: ma 10.00-17.00, wo-zo 12.00-18.30 uur.* *1 jan., Thanksgiving, 25 dec.* **Donatie verwacht.** www.bchildmus.org

Het Brooklyn Children's Museum uit 1899 was 's werelds eerste echte kindermuseum. Sinds het open is, heeft dit museum model gestaan voor meer dan 250 van dergelijke musea elders in de VS en de rest van de wereld. Het museum bevindt zich in een technologisch gezien geavanceerde, speciaal ontworpen ondergrondse behuizing. Het is in zijn soort een van de mooiste musea ter wereld.

Het gebouw is een doolhof van gangen die uitkomen in de grote 'people tube', een enorme buis die de verbinding vormt tussen de vier niveaus. Het is geen passief museum waar kinderen overal met hun handen af moeten blijven: de nadruk ligt op meedoen en het bedienen van apparaten. Overal zijn bijzondere dingen die kunnen worden ontdekt. Zo is er – naar het model van de piano in de film *Big* – een grote piano waarvan de toetsen kunnen worden bespeeld door er overheen te lopen. Verder zijn er speciale tentoonstellingen over de aarde, over angsten en problemen van kinderen en over andere culturen of historische onderwerpen. Het aanhoudende gegil en gelach van de jeugdige bezoekers bevestigt telkens weer dat dit museum een schot in de roos is.

Masker in het Children's Museum

De Brooklyn Academy of Music

Brooklyn Academy of Music ⓰

30 Lafayette Ave. *(718) 636-4100.* *Atlantic Ave.*
www.bam.org
Zie ***Uitgaansleven*** *blz. 338-339.*

De Academy of Music (die iedereen kent als BAM) is de thuisbasis van het Brooklyn Philharmonic. Het gebouw uit 1858 herbergt de oudste en belangrijkste concert- en theaterzaal in Brooklyn. De voorstellingen zijn van hoog niveau en hebben vaak een avant-gardistisch tintje.
Het ontwerp van dit klassieke gebouw uit 1908 is van Herts & Tallant. Bij de opening werd *Faust* van Gounod uitgevoerd door een gezelschap met onder anderen de legendarische Napolitaanse tenor Enrico Caruso. Onder de vele beroemdheden die hier hebben opgetreden, waren de actrice Sarah Bernhardt, ballerina Anna Pavlova, musici Pablo Casals en Sergej Rachmaninov, dichters Edna St. Vincent Millay en Carl Sandburg en Winston Churchill. Veel buitenlandse groepen, waaronder de Royal Shakespeare Company uit Engeland, doen deze zaal aan tijdens hun toernees door de VS. Het Next Wave Festival van de BAM was de bakermat van de carrière van vele eigentijdse beroemdheden, onder wie musici Philip Glass en David Byrne, performance-artieste Laurie Anderson en choreografen Pina Bausch en Mark Morris. De Brooklyn Academy of Music bezit ook het nabijgelegen Majestic Theater, een voormalige bioscoop.

Grand Army Plaza ⓱

Plaza St. bij Flatbush Ave.
(718) 965-8951. *Grand Army Plaza.* ***Triomfboog*** *tijdens tentoonstellingen.*

De Soldiers' and Sailors' Arch op Grand Army Plaza

Dit ovale plein werd in 1870 ontworpen door Frederick Law Olmsted en Calvert Vaux als entree van Prospect Park. De Soldiers' and Sailors' Arch en de bijbehorende beelden werden in 1892 toegevoegd als eerbetoon aan het federale leger. Het borstbeeld van John F. Kennedy is het enige officiële gedenkteken ter ere van hem in New York.
In juni wordt op dit plein het Welcome Back to Brooklyn Festival gehouden.

De Brooklyn Public Library op Grand Army Plaza

Park Slope Historic District ⓲

Zijstraten van Prospect Park W ten zuiden van Flatbush Ave., tot aan 8th/7th/5th Ave. *Grand Army Plaza.*

Reliëf van de Montauk Club

Deze schitterende verzameling 19de-eeuwse huizen werd rond 1880 gebouwd aan de rand van Prospect Park. Er woonden vooral mensen uit de hogere middenklasse die na de ingebruikname van de Brooklyn Bridge in 1883 gemakkelijk op en neer konden reizen naar hun werk in Manhattan. In de lommerrijke straten staan huizen met twee tot vijf bouwlagen in alle bouwstijlen die aan het eind van de 19de eeuw in de mode waren, met de bijbehorende, karakteristieke torentjes en tierelantijnen. Er staan bijvoorbeeld enkele prachtige neoromaanse panden met afgeronde voorportalen.
In de Montauk Club, op 25 Eighth Ave., is de stijl van het Venetiaanse palazzo Ca'd'Oro gecombineerd met afbeeldingen van Montauk-indianen in friezen en waterspuwers.

Prospect Park ⓳

(718) 965-8951. *(718) 965-8999.* *Grand Army Plaza.* *(718) 788-8500.* www.prospectpark.org

Dit park werd in 1867 ontworpen door Olmsted en Vaux; zij vonden dit park mooier dan Central Park, een eerder ontwerp van hen. The Long Meadow, een weids stuk grasland, is de grootste lap groen in New York. De hoofduitvoerder, Egbert L. Viele, beschouwde het als een plek waar mensen 'de krankzinnige heksenketel van de stad kunnen ontvluchten en zowel geestelijk als fysiek op krachten kunnen komen'.

Dat geldt nu nog net zo goed als honderd jaar geleden. Bezienswaardigheden in het park zijn onder andere de met een zuilenrij getooide Croquet Shelter van Stanford White en de vijvers en treurwilgen van de Vale of Cashmere. In het Japans aandoende Music-Grove-muziektheater wordt 's zomers zowel klassieke muziek als jazz gespeeld. Een andere bezienswaardigheid is de Camperdown Elm, een oude, kromgegroeide boom die in 1872 werd geplant. De vereniging Friends of Prospect Park brengt geld bijeen om deze boom – en alle andere bomen in het park – gezond te houden. De oude iep figureert in veel gedichten en op veel schilderijen. Prospect Park biedt een grote variatie aan landschappen: van klassieke beeldentuinen tot rotsdalen met kabbelende beekjes.

Draaimolenpaard in Prospect Park

The Brooklyn Museum ⓴

Blz. 248-251.

Brooklyn Botanic Garden ㉑

900 Washington Ave. *(718) 623-7200.* *Prospect Pk, Eastern Pkwy.* ***Park*** *april-sept.: di-vr 8.00-18.00 uur (za, zo om 10.00 uur open); okt.-maart: 8.00-16.30 uur (za, zo om 10.00 uur open).* *1 jan., Thanksgiving, 25 dec.* *voor de Japanse tuin, di en za gratis.* www.bbg.org

Ondanks de beperkte omvang heeft deze tuin veel moois te bieden. Het is een ontwerp van de Olmsted Brothers uit 1910. U vindt er bijvoorbeeld een Elizabethaanse kruidentuin die is uitgelegd in ingewikkelde geometrische figuren, en een van de mooiste rosaria van de VS. De grootste trekpleister is een Japanse tuin met heuvels, vijvers, een theehuis en shintotempeltjes. Eind april en begin mei, als de ranke Japanse kersenbomen bloeien, vindt er een cultureel festival plaats met Japanse cultuur, eten en muziek. April is ook de maand voor een bezoek aan de Magnolia Plaza, waar zo'n 80 bomen bloeien met de narcissen van Boulder Hill op de achtergrond.

In de Fragrance Garden groeien aromatische kruiden en andere welriekende gewassen in op tafelhoogte opgestelde plantenbakken. De namen van deze planten staan tevens in braille vermeld, zodat blinde bezoekers ze ook kunnen identificeren.

In de nieuwe oranjerie staan naast de grootste verzameling bonsai-boompjes van de VS ook enkele zeldzame bomen uit het tropisch regenwoud, waar wetenschappers medicijnen aan kunnen onttrekken.

Waterlelievijver in de Brooklyn Botanic Garden

Een witte dolfijn (beloega) in het New York Aquarium

Coney Island ㉒

Boardwalk/W 8th St, Coney Island. *Stillwell Ave., Coney Island.* ***New York Aquarium*** *(718) 265-3400.* *dag. 10.00-18.00 uur.* www.nyaquarium.com

De Brooklynse dichter Walt Whitman schreef halverwege de vorige eeuw veel van zijn gedichten op Coney Island, omgeven door het gebulder van de golven. Het eiland vormde destijds een woeste strook van de Atlantische kust. Coney Island vormde het puntje van de neus van de walvis, waarmee Whitman Long Island vergeleek.

In de jaren twintig begon Coney Island naam te maken als 'de grootste kermis ter wereld'. Deze was samengesteld uit drie kermisparken die tussen 1887 en 1904 waren aangelegd: Luna Park, Dreamland en Steeplechase Park. Het succes was gebaseerd op een combinatie van spectaculaire attracties en de stranden. In 1920 werd de metro naar Coney Island doorgetrokken en door de aanleg van de promenade in 1921 bleef het ook tijdens de crisisjaren populair. Voor een paar stuivers kon men hier de stad ontvluchten. Een grote attractie is het New York Aquarium, dat in 1955 van Battery Park hiernaartoe verhuisde. Nog steeds biedt Coney Island vermaak voor allen. Eet bij Nathan's Famous de enige échte hotdog.

The Brooklyn Museum of Art ⓲

Toen het Brooklyn Museum in 1897 openging voor het publiek, werd het beschouwd als het grootste museum in zijn soort. Het enorme gebouw was een fraai ontwerp van het Newyorkse architectenbureau McKim, Mead & White. Hoewel het huidige museum nog maar twintig procent is van wat men beoogde, is het een van de belangrijkste culturele instellingen van de VS. Er worden permanent zo'n 1,5 miljoen voorwerpen getoond op 41.805 m².

De noordelijke gevel, ontworpen door Stanford White

Chinese kruik
Deze blauw-witte kruik uit de 14de eeuw is versierd met kobaltblauwe vissen en waterplanten.

SYMBOLEN

- Kunst uit Afrika, Oceanië en de Nieuwe Wereld
- Aziatische kunst
- Prenten, tekeningen en foto's
- De Oudheid en Egypte
- Sierkunst
- Schilder- en beeldhouwkunst
- Muurschilderingen
- Speciale exposities
- Geen expositieruimte

★ **Paracas-textiel**
Deze meer dan tweeduizend jaar oude mantel uit Peru is nog steeds vrolijk van kleur.

Moeder en kind
Deze figuurtjes van de Luluwastam deden dienst als amuletten voor zwangere of zogende vrouwen.

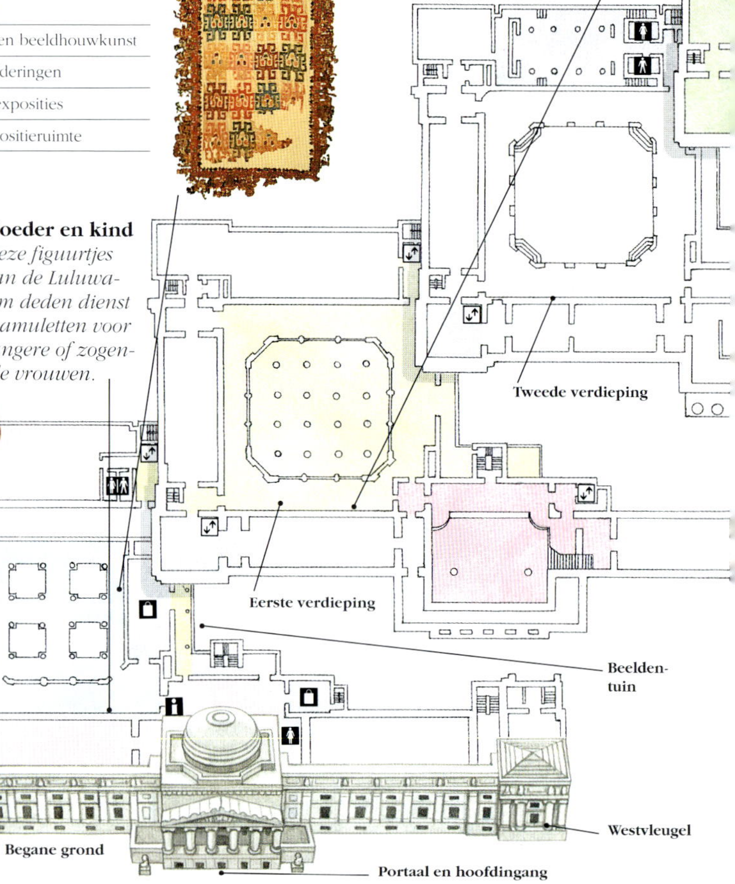

★ **Storm in de Rocky Mountains** *(1866)*
Het westen van de VS inspireerde Albert Bierstadt tot dit schilderij.

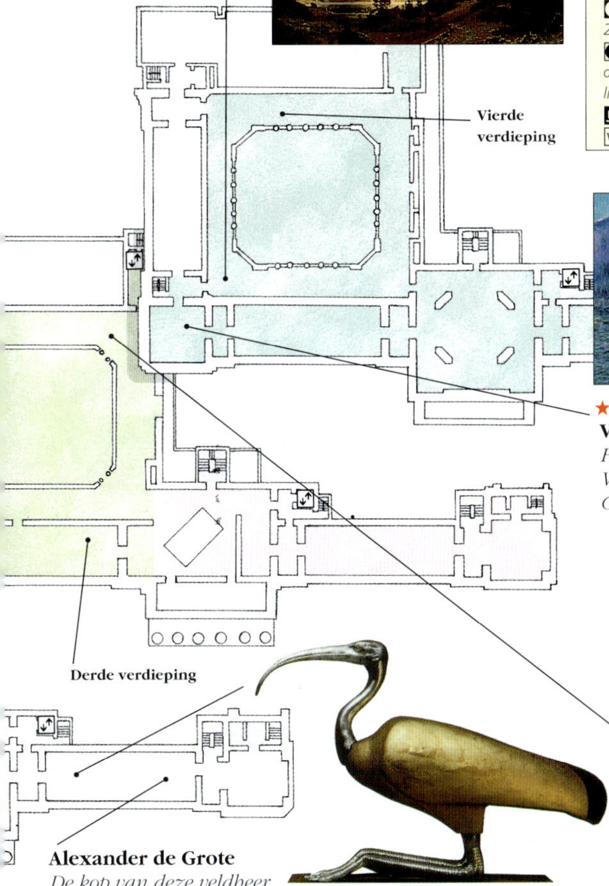

TIPS VOOR DE TOERIST

200 Eastern Pkwy, Brooklyn.
(718) 638-5000. M *2 en 3 naar Eastern Parkway-Brooklyn Museum.* *B41, B69, B67, B71.*
wo-vr 10.00-17.00, za 11.00-21.00, zo 11.00-18.00 uur.
1 jan., Thanksgiving en 25 dec. **Donatie.** *en faciliteiten voor slechthorenden.*
Concerten, lezingen.
www.brooklynart.org

★ **Het Dogenpaleis te Venetië** *(1908)*
Het magische licht van Venetië weergegeven door Claude Monet.

★ **Salon, Nicholas Schenk House**
Zo woonde de gegoede burgerij in Brooklyn rond 1820.

Ibisdoodskist
(332-330 v.C.)
De heilige vogel van het oude Egypte had recht op een prachtige doodskist.

Alexander de Grote
De kop van deze veldheer werd in de 1ste eeuw v.C. in albast vastgelegd.

MUSEUMGIDS

Op de begane grond vindt u kunst uit Afrika, Oceanië en de Nieuwe Wereld. Op de eerste verdieping vindt u prenten, tekeningen en Aziatische kunst, op de tweede kunst uit de Klassieke Oudheid. De derde verdieping staat in het teken van de sierkunst en op de vierde is Amerikaanse, Europese en eigentijdse kunst te zien.

STERATTRACTIES

★ **Paracas-textiel**

★ **Het Dogenpaleis te Venetië van Claude Monet**

★ **Storm in de Rocky Mountains – Mount Rosalie van Albert Bierstadt**

★ **Salon, Nicholas Schenk House**

Het Brooklyn Museum verkennen

Het Brooklyn Museum bezit een van de fraaiste kunstcollecties in de Verenigde Staten. De hoogtepunten zijn onder andere een uitgebreide collectie indiaanse kunstvoorwerpen, 28 historische Amerikaanse interieurs, Oudegyptische en islamitische kunst en veel belangwekkende Europese en Amerikaanse schilderijen.

Romp van zittende boeddha in lichtgroene kalksteen uit India (eind 3de eeuw n.C.)

Kunst uit Afrika, Oceanië en de Nieuwe Wereld

In 1923 werd in het Brooklyn Museum een expositie gehouden waar voorwerpen uit Afrika voor het eerst niet als artefacten, maar als kunst werden gepresenteerd. Sindsdien is de Afrikaanse collectie zowel in omvang als in betekenis flink toegenomen.
Het museum bezit bijvoorbeeld een fraai bewerkte ivoren gong uit het 16de-eeuwse Nigeria, uit een koninkrijk dat lag waar nu Benin is. Over de hele wereld zijn er maar vijf van deze gongs bewaard gebleven.
Ook heeft het museum een fraaie collectie kunstvoorwerpen van Indianen, waaronder totempalen, textiel en aardewerk.
De klassieke Amerikaanse kunsttradities worden vertegenwoordigd door Peruaans textiel, Midden-Amerikaans goudwerk en Mexicaanse beeldhouwkunst, zoals een schitterend geconserveerd Peruaans kledingsstuk uit 600 v.C.
De Oceanische collectie omvat onder andere beelden uit de Solomoneilanden, Papoea-Nieuw-Guinea en Nieuw-Zeeland.

Hemd van de Zwartvoet-indianen, dat is versierd met stekels van een stekelvarken (19de eeuw)

Aziatische kunst

Men houdt hier wisselende tentoonstellingen, waarvoor het museum put uit de permanente collectie Chinese, Japanse, Koreaanse, Indiase, Zuidoost-Aziatische en islamitische kunst. Er zijn schilderingen uit China en Japan, Indiase miniaturen, islamitische kalligrafieën, en sculpturen, textiel en keramiek. De collecties Japanse kunstnijverheid, Chinees goudemail en oosterse tapijten zijn eveneens het bezichtigen waard. De boeddhistische kunst wordt vertegenwoordigd door Chinese, Indiase en Zuidoost-Aziatische boeddhabeelden. Ook is er een 14de-eeuwse Tibetaanse tempelbanier.

Sierkunst

De 28 historische interieurs vormen het middelpunt van de sierkunstafdeling.
De oudste van deze stijlkamers is de weergave van een 17de-eeuwse Nederlandse salon in Brooklyn. Deze ruimte fungeerde ook als slaapvertrek. De Moorish Smoking Room uit het herenhuis van John D. Rockefeller geeft inzicht in het leven van de Newyorkse beau-monde tegen het einde van de 19de eeuw. De recentste kamer is een studeervertrek uit een appartement aan Park Avenue uit 1928-1930. Deze is ingericht in art deco-stijl; achter een paneel gaat een geheime bar schuil uit de tijd van de Drooglegging *(blz. 28-29)*.
Verder wordt er een selectie

***Normandie*-kan van chroom van Peter Müller-Munk (1935)**

van de fraaie collectie meubels, glas, tin en zilver- en metaalwerk tentoongesteld, waaronder een kan uit de jaren dertig waarvan de vorm is geïnspireerd op de schoorsteenpijpen van de oceaanstomer *Normandie*.

Egyptische, klassieke en vroegmiddeleeuwse oosterse kunst

De Egyptische collectie, die tot de fraaiste ter wereld wordt gerekend, bevat vele meesterwerken. Het oudst is een vrouwenbeeldje uit 3500 v.C. De collectie omvat onder andere reliëfs, beelden, grafschilderingen en voorwerpen die werden gebruikt bij begrafenisrituelen. Een merkwaardig voorbeeld van de laatste categorie is de doodskist van een ibis, die waarschijnlijk is gevonden op het enorme dierenkerkhof in Midden-Egypte. De ibis was een heilige vogel die als een gedaante van de god Thoth werd beschouwd. De ibisdoodskist is gemaakt van massief zilver en hout en bedekt met bladgoud; de ogen van de vogel zijn van bergkristal. Deze zalen zijn onlangs geheel gerenoveerd. Zowel de Griekse als de Romeinse beschaving zijn vertegenwoordigd door beeldhouwkunst, aardewerk, bronzen, sieraden en mozaïeken. Tot de hoogtepunten in de klassieke collectie uit het Midden-Oosten behoren onder andere een uitgebreide verzameling aardewerk en twaalf albastreliëfs uit het paleis van de Assyrische koning Assoernassipal II uit ongeveer 883-859 v.C.

Schilder- en beeldhouwkunst

Deze afdeling bevat kunst vanaf de 14de eeuw tot heden. De grote collectie Franse kunst uit de 19de eeuw met werk van Degas, Rodin, Monet, Cézanne, Matisse en Pissarro is vooral de moeite van het bezichtigen waard. Men bezit daarnaast veel schilderijen uit de Spaanse koloniale tijd en een van de fraaiste collecties Noord-Amerikaanse schilderkunst die de VS rijk is. Een toepasselijk bezit in de verzameling 20ste-eeuwse schilderijen is *Brooklyn Bridge* van Georgia O'Keeffe.
In de beeldentuin staat een verzameling ornamenten uit gesloopte Newyorkse gebouwen, waaronder de beelden die op het oude Pennsylvania Station stonden.

Pierre de Wiessant* (ong.1886) door Auguste Rodin, onderdeel van zijn beeldengroep *Burgers van Calais

Prenten, tekeningen en foto's

Het prentenkabinet bevat veel werk van bekende kunstenaars, bijvoorbeeld een zeldzame houtsnede van Dürer met de titel *De Grote Triomfwagen* en werk van Piranesi. Verder hangt hier een fraaie collectie impressionisten en postimpressionisten, met onder andere werk van Toulouse-Lautrec en Mary Cassatt. Deze laatste was een van de weinige vrouwelijke en de enige Amerikaanse vertegenwoordiger van het Impressionisme. Verder zijn er litho's van James McNeill Whistler, gravures van Winslow Homer en een verzameling tekeningen van Paul Klee, Fragonard, Van Gogh, Picasso en Gorky.
De fotocollectie omvat vooral werken van 20ste-eeuwse Amerikaanse fotografen. Zo bezit men het beroemde portret van Mary Pickford door Edward Steichen en werk van Margaret Bourke-White en Berenice Abbott. Daarnaast zijn er eigentijdse foto's van onder anderen Robert Mapplethorpe.

***Rotherhide*, een ets van James McNeill Whistler (1860)**

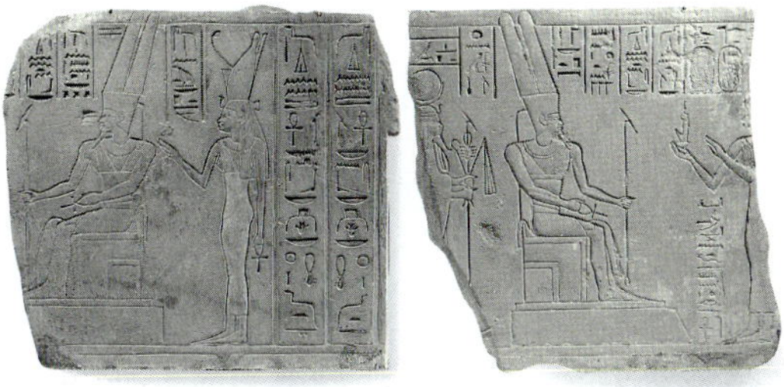

Zandsteenreliëfs uit Thebe in Egypte (ca. 760-656 v.C.) met afbeeldingen van de god Amon-Re en zijn vrouw Mut

Staten Island

Newyorkers hebben meestal geen idee wat Staten Island hun meer heeft te bieden dan het tochtje per veerpont erheen. De bewoners van het eiland voelen zich geïsoleerd van de rest van de stad. Wie echter verder kijkt dan het aanlegpunt van de veerpont, zal een weids landschap ontdekken met heuvels, meren en veel groen. Ook heeft men er een prachtig uitzicht op de haven. Er staan tal van historische gebouwen en er is een replica van een boeddhistische tempel te bezichtigen.

Historic Richmond Town ㉓

441 Clarke Ave. *(718) 351-1611.* *S74 vanaf de pont.* *jan.-maart wo-vr 13.00-17.00 uur; april-juni, sept.-dec. wo-zo 13.00-17.00 uur; juli-aug. wo-vr 10.00-17.00 uur en za, zo 13.00-17.00 uur.* www.ci.nyc.us/statenislandtourism

Parfum uit de dorpswinkel

Het enige gerestaureerde dorp en openluchtmuseum in New York telt nu 29 gebouwen, waarvan er 14 zijn opengesteld voor het publiek. Het dorp heette eerst Cocclestown naar de schelpdieren die er werden gevonden, maar dit werd tot ergernis van de bewoners al snel verbasterd tot 'Cuckoldstown' (bedriegersstad). Na de Amerikaanse Revolutie kreeg het dorp zijn huidige naam Richmondtown. Het was de provinciehoofdstad tot Staten Island in 1898 bij de stad New York werd gevoegd. Het stadje is bewaard gebleven als voorbeeld van vroeg-Newyorkse architectuur. Het Voorlezer House uit de Nederlandse periode van voor 1696 is de oudste lagere school van het land. In de Stephens General Store uit 1837 was ook het plaatselijke postkantoor gevestigd. De winkel is in de oorspronkelijke staat hersteld, tot en met de koopwaar toe. Het fraai gerestaureerde complex bestaat onder andere uit een rechtszaal, koetshuizen, enkele winkels en een taveerne. Daarnaast worden in een aantal werkplaatsen demonstraties gegeven van oude ambachten. Net over de Mill Pond Stream staat St. Andrew's Church uit 1708. Het Historical Society Museum is gevestigd in het County Clerk's and Surrogate's Office.

Het Voorlezer House in Richmond Town

Jacques Marchais Center of Tibetan Art ㉔

338 Lighthouse Ave. *(718) 987-3500.* *S74 vanaf de pont.* *april-nov.: wo-zo 13.00-17.00 (laatste entree 16.45); dec.-maart: wo-vr 13.00-17.00 uur.* *feestdagen.*

Dit centrum, dat de grootste collectie Tibetaanse kunst buiten Tibet bezit, staat boven op een heuvel die uitzicht biedt op bossen en meren. Het hoofdgebouw is een kopie van een bergtempel met een authentiek altaar van drie verdiepingen en staat vol met figuurtjes in goud, zilver en brons. In de tuin zijn veel grotere beelden te zien, waaronder levensgrote boeddha's. Het museum is in 1947 opgericht door Mrs. Klauber, een handelaarster in Aziatische kunst die opereerde onder de naam Jacques Marchais.

Heilig beeld in het Jacques Marchais Center of Tibetan Art

Prieel in Snug Harbor Cultural Center

Snug Harbor Cultural Center ㉕

1000 Richmond Terrace. *(718) 448-2500.* *S40 van pont naar Snug Harbor Gate.* ***Terrein*** *dag. bij daglicht.* ***Kunstcentrum en Children's Museum*** *di-zo 12.00-17.00 uur.* *1 jan., Thanksgiving, 25 dec.* *beperkt.* www.sibg.org

Snug Harbor is een historisch complex van 28 gebouwen. Het werd in 1801 gesticht als tehuis voor bejaarde zeelieden en is nu een kunstcentrum. Het mooist zijn de vijf fraaie classicistische gebouwen die dateren uit de tijd tussen 1831 en 1880. In het oudste, de Main Hall, is tegenwoordig het Newhouse Center of Contemporary Art

gevestigd. De schepen die staan afgebeeld in de glas-in-loodramen herinneren nog aan de vroegere functie van dit gebouw.
In andere gebouwen zijn het veel geprezen Staten Island Children's Museum en de Veterans Memorial Hall gevestigd. Die laatste, een gerestaureerde kapel, wordt gebruikt als toneelruimte. Op het landgoed worden jaarlijks een beeldententoonstelling en allerlei andere shows gehouden. De Staten Island Botanical Garden is ook op het terrein gevestigd. Snug Harbor is de nalatenschap van een Schotse zeeman, Robert Richard Randall, die tijdens de Amerikaanse Revolutie een fortuin verwierf.

Clear Comfort, het huis waar Alice Austen woonde

Alice Austen House 26

2 Hylan Blvd. *(718) 816-4506.* *S 51 van de pont naar Hylan Blvd.* *do-zo 12.00-17.00 uur.* *jan., feb., feestdagen.* ***Donatie.*** *beperkt.* www.preserve.org/hht/alice/austen.htm

Clear Comfort is een klein landhuis dat dateert uit ongeveer 1710. Het biedt een prachtig uitzicht op de haven. Hier woonde de fotografe Alice Austen. Zij is geboren in 1866 en woonde een groot deel van haar leven in dit huis. Zij legde het leven op het eiland en in Manhattan vast en maakte ook reportages tijdens haar reizen door de VS en Europa. Nadat ze al haar geld was kwijtgeraakt bij de beurskrach op Wall Street van 1929, werd ze op 84-jarige leeftijd opgenomen in een armenhuis. Een jaar later werden haar foto's eindelijk naar waarde geschat door het blad *Life*, dat een artikel aan haar wijdde. Hieraan verdiende zij genoeg geld om zich te laten opnemen in een verzorgingshuis. Ze heeft 3500 negatieven nagelaten uit de periode van 1880 tot 1930.

Nog verder buiten de stad

Het dorp Broad Channel in Jamaica Bay

Jamaica Bay Wildlife Refuge Center 27

Naast Bay Blvd bij Broad Channel. *(718) 318-4340.* *Broad Channel.* *dag. 8.30-17.00 uur.*

De totale oppervlakte van de moerassen en het vasteland van het Refuge is nagenoeg gelijk aan die van Manhattan. Er leven hier meer dan 300 vogelsoorten, sommige het hele jaar door, andere op doortrek. Het Refuge ligt aan de grote Atlantische trekroute, waardoor een bezoek in de lente of herfst, wanneer vluchten wilde eenden en ganzen voorbijtrekken, het mooist is. In het weekeinde kunt u er wandelingen maken onder leiding van een parkwachter. Trek tijdens zo'n excursie wel stevige schoenen aan. Verder komen een camera met zoomlens en een verrekijker ook van pas. Het enige dorp in Jamaica Bay heet Broad Channel, een kleine groep huizen op palen langs de Cross Bay Boulevard. Het Refuge is direct vanuit Manhattan per metro te bereiken.

Jones Beach State Park 28

(516) 785-1600. *Long Island Railroad naar Jones Beach vanaf Penn Station. Rijdt van eind mei tot begin okt.* *(718) 217-5477.* ***Jones Beach Theater*** *(516) 221-1000.* ***Stranden*** *eind mei-begin okt.* www.nysparks.state.ny.us/parks

Jones Beach heeft zijn bestaan te danken aan Robert Moses *(blz. 244)*, het voormalige hoofd van de dienst groenvoorzieningen van New York. Hij toverde deze smalle strook land om tot het best bereikbare en populairste strand van Long Island. Er zijn duinen, hoge golven aan de oceaanzijde en rustig water in de baai. Naast een korte golfcourse zijn er zwembaden, restaurants en het Jones Beach theater, waar 's zomers openluchtconcerten worden gehouden.
Robert Moses State Park ligt op het oostelijker gelegen Fire Island, dat 48 km lang en maar 800 m breed is. Grote delen van dit eiland bestaan uit ongerepte en onbevolkte vlakten van hagelwit zand, waardoor het ideaal is om rustig te fietsen of te wandelen.
De sfeer in de dorpjes op Fire Island varieert. Sommige plaatsjes zijn heel rustig en worden vooral bezocht door gezinnen die een dagje uit zijn, maar andere dorpjes staan bekend als ontmoetingsplaatsen voor homoseksuelen.

Zonnebaders op Jones Beach

VIJF WANDELINGEN

Wandelen in New York is een goede manier om de afmetingen van de stad op u in te laten werken. Op de volgende bladzijden treft u beschrijvingen aan van de literatuur- en kunsthistorische bezienswaardigheden in Greenwich Village en SoHo *(blz. 260-261)* tot een wandeling over Brooklyn Bridge vanwege het prachtige uitzicht en een blik op het New York uit de 19de eeuw *(blz. 264-265)*. Bovendien worden in *New York van buurt tot buurt* onder de titel *Onder de loep* korte wandelingen langs de bezienswaardigheden van de wijken beschreven. Ook worden er door verschillende organisaties en liefhebbers stadswandelingen georganiseerd. Op bladzijde 353 vindt u een volledige lijst van organisatoren van wandelingen. Het blad *New York* publiceert deze adressen ook. Zoals in elke grote stad moet u tijdens het wandelen goed op uw persoonlijke eigendommen passen *(blz. 356-357)*. Bereid uw wandeling goed voor, onderneem uw tocht bij daglicht en zo mogelijk in een groep.

Detail van het US Custom House, Lower Manhattan

De Chinese Garden Court in het Metropolitan Museum of Art, Upper East Side

Boulevard langs de rivier, Brooklyn

Grove Street, Greenwich Village

Een wandeling van twee uur door Lower Manhattan

Deze wandeling leidt u langs sporen van het koloniale verleden, maar ook door het Financial District, langs de historische haven van de South Street Seaport en de nieuwste wijk van New York, Battery Park City. Zie voor een gedetailleerde beschrijving van Lower Manhattan bladzijden 64-79 en voor de South Street Seaport bladzijden 80-91.

Battery Park en Federal New York

Begin uw wandeling op het puntje van Manhattan in Battery Park ①, dat is genoemd naar de kanonnen die er vroeger ter verdediging van de haven stonden. Bezoek Castle Clinton, een vesting uit 1807, voor de historische maquettes van New York. De kustlijn is steeds verder opgeschoven en grote delen van de rand van Manhattan, ook dit park, zijn gebouwd op puinstortplaatsen. Wandel landinwaarts langs de vele beelden en monumenten en het fraaie US Custom House ②. Hier is tegenwoordig het Museum of the American Indian gevestigd. Ironisch genoeg heeft Peter Minuit hier vlakbij in 1626 Manhattan Island van de indianen gekocht voor kralen en andere sieraden met een totale waarde van $ 24. Steek de straat over naar het oudste stadspark, het in 1633 aangelegde Bowling Green. Ga rechtsaf naar Whitehall en dan linksaf Pearl Street in (vroeger een deel van de kust). U ziet al snel Fraunces Tavern ③, een gerestaureerd gebouw uit 1719, waar George Washington na de Amerikaanse Onafhankelijkheidsoorlog afscheid van zijn troepen nam. Tegenwoordig is het een restaurant met op de eerste verdieping een klein museum. In dit blok staan ook de laatste kleine huizen in federal-stijl die in het Financial District bewaard zijn gebleven.

Minuit Memorial, Bowling Green

Wall Street

Loop Broad Street in, een straat die vroeger in tweeën werd gedeeld door een gracht die op de rivier uitkwam. Door het dempen van de gracht ontstond een van de breedste straten van het zuiden van Manhattan. Kijk bij Wall Street naar links tussen de hoogbouw door: daar staat Trinity Church, een kerk uit 1846 met een vierkante toren. Het is nu onvoorstelbaar dat deze torenspits van 85 m tot 1860 het hoogste gebouw van New York was. Op het kerkhof ligt menige vooraanstaande Newyorker van het eerste uur begraven. Aan de kruising van Broad Street en Wall Street staat de New York Stock Exchange ④. Op werkdagen kunnen bezoekers vanaf een balkon een kijkje nemen in de beurs. Vlakbij, op 26 Wall Street, staat Federal Hall ⑤, waar George Washington in 1789 onder luide toejuichingen van een menigte Newyorkers de eed als president aflegde.

Het Immigrants' Memorial, Castle Clinton

Van Nassau Street naar City Hall

Verder naar het noorden gaat Broad Street over in Nassau Street. Hier stuit men op moderne architectuur, zoals Chase Plaza ⑥, het eerste open winkelcentrum in het financiële district. Ten noorden van het winkelcentrum, in Liberty Street, staat de enorme, fraai bewerkte Federal Reserve Bank ⑦ uit

De toren van City Hall ⑨

SYMBOLEN

- Wandelroute
- Omweg
- Uitkijkpunten
- Metrostation

1924. Aan het einde van het blok ligt Legion Memorial Square, dat tegenwoordig Louise Nevelson Plaza heet,

TIPS VOOR WANDELAARS

Beginpunt: *Battery Park.*
Afstand: *4 km.*
Bereikbaarheid: *neem metro 4 of 5 naar Bowling Green of 1 of 9 naar South Ferry. De Fifth Avenue bus M1 en Seventh Avenue-Broadway bus M6 brengen u tot vlakbij.*
Rustpunten: *zowel de Seaport als het World Financial Center zijn geschikt. Bij Seaport hebt u vanaf pier 17 het mooiste uitzicht. Kies in het WFC uit een café in de Winter Garden, een fijnproeversdiner in de Hudson River Club of een eenvoudig hapje om langs de boulevard op te eten.*

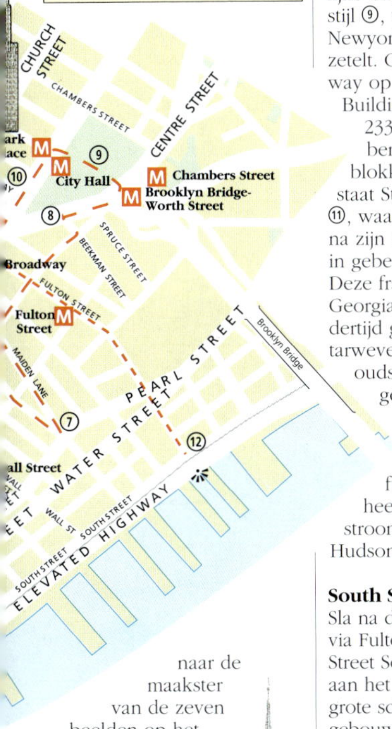

naar de maakster van de zeven beelden op het plein. Let op het uit 1815 daterende gebouwtje op 90 Maiden Lane aan de zuidkant van het plein, dat zich merkwaardig genoeg tussen de hoogbouw heeft weten te handhaven. De fraaie gietijzeren voorgevel werd in 1872 toegevoegd.

St. Paul's Chapel ⑪

De *Peking*, een viermaster in de South Street Seaport ⑫

Loop verder noordwaarts naar Park Row ⑧ en de sierlijke City Hall in Georgian stijl ⑨, waar sinds 1812 het Newyorkse gemeentebestuur zetelt. Ga dan weer Broadway op langs het Woolworth Building ⑩ op nummer 233, een wolkenkrabber uit 1913. Twee blokken zuidwaarts staat St. Paul's Chapel ⑪, waar Washington na zijn inauguratie in gebed verzonk. Deze fraaie kerk in Georgian stijl werd indertijd gebouwd in een tarweveld. Het is het oudste openbare gebouw van New York dat zijn oorspronkelijke functie nog heeft. Vroeger stroomde de Hudson erlangs.

George Washington, Federal Hall ⑤

South Street Seaport

Sla na de kerk linksaf en loop via Fulton Street naar South Street Seaport ⑫. Hier kunt u aan het water lunchen en de grote schepen bezichtigen. De gebouwen van rode baksteen aan Schermerhorn Row zien er na hun restauratie splinternieuw uit, maar het betreft hier een authentiek blok Newyorkse pakhuizen en kantoren uit het begin van de 19de eeuw. De North Star Pub, aan South Street, is heel geschikt voor een biertje. Vanuit de cafés op pier 17 hebt u een mooi uitzicht op de haven.

Van South Street naar Battery Park City

Keer over Fulton Street langs Broadway terug en bezoek de beeldentuin tussen de twee torens van het World Trade Center ⑬. Ga hier even naar boven om van het uitzicht vanaf de 107de verdieping te genieten. Aan de overkant van de straat staat het nieuwe World Financial Center ⑭, een belangrijke oorzaak voor de opleving van dit deel van de stad. De Winter Garden is een uitgestrekt atrium van glas en staal met hoge palmen, dat leidt naar een lommerrijke promenade en een jachthaven aan de Hudson. Bezoek vlak voor u Battery Park City ⑮ bereikt aan het eind van de promenade, het Museum of Jewish Heritage *(blz. 77)*.

De Winter Garden van het World Financial Center ⑭

Een wandeling van 1½ uur door de Lower East Side

Deze wandeling leidt u door enkele oude immigrantenwijken die het karakter van New York sterk hebben bepaald. U krijgt een indruk van het karakter, de cultuur en de kookkunst van de levendigste buurten van de stad. Op zondag is er het meest te beleven. Zie voor een gedetailleerde beschrijving van de bezienswaardigheden in de Lower East Side bladzijden 92-99.

De Lower East Side

Begin uw wandeling bij het Lower East Side Tenement Museum ① op 97 Orchard Street tussen Delancey en Broom. Men is bezig dit gebouw te renoveren, zodat bezoekers kunnen zien hoe immigranten rond de eeuwwisseling woonden. In een galerie is een tentoonstelling over immigratie ingericht. Orchard Street zelf ② was het centrum van het joodse Lower East Side. De rijen handkarren die hier vroeger langs de straat stonden, zijn nu verdwenen, maar er zijn nog steeds winkels waar veelgevraagde artikelen tegen afbraakprijzen worden aangeboden. 's Zaterdags is het sabbat en zijn de winkels gesloten. Zondag is de winkeldag bij uitstek. Weliswaar is het erfgoed goeddeels verloren gegaan, maar een aantal typisch joodse zaken zijn behouden. Sla linksaf Grand Street en daarna rechtsaf Essex Street in. Daar, op nummer 35, zit de Guss' Pickle Company ③.
Bij de vaten op het trottoir staan de klanten in de rij. Om de hoek in Hester Street vindt u Kadouri Import (gedroogde vruchten, noten en tal van specerijen) en Gertel's, een oude joodse bakkerij. Loop terug door Essex Street, steek Delancey Street over en sla bij Rivington Street rechtsaf. U kunt wijn proeven in Schapiro's Winery ④ op nummer 126.

Strijkijzer uit 1885 in het East Side Tenement Museum ①

Een smeltkroes van culturen

Loop terug door Rivington Street. Let op de Spaanse *bodega's* en de Chinese kruideniers die de nieuwe restaurants in deze voormalige joodse wijk bevoorraden. In deze straat krijgt u een indruk van het rauwe leven van de nieuwe immigranten. Op de hoek met Forsyth Street staat een synagoge die is verbouwd tot een Spaanse kerk ⑤. Ga terug naar Rivington Street en dan rechtsaf Eldridge Street in, een typische straat vol huurkazernes. Op het kruispunt van Grand Street en Eldridge Street bent u midden in de textielwijk, waar handdoeken en linnengoed tegen afbraakprijzen worden verkocht. Voorbij Canal Street staat de Eldridge Street Synagogue ⑥, de eerste Oost-Europese synagoge in New York. De synagoge wordt nu gerestaureerd.

Kledingkraampjes op de markt in Orchard Street ②

Tips voor wandelaars

Beginpunt: *Orchard Street.*
Afstand: *3,2 km.*
Bereikbaarheid: *neem de metro F naar Delancey, B, D of Q naar Grand Street, of J of M naar Essex Street. Bus M15 stopt op de hoek van Delancey en Allen Street. Voor de terugreis uit Chinatown/Little Italy kunt u de 4, 5, 6, N of R metro in Canal Street nemen.*
Rustpunten: *van deze wandeling krijgt u beslist honger. Onderweg is er van alles te eten. In Little Italy zijn ideale cafés voor koffie met gebak. Wie grotere trek heeft, kan terecht op 20 Mott Street voor lekker Chinees eten of op 387 Broome Street bij Grotto Azzurra voor Italiaanse gerechten. Ratner's Dairy Restaurant op 138 Delancey Street is een goed adres voor joodse hapjes.*

Symbolen

- Wandelroute
- Omweg
- Uitkijkpunt
- M Metrostation

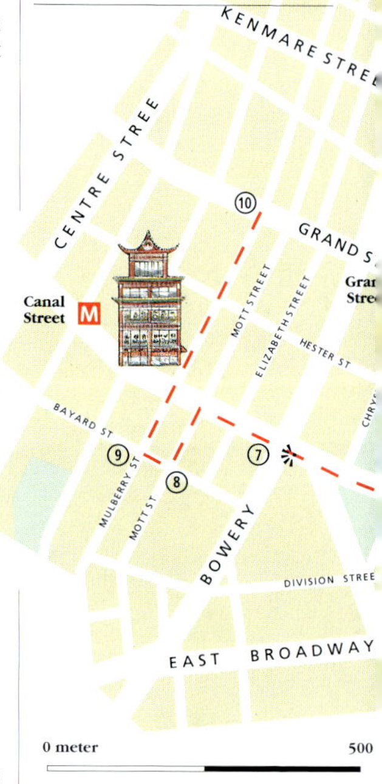

Guss' Pickle Company ③

Chinatown

Loop terug naar Canal Street en sla linksaf. Bij de oprit van de Manhattan Bridge ziet u in de verte het World Trade Center boven de huurblokken uitsteken: het contrast is enorm! Steek de Bowery over, waar juwelierszaken de laatste resten van het vroegere Diamond District ⑧ vormen. Verderop maken de juweliers plaats voor kraampjes met tropische groenten en slagers met rijen eenden in de etalage. Op 200 Canal Street ziet u Kam Man Food Products, een van de grootste Chinese supermarkten in de buurt.

Als u linksaf Mott Street in gaat, weet u door de vele lichtreclames dat u in het hart van Chinatown bent. Zelfs de banken en telefooncellen hebben hier de vorm van een pagode. Er zijn hier honderden restaurants waar u kennis kunt maken met de Chinese keuken: van snackbar tot haute-cuisinerestaurant. Bezoek voor uw zielenheil de Eastern States Buddhist Temple ⑨.

Een stukje naar links in Bayard Street ziet u de Wall of Democracy. Ga terug en sla rechtsaf Mulberry Street in. Mulberry Bend ⑩, de bocht bij Columbus Park, was vroeger voor de onderwereld een geliefde plek om met tegenstanders af te rekenen.

Italiaanse *deli* in Little Italy ⑪

Pretzelverkoper in Orchard Street ②

Kam Man Food Products op 200 Canal Street

Little Italy

Als u nu Mulberry Street in de andere richting uitloopt, staat u in Little Italy ⑪. Hoewel Little Italy niet zo groot is en langzaam wordt opgeslokt door Chinatown, is het nog steeds een leuke, Europees aandoende buurt met Italiaanse restaurants en winkels met eigengemaakte pasta, worst, brood en gebak. Er wonen steeds minder Italianen, want de jongere generaties keren de wijk veelal de rug toe. Maar de sfeer blijft Italiaans en nog steeds woont hier een hechte gemeenschap. Dé jaarlijkse gebeurtenis is het feest van San Gennaro, de schutspatroon van Napels. In september stroomt Mulberry Street elf avonden lang vol met duizenden mensen uit de wijk en andere nieuwsgierigen die naar de optochten komen kijken en Italiaanse hapjes eten.

De Italiaanse sfeer is het meest uitgesproken in Hester Street, tussen Mott en Mulberry Street en in Mulberry Street, tussen Hester en Grand Street.

Een wandeling van 1½ uur door Greenwich Village en SoHo

Tijdens een wandeling door de wirwar van straten in Greenwich Village stuit u op de plaatsen waar de bekendste schrijvers en kunstenaars van New York hebben gewoond, gewerkt en gespeeld, en wordt u langs de galeries van SoHo geleid. Zie voor een gedetailleerde beschrijving van de bezienswaardigheden bladzijden 106-113 (Greenwich Village) en bladzijden 100-105 (SoHo).

De schrijver Mark Twain, die in 10th Street woonde

West 10th Street

Rondom de kruising van W 8th Street en 6th Avenue ① zijn kleding-, platen- en boekenwinkels. Volg 6th Avenue tot W 9th Street: daar vindt u Jefferson Market Courthouse ② en Balducci's, een markt voor fijnproevers. Sla rechtsaf en volg W 10th Street ③ tot het Alexander Onassis Center for Hellenic Studies. Vroeger leidde een doorgang naar de Tile Club. Dit was de ontmoetingsplaats voor kunstenaars die in de Tenth Street Studio woonden en werkten: Augustus Saint-Gaudens, John LaFarge en Winslow Homer maakten gebruik van deze studio. Mark Twain woonde op 24 10th Street, Edward Albee op nummer 50.

Aan de overkant van 6th Avenue is Milligan Place ④, een rij 19de-eeuwse huizen, en Patchin Place ⑤, waar de dichters e.e. cummings en John Masefield woonden. Even verderop vindt u de Ninth Circle Bar ⑥, die in 1898 werd geopend onder de naam 'Regnaneschi's'. De bar inspireerde John Sloan tot het schilderij *Regnaneschi's Saturday Night*.

Tips voor wandelaars

Beginpunt: *8th St./6th St.*
Afstand: *3,2 km.*
Bereikbaarheid: *neem metro A, B, C, D of F naar de halte W 4th Street-Washington Square (uitgang 8th Street). 5th Avenue bussen stoppen op 8th Street. Loop vervolgens één blok westelijk naar 6th Street. Bus M5 rijdt om Washington Square terug naar 6th Avenue en 8th Street.*
Rustpunten: *The Pink Tea Cup, 42 Grove Street, serveert een lekkere lunch. The SoHo Kitchen & Bar, 103 Green Street, is een enorme ruimte, typerend voor SoHo. Men heeft er heerlijke wijn.*

De deur van Chumley's ⑩

Greenwich Village

Sla linksaf Waverly Place op. U passeert dan de Three Lives Bookshop, een typische literaire ontmoetingsplaats van de Village. Steek Christopher Street over en loop door tot het driehoekige Northern Dispensary ⑦.

Volg Grove Street langs Christopher Park tot het drukke Sheridan Square, het centrum van de Village. Het Circle Repertory Theater ⑧, waar de stukken van de Pulitzerprijswinnaar Lanford Wilson in première gingen, is gesloten.

Washington Mews ⑬

Steek 7th Avenue over en ga schuin naar links Grove Street in. Op de hoek met Bedford Street staat 'Twin Peaks' ⑨, een kunstenaarshuis uit de jaren twintig. Als u linksaf Bedford Street in gaat, ziet u op nummer 86 de onopvallende deur van Chumley's ⑩, een café dat bijna niet is veranderd sinds het een 'speakeasy' was *(blz. 28)*. De schrijvers Dylan Thomas en Jack Kerouac waren hier stamgast. Op nummer 75 staat het smalste huisje van de Village; hier woonde de feministische dichteres Edna St. Vincent Millay. Loop via Carmine Street naar 6th Avenue en sla rechtsaf bij Waverly Place. Op nummer 116 ⑪ organiseerde de lerares Engels Anne Charlotte Lynch wekelijkse literaire bijeenkomsten voor haar vrienden. Bezoekers waren onder anderen Herman Melville en Edgar Allan Poe, die hier voor het eerst *The Raven* voorlas.

Een omweg van een half blok leidt u naar MacDougal Alley ⑫, waar Gertrude Vanderbilt Whitney haar atelier had.

Het park en de boog op Washington Square

Washington Square
Keer terug door MacDougal Street en sla linksaf naar Washington Square North. Hier staan de fraaiste classicistische gebouwen van de VS. De schrijver Henry James situeerde zijn verhaal *Washington Square* op nummer 18, het huis van zijn grootmoeder. Op de hoek van 5th Avenue hebt u een prachtig uitzicht: in de richting van Washington Square Park ziet u de twee identieke torens van het WTC opdoemen achter Washington Square Arch. Steek 5th Avenue over en u ziet tegenover nummer 2 de fraaie huizen van Washington Mews ⑬. In de studio op nummer 14a hebben onder anderen John Dos Passos, Edward Hopper, William Glackens en Rockwell Kent gewoond. Ga terug over Washington Square North. Hier passeert u enkele fraaie panden. De schrijfster Edith Wharton heeft op nummer 7 gewoond. Loop onder de boog door en steek het park door. Bij de uitgang van het park ziet u aan uw linkerhand de fraaie Judson Memorial Church and Tower ⑭ van Stanford White en het Loeb Student Center. Hier schreef Theodore Dreiser *An American Tragedy.*

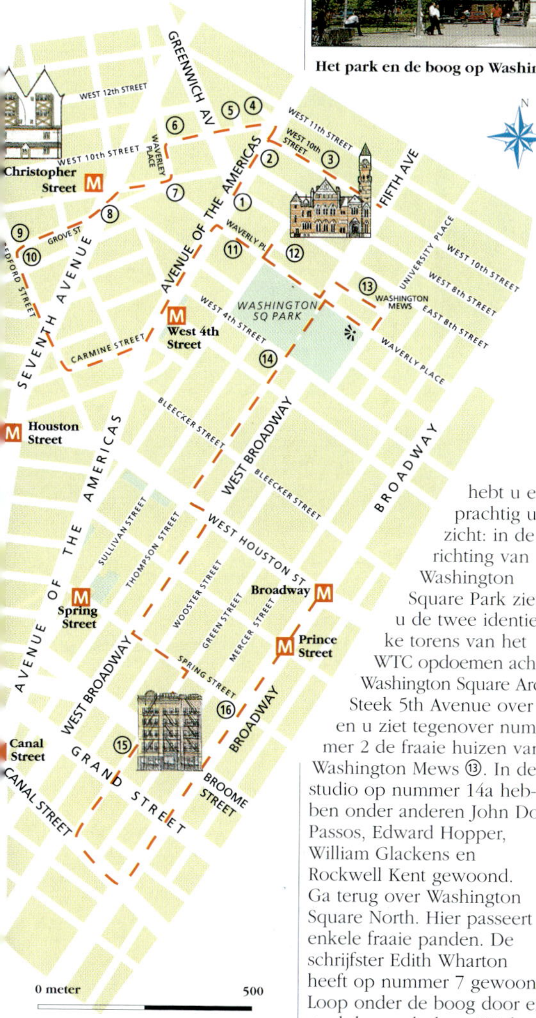

Symbolen

— Wandelroute

Uitkijkpunt

M Metrostation

SoHo
Volg Thompson Street in zuidelijke richting. Deze straat is karakteristiek voor de Village: veel clubs, cafés en winkels. Sla bij Houston Street, de noordgrens van SoHo, linksaf en ga dan direct rechtsaf West Broadway op. U ziet hier meteen veel galeries en boetieks met quasi-kunstzinnige waar. Sla bij Spring Street linksaf en vervolgens rechts Greene Street ⑮ in, het centrum van de wijk met gietijzerarchitectuur. In veel van deze gebouwen zijn nu dure galeries gevestigd. Ga aan het einde van Greene Street linksaf en loop Canal Street in. Hier, op de grens van SoHo, ziet u hoe abrupt de ene wijk in de andere overgaat. Laat dit alles een paar blokken lang op u inwerken en ga dan linksaf naar Broadway. Zo bereikt u al snel het Mekka van de moderne kunst: het New Museum of Contemporary Art op nummer 538 en het Guggenheim Museum SoHo ⑯ op nummer 575 *(blz. 105).*

Gietijzerbouw in Greene Street ⑮

Een wandeling van 2 uur door Upper East Side

Tijdens een wandeling langs Upper 5th Avenue en omgeving komt u langs de fraaiste monumenten uit de gouden jaren van New York rond de eeuwwisseling. Via de oude Duitse wijk Yorkville bereikt u Gracie Mansion, de officiële ambtswoning van de burgemeester. Zie voor een gedetailleerde beschrijving van de bezienswaardigheden in Upper East Side bladzijden 180-201.

Symbolen

- Wandelroute
- Uitkijkpunt
- Metrostation

Van Frick tot de Met

De wandeling begint bij het Frick Mansion ①, dat in 1913-1914 werd gebouwd voor Henry Clay Frick. Neem de tijd om de kunstcollectie van Frick te bekijken *(blz. 200-201)*. Er werden in die tijd veel van dergelijke paleisjes gebouwd, want de vooraanstaande families van New York probeerden elkaar de ogen uit te steken met kleine Versailles, Loire-kastelen en zelfs Venetiaanse palazzi. Verderop in E 70th Street zitten twee vooraanstaande galeries: Knoedler Gallery en Hirschl & Adler ②. Volg Madison Street in noordelijke richting tot de hoek met E 72nd Street. Daar staat het in 1898 in Franse renaissancestijl gebouwde warenhuis Polo-Ralph Lauren ③. Loop rechts langs E 72nd Street terug naar 5th Avenue; u passeert twee fraaie gebouwen van kalksteen, waarin nu het Lycée Francais de New York is gevestigd ④. Volg 5th Avenue tot E 73rd Street. Sla hier rechtsaf en loop verder langs het vroegere huis van Joseph Pulitzer ⑤ op nummer 11. Enkele blokken verderop – tussen Lexington en 3rd Avenues – staat een prachtige rij panden ⑥. Keer dan terug naar 5th Avenue en volg die tot E 75th Street, waar op nummer 1 de vroegere woning staat van Edward S. Harkness, de zoon van een oprichter van Standard Oil. Nu zit er het Commonwealth Fund ⑦. Het '18de-eeuwse Franse kasteeltje' van de tabaksmiljonair James B. Duke op 1 E 78th Street is nu het New York Institute of Fine Arts ⑧. In het vroegere huis van de bankier Payne Whitney is nu de Franse ambassade gevestigd ⑨ en op nummer 2 zit het Ukrainian Institute of America ⑩. Op de zuidoosthoek van de kruising met E 82nd Street is het Duke-Semans House ⑪, een van de weinige panden aan 5th Avenue dat nog privé-bezit is. Trek een dag uit voor uw bezoek aan The Metropolitan Museum of Art ⑫ in E 82nd Street.

Church of the Holy Trinity ⑰

Ukrainian Institute of America ⑩

De promenade van Carl Schurz Park

Yorkville

Sla rechtsaf en volg E 86th Street om de sporen te ontdekken van het Duitse Yorkville: Bremen House ⑬, de Kleine Konditorei en de luncheonette Ideal. Steek 2nd Avenue over en ga naar rechts. Daar vindt u café Heidelberg en de Duitse deli Schaller & Weber ⑭.

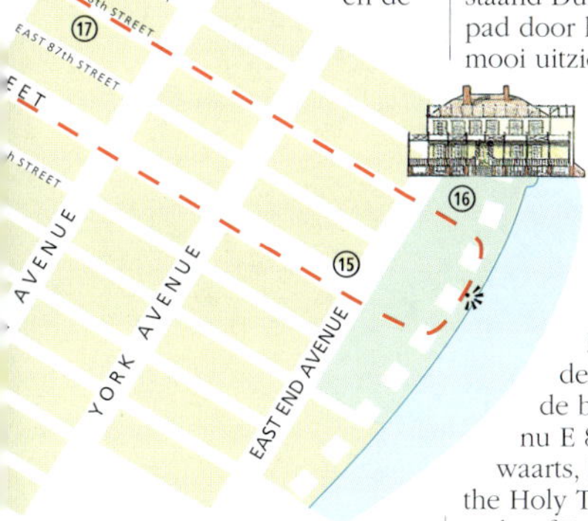

East River en Gracie Mansion

Henderson Place ⑮ aan East End Avenue is een groep van 24 mooie huizen van rode baksteen. Het Carl Schurz Park aan de overkant is genoemd naar een vooraanstaand Duitse immigrant. Het pad door het park biedt een mooi uitzicht op Hell Gate, waar de Harlem River, de Long Island Sound en de haven van New York bijeenkomen. Vanaf het voetpad is de achterkant van Gracie Mansion ⑯ te zien, de ambtswoning van de burgemeester. Volg nu E 88th Street westwaarts, langs de Church of the Holy Trinity ⑰, en sla rechtsaf Lexington Avenue in. Ga na 4 blokken weer linksaf E 92nd St in. U passeert hier twee van de weinige houten huizen ⑱ die in Manhattan bewaard zijn gebleven.

Houten huizen in 92nd Street ⑱

Tips voor wandelaars

Beginpunt: *Frick Collection.*
Afstand: *4,8 km.*
Bereikbaarheid: *neem metro 6 naar E 68th en Lexington, loop dan drie blokken westelijk naar 5th Avenue. De bussen M1, M2, M3 en M4 stoppen op Madison Avenue hoek E 70th Street. Loop dan één blok naar het westen.*
Rustpunten: *de cafés in Whitney en Guggenheim zijn aangenaam. U kunt ook gaan lunchen bij Ideal, 238 E 86th Street of café Heidelberg op 2nd Avenue vlak bij E 86th Street. Tussen E 92nd en E 93rd Street zijn veel eetgelegenheden, zoals Sarabeth's Kitchen met een heerlijke brunch in het weekeinde.*

Het Cooper-Hewitt Museum ⑳

Carnegie Hill

Sla linksaf 5th Avenue op. U passeert het Felix Warburg Mansion uit 1908, waar nu het Jewish Museum is gevestigd ⑲. Sla nu linksaf E 91st Street in, langs het enorme huis van Andrew Carnegie, waar nu het Cooper-Hewitt Museum is gevestigd ⑳. Aan dit pand, dat in 1902 werd gebouwd in de stijl van een Engelse manor, dankt deze wijk de bijnaam Carnegie Hill. Het James Burden House ㉑ op nummer 7 werd in 1905 gebouwd voor Adele Sloan, een erfgename van het Vanderbilt-kapitaal. De wenteltrap onder het dak van glas in lood stond bekend als de 'trap naar de hemel'. Het woonhuis van de bankier Otto Kahn op nummer 9, gebouwd in Italiaanse renaissancestijl, is nu de Convent of the Sacred Heart School.

Een wandeling van 3 uur in Brooklyn

Wie de oversteek maakt over New Yorks beroemdste brug – Brooklyn Bridge – komt in Brooklyn Heights terecht. De sfeer is gemoedelijk 19de-eeuws en het uitzicht vanaf de boulevard op Manhattan is onovertroffen. Zie voor een gedetailleerde beschrijving van de bezienswaardigheden bladzijden 245-251.

Brandweerkazerne in Old Fulton Street

Fulton Ferry Landing

De Brooklyn Bridge, met een overspanning van ongeveer 1 km, geeft een prachtig en zeer fotogeniek uitzicht op Lower Manhattan. U kunt een taxi nemen, maar een wandeling is de moeite zeker waard. Als u de brug over bent, volgt u het bord richting Tillary Street. Ga onder aan de trap rechtsaf en neem het eerste pad door het park. U loopt zo over Cadman Plaza West ① onder de Brooklyn-Queens-Expressway door. Hier gaat Cadman over in Old Fulton Street. Als u via Water Street naar de rivier loopt, ziet u aan uw rechterhand de brug en de Fulton Ferry Landing ②. Tijdens de Amerikaanse Onafhankelijkheidsoorlog vluchtte het leger van George Washington hiervandaan naar Manhattan. Sinds 1814 was hier de aanlegplaats van de veerpont tussen Brooklyn en Manhattan. Deze verbinding zorgde ervoor dat Brooklyn Heights van een agrarisch gebied in een woonbuurt veranderde. Aan de rechterkant ziet u het River Café ③. Dit restaurant is vanwege de verfijnde keuken en het fantastische uitzicht een voortreffelijke eetgelegenheid.

Eagle Warehouse ④

Brooklyn Heights

Ga vanaf de aanlegplaats naar rechts en wandel via de steile Everitt Street Columbia Heights binnen. U komt langs het voormalige Eagle Warehouse ④ uit 1893. Volg Middagh Street tot in Brooklyn Heights. Op nummer 24 ⑤ staat een oud huis uit 1824. Sla vervolgens rechtsaf Willow Street in en daarna linksaf naar Cranberry Street. De bebouwing varieert hier: huizen met houten buitenmuren, herenhuizen in federal-stijl en *brownstones* staan door elkaar heen. Op de auto's na lijkt het hier net de 19de eeuw.
Er hebben hier veel beroemdheden gewoond. In de kelder van 70 Willow Street heeft Truman Capote *Breakfast at Tiffany's* en *In Cold Blood* geschreven. Nummer 155 was ooit eigendom van Arthur Miller. Toen Walt Whitman hoofdredacteur was van de *Brooklyn Eagle*, woonde hij in Cranberry Street. Ga rechtsaf Hicks Street in. Sla vervolgens linksaf Orange Street in en wandel naar de Plymouth Church ⑥, waar Henry Ward Beecher, een tegenstander van de slavernij, predikant was. Zijn zus, Harriet Beecher Stowe, schreef *De Negerhut van Oom Tom*. Bij Clarke Street ziet u links de

Ingang van het River Café ③

Truman Capote met gevederd vriendje

markiezen van de vroeger luxueuze hotels in Brooklyn, zoals het Towers. Volg Clarke Street tot Columbia Heights, waar op nummer 142 ⑦ Norman Mailer woonde. Washington Roebling leidde, als invalide, vanuit zijn kamer op nummer 110 met behulp van een telescoop de bouw van Brooklyn Bridge.

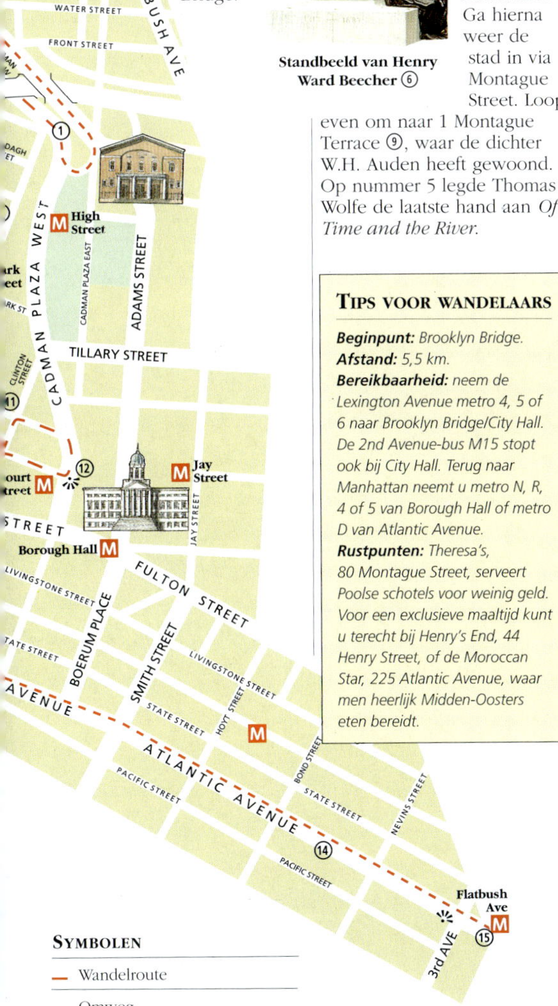

Symbolen

Wandelroute

Omweg

Uitkijkpunten

Metrostation

De promenade

Bij Montague Street slaat u de boulevard langs de rivier op ⑧. Aan het begin markeert een plaquette de plaats waar 'Four Chimneys' stond, het huis waar George Washington woonde tijdens de Slag om Long Island. Even verderop hebt u een schitterend uitzicht op Lower Manhattan. Ga hierna weer de stad in via Montague Street. Loop even om naar 1 Montague Terrace ⑨, waar de dichter W.H. Auden heeft gewoond. Op nummer 5 legde Thomas Wolfe de laatste hand aan *Of Time and the River*.

Standbeeld van Henry Ward Beecher ⑥

Tips voor wandelaars

Beginpunt: *Brooklyn Bridge.*
Afstand: *5,5 km.*
Bereikbaarheid: *neem de Lexington Avenue metro 4, 5 of 6 naar Brooklyn Bridge/City Hall. De 2nd Avenue-bus M15 stopt ook bij City Hall. Terug naar Manhattan neemt u metro N, R, 4 of 5 van Borough Hall of metro D van Atlantic Avenue.*
Rustpunten: *Theresa's, 80 Montague Street, serveert Poolse schotels voor weinig geld. Voor een exclusieve maaltijd kunt u terecht bij Henry's End, 44 Henry Street, of de Moroccan Star, 225 Atlantic Avenue, waar men heerlijk Midden-Oosters eten bereidt.*

Door Montague Street liep een tram naar de rivier en de pont

Montague Street en Clinton Street

Wandel terug naar Montague Street tot u bij de cafés en de winkels in het centrum van Brooklyn Heights komt. Op het kruispunt van Montague en Clinton Street staat de Church of St. Ann and the Holy Trinity ⑩ uit 1834. De glas-in-loodramen van deze kerk zijn prachtig. Sla linksaf Clinton Street in. U komt na één blok bij Pierpont Street, waar de Brooklyn Historical Society ⑪ zit. Weer een blok verder, in Court Street, staat de Borough Hall ⑫ uit 1849. U zou hier de metro terug naar Manhattan kunnen nemen.

De Brooklyn Dodgers

Atlantic Avenue

U kunt Clinton Street echter ook nog vijf blokken verder volgen tot Atlantic Avenue. Als u hier linksaf slaat, komt u bij een hele rij winkels met artikelen uit het Midden-Oosten ⑬. Sahadi Imports op nummer 187 heeft een ruim aanbod aan levensmiddelen, Rashid op nummer 191 verkoopt Arabische boeken en platen en de Damascus Bakery op nummer 195 Arabische zoetigheid. Enkele blokken verderop bevindt zich een rij antiekzaken ⑭. Kijk bij de kruising met Flatbush Avenue even naar links: daar ziet u de Brooklyn Academy of Music ⑮ en de protserige gevel van de Williamsburg Savings Bank.

ALL STAR
One
thing's
Gonna
Change
My
World
1500

TIPS VOOR DE REIZIGER

Accommodatie

Met meer dan 65.000 hotelkamers heeft New York een bed voor iedereen. De luxueuste hotels zijn nog steeds niet zo duur als in Parijs of Londen, maar het beste nieuws voor toeristen is de toename van budgethotels. Andere betaalbare mogelijkheden zijn appartementen, logies met ontbijt bij families, jeugdherbergen en de YMCA's. Na meer dan 200 hotels te hebben onderzocht, hebben wij er 72 uitgekozen als de besten in hun klasse. *Een hotel kiezen (blz. 274-275)* helpt u op weg bij het zoeken van een onderkomen dat op uw wensen is afgestemd. Voor een gedetailleerdere beschrijving verwijzen wij u naar bladzijden 276-283. Op bladzijde 272 vindt u een selectie van de tien beste hotels in verschillende categorieën.

Cole Porter's piano in het Waldorf-Astoria *(blz. 281)*

Een badkamer in het Paramount Hotel *(blz. 277)*

Waar u moet zoeken

De East Side, tussen 59th en 77th Street, is van oudsher de locatie voor de luxueuze hotels, maar door de renovatie van een aantal historische gebouwen in Midtown zoals het St. Regis, alsmede de vestiging van hotels van ketens uit Azië zoals de Peninsula Group, is de concurrentie toegenomen. Zakenlui hebben een voorkeur voor Midtown, met name voor de betaalbare hotels aan Lexington Avenue in de buurt van Grand Central Terminal.

Wie een rustige plek zoekt en toch in de buurt van de binnenstad wil zitten, kan het beste in de buurt van Murray Hill rondkijken. Theaterliefhebbers kunnen profiteren van de heropleving van de buurt rond Times Square.

Er is een aantal goede, goedkope hotels rond Herald Square, hetgeen geriefelijk is om te winkelen.

De Upper West Side is gespecialiseerd in de minder dure hotels. Vanuit deze populaire woonwijk is Lincoln Center gemakkelijk te bereiken en het openbaar vervoer biedt er goede verbindingen.

Het **New York Convention and Visitors Bureau** geeft elk jaar een gratis folder uit, *The New York Hotel Guide*, met actuele tarieven, gratis telefoonnummers en faxnummers. Het personeel kan u advies geven over hotels, maar doet geen boekingen.

Hotelprijzen

Sommige hotels hebben seizoenaanbiedingen, andere bieden kortingen in het laagseizoen. Aan het eind van de werkweek vertrekken bijvoorbeeld veel zakenreizigers uit hun hotel. U kunt dan gebruikmaken van voordelige weekendarrangementen doordat de prijzen dalen *(zie Speciale aanbiedingen blz. 270)*.

Een stijgend aantal hotels – in elke prijsklasse – verhuurt uitsluitend suites. Daar hebt u extra ruimte, kookgelegenheid en een koelkast voor dezelfde prijs. De meeste suites hebben plaats voor vier mensen, wat ze populair maakt bij gezinnen.

Café Botanica in het Essex House Hotel *(blz. 278)*

Bijkomende kosten

Als u de prijs van een hotelkamer in New York wilt berekenen, dan volstaat het niet eenvoudigweg naar de vermelde hotelprijs te kijken. Op hotelkamers wordt reeds lang extra belasting geheven, maar het vorige variabele tarief, dat gunstig was voor kamers onder $ 100, is opgevolgd door een algemeen tarief van 13,25 procent plus $ 2 per nacht bewoningsbelasting.

Een *continental breakfast* is

De lobbytelefoon, om in het hotel zelf te bellen

Suite in hotel Millenium *(blz. 276)*

nu vaak bij de kamerprijs inbegrepen. Dit is voordelig, want een *continental breakfast* kost, zonder de belasting, ongeveer $ 5 per persoon in gewone hotels, in de luxueuze hotels kan dat tot $ 15 oplopen. Wie geld wil besparen, kan beter naar de dichtstbijzijnde *deli* of coffeeshop gaan en het hotel-ontbijt overlaten aan zakenmensen.

Telefoongesprekken zijn in hotels duur; het is vaak goedkoper om vanuit de telefooncel in de lobby te bellen, vooral als u internationaal belt.

Het geven van fooi is een normale zaak in de Verenigde Staten. Personeel dat uw bagage naar uw kamer brengt, krijgt meestal $ 1 per koffer – in een chic hotel meer. Voor het regelen van vervoer of tafelreserveringen hoeft u geen fooi te geven, maar wanneer u buitengewone diensten verlangt, is dat wel gebruikelijk. Als u iets via roomservice bestelt, dient u van tevoren te kijken of de bediening bij de rekening is inbegrepen; zo niet, geef dan 15 procent fooi.

Mensen die alleen reizen, zullen merken dat de prijs van een eenpersoonskamer gewoonlijk ten minste 80 procent van die van een tweepersoonskamer is; soms betaalt u zelfs het volledige tarief.

Faciliteiten

U verwacht wellicht dat hotelkamers in New York lawaaierig zijn, maar de meeste ramen hebben dubbele of zelfs driedubbele beglazing. De ramen kunnen dan weliswaar niet open, maar airconditioning ontbreekt nergens. Sommige kamers zijn echter rustiger dan andere, bijvoorbeeld als ze aan de achterkant van het hotel of aan een binnenplaats gelegen zijn – controleer dit als u boekt.

Televisie, radio en een telefoon op de kamer zijn zelfs in eenvoudige hotels gebruikelijk en de meeste hotelkamers hebben een aparte badkamer, met in eenvoudige en middenklassehotels een douche in plaats van een bad. Veel middenklassehotelkamers hebben een fax, er is een fitnessclub of trainingsruimte in het gebouw en het personeel staat u voor alles ter beschikking. Luxueuzere faciliteiten betreffen een minibar in de kamer, duotelefoons, een antwoordapparaat en elektronische uitschrijving.

De hier genoemde hotels bevinden zich alle binnen vijf minuten loopafstand van winkels en restaurants. Hotels hebben slechts zeer zelden eigen parkeerplaatsen, maar hotelbedienden parkeren uw auto desgewenst in voor gasten gereserveerde, openbare garages. Ondanks de korting blijft parkeren duur.

De art deco-lobby van het Edison Hotel *(blz. 277)*

Adressen

Toeristenbureau

New York Convention and Visitors Bureau
810 7th Ave, NY, NY 10019. **Kaart** 12 E4.
☎ *484-1222.*
Uitgaven zijn ook verkrijgbaar op JFK Airport.
W www.nycvisit.com

Hotels met suites

Manhattan East Suite Hotels
Op één telefoonnummer kunt u de volgende hotels reserveren:
☎ *465-3690.* W www.mesuite.com

Beekman Tower
3 Mitchell Place. **Kaart** 13 C5.

Dumont Plaza
150 E 34th St. **Kaart** 9 A2.

Eastgate Tower
222 E 39th St. **Kaart** 9 B1.

Lyden Gardens
215 E 64th St. **Kaart** 13 B2.

Lyden House
320 E 53rd St. **Kaart** 13 B4.

Plaza Fifty
155 E 50th St. **Kaart** 13 B4.

Shelburne-Murray Hill
303 Lexington Ave. **Kaart** 9 A2.

Southgate Tower
371 7th Ave. **Kaart** 8 E3.

Surrey
20 E 76th St. **Kaart** 17 A5.

Boekingskantoren

Assured Accommodations
Suite 714, 225 Lafayette St, NY, NY 10012. **Kaart** 4 F2. ☎ *431-0569.*
FAX *431-7088.*
W www.assurednyc.com

Hotel Reservations A Meegan Services
JFK International Airport, Jamaica, NY 11430.
☎ *(718) 995-9292.*
FAX *(718) 917-6278.*

Discount reserveringsdienst

Express
☎ *(303) 440-8481.*
FAX *(303)-440-0166.*
W www.express-res.com

Hotel Con-x-ions
☎ *840-8686.*
FAX *221-8686.*
W www.hotelconxions.com

Quikbook
☎ *779-7666.*
W www.quikbook.com

Reserveren

Het is raadzaam ten minste een maand van tevoren uw hotel te reserveren. Hoewel hotels meestal niet volgeboekt zijn, zal vaak blijken dat de beste kamers en suites al vergeven zijn. De drukste perioden zijn rond Pasen, de week waarin de marathon van New York wordt gelopen (eind oktober of begin november), Thanksgiving (eind november) en Kerstmis.

Reserveer rechtstreeks bij het hotel per telefoon, brief of fax. Na een telefonische reservering is een schriftelijke bevestiging, vergezeld van een aanbetaling als garantie van uw komst, noodzakelijk. U kunt betalen met creditcard, internationale bankcheques of reischeques.

Meld van tevoren als u na 18.00 uur aankomt, anders is uw kamer, als u niet hebt vooruitbetaald, wellicht al aan anderen verhuurd.

U kunt ook een hotel via uw reisbureau laten reserveren. De meeste hotels hebben een telefoonnummer dat binnen de Verenigde Staten gratis, maar vanuit Europa niet kan worden gebeld. Als het hotel onderdeel is van een keten, kunt u reserveren via de vestiging van die keten in het land waar u zich op dat moment bevindt.

Speciale aanbiedingen

Hotels zijn op werkdagen, wanneer er veel zakenmensen in de stad zijn, het drukst bezet. Veel hotels bieden dus voordelige arrangementen voor de weekeinden. Voor het geld dat u door de week aan een gewone kamer kwijt bent, hebt u in het weekeinde een veel luxueuzer onderkomen.

Voor medewerkers van grote bedrijven gelden vaak speciale, lagere tarieven. Als u bij de receptie van een hotel ook om deze korting vraagt, zal men veelal niet eens vragen naar een bewijs waaruit blijkt dat u bij een bepaald bedrijf hoort.

Sommige boekingskantoren schermen met kortingen. Een goed reisbureau moet de gunstigste tarieven kunnen bedingen, maar u kunt zelf de prijzen vergelijken door contact op te nemen met een goedkope reserveringsdienst zoals Express of Quikbook *(blz. 269)*. Zij bieden, afhankelijk van de tijd van het jaar, kortingen van 20 tot 50 procent op boekingen. U betaalt met een creditcard en ontvangt een voucher die u in het hotel overhandigt.

Groepsreizen kunnen ook besparingen opleveren. U hoeft niet steeds bij de groep te blijven om van de vlucht- en hotelarrangementen gebruik te maken. Een extra besparing is, dat bij groepsreizen ook vaak het transport van en naar het vliegveld is geregeld.

Luchtvaartmaatschappijen hebben vaak hun eigen aanbiedingen, vooral in het laagseizoen. Ook hier geldt dat een goed reisbureau u moet kunnen vertellen wat de beste aanbiedingen zijn.

De lobby van het St. Regis Hotel *(blz. 282)*

Adressen

Gehandicapte reizigers

Mayor's Office for People with Disabilities
52 Chambers St, Room 206, NY, NY 10007.
Tel. *788-2830.*

Bed and breakfast

Abode Bed and Breakfast Inc
PO Box 20022, NY 10021.
Tel. *472-2000.*

At Home in NY
PO Box 407, NY 10185.
Tel. *956-3125/0407.*
FAX *247-3294.*

Bed & Breakfast (& Books)
35 W 92nd St., Apt 2C, NY 10025
Tel. *865-8740.*

Bed & Breakfast in Manhattan
Tel. *472-2528.*
FAX *988-9818.*

Bed & Breakfast Network of New York
130 Barrow St., Suite 508, NY 10014. Tel. *645-8134, (800) 900-8134.*

City Lights Bed & Breakfast Ltd
Tel. *737-7049.*

Homestay New York
Tel. *(718) 434-2071.*
W www.homestayny.com

New World Bed and Breakfast Ltd
Tel. *675-5600.*

Urban Ventures, Inc.
Tel. *594-5650.*

Jeugdherbergen en YMCA'S

Hosteling International, NY
891 Amsterdam Ave at W 103rd St, NY, NY 10025. **Kaart** 20 E5.
Tel. *932-2300.*

92nd St Y
1395 Lexington Ave, NY 10128. **Kaart** 17 A2.
Tel. *415-5650.*

YMCA-Vanderbilt
224 E 47th St, NY 10017.
Kaart 13 A5.
Tel. *756-9600.*

YMCA-West Side
5 W 63rd St, NY 10023.
Kaart 12 D2.
Tel. *875-4273.*

Studentenhuizen

NYU Summer Housing
8 Washington Place, NY, NY 10003. Tel. *998-4621.*

Hotels bij vliegvelden

Zie blz. 364 voor informatie over hotels bij de belangrijkste luchthavens van New York, ***JFK*** *en* ***Newark****.*

GEHANDICAPTE REIZIGERS

Hotels zijn wettelijk verplicht faciliteiten voor gehandicapte reizigers te bieden en vele oudere gebouwen zijn om die reden gerenoveerd. Geleidehonden zijn meestal toegestaan, maar het is verstandig dit na te vragen als u reserveert.
De informatie voor gehandicapte reizigers in deze gids is gebaseerd op gegevens van de hotels zelf. Licht het hotel in over speciale wensen wanneer u boekt. Voor nadere informatie op dit gebied kunt u terecht bij het **Mayor's Office for People with Disabilities**.

REIZEN MET KINDEREN

Amerikaanse hotels zijn meestal zeer gastvrij ten opzichte van kinderen. Faciliteiten als kinderbedden en bemiddeling bij het krijgen van een oppas vindt u overal en restaurants van hotels verzorgen graag maaltijden voor jonge gasten.
Reizen met kinderen hoeft niet zo duur te zijn als u denkt. Veel hotels rekenen niets extra voor kinderen als zij in de kamer van hun ouders slapen of vragen slechts een klein bedrag voor een extra bed. Er is dan meestal wel een limiet van twee kinderen per kamer en er geldt een leeftijdsgrens, meestal van 12 jaar. Ouders van oudere kinderen moeten de volle prijs betalen, hoewel soms voor kinderen tot 18 jaar aangepaste tarieven gelden. Informeer naar deze gezinsvoordelen wanneer u reserveert.

BED-AND-BREAKFAST

Het aantal bed-and-breakfast-mogelijkheden bij families neemt toe. Het aanbod varieert van een kamer in een flat waar de bewoner gewoon thuis is, tot een complete flat voor uzelf, met eigen keuken en badkamer.
Een verblijf in een gewoon woonhuis of in een flat stelt u in staat de sfeer van New Yorkse woonwijken te proeven en plaatselijke restaurants te bezoeken. Deze zijn meestal

Entree van het Peninsula Hotel ***(blz. 281)***

veel redelijker geprijsd dan die in de binnenstad.
Er zijn talloze bureaus die op dit terrein bemiddelen. Het tarief van een appartement zonder andere bewoners varieert van $ 70 tot $ 200, en voor een tweepersoonskamer van $ 60 tot $ 90 per nacht, afhankelijk van het feit of er een eigen badkamer is. Er is grote keuze in appartementen, van ruim en luxueus tot sjofel en benauwd. Uw onkosten zullen hoger worden naarmate het adres verder van het centrum afgelegen is in verband met de vele taxi's die u dan nodig hebt.

JONGEREN- EN BUDGET-ACCOMMODATIE

Voor het lagere budget beschikt New York over één jeugdherberg en vele **YMCA's**. De niet-kerkelijke **92nd St Y**, tevens een levendig cultureel centrum in de Upper East Side, biedt, voor mensen die langere tijd in de stad blijven, goede kamers voor $ 30 tot $ 50 per nacht.
Er zijn geen campings in Manhattan en jongerenaccommodatie is moeilijker te vinden dan in Europese steden.

Het zwembad boven in het UN Plaza Hotel ***(blz. 280)***

VERKLARING

De hotels staan vermeld op de bladzijden 276-283. De hotels zijn eerst naar plaats en daarna naar prijs gerangschikt. De tekens achter het adres geven een samenvatting van de faciliteiten.

- alle kamers met bad en/of douche, tenzij anders aangegeven
- 1 eenpersoonskamers aanwezig
- meerpersoonskamers aanwezig, of er kan een extra bed in een tweepersoonskamer worden gezet
- 24 24-uurs roomservice
- TV tv in alle kamers
- minibar in alle kamers
- kamers voor niet-rokers aanwezig
- kamers met mooi uitzicht beschikbaar
- airconditioning in alle kamers
- fitnesscentrum
- zwembad
- zakelijke faciliteiten als boodschappendienst, faxapparaat voor gasten, bureau en telefoon in alle kamers, en vergaderzaal
- kinderbedden, babysit aanwezig
- toegankelijk voor rolstoelen
- lift
- huisdieren toegestaan (altijd navragen!)
- P parkeergelegenheid
- tuin/terras toegankelijk voor gasten
- bar
- restaurant
- i inlichtingenbureau voor toeristen
- geaccepteerde creditcards:

AE American Express
DC Diners Club
MC Mastercard/Access
V VISA
JCB Japanese Credit Bureau

Prijscategorieën voor een tweepersoonskamer met bad per nacht, inclusief belasting en bediening in het hoogseizoen:
$ minder dan $ 150
$$ $ 150-$ 220
$$$ $ 220-$ 300
$$$$ $ 300-$ 400
$$$$$ meer dan $ 400

Hotels: een selectie

De hotels in New York variëren van het summum van luxe tot goed en goedkoop. Ze liggen gunstig ten opzichte van winkels, restaurants en vervoer. Sommige zijn van historisch of literair belang, andere zijn heel modern, weer andere zijn juist ouderwets en gezellig. In dit enorme aanbod vallen bepaalde hotels op, hetzij vanwege hun karakter, hetzij vanwege comfort of kwaliteit. De hotels die hier worden genoemd zijn gekozen uit de lijsten op bladzijden 276-283 als de beste in hun genre of prijsklasse.

Plaza
Dit karakteristieke hotel bestaat al meer dan 100 jaar. Door restauratie heeft het zijn oude schoonheid teruggekregen. (blz. 281)

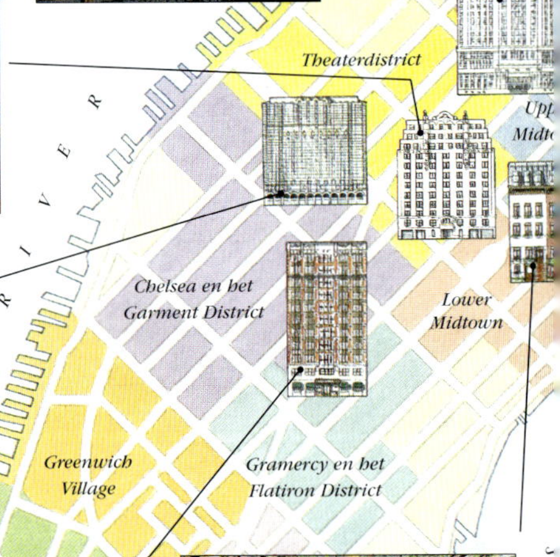

Wyndham
Boek ruim van tevoren voor dit huiselijke, niet zo dure hotel. (blz. 280)

Paramount
Het interieur van dit redelijk geprijsde hotel is van de hand van Philippe Starck. (blz. 278)

Algonquin
Hier kwam schrijfster Dorothy Parker met haar vrienden in de jaren twintig bijeen. (blz. 143 en 278)

Box Tree
Twee authentieke brownstones vormen samen een intiem, luxueus hotel met een uitstekend restaurant. (blz. 281)

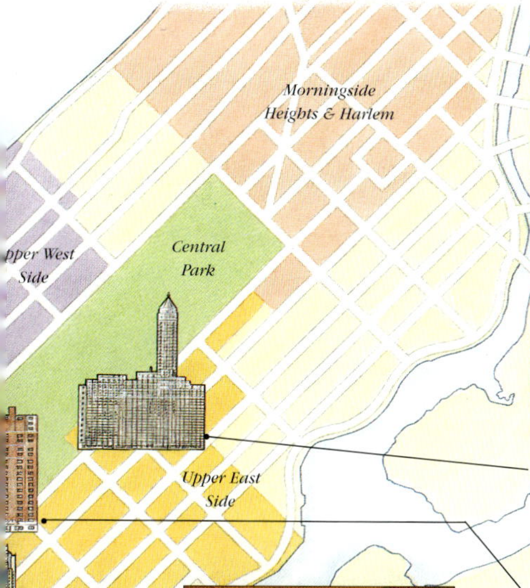

Carlyle
Ouderwetse chic, uitzicht over Central Park en de jazzklanken van Bobby Short in Café Carlyle geven dit uitmuntende hotel een heerlijke sfeer. (blz. 282)

Lowell
Luxueuze suites bieden alle comfort van een voornaam landhuis in de Upper East Side. Er zijn ook twee restaurants gevestigd. (blz. 282)

Four Seasons
Moderne inrichting, geavanceerde snufjes en voortreffelijke bediening in dit door I.M. Pei ontworpen hotel. (blz. 281)

Regal United Nations Plaza
Het uitzicht uit de slaapkamers wordt slechts overtroffen door dat uit het zwembad op de 27ste verdieping. (blz. 280)

Pickwick Arms
In het hart van Manhattan krijgt u de beste waar voor uw geld. Een onverwachte bonus is het prachtige uitzicht vanaf het eenvoudige, gezellige dakterras. (blz. 280)

Een hotel kiezen

De 72 hotels die op de volgende bladzijden staan vermeld, zijn allemaal geïnspecteerd. Alle hotels zijn in Manhattan en bevinden zich op loopafstand van musea, winkels en restaurants. Zij zijn eerst per buurt, dan per prijsklasse en daarna op alfabetische volgorde gerangschikt.

Hotel	Prijs	Aantal kamers	Grote kamers	Voor zakenmensen	Voor kinderen	Aanbevolen restaurant	Huismeester	Rustig gelegen	24-uurs roomservice
Lower Manhattan *(blz. 276)*									
NY Marriott Financial Center	$$$$	504		■	●		●		
Millenium Hilton	$$$$$	561		■	●		●		●
SoHo Grand Hotel	$$$$$	367		■					●
Greenwich Village *(blz. 276)*									
Washington Square Hotel	$$	170				■		■	
Gramercy en het Flatiron District *(blz. 276)*									
Gramercy Park Hotel	$$	509	●		●	■		■	
Carlton	$$$	171		■	●			■	
The Inn at Irving Place	$$$$	12	●					■	
Roger Williams	$$$$	186	●					■	
Chelsea en het Garment District *(blz. 276)*									
Best Western Manhattan	$	183							
Herald Square Hotel	$	120							
Hotel Metro	$$	180		■					
Stanford	$$	130			●				
Theater District *(blz. 277-279)*									
Best Western Ambassador	$	70		■					
Days Hotel Midtown	$$	366		■					
Edison	$$	900							
Hampshire Hotel and Suites	$$	200		■					
Howard Johnson Plaza	$$	300		■	●				
Ramada Milford Plaza	$$	1300							
Wellington	$$	617		■					
Double Tree Guest Suites	$$$	460		■	●		●		
Iroquois	$$$	106		■					
The Mansfield	$$$	124					●		
Paramount	$$$	610		■	●	■	●		●
Salisbury	$$$	196	●						
Algonquin	$$$$	165		■					
Crowne Plaza	$$$$	770	●	■	●		●		●
Essex House	$$$$	597		■	●	■	●		●
Michelangelo	$$$$	178	●	■	●		●		
Millennium Broadway	$$$$	627		■	●				
Royalton	$$$$	169		■	●	■	●		●
Le Parker Meridien	$$$$$	700		■			●		●
Rihga Royal	$$$$$	500	●	■	●		●		●
Lower Midtown *(blz. 279-280)*									
Clarion Hotel	$$$	189		■					
Helmsley Middletowne	$$$	190						■	

Categorieën voor tweepersoonskamers, belasting en bediening inbegrepen:
$ minder dan $ 150
$$ $ 150-$ 220
$$$ $ 220-$ 300
$$$$ $ 300-$ 400
$$$$$ meer dan $ 400

HUISMEESTER
Huismeester aanwezig voor reserveringen en algemene assistentie.

VOOR ZAKENMENSEN
Boodschappendienst, fax voor bezoekers, bureau en telefoon in elke kamer, vergaderzaal.

VOOR KINDEREN
Extra grote kamers, kinderbedjes, oppasdienst, kindermenu's, hoge stoel in ontbijtzaal.

RUSTIG GELEGEN
Rustige woonwijk of een rustige straat in een drukke buurt.

		Aantal kamers	Grote kamers	Voor zakenmensen	Voor kinderen	Aanbevolen restaurant	Huismeester	Rustig gelegen	24-uurs roomservice
Jolly Madison Towers	$$$	225	●	■					
Roger Smith	$$$	130	●	■	●				
Doral Park Avenue	$$$$	188		■		■	●	■	
Morgans	$$$$	113		■	●		●	■	●
Regal United Nations Plaza	$$$$	427		■	●	■	●		●
Sheraton Russell	$$$$	146	●	■		■	●	■	●
W Doral Court	$$$$	199	●	■		■	●	■	
W Doral Tuscany	$$$$	121		■		■	●	■	
UPPER MIDTOWN *(blz. 280-282)*									
Pickwick Arms	$	370					●	■	
Wyndham	$$	200	●					■	
W New York	$$$	720		■			●		
The Elysée	$$$$	99		■	●				
Fitzpatrick Manhattan Hotel	$$$$	92		■			●		●
Inter-Continental Central Park South	$$$$	207		■	●	■	●		●
Plaza	$$$$	804	●	■	●	■	●		●
Waldorf–Astoria	$$$$	1380	●	■	●	■	●		●
Hotel Benjamin	$$$$$	209	●	■	●		●		
Box Tree	$$$$$	13		■		■		■	●
Four Seasons	$$$$$	370	●	■		■	●		●
New York Palace	$$$$$	800	●	■	●	■	●		●
Pierre	$$$$$	202	●	■	●	■	●		●
St. Regis	$$$$$	314	●	■	●	■	●		●
UPPER EAST SIDE *(blz. 282-283)*									
Franklin	$$$	53		■	●			■	●
Hotel Wales	$$$	95		■			●	■	
Surrey Hotel	$$$$	130	●	■		■	●	■	●
Mark	$$$$$	180	●	■	●	■	●	■	
Carlyle	$$$$$	190	●	■	●		●	■	●
Lowell	$$$$$	67	●		●	■	●	■	
Plaza Athénée	$$$$$	152		■		■	●	■	●
Regency	$$$$$	384	●	■	●	■	●		●
Stanhope, A Park Hyatt Hotel	$$$$$	183	●	■	●	■	●	■	●
UPPER WEST SIDE *(blz. 283)*									
Beacon	$$	100					●	■	
Empire	$$	381		■	●	■	●		
Excelsior	$$	196	●					■	
Milburn	$$	111	●	■	●		●	■	●
On The Ave	$$	251	●						
Mayflower	$$$	377	●	■				■	

Lower Manhattan

Millenium Hilton

55 Church St, NY, NY 10007. **Kaart** 1 B2. *693-2001* FAX *571-2316.* ***Kamers**: 561.* AE, DC, MC, V, JCB. $$$$$ www.newyorkmillennium.com

Het Millenium, met 58 verdiepingen, is ontworpen om onderdak te bieden aan zakenmensen die op Wall Street moeten zijn. De kamers zijn niet bijzonder groot, maar de ruimte wordt goed benut door het ogenschijnlijk ingebouwde meubilair. De badkamers zijn van zwart marmer en de verlichting is zeer modern. Er zijn telefoons met twee lijnen en luidspreker, mogelijkheid om telefonisch te vergaderen, voice mail en een videosysteem om roomservice te bestellen of uw rekening te betalen. De meeste kamers liggen tegenover het World Trade Center. Lagere verdiepingen kijken uit op een binnenplaats, hogere op de rivier. Een van de mooiste uitzichten, over het kerkhof van St. Paul's Chapel, hebt u vanuit de fitnessruimte en het zwembad.

New York Marriott Financial Center

85 West St, NY, NY 10006. **Kaart** 1 B3. *385-4900.* FAX *227-8136.* ***Kamers**: 504.* AE, DC, MC, V, JCB. $$$$ www.marriott.com

Het Marriott biedt standaardkamers en -voorzieningen met als extra's het zwembad, de fitnessclub en vanaf de hogere verdiepingen een fantastisch uitzicht over de Hudson. In het weekeinde zijn de prijzen hier aanzienlijk lager en is het een goed vertrekpunt om Lower Manhattan te ontdekken.

SoHo Grand Hotel

310 West Broadway, NY, NY 10013. **Kaart** 4 E4. *965-3000.* FAX *965-3200.* ***Kamers**: 367.* AE, DC, MC, V, JCB. $$$$$ www.sohogrand.com

Dit hotel in artistiek SoHo werd in 1996 geopend. Het is een stijlvol onderkomen in een gebied dat zich goed leent voor ontdekkingstochten. De lobby van twee verdiepingen reflecteert de architectonische stijl van de buurt: zware baksteen met stenen pilaren, stalen plafondbalken en een trap van glas en staal die aan kabels hangt. De compacte kamers in neutrale kleuren hebben grote bedden en een duotelefoon met antwoordapparaat. Oude foto's van New York sieren de muren. Het hotel heeft een fitnessruimte en een bistro met Amerikaanse kost.

Greenwich Village

Washington Square Hotel

103 Waverly Pl, NY, NY 10011. **Map** 4 E2. *777-9515.* FAX *979-8373.* ***Rooms**: 170.* AE, MC, V, JCB. $$ www.wshotel.com

Dit kleine hotel, in het hart van Greenwich Village, heeft erg kleine kamers, maar is toch zeer aan te bevelen. Marmer, glas in lood en planten geven de lobby een ouderwets aanzien en in de smalle gangen valt het Mexicaanse tegelwerk op. De kamers zijn vrolijk behangen en geschilderd, de badkamers zijn nieuw en er is een restaurant en een kleine fitnessruimte. Dit is bovendien het enige hotel in het centrum van de Village.

Gramercy en het Flatiron District

Gramercy Park Hotel

2 Lexington Ave bij 21ste St, NY, NY 10010. **Kaart** 9 A5. *475-4320, (800)-221-4083.* FAX *505-0535.* ***Kamers**: 509.* AE, DC, MC, V, JCB $$

Dit hotel, gelegen in het hart van een de oudste en meest modieuze buurten, tegenover het enige privé-park van de stad, biedt alle faciliteiten, plus voordelige prijzen en een van de best bewaarde geheime bars van New York. De clientèle is meestal internationaal en de locatie is wellicht de beste van de stad (*blz. 127*).

Carlton

22 E 29th St, NY, NY 10016. **Kaart** 8 F3. *532-4100.* FAX *889-8683.* ***Kamers**: 171.* AE, DC, MC, V, JCB $$$ www.carltonhotelny.com

Dit interessante Beaux Arts-gebouw ligt gunstig ten opzichte van de winkels van 34th Street en veel restaurants in de East Side en Village. De renovatie is bijna klaar, maar de prijzen zijn redelijk.

The Inn at Irving Place

56 Irving Place, NY, NY 10003. **Kaart** 9 A5. *533-4600.* FAX *533-4611.* ***Kamers**: 12.* AE, MC, V, JCB. $$$$ www.innatirving.com

Dit discrete 19de-eeuwse herenhuis zou zo uit een roman van Jane Austen kunnen komen. De zitkamer heeft een hoog plafond met sierpleisterwerk en de 12 gastenkamers zijn gevuld met antiek dat bescheiden elegantie benadrukt: bedden met koperwerk of gebeeldhouwde hoofdeinden, Victoriaanse kasten, *chaises longues* en bijpassende lampen. Iedere kamer heeft een (niet werkende) open haard. De 21ste eeuw merkt u alleen aan de telefoon met twee lijnen, kabeltelevisie en video. Gasten kunnen in de mooie eetkamer ontbijten of 's middags genieten van een elegante *tea* met vijf gangen. De buurt, nabij Gramercy Park, roept de sfeer van oud New York op.

Roger Williams

131 Madison Ave, NY, NY 10016. **Kaart** 9 A3. *448-7000.* FAX *576-4343.* ***Kamers**: 186.* AE, DC, MC, V. $$$$ www.boutiquehg.com

De grondige verbouwing door de Gotham Hospitality Group heeft het Roger Williams veranderd in een chic hotel dat geheel voldoet aan de Gotham-normen. De kamers hebben een cd-speler en video. Er is muziek in de lobby. Het ontbijt is bij de prijs van uw kamer inbegrepen.

Chelsea en het Garment District

Best Western Manhattan

17 W 32nd St, NY, NY 10001. **Kaart** 8 E3. *736-1600.* FAX *563-4007.* ***Kamers**: 183.* AE, DC, MC, V, JCB. $ www.applecorehotels.com

Dit nieuwe, eenvoudige hotel is een groot succes in het 'Little Korea'-blok. Het is onlangs gerenoveerd in een fris zwart-wit-schema, een chique moderne inrichting en nieuw sanitair. In de gangen hangen mooie foto's met als thema Manhattan, en de grappige Vrijheidsbeeld-lampen in de kamers zorgen voor een lichte toets. De gerieflijke suites zijn voor vier personen en zijn zeer geschikt voor gezinnen.

Herald Square Hotel

19 W 31st St, NY, NY 10001. **Kaart** 8 F3. *279-4017.* FAX *643-9208.* ***Kamers**: 120.* *108.* *AE, MC, V, JCB.* $
W www.heraldsquarehotel.com
Zie blz. 131.

Dit kleine budgethotel is met smaak opgeknapt. De vergulde cherubijn boven de voordeur stamt uit de tijd dat het 19de-eeuwse gebouw, dat werd ontworpen door Carrère & Hastings, het eerste onderkomen was van het tijdschrif *Life*. Oude omslagen van *Life* sieren de muren van de gangen. De kamers zijn klein, maar mooi gestoffeerd. De badkamers zijn modern. Het hotel ligt gunstig ten opzichte van zowel het warenhuis Macy's als het Javis Convention Center.

Hotel Metro

45 W 35th St, NY, NY 10001. **Kaart** 7 C2. *947-2500.* FAX *279-1310.* ***Kamers**: 180.* *AE, DC, MC, V.* $$
W www.hotelmetronyc.com

Het Metro heeft een levendige, verfijnde sfeer met een ruime moderne art deco-achtige lobby, waar de muren versierd zijn met foto's van Greta Garbo en Marlene Dietrich op posterformaat, oude filmposters en foto's van het oude New York. De ruime kamers zijn ingericht in een zwart-geel kleurenschema, gestreept behang en voorzien van faciliteiten als een koelkast en een haardroger. Boven is een kleine fitnessruimte, en een dakterras (met 's zomers een bar) met uitzicht op het Empire State Building. In de ruime zitkamer bij de lobby wordt het ontbijt geserveerd en is de hele dag koffie verkrijgbaar. Het is populair bij jonge mensen uit de modewereld. Het Metro is een billijk geprijsde keuze voor iedereen.

Stanford

43 W 32nd St, NY, NY 10001. **Kaart** 8 F3. *563-1480.* FAX *629-0043.* @ *standfordny@aol.com* ***Kamers**: 130.* *AE, DC, MC, V., JCB* $

Dit schone, moderne hotel in 'Little Korea', dat erg populair is bij Aziatische bezoekers, biedt waar voor zijn geld. Het Stanford heeft een Amerikaanse koffieshop en het Gam Mee Ok-restaurant, met een goede Koreaanse keuken. Het hotel ligt gunstig ten opzichte van Herald Square evenals Madison Square en het Javits Convention Center (*zie blz. 136*).

THEATER DISTRICT

Best Western Ambassador

132 W 45th St, NY, NY 10036. **Kaart** 12 E5. *921-7600.* FAX *719-0171.* ***Kamers**: 70.* *AE, DC, MC, V, JCB.* $
W www.bestnyhotels.com

Een bescheiden, redelijk geprijsd hotel op een geschikte locatie voor theaterbezoek. Het heeft aantrekkelijk nieuw meubilair en sanitair. Het bij de prijs inbegrepen *continental breakfast* kan gebruikt worden in de lobby.

Days Hotel Midtown

790 8th Ave, NY, NY 10019. **Kaart** 12 D5. *(1800) 572-6232.* FAX *974-0291.* ***Kamers**: 366.* *AE, DC, MC, V.* $$

De locatie is de belangrijkste attractie in dit verder voorspelbare hotel uit de Loews-keten. Het hotel is gerenoveerd. In de lobby bevinden zich enkele elegante muurbankjes en een mooie art deco-kroonluchter. De prijzen zijn gematigd; kinderen onder de 12 jaar slapen gratis in de kamer van hun ouders. Beslist het overwegen waard.

Edison

228 W 47th St, NY, NY 10036. **Kaart** 12 E5. *840-5000.* FAX *596-6850.* ***Kamers**: 900.* *AE, DC, MC, V, JCB.* $$
W www.edisonhotelnyc.com

Sinds de restauratie is dit oude gebouw een van de voordeligste hotels in het Theater District. De art deco-lobby, de koperen deurlijsten en de lampen uit 1931 van het oorspronkelijke hotel zijn heel mooi gerestaureerd. De kamers zijn gemoderniseerd, met nieuwe badkamers en meubilair.

Hampshire Hotel and Suites

157 W 47th St, NY, NY 10036. **Kaart** 12 D5. *768-7573.* FAX *768-3403.* ***Kamers**: 200.* *AE, DC, MC, V, JCB.* $$
W www.bestnyhotels.com

Het veeltalige personeel heet gasten van over de hele wereld welkom. Dit bescheiden hotel is geschikt voor theaterbezoekers en heeft kleine, nette kamers met nieuw sanitair. Er kan ontbeten worden. Geen dure opschik, maar z'n geld waard.

Howard Joshnson Plaza

851 8th Ave, NY, NY 10019. **Kaart** 12 D4. *581-4100.* FAX *974-7502.* ***Kamers**: 300.* *AE, DC, MC, V, JCB.* $$
W www.hojo.com

Hoewel dit deel uitmaakt van een motelketen, zal de kwaliteit uw verwachtingen waarschijnlijk overtreffen. De comfortabele, ruime kamers zijn onlangs heringericht. Er is een restaurant en een parkeergarage. Kinderen onder de 18 jaar mogen gratis bij hun ouders in de kamer slapen. Gezien de prijs is dit een zeer verstandige keuze.

Ramada Milford Plaza

270 W 45th St, NY, NY 10036. **Kaart** 11 C5. *869-3600.* FAX *642-4694.* ***Kamers**: 1300.* *AE, DC, MC,V, JCB.* $$ W www.ramada.com

Dit 28 verdiepingen tellende hotel met 1300 kamers is geliefd bij groepen die de ligging midden in het Theater District waarderen. Verwacht geen chic, maar er zijn fitnesstoestellen, een bar en restaurant.

Wellington

7th Ave at 55th St, NY, NY 10019. **Kaart** 12 E4. *247-3900.* FAX *581-1719.* ***Kamers**: 617.* *AE, DC, MC, V, JCB.* $$ W www.wellingtonhotel.com

Dit budgethotel heeft een goede ligging in Midtown en is populair bij groepen. Bij de voorzieningen van het hotel horen een café, een lounge en een restaurant. De kleine kamers hebben nieuwe badkamers; de suites en sommige kamers hebben ook een keukentje. Er zijn ook gezinskamers met twee badkamers.

Doubletree Guest Suites

1568 Broadway, NY, NY 10036. **Kaart** 12 E5. *719-1600.* FAX *921-5212.* ***Kamers**: 460.* *AE, DC, MC, V.* $$$
W www.doubletreehotels.com

Broadwayfans, zakenmensen en gezinnen zullen hier een ruim en rustig onderkomen vinden, terwijl het buiten juist zo druk is. Het hotel bevindt zich in een deel van het 43 verdiepingen tellende kantoorgebouw boven het Palace

Theater, een gepaste plek voor het Theater District, met daglicht in de lobby op de derde verdieping, filmlampen en een mooi, speels art deco-decor. De tweekamersuites hebben drie telefoonlijnen met wachtvoorziening en voice mail, twee tv's met afstandsbediening, een minibar, een koelkast, een magnetron, een koffiezetapparaat en een strijkplank. Er is ook een fitnesscentrum, café en roomservice van 6.00-4.00 uur.

Iroquois

49 W 44th St, NY, NY 10036. **Kaart** 12 F5. *840-3080.* FAX *398-1754.* ***Kamers**: 106.* AE, DC, MC, V, JCB. $$$ www.iroquoisny.com

Dit hotel, waar de legendarische acteur James Dean heeft gewoond van 1951-1953, heeft recentelijk een drastische opknapbeurt ondergaan. Van een budgethotel is het nu veranderd in een stijlvol, maar bescheiden luxehotel, met daarin een nieuw en voortreffelijk restaurant. De locatie is gunstig ten opzichte van winkels en theaters.

The Mansfield

12 W 44th St, NY, NY 10036. **Kaart** 11 B5. *944-6050.* FAX *764-4477.* ***Kamers**: 124.* AE, MC, V. $$$ www.mansfieldhotel.com

Dit in 1904 als pension voor welvarende vrijgezellen gebouwde hotel is een aanwinst voor de hotelrijkdom in deze buurt. Het is onlangs gerenoveerd door de Gotham Hospitality Group, welks redelijk geprijsde en architectonisch interessante hotels steeds vaker in de stad voorkomen. De oorspronkelijke stalen en stenen ornamenten en cassettenplafonds en sierlijke trappen van mahoniehout en staal zijn gerestaureerd. De kamers zijn modern en chic met bedden van ijzer en roestvrijstalen wasbakken. Er is een lounge met een bovenlicht in de stijl van het gebouw en een bibliotheek met harpspel. Parkeergelegenheid, ontbijt, de hele dag cappucino en een dessertbuffet na het theaterbezoek, evenals bandjes, cd's en video's zijn bij de prijs inbegrepen.

Paramount

235 W 46th St, NY, NY 10036. **Kaart** 12 E5. *764-5500.* FAX *354-5237.* ***Kamers**: 610.* AE, DC, MC, V, JCB. $$$

De spectaculaire zwevende trap en verlichting van Philippe Starck, geïnspireerd door Joan Miró, zijn de eerste kenmerken die u zullen opvallen in het Paramount. Ian Schrager ontwierp het voor jonge mensen, om te bewijzen dat goedkope hotels niet saai hoeven te zijn. Er zijn een kinderspeelkamer, een vestiging van Dean & DeLuca *(blz. 326)* met afhaalmaaltijden, een zakencentrum en een videotheek. De bar, Whiskey, is een van de populairste in de stad.

Salisbury

123 W 57th St, NY, NY 10019. **Kaart** 12 E3. *246-1300.* FAX *977-7752.* ***Kamers**: 196.* AE, DC, MC, V, JCB. $$$ www.nycsalisbury.com

Het Salisbury is ouderwets comfortabel en biedt goede kwaliteit op een prachtige locatie. Het staat recht tegenover Carnegie Hall en op een korte wandeling van de beste winkels op Fifth Avenue. De kamers zijn niet zo bijzonder, maar groot genoeg en vele hebben een goed uitgerust keukenblok, wat prettig is voor gezinnen. De sfeer is vriendelijk en de buurt veilig.

Algonquin

59 W 44th St, NY, NY 10036. **Kaart** 12 F5. *840-6800.* FAX *944-1419.* ***Kamers**: 165.* AE, DC, MC, V, JCB. $$$$ www.camberleyhotels.com *Blz. 143.*

De Ronde Tafel uit de jaren twintig mag verdwenen zijn, het Algonquin houdt zijn beroemde literaire traditie in ere. Het is een favoriet trefpunt van uitgevers, schrijvers en theatermensen – zelfs de barkeeper schijnt enkele romans te hebben geschreven. Het interieur is door een renovatie opgefrist en de badkamers zijn vernieuwd, maar de ouderwetse sfeer van de kamers, die met hun gezelligheid het gebrek aan ruimte goedmaken, is met veel zorg in stand gehouden.

Crowne Plaza

1605 Broadway, NY, NY 10019. **Kaart** 12 E4. *977-4000.* FAX *315-6164.* ***Kamers**: 770.* AE, DC, MC, V, JCB. $$$$ www.crowneplaza.com

Voor degenen die een echt groot hotel aan Broadway willen, is het Crowne Plaza zeker aan te bevelen. De openbare ruimten zijn opzichtig en grappig en de kamers zijn ruim, hoewel de inrichting voorspelbaar is; de bovenste verdiepingen bieden prachtig uitzicht op New York of de Hudson. De gasten kunnen kiezen uit drie restaurants en gebruikmaken van een goed voorziene werkruimte, een fitnessclub en het grootste overdekte hotelzwembad van New York.

Essex House

160 Central Park S, NY, NY 10019. **Kaart** 12 E3. *247-0300.* FAX *315-1839.* ***Kamers**: 597.* AE, DC, MC, V. $$$$ www.essexhouse.com

Het Essex House heeft op kosten van de Japanse Nikko-keten een renovatie ondergaan die miljoenen dollars heeft gekost. Het is in art deco-stijl ingericht, met prachtige, zwartmarmeren zuilen in de lobby, plafonds met verzonken panelen, geëtste koperen liftdeuren en grote ramen met uitzicht op Central Park. De kamers zijn niet erg groot, maar als u op het park uitkijkt, merkt u dat waarschijnlijk niet eens. De kamers zijn in traditionele Engelse stijl ingericht. Er zijn badjassen voor de gasten, uw bed wordt opengeslagen, u kunt uw schoenen laten poetsen, er is dag en nacht roomservice en het hotel heeft een sauna, een fitnesszaal en een zakencentrum.

Michelangelo

152 W 51st St, NY, NY 10019. **Kaart** 12 E4. *765-1900.* FAX *581-7618.* ***Kamers**: 178.* AE, DC, MC, V, JCB. $$$$ www.michelangelo hotel.com

Dit hotel ligt vlak bij Broadway. Tegenwoordig is het onderdeel van Star Hotels uit Italië, die van plan is de chique en dure reputatie van het hotel hoog te houden. Er is een fitnessruimte en het continental breakfast is gratis. De kamers zijn gemiddeld 42 m², hebben een marmeren hal en een ongebruikelijke extra attractie – u kunt kiezen uit een landelijk Frans, empire- of art deco-interieur. Gasten kunnen het hele etmaal gebruikmaken van de fitnessvoorzieningen. Zakenreizigers kunnen kiezen voor een SmartDeskkamer met computer, printer, fax, kopieerapparaat en faxmodem.

Millennium Broadway

145 W 44th St, NY, NY 10036. **Kaart** 12 E5. *768-4400.* FAX *768-0847.* ***Kamers**: 627.* AE, DC, MC, V, JCB. $$$$

Dit Mekka van technologie is mooi en gestroomlijnd, met een markante modernistische lobby en personeel gekleed in robotgrijs. De kamers zijn voor hun prijs aan de kleine kant, maar dat wordt goedgemaakt door technische snufjes als voice mail in vier talen en een informatiesysteem voor vliegschema's, restaurantmenu's en het reserveren en bestellen van theaterkaartjes, het bekijken van saldi op uw bankrekening en elektronisch uitchecken. Aanbevolen voor zakelijke reizigers, die gebruik kunnen maken van de diverse vergaderfaciliteiten.

Royalton

44 W 44th St, NY, NY 10036. **Kaart** 12 F5. *869-4400.* FAX *869-8965.* ***Kamers**: 169.* *AE, DC, MC, V.* $$$$

Ian Schrager, die New Yorks hotels radicaal begon te veranderen met Morgans op Madison Avenue, trok alle registers open voor het verbluffende Royalton. Philippe Starck ontwierp een futuristische lobby, slingerende gangen en kamers als eersteklas hutten van een comfortabel passagiersschip, met grote ingebouwde bedden. Wie van zoiets houdt? Op de gastenlijst staan beroemdheden als de regisseurs David Lynch en Oliver Stone, de acteurs Dudley Moore, Sean Penn en John Malkovich, en popsterren als Hammer en de heavy-metalband Guns 'n Roses. In restaurant 44 komen trendy journalisten lunchen en de kleine ronde bar, die treffend 44 Round heet, is al even populair.

Le Parker Meridien

119 W 56th St, NY, NY 10019. **Kaart** 12 E3. *245-5000.* FAX *708-7477.* ***Kamers**: 700.* *AE, DC, MC, V, JCB.* $$$$$ www.parkermeridien.com

De twee belangrijkste attracties van dit hotel zijn de hoge openbare ruimten en de uitstekende fitnessfaciliteiten, zoals een zwembad op het dak, een joggingbaan, squashbanen en een goed uitgeruste fitnessclub. De ingang, een over de volle breedte van het blok lopende arcade, is erg indrukwekkend en de bar is een heerlijke plek voor een rustig drankje. De chique, neoklassieke kamers zijn van alle gemakken voorzien.

Rihga Royal

151 W 54th St, NY, NY 10019. **Kaart** 12 E4. *307-5000.* FAX *765-6530.* ***Kamers**: 500.* *AE, DC, MC, V, JCB.* $$$$$ www.rihga.com

In de serie luxueuze hotels in de buurt van Broadway steekt het Rihga Royal overal bovenuit: met 54 verdiepingen is het een van New Yorks hoogste hotels. De suites – gewone kamers zijn er niet – op de bovenste verdiepingen bieden een spectaculair uitzicht. De elegante verblijven hebben een zitkamer met een erker en een of twee slaapkamers, afgescheiden met schuifdeuren. De inrichting is klassiek en comfortabel en de voorzieningen omvatten kleedruimten, minibars met ijsmachines, drie telefoons, twee tv's met kabelaansluiting en filmkanalen, een videorecorder en een elektronische kluis. Gasten kunnen ook gebruikmaken van een zaken- en fitnesscentrum, gratis dagbladen, schoenenpoetsservice en vervoer naar Wall Street.

LOWER MIDTOWN

Clarion Hotel

3 E 40th St, NY, NY 10016. **Kaart** 8 F1. *447-1500.* FAX *213-0972.* ***Kamers**: 189.* *AE, DC, MC, V, JCB.* $$$ www.clarionhotel.com

Een Canadese keten, vooral bekend om zijn motels, heeft dit schone, moderne, eenvoudige hotel voorzien van erg redelijke prijzen. De inrichting doet wat aan een motel denken, maar de kamers zijn voorzien van praktische werktafels en comfortabele zithoekjes, tv met afstandsbediening, wekkerradio's en modems. De gasten krijgen gratis dagbladen en koffie. Veel kamers hebben een bedbank voor kinderen, die gratis bij hun ouders in de kamer verblijven. Het hotel is mooi gelegen voor theaters en goede winkels.

Helmsley Middletowne

148 E 48th St, NY, NY 10017. **Kaart** 13 A5. *755-3000.* FAX *832-0261.* ***Kamers**: 190.* *AE, DC, MC, V, JCB.* $$$ www.helmsleyhotels.com

Van alle hotels die er van de Helmsley-keten in de stad staan, is het Middletowne het minst opzichtige en een van de voordeligste in New York. Het is een goede keuze voor hen die de sfeer van een klein hotel willen combineren met een veilige, handige locatie in de East Side. De lobby is klein en de kamers zijn krap, maar ze aangenaam en behoorlijk comfortabel. Alles bij elkaar genomen is de sfeer plezierig sinds de kamers opnieuw zijn ingericht met heldere kleuren en frisse stoffen. In alle kamers staat een ijskast en veel kamers hebben een kitchenette.

Jolly Madison Towers

22 E 38th St, NY, NY 10016. **Kaart** 9 A1. *802-0600.* FAX *447-0747.* ***Kamers**: 225.* *AE, DC, MC, V.* $$$

Het Madison Towers is een typisch hotel uit de middenklasse – en daar zijn de prijzen naar. De kamers zijn naar behoren en vrij groot en worden opgeknapt door de nieuwe eigenaar, de Italiaanse Jolly-keten. Het hotel beschikt over een fitnesscentrum, compleet met sauna en whirlpool.

Roger Smith

501 Lexington Ave, NY, NY 10017. **Kaart** 13 A1. *755-1400.* FAX *758-4061.* ***Kamers**: 130.* *AE, DC, MC, V.* $$$ www.rogersmith.com

Dit was vroeger een hotel als alle andere, maar de nieuwe eigenaars hebben wonderen verricht. De lobby heeft een facelift ondergaan en is nu fraai ingericht met schilder- en beeldhouwwerken. Ook de kamers zijn opgeknapt, en ze zijn nu allemaal verschillend. In sommige staan zelfs hemelbedden. U kunt een continental breakfast nuttigen en Lily's Restaurant serveert goede Europese maaltijden.

W Doral Court

130 E 39th St, NY, NY 10016. **Kaart** 9 A1. *685-1100.* FAX *889-0287.* ***Kamers**: 199.* *AE, DC, MC, V.* $$$$ www.whotels.com

Het W Doral Court, handig gelegen in de beschaafde Murray Hill-buurt, is een aantrekkelijk hotel met onder andere een gezellige lobby en vrolijke, lichte kamers met een halletje en grote kasten, kleedruimte en zachte badjassen. Het beste extraatje is toegang tot het nabije Doral Fitness Center. Vraag naar een van de vier kamers op de vijftiende verdieping met terras en een prachtig uitzicht.

Doral Park Avenue

70 Park Ave, NY, NY 10016. **Kaart** 9 A1. *687-7050.* FAX *973-2440.* ***Kamers**: 188.* *AE, DC, MC, V.* $$$$ www.doralpark.com

Deze oase van rust in Murray Hill trekt vooral reizigers aan die bij voorkeur in kleinere hotels logeren. Het hotel is neoklassiek ingericht, wat geaccentueerd wordt door de fresco's en het sierlijke

Zie voor een verklaring van de symbolen *blz. 271*

hekwerk. De rustige slaapkamers hebben luxevoorzieningen als marmeren badkamers, goedgevulde minibars en gratis films. Met warm weer wordt de Odyssey Lounge een aangenaam straatterras.

W Doral Tuscany

120 E 39th St, NY, NY 10016. **Kaart** 9 A1. *686-1600.* FAX *779-7822.* ***Kamers:*** *121.* AE, DC, MC, V. $$$$ www.whotels.com

Het Tuscany trekt veel vaste gasten aan die prijs stellen op de verse bloemen, grote kasten, tv en telefoon in de badkamer, en koelkasten die vol staan met frisdrank. Gasten kunnen gebruikmaken van het Doral Fitness Center aan de overkant van de straat of een hometrainer op hun kamer laten zetten. Restaurant Time and Again heeft een prima reputatie en een uitstekende bar.

Morgans

237 Madison Ave, NY, NY 10016. **Kaart** 9 A3. *686-0300.* FAX *779-8352.* ***Kamers:*** *113.* AE, DC, MC, V. $$$$

Dit hotel van Ian Schrager draagt geen typische hotelkenmerken, zelfs geen uithangbord. De wereld van de Franse ontwerper Andrée Putnam in minimalistisch zwart-wit is helder en overzichtelijk, van de vloerbedekking in de lobby tot de forse tegels en roestvrijstalen wasbakken in de badkamers. De meubels in de kleine kamers zijn functioneel: ingebouwde sofa's en uitklapplanken voor koffers en andere spullen. Alle kamers hebben een cd-speler en een telefoon, op verzoek zijn ook een fax en een computer beschikbaar. Er is een gratis ontbijt, 's middags kunt u thee drinken en 's avonds dineren in het Asia de Cuba restaurant.

Regal United Nations Plaza Hotel

1 United Nations Plaza, NY, NY 10017. **Kaart** 13 C5. *758-1234.* FAX *702-5051.* ***Kamers:*** *427.* AE, DC, MC, V, JCB. $$$$ www.unplaza.com *Blz. 156.*

Er is geen dramatischer locatie in New York dan de hoge wolkenkrabber van Kevin Roche die boven de stad uittorent. Meestal zit het hotel vol met internationale gasten van de Verenigde Naties. De lobby is voorzien van veel marmer en chroom. De zeer comfortabele moderne kamers liggen op de 27ste verdieping en hoger en bieden een spectaculair uitzicht. Op de 26ste verdieping bevinden zich een fitnesscentrum en een met glas ommuurd zwembad en op de 37ste verdieping vindt u de enige overdekte tennisbaan van Manhattan. De kunstwerken in het hotel zijn uniek. Ze komen uit de collectie antieke wandkleden en stoffen die het hotel in alle VN-lidstaten heeft vergaard. Het hotel heeft een butlerdienst en verzorgt gratis vervoer naar zakelijke locaties en het Theater District.

Sheraton Russell

45 Park Ave, NY, NY 10016. **Kaart** 9 A2. *685-7676.* FAX *889-3193.* ***Kamers:*** *146.* AE, DC, MC, JCB. $$$$ www.sheraton.com

Het Sheraton Russell is in Engelse stijl ingericht, met houten panelen, Chippendale-meubilair en een bibliotheek vol met in leer gebonden boeken. De kamers zijn comfortabel, met bloemetjesgordijnen, een schoorsteenmantel en afbeeldingen van het oude New York. Er is een voortreffelijk restaurant en een bar met jazzmuziek. Mede door de rustige ligging lijkt dit hotel wel een plattelandsherberg.

Upper Midtown

Pickwick Arms

230 E 51st St, NY, NY 10022. **Kaart** 13 B4. *355-0300.* FAX *755-5029.* ***Kamers:*** *400.* *235.* AE, DC, MC, V, JCB. $ www.pickwickarms.com

Hotel Pickwick Arms ligt op een chic en veilig adres en is veruit de voordeligste keuze in Midtown. Het hotel is onlangs opnieuw ingericht en heeft een aantrekkelijke lobby met miniatuurzuilen en een blinkende kroonluchter. De eenvoudige, aangename kamers hebben tv, een kluisje en roomservice. De eenpersoonskamers zijn erg goedkoop, maar men moet wel een badkamer delen. De studio's zijn groot en hebben een bedbank voor bijkomende familieleden. Het hotel beschikt ook over een behoorlijke koffieshop en een Franse bistro. Prachtig uitzicht vanaf het terras.

Wyndham

42 W 58th St, NY, NY 10019. **Kaart** 12 F3. *753-3500.* FAX *754-5638.* ***Kamers:*** *200.* AE, DC, MC, V. $$

Reserveer ruim van tevoren als u hier wilt logeren. Veel mensen beschouwen het als het hotel waar u de beste waar voor uw geld krijgt. De sfeer is warm en huiselijk – de eigenaren wonen zelf in het hotel. De uitzonderlijk grote kamers zijn elk anders ingericht en zijn, hoewel soms wat versleten, altijd persoonlijk en gezellig. Dit is een favoriete plek van toneelspelers, vooral voor hen die op Broadway staan en wat langer onderdak nodig hebben. Het restaurant is onlangs gerestaureerd en in het najaar van 2000 weer geopend.

W New York

541 Lexington Ave, NY, NY 10022. **Kaart** 13 A5. *755-1200.* FAX *319-8344.* ***Kamers:*** *720.* AE, DC, MC, V, JCB. $$$ www.whotels.com

W New York is een van de talrijke hotels in de buurt van Grand Central en biedt goede kwaliteit. Het is mooi ingericht, matig geprijsd en heeft extra's zoals een gratis fitnessclub met sauna en squashbanen, een café dat 24 uur per dag open is en een wasserette. Het hotel is ook populair bij reisgezelschappen, wat de rijen die soms bij de receptie staan verklaart.

Fitzpatrick Manhattan Hotel

687 Lexington Ave, NY, NY 10022. **Kaart** 13 A3. *355-0100.* FAX *355-1371.* ***Kamers:*** *92.* AE, DC, MC, V, JCB. $$$ www.fitzpatrickhotels.com

Smaragdgroene tapijten, Waterford-kroonluchters en veel Ierse kunst aan de muur verraden onmiskenbaar dat dit een Amerikaanse tak is van een hotelketen uit Dublin. Verdere aanwijzingen die op de Ierse achtergrond duiden, zijn een portret van de Ierse president en de suites die zijn genoemd naar voormalige presidenten van de Ierse Republiek. Vroeger was dit een appartementencomplex. Het hotel heeft nu slechts 92 kamers, waarvan de helft suites. Die laatste zijn van veel betere kwaliteit dan de nogal kleine eenpersoonskamers. De voorzieningen omvatten kabel-tv, voice mail, computer- en faxaansluitingen en badkamer met whirlpool. De gasten hebben toegang tot de Atrium Club, een uitstekend fitnesscentrum. Fitzers, het huisrestaurant met bar, serveert gerechten die het karakter van het hotel weerspiegelen, zoals verrukkelijke Dublin Bay-garnalen en op eikenhout gerookte zalm.

Hotel Benjamin

125 E 50th St, NY, NY 10022. **Kaart** 13 A4. *715-2500, 888-4 BENJAMIN.* FAX *715-2525.* ***Kamers**: 209.* *AE, DC, MC, V.* $$$$$ www.thebenjamin.com

Het Benjamin, in een zorgvuldig gerestaureerd gebouw uit 1927, is een Executive Suite Hotel met stijlvolle kamers en suites. Het zakencentrum bezit alle mogelijke voorzieningen voor de zakenman op doorreis. Restaurant American Place is voortreffelijk.

The Elysée

60 E 54th St, NY, NY 10022. **Kaart** 13 A4. *753-1066.* FAX *980-9278.* elysee99@aol.com ***Kamers**: 99.* *AE, DC, MC, V, JCB.* $$$$

In een wereld met hotels die alle op elkaar lijken springt het Elysee met z'n 99 kamers eruit. De kamers, die veeleer een naam dan een nummer hebben, zijn huiselijk en steeds anders ingericht, met comfortabele leesgelegenheid en antieke meubels die eruitzien alsof het oude familistukken zijn. Sommige kamers hebben een keukenblok en een terras, andere hebben een mooi marmeren bad. Bij de prijs is het ontbijt inbegrepen, alsmede de middagthee in de mooie zitkamer, waar na 17.00 uur ook kaas en wijn worden geserveerd. De muurbekleding in de Monkey Bar is beroemd: karikaturen door Hirschfeld van Tallulah Bankhead, Joe DiMaggio, de Gish Sisters, Tennessee Williams en andere oude gasten van het hotel.

Plaza

5th Ave bij 59th St, NY, NY 10019. **Kaart** 12 F3. *759-3000.* FAX *759-3167.* ***Kamers**: 804.* *AE, DC, MC, V, JCB.* $$$$ www.fairmont.com *Blz. 179.*

Wat ligging, lobby en geschiedenis betreft is het Plaza enig in zijn soort. Het is een Nationaal Monument, een oriëntatiepunt van de stad en al bijna 100 jaar een favoriet adres. Het hotel kijkt uit over een plaza en fontuin bij de ingang van Central Park. Vanuit de kamers aan het park hebt u een fantastisch uitzicht. In het weekeinde zijn de prijzen hoger, maar u krijgt een bon voor enkele smakelijke maaltijden in een van de diverse restaurants van het hotel. Tot de andere voorzieningen behoren een boetiek, souvenirwinkels, een barbier en een kapper.

Waldorf–Astoria

301 Park Ave, NY, NY 10022. **Kaart** 13 A5. *355-3000.* FAX *872-7272.* ***Kamers**: 1380.* *AE, DC, MC, V, JCB.* $$$$ www.waldorf.com *Blz. 175.*

Er zijn eigenlijk twee Waldorf-hotels: het op zakenlieden gerichte hotel en het zeer exclusieve Towers, met een eigen ingang, een deftige huismeester en enkele van de mooiste onderkomens in de stad. Towers wordt veel bezocht door presidenten en andere hoogwaardigheidsbekleders. De grote lobby is prachtig. Deze is in zijn oorspronkelijke art deco-glorie van 1931 hersteld, met bas-reliëffriezen en traliewerk dat de prachtige muurschilderingen, mahoniehouten lambrisering en elegante marmeren zuilen goed laat uitkomen. De reusachtige klok stond ooit in het oorspronkelijke hotel aan 34th Street. Het beroemde Peacock Alley is nog steeds een populaire plaats om iets te drinken.

Box Tree

250 E 49th St, NY, NY 10017. **Kaart** 13 B5. *758-8320.* FAX *308-3899.* ***Kamers**: 13.* *AE, DC, MC, V.* $$$$$

Alleen aan het rode tapijt op het bordes is te zien dat achter deze twee *brownstone*-gevels eigenlijk het ongewoonste onderkomen van New York schuilgaat. Box Tree is een weelderig hotel met 13 kamers en een restaurant dat de extravagante smaak van de Bulgaarse eigenaar Augustin Paege weerspiegelt. Door de aankoop van een belendend pand hoopt hij het aantal kamers te vergroten. De kamers zijn klein maar comfortabel, met zware gordijnen, kroonluchters, bontkleden en marmeren open haarden die nog echt functioneren. Elke kamer heeft zijn eigen thema, variërend van Chinees tot Engels-gotisch. De prijzen zijn hoog, maar er is wel een behoorlijke korting in het restaurant bij inbegrepen.

Four Seasons

57 E 57th St, NY, NY 10022. **Kaart** 13 A3. *758-5700.* FAX *758-5711.* ***Kamers**: 370.* *AE, DC, MC, V, JCB.* $$$$$ www.fourseasons.com

Dit 52 verdiepingen hoge gebouw van I.M. Pei is een nieuwe versie van de hoge, slanke Newyorkse art deco-stijl. De 10 m hoge foyer is van een monumentale strengheid en ontzagwekkendheid, en breekt met de voorspelbare traditionele Europese inrichting die gevonden wordt in de luxehotels van de stad. Nergens in New York zijn de kamers groter. Het speciaal vervaardigde meubilair is modernistisch en bij het bed zijn knopjes om alles mee te regelen: jaloezieën, gordijnen, lichten. Vele kamers zijn voorzien van een eigen foyer en kleedkamer en alle van een marmeren badkamer met een gigantisch bad en een aparte douche. Direct na de opening in 1995 kreeg het Four Seasons vijf sterren, want het is van alle gemakken voorzien en de service is onberispelijk. Hét hotel voor wie van grootsteedse moderne luxe houdt en zich die ook kan veroorloven.

New York Palace

455 Madison Ave, NY, NY 10022. **Kaart** 13 A4. *888-7000.* FAX *303 6000.* ***Kamers**: 800.* *AE, DC, MC, V, JCB.* $$$$$ www.newyorkpalace.com

Het New York Palace is gevestigd in een ongebruikelijke combinatie van de karakteristieke, weelderige Villard Houses uit 1882 en een modern gebouw van 55 verdiepingen. De grote kamers zijn opnieuw ingericht in traditionele Europese stijl, met een kluis, minibar en fax. De kamers op de hogere verdiepingen bieden een fabelachtig uitzicht. In de hal vindt u een café en een cocktailbar, naast Le Cirque 2000 *(blz. 296)*, een van Manhattans beste en beroemdste restaurants gevestigd in de zuidelijke vleugel van de historische Villard Houses.

Peninsula

700 5th Ave, NY, NY 10019. **Kaart** 12 F4. *247-2200.* FAX *903-3949.* ***Kamers**: 242.* *AE, DC, MC ,V, JCB.* $$$$$ www.peninsula.com

Het prachtig gerenoveerde Beaux Arts-monument uit 1905, het vroegere Gotham Hotel, is in veel opzichten aanbevelenswaardig. Een reusachtige dubbele trap leidt naar de stijlvolle lobby, die met antiek en grote boeketten bloemen is verfraaid. De art nouveau-slaapkamers zijn heel sierlijk en sommige badkamers hebben een whirlpool met een doorsnede van twee meter. Een hoogtepunt van het hotel zijn het fitnesscentrum, kuuroord en zwembad op de bovenste verdieping. De Pen-Top bar heeft 's zomers een mooi terras en het is er altijd aangenaam toeven voor een drankje en uitzicht op de stad.

Zie voor een verklaring van de symbolen *blz. 271*

Pierre

2 E 61st St, NY, NY 10021. **Kaart** 12 F3. *838-8000.* FAX *940-8109.* ***Kamers**: 202.* *AE, DC, MC, V, JCB.* $$$$$
www.fourseasons.com

Voor de deur staan de limousines in afwachting van de staatshoofden die tot de clientèle van dit luxueuze hotel behoren. Hotel Pierre behoort tot de hooggewaardeerde Four Seasons-groep. De helft van de kamers is permanent verhuurd. Zowel de lobby als de kamers staan vol antiek en stralen een ouderwetse sfeer uit. Na de recente opknapbeurt zijn de kamers nog mooier geworden. Voorzieningen en service zijn van het hoogste niveau en het Café Pierre is een van New Yorks beste plaatsen voor een zakenontbijt.

St. Regis

2 E 55th St, NY, NY 10022. **Kaart** 12 F4. *753-4500.* FAX *787-3447.* ***Kamers**: 314.* *AE, DC, MC, V, JCB.* $$$$$ www.stregis.com

Dit beaux arts-juweeltje van John Jacob Astor, hét trefpunt van de Newyorkse society aan het begin van deze eeuw, is weer als nieuw na een 100 miljoen dollar kostende restauratie. De hoge kamers zijn in matte blauwe en groene tinten ingericht, hebben pure zijde op de muren en imitatie-Louis XV-meubilair. Het St. Regis Roof is het toneel van menig feest van de jetset. Een muurschildering van Nat King Cole door Maxfield Parrish beheerst de King Cole Bar. Al deze luxe is natuurlijk slechts betaalbaar voor de allerrijksten.

Inter-Continental Central Park South

112 Central Park South, NY, NY 10019. **Kaart** 12 E3. *757-1900.* FAX *757-9620.* ***Kamers**: 207.* *AE, DC, MC, V, JCB.* $$$$$ www.new-york.interconti.com

De uitgebreide renovatie heeft de inrichting volledig veranderd en hierdoor is dit een van New Yorks elegantste hotels geworden. Het ziet er ouderwets Europees uit, met kristallen kroonluchters, Oosterse tapijten, verguld Frans meubilair en prachtig uitzicht op het Central Park. Restaurant Pantino biedt de Noord-Italiaanse keuken, de bar is een populair trefpunt. Gasten kunnen genieten van het ontbijtbuffet.

Upper East Side

Franklin

164 E 87th St, NY, NY 10028. **Kaart** 17 A3. *369-1000.* FAX *369-8000.* ***Kamers**: 53.* *AE, DC, MC, V.* $$$
www.franklinhotel.com

Het gerenoveerde Franklin Hotel is nu een betaalbaar hotel met stijl die de kleine kamers compenseert. Grote boeketten en een originele prent van Picasso begroeten de gast in de kleine lobby. Gepolijst staal, zwart graniet, warm kersenhout en zacht zwart leer zijn ruim toegepast. Elke kamer heeft video en tv en er is een bibliotheek met video's van klassieke films. *Continental breakfast* en parkeergelegeheid zijn bij de prijs inbegrepen. In de buurt zijn veel musea, winkels en restaurants.

Hotel Wales

1295 Madison Ave, NY, NY 10128. **Kaart** 17 A3. *876-6000.* FAX *860-7000.* ***Kamers**: 87.* *AE, DC, MC, V.* $$$
www.waleshotel.com

Dit kleine, Europees aandoende hotel van de Gotham Hospitality Group is uniek in New York. Hoewel het verre van luxueus is, heeft het een verfijnde charme dankzij de liefdevolle renovatie, waarbij de open haarden, marmeren trappen en eiken panelen van het originele hotel uit 1901 in ere zijn hersteld. De marmeren wasbakken en koperen accessoires in de badkamers zijn eveneens authentiek. Ontbijt en thee worden geserveerd in een Victoriaanse salon op de eerste verdieping, waar antieke illustraties uit kinderboeken aan de muren hangen. Vanaf deze locatie kunt u uitstekend musea bezoeken, en er zijn veel restaurants in de buurt.

Surrey Hotel

20 E 76th St, NY, NY 10021. **Kaart** 16 F5. *288-3700.* FAX *628-1549.* ***Kamers**: 130.* *AE, DC, MC, V.* $$$$
www.mesuite.com

Te midden van de exclusieve boetieks en galeries van Madison Avenue ademt het Surrey Hotel de charme en gratie uit van het 18de-eeuwse Engeland. De suites met één of twee slaapkamersr zijn zeer ruim en de lobby is een stijlvolle oase van rust, met zijn kristallen kaarsenhouders en leren banken. Het van alles voorziene fitnesscenter is 24 uur per dag geopend. Café Boulud krijgt wildenthousiaste besprekingen vanwege de exquise Franse keuken.

Mark

25 E 77th St, NY, NY 10021. **Kaart** 16 F5. *744-4300.* FAX *744-2749.* ***Kamers**: 180.* *AE, DC, MC, V, JCB.* $$$$$
www.themarkhotel.com

Bescheiden hedendaagse elegantie is het handelsmerk van dit monument aan de Upper East Side met meubels in biedermeier-stijl, marmer op de vloer en 18de-eeuwse prenten van Piranesi aan de muren. Het hele etmaal door is er roomservice. De kamers hebben formele gordijnen die bij de beddenspreien passen, planten, antieke prenten en badkamers in marmer of Italiaanse tegels in zwart-wit. Het beddengoed is van mooi linnen en donzen kussens, en de meeste kamers hebben een minibar. Het Edwardiaanse Mark's Restaurant met houten panelen krijgt goede kritieken, en de salon is een geliefde plek voor de middagthee.

Carlyle

35 E 76th St, NY, NY 10021. **Kaart** 16 F5. *744-1600.* FAX *717-4682.* TheCarlyle@dir-dd.com ***Kamers**: 190.* *AE, DC, MC, V.* $$$$$

Een rustige, met antiek gevulde lobby verwelkomt de gasten in wat velen als het beste hotel van New York beschouwen. Het Carlyle is bekend vanwege de buitengewoon persoonlijke service. De kamers zijn groot en in traditionele stijl en met gebloemde stoffen ingericht. Elke kamer heeft een keukenblok, videorecorder, stereo-installatie, cd-speler, faxaansluiting en telefoons met diverse lijnen. Verscheidene kamers hebben een privé-terras en een eetkamer. Alle gasten mogen gebruikmaken van het fitnesscentrum en de sauna. Ondanks de ingetogen luxe is het Carlyle 's avonds een populaire plek voor een drankje te midden van de leuke muurschilderingen in Bemelmans' Bar en de door Bobby Short gezongen liedjes in Café Carlyle.

Lowell

28 E 63rd St, NY, NY 10021. **Kaart** 13 A2. *838-1400.* FAX *319-4230.* ***Kamers**: 67.* *AE, DC, MC, V, JCB.* $$$$$
www.preferredhotels.com

Dit intieme, luxueuze suitehotel is gebouwd in 1926 en heeft zijn klassieke charme behouden. De service is uitstekend en de 61 suites hebben een open haard, bibliotheek, verse bloemen, marmeren badkamer en complete keuken. Het hotel is smaakvol ingericht met Franse, oosterse en art deco-meubels. De Pembroke Room op de eerste verdieping is een heerlijke plek voor thee of brunch in het weekeinde in een serene omgeving met kanten gordijnen en discrete charme. Restaurant Post House is uitstekend.

Plaza Athénée

37 E 64th St, NY, NY 10021. **Kaart** 12 F2. *734-9100.* *772-0958.* ***Kamers**: 152.* *AE, DC, MC, V, JCB.*

www.plaza-athenee.com

Dit is New Yorks versie van een enclave voor de elite. Het is buitengewoon exclusief, met overdadig ingerichte, maar kleine kamers waar het aan niets ontbreekt: verse bloemen, een kluisje, een keukenblok, badjassen en luchtbevochtigers. De inrichting is in Louis XVI-stijl en in elke kamer staat een replica van de vergulde klok uit het beroemde Parijse hotel met dezelfde naam. Het restaurant van het hotel, Le Régence, krijgt goede recensies *(blz. 297).*

Regency

540 Park Ave, NY, NY 10021. **Kaart** 13 A2. *759-4100.* *826-5674.* ***Kamers**: 384.* *AE, DC, MC, V, JCB.*

www.loewshotels.com

De limousines voor de deur van het Regency-hotel leveren grootheden uit Hollywood op hun Newyorkse adres af. De naam van het hotel weerspiegelt de Regency-inrichting en de vergulde lobby is gevuld met spiegels. In Restaurant 540 werd het Newyorkse zakenontbijt geboren; men kan de hoge omes bijna iedere morgen aantreffen, onderhandelend boven hun muffins en croissants. Het hotel biedt de hoogste graad van service aan alle gasten en beschikt over alle voorzieningen.

Stanhope

995 5th Ave, NY, NY 10028. **Kaart** 17 A4. *288-5800.* *517-0088.* ***Kamers**: 183.* *AE, DC, MC, V.*

www.stanhopehotel.com

Het kleine, sierlijke Stanhope staat op een prachtige plek precies tegenover het Metropolitan Museum of Art. Het café – met een Parijs terras – is een van de populairste in de stad. De openbare ruimten zijn overdadig met Frans antiek ingericht. De slaapkamers zijn ingericht met Louis XVI-imitaties en beschikken over een cd- en cassettespeler. Ook al kunt u het u niet veroorloven hier te logeren, ga dan eens thee drinken in Le Salon, een zaal met de sfeer van een binnentuin.

Upper West Side

Beacon

2130 Broadway, NY, NY 10023. **Kaart** 15 C5. *787-1100.* *724-0839.* ***Kamers**: 100.* *AE, DC, MC, V, JCB.*

www.beaconhotel.com

Het Beacon is genoemd naar het beroemde theater ernaast en is het stijlvolste budgethotel aan de Upper West Side. De lobby is stijlvol, met een zwart-wit betegelde vloer en een oosters tapijt. De kamers zijn fantasieloos maar comfortabel ingericht en uitgerust met een kitchenette.

Empire

44 W 63rd St, NY, NY 10023. **Kaart** 12 D2. *265-7400* *315-0349.* ***Kamers**: 381.* *AE, DC, MC, V.*

www.empirehotel.com

Het oude Empire is nieuw leven ingeblazen. De lobby met zijn hoge plafond heeft nu het uiterlijk van een Engels kasteel, met enkele ongewone smeedijzeren kroonluchters en een prachtig bewerkte schoorsteenmantel. De kamers zijn aangenaam ingericht met fleurige dessins. Het hotel is zo dicht bij Lincoln Center dat men de aria's bijna kan horen. Muziekliefhebbers zullen verheugd zijn dat elke kamer niet alleen een tv en videorecorder, maar ook een cassette- en cd-speler heeft. In het Empire Café kunt u voorafgaand aan een concert dineren.

Excelsior

45 W 81st St, NY, NY 10024. **Kaart** 15 D4. *362-9200.* *721-2994.* ***Kamers**: 196.* *AE, MC, V.*

www.excelsiorhotelsny.com

Het Excelsior in de Upper West Side is een onderschatte, betrouwbare optie, met een sierlijke, gastvrije lobby en grote, comfortabele, ouderwetse kamers. Het grootste deel van de accommodatie is in de vorm van suites, maar zelfs de gewone kamers zijn uitgerust met een keuken. Het Museum of Natural History is vlak in de buurt, evenals talloze goede restaurants.

Milburn

242 W 76th St, NY, NY 10023. **Kaart** 16 D5. *362-1006.* *721-5476.* ***Kamers**: 111.* *AE, DC, MC, V.*

www.milburnhotel.com

Dit bescheiden West Side hotel, aangenaam opgesierd met kunstaffiches, beschikt over enkele studio's van redelijke omvang (de beste keuze) en een paar tweekamersuites, alle met een volledig ingericht keukentje. De badkamers zijn nieuw en er is een wasserette voor de gasten. De locatie is gunstig ten opzichte van het Lincoln Center en de winkels en restaurants op Broadway en in de rest van de Upper West Side.

On The Ave

2178 Broadway, NY, NY 10024. **Kaart** 15 C5. *362-1100.* *787-9521.* ***Kamers**: 251.* *AE, DC, MC, V.* www.ontheavenyc.com

Het nieuwe On The Ave is een goede keus voor wie op de portemonnee let. Het hotel is ingericht in een sobere art deco-stijl, met beneden abstracte moderne kunst en in de kamers een speelsere aanpak. Ideaal gelegen voor alle attracties, winkels en restaurants van de Upper West Side. De gasten mogen de fitnessapparatuur van het nabije Equinox gebruiken. Het nieuwe restaurant op de begane grond krijgt goede kritieken.

Mayflower

15 Central Park West, NY, NY 10023. **Kaart** 12 D2. *265-0060.* *265-2026.* ***Kamers**: 377.* *AE, DC, MC, V, JCB.*

www.mayflowerhotel.com

Het Mayflower ligt tegenover Central Park en vlakbij Lincoln Center. Er heerst een voorname sfeer – misschien is versleten voornaam een betere omschrijving, aangezien de kamers dringend gerenoveerd moeten worden. Het hotel is echter comfortabel en bescheiden; de kamers zijn voorzien van een kitchenette. Het hotel is heel populair vanwege de locatie en vanwege de mogelijkheid om artiesten die in het Lincoln Center optreden te treffen in het Conservatory Café. Het uitzicht over het park op de hogere verdiepingen aan de voorkant is schitterend en de extra kosten meer dan waard.

Restaurants en cafés

Newyorkers houden van goed eten en in de vijf deelgemeenten zijn meer dan 25.000 restaurants die maaltijden voor hen verzorgen. Zij lezen gretig de recensies in tijdschriften als *New York* en *Where*, om er zeker van te zijn dat zij van de laatste trends op eetgebied op de hoogte zijn. Dit wordt allemaal erg serieus genomen – een slechte recensie kan een restaurant tot sluiten dwingen. De beste restaurants van New York zijn in onze overzichten opgenomen. *Een restaurant kiezen* op bladzijde 290-292 en de plattegrond op bladzijde 288 helpen u uw keuze te bepalen. In *Kleine maaltijden en snacks* op bladzijde 304-306 kunt u zien waar u voor een snel hapje terecht kunt.

De klassieke Manhattan-cocktail

Menukaarten

In de meeste restaurants bestaat een maaltijd uit drie gangen: een voorgerecht *(appetizer* of *starter)*, een hoofdgerecht *(main course)* en een nagerecht *(dessert)*. Behalve snackbars serveren bijna alle Newyorkse restaurants gratis broodjes en boter zodra u gaat zitten.
Ook krijgt u soms nog een extra hapje, een *amuse gueule*, aangeboden voordat u gaat bestellen. Dit kan een hapje mousse of een drie-

Hotdog-stalletje

hoekje quiche zijn.
De chef-koks in exclusieve restaurants stoppen het grootste gedeelte van hun creativiteit vaak in de voorgerechten – veel mensen vragen dan ook een tweede voorgerecht in plaats van een hoofdgerecht. Italiaanse restaurants bieden een pastagerecht als tweede gang voor het hoofdgerecht, maar de meeste niet-Italiaanse Amerikanen maken hier hun hoofdmaaltijd van. Na de maaltijd wordt koffie geserveerd. Vaak wordt uw koffiekopje net zo lang bijgevuld tot u genoeg hebt gehad. De kaasplank is een zeldzaamheid in New York.

Prijzen

In New York is er voor elk budget een restaurant. Bij goedkope kleine gelegenheden en in snackbars en *fast food*-restaurants hebt u voor $ 5 een voedzame maaltijd. Er zijn ook honderden aangename, zelfs hele goede restaurants waar u in een prettige omgeving prima kunt eten voor een redelijke prijs – rond $ 20 per persoon voor een goede en voedzame maaltijd, drankjes niet inbegrepen, is gangbaar. Voor een diner in een populair, modern etablissement met een gevierde chef-kok kan de rekening oplopen tot $ 40 of $ 60 per persoon, drankjes niet inbegrepen. Veel luxueuze restaurants bieden echter maaltijden voor een vaste prijs aan *(prix fixe)*. Dit is meestal veel goedkoper dan à la carte dineren. De lunch is in zulke restaurants ook goedkoper dan het diner en is vaak, door de vele zakenlunches, de drukste tijd van de dag.

Een typische Newyorkse *deli* (blz. 304)

Belasting en fooi

De 8,25 procent Newyorkse omzetbelasting wordt bij uw rekening opgeteld. De bediening is meestal niet inbegrepen. Een fooi kan variëren van 10 procent in een koffieshop tot 25 procent in de beste gelegenheden; 15 procent is gewoon. Newyorkers verdubbelen de omzetbelasting als fooi, zelfs als ze niet volledig tevreden zijn over het gebodene. Anders dan bij ons, is een fooi welhaast verplicht. In de VS wordt de rekening aangeduid als 'check'. De meest geaccepteerde creditcards zijn VISA, MasterCard en American Express. Travellercheques zijn in veel restaurants ook welkom.

Interieur van Zen Palate *(blz. 301)*

Goedkoop eten

Ondanks de verhalen over zakenlunches van $ 200 zijn er genoeg mogelijkheden in New York om voor een redelijk bedrag te eten. Bestel minder gangen dan u normaal zou doen. De porties zijn enorm en een voorgerecht is vaak al een kleine hoofdmaaltijd. U kunt met uw gezelschap een maaltijd delen of twee voorgerechten in plaats van één voor- en één hoofdgerecht nemen. Wees voorzichtig met het 'menu van de dag'. Dat is vaak duurder dan het overige eten. Vraag uw ober of er een prix-fixemenu is. Veel dure restaurants hebben deze bij lunch en diner – in de vroege avond wordt het vaak het pre-theater-menu genoemd. U kunt ook een

lunchbuffet met prix fixe proberen. Deze zijn populair in de Indiase restaurants op Manhattan en bieden prima waar voor hun geld.
Een andere mogelijkheid is om bars met een *happy hour* te bezoeken. Daar heeft men vaak hors d'oeuvres als Spaanse *tapas*, die een maaltijd op zich kunnen vormen. Als u absoluut een luxueus restaurant wilt proberen, ga dan lunchen, dat is vaak een stuk goedkoper dan het diner. Als u in een van de beroemde restaurants wilt rondkijken, neem er dan alleen iets te drinken. De sfeer is immers toch belangrijker dan het eten.

TIJDEN

Het ontbijt wordt meestal tussen 7.00 en 10.30 uur of 11.00 uur genuttigd. De zondagse brunch is een populaire maaltijd, die in de meeste luxe restaurants tussen 11.00 en 15.00 uur wordt geserveerd. Lunch is van 11.30 of 12.00 tot 14.30 uur. Het diner wordt geserveerd vanaf 17.30 uur, maar de populairste tijd is tussen 19.30 en 20.00 uur. De keukens sluiten door de week vanaf 22.00 uur, in het weekeinde een uur later. Minder formele restaurants, zoals Chinese eethuizen, zijn de hele dag open, van 11.30 tot 22.00 uur of later. Coffeeshops zijn ook lang open, soms 24 uur per dag.

Zwembad bij Four Seasons ***(blz. 293)***

KLEDINGVOORSCHRIFTEN

Slechts weinig restaurants verwachten dat mannelijke gasten formeel gekleed gaan, maar een colbertje in de chiquere en een colbert en stropdas in de allerbeste restaurants is wel nodig. In de meeste restaurants is nette vrijetijdskleding voor mannen en vrouwen voldoende. Weet u het niet zeker, vraag dan naar de kledingvoorschriften als u reserveert.

Wachten in stijl in een bar van Grand Central Terminal

RESERVERINGEN

Het is verstandig in restaurants te reserveren, vooral in de weekeinden. Sommige van de zeer modieuze restaurants accepteren zelfs geen reserveringen voor minder dan zes mensen. Wie in Midtown wil gaan lunchen, moet absoluut reserveren.
Ook al hebt u een tafel gereserveerd, dan kunt u alsnog aan de bar terechtkomen.

ROKEN

In restaurants met meer dan 35 plaatsen is roken verboden. Vaak zijn er aparte ruimten voor rokers, maar bel van tevoren voor de zekerheid.

KINDEREN

Als u met kinderen uit eten gaat, vraag dan of er een kindermenu is met halve porties. Kinderen die zich goed gedragen, worden in de meeste Newyorkse restaurants toegelaten. Als uw kroost echter onvoorspelbaar is, houdt het dan bij een Chinees of Italiaans familierestaurant of ga naar een hamburgertent, deli, café, snackbar of luncheonette. Enkele duurdere restaurants hebben voorzieningen voor baby's en peuters. Uit eten gaan in de formelere Newyorkse restaurants is zeker geen familieaangelegenheid.

ROLSTOELEN

Hoewel u in veel restaurants wel met een rolstoel terechtkunt, is het altijd beter uw wensen te melden wanneer u reserveert. In veel diners en luncheonettes ontbreekt het aan ruimte voor rolstoelen.

VERKLARING

Uitleg van de symbolen op bladzijden 293-303.

- telefoonnummer
- niet-roken gedeelte
- prix-fixemenu beschikbaar
- vegetarische menu's verkrijgbaar
- hoge stoelen en/of kindermenu's
- terras aanwezig
- restaurant toegankelijk voor rolstoelen
- avondkleding vereist
- live muziek
- bijzondere wijnkaart
- ★ speciaal aanbevolen
- creditcards
- *AE* American Express
- *DC* Diners Club
- *MC* Mastercard/Access
- *V* VISA
- *JCB* Japanese Credit Bureau

Prijscategorieën voor een driegangenmenu inclusief een halve fles huiswijn en extra kosten (belasting en bediening) per persoon:

- $ minder dan $ 25
- $$ $ 25-$ 35
- $$$ $ 35-$ 50
- $$$$ $ 50-$ 70
- $$$$$ meer dan $ 70

Wat eet u in New York

Hot dog

De keuken in New York is zo gevarieerd als de cultuur en etnische herkomst van de bewoners en u vindt er bijna elk soort voedsel. Als u van stevig, simpel eten houdt, bezoek dan een van de vele Italiaanse restaurants die u in elke buurt kunt vinden. Voor een wat verfijndere maaltijd kunt u een Japans restaurant proberen – de sushi en sashimi zijn hier net zo goed als in Japan zelf. Een andere mogelijkheid zijn de traditionele joodse gerechten zoals pastrami, blintzes en bagels. Deze zijn in de meeste delis en coffeeshops te krijgen. Hete *curries* vindt u in de Indiase restaurants waarvan er talloze op Manhattan zijn. Als u grote trek hebt, ga dan naar een steakhouse voor sappige biefstukken en formidabele desserts.

Bagel
Deze stevige, joodse broodjes worden bij voorkeur geserveerd met lox (gerookte zalm) en roomkaas.

Pannenkoeken
Als ontbijt zijn dikke, zoete pannenkoeken met ahornsiroop populair. Soms worden verse of gedroogde vruchten door het beslag gedaan.

Ontbijt of brunch
Ontbijt (of brunch als u laat opstaat) kan bestaan uit home fries, eieren, bacon en toast of zoete pannenkoeken. De porties zijn enorm en er wordt eindeloos koffie bij gedronken.

French Toast (wentelteefjes)
In ei gedrenkt, gebakken brood, dat vaak met stroop wordt gegeten.

Egg Cream
Dit klassieke drankje wordt gemaakt van koude melk, chocoladesiroop en sodawater.

Corned beef op roggebrood
Dit wordt geserveerd met mosterd en augurk.

Hamburger met patat
Bij een hamburger en patat krijgt u meestal ook salade en uienringen.

Giant Pretzel
Dit hartige brood wordt op elke hoek verkocht.

Clam chowder
Deze schelpdierensoep wordt in Manhattan bereid met tomaten en gegarneerd met croûtons.

Soul food
De keuken van Harlem stamt uit het zuiden van de VS. Eenvoudig eten wordt met kruiden bereid, en dat leidt tot een unieke smaak.

Pizza
Hét 'streetfood' van Little Italy is in de hele stad verkrijgbaar – deze Uptownversie is bedekt met artisjokharten.

Sushi
Japans eten, zoals verse rauwe vis met rijst, is buitengewoon populair in New York.

Dim Sum
Deze kleine gestoomde wintons, gevuld met vis, vlees of groenten, zijn een specialiteit van Chinatown.

Waldorfsalade
Deze salade van appelen, noten en sla werd in 1930 in het Waldorf-hotel bedacht.

Cappuccino en cookies
Schuimende koffie met cacaopoeder wordt geserveerd met koekjes in de cafés van New York.

Apple Pie à la Mode
Dit traditionele Amerikaanse dessert is alleen 'à la mode' als het wordt geserveerd met roomijs.

New York cheesecake
Dit dikke, gebakken joodse dessert wordt sec of met fruit geglazuurd gegeten.

Banana Split
Sommige ijscreaties zijn groot genoeg voor het hele gezin. Niemand vindt het erg als u uw portie deelt.

Restaurants en cafés: een selectie

In New York vindt men restaurants voor elke smaak en portemonnee, geopend op alle tijden van de dag en nacht. Vroeger waren de Newyorkse eetgewoonten een afspiegeling van het etnische erfgoed van de stad, en tot op zekere hoogte is dat nog steeds zo. Het aantal Italiaanse, Chinese en Japanse restaurants stijgt enorm en de populariteit van de traditionele joodse deli is onveranderd. In de ruim 40 bladzijden met restaurants in het Newyorkse telefoonboek kunt u vrijwel elke keuken vinden die u zoekt, van Californisch, nieuw-Amerikaans, cajun en barbecue tot Thais, Vietnamees, Indiaas, Afghaans, Birmees en Filipijns. De hier genoemde restaurants zijn slechts een selectie uit het overzicht op bladzijden 293-303.

Carnegie Delicatessen
Proef de 'pastrami op roggebrood' in deze deli. (blz. 306)

Zen Palate
De prima vegetarische keuken is ontstaan uit een ingenieuze mengeling van oosterse stijlen. (blz. 301)

Union Square Café
Hier vindt u de nieuwe Amerikaanse keuken op haar best. Het zeebanket en de desserts zijn uitstekend. (blz. 295)

Florent
Deze bistro, met eerlijk eten en een prettige sfeer, is 24 uur per dag geopend. (blz. 306)

Caffè Vivaldi
Van de vele koffiehuizen in New York is dit een van de aangenaamste vanwege de verrukkelijke gebakjes. (blz. 306)

Golden Unicorn
Hier vindt u het beste Chinese eten in Chinatown. De dim sum mag u niet missen. (blz. 299)

McSorley's Old Ale House
Alleen al om de sfeer is dit de beste bar van New York. Pas op met het sterke huisbier. (blz. 308)

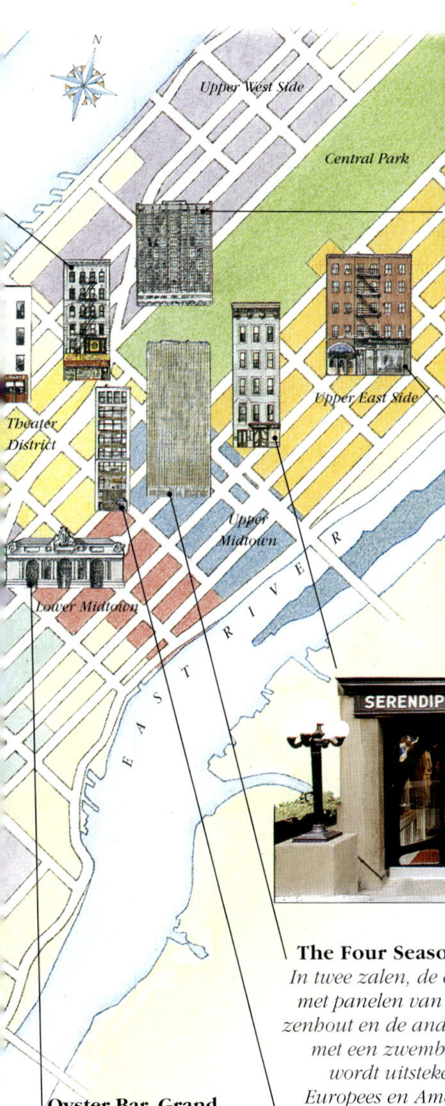

Café des Artistes
Dit Newyorkse café is zowel beroemd vanwege de muurschilderingen uit 1930 als de chocoladedesserts. (blz. 296)

Mezzaluna
Het is maar een korte wandeling van Museum Mile naar de beste pizza's van de stad. (blz. 306)

Serendipity 3
Volwassenen vallen op de Victoriaanse inrichting, kinderen zijn vooral dol op de ijscoupes. (blz. 306)

The Four Seasons
In twee zalen, de ene met panelen van rozenhout en de andere met een zwembad, wordt uitstekend Europees en Amerikaans eten geserveerd. (blz. 293)

Oyster Bar, Grand Central Terminal
In deze gouden, gewelfde kamer van het belangrijkste station is het beste visrestaurant in Manhattan gevestigd. De Amerikaanse wijnkaart is ook uitstekend. (blz. 294)

Hatsuhana
Verser of gevarieerder dan hier vindt u de sushi in New York nergens. Ga aan de sushi-bar zelf zitten, zodat u de vakkundige chef-koks tijdens hun werk kunt gadeslaan. (blz. 300)

Een restaurant kiezen

De restaurants in dit overzicht zijn geselecteerd op basis van kwaliteit en prijs. In de tabel worden enkele eigenschappen benadrukt; zie voor details de bladzijden 293-303. *Kleine maaltijden en snacks* komen op de bladzijden 304-306 aan bod en de *cafés* staan op de bladzijden 307-309.

		Bladzijde	Prix-fixemenu	Tot laat open	Kinderen	Terras	Rustig restaurant	Vegetarisch eten	Visspecialiteiten
LOWER MANHATTAN									
Layla *(Midden-Oosters)*	$$$	302	●	■	●	■		■	
Hudson River Club *(Amerikaans)*	$$$$	294	●		●				
Windows on the World *(Amerikaans)* ★	$$$$$	295	●				●		
SEAPORT EN HET CIVIC CENTER									
Bo Ky *(Chinees)*	$	299	●		●				
LOWER EAST SIDE									
Canton *(Chinees)*	$$	299							
Oriental Garden *(Chinees)*	$$	300		■	●				●
Golden Unicorn *(Chinees)*	$$$	299	●	■	●				
Sammy's Famous Roumanian *(Roemeens/joods)*	$$$$	303							
SOHO EN TRIBECA									
Penang *(Maleisisch)*	$	301		■				■	
Mekong *(Vietnamees)*	$$	301	●			■		■	
Salaam Bombay *(Indiaas)*	$$	302	●			■		■	
Savoy *(mediterraan)*	$$	303			●		●	■	●
Honmura An *(Japans)*	$$$	300	●				●	■	●
Provence *(Frans)*	$$$	297		■	●	■			
Alison on Dominick Street *(Frans)*	$$$$	295					●		●
Montrachet *(Frans)* ★	$$$$	297	●		●				
TriBeCa Grill *(Amerikaans)*	$$$$	295	●			■		■	
Zoë *(Amerikaans)*	$$$$	295			●			■	●
Chanterelle *(Frans)*	$$$$$	296	●				●		
GREENWICH VILLAGE									
Moustache *(Midden-Oosters)*	$	303	●	■				■	
Cendrillon *(Maleisisch/Filipijns)*	$$	301	●						
Cent' Anni *(Italiaans)*	$$$	298						■	
Riodizio *(Braziliaans)*	$$$	303		■				■	
Il Mulino *(Italiaans)*	$$$$	298		■	●			■	
La Métairie *(Frans)*	$$$$	297		■				■	
Nobu *(Japans)* ★	$$$$	300	●		●		●	■	●
Gotham Bar & Grill *(Amerikaans)*	$$$$$	293	●		●			■	
EAST VILLAGE									
Iso *(Japans)*	$$$	300	●	■					●
GRAMERCY EN HET FLATIRON DISTRICT									
An Amerian Place *(Amerikaans)*	$$$	293			●			■	
Les Halles *(Frans)*	$$$	296		■		■		■	
Mesa Grill *(Amerikaans)*	$$$	294					●		●
Periyali *(Grieks)*	$$$	303				■			
Verbena *(Amerikaans)*	$$$	295			●	■	●	■	●
Gramercy Tavern *(Amerikaans)* ★	$$$$	294	●					■	
Lola *(Caribisch)*	$$$$	303		■	●				●
Union Square Café *(Amerikaans)* ★	$$$$	295			●			■	
The Water Club *(Amerikaans)*	$$$$$	295	●	■		■			●

Prijscategorieën hebben betrekking op een driegangenmenu voor een persoon, een halve fles huiswijn en alle extra kosten zoals belasting en fooi.
$ onder $ 25
$$ $ 25-$ 35
$$$ $ 35-$ 50
$$$$ $ 50-$ 70
$$$$$ meer dan $ 70.

★ betekent zeer aanbevolen

PRIX-FIXEMENU
Een vaste prijs voor een menu, veel goedkoper dan à la carte eten.
TOT LAAT OPEN
U kunt bestellen tot 23.30 uur of later, behalve op zondag.
KINDEREN
Kinderstoelen en/of -menu's.
RUSTIG RESTAURANT
Geen muzak, rustige sfeer.
VEGETARISCH ETEN
Vegetarisch restaurant of restaurant met ruime keuze voor vegetariërs.

		Bladzijde	Prix-fixemenu	Tot laat open	Kinderen	Terras	Rustig restaurant	Vegetarisch eten	Visspecialiteiten
Chelsea en het Garment District									
Da Umberto ***(Italiaans)***	$$$$	298							●
Le Madri ***(Italiaans)*** ★	$$$$	298		■		■		■	
Theater District									
Afghan Kebab House ***(Afghaans)***	$	302	●						
Red Garlic ***(Thais)***	$	301	●		●			■	
Jewel of India ***(Indiaas)***	$$	302	●					■	
Tang Pavilion ***(Chinees)***	$$	300	●					■	
Zen Palate ***(Zuidoost-Aziatisch)***	$$	301	●	■	●			■	
B Smith's ***(Amerikaans)***	$$$	293							
Cabana Carioca ***(Zuid-Amerikaans)***	$$$	303			●				
Orso ***(Italiaans)***	$$$	298		■				■	
Tapika ***(Amerikaans)***	$$$	294	●					■	
Barbetta ***(Italiaans)*** ★	$$$$	297	●	■		■	●		
Osteria del Circo ***(Italiaans)*** ★	$$$$	298			●			■	
Remi ***(Italiaans)***	$$$$	299		■		■			
Trattoria Dell'Arte ***(Italiaans)***	$$$$	299		■		■		■	●
Le Bernardin ***(Frans)***	$$$$$	295	●						●
Alain Ducasse at the Essex House ***(Frans)*** ★	$$$$$	296	●				●		
Palio ***(Italiaans)***	$$$$$	298	●					■	
The Rainbow Room ***(Amerikaans)*** ★	$$$$$	294	●	■	●			■	●
Russian Tea Room ***(Russisch)***	$$$$$	303	●	■				■	●
San Domenico ***(Italiaans)*** ★	$$$$$	299		■			●	■	●
Lower Midtown									
Ambassador Grill ***(Amerikaans)***	$$$	293	●		●		●	■	●
Grand Central Oyster Bar ***(Amerikaans)*** ★	$$$	294			●				●
Les Halles ***(Frans)*** ★	$$$	296		■		■		■	
Tropica ***(Caribisch)***	$$$$	303	●		●			■	●
Sparks Steakhouse ***(Amerikaans)***	$$$$$	294							●
Upper Midtown									
Zarela ***(Mexicaans)***	$$	303							
Arizona 206 ***(Amerikaans)***	$$$	293		■	●			■	●
Chin Chin ***(Chinees)***	$$$	299	●	■	●	■		■	●
Chola ***(Indiaas)***	$$$	302			●		●	■	
Le Colonial ***(Vietnamees)***	$$$	301	●					■	●
Dawat ***(Indiaas)***	$$$	302	●					■	●
Il Nido ***(Italiaans)***	$$$	298			●			■	
Shun Lee Palace ***(Chinees)***	$$$	300							●
Aquavit ***(Scandinavisch)***	$$$$	302	●					■	●
Bice ***(Italiaans)***	$$$$	297				■			
La Caravelle ***(Frans)***	$$$$	296	●				●		
Felidia ***(Italiaans)***	$$$$	298						■	
Hatsuhana ***(Japans)***	$$$$	301	●						●
Inagiku ***(Japans)***	$$$$	300							●
Lespinasse ***(Frans)*** ★	$$$$	297					●	■	
Lutèce ***(Frans)***	$$$$	297	●						
Sushisay ***(Japans)***	$$$$	300							●
Vong ***(Thais)*** ★	$$$$	301	●			■	●	■	●

Prijscategorieën hebben betrekking op een driegangenmenu voor een persoon, een halve fles huiswijn en alle extra kosten zoals belasting en fooi.
$ onder $ 25
$$ $ 25-$ 35
$$$ $ 35-$ 50
$$$$ $ 50-$ 70
$$$$$ meer dan $ 70.

★ betekent zeer aanbevolen

Prix-fixemenu
Een vaste prijs voor een menu, veel goedkoper dan à la carte eten.
Tot laat open
U kunt bestellen tot 23.30 uur of later, behalve op zondag.
Kinderen
Kinderstoelen en/of -menu's.
Rustig restaurant
Geen muzak, rustige sfeer.
Vegetarisch eten
Vegetarisch restaurant of restaurant met ruime keuze voor vegetariërs.

		Bladzijde	Prix-fixemenu	Tot laat open	Kinderen	Terras	Rustig restaurant	Vegetarisch eten	Visspecialiteiten
La Côte Basque *(Frans)*	$$$$$	296	●				●		
The Four Seasons *(Amerikaans)* ★	$$$$$	293	●				●		●
La Grenouille *(Frans)*	$$$$$	296	●		●			■	
Le Périgord *(Frans)*	$$$$$	297	●				●		●
The '21' Club *(Amerikaans)*	$$$$$	295					●	■	
Upper East Side									
Owen Thai *(Thais)*	$$	301							●
Pamir *(Afghaans)*	$$	302						■	
Etats-Unis *(Amerikaans)* ★	$$$$	293	●		●		●		●
Coco Pazzo *(Italiaans)*	$$$$	298						■	
Daniel *(Frans)* ★	$$$$	296	●		●	■		■	
Jo Jo *(Frans)*	$$$$	296		■			●		
Aureole *(Amerikaans)* ★	$$$$$	293	●			■	●	■	
Le Cirque 2000 *(Frans)* ★	$$$$$	296	●						●
Le Régence *(Frans)*	$$$$$	297	●						●
Parioli Romanissimo *(Italiaans)*	$$$$$	298						■	
Little Dove *(Amerikaans)*	$$$$$	294	●			■	●		
Ristorante Primavera *(Italiaans)*	$$$$$	298					●	■	
Upper West Side									
Lemongrass Grill *(Thais)*	$	301	●	■				■	
Barney Greengrass *(joods)*	$$	302	●	■	●			■	
Monsoon *(Thais/Vietnamees)*	$$	301	●	■				■	
Ollie's Noodle Shop & Grill *(Chinees)*	$$	299		■	●				●
Rain *(Zuidoost-Aziatisch)*	$$	301			●			■	
Santa Fe *(Amerikaans)*	$$	294		■				■	
Carmine's *(Italiaans)*	$$$	297			●				
Shun Lee West *(Chinees)*	$$$	300		■				■	
Picholine *(Frans/mediterraan)*	$$$	303	●	■	●				
Café des Artistes *(Frans)* ★	$$$$	296	●	■					●
Morningside Heights en Harlem									
Sylvia's *(Amerikaans)*	$	294			●				
The Terrace *(Frans)*	$$$$	297	●			■			●
Brooklyn									
Moroccan Star *(Marokkaans)*	$	303	●		●				
Gage & Tollner *(Amerikaans)*	$$$	293	●		●				●
Peter Luger *(Amerikaans)*	$$$$	294	●		●				
The River Café *(Amerikaans)* ★	$$$$$	294	●			■			
Queens									
The Water's Edge *(Amerikaans)*	$$$$$	295			●	■			●

AMERIKAANS

In Newyorkse restaurants treft u meestal drie Amerikaanse kookstijlen aan: Amerikaans, nieuw-Amerikaans en regionaal Amerikaans. De Amerikaanse keuken bestaat in het algemeen uit gegrild vlees, gefrituurde vis, patat en verse, gemengde salades. Het wordt in reusachtige porties geserveerd, is meestal heel betaalbaar en in de hele stad te vinden.
De nieuwe Amerikaanse keuken komt voort uit de Franse nouvelle cuisine. De porties zijn klein – en het eten wordt gekozen om zijn vorm en kleurencombinaties. Het aanpassen van de oude regionale recepten, het gebruik van verse ingrediënten uit de directe omgeving en de toevoeging van oosterse smaakmakers als gember, soja, knoflook, kerrie en verse koriander zijn de kenmerken van deze kookstijl. Restaurants met een nieuwe Amerikaanse keuken behoren vaak tot de beste en duurste in New York.
Ten slotte kent men de regionale Amerikaanse keuken. De restaurants in deze categorie koken met bestanddelen als vis uit New England, geroosterd ribstuk uit de zuidelijke staten en soul food, van oudsher het eten van de zwarte Amerikanen. De creoolse keuken bevat gerechten als zwart geroosterde vis, rivierkreeft of gumbo (stoofpot met gevogelte, vis, rijst en tomaten); in de Californische keuken gebruikt men verse ingrediënten. Restaurants die eten uit de regionale Amerikaanse keuken serveren, zitten met hun prijs meestal in de middenklasse.

Ambassador Grill

United Nations Plaza Hotel, 1 United Nations Plaza. **Kaart** 13 C5.
702-5014. ma-za 7.00-11.00, zo 7.00-10.30, ma-za 12.00-14.30, zo 11.00-13.45, dag. 17.00-22.30 uur. AE, DC, MC, V. $$$

Hier serveert men de Amerikaanse keuken in Franse stijl. Het publiek is een mengeling van VN-medewerkers en bedaagde East Siders. De prijzen zijn redelijk gezien de mooie ligging. Het hoogtepunt is het kreeft-en-champagne-brunchbuffet op zondag.

An American Place

125 E 50th St. **Kaart** 13 A4. *888-5650. ma-vr 7.00-10.00 uur, dag. lunch, ma-za 17.30-22.30 uur, zo 17.30-21.30 uur. AE, DC, MC, V.* $$$

De chef-kok en eigenaar Larry Forgione heeft naam gemaakt met zijn nieuwe Amerikaanse kookstijl. Het restaurant is verplaatst naar het noorden, naar het nieuwe Benjamin Hotel, en biedt een voortreffelijke Amerikaanse keuken. Het menu verandert regelmatig en de dagspecialiteiten zullen uw smaakpapillen nooit teleurstellen.

Arizona 206

206 E 60th St. **Kaart** 13 B3.
838-0440. di-vr 12.00-15.00 uur, di-zo 17.30-23.30 uur. AE, DC, MC, V. $$

Voor een memorabele maaltijd moet u naar dit restaurant, met zijn witte muren, open haarden, houten tafels en parketvloer. Een fantasierijke mengeling van invloeden uit het zuidwesten van de VS met nieuw-Amerikaanse flair leidt tot gerechten als geroosterde kwartel met polenta en gegrilde *foie gras*. Ondanks de drukte en het lawaai, kunt u hier het beste gaan dineren. Het aangrenzende Cibi Cibi Café serveert Italiaanse specialiteiten.

Aureole

34 E 61st St. **Kaart** 12 F3.
319-1660. ma-vr 12.00-14.30 uur, ma-za 17.30-23.00 uur. ★ *AE, DC, MC, V.* $$$$

Gevestigd in een oud, goed gerestaureerd *brownstone house* met diepe, smalle ruimten verlevendigd met bloemen. Het Amerikaans-Franse menu verandert vaak en is interessant: gerookte zalm met citrussalade en met kabeljauw gevulde aubergine met garnalen. De vaste-prijsmenu's bieden voortreffelijk eten voor een redelijke prijs.

B Smith's

771 8th Ave. **Kaart** 12 D5. *247-2222. ma-do 12.00-23.00 uur, vr-za 12.00-0.30 uur, zo 12.00-22.30 uur. AE, DC, V, MC.* $$$

Dit restaurant wordt geleid door Barbara Smith, een voormalig fotomodel, en het werkt als een magneet op de elite uit de showbusiness. Het redelijk geprijsde en stijlvolle nieuwe Amerikaanse eten is goed. Boven, in een glazen ruimte, bevindt zich B Smith's Rooftop Café, waar elke avond live muziek gespeeld wordt.

Etats-Unis

242 E 81st St. **Kaart** 17 B4. *517-8826. dag. 18.00-23.00 uur. sommige feestdagen. AE, DC, MC, V.* $$$$

Ondanks de Franse naam serveert deze kleine gelegenheid verbluffende Amerikaanse en internationale gerechten. De koks Tom en Jonathan Rapp, vader en zoon, beperken het menu tot steeds vier of vijf voorgerechten, hoofdgerechten en desserts – wat u ziet, krijgt u – die met liefde zijn bereid. Probeer de uitstekende vis of stevige landelijke gerechten; de desserts zijn machtig, worden op bestelling gemaakt en wisselen elke avond. Er is een goede, gevarieerde wijnkaart met gemiddelde prijzen.

The Four Seasons

99 E 52nd St., 107th, **Kaart** 1 3A.
754-9494. ma-vr. 12.00-14.30, 17.00-21.30, za. 12.00-14.00, 17.00-23.00 uur. sommige feestdagen. soms ★ *AE, DC, MC, V, JCB.*
$$$$$

Dit in 1961 gevestigde restaurant blijft aantrekkelijk voor uitgebreide lunches door zijn prachtige Grill Room met hoog plafond. De Pool Room, naast het marmeren zwembad, is geschikter voor een romantisch diner met een vaste prijs, als voorbereiding op een theaterbezoek bijvoorbeeld. Waar u ook plaatsneemt, u zult genieten van de onveranderd heerlijke nieuw-Amerikaanse en continentale maaltijden. De wildschotels met onder andere bizonfilet, zuiglam en de andere vleesschotels zijn fantastisch, en vergeet ook de dessertkaart niet. Het zal een duur maar bevredigend uitje zijn.

Gage & Tollner

372 Fulton St, Brooklyn. *(718) 875-5181. ma-vr 11.30-15.30, ma-do 17.00-22.00 (vr 23.00), za 15.30-23.00 uur. AE, DC, MC, V.* $$$

Dit etablissement is een van de beste visrestaurants van de stad. Oesters en gegrilde venusschelpen zijn hier het lekkerst, maar de specialiteiten uit South Carolina van de chef-kok, zoals Charleston-krabsoep, zijn evenzeer de moeite waard. De beste tijd om hier te komen is 's avonds (taxi aanbevolen).

Gotham Bar & Grill

12 E 12th St. **Kaart** 4 E1.
620-4020. ma-vr 12.00-14.15 uur, zo-do 17.30-22.00 uur, vr-za 17.30-23.00 uur, zo 17.30-22.00 uur. AE, DC, MC, V. $$$$$

In dit voormalige pakhuis met een neoklassiek interieur zult u waarschijnlijk het beste eten in dit deel van de stad aantreffen. Alfred Portale is een jonge, getalenteerde, in Frankrijk geschoolde chef-kok. Zijn meest geroemde gerecht is de zeevruchtensalade, maar alle visgerechten zijn heerlijk en met wild weet hij eveneens raad. Het restaurant is prijzig, maar een bezoek waard.

Zie voor een verklaring van de symbolen *blz. 285*

Gramercy Tavern

42 E 20th St. **Kaart** 8 F5. *477-0777. ma-do 12.00-23.00, vr, za. 12.00-24.00 uur.* *AE, DC, MC, V.* $$$$

Dit nieuwe restaurant is de creatie van Danny Meyer van het Union Square Café. Er wordt vindingrijke nieuw-Amerikaanse kost geserveerd met de sfeer van een Franse herberg. Aanraders zijn gegrilde jakobsschelpen met truffels of gemarineerde zalm met munt-couscous en crème fraîche en alle desserts. In de Tavern Room wordt minder duur en even smakelijk eten geserveerd.

Grand Central Oyster Bar

Grand Central Station, Lower Level. **Kaart** 9 A1. *490-6650. ma-vr 11.30-21.30 uur (laatste couvert), za 11.00-21.30 uur. sommige feestdagen.* *AE, DC, MC, V, JCB.* $$$

Sommige van de beste visgerechten in New York worden geserveerd in een simpel ingerichte ruimte onder het Grand Central Station. De akoestiek is zo slecht dat u elkaar tijdens de lunch, als het heel druk is, nauwelijks kunt verstaan. Maar de vis en schelpdieren zijn altijd vers, eenvoudig bereid en verrassend voordelig geprijsd. Er is ook een uitgebreide Californische wijnkaart.

Hudson River Club

250 Vesey St. **Kaart** 1 A2. *786-1500. ma-vr 11.30-14.30, ma-za 17.00-21.30 uur. zo, sommige feestdagen.* *AE, DC, MC, V.* $$$$

Dit restaurant op de eerste verdieping van een van de torens van het World Financial Center kijkt uit op de haven en het Vrijheidsbeeld. De originele menukaart biedt de heerlijkste gerechten en wijnen uit de Hudson River Valley.

Mesa Grill

102 5th Ave. **Kaart** 8 F5. *807-7400. ma-vr 12.00-14.15, za-zo 11.30-15.00, ma-do 17.30-22.00, vr-zo 17.30-22.30 uur.* *AE, DC, MC, V.* $$$

In deze voormalige ruimte voor modeshows worden kruidige, vindingrijke variaties op gerechten uit het zuidwesten, vooral uit Arizona en New Mexico, geserveerd. De ruime, kleurrijke inrichting roept de sfeer van het Westen op. Het publiek komt af op de ongebruikelijke combinatie van gegrilde gerechten en redelijke prijzen.

Peter Luger Steakhouse

178 Broadway, Brooklyn. *(718) 387-7400. ma-do 11.45-22.00 uur, vr-za 11.45-23.00 uur, zo 13.00-22.00 uur.* $$$$

Carnivoren zeggen dat dit het beste steakhouse in heel New York is, en de taxirit waard om u te goed te doen aan een enorme porterhouse-steak of dubbele lamskoteletten. De grote eetzaal lijkt op een Duitse *Bierkeller*, met eiken panelen en houten balken. De obers behandelen hun klanten met bruuske vriendelijkheid – zeldzaam voor een Newyorks steakhouse.

The Rainbow Room

65th floor, GE Building, 30 Rockefeller Plaza. **Kaart** 12 F5. *632-5000. bel voor informatie.* *AE, MC.* $$$$$

Een plek voor speciale gelegenheden met uitstekende Amerikaanse, Franse en continentale gerechten, live muziek en een hemels uitzicht. Het luxe art deco-interieur zegt al wat over de luxe rekening.

The River Café

1 Water St, Brooklyn. **Kaart** 12 F5. *(718) 522-5200. lunch ma-za, ma-wo18.00-22.30, do-vr tot 23.00 uur. zo.* *AE, DC, MC, V.* $$$$$

Vanuit het River Café kunt u genieten van een werkelijk fenomenaal uitzicht over Manhattan, en daarnaast van goede nieuw-Amerikaanse maaltijden, met name prix fixe- en zesgangenmenu's. De avond is favoriet bij geliefden, maar het uitzicht is fantastisch tijdens de lunch.

Santa Fe

72 W 69th St. **Kaart** 11 C1. *724-0822. di-vr 12.00-24.00, za 11.30-24.00, zo-ma tot 23.00 uur.* *AE, DC, MC, V.* $$

Dit decoratieve *southwestern* restaurant serveert al jaren pittige kost uit New Mexico. Dit restaurant is een goede keus voor wie naar het Lincoln Center wil gaan.

Savoy

70 Prince St. **Kaart** 4 F3. *219-8570. ma-za 12.00-15.00 uur, ma-do 18.00-22.30 uur, vr, za 18.00-23.00 uur.* *AE, DC, MC, V.* $$$

Met zijn uitnodigende haardvuur is dit een zeer populaire plek voor artistiekelingen uit SoHo die zich de prijzen kunnen veroorloven. Het menu heeft creatieve neigingen met soms te veel concurrerende smaken. Maar de gerechten zijn altijd interessant, waarbij de nadruk ligt op lokale verse ingrediënten, zoals *penne* met konijn, cantharellen, maïs en walnoten.

Little Dove

200 E 60th St. **Kaart** 13 A3. *861-8080. di-do 18.00-22.00 uur, vr 18.00-23.00 uur, za 17.30-23.00 uur. zo, ma.* *AE, DC, MC, V.* $$$$

Dit restaurant heeft in zijn nieuwe omgeving niets van zijn aantrekkingskracht verloren. Er kunnen slechts 45 mensen eten in de intieme ruimte op de eerste verdieping. Het menu wisselt met het seizoen. Er is een *tasting menu* met of zonder wijn verkrijgbaar. De wijnkaart is niet groot maar wel evenwichtig. Reserveren noodzakelijk.

Sparks Steakhouse

210 E 46th St. **Kaart** 13 B5. *687-4855. ma-vr 12.00-15.00 uur, ma-do 17.00-23.00 uur, vr-za 17.00-23.30 uur.* *AE, DC, MC, V.* $$$$$

Dit restaurant roept beelden op van *The Godfather* en heeft een sfeer met veel *machismo*. Zakenlunches zijn hier in trek met veel steaks, ofschoon er ook kreeft is. Er is een uitzonderlijke wijnlijst. De bediening is typisch bruusk.

Sylvia's

328 Lenox Ave. **Kaart** 21 B1. *996-0660. ma-za 8.00-22.30, zo 11.00-20.00 uur. Kerstmis.* *AE.* $ *(blz. 228.)*

Voor een unieke kennismaking met de Amerikaanse keuken moet u naar dit soul-foodrestaurant in Harlem (een taxi is aanbevolen). Ribstuk van de barbecue, gebraden kip, black-eye-bonen en ham zijn het proberen waard in deze gezellige buitenpost van South Carolina met zijn huiselijke gerechten. De 'gospel-brunch' op zondag is heerlijk.

Tapika

950 8th Ave. **Kaart** 13 D5. *379-3737. ma-vr. 12.00-14.30, ma-do 17.30-22.15, vr 17.30-233.00, za 17.00-23.15 uur. zo, juli en aug.* *AE, DC, MC, V.* $$$

Tapika heeft meer te bieden dan zijn ligging bij de Carnegie Hall. Het kleurige interieur is ontworpen door David Rockwell en de *southwestern* keuken is vernieuwend. Probeer de tonijn met koriander of de met tequila gerookte zalm. De brunch is ook erg goed.

TriBeCa Grill

375 Greenwich St. **Kaart** 4 D5. ☎ *941-3900.* ○ *ma-vr 11.30-15.00, ma-do 17.30-22.45, vr, za 17.30-23.15, zo 11.30-15.00, 17.30-21.15 uur.* *AE, DC, MC, V.* $$$$

Het kan zijn dat u mede-eigenaar Robert de Niro en andere beroemdheden tegenkomt, vooral aan de grote ronde bar die het middelpunt van deze bistro is. Het inventieve Amerikaanse eten is verrassend goed, ondanks de jachtige sfeer. Laat wat ruimte voor de overheerlijke desserts.

The '21' Club

21 W 52nd St. **Kaart** 12 F4. ☎ *582-7200.* ○ *ma-do 12.00-14.30 uur, 17.30-23.00 uur, za 17.30-23.00 uur.* ● *za in mei-aug.* *AE, DC, MC, V.* $$$$$

Deze vroegere *speakeasy* in drie zandstenen rijtjeshuizen met zwart ijzeren hek heeft nu een jongere clientèle uit de showbusiness en politiek voor de te dure Amerikaanse keuken en de formele stadshuis sfeer. De nieuwe eigenaar, Orient Express Inc., heeft meer plannen voor de toekomst.

Union Square Café

21 E 16th. **Kaart** 8 F5. ☎ *243-4020.* ○ *ma-za 12.00-14.30 uur, ma-do 18.00-22.30 uur, vr-za 18.00-23.15 uur, zo 17.30-22.00 uur.* ★ *AE, DC, MC, V.* $$$$

Dit is een van de beste restaurants in New York en het is beroemd om zijn fantasierijke Amerikaanse, Italiaanse en Franse gerechten. Het Union Square Café is verrassend laag geprijsd voor alle aandacht die het trekt, en het personeel is ongebruikelijk vriendelijk. Alles op het seizoensmenu is heerlijk, van gnocchi met rozemarijn, gorgonzola, walnoten, pancetta en prei als voorgerecht tot konijn met maïsmeel, salie en romige polenta. De toetjes zijn ook voortreffelijk.

Verbena

54 Irving Place. **Kaart** 9 A5. ☎ *260-5454.* ○ *ma-di 12.00-14.30, 17.00-22.00, wo-za 17.00-23.00, zo 17.00-21.00 uur.* *AE, DC, MC, V.* $$$

Dit nieuwe restaurant met een leuke kruidentuin achter heeft een jonge chef-kok-eigenaar, Diane Forley, die de beste natuurlijke ingrediënten verwerkt in creatieve nieuw-Amerikaanse gerechten. Memorabel zijn onder meer *butternut squash*-ravioli, ossenstaartterrine en geschroeide tonijn met muntkomkommer. Brunch in de tuin is erg aangenaam.

The Water Club

East River & 30th St. **Kaart** 9 C3. ☎ *683-3333.* ○ *ma-za 12.00-15.00, 17.30-22.00, zo 11.00-14.30, 17.45-22.00 uur.* *AE, DC, MC, V.* $$$$$

Dit restaurant bevindt zich op een merkwaardige, door glas omgeven pier die twee grote schuiten met elkaar verbindt. De Water Club biedt geweldig uitzicht over de East River en u kunt boeiende visgerechten eten, zoals pittige, geschroeide tonijn en gebakken rode snapper met kreeftnoedels.

The Water's Edge

44th Drive & East River, Long Island City. ☎ *(718) 482-0033.* ○ *ma-vr 12.00-15.00 uur, ma-za 18.00-23.00 uur.* *AE, DC, JCB, MC V.* $$$$$

Vanuit de ramen van deze grote eetruimte hebt u wijds uitzicht op het Chrysler Building en andere markante gebouwen in Manhattan. Het nieuw-Amerikaanse eten, bereid met een zekere mate van flair, en live muziek dragen bij aan de magische sfeer. Er is een gratis pont van East 34th Street naar de steiger van het restaurant.

Windows on the World

1 World Trade Center, 107th Fl, West St. **Kaart** 1 B2. ☎ *938-1111.* ○ *zo-do 17.00-21.00, vr-za 17.00-22.00, za-zo 11.00-14.00 uur brunch.* ★ *AE, DC, MC, V.* $$$$$

Dit restaurant ligt 107 verdiepingen boven de haven in het World Trade Center, met schitterend uitzicht. Het is een uitgelezen plek om evenementen in de haven, zoals de Fourth of July-viering, gade te slaan. Door een verbouwing is dit restaurant nog aantrekkelijker. De maaltijden zijn duur, het prix-fixe menu kan de kosten binnen de perken houden. Ontbijt en lunch is voor leden van de club, niet-leden betalen daarom extra.

Zoë

90 Prince St. **Kaart** 4 E3. ☎ *966-6722.* ○ *di-za 12.00-15.00, zo 11.30-15.00, ma-vr 18.00-22.30, za 17.30-23.30, zo 17.30-22.00 uur.* *AE, DC, MC, V.* $$$$

Dit etablissement in SoHo heeft een goede reputatie vanwege zijn gegrilde vlees en vis en fantasierijke nieuw-Amerikaanse keuken. Goede wijnkaart. De lange eetruimte met zijn hoge plafonds, zuilen en open keuken is erg in trek bij de vele artiesten en yuppies die hier bijeenkomen.

Frans

Verfijnd eten in New York betekent meestal dat u in een Frans restaurant terechtkomt. De modieuze Franse gelegenheden zijn meestal duur en serveren haute cuisine in een met overdadige bloemarrangementen versierde omgeving. U vindt deze restaurants vooral in Midtown en Upper East Side. Sommige nieuwere restaurants koken nouvelle cuisine en kunnen peperduur zijn. De Franse restaurants aan de West Side en in het Theater District zijn minder overvloedig ingericht en goedkoper. De kaart is er traditioneel.

Bistro's winnen de laatste tijd aan populariteit vanwege de eenvoudige, gezonde maaltijden en de informele omgeving. Bovendien zijn de prijzen er lager.

Alison on Dominick Street

38 Dominick St. **Kaart** 4 D4. ☎ *727-1188.* ○ *ma-do 17.15-22.30 uur, vr-za 17.15-22.45 uur, zo 17.15-21.30 uur.* *AE, DC, MC, V.* $$$$

In deze romantisch ingerichte gelegenheid vindt u een vakkundige mengeling van de Franse, mediterrane en nieuw-Amerikaanse keuken. De omgeving is gesoigneerd en stijlvol. De bar aan de voorkant is een wereld op zich, en de eetzaal is donker, gezellig en zeer geschikt voor een intiem, romantisch tête-à-tête.

Le Bernardin

155 W 51st St. **Kaart** 10 E4. ☎ *489-1515.* ○ *ma-vr 12.00-14.30 uur, dag. 17.30-23.30 uur.* ● *zo, sommige feestdagen.* *AE, DC, MC, V, JCB.* $$$$$

Voor plaatselijke bewoners die er verstand van hebben, zijn Le Bernardin en vis synoniem. Het is een mooie, ruime gelegenheid met een teakhouten plafond, lichtblauwe muren en met tapisserieën beklede stoelen. De vis wordt maar even gebakken om de versheid uit te laten komen, en met weinig saus. Het restaurant is erg duur, maar elke cent waard. Overweeg ook eens het lunchmenu voor een vaste prijs.

Zie voor een verklaring van de symbolen *blz. 285*

Café des Artistes

1 W 67th St. **Kaart** 12 D2.
877-3500. ma-vr 12.00-14.45 uur, ma-za 17.30-24.00 uur, za 11.00-15.00 uur, zo 17.00-23.00 uur. Kerstmis. na 17.00 uur. ★ AE, DC, MC, V. $$$$

Dit drukke, vrolijke café staat bij iedereen hoog op het lijstje. De muurschilderingen uit 1934, met spelende nimfen van Howard Chandler Christy, bepalen de luchtige sfeer. Het Franse eten is uitstekend. De desserts zijn heel bijzonder, vooral de Hongaarse taartjes en de weelderige chocoladecreaties waaraan alleen de heel sterken van geest weerstand kunnen bieden.

La Caravelle

33 W 55th St. **Kaart** 12 F4.
586-4252. ma-vr 12.30-14.30 uur, ma-za 17.30-22.30 uur. AE, DC, JCB, MC, V. $$$$

Dit restaurant bestaat al meer dan 30 jaar. In die tijd heeft het zich de reputatie verworven van een elegante haute cuisine, die in een comfortabele, zachtverlichte ruimte aan een vaste, exclusieve klantengroep wordt geserveerd. In de keuken is de laatste tijd weliswaar het een en ander veranderd, maar de verse *foie gras* en de meeste visgerechten zijn nog als vroeger. Tijdens de lunch en het diner zijn er prix fixe-menu's verkrijgbaar.

Alain Ducasse at the Essex House

Essex House Hotel, 155W 58th St. **Kaart** 12 E3. *265-7300. ma-vr 19.45-22.15 uur, wo-do 12.00-14.00 uur. ★ AE, DC, MC, V.* $$$$$

Alain Ducasse, de beroemde Franse driesterrenkok, heerst in zijn nieuwste restaurant, naast de lobby van het Essex House Hotel. Het restaurant biedt slechts één zitting per avond voor 65 eters, reserveren is noodzakelijk als u Ducasses beroemde gerechten wilt proeven. Met een nieuwe keuken en modieuze inrichting van de eetzaal zal deze gelegenheid beslist New Yorks top-Franse restaurant worden.

Chanterelle

2 Harrison St (hoek Hudson St.). **Kaart** 4 D5. *966-6960. di-za 12.00-14.30, ma-za 17.30-23.30 uur. sommige feestdagen. AE, DC, MC, V.* $$$$$

In deze kleine gelegenheid in TriBeCa is plaats voor 60 mensen. Men serveert een uitstekend prix-fixe menu. De onberispelijke omgeving, met hoge plafonds, houten muren, zuilen, prachtige boeketten en chic tafellinnen, correspondeert uitstekend met de kwaliteit van het eten. De visgerechten zijn een traktatie en er is een kaasplateau, een zeldzaamheid in New York. Lunchen kan à la carte en met een prix-fixe menu; avondeten alleen prix-fixe en *tasting* menu.

Le Cirque 2000

455 Madison Ave. **Kaart** 13 A4.
303-7788. ma-za 11.45-14.45, 17.45-23.00 uur, zo 17.30-22.30. ★ AE, DC, MC, V. $$$$$

Sirio Maccioni heeft zijn toprestaurant in de zeer chique Villard Houses *(blz. 174)* gehuisvest en de reputatie van deze oude New-yorkse favoriet is onaangetast gebleven. In de keuken, die meer dan een miljoen dollar heeft gekost, zal weer getoverd worden, met gerechten als porcini risotto, trong met wilde baby-asperges en mousse van donkere en witte chocola toe..

La Côte Basque

60 W 55th St. **Kaart** 12 F4.
688-6525. ma-za 12.00-14.00 uur, ma-do 17.30-22.30 uur, vr, za 17.30-23.00, zo 17.00-22.00 uur. sommige feestdagen. AE, DC, JCB, MC, V. $$$$$

Op een nieuwe plek net om de hoek van de oude gaat deze vooruitgeschoven post van de Franse keuken door met het opdienen van cassoulettes, maar ook met modernere gerechten zoals gegrilde eend in een saus van honing, Grand Marnier en zwarte bessen. Het is er even gerieflijk als voorheen, zelfs de wandbedekking met de Baskische kust en de plafondbalken zijn meeverhuisd. De exclusieve, deskundige clientèle weet een van de uitgebreidste wijnkaarten van de stad te waarderen.

Daniel

60 E 65th St. **Kaart** 13 A2. *288-0033. ma-za 12.00-14.30, 17.45-22.30 uur. ★ AE, DC, MC, V.* $$$$

Chef-eigenaar Daniel Boulud, oud-Le Cirque, heeft een bloemenprieel tot stand gebracht als achtergrond voor een van de allerbeste Franse keukens in de stad. Veel van de gerechten zijn moeilijk te overtreffen: wildbraad in honing-komijngelei met foie gras of gesauteerde elftkuit met gedroogde tomaten, geroosterde amandelen en zwarte olijven. De hele kaart is een verzameling inspirerende en mooi uitgevoerde creaties. De lunch- en dinermenu's met een vaste prijs zijn zeer voordelig in dit anders zeer dure restaurant. De wijnkaart is voorbeeldig.

La Grenouille

3 E 52nd St. **Kaart** 12 F4.
752-1495. di-za. 12.00-14.30, 17.30-23.15 uur. aug. AE, DC, MC, V. $$$$$

La Grenouille heeft alles wat je zou verwachten van een Frans toprestaurant: een verblindende bloemenpracht, discrete bediening, uitstekend bereid eten en een uitgebreide wijnkaart. Rond lunchtijd moet u hier zijn voor het voordelige prix fixe-menu en om de clientèle uit de modewereld te bekijken.

Les Halles

411 Park Ave South. **Kaart** 9 A3.
679-4111. dag. 12.00-24.00 uur. AE, DC, MC, V. $$$

Deze klassieke Franse brasserie is genoemd naar de oude Hallen in Parijs. Ze staat op de plaats van een voormalige slagerij en de specialiteit is dan ook vlees, alleen van de allerbeste kwaliteit en op vele manieren bereid. Op de kaart staan onder meer *steak frites, filet mignon au poivre* en *charcuterie*, opgediend met *choucroute*. De sfeer is hier uitbundig en zeer Frans. Er is een afdeling voor rokers en er zijn kleine tafeltjes voor dat bijzondere tête-à-tête.

Jo Jo

160 E 64th St. **Kaart** 13 A2. *223-5656. ma-vr 12.00-14.30 uur, 18.00-23.30 uur, za 17.30-23.00 uur. AE, MC, V.* $$$$

Jo Jo is de schepping van Jean-Georges Vongerichten, die tevens de eigenaar is van Vong. Het is gevestigd in een Parijs aandoend herenhuis. Als u graag rustig met zijn tweetjes eet, vraag dan naar een tafeltje boven. Het restaurant beneden is glansrijker en levendiger. De prijzen zijn niet al te buitensporig voor de goede fantasierijke bistrogerechten. Er is een prix fixe-lunchmenu.

Lespinasse

St. Regis Hotel, 2 E 55th St. **Kaart** 12 F4. *339-6719. di-za 7.00-10.00, 12.00-14.00, 17.30-22.00 uur. ★ AE, DC, MC, V.* $$$$$

Dit is een van New Yorks duurste en beste restaurants. De eetruimte is rustig op het saaie af, onderbroken door enkele statige bloemstukken. Maar het gaat hier om het sierlijke Franes eten met Aziatische accenten. Woorden schieten tekort om gerechten als kwartelsalade met andijvie in een vinaigrette van honing en amandelen, gekruide risotto met paddestoelenragout en dichtgeschroeide lende en confit van konijn in een saus met rozemarijn en mosterd te beschrijven. De desserts zijn ook spectaculair. Er is tevens een aantrekkelijk maar duur vegetarisch viergangenmenu.

Lutèce

249 E 50th St. **Kaart** 13 B4. *752-2225.* *di-vr 12.00-14.00, ma-do 18.00-22.00, vr-za 17.30-22.30 uur.* *juli-aug.: ma, sommige feestdagen.* ★ *AE, DC, JCB, MC.* $$$$

Decennia lang was dit het leidende Franse restaurant van New York, maar met de opkomst van menig ander toprestaurant heeft Lutèce wat van zijn glans verloren. Het is nog steeds een goede plek om te eten. Probeer de gegrilde duifjes met asperges en morellen of in koolbladeren gebakken parelhoen. Het prix fixe-menu brengt een eenmalige uitspatting binnen bereik.

La Métairie

189 W 10th St. **Kaart** 3 C2. *989-0343.* *za, zo 12.00-15.00 uur, zo-do 17.00-23.00 uur, vr 17.00-24.00 uur.* *AE, DC, MC, V.* $$$$

Deze kleine, overvolle bistro, met ruimte voor slechts 20 klanten is niet alleen erg aantrekkelijk, maar heeft ook nog stevig Frans eten in een omgeving die gemaakt is voor een romantisch *tête-à-tête*.

Montrachet

239 W Broadway. **Kaart** 4 E5. *219-2777.* *vr 12.00-14.00 uur, ma-do 18.00-22.00 uur, vr-za 18.00-23.00 uur.* ★ *AE, DC, MC, V.* $$$$

In dit populaire restaurant in TriBeCa zijn de drie grote, hoge eetruimten ruim maar niet pretentieus. Het menu biedt een reeks van inventieve moderne Franse gerechten en de desserts móéten geproefd worden. De maaltijden, lunches en de uitgebreide wijnkaart zijn alle redelijk van prijs.

Le Périgord

405 E 52nd St. **Kaart** 13 C4. *755-6244.* *ma-vr 12.00-15.00 uur, dag. 17.30-22.15 uur.* *juli-aug.: zo, sommige feestdagen.* *AE, DC, MC, V.* $$$$$

Dit restaurant, dat al geruime tijd bestaat, is zeer in trek bij VN-mensen die onberispelijk bereide gerechten willen met overeenkomstige service in een rustige, elegante sfeer. Verse bloemen, zacht licht en stilte zorgen voor een onovertroffen dineerervaring.

Provence

38 MacDougal St. **Kaart** 4 D3. *475-7500.* *zo-do 12.00-15.00 uur, 18.00-23.30 uur, vr tot 24.00 uur.* *25 dec., 1 jan.* *AE.* $$$

Dit is een redelijk geprijsde bistro in Greenwich Village, waarvan de gedroogde bloemen, de tuin en de landelijke Franse inrichting een Provençaalse sfeer oproepen. Op de menukaart staan gesmoorde zeeduivel, Provençaalse vissoep, geroosterd lam, ratatouille en andere Zuid-Franse schotels.

Le Régence

Hotel Plaza Athénée, 37 E 64th St. **Kaart** 13 A2. *606-4647.* *dag. 7.00-10.00 uur, 12.00-14.30 uur, 18:00-21.30 uur.* *AE, DC, MC, V.* $$$$$

De kroonluchters en het met wolken beschilderde plafond zijn grandioos. Het eten wordt met moderne flair en inventiviteit bereid. Al met al is dit een van de gedenkwaardigste Franse restaurants. Het is duur, maar er is een prix-fixe diner.

The Terrace

400 W 119th St. **Kaart** 20 F3. *666-9490.* *di-vr 12.00-14.30 uur, di-do 18.00-23.30 uur, vr-za 18.00-24.00 uur.* *AE, DC, MC, V.* $$$$

Bij dit enigszins te dure restaurant wordt veel goedgemaakt door het adembenemende uitzicht over de stad. De bediening kan verwarrend zijn, maar de ambiance met kaarslicht en de ambitieuze Franse kaart nodigen uit tot romantiek. Neem een taxi, want deze wijk is niet de veiligste.

ITALIAANS

Italiaanse restaurants wedijveren met Chinese om de grootste populariteit bij de Newyorkers. Little Italy en Greenwich Village waren lange tijd de bolwerken van de Zuid-Italiaanse kookkunst, maar de Noord-Italiaanse keuken is de laatste vijf jaar steeds populairder geworden en Noord-Italiaanse restaurants bloeien in alle delen van de stad. Het belangrijkste verschil is dat de zuidelijke keuken uit stevige plattelandskost bestaat, terwijl de noordelijke keuken wat verfijnder is. Een ander verschil is de prijs: Zuid-Italiaanse restaurants variëren van goedkoop tot redelijk, noordelijke zijn duurder.
In Zuid-Italiaanse restaurants kunt u formicatafels aantreffen en de sfeer is informeel. Het eten bestaat gewoonlijk uit soepen, veel hoofdgerechten met garnalen of kalfsvlees, groentegerechten als *aubergine parmigiana* (aubergine, kaas en tomatensaus), machtige sauzen op basis van tomaat en gefrituurde mozzarella.
Noord-Italiaanse restaurants zijn vaak formeler, stijlvol en duur. U kunt er een ruime variëteit aan pasta's in machtige room met kaassauzen, polenta, gnocchi, risotto, wildbraad, gevogelte, truffels, veel soorten wilde paddestoelen, diverse kruiden en broodsoorten als foccacia and bruschetta verwachten.

Barbetta

321 W 46th St. **Kaart** 12 D5. *246-9171.* *ma-za 12.00-14.00 uur, 17.00-24.00 uur.* *AE, DC, MC, V, JCB.* $$$$

Bij warm weer is de tuin van dit 19de-eeuwse herenhuis zo rustig dat het moeilijk te geloven is dat Broadway letterlijk op steenworp afstand ligt. De Piëmontese gerechten in dit restaurant zijn duur, maar het prix-fixe theatermenu is voordelig. Uitgebreide wijnkaart.

Bice

7 E 54th St. **Kaart** 12 F4. *688-1999.* *ma-za 12.00-24.00, zo 12.00-23.00 uur.* *AE, DC, MC, V.* $$$$$

Dit filiaal van de Milanese Bice met zijn gestroomlijnde art deco-interieur is een magneet voor rijke, beroemde en op kosten van de zaak etende types. Het Noord-Italiaanse eten is licht, met vers gemaakte pasta's zoals ravioli met kreeft of pasta met kwartel en *arugula* (raketsla). De rekening is even heftig als de ambiance.

Carmine's

2450 Broadway. **Kaart** 15 C2. *362-2200.* *ma-vr 11.30-15.00, ma-do 17.00-23.00, vr 17.00-24.00, za 11.30-24.00, zo 14.00-22.00 uur.* *25 dec.* *AE, DC, MC, V.* $$$

Carmine's is een Zuid-Italiaans restaurant met Upper West Side nonchalance. Dit Siciliaanse restaurant is erg in trek bij families die een overvol bord willen voor relatief weinig geld – en die zich niet storen aan de steeds wisselende kwaliteit van het eten. Een ander filiaal is te vinden op 200 W 44th Street (*221-3800*).

Zie voor een verklaring van de symbolen *blz. 285*

Cent' Anni

50 Carmine St. **Kaart** 4 D3.
989-9494. ma-vr 12.00-14.30, ma-do 17.00-23.00, vr-za tot 23.30, zo tot 22.30 uur. 25 dec., 1 jan. *AE, DC, MC, V.* $$$

Dit populaire restaurant in de West Village wordt alom geprezen vanwege het robuuste, Florentijnse eten en de redelijk geprijsde Toscaanse wijnen – maar de bediening is wisselvallig en het is er vaak lawaaiig. Voor een echte Village-belevenis voldoet het echter prima. Probeer een *grigliata mista*.

Coco Pazzo

23 E 74th St. **Kaart** 16 F5.
794-0205. dag. 12.00-15.00 uur, 18.00-23.00 uur. een week in aug. *AE, DC, MC, V.* $$$$

Deze trendy trattoria met zijn moderne inrichting is favoriet bij de *beau monde*. Het maakt deel uit van de Le Madri-keten van stijlvolle, duurdere Italiaanse restaurants. De tafels staan dicht op elkaar en het lawaai kan vervelend zijn en de bediening soms langzaam, maar deze nadelen worden door de toegewijde gastronoom voor lief genomen. De risotto met schaaldieren is opmerkelijk en het assortiment over het algemeen Noord-Italiaanse specialiteiten mag er zijn.

Da Umberto

107 W 17th St. **Kaart** 8 E5.
989-0303. ma-vr 12.00-15.00, ma-do 17.30-23.00, vr-za 17.30-23.30 uur. 25 dec., 1 jan. *AE.* $$$$

In de zachtverlichte eetruimte aan de voorkant – de lichtere zaal aan de achterkant leent zich eerder voor de lunch – wordt stevige Toscaanse kost geserveerd, met veel wild en gebraad. Door een glazen wand kunt u meekijken hoe de gebakken fazant met kruiden en het met knoflook gevulde varkensvlees worden bereid. De prijzen zijn redelijk gezien de kwaliteit van het eten.

Felidia

243 E 58th St. **Kaart** 13 B3.
758-1479. ma-vr 12.00-14.30, ma-vr 17.00-23.00, za 17.00-23.30 uur. *AE, DC, MC, V.* $$$$

De sfeer in dit veelgeprezen restaurant is rustig. Het is ingericht met rijen glimmend opgepoetste koperen pannen, gedeeltelijk stenen muren en grote wijnrekken. Het regionale Italiaanse eten stamt uit Triëst, met schotels als de populaire *gnocchi al ragu d'agrello* (aardappelknoedels met lamssaus en artisjokken) en verse pasta met wilde paddestoelen.

Le Madri

168 W 18th St. **Kaart** 8 E5.
727-8022. dag. 12.00-15.00, 17.30-23.00, zo 17.00-23.00 uur. een week in sept. ★ *AE, MC, V.* $$$$

Dit restaurant, genoemd naar 'de moeders' die voortreffelijke Noord-Italiaanse gerechten voor een door de hele stad gevestigde keten maken, is een van de populairste adressen in New York. De eetzaal is ingetogentegen op het sombere af, maar wordt opgefleurd door bloemen en de uitstalling van voedsel. Risotto, ossobuco, heerlijke pizza's en allerlei pasta's behoren tot de specialiteiten. Er zijn ook vegetarische schotels.

Il Mulino

86 W 3rd St. **Kaart** 4 D3.
673-3783. ma-vr 12.00-14.30, ma-za 17.00-23.00 uur. juli, sommige feestdagen. *AE, MC, V.* $$$$

Il Mulino is 's avonds erg donker. De inrichting met stenen muren, Thonetstoelen en kleine zithoekjes is aangenamer tijdens de lunch omdat er dan minder klanten zijn. Niet zo aangenaam is de wachttijd aan de bar voordat u aan tafel kunt gaan. Reserveren helpt hier niet tegen. Dit is de beste Italiaan in de Village.

Il Nido

251 E 53rd St. **Kaart** 13 B4.
753-8450. ma-za 12.00-15.00 uur, 17.30-23.00 uur. 4 juli, Thanksgiving, 25 dec. *AE, DC, MC, V.* $$$

Il Nido was een van de eerste Noord-Italiaanse restaurants in New York, maar niet het beste. Te midden van de charmante Toscaanse boereninrichting kunt u echter nog steeds van vele heerlijke schotels genieten, zoals de risotto Nido en de gegrilde scampi met ansjovis-kappertjessaus. Het tamelijk chique publiek verschijnt hier bij voorkeur in keurige, formele kleding.

Orso

322 W 46th St. **Kaart** 12 D5.
489-7212. zo-di, do, vr 12.00-23.45 uur, wo-za 11.30-23.45 uur. 25 dec. *MC, V.* $$$

Er zijn veel Italiaanse restaurants in het Theater District, maar slechts één Orso, geliefd bij journalisten, theatermensen en hun agenten. Het zit in de buurt van Broadway, is vrolijk ingericht met een open keuken en dakraam, heeft grote pizza's en andere Italiaanse gerechten en een respectabele Italiaanse wijnkaart. Het menu is beperkt, maar er is genoeg keuze, vooral pasta's. De prijzen zijn doorsnee.

Osteria del Circo

120 W 55th St. **Kaart** 11 B4.
265-3636. ma-za 11.30-14.30, ma-do 17.30-23.00, vr-za 17.30-23.30, zo 17.00-23.00 uur. ★ *AE, MC, V.* $$$$

Het is niet verwonderlijk dat Circo zo verblindend is. De hand van Sirio Maccioni, eigenaar van het beroemde Le Cirque 2000, is te herkennen. Zijn zonen leiden dit nieuwe restaurant met dezelfde schwung. Het circusmotief in vrolijke kleuren is ook hier overal aanwezig: de tafels staan midden in een zogenaamde circustent. U kunt de koks aan het werk zien in de open keuken. De schotels zijn verfijnd Noord-Italiaans: dichtgeschroeide carpaccio in een aromatische kruidenkorst, gnocchi met garnalen met een saus van zwarte truffels en *calamaretti ripieni* (inktvisjes gevuld met garnalen en kruiden) zijn de bekendste gerechten. Dit is niet de plek voor zorgen over de rekening: leun achterover en geniet van de sfeer met vele beroemdheden, en het eten.

Palio

151 W 51st St. **Kaart** 12 E4. *245-4850. ma-vr 12.00-14.30, ma-za 17.30-23.00 uur. sommige feestdagen.* *AE, DC, MC, V.* $$$$$

Palio is geliefd bij chique Broadway-bewoners en mensen die in de Equitable Assurance Tower, waar het restaurant gevestigd is, werken. Het restaurant heeft een populaire bar op straatniveau, met een levendige, 38 m lange muurschildering van Siena's beroemde Palio (paardenracefestival) van Sandro Chia. De eetzaal, boven, is mooi, maar de kwaliteit van het Noord-Italiaanse eten wisselt nogal – de ene avond heerlijk, de andere doorsnee. U kunt wel altijd rekenen op een aangenaam snelle lunch aan de bar. Er is ook een pre-theatermenu.

Primavera

1578 1st Ave. **Kaart** 17 C4.
861-8608. ma-zo. 17.30-23.00 uur. *AE, DC, MC, V.* $$$$$

Dit is mogelijk het beste en duurste Italiaanse restaurant van de stad. Een oase van beschaafdheid en elegantie in de Upper East Side. Vaste klanten negeren het menu en verlaten zich op de suggesties van kok Nicola Civetta, die hen verleidt met zijn uitmuntende keuken. De geroosterde *capretto* gemarineerd in citroen, knoflook, olie en rozemarijn is werkelijk goddelijk.

Remi

145 W 53rd St. **Kaart** 12 E4. *581-4242. ma-vr 12.00-14.00, ma-za 17.30-23.30, zo 17.30-22.00 uur. Thanksgiving, 25 dec. AE, DC, MC, V.* $$$$

Voor lunchende zakenlui en mensen die voor en na het theater hier dineren, is dit levendige restaurant een plek om gezien te worden. Adam Tihany tekende voor de spectaculaire inrichting (hij deed ook Osteria del Circo). Er is een een muurschildering van Venetië, vloeren van roodachtige Braziliaanse es met stroken berk, comfortabele stoelen en bankjes en een glazen muur die uitkijkt op een atrium vol met bloemen, waar de gasten bij goed weer kunnen eten. De bediening is zorgzaam, het Venetiaanse eten is van het hoogste niveau en wordt met zwier klaargemaakt. De pastagerechten zijn bijzonder creatief. De desserts zijn ook verbluffend, net als de uitgebreide Italiaanse wijnkaart met meer dan 40 verschillende soorten grappa.

San Domenico

240 Central Park South. **Kaart** 12 E3. *265-5959. ma-vr 12.00-14.30, ma-do 17.30-23.00, vr, za 17.30-24.00, zo 17.30-22.00 uur.* V ★ *AE, DC, MC, V.* $$$$$

De zachte verlichting, Florentijnse terracotta vloeren, ruime tafelopzet, soepele leren stoelen en uitstekende bediening maken dit tot een luxueuze en romantische plek. U kunt er genieten van een van de fantasierijkste Noord-Italiaanse keukens in de stad. Velen beschouwen het als New Yorks beste Italiaan. Gegrilde aal in wijnbladeren met balsamico-azijn is een van de vele voortreffelijke gerechten. In de vroege avond serveert men een redelijk geprijsd pre-theatermenu.

Trattoria dell'Arte

900 7th Ave. **Kaart** 12 E3. *245-9800. ma-za 11.45-14.30, 17.00-23.30, zo 11.00-22.30 uur. 25 dec.* V *AE, DC, MC, V.* $$$$

De twee grote voordelen van dit restaurant zijn het lichte interieurontwerp van Milton Glaser en de ongetwijfeld grootste antipasto-bar van de stad. Begin met een verrassend betaalbare schotel met heerlijke antipasti, geniet van de uitbundige inrichting, kijk naar de beroemdheden en ga dan naar de overkant van de straat voor de muziek. De rest van het menu, zelfs de pizza, is tamelijk saai.

CHINEES

Het wemelt in New York van de Chinese restaurants. Ze zijn minstens even talrijk als Italiaanse eetgelegenheden. De kwaliteit varieert: enerzijds zijn er – verspreid door de hele stad, maar vooral in Chinatown – veel afhaal-Chinezen en simpele eettentjes, anderzijds vindt u, vooral in Midtown en Upper East Side, een aantal zeer exclusieve Chinese restaurants. Voor wie krap bij kas zit, zijn de goedkope Chinezen de ideale uitkomst. Veel van de Chinese restaurants in New York hebben zich in de loop van tientallen jaren steeds meer aan de Amerikaanse wensen aangepast, maar de 'echte' Chinezen kunnen zich met de beste gelegenheden in Hongkong en Taiwan meten. Het grote aantal inwoners van Chinese komaf in New York heeft de eisen onder de clientèle doen toenemen. Over het algemeen vindt u de meeste authentieke Chinese restaurants in Chinatown. De chique restaurants elders in de stad neigen naar een Chinese variant op de nouvelle cuisine.

Aan het begin van de jaren tachtig veroverden de Sichuanese en Hunanese keukens New York, waardoor de vraag naar hete, gepeperde en zurige gerechten, die voor die streken typerend zijn, groeide. De laatste jaren is de trend echter meer in de richting van de wat subtielere en verfijndere Kantonese kookstijl. De meeste Chinese restaurants hebben uitgebreide menukaarten met daarop gerechten uit verschillende streken. U kunt dan zelf kiezen of u liever pittig of wat milder eet. Nagerechten beperken zich tot lychees, ananas en ijs.

Dim sum (gestoomde of gefrituurde wontons) worden in Chinatown vooral 's morgens in het weekeinde en in de vroege middag geserveerd; het is de Chinese tegenhanger van de brunch.

Bo Ky

80 Bayard St. **Kaart** 4 F5. *406-2292. dag. 8.00-21.30 uur. Chinees Nieuwjaar.* $

Dit Chinese restaurant is rumoerig en druk. Laat u niet door een rij wachtenden afschrikken, u bent altijd snel aan de beurt. U moet uw tafel waarschijnlijk met andere gasten delen en de obers spreken weinig Engels. De gerechten met vis en noedels en de maaltijdsoepen zijn goedkoop, vullend en heerlijk. De Vietnamese gerechten zijn vaak de beste.

Canton

45 Division St. **Kaart** 5 A5. *226-4441. wo-do 12.00-21.00 uur, vr-za 12.00-22.00 uur, zo 12.00-21.00 uur. van half juli tot half augustus.* $$

Canton biedt, zowel wat betreft het eten als de omgeving waarin u het nuttigt, betere kwaliteit dan u gewoonlijk in Chinatown aantreft. De prijzen zijn ook hoger, maar de vele liefhebbers uit de betere woonwijken vinden dat geen bezwaar. Het restaurant heeft geen drankvergunning, maar u mag uw eigen drank meenemen. Creditcards worden niet geaccepteerd.

Chin Chin

216 E 49th St. **Kaart** 13 B5. *888-4555. ma-vr 12.00-23.45, za 17.00-23.45, zo 17.00-23.00 uur.* V *AE, DC, MC, V.* $$$

Chin Chin is een wat chiquer Chinees restaurant. De inrichting is nogal westers en het menu biedt keuze uit alle Chinese keukens. Probeer een van de ongebruikelijkere gerechten zoals eendenpastei met flensjes of Chinese ratatouille.

Golden Unicorn

18 E Broadway. **Kaart** 5 A5. *941-0911. dag. 9.00-23.00 uur. AE, MC, V.* $$$

In dit grote, met veel spiegels ingerichte paleis in Hongkong-stijl geniet de loyale klantenkring van heerlijke dim-sum en authentiek Kantonees eten. Laat u niet van de wijs brengen door het lawaai van klanten en personeel. Chinese families zijn hier in de meerderheid, en dat is altijd een goed teken. Probeer haaienvinnenwontons in geurige bouillon.

Ollie's Noodle Shop & Grill

2315 Broadway. **Kaart** 15 C4. *362-3111. zo-vr. 11.30-24.00, zo tot 1.00 uur. AE, MC, V.* $$

In dit eenvoudige noedelrestaurant staan vele verschillende soepen op het menu, gevuld met wontons, groenten, vlees en/of vis, schelp- en schaaldieren. Ze zijn hartig, hongerstillend en vriendelijk voor uw portemonnee.

Zie voor een verklaring van de symbolen *blz. 285*

Oriental Garden

14 Elizabeth St. **Kaart** 4 F5. *619-0085.* *dag. 8.30-1.00 uur.* *AE.* $$

In dit overvolle restaurant zult u uw formica tafel moeten delen met onbekenden en de soms beledigende bediening en de treurige omgeving moeten doorstaan. Maar laat u hierdoor niet ontmoedigen – Oriental Garden is het beste visrestaurant in Chinatown.

Shun Lee Palace

155 E 55th St. **Kaart** 13 A4. *371-8844.* *dag. 12.00-23.30 uur.* *Thanksgiving.* *AE, DC, MC, V.* $$$

Dit restaurant is al meer dan twintig jaar een van de populairste Chinezen bij bewoners van de East Side. Het is ruim en elegant ingericht. Het menu omvat nogal wat extravagante Kantonese en Sichuanese gerechten en de wijnkaart is voor een Chinees restaurant heel uitgebreid. De prijzen zijn voor deze buurt redelijk.

Shun Lee West

43 W 65th St. **Kaart** 11 D2. *595-8895.* *dag. 12.00-23.00 uur.* *Thanksgiving.* V *AE DC, MC, V.* $$$

Dit broertje van Shun Lee Palace met zijn trouwe klantenkring ligt gunstig ten opzichte van het Lincoln Center. Het eten en de bediening zijn wisselend, vooral als het druk is. Als men er in de keuken goede zin in heeft, zijn de Sichuanese gerechten sensationeel. Men serveert vele regionale successen, zoals krab met zwarte bonensaus, kreeft in Sichuanese saus en een prachtig gerecht van droog, gesneden Sichuanees rundvlees.

Tang Pavilion

65 W 55th St. **Kaart** 11 B4. *956-6888.* *dag. 11.30-22.30 uur.* V *AE, DC, V.* $$

De aanwezigheid van een ingetogen, exclusief Chinees restaurant nabij Carnegie Hall is goed nieuws. Dat het eten er zo lekker is en de prijzen er redelijk zijn, is ook een aanwinst. Probeer de specialiteiten uit Shanghai, die zeldzaam zijn in New York.

Japans

Naast de Chinese is de Japanse keuken de best vertegenwoordigde oosterse kookstijl in New York, en velen zijn van mening dat u hier het beste Japanse eten buiten Tokyo kunt krijgen. De meeste Japanse eethuizen bevinden zich in Midtown en serveren traditionele gerechten zoals *sukiyaki* (roergebakken groenten en vlees), *tempura* (in beslag gefrituurde groenten of vis) en *teriyaki* (vlees of ander voedsel gemarineerd in sojasaus, zoete rijstwijn en suiker, gedroogd en daarna gegrild). Veel Japanse restaurants hebben een sushi-bar (zie hieronder) waar u het assortiment verse, rauwe vis kunt bekijken en uw eigen exemplaar mag uitkiezen. *Sushi* (gekookte, met azijn besprenkelde rijst met rauwe vis of kort gekookte garnalen) en *sashimi* (rauwe vis met een dipsaus van soja, gember en wasabi, Japanse mierikswortel) zijn tegenwoordig erg populair en worden altijd met stokjes gegeten.

Hatsuhana

17 E 48th St. **Kaart** 12 F5. *355-3345.* *ma-vr 11.45-14.15 uur, 17.30-22.15 uur, za 17.00-22.00 uur.* *AE, DC, MC, V.* $$$$.

Het is misschien niet meteen duidelijk waarom dit sushi- en sashimirestaurant zo gerespecteerd wordt en waarom het er zo druk is. Maar kenners hebben al lang geleden ontdekt dat de sushi nergens lekkerder, verser of gevarieerder is dan hier. De beste plekken zijn aan de sushibar, waar u de koks aan het werk kunt zien.

Honmura An

170 Mercer St. **Kaart** 4 E3. *334-5253.* *wo-za 12.00-14.30 uur, di-do 18.00-22.00 uur, vr-za 18.00-22.30 uur, zo 18.00-21.30 uur.* *eerste week jan., twee weekeinden juli, weekeinden rond feestdagen.* V *AE, DC, MC, V.* $$$

Honmura An is een nieuw en elegant restaurant dat de vergelijking met elk ander eethuis kan doorstaan. Men hecht er nogal aan stijl en het eten en de bediening zijn daar ook naar. De specialiteiten van het huis zijn vooral de *soba*-(noedel)gerechten.

Inagiku

Waldorf-Astoria Hotel, 301 Park Ave. **Kaart** 13 A5. *355-0440.* *ma-vr 12.00-14.00 uur, dag. 17.30-22.00 uur.* *sommige feestdagen.* *AE, DC, JCB, MC, V.* $$$$

Mede door zijn smaakvolle, formele Japanse interieur behoort Inagiku tot de absolute top van de Japanse restaurants in New York. De tempura is de specialiteit en deze is ook uitstekend. Als u zich echt rijk voelt, moet u het Kaiseki tiengangendiner, een traditionele maaltijd, proberen.

Iso

175 2nd Ave. **Kaart** 4 F1. *777-0361.* *ma-za 17.30-24.00 uur.* *sommige feestdagen, 1 week in de zomer.* *AE, MC, V.* $$$

Iso heeft hedendaagse kunst aan de muren, kakelverse en heel creatief bereide sushi en andere visgerechten en een warme ambiance die typisch voor de East Village is. Het personeel is vriendelijk en de prijzen zijn niet extreem hoog voor deze buurt.

Nobu

105 Hudson St. **Kaart** 3 B1. *219-0500.* *dag. 11.45-14.15, 17.45-22.15 uur.* V ★ *AE, DC, MC, V.* $$$$

Nobu is bekend om zijn fantastische sushi en sashimi en de speelse variaties van de chef die niet-Japanse ingrediënten verwerkt in klassieke gerechten. De inrichting past goed in de artistieke sfeer van TriBeCa. Het is duur, maar ongewone lekkernijen zoals garnalen in scherpe rode peperolie en oesters uit Kumamoto met Maui-uiensaus geven de gewone Japanse keuken nieuwe impulsen. Next Door Nobu (344-4445) is minder duur en u hoeft er niet te wachten.

Sushisay

38 E 51st St. **Kaart** 13 A4. *755-1780.* *ma-vr 12.00-14.15, 17.30-22.15, za 17.00-21.30 uur.* *AE, DC, MC, V.* $$$$

Deze ingetogen, Japans ingerichte eetgelegenheid bevindt zich net onder straatniveau. De beste keuzen zijn hier sushi en sashimi. Probeer een plaatsje te bemachtigen aan de sushi-bar, waar u uw keuze uit het aanbod in de vitrine kunt maken. De bediening aan de sushi-bar is opgeruimd en vlot, maar elders in het restaurant soms wat langzamer.

Zuidoost-Aziatisch

De Thaise-hype heeft nooit zoveel voet aan de grond gekregen in New York. Veel afhaalhoekjes bekend om hun pittige eten en bescheiden prijzen hebbben plaats gemaakt voor exclusievere restaurants die de Thaise en Europese keuken combineren, waarbij Thaise ingrediënten, zoals citroengras, galanga (lijkt op gember), knoflook, tamarinde, verse koriander en hete peperolie, worden verwerkt met westerse kooktechnieken.

Andere Zuidoost-Aziatische restaurants zijn in opkomst in New York, vooral Vietnamese, die vaak nogal Frans zijn in presentatie en inrichting. De 'Europeanisering' heeft de gerechten minder scherp gemaakt, hoewel ze nog pikant genoeg zijn voor de westerse smaakpapillen.

Cendrillon

45 Mercer St. **Kaart** 4 E2.
343-9012. *di-zo 11.00-23.00 uur.* *AE, DC, MC, V.* ($)($)

Gelegen op een rustige ruime plek in het drukke SoHo. Er worden op sierlijke wijze Maleisische en Filipijnse gerechten geserveerd voor bescheiden prijzen. Een lekker gerecht is zoete aardappelnoedels met pikante gegrilde inktvis.

Le Colonial

149 E 57th St. **Kaart** 13 B3. *752-0808.* *ma-vr 12.00-14.00, ma-do 17.30-23.00, vr, za 17.30-23.30, zo 17.00-22.30 uur.* *AE, DC, MC, V.* ($)($)($)

Le Colonial is populair bij beroemdheden. Het thema van de inrichting is geïnspireerd op het Vietnam van voor de oorlog, maar de gerechten en de strak geklede mensen zijn volkomen van de moderne tijd. De schotels kunnen scherp zijn, maar ze zijn altijd bereid met verse ingrediënten en ze bevatten weinig calorieën. Probeer de gestoomde vis, de Vietnamese ravioli en de garnalen in kokoskerriesaus.

Lemongrass Grill

2534 Broadwayt. **Kaart** 15 C4.
666-0888. *ma-vr 11.30-23.00, za 11.30-24.00, zo 13.00-23.30 uur.* *AE, MC, V.* ($)

In tegenstelling tot de restaurants die steeds exclusiever worden, biedt dit goedkope Thaise restaurant hete gerechten waaronder heerlijke soepen en noedelgerechten. Andere filialen bevinden zich in Greenwich Village en Brooklyn.

Mekong

44 Prince St. **Kaart** 4 D3.
343-8169. *ma-do 12.00-23.00 uur, vr-za tot 24.00 uur, zo 13.00-23.00 uur.* *AE, MC, V.* ($)($)

Dit plezierige Vietnamese restaurant is ingetogen maar niet chic. Er staan authentieke gerechten met voor SoHo redelijke prijzen op het menu.

Monsoon

435 Amsterdam Ave. **Kaart** 15 C4.
580-8686. *ma-do 11.30-23.30 uur, vr-za tot 24.00 uur.* *AE, MC, V.* ($)($)

Het succes van Monsoon ligt in de combinatie van Thaise en Vietnamese gerechten voor lage prijzen en de succesvolle vermenging van beide keukens.

Owen Thai

1485 1st Ave. **Kaart** 17 C5. *249-5700.* *ma-vr 17.00-23.00, za-zo 17.00-23.30 uur.* *AE, MC, V.* ($)($)

Voor authentiek, heet Thais eten in een aangename en rustige omgeving is dit een prima restaurant. U zit hier in een ruime zaal op comfortabele stoelen en het personeel is buitengewoon hulpvaardig. De prijs van de gerechten varieert, afhankelijk van wat u kiest van de uitgebreide kaart, van goedkoop tot duur.

Penang

109 Spring St. **Kaart** 3 C4. *274-8883.* *ma-do. 11.30-24.00, vr-za 11.30-1.00, zo 13.00-23.00 uur.* *AE, MC, V.* ($)

Door zijn ongewone, enigszins exotische Maleisische eten in een levendige tropische sfeer is dit restaurant een populaire SoHo-plek geworden. De pompanovis in zwarte-bonensaus is een van de heerlijke schotels waar u uit kunt kiezen. Er is een iets goedkoper filiaal in Queens (*321-2078*).

Rain

100 W 82nd St. **Kaart** 15 B4.
051-0776. *ma-vr. 12.00-15.00, za-zo 12.00-16.00 , ma-do. 18.00-23.00, vr. 18.00-24.00, za. 17.00-24.00, zo 17.00-22.00 uur.* *AE, MC, V.* ($)($)

Dit populaire, lawaaiige en volle restaurant heeft vleugjes Thais, Vietnamees en Maleisisch op het menu. Dit trefpunt voor beroemdheden biedt uitstekend eten, zoals knapperige vis, en heeft een uitgebreide bierlijst. De bediening is er soms wat traag.

Red Garlic

916 8th Ave. **Kaart** 12 D5.
489-5237. *ma-vr. 12.00-15.00, 17.00-23.30, za 16.00-23.30, zo 17.00-23.00 uur.* *AE, DC, MC, V.* ($)($)

De inrichting is gewoontjes, maar het authentieke eten is prima, en de prijzen zijn laag in de voormalige Siam Inn. Het vriendelijke personeel serveert hete, verse, gekruide Thaise schotels in ruime hoeveelheden. *Plalad prig* (gefrituurde zeebaars in peper-knoflooksaus) is een van de vele lekkere gerechten. Het prix-fixe menu is een goede keus. U krijgt dan zeker waar voor uw geld.

Vong

200 E 54th St. **Kaart** 13 A4.
486-9592. *ma-do 12.00-14.30, 18.00-22.45, vr 17.30-22.45, za tot 23.15, zo tot 21.45 uur.* ★ *AE, DC, MC, V.* ($)($)($)($)

Dit is waarschijnlijk het populairste Thaise restaurant met een Frans accent. Het van veel koper voorziene Vong ziet er net zo mooi uit als de elegant geserveerde gerechten smaken. Hoogtepunten zijn sate van gegrilde zwezerik aan zoethoutstokjes en gesauteerde *foie gras* met gember en mango. Bij de desserts loopt het water al evenzeer in de mond als bij de rest van het menu. De prijzen zijn redelijk gezien de hoge kwaliteit van de gerechten.

Zen Palate

663 9th Ave. **Kaart** 12 D5.
582-1669. *dag. 11.30-23.00 uur.* *AE, DC, MC, V.* ($)($)

Zen Palate is een chic vegetarisch restaurant in het Theater District. Er wordt op verfijnde wijze menige originele schotel met Thaise, Chinese en Japanse invloeden geserveerd. Er is een filiaal op 34 E Union Square (*614-9291*). Afhalen is mogelijk.

INDIAAS EN AFGHAANS

Indiase restaurants in New York zijn pas sinds kort wat avontuurlijker geworden, maar ze halen nog lang niet het niveau van de Indiase restaurants in een stad als Londen. Toch vindt u in deze categorie een aantal restaurants die uitstekende waar voor hun geld bieden, vooral de lunchbuffetten zijn werkelijk erg voordelig. De meeste Indiase menukaarten staan vol met curries en verder bieden ze veel schotels met lamsvlees, kip, garnalen en groenten.
Doordat er zo weinig vegetarische restaurants in New York zijn, zijn Indiase restaurants erg populair bij mensen die geen vlees eten.
Sommige restaurants hebben tandoori-ovens en zijn gespecialiseerd in kipgerechten en brood dat in de droge hitte wordt gebakken. Hoewel de meeste Indiase restaurants een volledige vergunning hebben, kunt u hier het beste bier drinken. Mensen die geen alcohol willen, kunnen lassi (een yoghurtdrank) drinken, en mango lassi is een verfrissend alternatief voor de desserts, die naar westerse maatstaven te zoet zijn.
Er zijn slechts een paar Afghaanse restaurants in New York. Ze zijn redelijk geprijsd en prettig informeel.

Zie voor een verklaring van de symbolen *blz. 285*

Afghan Kebab House

764 9th Ave. **Kaart** 12 D4.
307-1612. *ma-za 11.00-23.00 uur.* ($)

Dit restaurant, een van de drie van een keten, biedt Afghaans eten dat opvallend lekker is, vooral de kebabs. De menulijst verschilt wat per filiaal, maar krapte en de magere inrichting hebben ze met elkaar gemeen. Geen ervan heeft een drankvergunning, maar u kunt uw eigen drank meebrengen. De andere twee restaurants zijn: Afghan Kebab House II, 1345 2nd Ave (*517-2776*), en Afghan Kebab House III, 155 W 46th St. (*768-3875*).

Chola

232 E 58th St. **Kaart** 13 B3.
688-0464. *dag. 12.00-15.00, zo-do 17.00-22.30, vr-za 17.00-23.00 uur.* V *AE, DC, MC, V.* ($)($)($)

Chola biedt een uitgebreide culinaire rondreis door zowel de noordelijke als zuidelijke regio's van India, plus enkele heerlijke joodse gerechten uit Calcutta. Probeer een van de vele, goed gekruide vegetarische specialiteiten.

Dawat

210 E 58th St. **Kaart** 13 B3.
355-7555. *ma-za 11.30-15.00 uur, zo-do 17.30-23.00 uur, vr-za 17.30-23.30 uur.* V *AE, DC, MC, V.* ($)($)($)

De hand van de beroemde Indiase culinaire schrijver Madhur Jaffrey is te herkennen in de menukaart. Men serveert hete, ongewone en uitstekende gerechten in een pastelkleurige omgeving. Voor zo veel originaliteit zijn de prijzen laag.

Jewel of India

15 W 44th St. **Kaart** 12 F5.
869-5544. *dag. 12.00-15.00 uur, 17.30-23.00 uur.* V *AE, DC, MC, V.* ($) ($)

Met Fifth Avenue om de hoek is dit restaurant ideaal voor theaterbezoekers en winkelende mensen. Binnen waant u zich onmiddellijk in Noord-India: alles is zo authentiek mogelijk. Hoewel de tandoori's en andere à la carte-gerechten alleszins betaalbaar zijn, bent u het voordeligst uit met een prix-fixe diner, lunchbuffet of zakenlunch. Er zijn gratis hapjes tijdens het *happy hour*.

Pamir

1437 2nd Ave. **Kaart** 17 B5.
734-3791. *di-zo 17.00-23.00 uur.* V *MC, V.* ($)($)

Afghaans eten is nog steeds iets nieuws in New York, maar dit bescheiden, goed geprijsde restaurant heeft, door consequent betrouwbare lamsgerechten, kebabs, yoghurtsauzen en hartige bijgerechten te serveren, een trouwe klantenkring opgebouwd. De bediening is vriendelijk en de ruimte is gezellig. Soms, vooral in het weekeinde, zijn er lange wachttijden voor een tafeltje.

Salaam Bombay

317 Greenwich St. **Kaart** 1 B1.
226-9400. *zo-vr 12.00-15.00, 17.30-23.00 uur.* V *AE, DC, MC, V.* ($)($)

Dit nieuwe elegante restaurant doet zijn ligging in TriBeCa eer aan met een menu dat het best omschreven kan worden als Indiase haute cuisine. Tijdens het goedkope lunchbuffet kunt u de vele ongebruikelijke gerechten proberen.

EUROPEES EN MEDITERRAAN

Als u goed zoekt, vindt u van elke stijl van koken wel een voorbeeld in New York, maar sommige daarvan zijn slechts op een paar plaatsen aanwezig. De hieronder genoemde restaurants zijn een paar van de beste vertegenwoordigers van de Europese en mediterrane/Midden-Oosterse keuken.
In de meeste Griekse restaurants serveert men salade met feta, gevulde aubergines, dolmas, geroosterd lamsvlees, visgerechten, *spanakopita* (spinazie in bladerdeeg) en desserts met honing, zoals baklava. Marokkaanse koks bereiden gerechten als geroosterde kip of lamsvlees met pruimen of vijgen en amandelen, en couscous.
Er zijn erg weinig Noord-Europese restaurants in New York. Scandinavische restaurants zijn gespecialiseerd in visgerechten en zijn enigszins formeel en nogal prijzig. Russische en joods/Roemeense restaurants zijn over het algemeen informeel, maar niet goedkoop. (Voor koosjere joodse specialiteiten, *zie* delis, *blz. 304*.)

Aquavit

13 W 54th St. **Kaart** 12 F4.
307-7311. *dag. 12.00-15.00, 17.30-22.30 uur.* V *AE, DC, MC, V.* ($)($)($)($)

Dit was ooit het – bijzonder stijlvolle – huis van Nelson Rockefeller. Het in de Scandinavische keuken gespecialiseerde restaurant is een van de verrassendste etablissementen in New York. Als u reserveert, kunt u het beste om een plaats in het Atrium vragen. Dat is de belangrijkste eetzaal en u zit er onder een hoog glazen dak en te midden van een waterval en siervliegers. Aquavit legt de nadruk op de Zweedse keuken. De zalm is heerlijk, alle visschotels zijn perfect. De stoofschotels met arctisch gevogelte zijn ook de moeite waard. Het à la carte-menu is duur, maar er zijn ook gematigder menus (lunch-, diner-, theatermenu). Lichtere en goedkopere kost is verkrijgbaar in Café Aquavit, met uitzicht op het Atrium.

Barney Greengrass

541 Amsterdam Ave. **Kaart** *15 C3.*
724-4707. *di-vr. 8.30-16.00, za-zo 8.30-17.00 uur.* V ($)($)

Voor dit joodse restaurant is lox (gerookte zalm) wat sieraden zijn voor Tiffany's. Behalve fabelachtige gerookte vis serveert Barney Greengrass ook geweldige borsjtsj en een karakteristieke joodse lunch met bagels, lox en roomkaas. Bij drukte kunnen de rijen lang zijn.

Layla

211 West Broadway. **Kaart** 1 C2.
431-0700. *alleen vr 12.00-14.15, dag. 17.30-23.30 uur.* V *AE, DC, MC, V.* ($)($)($)

Dit is een droomversie van de mediterraan/Midden-Oosterse keuken door de eigenaar van Nobu en TriBeCa Grill. Niet precies Turks, Marokkaans of Egyptisch. Het eten van dit trendy restaurant in TriBeCa ademt de geest van het Midden-Oosten met gerechten als *falafel* en zwaardvis met komijn op couscous. Proef zeker de *meze*, een heerlijke verzameling voorgerechten. Er is een buikdanseres en de *meze*-bar is open tot middernacht.

Moroccan Star

205 Atlantic Ave, Brooklyn.
(718) 643-0800. *dag. 12.00-22.00 uur.* *AE, MC, V.* ($)

Moroccan Star vindt u in een straat bekend om zijn bescheiden geprijsde Midden-Oosterse restaurants. Er staan heerlijke Marokkaanse gerechten op het menu, zoals *tajine* (stoofpot) met kip, *b'stilla* (kippastei) en lamsvlees. Dit wordt geserveerd in de sfeer van een vriendelijk, simpel familierestaurant. Alles is hier goedkoop.

Moustache

90 Bedford St. **kaart** 3 C2.
229-2220. *dag. 12.00-24.00 uur.* V ($).
Een van de twee filialen.

Dit kleine restaurant in de West Village is een goede plek voor pittige Midden-Oosterse gerechten als *falafel* en *babaganough* voor redelijke prijzen.

Periyali

35 W 20th St. **Kaart** 8 F5.
463-7890. ma-vr 12.00-15.00, ma-do 17.30-22.30, vr-za tot 23.30 uur. AE, DC, MC, V. $$$

De inrichting wil een Griekse sfeer oproepen. Het nouvelle-Griekse eten, verzorgder bereid en duurder dan in een taverna, kan geweldig zijn. Probeer de spanakopita en visgerechten, zoals de op steenkool gegrilde octopus en zeebaars met citroen, kruiden en olijfolie.

Picholine

35 W 64th St. **kaart** 11 C2
724-8585. di-za 11.45-14.00, ma-za 17.30-23.45, zo 17.00-22.00 uur. AE, DC, MC, V. $$$

Dit Frans-mediterrane restaurant bij het Lincoln Center heeft veel te bieden: een aantrekkelijke inrichting die de kleur van de olijven (waarnaar het restaurant is genoemd) op elke tafel weerspiegelt, smakelijke mediterrane gerechten, bekroonde wijnkaarten en kaasplateaus die opvallen door hun ruime keuze. De Marokkaanse gekruide lamslende is een van de vele intrigerende gerechten waarmee chef Terry Brennan zijn naam heeft gevestigd.

The Russian Tea Room

150 W 57th St. **Kaart** 12 E3.
974-2111. ma-vr 11.30-15.00, za-zo 10.00-15.30, dag. 17.00-00.30 uur. tijdens het diner. AE, MC, V. $$$$

Het beste aan de 'nieuwe' Russian Tea Room is de inrichting. Ondanks de hele hype rond de heropening, is het eten middelmatig, net als de bediening. Maar ga vooral iets drinken in de bar en kijk om u heen. Het berenmotief en de vergulde bomen met eieren zijn het bewonderen waard.

Sammy's Famous Roumanian

157 Chrystie St. **Kaart** 5 A4.
673-0330. zo-do 15.30-22.30, vr-za 15.30-24.00 uur. AE, MC, V. $$$$

Dit is geen koosjer, maar een Roemeens-joods restaurant. In dit lawaaierige, buitengewoon sober ingerichte eethuis kunt u kennismaken met de gewone joodse keuken in New York. Deze is beroemd om zijn gevulde kool, gebakken *kreplach* (kleine deegballetjes gevuld met kaas of vlees en vaak geserveerd in soep), kippensoep en andere heerlijkheden. U hoeft niet joods te zijn om van de uitbundige sfeer te genieten met live muziek, hard gepraat en veel gelach. Sla de saaie desserts over.

Zuid-Amerikaans en Caribisch

Ondanks de toestroom van mensen uit Latijns-Amerika en het Caribisch gebied naar New York zijn er maar weinig restaurants waar de keuken uit die streken wordt geserveerd. Caribische restaurants gebruiken ingrediënten als kokos, banaan, knoflook, rijst en bonen. Verder zijn scherp gekruide gerechten als stoofpotten van schaaldieren en zwarte-bonensoep kenmerkend voor deze keuken. Braziliaanse restaurants bieden over het algemeen goede kwaliteit, er heerst meestal een vrolijke, ongedwongen sfeer en men serveert authentieke, huiselijke gerechten. Probeer eens een traditionele *feijoada*, een stoofpot met zwarte bonen, vlees en groenten. Mexicaanse restaurants in New York serveren de overal in de Verenigde Staten gebruikelijke Tex-Mex-variant. De gerechten die u hier kunt verwachten, zijn met gesmolten kaas overgoten *enchiladas* (maïstortilla's gevuld met kip of rundvlees), *tamales* (gevulde deegpakketjes, gestoomd in maïsvliezen), *fajitas* (reepjes gegrild rundvlees), gebakken bonen en *quesadillas* (krokante pastei gevuld met kaas).

Cabana Carioca

123 W 45th St. **Kaart** 12 E5. *581-8088. ma-do 11.30-23.00, vr-za tot 24.00, zo tot 22.00 uur. AE, DC, MC, V.* $$$

In de afgelopen jaren is er een aantal Braziliaanse restaurants in 45th Street bijgekomen. Dit redelijk geprijsde restaurant is ongetwijfeld een van de beste. Treed binnen met veel trek, want de hoeveelheden zijn enorm in deze swingende gelegenheid met nonstop muziek, decoratieve schilderingen op de muren die de vele decibellen weerkaatsen. Op woensdag en zaterdag wordt er *feijoada* geserveerd, maar ook op andere dagen zijn er stevige schotels, kip, kabeljauw en zeebanket. Na een paar slokken *caipirinha*, het favoriete Braziliaanse drankje, zult u zich minder aan het lawaai ergeren en wellicht gaat u zelfs meedoen.

Lola

30 W 22nd St. **Kaart** 8 F4.
675-6700. di-vr 12.00-15.00, za 11.30-15.00, dag. 18.00-24.00, zo 9.00-14.30, 18.00-24.00 uur. AE, DC, MC, V. $$$$

Lola is gevestigd in een mooi verbouwde zolder met hoge plafonds, waar vooral hete Caribische gerechten worden geserveerd, maar ook Amerikaanse en Italiaanse maaltijden. Het beste van de talloze heerlijke mogelijkheden is de pittige, in honderd kruiden gebakken Caribische kip. Lola zelf is allang vertrokken, maar de dagelijks live gebrachte blues, de jazz- en reggaemuziek en de gospelbrunch op zondag zijn er nog steeds.

Riodizio

417 Lafayette St. **Kaart** 4 F2.
529-1313. zo 12.00-16.00, zo-do 17.30-22.30, vr-za 17.30-24.00 uur. AE, DC, MC, V. $$$

Deze grillroom in Braziliaanse stijl ligt vlak bij het Public Theater midden in Greenwich Village. Dit is een zeer voordelige en ruime gelegenheid voor degenen die erg veel trek hebben.

Tropica

MetLife Bldg, 200 Park Ave. **Kaart** 13 A5. *867-6767. ma-vr 11.30-15.00, 17.30-22.00 uur sommige feestdagen. AE, DC, MC, V.* $$$$

In dit aantrekkelijke restaurant heerst een tropische sfeer met palmen, traliewerk en rieten stoelen. Het Caribische eten is wellicht fantasierijker dan de rumoerige zakenlunchers het zich wensen. De visgerechten zijn hier uitstekend. Probeer bijvoorbeeld de geroosterde kabeljauw in *saké* (Japanse rijstwijn) met zwarte-bonensaus. Het is prijzig, maar het geld waard.

Zarela

953 2nd Ave. **Kaart** 13 B4.
644-6740. ma-vr 12.00-15.00 uur, ma-do 17.00-23.00 uur, vr-za 17.00-23.30 uur, zo 17.00-22.00 uur. AE, DC, MC, V. $$

Het eten bij Zarela verschilt lichtjaren met het Tex-Mex-eten dat in de Verenigde Staten als normaal geldt. Dit restaurant is in ieder opzicht beter – de kaart, de bezoekers (die vooral jeugdig zijn) en vooral de prijs. U krijgt hier de heerlijke, authentieke *tamales* en *enchiladas* uitsluitend als voorgerecht. Er is veel verse vis, die op geraffineerde manier wordt klaargemaakt. Probeer de tonijn, gemarineerd in Oaxacaanse *mole*-saus en dan heel kort gebakken.

Zie voor een verklaring van de symbolen *blz. 285*

Kleine maaltijden en snacks

U kunt in Manhattan bijna altijd en overal wel een hapje te eten vinden. Het lijkt wel alsof Newyorkers altijd aan het eten zijn – op straat, in bars, luncheonettes, delis, voor en na het werk en tot laat in de avond. Tussendoortjes zijn bijvoorbeeld een pretzel bij een kraampje op de hoek, een gebakje bij de koffie, een stuk pizza bij de plaatselijke pizzeria, een reusachtige sandwich van de deli of de groenteman, geroosterde kastanjes, Griekse *gyros* (lamsvlees in een pitabroodje), *afternoon tea*, een snelle hap voor een bezoek aan het theater of een wilde braspartij na een avondje uit in een van de koffieshops, diners of bistro's die de hele nacht open zijn. Eten op straat en in snackbars is over het algemeen goedkoop, maar de kwaliteit verschilt.

DELIS

In New York zijn delis een instituut, die door talloze mensen wordt gefrequenteerd voor een sandwich als lunch. **Carnegie Delicatessen** wordt, met zijn geweldige corned beef- en pastrami-sandwiches, door velen als de beste van de stad beschouwd. Sommige delis, zoals **Katz's Deli**, richten zich vooral op oudere mensen die van koosjer eten houden. De meeste delis zijn echter drukke afhaalzaken die enorme sandwiches hebben voor verhoudingsgewijs lage prijzen. Het personeel is onbeleefd en ongeduldig. Lompheid is welhaast het handelsmerk van de **Stage Deli**, die nu eerder een toeristische trekpleister is dan de favoriet van de showbiz. Voor joodse specialiteiten moet u naar de **Second Avenue Delicatessen** gaan. Deze staat bekend om zijn zelfgemaakte soepen, augurken, corned beef-sandwiches, gehakte lever en andere koosjere heerlijkheden.
Zabar's is de ideale afhaaltraiteur voor yuppies die in de rij willen staan voor gerookte vis en salades van uitstekende kwaliteit. Liefhebbers beweren dat de **Pastrami King** in Queens de beste pastrami-sandwiches heeft.

CAFÉS EN BISTRO'S

Cafés en bistro's en de grotere brasseries zijn de laatste jaren populair geworden. Probeer bijvoorbeeld **Balthazar** in Prince Street. Het nieuwe **Café Centro**, boven Grand Central Terminal, is uitzonderlijk druk en lawaaierig rond lunchtijd, en is favoriet bij zakenmensen. Vissoepen en sappige desserts horen bij Provençaals/mediterrane kost. **The Brasserie** heeft goede Franse gerechten en is het hele etmaal open. **Bistro Nord** aan Madison Avenue serveert een grote variëteit aan Frans/Amerikaanse gerechten, op fantasierijke wijze bereid. **Odeon** in TriBeCa is populair om zijn brasserie en late openingstijden. **Raoul's** in SoHo is een Franse bistro met een ontspannen sfeer en lekker eten; het is populair bij artiesten en andere vaste klanten.
Elephant and Castle is een sober ingericht, maar gezellig café in Greenwich Village. Het is geliefd vanwege de lunches van soep met omelet en andere lichte snacks, maar het lekkerst zijn de ontbijten. De grote porties zijn zeer betaalbaar. Ook de bar is een bezoek waard. Het piepkleine **Chez Jacqueline** is ook een populaire plek in de Village. Door het Franse eten en de ligging nabij enige off-Broadway-theaters is het favoriet bij een jong, trendy en internationaal publiek.
In het Theater-district kunt u het Cubaanse **Victor's Café 52** proberen: levendig met enorme porties Cubaans eten voor redelijke prijzen. **Chez Josephine** is een uitbundig bistro-cabaret met live jazz-pianomuziek, interessant publiek en Franse maaltijden. Het kleine Franse **La Boite en Bois** ligt comfortabel dicht bij het Lincoln Center. In die buurt is ook **Vince and Eddie's** te vinden: een goede plek voor uitstekend Amerikaans eten. **Sarabeth's**, in de Upper West Side, is niet in een categorie in te delen, maar het lijkt het meest op een cafetaria. Aan het ontbijt of de brunch in het weekend zitten hier hele gezinnen wafels, wentelteefjes, pannekoeken en omeletten te verstouwen. Er zijn nog twee filialen, waarvan een in het Whitney Museum. In de buurt van Gramercy Park bevindt zich **Les Halles**: Franser kan het niet in New York. De klanten vinden dat de frites en de vleesschotels het enorme lawaai meer dan waard zijn.

PIZZERIA'S

Pizza's zijn overal in New York te koop: bij stalletjes op de hoek, in snackbars – waar u ze voor een paar dollar per punt kunt krijgen – of in de echte Napolitaanse pizzeria.
Toch springen een paar pizzeria's er uit. **Arturo's Pizzeria** bakt de pizza's op een houtskoolvuur, waardoor de bodems mooi dun en toch bros worden. **Mezzogiorno** is een Toscaans restaurant, waar de pizza's hele kunstwerken worden. Ook in het drukke **Mezzaluna** maakt men de dunne pizzabodems in stenen ovens, evenals bij **John's Pizzeria**, die door onder andere Woody Allen als de beste pizzeria van Manhattan wordt beschouwd. Brooklyn heeft een top-pizzeria in Coney Island: **Totonno Pizzeria**. Pizzeria's zijn over het algemeen een goede plek voor goedkope, eenvoudige maaltijden. Ze zijn ook heel geschikt om met kinderen te gaan eten. Bij de meeste pizzeria's kunt u niet reserveren.

HAMBURGERTENTEN

Overal op straat hangt de lucht van goedkope hamburgers en hot dogs. Er zijn in

New York echter talloze etablissementen waar prima hamburgers worden gemaakt. Voor een echt goede hamburger, gemaakt van puur rundvlees, moet u er wel op rekenen dat die tot $ 10 kan kosten. Bij **Hamburger Harry's** kunt u rekenen op een niet idioot dure, grote, sappige hamburger, met volop keuze voor de saus en een enorme bak sla ernaast. Het **Hard Rock Café** is onderdeel van de bekende keten: stevige kost en veel rumoer. De vijf filialen van **Jackson Hole** serveren vette, sappige en vlezige hamburgers, en het is hier vooral leuk voor kinderen. Hoewel volwassenen wellicht liever een minder schreeuwerige plek hebben, zullen de lage prijzen ze aanstaan. Dit is ook de plek om dé New-Yorkse drank bij uitstek te proeven, *egg cream* (*blz. 286*).

De **Beer Bar** mag zich verheugen in de belangstelling van *professionals* die er komen voor het bier-menu en de heerlijke hamburgers. De beste hamburgers van New York krijgt u bij de **Corner Bistro** in Greenwich Village. Ze zijn niet alleen erg lekker maar ook nog eens redelijk van prijs. Open tot vier uur in de morgen.

Diners en luncheonettes

Door de hele stad treft u diners en luncheonettes aan. Hoewel het eten meestal niet om over naar huis te schrijven is, vergoeden de grote porties en de lage prijzen veel. Luncheonettes zijn meestal, ondanks hun naam, van 's ochtends vroeg tot 's avonds laat open. Men schenkt de hele dag koffie en er zijn altijd kleine hapjes te krijgen. De eigentijdse diners zijn vaak replica's van soortgelijke eethuizen uit de jaren dertig. Het eten is er meestal goed en goedkoop.

De **Broadway Diner**, waarvan de inrichting uit de oorlogsjaren is gekopieerd, serveert een goed ontbijt, met dikke patatten en zelfgemaakte haché van corned beef met gepocheerde eieren. **Jerry's** is populair bij een publiek van artiesten en beroemdheden, die dol zijn op de vernuftige sandwiches, salades, desserts en zware ontbijten. Ook populair bij het trendy publiek is **Florent**, een diner die de klok rond goed Frans eten opdient. **Kiev** staat bekend om joods-Europese specialiteiten als borsjtsj. **The Coffee Shop** op Union Square heeft Braziliaans-Amerikaans eten en is de hele nacht open.

In Upper East Side kunt u bij Eli Zabars **E.A.T.** uitstekende maar dure joodse specialiteiten zoals paddestoelen-gerstsoep, *challah*-brood en 'zondige' desserts krijgen.

De echte liefhebbers zweren bij de goedkope, overvloedige ontbijten, hamburgers, egg creams en New Yorks beste kalkoensandwiches van **Viand**. **Veselka** onderscheidt zich van andere sandwichzaken doordat het zijn Pools-Oekraïense eten tegen belachelijk lage prijzen aanbiedt.

Tearooms

De enige plaats waar u op een echt, vers gezet kopje thee kunt rekenen, is tijdens *afternoon tea* in een van de duurdere hotels. Veel hotels hebben een prix-fixe thee-arrangement, en deze zijn meestal tussen 15.00 en 17.00 uur verkrijgbaar.

In het **Plaza Hotel** krijgt u de echte Engelse *afternoon tea*: roomgebakjes en warme scones met boter in overvloed. Thee in een deftige omgeving kunt u ook in het **Carlyle Hotel** krijgen. **Hotel Pierre** serveert eveneens een lekkere thee in een aangename sfeer. In het **Waldorf-Astoria** krijgt u echte room uit Devonshire bij de thee, terwijl de overvloed bij het **Stanhope** hotel u met gemak tot een late avondmaaltijd verzadigd houdt. Geheel gewijd aan thee is de nieuwe keten Saint's Alp. In de filialen worden schuimige, smaakvolle, kleurrijke theedrankjes geserveerd op een laag ijsgruis. U vindt ze op 51 Mott Street bij Chinatown en in het vernieuwde Times Square-gebied. In **The Tea Box**, het Takashimaya-warenhuis kunt u op Japanse wijze theedrinken.

Koffie met gebak

Voor $ 0,75 hebt u in menige diner of luncheonette al een kop koffie, die bovendien eindeloos bijgevuld wordt. Er zijn echter ook veel duurdere manieren om koffie te drinken. IJssalons en patisserieën serveren vaak ook lekkere koffie en bieden u de keuze uit vele enorme gebakjes. Voor goede koffie kunt u uiteraard in Little Italy terecht. **Caffè Biondo** heeft cappuccino met schandalig lekkere zoetigheid en **Caffè Vivaldi** serveert relatief goedkope koffie, thee en desserts.

Caffè Ferrara, dat al sinds 1892 bestaat, verkoopt Italiaans gebak en goede koffie voor een redelijke prijs. **Caffè Dante** is vooral populair bij studenten die bij warm weer graag buiten zitten.

In South Street Seaport is **Fledermaus Café** te vinden, voor koffie in Europese stijl, terwijl u vanaf het terras naar het voorbijtrekkende publiek kijkt.

De **Candy Bar and Grill** in Chelsea heeft heerlijk Weens gebak en koffie *mit schlag* (slagroom) in een gezellig fin de siècle-interieur. De hedendaagse Oostenrijkse schotels zijn ook de moeite waard. In **Caffè Bianco** zijn de desserts geweldig, is de koffie lekker en zijn de prijzen laag. Het duurdere **Café Guy Pascal** heeft heerlijk Frans gebak, evenals **Payard Patisserie**. **Sant' Ambroeus Ltd** is een luxueus filiaal van een Milanese *pasticceria*, met decadente desserts en een espressobar waar u staande van uw koffie kunt genieten. **Dessert Delivery** is een bezorgservice voor toetjes. Naast thuisbezorging van gebak kunt u in het hippe café taartjes eten en koffie drinken. Probeer **Serendipity 3**, dat beroemd is om zijn Victoriana, de enorme ijscoupes, de lekkere koffie en de heerlijke hapjes. **Barnes & Noble Café** is een goede tussenstop als u een van New Yorks grootste boekhandels bezoekt.

Adressen

Lower East Side

Caffè Biondo
141 Mulberry St.
Kaart 4 F5.

Caffè Ferrara
195 Grand St.
Kaart 4 F4.

Fledermaus Café
199 Water St..
Kaart 2 E2

Katz's Deli
205 E Houston St.
Kaart 5 A3.

Saint's Alp
51 Mott St.
Kaart 4 F4.

SoHo en TriBeCa

Jerry's
101 Prince St.
Kaart 4 D3.

Mezzogiorno
195 Spring St.
Kaart 4 D4.

Odeon
145 W Broadway.
Kaart 1 B1.

Raoul's
180 Prince St.
Kaart 4 D3.

Greenwich Village

Arturo's Pizzeria
106 W Houston St.
Kaart 4 E3.

Balthazar
80 Spring St.
Kaart 3 E4.

Caffè Dante
79 MacDougal St.
Kaart 4 D3.

Caffè Vivaldi
32 Jones St. **Kaart** 3 C2.

Chez Jacqueline
73 MacDougal St.
Kaart 4 D2.

Corner Bistro
331 W 4th St.
Kaart 3 C1.

Elephant and Castle
65 Greenwich Ave.
Kaart 3 C1.

Florent
69 Gansevoort St.
Kaart 3 B1.

East Village

Kiev
117 2nd Ave.
Kaart 4 2F.

Second Avenue Delicatessen
156 2nd Ave.
Kaart 4 F1.

Veselka
144 2nd Ave.
Kaart 4 F1.

Gramercy en het Flatiron

The Coffee Shop
29 Union Sq.
Kaart 9 A5.

Les Halles
411 Park Ave.
Kaart 9 A3.

Chelsea en het Garment District

Candy Bar and Grill
131 8th Ave. **Kaart** 8 D2.

Theater District

Broadway Diner
1726 Broadway.
Kaart 12 E4.

Carnegie Delicatessen
854 7th Ave. **Kaart** 12 E4.

Chez Josephine
414 W 42nd St.
Kaart 7 B1.

Hamburger Harry's
145 W 45th St.
Kaart 12 E4.

Hard Rock Café
221 W 57th St.,
Kaart 12 E3.

Stage Deli
834 7th Ave. **Kaart** 12 E4.

Victor's Café 52
236 W 52th St.
Kaart 12 E3.

East Side Midtown

Beer Bar at Café Centro
Met Life Building
200 Park Ave. **Kaart** 9 A2.

Upper Midtown

Barnes & Noble Café
Citicorp Building.
160 E 54th St. **Kaart** 12 F3.

The Brasserie
100 E 53rd St. **Kaart** 13 A4.

Plaza Hotel
Palm Court, 768 5th Ave.
Kaart 12 F3.

The Tea Box
Takashimaya, 693 5th Ave.
Kaart 12 F2.

Waldorf-Astoria
301 Park Ave.
Kaart 13 A5.

Upper East Side

Bistro du Nord
1312 Madison Ave.
Kaart 17 A2.

Caffè Bianco
1486 2nd Ave.
Kaart 17 B5.

Carlyle
35 E 76th St.
Kaart 17 A5.

Café Guy Pascal
1231 Madison Ave.
Kaart 17 A3.

Dessert Delivery
350 E 55th Street
☎ 838-5411
Kaart 13 B4.

E.A.T.
2 E 61st St.
Kaart 12 F3.

Hotel Pierre
2 E 61st St. **Kaart** 12 F3.

Jackson Hole
232 E 64th St.
Kaart 13 B2.

John's Pizzeria
408 E 64th St.
Kaart 13 C2.
Een van de vele filialen.

Mezzaluna
1295 3rd Ave.
Kaart 17 B5.

Payard Patisserie
1032 Lexington Ave.
Kaart 13 A1.

Sant' Ambroeus
1000 Madison Ave.
Kaart 17 A5.

Serendipity 3
225 E 60th St.
Kaart 13 B5.

Stanhope
995 5th Ave.
Kaart 17 A4.

Viand
673 Madison Ave.
Kaart 13 A2.

Upper West Side

La Boite en Bois
75 W 68th St.
Kaart 11 C1.

Sarabeth's
423 Amsterdam Ave.
Kaart 15 4C.

Whitney Museum..
945 Madison Ave.
Kaart 17 A5.

Vince and Eddie's
70 W 68th St.
Kaart 11 C1.

Zabar's
2245 Broadway.
Kaart 15 3C.

Brooklyn

Totonno Pizzeria
1524 Neptune Ave.
Kaart 7 C5.

Queens

Pastrami King
124 Queens Blvd.,
Kew Gardens

Cafés en bars in New York

Cafés (bars) spelen een belangrijke rol in het sociale en culturele leven van New York. Veel inwoners van de stad brengen de avond in allerlei verschillende gelegenheden door, daar ieder café meer te bieden heeft dan alcohol. Populaire attracties zijn uitstekend eten, live muziek, dansgelegenheid of veel soorten bier. Cafés waar men zelf bier brouwt en waar u ook kunt eten zijn de laatste tijd populair. U zult altijd wel een café vinden dat bij uw smaak en budget past.

Regels en gewoonten

Bars zijn meestal open van 11.00 uur tot middernacht. Sommige blijven langer open, tot twee of vier uur 's nachts, wanneer de wettelijke sluitingstijd is bereikt. 'Happy hour' is een veel voorkomend verschijnsel. U krijgt dan, meestal tussen vijf uur 's middags en zeven uur 's avonds, twee drankjes voor de prijs van één *(twofers)* en verder gratis hapjes.

Mensen die jonger zijn dan 21 mag geen alcohol worden geschonken. Als een barman denkt dat u jonger bent, moet u zich legitimeren. Het meenemen van kinderen naar een café is ongebruikelijk.

In de meeste cafés betaalt u pas als u vertrekt. Verder is het de gewoonte om de barkeeper een fooi te geven – tien procent van het te betalen bedrag of $ 0,50 per drankje. Laat de hoogte van de fooi mede afhangen van de grootte van de borrel die u geschonken krijgt, want daarin zit nogal wat verschil. Als u aan een tafel plaatsneemt, wordt u daar bediend, maar betaalt u meer. Het geven van een rondje kan duur zijn. U bent vaak goedkoper uit als u een kan bier van een *quart* (bijna een liter) of een *half gallon* (het dubbele) bestelt.

Er bestaan ook cafés waar vrouwen gratis mogen drinken, maar dat zijn gelegenheden om iemand op te pikken. Tot ze door de wet werden gedwongen, waren er zelfs cafés waar vrouwen niet werden toegelaten. Voor vrouwen is het nog altijd ongebruikelijk om alleen naar een café te gaan. Voor vrouwen alleen zijn de bar van een hotel of single bars de plaatsen waar ze het best terecht kunnen, hoewel ze ook daar niet altijd gevrijwaard blijven van ongewenste toenaderingen.

Wat drinkt u?

U kunt in Newyorkse cafés vrijwel elke alcoholhoudende drank krijgen die u wilt. IJskoud bier is het populairst. De meeste cafés verkopen bier van de grote merken als Budweiser, Coors en Miller. Heineken, Becks, Bass Ale en Guinness gelden als chique importmerken. Met name in de bruine cafés schenkt men echter ook talloze minder bekende biersoorten, vaak geïmporteerd of afkomstig van kleine brouwerijen in de VS, waaronder bier van kleine bedrijven uit New York, zoals het populaire Brooklyn Lager. Bier van kleine brouwerijen is een trend. Het gaat hier om smaakrijk bier gebaseerd op de Engelse, Belgische of Duitse traditie.

Naast bier zijn cocktails, rumcola, droge Martini, whisky *(straight, on the rocks*, of met sodawater), gin-tonic en wodka-tonic veelgevraagd. Wijn is op veel plekken verkrijgbaar, maar de wijnbar is in New York nooit erg van de grond gekomen.

Eten

In de meeste cafés is de hele dag wel iets te eten te krijgen. In het algemeen betreft het simpele hamburgers of patat. Slaatjes, sandwiches en snacks als gekruide kippevleugeltjes worden ook veel verkocht. Tijdens het *happy hour* wordt in de betere bars gratis allerhande lekkers ronddgedeeld. De meeste keukens sluiten tegen middernacht.

Eigentijdse cafés

U zult waarschijnlijk in de rij moeten staan om u te kunnen vergapen aan de verveelde mooie mensen in **BB's** (voorheen de Bowery Bar) , een van de populairste (en overschatte) bars van dit moment. De pretenties verloochenen de bescheiden oorsprong als pompstation.

Bar Six, een café voor zelfbewusten en wereldwijzen in de West Village, is veel leuker, met een huisbrouwerij en Marokkaans getint eten. Niet ver hiervandaan vindt u de **SoHo Kitchen and Bar**. U kunt er op verschillende verdiepingen eten, er is een lange bakstenen bar, de pizza's zijn lekker, het bier is divers en men heeft een van de uitgebreidste wijnkaarten van New York. Het **Odeon** is ook een goede plek waar u de levendige sfeer van SoHo en TriBeCa kunt proeven.

De bar in **Swifty's**, in Upper East Side, is een plek om wat tegenwoordig doorgaat voor *high society* te bekijken Voor het nogal gewone eten worden geen exorbitante bedragen gerekend.

Nieuw zijn de sigaar-cafés voor rokers. **The Cigar Room at Trumpets** heeft 36 soorten uitstekende sigaren en vele single malt-whisky's. Er is ook een intieme, sigaarvriendelijke eetgelegenheid. In de **Bar and Books** kunt u ontspannen inhaleren, nippen en knabbelen voor een haardvuur.

Cafés met mooi uitzicht

Financiële types komen samen in the **Edward Moran Bar and Grill** in het World Financial Center voor een biertje en een blik op de haven en het Vrijheidsbeeld. **The Greatest Bar on Earth** biedt ook zicht op het Vrijheidsbeeld en de stad in het algemeen. Bij mooi weer is **BP Café** een populaire plek. In de **Tavern on the Green** hebt u prachtig uitzicht op Central Park. Binnen verblinden de spiegels en kroonluchters u wellicht wat,

CAFÉS VAN HISTORISCH EN LITERAIR BELANG

Mocht u tijdens uw bezoek aan New York slechts één keer naar het café gaan, zorg dan dat u in **McSorley's Old Alehouse** terechtkomt. Het is een oude Ierse saloon met notoir knorrig personeel. McSorley's bestaat al sinds 1854 en is daarmee een van de oudste cafés van de stad. Men verkoopt alleen bier en een eenvoudige lunch.

Op de plaats van **The Ear Inn** zit al sinds 1812 een bar. In dit recht-toe-recht-aan-café met zijn lange houten bar en donkere interieur komen veel schrijvers en dichters.

Chumley's in Greenwich Village is nog zo'n oudje met de sfeer van de Drooglegging.

White Horse Tavern, het café dat ooit Dylan Thomas frequenteerde, staat er al sinds 1880 en wordt nu bezocht door literaire en studentikoze types. 's Zomers is er een terras.

De **Peculier Club** is een paradijs voor bierliefhebbers: meer dan 360 soorten. Het soms snauwerige en ondeskundige personeel moet u op de koop toe nemen.

Een leuke, maar nogal toeristische plek om in het Financial District iets te drinken, is **Fraunces Tavern** *(blz. 76).*

Een ander oudje is **Pete's Tavern** uit 1864. Deze bar in Gramercy Park is tot twee uur 's nachts stampvol en staat bekend om het huisbier, Pete's Ale, en de vele andere tapbieren. De **Old Town Bar**, een typische Ierse pub uit 1892, wordt verlicht door nep-gaslampen. Het is erg in trek bij reclamemensen.

Bij **Sardi's** komen niet meer zoveel beroemdheden als vroeger, maar wel veel journalisten van de *New York Times.* De muren hangen vol karikaturen van bekende Amerikanen. De bar op de eerste verdieping schenkt ruime borrels.

Als het werk er opzit gaan velen naar **P. J. Clarke's**, een nog immer geliefde en drukke saloon uit de jaren negentig van de vorige eeuw met Ierse barmannen en een druk *après-kantoor*-leven. **Elaine's** bevindt zich ook in East Side. Het is nog steeds een plek waar literaire types komen.Zit in de buurt van Elaines tafel om de begroetingsrituelen mee te maken. Het eten stelt niet veel voor.

In de buurt van Carnegie Hall zit het onopvallende en modieuze **P.J. Carney's**, waar al sinds 1927 veel muzikanten en artiesten komen. Men serveert er Ierse ale en lekkere *shepherd's pie* (pastei met gehakt en puree).

JONGERENCAFÉS

Pubs die zelf bier brouwen zijn op het moment erg populair onder twintigers en dertigers, evenals cafés die erg veel soorten bier schenken. **The Chelsea Brewing Company** is zo'n pub. Hij is groot en levendig en ligt in het nieuwe sportcomplex Chelsea Piers, in de Hudson, met een mooi uitzicht over de rivier. In Gramercy Park bevindt zich de **Heartland Brewery**, de drukste en volgens sommigen de beste brouwerscafés, met vijf biersoorten waaronder het uitstekende India Pale Ale, en seizoensbrouwsels met fruit.

De **Westside Brewing Company** is bij jongeren en mensen uit de buurt om zijn huis- en fruitbieren. De **Yorkville Brewery & Tavern** ligt in wat ooit een Duitse buurt was. Er is een uitgebreide bierlijst en aan de bar wordt typische cafékost geserveerd.

Brews in het Garment District heeft een lange bierlijst, een lekkere hap en boven wordt muziek gemaakt: een pleisterplek voor kroegtijgers.

Voor Britten met heimwee is **Manchester**. In deze gezellige pub tapt men Watneys, Newcastle Ale of een van de andere in New York zeldzame biersoorten van het vat (18) of uit de fles (40).

In East Village bevindt zich het drukke **d.b.a.** Afhankelijk van wie je het vraagt betekent deze afkorting 'don't bother to ask' of 'draft beer available'. U hebt de keus uit 14 biersoorten van de tap, eigen brouwsels en 50 soorten single-malt whiskey.

Bij **Brother Jimmy's BBQ** komen studenten en andere twintigers voor een biertje en barbecue-eten van het ouderwetse zuidelijke soort.

In een gebouw uit 1821, in South Street Seaport, bevindt zich de **North Start Pub**. Deze pub is aan te bevelen voor liefhebbers van Engels en Iers bier van het vat en zo'n 70 soorten single-malt whiskey.

Park Slope Brewery Company is een brouwerscafé met twee vestigingen in Brooklyn. Het is geliefd bij jongeren om zijn 12 huis- en seizoensbieren, de lekkere hap en de levendige atmosfeer.

CAFÉS VOOR ALLEENSTAANDEN

Deze cafés *(singles bars)* zijn vooral bedoeld voor vrijgezellen die soortgenoten willen ontmoeten. Het zijn erg populaire etablissementen en u vindt ze vooral aan de oostkant van Midtown. Pas wel op, want bier kost hier zomaar $ 3 per glas.

De **Beer Bar** is een café in art deco-stijl. Met zijn vele soorten bieren en bierproefmenu's is dit op het moment de plaats waar je moet zijn.

In **Live Bait** heerst een nogal jachtige sfeer. Neem het lawaai op de koop toe en probeer het heerlijke cajun-eten eens.

CAFÉS VOOR HOMOSEKSUELEN

Homobars vindt u vooral in Greenwich Village, maar er zijn er ook in SoHo, de East Village, Chelsea en Murray Hill. Cafés voor lesbiennes zijn vooral in Greenwich Village en in de East Village gevestigd. In de krant *Native* en in de *Village Voice* staan overzichten en u kunt bellen met het **Gay and Lesbian Switchboard** *(blz. 343).*

HOTELBARS

De **Blue Bar,** in het Algonquin Hotel *(blz. 143)* in Midtown, was in de jaren twintig en dertig een

beroemd trefpunt voor schrijvers. Tegenwoordig komen hier veel mensen die, voordat ze uit eten of naar het theater gaan, nog wat willen drinken. Veel modieuzer is de nabijgelegen bar in de lobby van het **Royalton Hotel**. Dit is de ideale plaats om onder het genot van een drankje de nouveau riche te zien komen en gaan. De **Whiskey Bar**, in het Paramount hotel, is open van 16.00 tot 4.00 uur. Deze bar, met ramen van de vloer tot aan het plafond, wordt bezocht door mensen uit de mode- en theaterwereld en is de laatste jaren ontzettend populair.
De **Bull and Bear** in het Waldorf-Astoria is het toonbeeld van comfort en is van historie doortrokken (het dateert uit de periode van de Drooglegging). Men serveert een breed scala aan exotische drankjes en schenkt Bull and Bear Ale van de tap.
In het Plaza Hotel is de **Oak Room** gevestigd. Deze zeer chique gelegenheid is vooral duur. De **King Cole Room**, in het St. Regis Hotel, ontleent zijn naam aan de muurschildering van Maxfield Parrish achter de bar, die de stijlvolle ruimte met kersenhouten panelen een extra dimensie geeft.
Journeys, in het Essex House Hotel, heeft de sfeer van een Engelse club.
Randolf's is vooral tijdens happy hour (ma-vr 17.30-19.00 uur) een bezoek waard.

Adressen

Lower Manhattan

BB's
40 E 4th St. **Kaart** 4 F2.

Edward Moran Bar and Grill
World Financial Center, 250 Vesey St.
Kaart 1 B2.

Fraunces Tavern
54 Pearl St. **Kaart** 1 C4.

The Greatest Bar on Earth
1 World Trade Center, Church St.
Kaart 1 B2.

North Star Pub
93 South St., South St. Seaport. **Kaart** 2 D3.

SoHo en TriBeCa

The Ear Inn
326 Spring St. **Kaart** 3 C4.

Odeon
145 W Broadway.
Kaart 4 E4.

SoHo Kitchen and Bar
103 Greene St.
Kaart 4 E3.

Greenwich Village

Bar Six
502 6th Ave. **Kaart** 4 D1.

Chumley's
86 Bedford St.
Kaart 3 C2.

Peculier Pub
145 Bleecker St.
Kaart 4 D3.

White Horse Tavern
567 Hudson St.
Kaart 3 C1.

East Village

d.b.a.
41 1st Ave. **Kaart** 5 A1.

McSorley's Old Alehouse
15 E 7th St. **Kaart** 4 F2.

Gramercy

Heartland Brewery
35 Union Square W.
Kaart 9 A5.

Live Bait
14 E 23rd St. **Kaart** 8 F4.

Old Town Bar
45 E 18th St. **Kaart** 8 F5.

Pete's Tavern
129 E 18th St. **Kaart** 9 A5.

Chelsea en het Garment District

Brews
156 34th St. **Kaart** 9 A2.

Chelsea Brewing Company
Pier 59 11th Ave..
Kaart 8 F5.

Theater District

P.J. Carney's
906 7th Ave. **Kaart** 12 E3.

Randolf's
Warwick Hotel, 65 W 54th St.
Kaart 12 F4.

Royalton Hotel
44 W 44th St. Fifth Ave.
Kaart 12 F5

Sardi's
234 W 44th St.
Kaart 12 F5.

Whiskey Bar
Paramount Hotel, 235 W 46th St.
Kaart 12 E5.

Lower Midtown

Beer Bar
Metlife Bldg., 200 Park Ave. **Kaart** 9 A2.
Alleen in de zomer open.

BP Café
Bryant Park, 25 W 40th St.
Kaart 7 B1.

The Cigar Room at Trumpets
Grand Hyatt Hotel, Grand Central Station, E 42nd St. **Kaart** 13 A5.

Sun Garden
Grand Hyatt Hotel, Grand Central, 42nd St.
Kaart 9 A1.

Upper Midtown

Bar and Books
889 1st St. **Kaart** 13 C2.

Bull and Bear
Begane grond, Waldorf-Astoria Hotel, Lexington Ave hoek E 49th St.
Kaart 13 A5.

King Cole Room
St. Regis Hotel, 2 E 55th St. **Kaart** 12 F5.

Manchester
920 2nd Ave. **Kaart** 13 B5.

Oak Room
Plaza Hotel, 768 5th Ave.
Kaart 12 F3.

P.J. Clarke's
915 3rd Ave. **Kaart** 13 B4.

Upper East Side

Brother Jimmy's BBQ
1461 1st Ave.
Kaart 17 C3.

Elaine's
1703 2nd Ave.
Kaart 17 B4.

Swifty's
1007 Lexington Ave.
Kaart 17 A5.

Yorkville Brewery and Tavern
1359 1st Ave.
Kaart 13 C1.

Upper West Side

Journeys
Essex House Hotel, 160 Central Park S.
Kaart 12 E3.

Tavern on the Green
Central Park, W 67th St.
Kaart 12 D2.

Westside Brewing Company
340 Amsterdam Ave
Kaart 15 C2.

Brooklyn

Park Slope Brewing Company
356 6th Ave.
Kaart 4 D1.
Heeft meer vestigingen.

WINKELEN

New York is de hoofdstad van de hele wereld als het om winkelen gaat. Elke bezoeker trekt dan ook wel enige tijd uit om hier eens lekker naar mooie, bijzondere spullen op zoek te gaan. Alles is hier te koop, van exclusieve mode tot zeldzame kinderboeken, van de allernieuwste elektronica tot een variëteit aan exotisch voedsel om van te watertanden. Of u nu een eigen hovercraft of een speciale bril om in het donker te kunnen lezen zoekt, of u een bed voor uw woestijnratje of een Wurlitzer jukebox nodig hebt, dit is de stad van uw dromen. Met hoeveel geld u ook op stap gaat, in New York kunt u het allemaal uitgeven.

Tiffany's klok

DE BESTE KOOPJES

New York is de ideale stad voor koopjesjagers. Alles, van huishoudelijke artikelen tot haute couture, is voor stevige kortingen te vinden. In Orchard Street en Grand Street in Lower East Side vindt u veel afgeprijsde artikelen. Zelfs op design spullen krijgt u hier maar liefst 20 tot 50 procent korting. U kunt hier terecht voor alle mogelijke kleding, maar ook voor serviezen en bestek, schoenen, woninginrichting en elektronica. Op zaterdag – de joodse sabbat – zijn de winkels in deze buurt gesloten, maar op zondag zijn ze vaak de gehele dag open.
Een andere wijk die zich goed leent voor het zoeken naar koopjes is het modieuze Garment District. De winkels vindt u tussen 6th en 8th Avenue en 30th en 40th Street. Het hart van deze winkelbuurt, 7th Avenue, kreeg aan het begin van de jaren zeventig de bijnaam Fashion Avenue. Talloze ontwerpers en fabrikanten hebben hier toonzalen, waarvan sommige voor het publiek toegankelijk zijn. De tijdens shows gedragen modellen worden ook vaak te koop aangeboden.

De etalage van warenhuis Henri Bendel *(blz. 311)*

UITVERKOOP

Het meest voorkomende woord in etalages en winkels is 'SALE', dat voor uitverkoop staat. Kijk dus, voordat u iets koopt, altijd eerst tussen de afgeprijsde artikelen. De grootste uitverkopen in New York vallen tussen half juni en half juli en van 26 december tot begin februari. De plaatselijke kranten kondigen de uitverkoop uitgebreid aan. Wees voorzichtig met de 'Lost our lease sale' (uitverkoop omdat de huur zou zijn opgezegd) op Midtown 5th Avenue, deze aankondigingen hangen er al jaren!

HOE BETAALT U

De meeste winkels accepteren de bekendste creditcards, hoewel er vaak een minimumbedrag geldt. Als u travellercheques wilt gebruiken, moet u zich kunnen legitimeren. Persoonlijke cheques die in andere valuta worden uitgeschreven, worden geweigerd.

Haute couture in de uitverkoop

De ingang van Hotel Pierre *(blz. 282)*

OPENINGSTIJDEN

De meeste winkels in New York zijn van maandag tot en met zaterdag tussen 10.00 tot 18.00 uur geopend. Veel warenhuizen zijn echter ook op zondag geopend en hebben ten minste twee avonden per week waarbij ze tot 21.00 uur open zijn. Om de drukte te omzeilen, kunt u het beste op een doordeweekse ochtend gaan winkelen.

BELASTING

Er wordt geen BTW geheven op kleding en schoenen onder de $110, maar bij de douane moet u, als u het toegestane bedrag overschreden hebt, rekening houden met een aanslag. Als u goederen verzendt, betaalt u niets.

WINKELEXCURSIES

Veel mensen vinden het gezellig om in een groep te gaan winkelen. Voor hen worden speciale excursies georganiseerd. Deze uitstapjes leiden u door de grote warenhuizen, maar als u wilt, kunt u zo ook een bezoek aan een studio van een kledingontwerper, een veilinghuis of een modeshow bezoeken. Bureaus die dergelijke excursies organiseren, richten desgewenst speciaal op u toegesneden uitstapjes in.

Convention Tours Unlimited
545-1160.

Guide Service of New York
408-3332.

Doorway to Design
221-1111.

The Intrepid New Yorker
534-5071.

De etalage van Bloomingdale's *(blz. 179)*

WARENHUIZEN

De meeste grote warenhuizen in New York vindt u in Midtown op Manhattan. U moet voor een uitstapje naar de winkels van uw keuze flink wat tijd uittrekken, want het zijn hele grote zaken en de sortering is enorm. Vermijd, indien mogelijk, de weekenden en vakantieperioden, omdat het dan erg druk is.

Er zijn warenhuizen – Saks Fifth Avenue, Bloomingdale's, Macy's – waar de meest uiteenlopende handelingen als service worden geboden.

U kunt uw boodschappen zelfs door hen laten uitzoeken. Dat is wel handig, maar zo maakt u niet echt kennis met de mooie winkels zelf, wat een unieke ervaring op zich is.

Barney's New York is geliefd bij de jonge, kapitaalkrachtige New Yorkers. Prachtige, maar dure haute couture is de specialiteit van deze zaak. Het filiaal voor herenmode bevindt zich in het prestigieuze World Financial Center.

Bergdorf Goodman is luxueus en smaakvol. Men verkoopt er de beste moderne topmerken, vooral Europese. De herenmode-afdeling is aan de overkant van de straat.

Bloomingdale's staat bij elke bezoeker van New York op het verlanglijstje *(blz. 179).* Bloomingdale's is de Hollywoodster onder de warenhuizen, met oogverblindende uitstallingen en verleidelijke spullen, op zich al een belevenis De sfeer is die van een luxe paradijs, met jonge en oude New Yorkers op zoek naar de nieuwste mode. De afdelingen linnengoed en kostbaar porselein hebben een uitstekende reputatie. Sla de fijnproeversafdeling niet over, met een winkel die geheel gewijd is aan kaviaar. De service is vrijwel onbegrensd; er is ook een heel goed restaurant, Le Train Bleu *(blz. 306),* met zicht op de Queensboro Bridge.

Henri Bendel doet een beetje aan een museum denken: alle artikelen, van de art deco-juwelen tot de handgemaakte schoenen, zijn uitgestald alsof het kostbare kunstwerken zijn. Vooral de vernieuwende en creatief ontworpen mode-afdeling van deze exclusieve zaak spreekt tot de verbeelding.

Lord & Taylor heeft naam voor zichzelf gemaakt met een klassieke, meer behoudende lijn in dames- en herenmode. Amerikaanse ontwerpers genieten hier de voorkeur.

Een schitterende etalage met huishoudelijke artikelen

Macy's heeft zichzelf uitgeroepen tot het grootste warenhuis ter wereld *(blz. 132-133).* Alles wat u wel of niet nodig hebt, is hier te koop, van een eenvoudige blikopener tot geavanceerde tv-toestellen.

Saks Fifth Avenue richt zich op de hogere klasse: alles straalt hier stijl uit. Het geldt al tientallen jaren als een van de allerbeste warenhuizen in de stad. De geboden service is navenant.

ADRESSEN

Barney's New York
660 Madison Ave. **Kaart** 13 A3.
826-8900.
Upper Level, 2 World Financial Center. **Kaart** 1 A2.
945-1600.

Bergdorf Goodman
754 5th Ave. **Kaart** 12 F3.
753-7300.

Bloomingdale's
1000 3rd Ave. **Kaart** 13 B3.
705-2000.

Henri Bendel
712 5th Ave. **Kaart** 12 F4.
247-1100.

Lord & Taylor
424 5th Ave. **Kaart** 8 F1.
391-3344.

Macy's
151 W 34th St. **Kaart** 8 E2.
695-4400.

Saks Fifth Avenue
611 5th Ave. **Kaart** 12 F4.
753-4000.

Hoogtepunten in New York: winkelen

Design-schoenen van Madison Avenue

In een stad waar u 24 uur per dag kunt winkelen, moet u met een plan van huis gaan. Newyorkers zelf winkelen per wijk. Elke buurt heeft zijn eigen karakter en specialiteiten. Per buurt geven wij hier de hoogtepunten. Gedetailleerdere beschrijvingen van winkelmogelijkheden volgen op bladzijden 315-325. Als u krap in uw tijd zit, kunt u rechtstreeks naar een van de grote warenhuizen gaan *(blz. 311)*. Mocht uw voorkeur uitgaan naar het bekijken van mooie etalages, dan is een wandeling over 5th Avenue aan te raden *(zie kader)*.

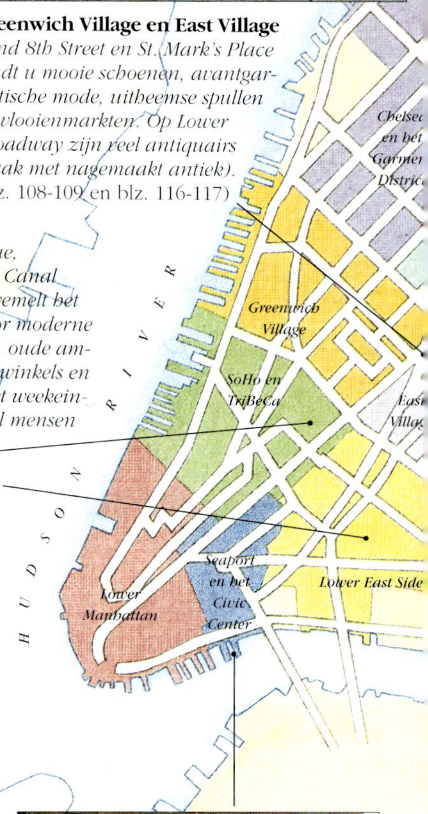

Greenwich Village en East Village
Rond 8th Street en St. Mark's Place vindt u mooie schoenen, avantgardistische mode, uitheemse spullen en vlooienmarkten. Op Lower Broadway zijn veel antiquairs (vaak met nagemaakt antiek). (blz. 108-109 en blz. 116-117)

SoHo
In deze door 6th Avenue, Lafayette, Houston en Canal Street omsloten wijk wemelt het van de galeries voor moderne kunst, antiquairs, oude ambachten, curiosa-winkels en modezaken. In het weekeinde om brunchtijd gaan veel mensen de galeries af. (blz. 102-103)

Lower East Side
Op zondag gaan zowel Newyorkers als toeristen massaal naar de buurt rondom Canal, Delancey, Orchard en Essex Street, op zoek naar koopjes op het gebied van schoenen, sieraden en elektronica. (blz. 94-95)

South Street Seaport
Dit is het paradijs voor speurders naar curiosa, cadeaus, speelgoed, souvenirs en zowel antiquarische als nieuwe boeken. Het ruikt hier naar de zee. (blz. 82-83)

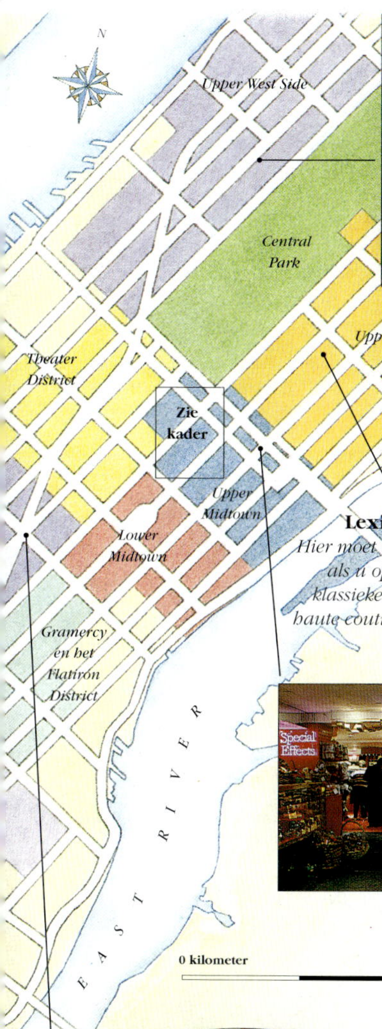

Columbus Avenue en Amsterdam Avenue
Deze straten staan vol winkels met eigentijdse haute couture, vreemd antiek, esoterica en duurdere cadeauwinkels. (blz. 210-211)

Madison en Lexington Avenue
Hier moet u gaan winkelen als u op zoek bent naar klassieke kunst en antiek, haute couture en schoenen. (blz. 182-183)

East 57th en 59th Street
In 57th Street vindt u exclusieve antiek en haute couture – en vergeet vooral Bloomingdale's niet! (blz. 179)

Herald Square en het Garment District
Hier vindt u Macy's, een warenhuis dat een heel blok in beslag neemt. Het omliggende gebied (vooral 7th Avenue) is het centrum van de modegroothandel, waar tijdens de uitverkoop fors wordt afgeprijsd. (blz. 130-131)

Fifth Avenue

Van Saks tot Tiffany's
De beste winkels hebben hun paradepaardje op de wereldberoemde 5th Avenue.

Harry Winston ***(blz. 320)***

Alleen in New York

Voor elk soort winkel is in New York wel een klantenkring. De meest uiteenlopende, vaak piepkleine speciaalzaken weten zich hier te handhaven. Werkelijk alles is in een aparte winkel ondergebracht, van vlinders en botten tot traditionele Tibetaanse kostbaarheden. Op momenten dat u een van dit soort exotische winkeltjes tegenkomt, begrijpt u waarom winkelen in New York zo'n bijzondere belevenis is.

Speciaalzaken

Wie op zoek is naar een bijzonder schaakspel moet bij de **The Chess Shop** zijn. Men verkoopt koperen, albasten en tinnen stukken. U kunt hier ook – op heel behoorlijk niveau – een partij schaak spelen. **Big City Kites and Darts** heeft vliegers, van vlammende draken tot knuffelberen. Verder is elke denkbare accessoire voor vliegers hier te koop. Voor degenen met wat meer energie verkoopt en verhuurt **Blades** schaatsen en skateboards met alle bijbehorende artikelen.
Als u op zoek bent naar aparte of originele knopen móét u naar **Tender Buttons**. Of u nu geëmailleerde, houten of zilveren knopen van de Navajo's zoekt – al dan niet als oorbel of manchetknoop – tussen de miljoenen knopen is beslist ook iets van uw gading.
Leo Kaplan Ltd is de plek voor verzamelaars van pressepapiers en **Rita Ford's Music Boxes**, een winkel in 19de-eeuwse stijl, doet in muziekdozen. Ga voor ongewone telefoons naar de **Phone Booth**, met elk mogelijk ontwerp, zoals getuite lippen, Snoopy's en hamburgers.
Bij **The New York's Firefighter's Friend** hebben alle artikelen op een of andere manier te maken met de brandweer. Men verkoopt kleine speelgoedbrandweerauto's, speldjes, speciale kleine uniformen voor kinderen, speelgoed-dalmatiërs (deze hond is de mascotte van de brandweer van New York) en allerlei T-shirts met opschrift.
Voor de ware romanticus die graag indruk maakt is er **Only Hearts**, waar zelfs kussens, zeep en sieraden de vorm van een hart hebben.
De **Magickal Childe** is een occult warenhuis vol met zalfjes, tarotkaarten en geurige wierook (let op, ze hebben geen telefoon en de openingstijden zijn verwarrend).
De liefhebber van sciencefiction en strips moet naar **Forbidden Planet**. Bij **Star Magic** stapt u regelrecht het ruimtetijdperk in; u kunt er kaarten van de hemellichamen, hologrammen en wetenschappelijk speelgoed kopen.
Eau de cologne, speciaal voor George Washington ontwikkeld, en de officiële zeep van het Witte Huis in de regeringsperiode van Eisenhower zijn maar enkele van de vele fascinerende artikelen die bij **Caswell-Massey Ltd.**, de oudste drogist van de stad, te koop zijn.
Gitaarliefhebbers mogen **Rudy's** niet overslaan. U kunt hier Eric Clapton of Lou Reed, die hun gitaren hier kopen, tegen het lijf lopen. Bovendien vindt u hier de grootste collectie gitaren van de stad.
Bibliofielen kunnen inkopen doen bij de **New York Public Library Shop** *(blz. 144)*. De boekensteunen die u hier kunt kopen, beelden de leeuwen naast de hoofdingang uit. De **Pierpont Morgan Library Shop** *(blz. 162-163)* verkoopt mooie boekenleggers en schrijfpapier. In **The Yale Club** en **The Princeton Club** worden universitaire spulletjes verkocht.
The Shop at One East (Temple Emanu-El) verkoopt judaica en andere geschenken voor het joodse huishouden.
Hebrew Religious Articles heeft een van de grootste collecties joodse religieuze voorwerpen van de stad. **The Cathedral Shop** van de Cathedral of St. John the Divine is een grote winkel met allerlei religieuze voorwerpen, waaronder boeken en kunst.

Souvenirs

In het Lincoln Center is de **Metropolitan Opera Shop** gevestigd. U kunt daar cd's, platen, libretto's, toneelkijkers en veel andere aan opera gerelateerde cadeaus en kaarten kopen. De **Performing Arts Shop** op de benedenverdieping is een ware schatkamer vol souvenirs op het gebied van theater, opera, ballet en muziek. De balletliefhebber kan bij de **Ballet Shop** voor vrijwel alles terecht, van een T-shirt met de afbeelding van Noerejev tot dansmuziek. Bij **Jerry Ohlinger's Movie Material Store** vindt u duizenden zeldzame oude filmfoto's en affiches.
Als u op zoek bent naar een oude Wurlitzer-jukebox of een Coca Cola-automaat, moet u bij **Back Pages Antiques** zijn. De **Carnegie Hall Shop** verkoopt kaarten, T-shirts, spelletjes, posters, draagtassen en nog veel meer, allemaal met muzikale thema's. Voor iets echt origineels en typisch Amerikaans moet u beslist naar **Lost City Arts** en **Urban Archeology** in SoHo.

Speelgoed en spelletjes

Wie nog nooit in **F.A.O. Schwarz** is geweest, weet niet wat een echte speelgoedwinkel is. Deze reusachtige zaak is tot aan het plafond volgestouwd is met luxueuze speelgoedautootjes, enorme pluchen beesten en alle denkbare soorten elektronisch speelgoed. Rond Kerstmis is het er afgrijselijk druk en moet u misschien zelfs buiten in de rij aansluiten.
The Children's General Store is een van de nieuwste en doordachtste speelgoedwinkels van de stad.
The Enchanted Forest *(blz. 102)* is voor kinderen net een sprookje. Het handgemaakte speelgoed ligt er prachtig tussen de bomen van het sprookjesbos uitgestald.
Bij **Penny Whistle Toys** vindt u een enorme collectie kwaliteitsspeelgoed, spelletjes en allerlei soorten poppen.

Voor speelgoed dat zowel kinderen als volwassenen aanspreekt, heeft de **Game Show** puzzels en spelletjes in overvloed, van het nog altijd populaire Monopoly tot de allernieuwste rage onder yuppies. **Red Caboose** is ideaal voor de liefhebbers van modelspoorwegen. **Toys 'R' Us** is minder mooi dan Schwarz, maar verkoopt ruim één miljoen speelgoedartikelen voor redelijke prijzen.
Als u op zoek bent naar een steelpannetje dat zelf roert of een paar elektrische sokken, ga dan naar **Hammacher Schlemmer**. Hier vindt u een grote verzameling hightech spulletjes.

Museumwinkels

Voor bijzondere souvenirs zijn de vele museumwinkels heel geschikt. Behalve het gebruikelijke assortiment boeken, affiches en kaarten verkoopt men er reproducties van de tentoongestelde werken, waaronder sieraden en sculpturen. Het **American Craft Museum** *(blz. 169)* heeft een uitmuntende collectie Amerikaanse kunstnijverheid en ook kunstwerken. Naast realistische modeldinosaurussen, rubberen dieren, mineralen en stenen heeft het **American Museum of Natural History** *(blz. 214-215)* ook oog voor het milieu. Er zijn kringloopproducten en milieuvriendelijke cadeaus te koop zoals posters, tassen en T-shirts met milieuleuzen, en een ruime sortering inheems Amerikaans handwerk. Er is ook een winkel voor jongeren met schelpen en speelgoed.
De **Asia Society Bookstore and Gift Shop** *(blz. 185)* beschikt over een opmerkelijke verzameling oosterse prenten, affiches, kunstboeken, speelgoed en sieraden.
Artikelen op het gebied van binnenhuisarchitectuur zijn verkrijgbaar bij het **Cooper-Hewitt** *(blz. 184)*. Een van de grootste collecties joodse ceremoniële voorwerpen, waaronder menorahs en kaddisj-bekers, boeken en sieraden is te vinden in het winkeltje van het **Jewish Museum** *(blz. 184)*.
Voor reproducties van beroemde schilderijen en andere kunstzinnige cadeautjes is een bezoek aan de cadeauwinkel van het **Metropolitan Museum of Art** *(blz. 188-195)* een must. Het traditionele **Museum of American Folk Art** *(blz. 213)* beschikt over veel Amerikaanse kunstnijverheid, waaronder houten speelgoed, quilts en windwijzers. De werken die worden tentoongesteld, zijn ook te koop.
Het **Museum of the City of New York** *(blz. 197)* is gespecialiseerd in foto's van het oude New York. De **MOMA Design Store** van het **Museum of Modern Art** *(blz. 170-173)* heeft een veelgeprezen assortiment artikelen geïnspireerd door het werk van internationale ontwerpers als Frank Lloyd Wright en Le Corbusier.
In de **South Street Seaport Museum Shops** *(blz. 82-85)* vindt u talloze artikelen op het gebied van de zeevaart: kaarten, modelschepen, versierde schelpen en nog veel meer. **Whitney Museum's Store Next Door** *(blz. 198-199)* verkoopt uitsluitend Amerikaans fabrikaat, zoals sieraden, houten speelgoed en ook voorwerpen die betrekking hebben op de lopende exposities. Het **Hayden Planetarium** (blz. 216) heeft een winkel voor de astronoom in spe, met boeken, sterrenkijkers en veel meer.

Hoogtepunten uit andere culturen

New York is een enorme smeltkroes van allerlei nationaliteiten, culturen en etnische groepen en elke cultuur heeft zijn eigen winkels, waar zij hun inheemse producten verkopen.
Tot de interessantste en tegelijk vreemdste winkels horen zeker **Alaska on Madison**, dat een geweldige kunstcollectie van de eskimo's heeft, en de prachtige **Chinese Porcelain Company**, dat zeer goed gesorteerd is in Chinese decoratieve kunst en meubilair. **Back from Guatemala** heeft sieraden en decoratieve kunst uit Midden- en Zuid-Amerika en **Himalayan Crafts and Tours** verkoopt alles van schilderijen tot Tibetaanse tapijten. Het smaragdgroen, de nationale kleur van Ierland, vindt u terug in alle artikelen van **Shamrock Imports**.
Things Japanese heeft fraai vervaardigde kunstnijverheid en curieuze boeken. **Surma** is een Oekraïens warenhuis, waar handbeschilderde eieren en linnengoed worden verkocht.
In **Common Ground** verkoopt men inheemse Amerikaanse manden, weefwerk en sieraden, en **Tibet West** heeft textiel en kleurrijke sieraden.

Adressen

Alaska on Madison
937 Madison Ave.
Kaart 17 A1.
☎ *879-1782.*

Back From Guatemala
306 E 6th St. **Kaart** 5 A2.
☎ *260-7010.*

Chinese Porcelain Company
475 Park Ave. **Kaart** 13 A3.
☎ *838-7744.*

Common Ground
19 Greenwich Ave. **Kaart** 1 B1.
☎ *989-4178.*

Himalayan Crafts and Tours
2007 Broadway. **Kaart** 11 C1.
☎ *787-8500.*

Shamrock Imports
Manhattan Mall, 901 6th Ave.
Kaart 8 E1.
☎ *564-7474.*

Surma
11 E 7th St. **Kaart** 4 F2.
☎ *477-0729.*

Things Japanese
127 E 60th St.
Kaart 13 A3.
☎ *371-4661.*

Tibet West
19 Christopher St. **Kaart** 3 C2.
☎ *255-3416.*

Adressen

Speciaalzaken

Arthur Brown & Bros
2 W 46th St.
Kaart 12 F5.
☎ *575-5555.*

Big City Kites and Darts
1210 Lexington Ave.
Kaart 17 A4.
☎ *472-2623.*

Blades
120 W 72nd St.
Kaart 11 C1.
☎ *787-3911.*
Heeft verschillende filialen.

Caswell-Massey Ltd
518 Lexington Ave.
Kaart 13 A5.
☎ *755-2254.*

The Cathedral Shop
Cathedral of St. John the Divine
1047 Amsterdam Ave.
Kaart 20 E4.
☎ *222-7200.*

Hebrew Religious Articles
45 Essex St.
Kaart 5 B4.
☎ *674-1770.*

Leo Kaplan Ltd
967 Madison Ave.
Kaart 17 A5.
☎ *249-6766.*

Magickal Childe
35 W 19th St.
Kaart 8 F5.

New York Firefighter's Friend
263 Lafayette St.
Kaart 4 F3.
☎ *226-3142.*

New York Public Library Shop
5th Ave bij 42nd St.
Kaart 8 F1.
☎ *930-0678.*

Only Hearts
386 Columbus Ave.
Kaart 15 D5.
☎ *724-5608.*

Pearl Paint Co
308 Canal St.
Kaart 4 E5.
☎ *431-7932.*

Pierpont Morgan Library Shop
Madison Ave at 36th St.
Kaart 9 A2.
☎ *685-0610.*

The Princeton Club
15 W 43rd St.
Kaart 8 F1.
☎ *840-6400.*

Rita Ford's Music Boxes
19 E 65th St.
Kaart 12 F2.
☎ *535-6717.*

Rudy's
169 W 48th St.
Kaart 12 E5.
☎ *391-1699.*

Star Magic
745 Broadway.
Kaart 4 E2.
☎ *228-7770.*

Tender Buttons
143 E 62nd St.
Kaart 13 A2.
☎ *758-7004.*

The Chess Shop
230 Thompson St.
Kaart 4 D3.
☎ *475-9580.*

The Yale Club
50 Vanderbilt Ave.
Kaart 13 A5.
☎ *661-2070.*

Souvenirs

Back Pages Antiques
125 Greene St. **Kaart** 4 E4. ☎ *460-5998.*

Ballet Company
1887 Broadway.
Kaart 12 D2.
☎ *246-6893.*

The Carnegie Hall Shop
881 7th Avenue.
Kaart 12 E3.
☎ *903-9610.*

Jerry Ohlinger's Movie Material Store
242 W 14th St.
Kaart 3 C1.
☎ *989-0869.*

Lost City Arts
275 Lafayette St.
Kaart 4 F3.
☎ *941-8025.*

Metropolitan Opera Shop
Metropolitan Opera House, Lincoln Center, 136 W 65th St.
Kaart 11 C2.
☎ *580-4090.*

Performing Arts Shop
Metropolitan Opera House, Lincoln Center, 136 W 65th St.
Kaart 11 C2.
☎ *580-4356.*

Urban Archaeology
285 Lafayette St.
Kaart 4 F3.
☎ *431-6969.*

Speelgoed en spelletjes

The Children's General Store
2473 Broadway.
Kaart 15 C4.
☎ *580-2723*

The Enchanted Forest
85 Mercer St. **Kaart** 4 E4.
☎ *925-6677.*

F.A.O. Schwarz
767 5th Ave.
Kaart 12 F3.
☎ *644-9400.*

Game Show
474 6th Ave. **Kaart** 12 E5.
☎ *633-6328.*

Little Rickie
49½ 1st Ave.
Kaart 5 A2.
☎ *505-64670.*

Penny Whistle Toys
448 Columbus Ave.
Kaart 16 D4.
☎ *873-9090.*
Heeft verschillende filialen.

Red Caboose
23 W 45th St.
Kaart 12 F5.
☎ *575-0155.*

Toys 'R' Us
Herald Center, 1293 Broadway.
Kaart 8 E2.
☎ *594-8697.*

Museumwinkels

American Craft Museum
40 W 53rd St. **Kaart** 12 F4.
☎ *956-6047.*

American Museum of Natural History
W 79th St. bij Central Park West. **Kaart** 16 D5.
☎ *769-5150.*

Asia Society Bookstore and Gift Shop
725 Park Ave. **Kaart** 13 A1.
☎ *288-6400.*

Cooper-Hewitt
2 E 91st St. **Kaart** 16 F2.
☎ *860-6878.*

Jewish Museum
1109 5th Ave.
Kaart 16 F2.
☎ *423-3200.*

Metropolitan Museum of Art
5th Ave. bij 82nd St.
Kaart 16 F4.
☎ *535-7710.*

Museum of American Folk Art
2 Lincoln Sq.
Kaart 12 D2.
☎ *496-2966.*

Museum of Jewish Heritage
18 First Place
Battery Park City.
Kaart 1 B4.
☎ *968-1800.*

Museum of the City of New York
5th Ave bij 103rd St.
Kaart 21 C5.
☎ *534-1672.*

Museum of Modern Art/MOMA Design Store
44 W 53rd St.
Kaart 12 F4.
☎ *767-1050.*

South St. Seaport Museum Shops
207 Front St. **Kaart** 2 D2.
☎ *748-8600.*

The Whitney Museum's Store Next Door
943 Madison Ave.
Kaart 13 A1.
☎ *606-0200.*

Kleding

Op het gebied van kleding is in New York alles te koop. De stad is hét modecentrum van de VS en bovendien een van de belangrijkste centra van de kledingindustrie en de haute couture. De overvloed aan kledingzaken weerspiegelt de uiteenlopende culturen die hier bij elkaar zijn gebracht. Om het overzicht niet helemaal kwijt te raken, is het raadzaam om u per uitstapje tot één wijk te beperken. Voor wie niet eindeloos van winkel naar winkel wil zeulen, is een bezoek aan een van de grote warenhuizen een goed alternatief. Wat u ook zoekt, u zult het vinden.

Amerikaanse ontwerpers

De meeste Amerikaanse ontwerpers hebben niet alleen studio's om hun ideeën in uit te werken, maar ook een winkel om te verkopen. Geoffrey Beene is een van de beroemdste Newyorkse ontwerpers. Op geraffineerde wijze ontwerpt hij comfortabele vrijetijdskleding.
Bill Blass is de Amerikaanse modekoning. Hij gebruikt veel verschillende kleuren, drukke patronen, originele modellen en een flinke dosis humor.
De ontwerpen van Liz Claiborne zijn altijd sierlijk en eenvoudig, makkelijk draagbaar en redelijk geprijsd.
De stijl van wijlen Perry Ellis wordt voortgezet in de ontwerpen van Marc Jacobs, die vooral hoog scoort op het gebied van sportkleding. James Galanos ontwerpt exclusieve kleding voor rijke en beroemde klanten, en alles is peperduur. Donna Karan is de afgelopen jaren een bekende naam geworden. Haar eenvoudige, doordachte en prachtig ogende ontwerpen passen overal bij, van sportkleding tot formele pakken.
De naam Calvin Klein staat nu op monturen en zonnebrillen, zoals dat al eerder het geval was met onderkleding, jeans en een heel assortiment andere kledingstukken. Hij is bekend om de trendy, comfortabele en sensuele outfits met goede pasvorm.
Ralph Lauren ontwerpt aristocratische, dure kleding. Deze modelijn slijt hij vooral aan een goed opgeleide, maar enigszins conservatieve klantenkring. Joan Vass maakt opwindende, kleurrijke en originele gebreide kleding. Haar ontwerpen zijn redelijk betaalbaar.

Afgeprijsde kleding van ontwerpers

Als u wel kleding van vooraanstaande ontwerpers wilt kopen, maar de volle prijs niet kunt of wilt betalen, is een bezoek aan **Designer Resale, Encore** en **Michael's** de moeite waard. Grote namen als Oscar de la Renta, Ungaro en Armani zijn hier in ruime mate vertegenwoordigd. De meeste kleding is nieuw of bijna nieuw, en vrijwel alles verkeert in uitstekende staat: veel stukken zijn nog nooit gedragen.

Herenkleding

In het centrum van Midtown vindt u twee zeer gerenommeerde zaken voor herenmode, **Brooks Brothers** en **Paul Stuart.** Brooks Brothers is een begrip in New York. Men verkoopt traditionele, klassieke kleding zoals chique, conventionele overhemden en zware katoenen broeken. Men voert een, eveneens zeer conservatieve, modelijn voor dames. Paul Stuart laat zich voorstaan op een zeer Britse stijl en heeft een sierlijke collectie prachtig afgewerkte kleding.
Voor mooie overhemden van Turnbull & Asser en al even fraaie maatpakken van Gianfranco Ferré of Hugo Boss is het exclusieve warenhuis **Bergdorf Goodman Men** aan te bevelen.
Barney's New York heeft een van de grootste afdelingen voor herenmode en accessoires in de VS. Barney's heeft ook nog een kleinere zaak voor chique zakenkleding voor echte stadsmensen in het World Financial Center.
Het warenhuis **Polo/Ralph Lauren** noemt zichzelf de *King of American Sportswear.* Deze winkel is afgeladen met simpele en tijdloze mode en vele stijlvolle accessoires.
Matsuda heeft zeer prijzige, avantgardistische Japanse kleding voor dames en heren.
Bijan Designer for Men is zo exclusief dat de klanten een afspraak moeten maken om het aanbod zelfs maar te mogen aanschouwen.
The Custom Shop Shirtmakers is gespecialiseerd in van prachtig materiaal gemaakte maatkleding.
Voor mooie traditionele en formele kleding moet u bij **Burberry Limited** zijn, het oude handelsmerk voor klassieke Britse trenchcoats.
J. Press verkoopt klassieke, conservatieve kleding. Buitengewoon stijlvolle, Europees aandoende herenkleding is ook te krijgen bij het beroemde **Beau Brummel**. Als u op jacht bent naar haute couture, maar het reguliere aanbod te duur vindt, moet u eens bij **Moe Ginsburg** binnengaan, waar u een van de grootste collecties Italiaanse herenkleding in New York vindt.

Kinderkleding

De grote warenhuizen hebben meestal ruime, uitstekend gesorteerde afdelingen waar u kinderkleding kunt kopen. Daarnaast is er een groot aantal speciaalzaken. Ga eens kijken bij **Bonpoint** voor charmante Franse kleding.
Gapkids en **BabyGap** zijn meestal ondergebracht in de **Gap**-winkels. Men verkoopt er gemakkelijke katoenen overalls, broeken, denim jassen, sweatshirts en leggings.
Peanut Butter & Jane verkoopt modieuze en zeer comfortabele kinderkleren.
Space Kiddets heeft alles, van slabbetjes en laarsjes tot cowboykleding voor zowel jongens als meisjes.

DAMESKLEDING

De damesmode die u in New York kunt kopen, is meestal bepaald niet revolutionair. Men hecht meer waarde aan de status die kleding uitstraalt. De meeste werkelijk stijlvolle winkels in New York vindt u in het centrum van de stad rond Madison en 5th Avenue. De grote internationale namen als **Chanel, Fendi** en **Valentino** hebben hier ook hun winkels, evenals een van de opmerkelijkste Amerikaanse ontwerpers, **Geoffrey Beene.** Behalve haute couture kunt u in deze omgeving voor confectie ook in verschillende zaken terecht. **Ann Taylor** is daarvan wellicht de populairste, vooral bij jonge, drukbezette carrièrevrouwen. In het hart van deze wijk staat de van roze marmer gebouwde Trump Tower. Daar is een aantal exclusieve winkels in gevestigd.

Op Madison Avenue wemelt het van de vooraanstaande ontwerpers. **Givenchy** verkoopt fabuleuze avondjaponnen, **Valentino** is gespecialiseerd in klassieke Italiaanse kleding. De winkel van **Emanuel Ungaro** ziet er wat uitnodigender uit en heeft voor elke smaak en maat wel iets, van fraai vervaardigde jasjes tot jurken met drukke patronen voor de grotere maten.

Missoni heeft naam voor zichzelf gemaakt met chique truien van schitterende wollen weefsels met kleurrijke patronen.

Yves Saint Laurent Rive Gauche is gespecialiseerd in avondjaponnen, unieke jasjes, sierlijke blouses en prachtig ontworpen broekpakken.

Giorgio Armani en **Gianni Versace** zijn andere vertegenwoordigers van de verfijnde Italiaanse modelijn.

Romeo Gigli is de meest exclusieve representant van de Milanese ontwerpers; aan platvloerse zaken als een naambordje op de deur doet hij niet mee. **Gucci**, een van de oudste Italiaanse winkels in Amerika, richt zich op kapitaalkrachtige en statusbewuste mensen.

In de Upper West Side zijn veel winkels die met opvallende mode om de aandacht wedijveren. **Betsey Johnson** met haar grillige en betrekkelijk goedkope ontwerpen is daar een goed voorbeeld van. **Calvin Klein** heeft nu een winkel op de East Side, gespecificeerd in ultrahippe vrijetijdskleding **French Connection** staat bekend om zijn redelijk geprijsde combinatiekleding. **Variazoni** is de uitgelezen plek voor een mooi zwart jurkje.

Voor tweedehandskleding of een jaren-vijftig-rock 'n' rolluitrusting zijn de Villages de geschiktste plaatsen. Vooral in East Village schieten steeds weer nieuwe winkels als paddestoelen uit de grond.

Betaalbare kleding, van klassiek tot *casual*, vindt u bij **APC**. **Cheap Jack's** heeft een reusachtige collectie tweedehands Levi's-broeken en honderden denim en leren jassen. **Dorothy's Closet** verkoopt klassieke jurken uit de periode 1920-1960.

Big Drop heeft een mooie collectie zwarte jurkjes met een perfecte pasvorm.

Bij **Screaming Mimi's** kunt u broeken met wijde pijpen of laarsjes voor in de disco kopen. Een wat gewonere winkel is **The Gap**, een keten waar veel redelijk geprijsde vrijetijdskleding te koop is.

Sinds kort steekt SoHo Madison Avenue naar de kroon op het gebied van boetieks van ontwerpers die gespecialiseerd zijn in dure maar interessante kleding – in SoHo is het aanbod een stuk avant-gardistischer. **Yohji Yamamoto** is een goed voorbeeld van wat SoHo te bieden heeft. **Comme des Garçons** verkoopt minimalistische Japanse creaties.

Canal Jean Co is een van de beroemdste winkels van SoHo en een stuk toegankelijker dan voornoemde modieuze zaken. **What Comes Around Goes Around** is het adres voor klassieke jeans. Neem eens een kijkje bij **Wearable Energy** voor kleding van spandex.

MATENTABEL

Kinderkleding

Amerikaans	2-3	4-5	6-6x	7-8	10	12	14	16 (maat)
Brits	2-3	4-5	6-7	8-9	10-11	12	14	14+ (jaar)
Europees	2-3	4-5	6-7	8-9	10-11	12	14	14+ (jaar)

Kinderschoenen

Amerikaans	7½	8½	9½	10½	11½	12½	13½	1½	2½
Brits	7	8	9	10	11	12	13	1	2
Europees	24	25½	27	28	29	30	32	33	34

Damesjurken, -mantels en -rokken

Amerikaans	4	6	8	10	12	14	16	18
Brits	6	8	10	12	14	16	18	20
Europees	38	40	42	44	46	48	50	52

Damesblouses en -truien

Amerikaans	6	8	10	12	14	16	18
Brits	30	32	34	36	38	40	42
Europees	40	42	44	46	48	50	52

Damesschoenen

Amerikaans	5	6	7	8	9	10	11
Brits	3	4	5	6	7	8	9
Europees	36	37	38	39	40	41	44

Herenkostuums

Amerikaans	34	36	38	40	42	44	46	48
Brits	34	36	38	40	42	44	46	48
Europees	44	46	48	50	52	54	56	58

Herenoverhemden

Amerikaans	14	15	15½	16	16½	17	17½	18
Brits	14	15	15½	16	16½	17	17½	18
Europees	36	38	39	41	42	43	44	45

Herenschoenen

Amerikaans	7	7½	8	8½	9½	10½	11	11½
Brits	6	7	7½	8	9	10	11	12
Europees	39	40	41	42	43	44	45	46

ADRESSEN

HAUTE COUTURE TEGEN GEREDUCEERDE PRIJS

Designer Resale
324 E 81st St.
Kaart 17 B4.
☎ *734-3639.*

Encore
1132 Madison Ave.
Kaart 17 A4.
☎ *879-2850.*

Michael's
1041 Madison Ave.
Kaart 17 A5.
☎ *737-7273.*

HERENKLEDING

Barney's New York
660 Madison Ave.
Kaart 13 A3.
☎ *593-7800.*

Beau Brummel
421 West Broadway.
Kaart 4 E3.
☎ *219-2666.*
Heeft verschillende filialen.

Bergdorf Goodman Men
754 5th Ave. **Kaart** 12 F3.
☎ *753-7300.*

Bijan Designer for Men
699 5th Ave. **Kaart** 12 F4.
☎ *758-7500.*

Brooks Brothers
346 Madison Ave.
Kaart 9 A1. ☎ *682-8800.*

Burberry Limited
9 E 57th St. **Kaart** 12 F3.
☎ *371-5010.*

The Custom Shop Shirtmakers
618 5th Ave.
Kaart 12 F4.
☎ *245-2499.*
Heeft verschillende filialen.

J Press
7 E 44th St. **Kaart** 12 F5.
☎ *687-7642.*

Matsuda
156 5th Ave.
Kaart 8 F4.
☎ *645-5151.*

Moe Ginsburg
162 5th Ave.
Kaart 8 F4.
☎ *242-3482.*

Paul Stuart
Madison Ave bijt 45th St.
Kaart 13 A5.
☎ *682-0320.*

Polo/Ralph Lauren
Madison Ave bij 72nd St.
Kaart 13 A1.
☎ *606-2100.*

KINDERKLEDING

Bonpoint
1269 Madison Ave.
Kaart 17 A3.
☎ *722-7720.*

Gapkids
60 W 34th St.
Kaart 8 F2.
☎ *643-8995.*
Heeft verschillende filialen.

Peanut Butter & Jane
617 Hudson St.
Kaart 3 B1.
☎ *620-7952.*

Space Kiddets
46 E 21st St.
Kaart 8 F4.
☎ *420-9878.*

DAMESKLEDING

Ann Taylor
645 Madison Ave.
Kaart 13 A3.
☎ *832-2010.*
Heeft verschillende filialen.

APC
131 Mercer St.
Kaart 14 E3.
☎ *966-9685.*

Betsey Johnson
248 Columbus Ave.
Kaart 16 D4.
☎ *362-3364.*
Heeft verschillende filialen.

Big Drop
174 Spring St.
Kaart 3 C4
☎ *966-4299.*

Calvin Klein
654 Madison Ave.
Kaart 13 A3.
☎ *292-9000.*

Canal Jean Co
504 Broadway.
Kaart 4 E4.
☎ *226-0737.*

Chanel
15 E 57th St.
Kaart 12 F3.
☎ *355-5050.*

Cheap Jack's
841 Broadway.
Kaart 4 E1.
☎ *777-9564.*

Comme des Garçons
116 Wooster Street.
Kaart 4 E3.
☎ *219-0660.*

Dorothy's Closet
335 Bleecker St.
Kaart 3 C2.
☎ *206-6414.*

Emanuel Ungaro
792 Madison Ave.
Kaart 13 A2.
☎ *249-4090.*

Fendi
720 5th Ave.
Kaart 12 F3.
☎ *767-0100.*

French Connection
304 Columbus Ave.
Kaart 12 D1.
☎ *496-1470.*
Heeft verschillende filialen.

The Gap
250 W 57th St.
Kaart 12 D3.
☎ *315-2250.*
Heeft verschillende filialen.

Geoffrey Beene
783 5th Ave.
Kaart 12 F3.
☎ *935-0470.*

Gianni Versace
816 Madison Ave.
Kaart 13 A2.
☎ *744-5572.*

Giorgio Armani
760 Madison Ave.
Kaart 13 A2.
☎ *988-9191.*

Givenchy
954 Madison Ave.
Kaart 13 A1.
☎ *772-1040.*

Gucci
685 5th Ave.
Kaart 12 F4.
☎ *826-2600.*

Missoni
836 Madison Ave.
Kaart 13 A1.
☎ *517-9339.*

Romeo Gigli
21 E 69th St.
Kaart 10 F1.
☎ *744-9121.*

Screaming Mimi's
382 Lafayette St.
Kaart 4 F2.
☎ *677-6464.*

Valentino
745 Madison Ave.
Kaart 13 A2.
☎ *772-6969.*

Variazioni
309 Columbus Ave.
Kaart 16 D2
☎ *874-7474.*

Wearable Energy
73 W Houston St.
Kaart 4 D3.
☎ *475-0026.*

What Comes Around Goes Around
351 West Broadway.
Kaart 4 E2.
☎ *343-9303.*

Yohji Yamamoto
103 Grand St.
Kaart 4 E4.
☎ *966-9066.*

Yves Saint Laurent Rive Gauche
855 Madison Ave.
Kaart 13 A1.
☎ *472-5299.*

Accessoires

Behalve de hier genoemde winkels hebben alle belangrijke warenhuizen in Manhattan ruim gesorteerde afdelingen met hoeden, handschoenen, tassen, sieraden, horloges, sjaals, schoenen en paraplu's.

Sieraden

De meest oogverblindende sieraden vindt u op Midtown 5th Avenue. Overdag liggen de etalages vol met edelstenen, 's nachts zijn ze leeg en zijn de edelstenen veilig opgeborgen. De sensationeelste winkels bevinden zich alle in dezelfde buurt. Bij **Harry Winston**, dat meer op een museum dan een winkel lijkt, kunt u kiezen uit een selectie juwelen om van te watertanden. **Buccellati** staat hoog aangeschreven om zijn modieuze Italiaanse creaties en voortreffelijk handwerk. **Bulgari** heeft een indrukwekkende collectie, waarvan sommige artikelen enkele honderden, en andere een miljoen dollar kosten.
Alleen het onderkomen van **Cartier**, een renaissancistisch paleisje, is al een juweel. De sieraden kosten er een fortuin. **Tiffany & Co** is verspreid over tien verdiepingen, die vol glinsterend kristal, diamanten en juwelen liggen. Diamond Row, het blok op 47th Street tussen 5th en 6th Avenues, is één aaneengesloten rij juwelierszaken. Er ligt voor honderdduizenden dollars aan diamanten, goud, parels en andere exotische juwelen uit de gehele wereld uitgestald. Probeer ook een bezoekje te brengen aan de **Jewelry Exchange**, een nieuw complex waar 60 handwerkslieden hun waren rechtstreeks aan het publiek verkopen. Er wordt hier luidruchtig afgedongen, dus bereid u voor het spel mee te spelen.

Hoeden

De oudste hoedenzaak in New York is **Worth & Worth**, die ook nog altijd het uitgebreidste assortiment van de stad heeft. Hier vindt u werkelijk alles op hoedengebied, van originele Australische junglehoeden tot een hoge zijden. Voor een handgemaakte, onalledaagse hoed moet u eens bij **Lola Millinery** binnenlopen. **Suzanne Millinery** is de hoedenmaakster van vele beroemdheden.

Paraplu's

Zodra het in New York begint te regenen duiken overal op straat als bij toverslag parapluverkopers op. Hun paraplu's, die maar een paar dollar kosten, zijn ongetwijfeld de goedkoopste in de stad, maar gaan waarschijnlijk niet langer mee dan net die ene regenbui. **Worth & Worth** heeft een ruime keuze in hele goede paraplu's, bijvoorbeeld van Briggs of London. **Barney's New York** heeft een grote keuze aan verschillende maten, modieuze dessins en de traditionelere Schotse ruiten en strepen, en natuurlijk is er altijd Macy's of de Manhattan Mall voor de gebruikelijke maten en stijlen. Het wereldberoemde **Gucci** verkoopt dassen met bijpassende paraplu's. Zowel dure als eenvoudige opvouwbare modellen vindt u bij **Hanae Mori**, en hele grote exemplaren in degelijk zwart of in de traditionele kleuren van de universiteit – zwart en oranje – zijn verkrijgbaar bij **The Princeton Club**. **The Yale Club** biedt blauwe exemplaren met het witte universiteitsembleem – een enorme 'Y'.

Handtassen en koffers

Als u een lange rij wachtenden om de hoek van 48th Street en Madison Avenue ziet staan, betekent dat, dat de januari- of augustus-uitverkoop bij **Crouch & Fitzgerald** net is begonnen. Deze zaak is al heel lang een begrip in New York en verkoopt handtassen, attaché- en reiskoffers.
Elders in de stad zijn nog meer exclusieve winkels, zoals **Bottega Veneta** en **Prada**, waar handtassen als kostbare kunstwerken worden geëtaleerd. De prijs is daar ook naar. Tot de nieuwere en modernere zaken worden **Furla**, dat een goede reputatie heeft vanwege zijn Italiaanse ontwerpen, en het stijlvolle **Il Bisonte** gerekend. De populaire pastelkleurige tassen van zacht suède van de ontwerper Rafé Totengco zijn te vinden bij **TG-170** en **Big Drop**. **The Coach Store** staat bekend om zijn eenvoudige, klassiek Amerikaanse handtassen van dik, stevig leer. Voor afgeprijsde handtassen van ontwerpers moet u bij het legendarische **Fine & Klein** zijn en als u een enorme keuze in goedkope aktetassen wenst, bent u eigenlijk verplicht een bezoek te brengen aan de **Altman Luggage Company**.

Schoenen

Schoenenwinkels in Manhattan worden alom geroemd vanwege hun uitgebreide assortiment. Het is dan ook nauwelijks voor te stellen dat u niet zou slagen in uw jacht op een paar schoenen of laarzen die – zowel qua uiterlijk als qua prijs – bij u passen. De meeste grote warenhuizen in New York hebben speciale afdelingen waar u zowel schoenen van ontwerpers als die van hun eigen merken kunt vinden. **Bloomingdale's** *(blz. 149)* heeft een reusachtige, maar overzichtelijke afdeling voor damesschoenen.
Voor traditionele herenschoenen is **Brooks Brothers** een van de beste adressen. De service is er onberispelijk.
De exclusiefste winkels voor dames- en herenschoenen vindt u in Midtown. **Martinez Valero** verkoopt prachtige schoenen van suède en leer, in verschillende sierlijke stijlen.
Ferragamo verkoopt klassieke Florentijnse modellen, voor grilligere schoenenmode moet u bij **Botticelli** zijn. De beste nieuwe zaak is **Jeffrey's**, voor een uitstekende keuze.
Ga voor chique schoenen voor redelijke prijzen naar **Sigerson Morrison** in Little Italy.

Billy Martin's is de speciaalzaak voor cowboylaarzen. Hier hebt u een enorme keuze in handgemaakte laarzen, van de sporenlaarzen voor de echte cowboys tot exclusieve laarzen van krokodillenleer van duizenden dollars. Billy Martin heeft ook kleding en accessoires om de Western-stijl te completeren. Wie op maat gemaakte laarzen zoekt, gaat naar **Buffalo Chips Bootery**.

East Side Kids heeft altijd de laatste snufjes op het gebied van kinderschoenen. **Little Eric** verkoopt apart, opvallend schoeisel en **Shoofly** importeert alle mogelijke kinderschoenen.

Harry's heeft een prachtige collectie praktische schoenen.

LINGERIE

Dure importlingerie uit Europa, tegelijk sexy en elegant, vindt u bij **La Petite Coquette**. Betaalbaarder is **Victoria's Secret**, waar u kunt kiezen uit twee verdiepingen met heel mooi satijnen, zijden of van ander materiaal gemaakt ondergoed.

ADRESSEN

SIERADEN

Buccellati
46 E 57th St.
Kaart 12 F3.
☎ *308-5533.*

Bulgari
730 5th Ave.
Kaart 12 F3.
☎ *315-9000.*

Cartier
653 5th Ave.
Kaart 12 F4.
☎ *753-0111.*

Harry Winston
718 5th Ave.
Kaart 12 F3.
☎ *245-2000.*

Jewelry Exchange
15 W 47th St.
Kaart 12 F5.

Tiffany & Co
5th Ave at 57th St.
Kaart 12 F3.
☎ *755-8000.*

HOEDEN

Lola Millinery
2 E 17th St.
Kaart 8 F5.
☎ *366-5708.*

Suzanne Millinery
700 Madison Ave.
Kaart 13 A3.
☎ *593-3232.*

Worth & Worth
331 Madison Ave.
Kaart 9 A1.
☎ *867-6058.*

PARAPLU'S

Barney's New York
Blz. 311.

Gucci
10 W 57th St.
Kaart 12 F4.
☎ *826-2600.*

Hanae Mori
27 E 79th St.
Kaart 16 F5.
☎ *472-2352.*

The Princeton Club
15 W 43rd St.
Kaart 8 F1.
☎ *596-1200.*

Worth & Worth
Zie onder Hoeden.

The Yale Club
50 Vanderbilt Ave.
Kaart 13 A5.
☎ *661-2070.*

HANDTASSEN EN KOFFERS

Altman Luggage Company
135 Orchard St.
Kaart 5 A3.
☎ *254-7275.*

Big Drop
174 Spring St.
Kaart 4 F4.
☎ *966-4299.*

Il Bisonte
72 Thompson Street.
Kaart 4 D4.
☎ *966-8773.*

Bottega Veneta
635 Madison Ave.
Kaart 13 A3.
☎ *371-5511.*

The Coach Store
710 Madison Ave.
Kaart 13 A3.
☎ *319-1772.*

Crouch & Fitzgerald
400 Madison Ave.
Kaart 13 A5.
☎ *755-5888.*

Fine & Klein
119 Orchard St.
Kaart 5 A3.
☎ *674-6720.*

Furla
727 Madison Ave.
Kaart 13 A3.
☎ *755-8986.*
Eén van twee filialen.

Prada
45 E 57th St.
Kaart 12 F3.
☎ *308-2332.*

TG-170
170 Ludlow St.
Kaart 5 A3.
☎ *995-8660.*

SCHOENEN

Billy Martin's
810 Madison Ave.
Kaart 13 A1.
☎ *861-3100.*

Botticelli
612 5th Ave.
Kaart 12 F4.
☎ *582-6313.*

Bloomingdale's
Blz. 311.

Brooks Brothers
Blz. 319.

Buffalo Chips Bootery
345 W Broadway.
Kaart 4 E4.
☎ *253-2228.*

East Side Kids
1298 Madison Ave.
Kaart 17 A2.
☎ *360-5000.*

Ferragamo
661 5th Ave.
Kaart 12 F3.
☎ *759-3822.*

Harry's
2299 Broadway.
Kaart 15 C2.
☎ *874-2035.*

Jeffrey's
449 W 14th St.
Kaart 3 B1.
☎ *206-1272.*

Little Eric
1331 3rd Ave.
Kaart 17 B5.
☎ *288-8987.*

Shoofly
465 Amsterdam Ave.
Kaart 15 C4.
☎ *580-4390.*

Martinez Valero
1029 Third Ave.
Kaart 13 B3.
☎ *753-1822.*

Sigerson Morrison
242 Mott St.
Kaart 4 F3.
☎ *219-3893.*

LINGERIE

La Petite Coquette
51 University Place.
Kaart 4 E1.
☎ *473-2478.*

Victoria's Secret
34 E 57th St.
Kaart 12 F3.

Boeken en muziek

Het is niet verwonderlijk dat New York, het uitgeverscentrum van Amerika, de beste boekwinkels van het land heeft. Er zijn enorme algemene boekwinkels, maar ook honderden zeer gespecialiseerde boekhandels. Voor muziekliefhebbers is de keuze eveneens enorm, bladmuziek is niet erg duur en er zijn ook talloze zeldzame opnamen verkrijgbaar.

Algemene boekhandels

De populairste boekwinkel onder New Yorkers is **Barnes & Noble** op 5th Avenue, om de prijzen en het assortiment. De winkel wordt als de grootste boekhandel ter wereld beschouwd. Er zijn veel filialen, zoals die aan de overkant, met afgeprijsde boeken.

Een paar blokken verder bevindt zich de hoofdvestiging van New Yorks beroemde **Strand Book Store**. 'The Strand', zoals de winkel onder kenners heet, heeft maar liefst twee miljoen exemplaren gebruikte boeken tegen zeer aantrekkelijke prijzen.

Tower Books is net zo groot als Tower Records, met een uitgebreide collectie literatuur, kunst en ook obscure boeken. **Coliseum Books** heeft een uitgebreid assortiment paperbacks. De twee filialen van **Borders Books & Music** bieden een keur aan cd's en boeken in alle genres. **Rizzoli** verkoopt veel foto-, muziek- en kunstboeken, kinderboeken, niet-Engelse boeken en video's. **Gotham Book Mart** is een begrip in New York, waar u zeldzame boeken kunt vinden.

Shakespeare & Co heeft een prachtige verzameling opmerkelijke titels en is iedere avond tot laat open.

Gespecialiseerde boekwinkels

De mooiste verzameling kunstboeken vindt u bij **Hacker Art Books. Urban Center Books** verkoopt titels op het gebied van stadsplanning en milieubeheer.

De grootste keuze in boeken die niet meer in druk zijn vindt u bij de **Academy Book Store.** Zeldzame, in leer gebonden oude drukken en antiquarische boeken vormen de bestaansreden van **JN Bartfield Books.** De **Biography Bookshop** is gespecialiseerd in dagboeken, brieven, biografieën en autobiografieën. Theaterliefhebbers kunnen hun hart ophalen bij **The Applause Theater & Cinema Books.** Voor honderden titels op het gebied van wetenschap, handel, technologie en computers kunt u bij **McGraw-Hill Bookstore** terecht.

Twee winkels zijn gespecialiseerd in boeken over moord, spanning en sensatie: **Murder Ink** en **Mysterious Bookshop.** Een bezoek aan **Forbidden Planet** loont vooral als u zoekt naar nieuwe of tweedehands sciencefiction- en stripboeken. **Village Comics** heeft duizenden oude en nieuwe stripboeken. **Bank Street Book Store** heeft een ruime sortering moderne kinderboeken. **Books of Wonder** heeft heel zeldzame kinderboeken.

Travelers' Choice is gespecialiseerd in reisgidsen, kaarten, video's en reisbenodigdheden. **The Complete Traveler** heeft een ruime sortering gloednieuwe en antiquarische reisboeken en -gidsen. **The Civilized Traveler** heeft allerlei reisaccessoires, van draagbare hightech spullen tot een collectie leren tassen. Er zijn ook reisvideo's te huur, men kan lezingen bijwonen, sommige door bekende reizigers, en bijzondere reizen boeken onder leiding van deskundige gidsen.

Een uitstekend assortiment kaarten vindt u bij **Rand McNally Map & Travel Store** en de **Hagstrom Map & Travel Store**. Bij **Kitchen Arts & Letters** staan kookboeken (ook oude drukken en zeldzame exemplaren) op het menu.

Het radicale erfgoed wordt in ere gehouden bij de **Revolution Books** of **St. Mark's Bookshop.** De **Oscar Wilde Memorial Bookshop** heeft een ruime sortering werk van homoseksuele schrijvers.

Platen, cassettes en cd's

De beste platenzaak in Manhattan is **Tower Records**, waar vrijwel alle muziek tussen bebop en rap wordt verkocht. Goede tweede en derde zijn **HMV** en **Virgin. J & R Music World** is een warenhuis dat alles voor uw vermaak thuis heeft. **Record Explosion** heeft een enorme collectie cd's met lage prijzen.

Wie op zoek is naar oude platen, moet eens bij **Gryphon Records** gaan kijken. De **Academy Bookstore** heeft een uitstekende sortering opnamen van jazz, opera en klassieke muziek. **Footlight Records** is er voor de liefhebber van Broadwaymusicals en filmmuziek, terwijl **House of Oldies** een fenomenale voorraad oude en zeldzame platen voor iedere smaak heeft. De platenzaak **Bleecker Bob's Golden Oldies** heeft een aanbod dat varieert van buitenlandse persingen, rock en punk tot zeldzame jazz. Probeer **Midnight Records** eens als u zoekt naar niet-Amerikaans repertoire, heruitgaven, Amerikaanse garage-rock en psychedelische muziek.

Bladmuziek

Vlak achter Carnegie Hall bevindt zich een van de best gesorteerde winkels op het gebied van klassieke bladmuziek – **Joseph Patelson Music House Ltd.** De **Frank Music Company** heeft ook een enorme collectie klassieke muziekpartituren. **Charles Colin Publications** is gespecialiseerd in jazz. Voor muziek van de hitlijsten en popnummers is **Colony Record and Music Center** in het Brill Building de ideale winkel.

ADRESSEN

ALGEMENE BOEKWINKELS

Barnes & Noble
105 5th Ave. **Kaart** 8 F5.
807-0099.
Heeft verschillende filialen.

Borders Books & Music
5 World Trade Center.
Kaart 1 B2. *839-8049.*
Eén van twee filialen.

Coliseum Books
1771 Broadway.
Kaart 12 D3.
757-8381.

Gotham Book Mart
41 W 47th St. **Kaart** 12 F5.
719-4448.

Rizzoli
31 W 57th St. **Kaart** 12 F3.
759-2424.
Heeft verschillende filialen.

Shakespeare & Co
716 Broadway. **Kaart** 4 E2.
529-1330.

939 Lexington Ave.
Kaart 13 A1.

Strand Book Store
828 Broadway.
Kaart 4 E1.
473-1452.

Tower Books
383 Lafayette St..
Kaart 4 F2.
228-5100.

GESPECIALISEERDE BOEKWINKELS

Academy Book Store
10 W 18th St.
Kaart 8 F5.
242-4848.

Applause Theater & Cinema Books
211 W 71st St.
Kaart 11 C1.
496-7511.

Bank Street Book Store
610 W 112th St.
Kaart 21 A4
678-1654.

Biography Bookshop
400 Bleecker St.
Kaart 3 C2.
807-8655.

Books of Wonder
16 W 18th St.
Kaart 8 E5.
989-3270.

The Civilized Traveler
2003 Broadway.
Kaart 11 C1.
875-0306.

The Complete Traveler
199 Madison Ave.
Kaart 9 A2.
685-9007

Forbidden Planet
840 Broadway.
Kaart 4 E1.
473-1576.

Hacker Art Books
45 W 57th St.
Kaart 12 F3.
688-7600.

Hagstrom Map & Travel Store
57 W 43rd St.
Kaart 8 F1.
398-1222.

JN Bartfield Books
30 W 57th St.
Kaart 12 F3.
245-8890.

Kitchen Arts & Letters
1435 Lexington Ave.
Kaart 17 A2.
876-5550.

McGraw-Hill Bookstore
1220 6th Ave.
Kaart 12 E4.
512-4100.

Murder Ink
2486 Broadway.
Kaart
362-8905.

Mysterious Bookshop
129 W 56th St.
Kaart 12 E3.
765-0900.

Oscar Wilde Memorial Bookshop
15 Christopher St.
Kaart 3 C2.
255-8097.

Rand McNally Map & Travel Store
150 E 52nd St.
Kaart 13 A4.
758-7488.

Revolution Books
9 W 19th St.
Kaart 7 C5.
691-3345.

St. Mark's Bookshop
31 3rd Ave.
Kaart 5 A2.
260-7853.

Travelers' Choice
2 Wooster St.
Kaart 4 E4.
941-1535.

Urban Center Books
457 Madison Ave.
Kaart 13 A4.
935-3595.

Village Comics
214 Sullivan St.
Kaart 4 D3.
777-2770.

PLATEN, CASSETTES EN CD'S

Academy Book Store
Zie Gespecialiseerde boekwinkels

Bleecker Bob's Golden Oldies
118 W 3rd St.
Kaart 4 D2.
475-9677.

Footlight Records
113 E 12th St.
Kaart 4 F1.
533-1572.

Gryphon Records
233 W 72nd St.
Kaart 11 D1.
874-1588.

HMV
2081 Broadway.
Kaart 15 C5.
721-5900.
Heeft verschillende filialen.

House of Oldies
35 Carmine St.
Kaart 4 D3.
243-0500.

J&R Music World
15, 23, 27 & 33 Park Row.
Kaart 1 C2.
732-8600.

Midnight Records
263 W 23rd St.
Kaart 8 D4.
675-2768.

Record Explosion
384 5th Ave.
Kaart 8 F3
736-5624
Heeft verschillende filialen.

Tower Records
692 Broadway.
Kaart 4 E2.
505-1500.
Een van de drie filialen.

Virgin Megastore
45th & Broadway.
Kaart 12 E5
921-1020

BLADMUZIEK

Charles Colin Publications
315 W 53rd St.
Kaart 12 D4.
581-1480.

Colony Record and Music Center
1619 Broadway.
Kaart 12 E4.
265-2050.

Frank Music Company
250 W 54th St.
Kaart 12 D4.
582-1999.

Joseph Patelson Music House Ltd
160 W 56th St.
Kaart 12 E4.
757-5587.

Kunst en antiek

Wie daartoe aandrang voelt, kan zijn gehele verblijf in New York doorbrengen met het bezoeken van de honderden galeries die de stad rijk is. Als u geïnteresseerd bent in antiek zijn er talloze vlooienmarkten waar u mooie koopjes op de kop kunt tikken, of anders exclusieve antiekzaken, waar het aanbod van fraai Europees en Amerikaans antiek enorm is. Ook liefhebbers van specifiek Amerikaanse kunst kunnen heel goed uit de voeten in New York. Wie wil weten wat er tijdens zijn bezoek te koop is, moet de gratis *Art Now Gallery Guide* er eens op naslaan.

Galeries

Een van de grootste namen in SoHo is **Leo Castelli**. Hij was aan het begin van de jaren zestig een fervent pleitbezorger van de Pop Art; in 1999 overleed hij. Zijn galerie biedt nieuwe kunstenaars een podium. Bij **Mary Boone Gallery** exposeren neo-expressionistische kunstenaars zoals Julian Schnabel. De **Pace Wildenstein Gallery** laat hedendaagse sterren exposeren, vooral bekende schilder-fotografen, en de modieuze galerie **Gorney, Bravin & Lee** handelt in hedendaagse kunst en sculpturen. De **John Weber Gallery** heeft naam gemaakt als expositieruimte van vele minimalisten en conceptualisten. **Postmasters** doet ook veel met conceptuele kunstwerken.
In 57th Street vindt u veel exclusieve galeries, zoals de **Sidney Janis Gallery**. De **Marian Goodman Gallery** biedt de Europese avantgarde. De **Holly Solomon Gallery** in SoHo stelt Europese en Amerikaanse contemporaine schilderijen, tekeningen en sculpturen tentoon.
In de Upper East Side is **Knoedler & Company** gevestigd, die hedendaagse schilderkunst toont. **Gagosian Gallery** heeft belangrijke werken van Lichtenstein en Johns, en de **Hirschl & Adler Galleries** tonen een fraaie collectie Europese en Amerikaanse kunstwerken.

Amerikaanse volkskunst

Als u geïnteresseerd bent in Amerikaanse volkskunst, zijn **Susan Parrish Antiques** en **Kelter-Malcé** een bezoek waard vanwege hun collectie gehaakte kleden en andere werken. **Laura Fisher** verkoopt alles, van lokvogels tot gehaakte kleden.

Antiekcentra en tweedehands antiek

Behalve dat er honderden winkeltjes zijn die kunst en antiek verkopen, is in Manhattan ook **The Manhattan Art & Antiques Center** gevestigd, met tientallen handelaren onder een dak. **Chelsea Antiques** biedt onderdak aan meer dan 100 galeries en er is zelfs een klein café voor een hapje en een drankje. **Irving Barber Shop Antiques** staat vol met fantastische tweedehands voorwerpen en verrassend goede prijzen.

Amerikaans meubilair

Voor meubilair uit de 17de, 18de en 19de eeuw kunt u terecht bij **Bernard Levy & S Dean, Eagles Antiques, Leigh Keno American Furniture** of de gerenommeerde **Israel Sack**. **Judith James Milne** heeft vroeg Amerikaanse rustieke meubels en een schitterende collectie quilts. Voor een prachtige collectie Shaker-meubilair moet u bij **Woodard and Greenstein American Antiques & Quilts** zijn.
Verzamelaars van art deco- of art nouveau-meubelen zouden eens moeten gaan kijken bij **Alan Moss**. **Macklowe Gallery & Modernism** heeft een enorme collectie mooi art nouveau-meubilair. **Minna Rosenblatt** en **Lillian Nassau** verkopen Tiffany-lampen en veel art nouveau- en art deco-stukken. Er zijn ook enkele winkels, waaronder **Depression Modern** en **Mood Indigo,** waar kostbaarheden uit de jaren dertig en veertig te koop zijn.

Internationaal antiek

Voor Engels antiek moet u bij **Florian Papp** of **Kentshire Galleries** zijn. De adressen voor Europees antiek zijn **Betty Jane Bart Antiques, Kurt Gluckselig Antiques, The Little Antique Shop, Linda Horn Antiques, La Belle Epoque** en **Pierre Deux.** Oosters antiek vindt u bij **Doris Leslie Blau, E & J Frankel** en **Flying Cranes Antiques.**

Rommelmarkten

In New York zijn het hele jaar weekendmarkten. De beste tijd voor een bezoek is heel vroeg in de ochtend.
De meeste rommelmarkten beginnen officieel om 9.00 of 10.00 uur, maar het pingelen begint al om 6.00 uur. Met veel geluk zult u een of ander waardevol Amerikaans voorwerp als een Barbie-broodtrommeltje of een Soupy Sales plaat kunnen opdiepen. Op de **Annex Antiques Fair and Flea Market** vindt u de meest uiteenlopende spullen, van tweedehands kleding tot antiek meubilair. De **Canal Street Flea Market** (alleen in het weekeinde) biedt curiosa, de **Columbus Avenue Flea Market** nieuwe en gebruikte kleding en meubilair. Informatie over alle straat- en rommelmarkten vindt u in de vrijdageditie van de *New York Times.*

Veilinghuizen

De befaamdste veilinghuizen van Manhattan zijn **Christie's** en **Sotheby's.** Alles gaat er onder de hamer, van munten en juwelen tot wijnen en fraaie kunstwerken. De te veilen stukken kunnen over het algemeen enkele dagen van tevoren bezichtigd worden. Lees voor meer gegevens de vrijdag- en zondageditie van de *New York Times.*

Adressen

Galeries

Gagosian Gallery
980 Madison Ave.
Kaart 17 A5.
744-2313.

Hirschl & Adler Galleries
21 E 70th St. **Kaart** 12 F1.
535-8810.
Heeft verschillende filialen.

Holly Solomon Gallery
172 Mercer St. **Kaart** 4 E3.
941-5777.

Gorney, Bravin & Lee
534 W 26th St.
Kaart 7 C4.
352-8372.

John Weber Gallery
529 W 20th St. **Kaart** 7 C5. *691-5711.*

Knoedler & Company
19 E 70th St. **Kaart** 13 A1.
794-0550.

Leo Castelli
59 E 57th St.
Kaart 17 A4.
249-4470.

Marian Goodman Gallery
24 W 57th St. **Kaart** 12 F3.
977-7160.

Mary Boone Gallery
745 Fift Ave. **Kaart** 12 F3.
752-2929.

Pace Wildenstein Gallery
32 E 57th St. **Kaart** 12 F3.
421 3292.

Postmasters
80 Greene St. **Kaart** 4 E2.
941-5711.

Sidney Janis Gallery
110 W 57th St. **Kaart** 12 E3.
586-0110.

Amerikaanse volkskunst

Brian Windsor
272 Lafayette St.
Kaart 4 F4.
274-0411.

Kelter-Malcé
74 Jane St. **Kaart** 3 C1.
989-6760.

Laura Fisher
Manhattan Art & Antiques Center, 1050 2nd Ave.
Kaart 13 B4.
838-2596.

Susan Parrish Antiques
390 Bleecker St.
Kaart 3 C2.
645-5020.

Antiekcentra en tweedehands antiek

Chelsea Antiques
110 W25th St.
Kaart 8 EA4.
929-0909.

Irving Barber Shop Antiques
210 E 21st St.
Kaart 9 A4.
geen telefoon.

The Manhattan Arts & Antiques Center
1050 2nd Ave.
Kaart 13 A3.
355-4400.

Amerikaans meubilair

Alan Moss
436 Lafayette St.
Kaart 4 F2.
473-1310.

Bernard Levy & S Dean
24 E 84th St.
Kaart 16 F4.
628-7088.

Depression Modern
150 Sullivan St.
Kaart 4 D3.
982-5699.

Eagles Antiques
1097 Madison Ave.
Kaart 17 A5.
772-3266.

Israel Sack
730 5th Ave.
Kaart 12 F3.
399-6562.

Judith James Milne
506 E 74th St. **Kaart** 17 C5.
472-0107.

Leigh Keno American Furniture
980 Madison Ave.
Kaart 17 A5.
734-2381.

Lillian Nassau
220 E 57th St. **Kaart** 13 B3.
759-6062.

Macklowe Gallery & Modernism
667 Madison Ave.
Kaart 13 A3.
644-6400.

Minna Rosenblatt
844 Madison Ave.
Kaart 13 A1.
288-0250.

Mood Indigo
181 Prince St.
Kaart 4 E3.
254-1176.

Woodard & Greenstein American Antiques
506 E 74th St..
Kaart 17 A5.
988-2906.

Internationaal antiek

La Belle Epoque
280 Columbus Ave.
Kaart 12 D1
362-1770

Betty Jane Bart Antiques
1225 Madison Ave.
Kaart 17 A3.
410-2702.

Doris Leslie Blau
724 5th Ave.
Kaart 12 F3.
586-5511.
Alleen op afspraak.

E & J Frankel
1040 Madison Ave.
Kaart 17 A5.
879-5733.

Florian Papp
962 Madison Ave.
Kaart 17 A5.
288-6770.

Flying Cranes Antiques
1050 2nd Ave.
Kaart 13 B4.
223-4600.

Kentshire Galleries
37 E 12th St.
Kaart 4 E1.
673-6644.

Kurt Gluckselig Antiques
1050 2nd Ave.
Kaart 13 B4.
758-1805.

Linda Horn Antiques
1015 Madison Ave.
Kaart 17 A5.
772-1122.

The Little Antique Shop
44 E 11th St.
Kaart 4 E1.
673-5173.

Pierre Deux
367 Bleecker St. **Kaart** 3 C2.
243-7740.
Heeft verschillende filialen.

Rommelmarkten

Annex Antiques Fair and Flea Market
24th tot 27th St. bij 6th Ave. **Kaart** 8 E4.
243-5343.
Za en zo geopend.

Canal Street Flea Market
335 Canal St. **Kaart** 4 E5.
Maart-dec. ieder weekend geopend.

Columbus Avenue Flea Market
Columbus Ave, tussen 76th en 77th St.
Kaart 16 D5.
721-0900. Zo geopend.

Veilinghuizen

Christie's
20 Rockefeller Plaza. **Kaart** 12 F5. *636-2000.*

Sotheby's
1334 York Ave.
Kaart 13 C1.

Levensmiddelen en huishoudelijke artikelen

De enorme culturele en etnische diversiteit van New York is vooral terug te vinden in het eten – voor elk soort eten is er wel een speciale winkel. Als winkelhoofdstad van de Verenigde Staten is natuurlijk ook het aanbod van huishoudelijke artikelen ongeëvenaard.

Delicatessen

New York telt een aantal beroemde winkels, die op zichzelf al toeristische attracties zijn. **Balducci's** in Greenwich Village is een paradijs voor liefhebbers van Italiaanse lekkernijen; men verkoopt koud vlees, pasta's, salami en vis. Bij **Dean & DeLuca,** een chique delicatessenzaak, zijn etenswaren tot een kunstvorm verheven – kijk vooral ook even bij het enorme assortiment meeneemmaaltijden.
Russ & Daughters was een van de eerste delicatessenwinkels in de stad. Hun roomkaas, chocolade en bagels zijn wereldberoemd. **The Gourmet Garage** verkoopt allerlei verse waar, vooral organisch geteelde groente en fruit. **Zabar's** is misschien wel de beste levensmiddelenzaak ter wereld, waar de mensen zich verdringen voor de gerookte zalm, bagels, kaviaar, kaas en koffie.
William Poll biedt een ruime keuze aan picknick-hapjes en zeer veel verschillende kant-en-klare gerechten. Voor paté, Schotse gerookte zalm, kaviaar en zelfgemaakte chocolade moet u bij **Caviarteria** zijn.

Speciaalzaken in levensmiddelen en wijnen

Fantastische brood- en banketzaken genoeg in New York, maar een van de beste is zeker de **Poseidon Greek Bakery**, vermaard om zijn filodeeggebak. **H & H Bagels** bakt dagelijks 60.000 van de beste bagels in Manhattan. **Vesuvio** maakt Italiaans brood en een vreemd soort peperkoek. Ga naar **Fung Wong** voor heerlijk Chinees gebak of koop een traditioneel Siciliaans brood bij **A Zito & Son's Bakery.**
Tot de beste suikergoedproducenten worden **Li-Lac,** met ambachtelijk gemaakte chocolade, en **Mondel Chocolates**, met prachtige chocoladebeesten, gerekend. **Economy Candy** verkoopt een enorme sortering gedroogd fruit. Wie zich eens lekker wil fêteren moet naar **Teuscher,** waar de champagnetruffels rechtstreeks uit Zwitserland komen. **Myers of Keswick** importeert Engelse specialiteiten. Iets exotischer is **Kam Man Food Products**, een echte oosterse groentewinkel. **The Italian Food Center** verkoopt heerlijke olijfolie, gedroogde pasta's en worstjes; **Raffeto's Corporation** heeft elke soort pasta. Voor vlees en vis moet u naar de **Jefferson Market** en voor een ongeëvenaarde keuze in zeebanket naar **Citarella's**. **Angelica's Herbs and Spices** verkoopt 2000 soorten kruiden en specerijen.
Acker, Merrall & Condit heeft een goede reputatie op het gebied van rode wijn. Bij **Garnet Liquors** moet u zijn als u niet te veel wilt betalen voor chique wijnen en champagnes. **SoHo Wines and Spirits** heeft een uitgebreid assortiment Schotse malt whisky. **Sherry-Lehmann** is de belangrijkste wijnhandel in New York.
New York heeft ook een aantal goede koffiewinkels. Tot de top behoren **Oren's, The Sensuous Bean** en **Porto Rico Importing Company.**
Fruit en groente vindt u voor redelijke prijzen op de boerenmarkten, maar daar moet u wel vroeg heen. De populairste zijn **City Hall, Upper West Side, St Mark's in-the-Bowery** en **Union Square.**

Huishoudelijke artikelen

De meeste warenhuizen verkopen een groot scala aan huishoudelijke artikelen. Een echte speciaalzaak is **Broadway Panhandler**, een paradijs voor de kok. **Bridge Kitchenware** is een begrip onder restauranthouders. **Williams-Sonoma** verkoopt zowel keukengerei als kookboeken. **Zabar's** heeft een goede sortering keukengerei.
Baccarat, Daum, Lalique en **Villeroy & Boch** verkopen schitterend kristal, porselein en tafelzilver. Andere exclusieve zaken zijn **Orrefors Crystal** en **Tiffany & Co.** Voor ambachtelijk geblazen glas moet u naar **Kosta Boda**. **Avventura** is dé winkel voor kristal en porselein, terwijl **Fishs Eddy** het beste goedkope Amerikaanse gebruiksporselein verkoopt. **Ceramica** is gespecialiseerd in handgemaakt Italiaans aardewerk, **La Terrine** en **Steuben Glass** verkopen heel mooie handbeschilderde keramiek. Voor zijden lakens en luxueus linnengoed moet u bij **Porthault** of **Pratesi** zijn.
ABC Carpet & Home heeft een benijdenswaardige reputatie op het gebied van woninginrichting en **Bed, Bath & Beyond** voor het beddengoed. Ga voor de laagste prijzen langs in Grand Street in de Lower East Side.

Elektronica en fotoapparatuur

Op het gebied van elektronica bestaat er in New York een moordende concurrentie. Het is lonend om u vooraf goed te oriënteren. Als u elektronica wilt meenemen naar huis, let dan op het voltage en dergelijke, want dat is in de VS vaak anders.
Bij **B & H Photo** vindt zowel de amateur als professionele fotograaf alles wat hij nodig heeft. Een zaak voor computerapparatuur is **CompUSA**. **J&R Music World** is relatief goedkoop en heeft de beste jazzcd-collectie van de stad. **The Wiz** biedt een brede keus aan apparatuur en spelletjes. Kijk in de krant of u **Willoughby's** tegenkomt; men biedt daar vaak fotografische apparatuur en toebehoren aan voor weinig geld.

ADRESSEN

DELICATESSEN

Balducci's
424 Ave of the Americas.
Kaart 4 D1.
☎ *673-2600.*

Caviarteria
29 E 60th St. **Kaart** 12 F3.
☎ *759-7410.*

Dean & DeLuca
560 Broadway. **Kaart** 4 E3.
☎ *431-1691.*

Gourmet Garage
453 Broome St.
Kaart 4 E4.
☎ *941-5850.*
Heeft verscheidene filialen.

Russ & Daughters
179 E Houston St.
Kaart 5 A3.
☎ *475-4880.*

William Poll
1051 Lexington Ave.
Kaart 17 A5. ☎ *288-0501.*

Zabar's
2245 Broadway.
Kaart 15 C4.
☎ *787-2000.*

SPECIAALZAKEN IN LEVENSMIDDELEN EN WIJNEN

A Zito & Son's Bakery
259 Bleecker St.
Kaart 3 C2.
☎ *929-6139.*

Acker, Merrall & Condit
160 W 72nd St.
Kaart 11 C1.
☎ *787-1700.*

Angelica's Herbs and Spices
147 1st Ave. **Kaart** 5 A1.
☎ *677-1549.*

Citarella's
2135 Broadway.
Kaart 15 C5.
☎ *874-0383.*

City Hall Green Market
Centre St./Chambers St.
Kaart 1 C1.

Economy Candy
108 Rivington St.
Kaart 5 A3. ☎ *254-1531.*

Fung Wong
30 Mott St. **Kaart** 4 F3.
☎ *267-4037.*

Garnet Liquors
929 Lexington Ave.
Kaart 13 A1.
☎ *772-3211.*

H & H Bagels
2239 Broadway.
Kaart 15 C4. ☎ *595-8000.*
Eén van de twee zaken.

Italian Food Center
186 Grand St. **Kaart** 15 C4.
☎ *925-2954.*

Jefferson Market
450 Ave of the Americas.
Kaart 12 E5. ☎ *533-3377.*

Kam Man Food Products
200 Canal St. **Kaart** 4 F5.
☎ *571-0330.*

Li-Lac
120 Christopher St.
Kaart 3 C2. ☎ *242-7374.*

Mondel Chocolates
2913 Broadway.
Kaart 20 E3. ☎ *864-2111.*

Myers of Keswick
634 Hudson St.
Kaart 3 C2.
☎ *691-4194.*

Oren's
1144 Lexington Ave.
Kaart 17 A4. ☎ *472-6830.*

Porto Rico Importing Company
201 Bleeker St.
Kaart 3 C2. ☎ *477-5421.*

Poseidon Greek Bakery
629 9th Ave. **Kaart** 12 D5.
☎ *757-6173.*

Raffeto's Corporation
144 West Houston St.
Kaart 4 D3. ☎ *777-1261.*

St. Mark's in-the-Bowery Greenmarket
E 10th St./2nd Ave.
Kaart 4 F1.

The Sensuous Bean
66 W 70th St. **Kaart** 12 D1.
☎ *724-7725.*

Sherry-Lehmann
679 Madison Ave.
Kaart 13 A3.
☎ *838-7500.*

SoHo Wines and Spirits
461 W Broadway.
Kaart 4 E4.
☎ *777-4332.*

Teuscher
25 E 61st St. **Kaart** 12 F3.
☎ *751-8482.*

Union Square Greenmarket
E 17th St./Broadway.
Kaart 8 F5.

Upper West Side Greenmarket
Columbus Ave at 77th St.
Kaart 16 D5.

Vesuvio
160 Prince St. **Kaart** 4 E3.
☎ *925-8248.*

HUISHOUDELIJKE ARTIKELEN

ABC Carpet & Home
888 Broadway. **Kaart** 8 F5.
☎ *254-7171.*

Bed, Bath & Beyond
610 6th Ave.
Kaart 8 F5.
☎ *255-3550.*

Avventura
463 Amsterdam Ave.
Kaart 15 C4.
☎ *769-2510.*

Baccarat
625 Madison Ave.
Kaart 13 A3.
☎ *826-4100.*

Bridge Kitchenware
214 E 52nd St. **Kaart** 13 B4. ☎ *688-4220.*

Broadway Panhandler
477 Broome St.
Kaart 4 E4.
☎ *966-3434.*

Ceramica
59 Thompson St.
Kaart 4 D4.
☎ *941-1307.*

Daum
694 Madison Ave.
Kaart 13 A3.
☎ *355-2060.*

Fishs Eddy
2176 Broadway.
Kaart 15 C5
☎ *873-8819*

Kosta Boda
58 E 57th St.**Kaart** 12 F3.
☎ *753-3442.*

Lalique
680 Madison Ave.
Kaart 13 A3.
☎ *355-6550.*

Orrefors Crystal
58 E 57th St.
Kaart 13 A3.
☎ *753-3442.*

Porthault
18 E 69th St.**Kaart** 12 F1.
☎ *688-1660.*

Pratesi
829 Madison Ave.
Kaart 13 A2.
☎ *288-2315.*

Steuben Glass
715 5th Ave. **Kaart** 12 F3.
☎ *752-1441.*

La Terrine
1024 Lexington Ave.
Kaart 13 A1.
☎ *988-3366.*

Tiffany & Co
Blz. 321.

Villeroy & Boch
974 Madison Ave.
Kaart 17 A5.
☎ *535-2500.*

Williams-Sonoma
20 E 60th St. **Kaart** 12 F3.
☎ *980-5155.*
Heeft verschillende filialen.

Zabar's
Zie onder Delicatessen.

ELEKTRONICA EN FOTOAPPARATUUR

B & H Photo
420 9th Ave. **Kaart** 8 D2.
☎ *444-6630.*

J&R Music World
Blz. 322.

The Wiz
212 E 57th St. **Kaart** 13 A3. ☎ *754-1600.*
Heeft verscheidene filialen.

CompUSA
420 5th Ave.
Kaart 8 F1.
☎ *764-6224.*
Heeft verschillende filialen.

Willoughby's
138 W 32nd St.
Kaart 8 E3.
☎ *564-1600.*

Amusement in New York

Uitvoering van het New York City Ballet

New York heeft een bruisend uitgaansleven, dat 24 uur per dag en 365 dagen per jaar doorgaat. Waar uw voorkeur ook naar uitgaat, u kunt er zeker van zijn dat u volop aan uw trekken komt. De theaterliefhebber kan op Broadway kiezen uit talloze succesvolle uitvoeringen, maar zich ook eens wagen aan een experimentele productie op een zolderverdieping. Wie van muziek houdt, kan kiezen tussen de pracht van de opera in het Metropolitan tot een jazzgroep in een club in de Village. U kunt avant-gardeballet aanschouwen of zelf gaan dansen in een van de enorme discotheken in de stad. Bioscopen zijn er te over, maar misschien is het wel het allerleukst om wat rond te slenteren. New York zelf is tenslotte het allermooiste theater dat er bestaat.

Praktische informatie

Voor informatie over het uitgaansleven in New York kunt u de programmaoverzichten in de *New York Times* en *The Village Voice* raadplegen, of in tijdschriften als *Time Out*

TKTS-kiosk voor goedkope kaarten

New York (meestal TONY genoemd) en de *New Yorker* kijken. Hierin vindt u een korte beschrijving van de evenementen en met welke creditcards u kunt betalen. Vraag in uw hotel naar *Where*, een gratis weekblad met plattegronden en informatie over de vele verschillende evenementen. Het hotelpersoneel kan vast ook enkele vragen beantwoorden en heeft vele brochures en folders. Wellicht wil uw hotel ook reserveringen regelen. Op sommige hoteltv's zit een informatiekanaal voor bezoekers van New York. Het New York Convention and Visitors Bureau, bekend als **NYC & Company**, is de officiële bron van de stad voor alles wat er te doen en te zien is. Kiosken met touch-screens geven informatie en verkopen algemene toegangskaarten voor de topattracties van de stad. Er zijn meertalige adviseurs, kortingsbonnen, gratis plattegronden, brochures, informatie over rondritten en geldautomaten beschikbaar. **NYC On Stage** is een telefoonlijn voor theater, dans en muziek, **Broadway Line** geeft een beknopte beschrijving van de lopende shows, programma's en de verschillende prijzen, terwijl **Moviefone** een automatische telefoonopgave van alle films biedt. **Clubfone** (777-2582) informeert u over het nachtleven.

Bobby Short zingt in het Café Carlyle *(blz. 343)*

Reserveren

Populaire shows zijn soms al weken van tevoren uitverkocht, dus zorg dat u er op tijd bij bent. Theaterkassa's zijn dagelijks geopend van tien uur tot een uur na aanvang van de voorstelling, behalve op zondag. Ga langs, of bel de kassa of een plaatskaartenbureau en betaal met een creditcard. De grootste bureaus zijn **Telecharge, Ticketmaster** en **Ticket Central.** Reken hier op een toeslag van een paar dollar. Een onafhankelijk bureau kan soms ook kaartjes krijgen – probeer **Prestige Entertainment.** In de *Yellow Pages* van New York staan er nog meer vermeld. De kosten hangen samen met de vraag. Het **Broadway Ticket Center** in het Times Square Visitors Center verkoopt kaartjes voor de volle prijs.

Goedkope kaarten

U kunt op de dag van de uitvoering goedkopere kaartjes voor toneel- en musicaluitvoeringen kopen bij een van de niet-commerciële **TKTS**-stalletjes. De korting bedraagt 25 tot 50 procent, maar er komt wel een klein bedrag bij. Op Broadway is een TKTS-kiosk waar op woensdag en zaterdag van 10.00 tot 14.00 uur kaarten voor de matinee worden verkocht, van 15.00 tot 20.00 uur voor de avondvoorstelling en van 11.00 tot 19.00 uur voor de zondagse voorstelling. In de kiosk op de tussenverdieping van 2 World Trade Center kunt u op werkdagen tussen 11.00 en 17.30 uur en in het weekeind op zaterdag tussen 11.00 en 15.30 uur terecht. Op vrijdag kunt u hier kaarten voor de zaterdagmatinee kopen. Bij **Ticketmaster** kunt u op de dag van de voorstel-

Het Booth Theater op Broadway *(blz. 333)*

ling een kaartje met 10 tot 25 procent korting bestellen via de telefoon (u betaalt een klein bedrag aan commissie). De **Hit Show Club** verkoopt vouchers die bij een theaterkassa kunnen worden ingewisseld voor kaartjes met korting. Voor sommige shows zijn er goedkope kaartjes voor staanplaatsen op de dag zelf. Dit is vaak de enige mogelijkheid om een uitverkochte voorstelling te kunnen bijwonen.

Zwarte kaartjes

Als u kaartjes via een *scalper* (zwarthandelaar) koopt, loopt u het risico veel te veel te betalen, de verkeerde kaartjes voor de verkeerde dag te krijgen of zelfs valse.

Vrijkaarten

Voor tv-opnamen, concerten en speciale evenementen kunt u soms gratis kaarten krijgen bij het **NYC & Company Visitor Information Center**, dat op werkdagen van 8.30 tot 18.00 uur en in het weekeinde van 9.00 tot 17.00 uur open is. Gratis of sterk afgeprijsde kaartjes voor film- of theaterpremieres worden vaak aangeboden in de *New York Times*, *Daily News* of *Time Out New York*. In de *Village Voice* staan onder het kopje 'Cheap Thrills' poëzielezingen, recitals en experimentele films. Voor het New York Shakespeare Festival in het **Delacorte Theater** in Central Park zijn er ook gratis kaartjes: één per persoon, op is op. Op de dag van de voorstelling vormt zich vanaf 12.00 uur een lange rij. Neem eten en dekens mee. In het **Rockefeller Center** zijn kaartjes voor tv-shows te krijgen.

Royale Theater bij nacht *(blz. 333)*

Plaatsen voor gehandicapten

De theaters op Broadway reserveren een aantal plaatsen en kaarten met korting voor mensen in een rolstoel en hun begeleiders. Bel voor informatie over shows en reservering ruim van tevoren **Ticketmaster** of **Telecharge.** Sommige theaters hebben handige apparatuur voor slechthorenden. **Tap** regelt gebarentaal voor Broadwaytheaters en **Hands On** voor Off-Broadway-theaters.

Nuttige adressen

Broadway Line
☎ *563-2929.*

Delacorte Theater
Entree via 81st St. in Central Park W. **Kaart** 16 E4. ☎ *861-7277.* W www.publictheater.org
Alleen in de zomer.

Hands On
☎ *672-4898 (Voice/TDD).*

Hit Show Club
8th Floor, 630 5th Ave.
Kaart 12 D5
☎ *581-4211.*

Moviefone
(blz. 337)
☎ *777-FILM.*

Prestige Entertainment
☎ *697-7788.*

Tv-kaartjes

ABC
67th St. en Columbus Ave.
☎ *456-3537.*

CBS
524 W 57th St.
☎ *975-2476*

New York Convention Center & Visitors Bureau (NYC & Co.)
870 7th ave. **Kaart** 12 D2
W www.newyork.citysearch.com
W www.nycvisit.com

NYC On Stage
Kaart 12 D2
☎ *768-1818.*

Tap (Theater Acces Project)
☎ *221-1103 (Voice)*
719-4537 (TDD).

Telecharge
☎ *239-6200.*
W www.telecharge.com

Ticket Central
☎ *279-4200.*
W www.ticketcentral.org

Ticketmaster
☎ *307-7171.*
W www.ticketmaster.com

TKTS
Broadway bij W 47th St.
Kaart 12 E5.

2 World Trade Center.
Kaart 1 B2.

Hoogtepunten: amusement

De beroemde jazzclub Blue Note

Ook op het gebied van amusement is New York een wereldstad. Beroemdheden op elk gebied van de kunst komen naar de stad om op te treden, maar een groot deel van hen woont ook in New York. Er vinden volop sportevenementen plaats, en niet ten onrechte heeft New York op het gebied van het uitgaansleven de bijnaam 'de stad die nooit slaapt'. Te midden van het enorme aanbod van evenementen zijn er enkele die als klassieker in hun soort te boek staan. Al kunt u er maar één van bijwonen, dan hebt u toch deel uitgemaakt van een gebeurtenis die zo karakteristiek is voor New York.

Limelight
Deze verbouwde kerk blijft een van de lievelingsplekjes van de nachtvlinders in New York. (blz. 342)

Madison Square Garden
In 'The Garden' vindt topsport plaats: de basketballers van de New York Knicks en de ijshockeyers van de New York Rangers spelen er. Ook wordt er om de Golden Gloves gebokst. (blz. 340)

Film Forum
In de mooiste bioscoop voor kunstzinnige films in New York kunt u de nieuwste buitenlandse en Amerikaanse films of retrospectieven met klassieke films zien. (blz. 336)

Village Vanguard
Alle jazzsterren hebben wel eens in Greenwich Village opgetreden. In de wereldberoemde Village Vanguard of in de Blue Note kunt u de sterren van vandaag en morgen bewonderen. (blz. 340)

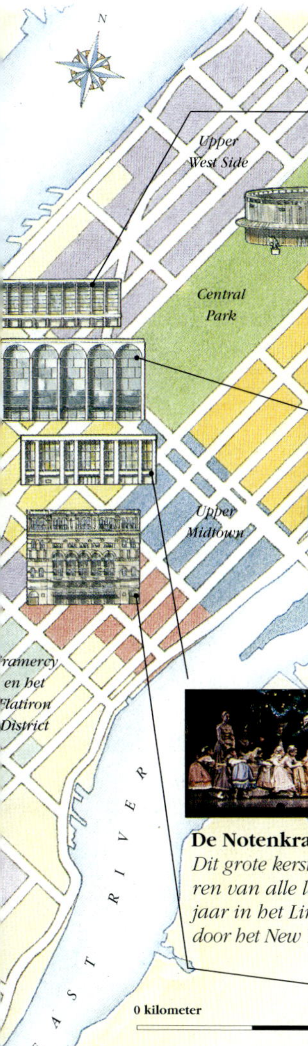

Het New York Philharmonic
Op donderdagochtend kunt u de repetities in de Avery Fisher Hall vaak bijwonen tegen een sterk verlaagde toegangsprijs. (blz. 338)

Metropolitan Opera House
Hier kunt u de allerbesten op operagebied zien en horen. (blz. 338)

Shakespeare in Central Park
Als u 's zomers in New York bent, trek dan een dag uit om kaartjes te veroveren voor het Delacorte theater, waar in de open lucht Shakespeare wordt gespeeld. (blz. 332)

De Notenkraker
Dit grote kerstevenement voor kinderen van alle leeftijden wordt ieder jaar in het Lincoln Center opgevoerd door het New York City Ballet. (blz. 334)

Carnegie Hall
Carnegie Hall, in het hart van het Theater District, is over de hele wereld bekend als podium waar de beste musici optreden. Een rondleiding achter de schermen geeft u een boeiend beeld van 'the house that music built'. (blz. 338)

The Fantasticks
Deze voorstelling in het kleine Sullivan Street Playhouse loopt al sinds mei 1960, een Amerikaans record. Newyorkers die het als kind gezien hebben, gaan er nu met hun eigen kinderen heen. (blz. 332)

Theater en dans

New York is beroemd om zijn buitenissige musicals en berucht om de meedogenloze critici. De stad is een van de grootste centra voor dans en theater ter wereld. Of uw voorkeur nu uitgaat naar de glitter en glamour van een spektakelstuk op Broadway of naar iets zeer experimenteels, hier kunt u het vinden.

Broadway

Sinds jaar en dag is Broadway een synoniem voor het Theater District van New York. De meeste theaters uit het circuit liggen verspreid tussen 41st en 53rd Street en tussen 6th en 9th Avenue. Verder zijn er een paar in de omgeving van het mooi gerenoveerde Times Square. De meeste theaters werden tussen 1910 en 1930, in de glorietijd van de vaudeville en de beroemde Ziegfeld Follies, gebouwd. Het **Lyceum** *(blz. 142)* is het oudste theater dat nog in gebruik is (uit 1903) en het **American Airlines Theater**, nu de permanente thuisbasis van de Roundabout Theater Co., het nieuwste (2000). In de jaren tachtig maakten de Broadwaytheaters een periode van verval door, maar nu leven ze weer op door een zuiniger beleid, het gebruik van grote namen als publiekstrekkers en de renovatie van Times Square.

Tot de toppers van de laatste jaren horen beroemde internationale producties zoals *Les Misérables*, originele Newyorkse producties als *Cats*, de kinderfavoriet *The Lion King* en de hernieuwd opgevoerde *Cabaret* en *42nd Street*.

Off-Broadway en Off-Off-Broadway

Er zijn zo'n twintig Off-Broadway- en 300 Off-Off-Broadwaypodia. De stukken verhuizen soms naar de grote theaters aan het echte Broadway. Off-Broadwaytheaters hebben tussen de 100 en 499 zitplaatsen, Off-Off-Broadwaytheaters minder dan 100. In beide categorieën vindt u zowel goed ingerichte als geïmproviseerde theaters die op zolders, in kerken en zelfs in garages gehuisvest zijn.

Off-Broadway werd in de jaren vijftig erg populair als reactie op de commercie van Broadway. Veel producenten gebruikten het circuit ook om te zien of een stuk aansloeg. In de afgelopen twintig jaar is Off-Off-Broadway de plaats geworden waar experimentele stukken worden gespeeld, omdat de producenten nu ook Off-Broadway stevig in de greep hebben.

Off-Broadwaytheaters vindt u overal in Manhattan, van het **Sullivan Street Playhouse** in Greenwich Village (waar de langst lopende show van de VS, *The Fantasticks*, te zien is) tot het onoverdekte **Delacorte Theater** in Central Park. Er zijn er zelfs een paar bij Broadway zelf, zoals de **Manhattan Theater Club**.

Wat verder hiervandaan liggen **The Brooklyn Academy of Music (BAM)** *(blz. 246)*, de **Manhattan Theater Club** en de **92nd Street Y.** Op deze podia worden altijd levendige, ongewone en experimentele producties vertoond met nieuw talent, evenals veel vrije producties.

De Off-Broadwaytheaters brachten in New York voor het eerst werk van toneelschrijvers als Sean O'Casey, Tennessee Williams, Eugene O'Neill, Samuel Beckett, Jean Genet, Eugene Ionesco en David Mamet op de planken. Ze bieden ruimte voor nieuwe interpretaties van de klassieken en de meest uiteenlopende presentaties worden op de planken gezet. Soms is een Off-Broadwaytheater veel geschikter voor een productie dan een gevestigd theater, zoals successtukken als *The Fantasticks* en de *Threepenny Opera* bewijzen.

Experimenteel toneel

In diverse Off- en Off-Off-Broadwaytheaters worden zeer avant-gardistische werken opgevoerd. Deze uitvoeringen laten zich niet in een duidelijk hokje rangschikken, maar wees voorbereid op iets bizars en excentrieks. **La MaMa, PS 122, HERE, 92nd Street Y, Symphony Space** en het **Public Theater** *(blz. 118)* zijn theaters die veel experimenteel werk brengen. Het Public Theater is misschien wel het invloedrijkste theater van New York. Het werd eind jaren vijftig opgericht door wijlen directeur Joseph Papp, die rondleidingen in de buurt organiseerde om het toneel te brengen naar hen die het nog niet kenden. In het Public Theater zagen successen als *Hair* en *A Chorus Line* het levenslicht, maar het is vooral beroemd om de vele gratis zomerse Shakespeare-uitvoeringen in het Delacorte Theater in Central Park *(blz. 206)*. In het Public Theater lopen vaak diverse producties tegelijk; op de dag van de voorstelling worden in de hal vanaf 18.00 uur 'Quicktix', reductiekaarten, verkocht (maximaal twee per persoon).

Theaterscholen

Als u acteurs-in-opleiding wilt zien spelen, kunt u nergens beter terecht dan in New York. **The Actors' Studio** is de belangrijkste onder de toneelscholen. Wijlen Lee Strasberg, die het zogenaamde *method acting* propageerde – de acteur probeert zich volledig te vereenzelvigen met het personage dat hij speelt – geldt als de goeroe van deze acteervorm. Dustin Hoffman, Al Pacino en Marilyn Monroe leerden het vak van hem. In de 'in progress-producties' spelen stagiaires; meestal zijn deze workshops voor het publiek toegankelijk. Sandy Meisner leidde veel acteurs, onder wie Lee Remick, op in de **Neighborhood Playhouse School of the Theater**. Opvoeringen door leerlingen zijn ook voor het publiek toegankelijk. De **New Dramatists** steunt nieuw talent al sinds 1949.

Broadway-theaters

① **Ambassador**
215 W 49th St.
☎ *239-6200.*

② **Barrymore**
243 W 47th St.
☎ *239-6200.*

③ **Belasco**
111 W 44th St.
☎ *239-6200.*

④ **Booth**
222 W 45th St.
☎ *239-6200.*

⑤ **Broadhurst**
235 W 44th St.
☎ *239-6200.*

⑥ **Broadway**
1681 Broadway.
☎ *239-6200.*

⑦ **Brooks Atkinson**
256 W 47th St.
☎ *307-4100.*

⑧ **Cort**
138 W 48th St.
☎ *239-6200.*

⑨ **Eugene O'Neill**
230 W 49th St.
☎ *239-6200.*

⑩ **Gershwin**
222 W 51st St.
☎ *307-4100.*

⑪ **John Golden**
252 W 45th St.
☎ *239-6200.*

⑫ **Helen Hayes**
240 W 44th St.
☎ *307-4100.*

⑬ **Imperial**
249 W 45th St.
☎ *239-6200.*

⑭ **Longacre**
220 W 48th St.
☎ *239-6200.*

⑮ **Lunt-Fontanne**
205 W 46th St.
☎ *307-4100.*

⑯ **Lyceum**
149 W 45th St.
☎ *239-6200.*

⑰ **Majestic**
245 W 44th St.
☎ *239-6200.*

⑱ **Marquis**
1535 Broadway.
☎ *307-4100.*

⑲ **Martin Beck**
302 W 45th St.
☎ *239-6200.*

⑳ **Minskoff**
Broadway at 45th St.
☎ *307-4100.*

㉑ **Music Box**
239 W 45th St.
☎ *239-6200.*

㉒ **Nederlander**
208 W 41st St.
☎ *307-4100.*

㉓ **Neil Simon**
250 W 52nd St.
☎ *307-4100.*

㉔ **Palace**
1564 Broadway.
☎ *307-4100.*

㉕ **Plymouth**
236 W 45th St.
☎ *239-6200.*

㉖ **Richard Rodgers**
226 W 46th St.
☎ *307-4100.*

㉗ **Roundabout**
w 42nd St (tussen 7th en 8th). ☎ *869-8400.*

㉘ **Royale**
242 W 45th St.
☎ *239-6200.*

㉙ **St James**
246 W 44th St.
☎ *239-6200.*

㉚ **Shubert**
225 W 44th St.
☎ *239-6200.*

㉛ **Virginia**
245 W 52nd St.
☎ *239-6200.*

㉜ **Walter Kerr**
219 W 48th St.
☎ *239-6200.*

㉝ **Winter Garden**
1634 Broadway.
☎ *239-6200.*

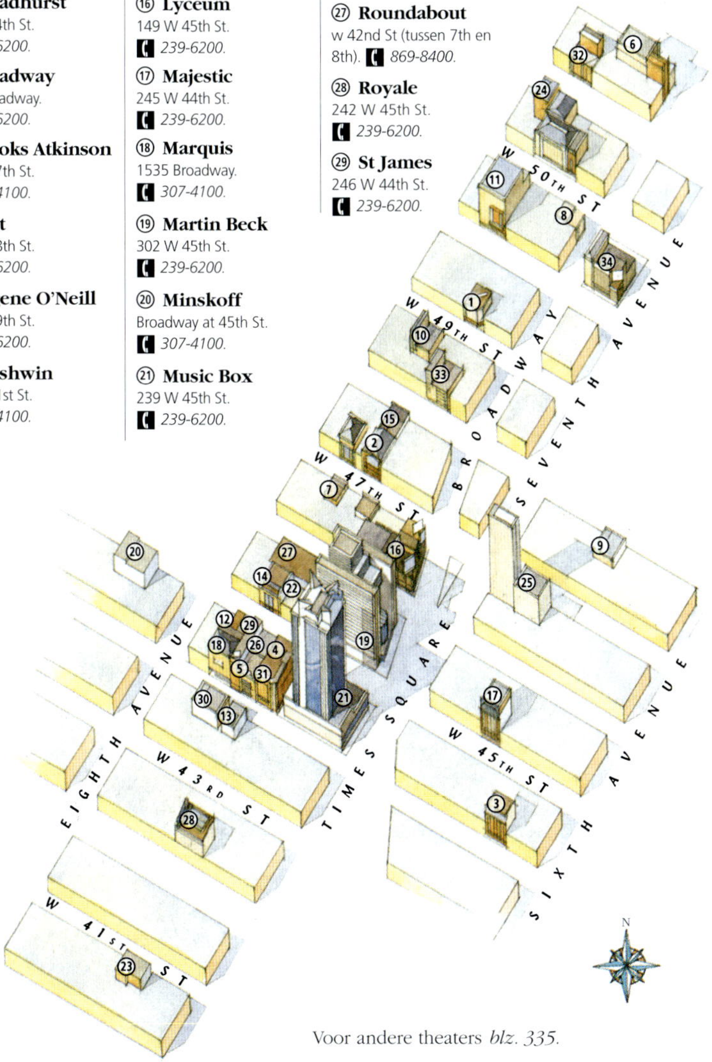

Voor andere theaters *blz. 335.*

Ballet

Het Lincoln Center *(blz. 212)* is het centrum van de danswereld. Het New York City Ballet, opgericht door de legendarische en briljante choreograaf George Balanchine *(blz. 46)*, heeft zijn thuishaven in het **New York State Theater.** Het gezelschap wordt als het beste balletgezelschap ter wereld beschouwd. De huidige artistiek leider is Peter Martins. Het seizoen loopt van november tot februari en van eind april tot begin juni. De balletschool van het **Juilliard Dance Theater** houdt elk voorjaar een workshop, zodat u de sterren in spe kunt zien dansen.
Het American Ballet Theatre treedt op in het **Metropolitan Opera House**, dat ook aangedaan wordt door gezelschappen als het Kirov en het Bolsjoj. Op het repertoire staan 19de-eeuwse klassieke stukken zoals het *Zwanenmeer* en werken van moderne choreografen als Twyla Tharp en Paul Taylor.

Moderne dans

In New York kunt u de ontwikkelingen op het gebied van de moderne dans op de voet volgen. Het **Dance Theater of Harlem** is wereldberoemd om zijn moderne, traditionele en etnische producties. Andere toevluchtsoorden voor experimentele dans zijn de **92nd Street Y** en de **Merce Cunningham Studio** in Greenwich Village. De onorthodoxe **Dance Theater Workshop** heeft naast een vol programma ook een galerie. **The Kitchen, La MaMa, Symphony Space** en **PS 122** zijn multi-functionele podia waar vernieuwende moderne dans, voordrachtskunst en avant-gardemuziek worden uitgevoerd. Het gezelschap van choreograaf Mark Morris treedt op in **Manhattan Center**. **City Center** *(blz. 146)* is het favoriete centrum voor dansliefhebbers. Koop geen kaartjes voor het balkon, want daar is het zicht beperkt.
Het drukst gebruikte danstheater in de stad is waarschijnlijk het **Joyce Theater**. Hier speelt een gevestigd gezelschap als het Feld Ballet, maar er is ook plaats voor aankomend talent en gastgezelschappen.
Tijdens het Festival of Black Dance, dat in het voorjaar in de **Brooklyn Academy of Music (BAM)** *(blz. 246)* wordt gehouden, is alles tussen etnische dans en hip-hop te zien. In het najaar vindt het Next Wave-festival voor muziek en dans hier plaats. Internationale en Amerikaanse avant-gardedans en -muziek staan hier centraal.
's Winters vindt er het American Ballet Festival plaats. In juni houdt de **New York University** *(blz. 113)* een Summer Residency Festival met lezingen, repetities en optredens; **Dancing in the Streets** organiseert in de zomer overal in de stad balletuitvoeringen.
Tijdens de gehele maand augustus heeft **Lincoln Center Out of Doors** op het plein voor de deur een programma met vrije dans waar etnische en experimentele groepen als het American Tap Dance Orchestra komen.
Het **World Financial Center** *(blz. 69)* organiseert een gratis serie in de Winter Garden waar bijvoorbeeld het National Dance Institute optreedt.
Verspreid over het jaar huisvest **Radio City Music Hall** enkele zeer goede en spectaculaire shows met gezelschappen uit de gehele wereld. Met Kerstmis en Pasen treedt de dansgroep de Rockettes op.
Choreografen en dansgezelschappen presenteren regelmatig voor publiek proefoptredens en recitals. De meest interessante zijn die van het **Alvin Ailey's Repertory Ensemble.** De **Hunter College Dance Company** brengt werk van de choreografen van hun opleiding op de planken en het **Isadora Duncan International Center for Dance** brengt wisselende versies van hun eigen balletten. De beste gelegenheid om hedendaagse choreografieën te zien is in het **Juilliard Dance Theater.**

Prijzen

Theater maken is erg duur en dat merkt u aan de prijs van een kaartje. Zelfs kaarten voor Off- en Off-Off-Broadwayvoorstellingen worden steeds duurder. Vroeger werden alle kaarten voor try-outs van nieuwe toneelstukken met grote korting verkocht, maar nu is dat anders: wees erop voorbereid dat u dezelfde prijs moet betalen als na de première. Het is wel veel gemakkelijker om aan kaarten voor try-outs te komen.
Voor een theater op Broadway betaalt u zo'n $ 60 of meer; voor musicals tot $ 85. Off-Broadway kost $ 25 tot $ 40. Voor ballet is $ 20 tot $ 50 de normale prijs, oplopend tot $ 115 voor het American Ballet Theatre. De **Music and Dance Booth** *(blz. 329)* in Bryant Park verkoopt kaarten voor de halve prijs op de dag van uitvoering en het loont de moeite om hiervoor in de rij te gaan staan.

Tijden van optredens

In het algemeen geldt voor openingstijden van het theater: gesloten op maandag (behalve de meeste musicals), matinees op woensdag, zaterdag en soms op zondag. Matinees beginnen meestal om 14.00 uur en de avondvoorstellingen om 20.00 uur. Controleer van tevoren de precieze datum en tijd van de voorstelling.

Rondleidingen en lezingen

Voor wie geïnteresseerd is in de techniek achter het toneel en anekdoten over de sterren organiseert **Backstage on Broadway** een paar interessante rondleidingen. De **92nd Street Y** organiseert lezingen waarin beroemde direkteuren, acteurs en choreografen een waarheidsgetrouw beeld van het theater geven. Vaak worden tegelijkertijd schrijvers uitgenodigd om voor te lezen uit nieuw werk of hierover te discussiëren. **Radio City Music Hall** geeft ook rondleidingen.

Adressen

Off-Broadway

92nd Street Y
Lexington Ave.
Kaart 17 A2.
415-5420.

Actors' Playhouse
100 7th Ave. S.
Kaart 3 C1.
463-0060.

American Place
111 W 46th St.
Kaart 12 E5.
840-3074.

Brooklyn Academy of Music
30 Lafayette St., Brooklyn.
(718) 636-4100.

Circle in the Square - Downtown
159 Bleecker St.
Kaart 4 D3.
254-6330.

Delacorte Theater
Central Park. (81st St.)
Kaart 16 E4.
861-7277.
Alleen in de zomer.

HERE Art Center
145 6th Ave.
Kaart 4 D4.
647-0202.

John Houseman
450 W 42nd St.
Kaart 7 C1.
967-9077.

Lambs Theater
130 W 44th St.
Kaart 12 E5.
997-1780.

Manhattan Theater Club
311 W 43rd St.
Kaart 8 D1.
399-3030.

New York Theater Workshop
79 E 4th. St.
Kaart 4 F2.
460-5475.

Public Theater
425 Lafayette St.
Kaart 4 F2.
539-8500.

Sullivan Street Playhouse
181 Sullivan St.
Kaart 4 D3.
674-3838.

Symphony Space
2537 Broadway.
Kaart 15 C2.
864-5400.

Vivian Beaumont
Lincoln Center.
Kaart 11 C2.
362-7600.

Off-Off-Broadway

Bouwerie Lane Theater
330 Bowery. **Kaart** 4 F2.
677-0060.

The Kitchen
512 W 19th St. **Kaart** 7 C5.
255-5793.

Living Theater
865-3957.
Reizend gezelschap. Bel voor info.

Performing Garage
33 Wooster St.
Kaart 4 E4.
966-3651.

Theater at St. Peter's Church
Citicorp Center, 619 Lexington Ave.
Kaart 13 A4.
935-5824.

Experimenteel Theater

La MaMa
74a E 4th St. **Kaart** 4 F2.
475-7710.

PS 122
150 1st Ave. **Kaart** 5 A1.
477-5288.

Public Theater
Zie Off-Broadway.

Theaterscholen

The Actors' Studio
432 W 44th St.
Kaart 11 C5.
757-0870.

Neighborhood Playhouse School of the Theater
340 E 54th St.
Kaart 13 B4.
688-3770.

New Dramatists
424 W 44th. **Kaart** 11 C5.
757-6960.

Dans

92nd Street Y
Zie Off-Broadway.

Alvin Ailey American Dance Center
211 W 61st St. **Kaart** 11 3C.
767-0590.

Brooklyn Academy of Music
Zie Off-Broadway.

City Center
131 W 55th St.
Kaart 12 E4.
581-7907.

Dance Theater of Harlem
466 W 152nd St.
690-2800.

Dance Theater Workshop
219 W 19th St. **Kaart** 8 E5.
924-0077.

Dancing in the Streets
131 Varick St. **Kaart** 4 D4.
989-6830.

Hunter College Dance Company
695 Park Ave.
Kaart 13 A1.
772-4490.

Isadora Duncan International Center for Dance
91 Claremont Ave.
Kaart 20 D2.
662-4591.

Joyce Theater
175 8th Ave. bij 19th St.
Kaart 8 D5.
242-0800.

Juilliard Dance Theater
60 Lincoln Center Plaza, W 65th St.
Kaart 11 C2.
769-7406.

The Kitchen
Zie Off-Off-Broadway.

La MaMa
Zie Experimenteel Theater.

Lincoln Center Out of Doors
Lincoln Center, Broadway bij 64th St. **Kaart** 11 C2.
362-6000.

Manhattan Center
311 W 34th St.
Kaart 8 D2.
307-4100.

Merce Cunningham Studio
55 Bethune St.
Kaart 3 B2.
255-8240.

Metropolitan Opera House
Lincoln Center, Broadway bij 65th St.
Kaart 11 C2.
362-6000.

Music and Dance Booth
Blz. 329.

New York State Theater
Lincoln Center, Broadway bij 65th St. **Kaart** 11 C2.
870-5570.

New York University
Tisch Hall, 111 2nd Ave.
Kaart 4 F1.
998-1984.

PS 122
Zie Experimenteel Theater.

Radio City Music Hall
50th St bij 6th Ave.
Kaart 12 F4.
247-4777.

Symphony Space
Zie Off-Broadway.

World Financial Center
West St tussen Vesey en Liberty St. **Kaart** 1 B2.
945-0505.

Rondleidingen en lezingen

92nd Street Y
Zie Off-Broadway.

Backstage on Broadway
575-8065.

Radio City Music Hall
632-4041.

Internet Evenementengids
www.culturefinder.com
www. broadway.org
www.stagebill.org
www.newyork.citysearch.com

Film

New York is een paradijs voor de filmfanaten. Behalve de nieuwste Amerikaanse films, die er maanden eerder in première gaan dan in Europa, worden er veel klassieke en buitenlandse films vertoond. De stad is altijd een proefterrein geweest voor nieuwe ontwikkelingen op filmgebied en blijft een vruchtbare bodem voor nieuw talent. Beroemde regisseurs als Spike Lee, Martin Scorsese en Woody Allen zijn in New York geboren en getogen en de invloed van de stad is in veel van hun films merkbaar. Op straat ziet u ook vaak filmers aan het werk – veel Newyorkse plekjes zijn beroemd geworden nadat ze in films te zien waren.
De meeste televisiemaatschappijen in New York geven vrijkaarten voor de opnamen van hun shows. Zowel Newyorkers als toeristen gaan graag eens kijken bij opnamen van een show, zoals *The David Letterman Show*.

Premièrebioscopen

Zowel de Newyorkse recensies als de bezoekersaantallen wegen zo zwaar dat de premières van de meeste belangrijke Amerikaanse films in de toonaangevende bioscopen van Manhattan plaatsvinden. Nieuwe films worden voornamelijk in bioscopen van de keten City Cinema en in Loews, United Artists en Cineplex Odeon gedraaid. Sommige bioscopen bieden via een telefoonlijn een automatische opgave van de titels, de duur, de aanvangstijden en de toegangsprijzen van de films die op dat moment draaien.
De programma's beginnen om 10.00 of 11.00 uur en worden tot middernacht elke twee tot drie uur herhaald. Voor veel avond- en weekendvoorstellingen van de populairste films zult u in de rij moeten staan. Vooraf reserveren is bij sommige bioscopen mogelijk met een toeslag van $1 per kaartje. U moet dan met een creditcard betalen. Matinees (meestal voor 16.00 uur) zijn niet zo druk. Oudere mensen betalen minder voor een kaartje: de leeftijdgrens kan 60, 62 of 65 zijn, afhankelijk van het beleid van de bioscoop.

Filmclassificatie

Films zijn in de VS als volgt geclassificeerd:
G (General Audiences): alle leeftijden.
PG (Parental Guidance): begeleiding gewenst, sommig materiaal ongeschikt voor kinderen.
PG-13: waarschuwing voor ouders, sommig materiaal ongeschikt voor kinderen jonger dan 13.
R (Restricted): kinderen jonger de 17 moeten door volwassene worden begeleid.
NC-17 (No Children): geen toegang onder de 17.

New York film festival

Hoogtepunt van het jaar voor de Amerikaanse filmfanaat is het New York Film Festival. Het festival, dat georganiseerd wordt door de **Film Society of Lincoln Center**, begint eind september, duurt twee weken en vindt plaats in de vele bioscopen in het Lincoln Center.

Buitenlandse films en filmhuizen

Voor de nieuwste buitenlandse en onafhankelijke producties moet u in het **Angelika Film Center** zijn, dat zes zalen en een dure koffiebar rijk is. Andere goede gelegenheden zijn **Rose Cinemas** in de Brooklyn Academy of Music, het stijlvolle **Film Forum** en de **Lincoln Plaza Cinema**. Deze laatste bioscoop vertoont veel buitenlandse en kunstfilms. Voor Aziatische, Indiase en Chinese films moet u naar de **Asia Society**. Het **French**

Op locatie

Vele locaties in New York hebben hun rol gespeeld, zoals:
The Brill Building (1141 Broadway) was Burt Lancaster's penthouse in *Sweet Smell of Success*.
The Brooklyn Bridge vormde de fraaie achtergrond in *Mo' Better Blues* van Spike Lee.
Brooklyn Heights en de **Metropolitan Opera** waren te zien in *Moonstruck*.
Central Park komt voor in talloze films, zoals *Love Story* en *Marathon Man*.
No. 55 Central Park West was het huis van Sigourney Weaver in *Ghostbusters*.
Chinatown speelde een belangrijke rol in *Year of the Dragon*.
Mia Farrow woonde in **The Dakota** in de klassieker *Rosemary's baby*.
Het **Empire State Building** staat nog overeind na de laatste heroïsche strijd van *King Kong*.
Grand Central Station is beroemd om de ontmoeting tussen Robert Walker en Judy Garland in *Under the Clock* en de prachtige ballroomscène in *The Fisher King*.
De huurkazernes van **Harlem** vormden de haveloze achtergrond voor de jazzmusici en dansers in *The Cotton Club*.
Katz's Deli vormde het decor in de gedenkwaardige orgasmescène tussen Billy Crystal en Meg Ryan in *When Harry Met Sally*.
Little Italy kwam voor in *The Godfather I* en *II*.
Madison Square Garden vormde het decor voor de dramatische climax in *The Manchurian Candidate*.
Dustin Hoffman lunchte In **The Russian Tea Room** met zijn verbijsterde agent in *Tootsie*.
Tiffany & Co was de favoriete winkel van Audrey Hepburn in *Breakfast at Tiffany's*.
Het gebouw van de VN kwam voor in de thriller *North by Northwest*.
Robert Redford en Jane Fonda wandelden in **Washington Square Park** in *Barefoot in the Park*.

Institute vertoont veel Franse films met Engelse ondertiteling; hier wordt ook het Asian American International Film Festival gehouden. De **Quad Cinema** vertoont een uitgebreid scala aan buitenlandse films, vaak zeldzame. In **Cinema Village** vinden bijzondere filmevenementen plaats, zoals het Festival of Animation.

In het **Walter Reade Theater** is de Film Society van het Lincoln Center gevestigd, dat indrukwekkende internationale retrospectieven en ook moderner werk, zoals het populaire jaarlijkse Spanish Cinema Now-festival aanbiedt.

Klassieke films en musea

Retrospectieven van films van bepaalde regisseurs of met bijzondere acteurs worden vertoond in het **Film Society of Lincoln Center**, het **Public Theater** en het **Whitney Museum of American Art** *(blz. 198-199)*.

Het grote **Museum of Modern Art** *(blz. 170-173)* heeft een van de beste filmzalen waar een groot aantal klassieke en stomme films te zien is. Het museum vertoont ook films over kunst en cultuur.

Het **American Museum of the Moving Image** *(blz. 244)* vertoont oude films en stelt ook allerlei antiquiteiten uit de filmgeschiedenis tentoon.

Het **Museum of Television and Radio** *(blz. 169)* vertoont regelmatig klassieke films; u kunt ook specifieke televisie- of radioprogramma's zien en beluisteren. Studenten die geïnteresseerd zijn in klassieke, nieuwe en experimentele films zullen de werkelijk verbluffende rijkdom aan materiaal in de **Anthology Film Archives** op prijs stellen.

'Naturemax' en de nieuwe sterrenshow in het **American Museum of Natural History,** tonen natuurfilms met gebruik van de meest geavanceerde technologie.

Op zomeravonden kunt u in Bryant Park kijken naar gratis filmklassiekers, en op zaterdagochtend kunnen jeugdige kijkertjes terecht in de **Film Society of Lincoln Center**, waar speciale kinderfilms draaien.

Televisieshows

Er worden flink wat tv-programma's in New York opgenomen. Als u zich – maanden van tevoren – schriftelijk aanmeldt bestaat de mogelijkheid om de opnamen van programma's bijwonen, bijvoorbeeld van de zeer populaire shows van Phil Donahue en David Letterman. Voor gratis kaarten voor programma's van **ABC** en **CBS** moet u naar deze maatschappijen schrijven. Ook kunt u zich voor gratis kaarten wenden tot het Times Square Visitors Information Bureau *(blz. 352)*. Op 5th Avenue, ter hoogte van **Rockefeller Plaza**, worden soms 's ochtends op werkdagen gratis kaarten voor een aantal tv-uitzendingen uitgedeeld door medewerkers van de programma's.

Voor degenen die een blik achter de schermen willen werpen, organiseert ABC studiorondleidingen, gewoonlijk dagelijks behalve zondag van 9.00 tot 16.00 uur.

Een keuze maken

Als het enorme filmaanbod in New York u verwart, raadpleeg dan de overzichten in de tijdschriften *New York*, de *New York Times*, de *Village Voice* en *The New Yorker* .

Op de volgende Internetsites vindt tijden en locaties van filmvoorstellingen:

W www.moviefone.com

W www movietickets.com

Filmhuizen

ABC
Blz. 329.

American Museum of the Moving Image
35th Ave.en 36th St. Astoria, Queens.
(718) 784-0077.

American Museum of Natural History
Central Park W/79th St.
Kaart 16 D5.
769-5650.

Angelika Film Center
18 W Houston St.
Kaart 4 E3. 995-2000.

Anthology Film Archives
32 2nd Ave./2nd St.
Kaart 5 C2.
505-5181.

Asia Society
725 Park Ave.
Kaart 13 A1.
517-2742.

CBS
Blz. 329.

Cinema Village
22 E 12th St.
Kaart 4 F1.
924-3363.

Film Forum
209 W Houston St.
Kaart 3 C3.
727-8110.

French Institute
55 E 59th St.
Kaart 12 F3.
355-6160.

Lincoln Plaza Cinema
1886 Broadway.
Kaart 12 D2. 757-2280.

Moviefone
777-FILM.

Museum of Modern Art
11 W 53rd St.
Kaart 12 F4.
708-9480.

Museum of Television & Radio
25 W 52nd St.
Kaart 12 F4.
621-6600.

New York Film Festival
875-5600.

Public Theater
425 Lafayette St.
Kaart 4 F4.
539-8500.

Quad Cinema
34 W 13th St. **Kaart** 4 D1.
225-8800.

Rockefeller Plaza
47th-50th St./5th Ave.
Kaart 12 F5.

Rose Cinemas
Brooklyn Academy of Music.
(718) 623-2770.

Walter Reade Theater/Film Society of the Lincoln Center
70 Lincoln Center Plaza.
Kaart 12 D2.
875-5600.

Whitney Museum of American Art
945 Madison Ave.
Kaart 13 A1.
570-3600.

Klassieke en hedendaagse muziek

Newyorkers zijn dol op mooie muziek. Het gehele jaar worden op de beroemde podia van de stad uitvoeringen door internationale topmusici ten gehore gebracht. Ook aankomend talent en experimentele muziek staan volop in de belangstelling.

Praktische informatie

Overzichten in de kranten *New York Times* en de *Village Voice* en de tijdschriften *Time Out New York* en *The New Yorker* geven alle informatie over wat er op het programma staat.

Klassieke muziek

Het New York Philharmonic is de vaste bespeler van de **Avery Fisher Hall** in het Lincoln Center *(blz. 213)*. Hier vinden ook jaarlijks de populaire Mostly Mozart-serie en de Young People's Concerts plaats. De **Alice Tully Hall**, ook in het Lincoln Center, is de thuishaven van de Chamber Music Society. De akoestiek is er prachtig.
De vernieuwde **Carnegie Hall** *(blz. 146)* behoort tot de belangrijkste concertzalen ter wereld. Boven, in de Weill Recital Hall, kunt u voor een redelijk bedrag van prachtige uitvoeringen genieten.
De **Brooklyn Academy of Music (BAM)** *(blz. 246)* is het domicilie van het Brooklyn Philharmonic. Het **New Jersey Performance Arts Center** in Newark is de nieuwste parel aan de concertzaalkroon. Het brengt klassieke muziek, dans, opera, jazz en wereldmuziek.
In de **Merkin Concert Hall** treden solisten en kamermuziekensembles op. De **Town Hall** heeft een geweldige akoestiek. De Kaufmann Concert Hall in het **92nd Street Y** heeft een gevarieerd programma met veel muziek en dans. De **Frick Collection** en de **Symphony Space** bieden beide een gevarieerd programma, van gospels tot Gershwin. Het prachtige Grace Rainey Rogers Auditoium in het **Metropolitan Museum of Art** wordt gebruikt voor kamermuziek en solisten, terwijl de **Florence Gould Hall**, in de Alliance Française, een gevarieerd programma biedt van kamermuziek en orkestwerken.
In de **Juilliard School of Music** en de **Mannes College of Music** vinden optredens plaats van vele belangrijke orkesten, kamermuziekensembles en operagezelschappen. De **Manhattan School of Music** heeft ook een uitstekend programma met meer dan 400 optredens per jaar, van klassiek tot jazz. Op donderdag om 9.45 uur repeteert het New York Philharmonic het concert dat die avond gegeven zal worden in de **Avery Fisher Hall** in het Lincoln Center. Deze repetities zijn vaak voor publiek toegankelijk en kaarten zijn heel goedkoop. Bel van tevoren wel even op.
De **Kosciuszko Foundation** is een goed podium voor kamermuziek. Hier wordt de jaarlijkse Chopin-competitie gehouden.

Klassieke radiozenders

New York heeft drie FM-zenders die klassieke muziek uitzenden: WQXR op 96.3, WKCR op 89.9 en WNYC (van National Public Radio) op 93.9.

Opera

Het **Lincoln Center** *(blz. 212)*, dat onderdak biedt aan de New York City Opera, en het **Metropolitan Opera House**, dat zijn eigen operagezelschap heeft, domineren het operaleven in New York. Het Metropolitan is de beroemdste van de twee, maar velen vinden de programmering wel erg conventioneel. De New York City Opera is toegankelijker en dynamischer.
Minder dure voorstellingen van hoog niveau, uitgevoerd door veelbelovende zangers, kunt u bij de **Village Light Opera Group,** het **Amato Opera Theater,** het **Kaye Playhouse** in Hunter College en bij de studenten van het **Juilliard Opera Center** in het Lincoln Center beluisteren.

Hedendaagse muziek

New York is een zeer belangrijk centrum voor hedendaagse muziek. Uitheemse, etnische en experimentele muziek wordt in vele gewaardeerde gelegenheden gespeeld.
De **Brooklyn Academy of Music (BAM)** is toonaangevend op het gebied van avant-gardemuziek. Elk najaar houdt de Academy het Next Wave-festival. Veel musici begonnen hier hun carrière.
Een jaarlijks terugkerend festival van serieuze moderne muziek, 'Bang on a Can', wordt gehouden in de **Ethical Culture Society Hall**. Componisten als Steve Reich, Pierre Boulez en John Cage staan hier centraal. De **Dance Theater Workshop** biedt een podium voor experimentalisten als Davie Weinstein met zijn 'audiovisual acid test'-muziek.
Andere podia vindt u in de **Asia Society** *(blz. 185)*, een schitterende gelegenheid waar veel Aziatische gastmusici optreden, en **St. Peter's Church.**

Rondleidingen

Rondleidingen achter de schermen kunt u meemaken in het **Lincoln Center** en in **Carnegie Hall**.

Religieuze muziek

Er is nauwelijks een aandoenlijkere gebeurtenis in New York dan een paasconcert in de enorme **Cathedral of St. John the Divine** *(blz. 224-225)*. Op feestdagen zijn er concerten in vele musea in de stad en in bijna elke andere ruimte die zich daar voor leent. In de oogverblindend nieuwe **St. Peter's Church** *(blz. 173)* kunt u terecht om naar jazzvespers te luisteren.

Muziek buiten

In de zomer worden er gratis openluchtconcerten gegeven in **Bryant Park, Washington Square** en **Lincoln Center's Damrosch Park.** De jaarlijkse concerten op de Great Lawn van Central Park en in Prospect Park in Brooklyn worden gegeven door het New York Philharmonic en de Metropolitan Opera. Ga bij mooi weer eens naar de rondtrekkende musici kijken die in South Street Seaport, op de trappen van het **Metropolitan Museum of Art** *(blz. 188-195)* en rond Washington Square optreden.

Gratis concerten

Het hele jaar door worden er gratis muziekuitvoeringen gegeven in het **Citicorp Atrium** *(blz. 173)*, **The Cloisters** *(blz. 234-237)* en het Philip Morris Building in het **Whitney Museum** *(blz. 150)*. Op zondagmiddagen worden er recitals gehouden in **The Dairy** in Central Park *(blz. 206)*. Er wordt ook gemusiceerd in de Winter Garden en het Plaza van het **World Financial Center** *(blz. 69)* en **Federal Hall** *(blz. 68)*. In het **Lincoln Center** moet u beslist de gratis optredens in de **Juilliard School of Music** bijwonen. Andere populaire podia zijn de **Greenwich House Music School** (waar de door de studenten gegeven recitals gratis te bezoeken zijn) en de **Theodore Roosevelt Birthplace** *(blz. 125)*. Gratis concerten en lezingen in kerken vindt u in **St. Paul's Chapel** en **Trinity Church** *(blz. 68)*.

Internet evenementengidsen

W www.culturefinder.com
W www.nytoday.com
W www.newyork.citysearch.com

Adressen

92nd Street Y
1395 Lexington Ave.
Kaart 17 A2.
☎ *996-1100.*

Amato Opera Theater
319 Bowery bij 2nd St.
Kaart 4 F2.
☎ *228-8200.*

Asia Society
70th St./Park Ave.
Kaart 13 A1.
☎ *517-2742.*

Backstage Tours
☎ *903-9790.*

Brooklyn Academy of Music
30 Lafayette Ave., Brooklyn.
☎ *(718) 636-4100.*

Bryant Park
Kaart 8 F1.
☎ *983-4143.*

Carnegie Hall
881 7th Ave. **Kaart** 12 E3.
☎ *247-7800.*

Cathedral of St. John the Divine
Amsterdam Ave./112th St.
Kaart 20 E4.
☎ *316-7400.*

Citicorp Atrium
Lexington Ave./53rd St.
Kaart 13 A4.
☎ *559-9095.*

The Cloisters
Fort Tryon Park.
☎ *923-3700.*

The Dairy
Central Park. **Kaart** 12 F2.
☎ *794-6564.*

Dance Theater Workshop
Zie onder Dans, blz.335.

Ethical Culture Society Hall
2 W 64th St. **Kaart** 12 D2.
☎ *874-5210.*

Federal Hall
Broad St./Wall St.
Kaart 1 C3.
☎ *866-2086.*

Florence Gould Hall (in de Alliance Française)
55 E 59th St.
Kaart 13 A3.
☎ *355-6160.*

Frick Collection
1 E 70th St. **Kaart** 12 F1.
☎ *288-0700.*

Greenwich House Music School
46 Barrow St. **Kaart** 3 C2.
☎ *242-4770.*

Kaye Playhouse
695 Park Ave.
Kaart 13 A1.
☎ *772-4448.*

Kosciuszko Foundation
15 E 65th St. **Kaart** 12 F2.
☎ *734-2130.*

Lincoln Center
155 W 65th St.
Kaart 11 C2.
☎ *546-2656.*

Alice Tully Hall
☎ *875-5050.*

Avery Fisher Hall
☎ *875-5030.*

Damrosch Park
☎ *875-5400.*

Juilliard Opera Center
☎ *769-7406.*

Juilliard School of Music
☎ *799-5000.*

Metropolitan Opera House
☎ *362-6000.*

Manhattan School of Music
120 Claremont Ave.
Kaart 20 E2.
☎ *749-2802.*

Mannes College of Music
150 W 85th St.
Kaart 15 D3.
☎ *580-0210.*

Merkin Hall
129 W 67th St. **Kaart** 11 D2.
☎ *501-3330.*

Metropolitan Museum of Art
5th Ave./82nd St.
Kaart 16 F4.
☎ *570-3949.*

Museum of Modern Art
Beeldentuin 11 W 53rd St.
Kaart 12 F4.
☎ *708-9480.*

New Jersey Performance Arts Center
1 Center St, Newark, NJ.
☎ *888-466-5722.*

NYC On Stage
1501 Broadway.
Kaart 12 D2.
☎ *768-1818.*

St. Paul's Chapel
Broadway/Fulton St.
Kaart 1 C2.
☎ *602-0876*

St. Peter's Church
54th St./Lexington Ave.
Kaart 13 A4.
☎ *935-2200.*

Symphony Space
2537 Broadway.
Kaart 15 C2.
☎ *864-5400.*

Theodore Roosevelt Birthplace
28 E 20th St. **Kaart** 8 F5.
☎ *260-1616.*

Town Hall
123 W 43rd St. **Kaart** 8 E1.
☎ *840-2824.*

Trinity Church
Broadway/Wall St.
Kaart 1 C3.
☎ *602-0800.*

Village Light Opera Group
227 W 27th St. **Kaart** 8 E3.
☎ *243-62814200.*

Washington Square
Kaart 4 D2.

Whitney Museum
Park Ave./42nd St.
Kaart 9 A1. ☎ *878-2550.*

World Financial Center
West St./Vesey St.
☎ *945-0505.*

Pop, jazz en wereldmuziek

Er is geen muziekvorm die in New York niet tot zijn recht komt. Van popconcerten in de grote stadions en muziek uit de jaren zestig tot dixieland, country blues, soul, wereldmuziek en muziek van getalenteerde straatmuzikanten. Dagelijks komen en gaan er muzikanten en dat maakt het moeilijk om te vertellen wat u kunt verwachten. Het niveau varieert ook enorm.

Prijzen en locaties

Meestal betaalt u in clubs een entreeprijs en geld voor een minimaal aantal consumpties ($ 5 of meer). De prijzen voor concerten variëren nogal. In de grote zalen betaalt u tussen de $ 8 en $ 75, waarbij $ 12 tot $ 25 de norm is. In veel kleine gelegenheden zijn er aparte zit- en dansruimten – vaak moet voor beide een verschillende prijs worden betaald. De grote internationale popgroepen treden meestal op in enorme arena's als het **Shea Stadium** in Flushing Meadows en **Madison Square Garden** *(blz. 133)*. Kaarten voor deze evenementen zijn in een ommezien uitverkocht. Weest u er dus snel bij zodra u hoort dat er een concert gegeven wordt. 's Zomers worden er grote openluchtconcerten gegeven op Jones Beach *(blz. 253)* en tijdens **Central Park SummerStage.**
Concertzalen van wat minder extreme afmetingen, waar ook de wat gewonere groepen optreden, zijn het art deco-paleis **Radio City Music Hall** en het **Beacon Theater**. Deze laatste is veruit de populairste locatie voor live muziek in de Upper West Side. Veel gelegenheden waar popmuziek wordt gespeeld, zijn feitelijk gewone cafés met een podium.
Vaak spelen er elke avond andere bandjes, dus raadpleeg de overzichten in de *New York Times*, de *Village Voice* of *Time Out New York* of bel de zaal of het café voor informatie over aanvangstijden en weekprogramma's.

Pop

Als u liever niet naar een reusachtig videoscherm kijkt maar een band ook echt wilt kunnen zien, dan kunt u terecht in een flink aantal wat intiemere, gezelligere gelegenheden. **CBGB** is de bakermat van de new wave. Het is een haveloze plek waar groepen als Talking Heads en Blondie hun debuut maakten; tegenwoordig is het vooral een podium voor nieuwe indie-bands.
De **Knitting Factory** brengt live jazz en new music. De **Limelight** legt zich er op toe altijd het nieuwste geluid en de nieuwste groepen te vertonen.
In **The Mercury Lounge** gebeurt het allemaal. Er treden talentvolle nieuwe bands op, die hopen op MTV te verschijnen.
In **Irving Plaza** treden relatief onbekende en soms bekende bands op, en soms beroemde country en bluesmuzikanten. Megaster Bruce Springsteen gaf in de jaren zeventig zijn eerste geregistreerde concert in de **Bottom Line** en voor de platenindustrie is dit nog steeds een kweekvijver voor nieuwe en veelbelovende bands.
In de **Acme Underground** treden vooral jonge, veelbelovende bands op, die zo een kans krijgen om zich te presenteren.
In de wijk waar vroeger vlees werd verhandeld, zit nu **The Cooler**, een trendy onderkomen voor ravers. Alternatieve rock, avant-gardejazz en vernieuwende dj's maken het tot een prima plek om te dansen. De onderaardse ruimte is enorm groot en ruig.
In de **Hammerstein Ballroom** in het Manhattan Center (Midtown) wordt techno, progressieve en alternatieve muziek gebracht.
Roulette brengt avant-gardemuziek die door groepen met toepasselijke namen als Woof, Quack en Miaow wordt uitgevoerd.

Jazz

De oorspronkelijke Cotton Club en Connie's Inn, waar de jazz ooit voor het eerst furore maakte, zijn allang verdwenen, net als de vroegere clandestiene kroegen in West 52nd Street. Levende legenden spelen nog steeds, terwijl anderen de oude tradities van Duke Ellington, Count Basie en de andere big bands voortzetten. In Greenwich Village bestaan de jazztempels uit de jaren dertig nog steeds, en er wordt nog altijd goede muziek gemaakt. De belangrijkste club is de **Village Vanguard**, waar veel herinneringen aan de hoogtijdagen van de jazz voortleven. Trio's als die van McCoy Tyner en Branford Marsalis houden de traditie levend. In de **Blue Note** treden big bands op. Het is beslist niet goedkoop om er binnen te komen, maar de sfeer is er subliem.
The Knitting Factory en de **Bottom Line** brengen meestal meer hedendaagse en avant-gardejazz, terwijl **Zinno** een aantrekkelijke combinatie van Noord-Italiaans eten en gastoptredens van topmusici biedt.
In **Birdland** treden oude Mingus-leden en musici als Bud Shank op. **Cajun**, een aardig restaurant dat herinneringen aan New Orleans oproept, heeft geweldige authentieke jazz.
In **Café Carlyle** is naast de jazzzanger en -pianist Bobby Short nu ook de bekende regisseur Woody Allen een grote attractie. Hij musiceert er met Eddy Davis en zijn New Orleans Jazz Band.
Tot de populairste regelmatig terugkerende optredens hoort de zondagse jazzbrunch in **Sweet Basil**, waar trompettist Doc Cheatham en zijn band graag geziene gasten zijn. In het geraffineerde nieuwe **Iridium** wordt progressieve jazz gespeeld. **Fez Under Time Café** presenteert iedere donderdag een workshop onder leiding van de Mingus Big Band. Als u in juni in New York bent, moet u zeker naar het jaarlijkse **JVC Jazz**

Festival gaan. Legendarische jazz- en bluesfenomenen als Oscar Peterson, Nina Simone en B.B. King spelen dan in allerlei gelegenheden verspreid over Manhattan. Bel van tevoren voor informatie.
Het hele jaar door vinden er optredens plaats in het kader van **Jazz at Lincoln Center**, waaronder concerten van het vermaarde Lincoln Center Jazz Orchestra onder leiding van Wynton Marsalis. De muziek loopt uiteen van Duke Ellington-klanken tot de traditionele New Orleans-jazz van Johnny Dodd.

Folk en country

Folk, rock en R&B (rhythm and blues) kunt u beluisteren in het befaamde, maar nu enigszins verlopen **Bitter End**. Vroeger speelden sterren als James Taylor en Joni Mitchell hier vaak, maar tegenwoordig richt men zich op nieuwe talenten. Dat geldt ook voor **Kenny's Castaways**, een bar waar vooral plaatselijke nieuwkomers spelen. De **Sun Music Company** heeft elke dinsdag 'open mike'-avond voor onbekend talent op het gebied van folk en bluegrass. Folk-liefhebbers kunnen ook naar het **Sidewalk Café** gaan.

Blues, soul en wereldmuziek

Voor blues, soul en wereldmuziek kunt u terecht in het **Apollo Theater** in Harlem *(blz. 228)*. Tijdens de bijna legendarische Wednesday Amateur Nights worden al 60 jaar lang sterren als James Brown en Dionne Warwick 'ontdekt'.
De **Cotton Club** staat niet meer op zijn oude plaats, maar wel wordt er nog steeds heel goede blues en jazz gespeeld. Verder is er op zondag een heuse gospel-brunch.
Chicago B.L.U.E.S. wordt beschouwd als de beste bluesclub in de stad; u hoort er niet alleen Chicagoblues.
Vergeet de 'Mambo Mondays' met Nestor Torres niet in **SOB's** (Sounds of Brazil).
Terra Blues is een bar waar interessante bluesmuzikanten optreden. Ten slotte is er nog **Wetlands**, waar klassieke soul ten gehore wordt gebracht.

Adressen

Concertzalen

Beacon Theater
2124 Broadway.
Kaart 15 C5.
☎ *496-7070.*

Central Park SummerStage
Rumsey Playfield.
Kaart 12 F1.
☎ *360-2777.*

Madison Square Garden
7th Ave. 33rd St.
Kaart 8 E2.
☎ *465-MSG1.*

Meadowlands
50 Route 120
East Rutherford, N J.
☎ *(201) 935-3900.*

Radio City Music Hall
Zie Dans, blz. 335.

Shea Stadium
126th St./Roosevelt Ave.
Flushing, Queens.
☎ *(718) 507-8499.*

Pop

Acme Underground
9 Great Jones St.
Kaart 4 F2. ☎ *677-6963.*

Bottom Line
15 W 4th St. **Kaart** 4 D2.
☎ *228-6300.*

CBGB
315 Bowery. **Kaart** 4 F2.
☎ *982-4052.*

The Cooler
416 W 14th St.
Kaart 3 B1. ☎ *229-0785.*

Hammerstein Ballroom
311 W 34th St. **Kaart** 8 D2.
☎ *564-4882.*

Irving Plaza
17 Irving Pl. **Kaart 9** A5.
☎ *777-6800.*

Knitting Factory
74 Leonard St. **Kaart** 4 E5.
☎ *219-3055.*

Limelight
47 W 20th St. **Kaart** 8 F4.
☎ *473-7171.*

Mercury Lounge
217 E Houston St.
Kaart 5 A3. ☎ *260-4700.*

Roulette
228 W Broadway. **Kaart** 4 E5.
☎ *219-8242.*

Jazz

Birdland
315 W 44th St. **Kaart** 12 D5.
☎ *581-3080.*

Blue Note
131 W 3rd St. **Kaart** 4 D2.
☎ *475-8592.*

Café Carlyl
35 E 76th St. **Kaart** 17 A5.
☎ *570-7189.*

Cajun
129 8th Ave. **Kaart** 8 D5.
☎ *691-6174.*

Fez Under Time Café
380 Lafayette St. **Kaart** 4 F2.
☎ *533-7000.*

Iridium
48 W 63rd St. **Kaart** 12 D2.
☎ *582-2121.*

Jazz at Lincoln Center
☎ *875-5299.*

JVC Jazz Festival
☎ *501-1390.*

Knitting Factory
Zie Pop.

Sweet Basil
88 7th Ave. S. **Kaart** 8 E5.
☎ *242-1785.*

Village Vanguard
178 7th Ave. South.
Kaart 3 C1. ☎ *255-4037.*

Zinno
126 W 13th St. **Kaart** 3 C1.
☎ *924-5182.*

Folk en country

Bitter End
147 Bleecker St. **Kaart** 4 E3.
☎ *673-7030.*

Fast Folk Café
41 North Moore St.
Kaart 4 D5. ☎ *274-1636.*

Sidewalk Café
94 Ave A..
Kaart 5 B2.
☎ *473-7373.*

Sun Music Company
340 E 71st St. **Kaart 13** B1.
☎ *3396-9521.*

Blues, soul en wereldmuziek

Apollo Theater
253 W 125 St.
Kaart 19 A1.
☎ *531-5305.*

Chicago B.L.U.E.S.
73 8th Ave.
Kaart 3 C1.
☎ *924-9755.*

Cotton Club
666 W 125th St.
Kaart 22 F2.
☎ *663-7980.*

SOB's
204 Varick St.
Kaart 4 D3.
☎ *243-4940.*

Terra Blues
149 Bleecker St.
Kaart 4 E3.
☎ *777-7776.*

Wetlands
161 Hudson St.
Kaart 4 D5.
☎ *966-4225.*

Clubs, discotheken en pianobars

Het nachtleven en het circuit van New York zijn terecht wereldvermaard. Waar u ook van houdt – een lawaaierige disco, geïmproviseerd cabaret of de gladde deuntjes van iemand als Harry Connick jr. in een pianobar – er is keuze te over. In de jaren tachtig waren grote discotheken erg populair, maar slechts enkele daarvan hebben zich weten te handhaven.

Praktische informatie

De beste en chicste tijd om een club te bezoeken is doordeweeks – het is bovendien veel goedkoper. Neem een goed gevulde portemonnee en een identiteitsbewijs mee om te kunnen aantonen dat u mag drinken (ouder dan 21), maar pas op: de drankjes zijn erg duur. De modernste clubs zijn open tot 4.00 uur 's nachts of later. Gewoonten en clubavonden veranderen voortdurend, dus haal de nieuwste folders bij Tower Records op Broadway, raadpleeg de overzichten in bladen waarin informatie staat over clubs *(blz. 328)* en lees de *Village Voice*. De interessantste gelegenheden worden door mond-tot-mondreclame populair.

Discotheken

Newyorkers zijn gek op muziek en dansen. Overal in de stad vindt u dansvloeren van alle afmetingen, van de altijd drukke **Greatest Bar on Earth** – voor jazz, dansen, uitzicht van de 107de etage en hapjes – tot enorme ruimten ter grootte van een basketbalveld, zoals **Roseland.** Iedere donderdag en zondag kunt u hier ballroomdansen en het is dé klassieke Broadway-ballroom van New York. U vindt er nog iets van de fantastische oude Broadway-cultuur terug. Er is ook een groot café-restaurant met 700 plaatsen en een welvoorziene bar.
Voor orthodoxe dansmuziek is de **Rainbow Room** een vertrouwd adres. Wie eens echt iets heel anders wil kan terecht bij **Barbetta,** waar Boris en Yvgeny een kruising tussen zigeunermuziek en Weense walsen spelen.
De **Copacabana**, waar vroeger sterren als Dean Martin en Frank Sinatra optraden, is nu een disco met zo af en toe live-optredens. Op de laatste donderdag van de maand zijn er wilde feesten met go-gojongens, travestieten en discodiva's.
De **Limelight** is een multifunctionele ruimte waar op de begane vloer gedanst kan worden, terwijl anderen vanaf de balkons kunnen toekijken. Enkele populaire clubs waar u kunt discodansen en waar ook de nieuwste muziekgroepen optreden zijn Ritz, Acme Underground, Marquee, CBGB, Tramps en de Knitting Factory *(blz. 340)*. Zorg dat u vroeg aanwezig bent en reken erop in de rij te moeten staan.

Nachtclubs

Als u een show wilt zien, moet u naar een van New York's nachtclubs. De shows zijn niet meer zo flitsend als in de jaren veertig en vijftig, maar ze zijn vaak nog afwisselend genoeg. Reken op couvertkosten; veel clubs stellen verder als voorwaarde dat u ten minste twee drankjes bestelt. **Catch a Rising Star** is een levendige ruimte naast een Spaans restaurant, waar zangers de hits uit Broadway-musicals ten gehore brengen. **Maxim's** heeft meestal één ruimte voor revues en een andere voor zangers opengesteld. Voor spectaculaire uitzichten, smaakvolle inrichting, revues en zangers kunt u terecht bij **Rainbow & Stars. Swing Street Café** is een theater-*supper club*. De chique **Supper Club** met zijn gordijnen van goud lamé heeft beneden big-bandmuziek, terwijl boven in de intieme Blue Room revue-artiesten optreden. In **Tatou** is het zeer duur dineren; u treft er optredens die variëren van jazz tot disco. De respectabele **Tavern on the Green** in Central Park brengt tegenwoordig jazz in de Chestnut Room.

Homobars

In de afgelopen twintig jaar zijn er clubs en restaurants verschenen die zich speciaal richten op homoseksuelen. Het amusement is hier gevarieerd, maar de travestieshows zijn in de meerderheid. Alle clubs zijn ook toegankelijk voor heteroseksuelen en vaak ook voor de andere sekse, maar 'indringers' voelen zich hier meestal zeer slecht op hun gemak. Tot de populairste cabaretgelegenheden voor homoseksuelen behoren op dit moment **Duplex,** dat een mengeling van geïmproviseerde humor en komische sketches brengt. Tot de stijlvollere nachtclubs en bars voor mannen behoren het eigentijdse en chique **Town House**, een pianobar annex restaurant, en **Julius**, dat de naam heeft het beste buurtcafé van Greenwich Village te zijn. **Don't Tell Mama** is een reeds lang bestaande homobar voor revues en parodieën. **Henrietta Hudson** en **Crazy Nanny's** zijn alleen voor vrouwen toegankelijk, evenals **Grolier**. De pianobar **Marie's Crisis** is voor beide seksen en **Splash,** dagelijks geopend, heeft een *happy hour* tussen 17.00 en 21.00 uur. De *Village Voice* geeft een goed overzicht van wat er in het homoseksuele circuit te doen is en in de *Gay Yellow Pages* vindt u alle informatie over de homowereld. Bel voor nadere bijzonderheden het **Gay and Lesbian Switchboard**.

Komedie

Veel van de beste komedieclubs in New York komen voort uit de vroegere versie van de geïmproviseerde komedie. Koplopers zijn clubs met de toepasselijke namen **Boston Comedy Club, Original Improv** en **Caroline's.** Ook een bezoek waard zijn de **Comic Strip, Stand-Up New York, NY**

Comedy Club, 55 Grove St., Dangerfield's en **Comedy Cellar.** In elke club treden 's avonds vele komieken op.

Pianobars en revue

Revue *(cabaret)* is in New York een begrip geworden. De daarvoor gebruikte ruimten, waar alleen geluisterd wordt, noemt men *rooms* en zijn in hotels te vinden. De meeste zijn van dinsdag tot zaterdag geopend (meestal wordt wat toegangsgeld gevraagd of zijn consumpties verplicht). In de Oak Room in het **Algonquin**-hotel treden vocalisten op als Michael Feinstein. Wilt u naar een klassieke pianosalon met een panorama op Manhattan, ga dan naar de **Beekman Tower.** Bobby Short bespeelt al een kwart eeuw lang de piano in het Café Carlyle in het **Carlyle Hotel**, en verdient hierom alleen al een prijs. Woody Allen speelt hier op maandagavond met Eddy Davis' New Orleans Jazz Band. In hetzelfde hotel is de Bemelman's Bar gehuisvest, met zijn muurschilderingen, waar u kunt ontspannen bij het geluid van eersteklas *crooners*. In de lounge van het **Drake Swissôtel** kunt u naar klaterende pianoklanken en mooie liedjes luisteren. Mensen als Barbara Cook treden op in de Mirage Lounge in het **Hilton Hotel**, en Kathleen Landis, zangeres-pianiste van Café Pierre, resideert in het **Pierre Hotel**. Naar pianomuziek kunt u luisteren in de Ambassador Lounge in het **Regal UN Plaza Hotel**.

Adressen

Discotheken

Barbetta
321 W 46th St.
Kaart 12 D5.
☎ *246-9171.*

Copacabana
617 W 57th St.
Kaart 11 B3.
☎ *582-2672.*

The Greatest Bar on Earth
1 World Trade Center.
Kaart 1 B2.
☎ *938-1111.*

Knitting Factory
Blz. 341.

Limelight
Blz. 341.

Rainbow Room
30 Rockefeller Plaza.
Kaart 12 F4.
☎ *632-5100.*

Roseland
239 W 52nd St.
Kaart 12 E4.
☎ *247-0200.*

Nachtclubs

Catch a Rising Star
253 W 28th St.
Kaart 8 E3.
☎ *244-3005.*

Maxim's
680 Madison Ave.
Kaart 13 A3.
☎ *751-5111.*

Rainbow & Stars
30 Rockefeller Plaza.
Kaart 12 F4.
☎ *632-5000.*

Supper Club
240 W 47th St.
Kaart 12 D5.
☎ *921-1940.*

Swing Street Café
253 E 52nd St.
Kaart 13 B4.
☎ *754-4862.*

Tatou
151 E 50th St.
Kaart 13 A4.
☎ *753-1144.*

Tavern on the Green
Westkant van Central Park/67th St.
Kaart 12 D2.
☎ *873-3200.*

Homobars

Crazy Nanny's
21 7th Ave. South.
Kaart 3 C1.
☎ *366-6312.*

Don't Tell Mama
343 W 46th St.
Kaart 12 D5.
☎ *757-0788.*

Duplex
61 Christopher St.
Kaart 3 C2.
☎ *255-5438.*

Gay and Lesbian Switchboard
☎ *989-0999.*

Henrietta Hudson
438 Hudson St.
Kaart 3 C3.
☎ *243-9079.*

Julius
159 W 10th St.
Kaart 4 D1.
☎ *929-9672.*

Marie's Crisis Café
59 Grove St.
Kaart 3 C2.
☎ *243-9323.*

Town House
236 E 58th St.
Kaart 13 B4.
☎ *754-4649.*

Komedie

55 Grove St.
Kaart 3 C2.
☎ *366-5438.*

Boston Comedy Club
82 W 3rd St.
Kaart 4 D2.
☎ *477-1000.*

Caroline's
1626 Broadway.
Kaart 12 E5.
☎ *757-4100.*

Comedy Cellar
117 MacDougal St.
Kaart 4 D2. ☎ *254-3480.*

Comic Strip
1568 2nd Ave.
Kaart 17 B4.
☎ *861-9386.*

Dangerfield's
1118 1st Ave.
Kaart 13 C3.
☎ *593-1650.*

The Improv
346 W 46th St.
Kaart 12 D5.
☎ *475-6147.*

NY Comedy Club
241 E 34th St.
Kaart 9 B4. ☎ *696-5233.*

Stand-Up New York
236 W 78th St.
Kaart 15 C5.
☎ *595-0850.*

Pianobars en revue

Algonquin Hotel
Oak Room, 59 W 44th St.
Kaart 12 F5.
☎ *840-6800.*

Beekman Tower
3 Mitchell Pl.
Kaart 13 C5.
☎ *355-7300.*

Carlyle Hotel
35 E 76th St.
Kaart 17 A5.
☎ *744-1600.*

Drake Swissôtel
67 E 56th St. **Kaart** 13 A3.
☎ *421-0900.*

Hilton Hotel
Mirage Lounge. 53 Ave. of the Americas. **Kaart** 12 E4.
☎ *586-7000.*

Pierre Hotel
Café Pierre, 2 E 61st St.
Kaart 12 F3. ☎ *940-8185.*

Regal UN Plaza Hotel
1 UN Plaza/44th St.
Kaart 13 C5.
☎ *758-1234.*

Sport en fitness

Newyorkers zijn sportfanaten en ook op dit gebied is er voor elk wat wils. Doet u liever zelf aan sport dan dat u slechts toekijkt, dan kunt u kiezen uit fitness, paardrijden, gewichtheffen, zwemmen, tennissen of hardlopen. Toeschouwers hebben de keuze uit twee honkbalteams, twee ijshockeyteams, een basketbalteam en twee footballteams. Tennisliefhebbers bezoeken het US Open en het Virginia Slims-toernooi.

Kaartjes

De eenvoudigste manier om kaartjes te bemachtigen is via Ticketron of Ticketmaster *(blz. 329)*. Voor belangrijke wedstrijden moet u misschien naar een van de commerciële bureaus.

American Football

De twee professionele football-teams zijn de New York Giants en de New York Jets. Beide spelen hun thuiswedstrijden in het **Giants Stadium** in New Jersey. Een kaartje voor de Giants is haast niet te krijgen; voor de Jets soms wel.

Honkbal

Om de essentie van deze sport te begrijpen moeten toeschouwers eigenlijk eerst eens naar het **Yankee Stadium**, thuisbasis van de New York Yankees, of het **Shea Stadium**, waar de New York Mets spelen. Het seizoen loopt van april tot september.

Basketbal

De New York Knicks spelen hun thuiswedstrijden tussen oktober en april in **Madison Square Garden**; mogelijk treft u er ook de populaire Harlem Globetrotters.

Fietsen

De aangewezen plek om te fietsen is Central Park, liefst in het weekeinde wanneer het voor auto's gesloten is. U kunt fietsen huren bij de **West Side Bicycle Store.**

Boksen

Professionele bokswedstrijden kunt u vaker zien op een breedbeeldscherm dan in het echt in **Madison Square Garden**.

Fitnessclubs

De meeste grote hotels beschikken over hun eigen fitnesscentrum. Het reusachtige **Chelsea Piers Sports & Entertainment Complex** biedt alle mogelijke faciliteiten. Veel commerciële fitnesscentra zijn alleen toegankelijk met een jaarkaart, maar u kunt gebruikmaken van de faciliteiten van een **YMCA**.

Golf

U kunt uw swing oefenen in het **Randalls Island Golf Center** of minigolf in de **Wollman Memorial Rink** spelen. De stad heeft in de buitenwijken verschillende golfterreinen, zoals **Pelham Bay Park** in de Bronx en **Silver Lake** op Staten Island. Voor informatie kunt u bellen: 360-8204, voor reserveringen belt u 225-GOLF.

Paardrijden en paardenrennen

De enige manege van Manhattan is **Claremont Riding Academy.** Er is een overdekte arena, maar u kunt ook een ritje maken in Central Park. Paardenraces vinden het hele jaar door op **Yonkers Raceway** plaats. Iedere dag behalve dinsdag zijn er van oktober tot mei draverijen op de **Aqueduct Race Track** en van mei tot oktober op de **Belmont Park Race Track**.

IJshockey

De New York Rangers spelen hun spectaculaire thuiswedstrijden in **Madison Square Garden**. Het seizoen loopt van oktober tot april.

Schaatsen

Er zijn twee plaatsen waar u in de open lucht kunt schaatsen. De ene is de **Rockefeller Plaza Rink**, die vooral heel mooi is met Kerstmis. De andere is de **Wollman Rink,** waar u 's winters kunt schaatsen en 's zomers rolschaatsen en minigolf spelen. Overdekt schaatsen kunt u op de **Sky Rink** van de Chelsea Piers en in de **Ice Studio.**

Zaal- en racketsporten

In een enorm sportcomplex biedt **Hackers, Hitters & Hoops** gelegenheid tot het trainen op uw honkbalslag, minigolf, tafeltennis, racquetball (een soort squash) en andere sporten. Verder kunt u bij het **Printing House Fitness & Racquet Center** en de **Chelsea Piers** terecht.

Hardlopen

Het ene park is veiliger voor joggers dan het andere, dus informeer aan de balie van uw hotel. In het donker, tussen zonsonder- en zonsopgang, is geen enkel park veilig. De populairste route loopt rond het reservoir in Central Park *(blz. 206)*.

Marathon

Wie deel wil uitmaken van het leger van 25.000 deelnemers aan de marathon van New York moet zich een half jaar van tevoren inschrijven. De wedstrijd wordt op de eerste zondag in november gehouden. Bel 860-4455 voor informatie.

Sportcafés

De beste sportcafés zijn **The Sporting Club**, waar een reusachtig elektronisch scorebord hangt met daarop de stand bij alle mogelijke evenementen. Verder zijn er negen extra grote tv-schermen. In het populaire **Mickey Mantle's** kunt u de wedstrijden op tien reusachtige schermen volgen.

Zwemmen

Veel hotels hebben hun eigen zwembad. U kunt ook zwemmen en surfen in het Surfside 3 Maritime Center van de Chelsea Piers. Ga eens naar het fascinerende Jones Beach State Park *(blz. 253)* aan de kust van Long Island.

Tennis

Het belangrijkste tennistoernooi van de VS is het US Open, dat in augustus in het **National Tennis Center** wordt gehouden. Bekend is ook het Virginia Slims-damestoernooi in november in **Madison Square Garden** *(blz. 133)*.

Wilt u liever zelf een balletje slaan, kijki dan in het telefoonboek onder 'Tennis Courts: Public and Private'. Reken voor privébanen op ongeveer $ 50 per uur. Als u een baan in een van de grote tenniscentra wilt gebruiken, hebt u een pasje van $ 50 nodig dat verkrijgbaar is bij het **NY City Parks & Recreation Department.** U moet ook een identiteitsbewijs overhandigen voordat u mag spelen. De banen moeten ten minste een week van tevoren worden gereserveerd. **Crosstown Tennis** en de **Manhattan Plaza Tennis Center** zijn dan twee plaatsen waar u terecht kunt.

Atletiek

De Millrose Games worden meestal begin februari gehouden en de kampioenschappen van de Amateur Athletic Union (AAU) eind februari in **Madison Square Garden.**

Andere activiteiten

In Central Park kunt u roeiboten huren bij het **Loeb Boathouse** of een potje schaken – haal de stukken bij The Dairy *(blz. 206)*. Bowlen kan in de **AMF Chelsea Piers Bowl**, en poolbiljarten is mogelijk in cafés en bij **Chelsea Billiards.** Diepzeevissen kunt u vanuit **Sheepshead Bay**.

Adressen

Aqueduct Race Track
Ozone Park, Queens.
☎ *(718) 641-4700.*

Belmont Park Race Track
Hempstead Turnpike, Long Island.
☎ *(718) 641-4700.*

Chelsea Billiards
54 W 21st St. **Kaart** 8 E4.
☎ *989-0096.*

Chelsea Piers Sports & Entertainment Complex
Pier 59-62 bij 11th Ave.
Kaart 7 B4-5.
☎ *336-6800.*

Claremont Riding Academy
175 W 89th St.
Kaart 15 C3.
☎ *724-5100.*

Crosstown Tennis
14 W 31st St. **Kaart** 8 F3.
☎ *947-5780.*

Giants Stadium
Meadowlands
East Rutherford, N J.
☎ *(201) 935-8222. New York Giants.*
☎ *(201) 935-8500. New York Jets.*

Hackers, Hitters & Hoops
123 W 18th St.
Kaart 8 E5.
☎ *929-7482.*

Ice Studio
1034 Lexington Ave.
Kaart 17 A5.
☎ *535-0304.*

International Running Center
9 E 89th St.
Kaart 17 A3.
☎ *860-4455.*

Loeb Boathouse
Central Park.
Kaart 16 F5.
☎ *517-4723.*

Madison Square Garden
7th Ave./33rd St.
Kaart 8 E2.
☎ *465-MSG1.*

Manhattan Plaza Racquet Club
450 W 43rdSt.
Kaart 7 C1.
☎ *594-0554.*

Mickey Mantle's
42 Central Park South.
Kaart 12 E3.
☎ *688-7777.*

National Tennis Center
Flushing Meadows Park, Queens.
☎ *(718) 760-6200.*

NY City Parks & Recreation Department
Arsenal Building
64th St./5th Ave.
Kaart 12 F2.
☎ *408-0100.*

Pelham Bay Park
Bronx.
☎ *(718) 885-3368.*

Plaza Rink
Rockefeller Center.
1 Rockefeller Plaza,
5th Ave. **Kaart** 12 F5.
☎ *332-7654.*

Printing House Fitness & Racquet Center
421 Hudson St.
Kaart 3 C3.
☎ *243-3777.*

Randalls Island Golf Club
Randalls Island. **Kaart** 22 F2.
☎ *427-5689.*

Shea Stadium
126th St./Roosevelt Ave., Flushing, Queens.
☎ *(718) 507-TIXX of (718) 507-8499.*

Sheepshead Bay
(Bel voor informatie over vistochten Mike's Tackle & Bait Shop.*)*
☎ *(718) 646-9261.*

Silver Lake
915 Victory Blvd
Staten Island.
☎ *(718) 447-5686 of (718) 225-4653.*

The Sporting Club
99 Hudson St.
Kaart 4 D5.
☎ *219-0900.*

West Side Bicycle Store
231 W 96th St.
Kaart 15 C2.
☎ *663-7531.*

Wollman Memorial Rink
Central Park.
5th Ave./59th St.
Kaart 12 F2.
☎ *396-1010.*

Yankee Stadium
River Ave./161st St.
The Bronx.
☎ *(718) 293-6000.*

YMCA 47th St.
224 E 47th St.
Kaart 13 B5.
☎ *756-9600.*

Y at 92nd St.
1395 Lexington Ave.
Kaart 17 A2.
☎ *427-6000.*

YMCA West Side
5 W 63rd St.
Kaart 12 D2.
☎ *787-4400.*

Yonkers Raceway
Yonkers
Westchester County.
☎ *(914) 968-4200.*

New York bij nacht

New York is echt een stad die nooit slaapt. Als u midden in de nacht wakker wordt en trek hebt in vers brood of aandrang voelt om eens lekker uit te gaan of de zonsopgang boven Manhattan te gaan bewonderen, dan biedt de stad daar volop mogelijkheden voor.

Bars en clubs

De Ierse cafés zijn vaak erg gezellig. Bij **Mitch's Place** wordt elke donderdag door alle klanten gezongen, en hetzelfde gebeurt dagelijks (behalve maandag) bij **Tommy Makem's.** De **Temple Bar** leent zich bij uitstek voor een slaapmutsje. De leukste pianobars vindt u in de hotels, vooral Café Carlyle in het **Carlyle Hotel** en de Oak Room in het **Algonquin Hotel** zijn zeer de moeite waard. **Sweet Basil** en de **Blue Note** zijn goede gelegenheden om tot diep in de nacht van swingende jazz te genieten. Traditionele jazz en dansmuziek vermaken de gasten en dansers in de **Rainbow Room** en de **Red Blazer Too. Cornelia Street Café** is een knus en altijd druk plekje waar proza, poëzie en toneelstukken worden voorgelezen. Poëzie, theater en Latijns-Amerikaanse muziek worden in het **Nuyorican Poets Café** ten gehore gebracht.

Nachtfilms

In het Eighth Street Playhouse draaien nachtfilms waar vooral jongeren op afkomen. Verder worden er in het Angelika Film Center en het Film Forum *(blz. 336-337)* 's nachts films vertoond.

Winkels

Shakespeare & Company Booksellers op Broadway en St. Mark's Bookshop zijn tot laat in de avond open. De platenzaak HMV in Upper West Side is tot middernacht open, het filiaal in de East Side tot 22.00 uur. Beide vestigingen van Tower Records sluiten om middernacht, evenals Gryphon Records. Bleecker Bob's Golden Oldies Record Shop in Greenwich Village blijft in het weekeinde tot 3.00 uur open *(zie Winkelen, blz. 322-323)*. Bij de enorme **Palmer Video Store** en **Mrs Hudson's Video Store**, beide in Hudson Street, kunt u tot diep in de nacht video's huren.
Veel kledingzaken in de Village zijn in het weekeinde nog laat open: de **Antique Boutique** is tot middernacht geopend en **Trash and Vaudeville** op vrijdag en zaterdag tot 20.00 uur. Voor aspirine en andere dringende boodschappen kunt u 24 uur per dag terecht bij **Rite Aid Pharmacy** en iedere dag tot 23.00 uur bij **Plaza Pharmacy.**

Afhaalmaaltijden en levensmiddelen

Een aantal winkels, waaronder de **Delmonico Gourmet Food Market** en de **West Side Supermarket**, verkopen 24 uur per dag afhaalmaaltijden. Veel Koreaanse groentewinkels blijven ook de hele nacht open. **Food Emporium** is een supermarktketen die tot middernacht open is (de vestiging in York Avenue sluit helemaal niet). Op zaterdag is **Zabar's** tot middernacht open. Slijterijen zijn meestal geopend tot 22.00 uur. Veel drankwinkels bezorgen thuis bestellingen. Voor de lekkerste bagels gaat u naar **H & H Bagels East, Bagels On The Square** en **Jumbo Bagels and Bialys.** Veel pizzeria's en Chinese restaurants zijn laat open, en de meeste bezorgen ook maaltijden. Veel ijssalons sluiten pas laat.

Uit eten

Jonge, welgestelde mensen komen graag in **La Jumelle, Florent** en **Les Halles**, voor lekker Frans eten. Twintigers bezoeken de **Coffee Shop** voor een biertje en Braziliaans eten. De sandwiches van **Carnegie Deli** zijn beroemd. **Caffè Reggio** in Greenwich Village is al sinds 1927 hét adres voor een late kop koffie of thee met gebak. Tegenwoordig kunt u ook in een aantal *supper clubs* lekker eten. **Le Bar Bat** staat bekend om zijn inrichting – u waant zich er in een vleermuizengrot – en de Vietnamese keuken. **Tatou's** serveert het echte, ouderwetse creoolse eten met jazz als achtergrondmuziek. De in jaren-dertigstijl ingerichte **Rainbow Room** heeft, mede dankzij de Europese gerechten, een hele bijzondere sfeer.

Dienstverlening

In Long Island City haalt **Midnight Express Cleaners** tot middernacht kleren op, die dan de volgende dag weer schoon zijn. Ze bezorgen ook tot middernacht. Bij **Tudor City Flowers** kunt u 24 uur per dag bloemen bestellen. Op donderdag is de kapper **George Michael of Madison Avenue/Madora Inc.** open tot 22.00 uur. U kunt ook iemand bij u thuis laten komen.

Mooi New York

Een van de leukste wandelingen in New York voert u langs de Hudson door **Battery Park City** bij het World Financial Center. Het is er veilig en u kunt er dag en nacht terecht. Pier 16 en 17 in South Street Seaport trekken de hele nacht wandelaars en in restaurant **Harbour Lights** op Pier 17 kunt u tot 4.00 uur 's nachts terecht. Het is ook erg mooi om bij zonsondergang met de **Circle Line** tijdens een twee uur durende rondvaart de haven te bekijken. Het Riverview Terrace op Sutton Place biedt gelegenheid om rustig vanaf een bankje de zon boven de East River, Roosevelt Island en Queens te zien opkomen. Twee van de spectaculairste uitzichten met Manhattan op de achtergrond hebt u (naar het westen toe) vanuit het **River Café** en (naar het oosten toe) vanuit restaurant **Arthur's Landing.**
Tijdens een tochtje met de

Staten Island Ferry *(blz. 76)* kunt u het Vrijheidsbeeld en de skyline van Manhattan bij zonsopkomst bewonderen en vanuit een taxi op Brooklyn Bridge *(blz. 86-89)* ziet u de zon al even mooi opkomen. Boven in het **Beekman Tower Hotel** kunt u tot 1.00 uur genieten van het uitzicht op de East Side. Het allermooiste uitzicht hebt u misschien wel vanaf het **Empire State Building**: het Observation Deck *(blz. 134-135)* blijft tot middernacht open. U kunt ontbijten in restaurant **Windows on the World** op de 107de verdieping van het World Trade Center, met zicht op stad, rivier en haven. **Château Stables** voert u per koets door de stad en **Liberty Helicopters** verzorgt 's nachts spectaculaire rondvluchten boven de verlichte stad. Probeer voor iets anders een begeleide kroegentocht van **Marvelous Manhattan Tours**, een rondleiding van **Happy Apple Tours** of een bezoek vanaf 6.00 uur aan de **Fulton Fish Market**.

ADRESSEN

BARS EN CLUBS

Algonquin Hotel
Zie Pianobars blz. 343.

Blue Note
Zie Jazz blz. 341.

Carlyle Hotel
Zie Pianobars blz. 343.

Cornelia Street Café
29 Cornelia St. **Kaart** 4 D2.
☎ *989-9318.*

Mitch's Place
134 Reade St. **Kaart** 1 B1.
☎ *226-8928.*

Nuyorican Poets Café
236 E 3rd St. **Kaart** 5 A2.
☎ *505-8183.*

Rainbow Room
Zie Danszalen, blz. 343.

Red Blazer Too
32 W 37th St.
Kaart 8 F2..
☎ *262-3112.*

Sweet Basil
Zie Jazz blz. 341.

Temple Bar
332 Lafayette St.
Kaart 4 F4. ☎ *925-4242.*

Tommy Makem's
130 E 57th St. **Kaart** 12 E3.
☎ *759-9040.*

WINKELS

Antique Boutique
712 Broadway.
Kaart 4 E2. ☎ *460-8830.*

Mrs Hudson's Video Library
573 Hudson St.
Kaart 3 C2.
☎ *989-1050.*

Palmer Video Store
470 Hudson St. **Kaart** 3 C3.
☎ *463-9377.*

Plaza Pharmacy
251 E 86th St. **Kaart** 17 B3.
☎ *427-6940.*

Rite Aid Pharmacy
Zie Wegwijs in New York, blz. 357.

Trash and Vaudeville
4 St. Mark's Pl. **Kaart** 5 A2.
☎ *982-3590.*

AFHAALMAALTIJDEN EN LEVENSMIDDELEN

Bagels On The Square
7 Carmine St. **Kaart** 4 D3.
☎ *691-3041.*

Delmonico Gourmet Food Market
55 E 59th St. **Kaart** 12 F3.
☎ *751-5559.*

Food Emporium
1498 York Ave.
Kaart 17 C4.
☎ *879-9555.*

H & H Bagels East
1550 2nd Ave. **Kaart** 17 B4.
☎ *734-7441.*

Jumbo Bagels and Bialys
1070 2nd Ave. **Kaart** 13 B3.
☎ *355-6185.*

West Side Supermarket
2171 Broadway. **Kaart** 15 C5.
☎ *595-2536.*

Zabar's
2245 Broadway.
Kaart 15 3C.
☎ *787-2000.*

UIT ETEN

Caffè Reggio
119 MacDougal St.
Kaart 4 D2.
☎ *475-9557.*

Carnegie Deli
Zie Restaurants en cafés, blz. 306.

Coffee Shop
Zie Restaurants en cafés, blz. 306.

Florent
Zie Restaurants en cafés, blz. 306.

La Jumelle
55 Grand St. **Kaart** 4 E4.
☎ *941-9651.*

Le Bar Bat
311 West 57th St. **Kaart** 12 D3. ☎ *307-7228.*

Les Halles
Zie Restaurants en cafés, blz. 306.

Rainbow Room
Zie Restaurants en cafés, blz. 296.

Tatou
151 East 50th St. **Kaart** 13 A4. ☎ *753-1144.*

SPORT

Billiard Club
220 W 19th St. **Kaart** 8 E5.
☎ *206-POOL.*

Bowlmore Lanes
110 University Pl. **Kaart** 4 E1. ☎ *255-8188.*

Chelsea Billiards
Zie Sport blz. 345.

DIENSTVERLENING

George Michael of Madison Avenue/ Madora Inc.
420 Madison Ave. **Kaart** 13 A5. ☎ *752-1177.*

Midnight Express Cleaners
3838 13th St. **Kaart** 14 F1
☎ *921-0111.*

Tudor City Flowers
5 Tudor City Place.
Kaart 9 B1.
☎ *986-1490.*

MOOI NEW YORK

Arthur's Landing
Port Imperial Marina, Pershing Circle, Weehawken, NJ.
☎ *(201) 867-0777.*

Battery Park City
West St. **Kaart** 1 A3.

Beekman Tower Hotel
1st Ave. 49th St.
Kaart 13 C5.
☎ *355-7300.*

Château Stables
608 W 48th St.
Kaart 15 B3.
☎ *246-0520.*

Circle Line
W 42nd St. **Kaart** 15 B3
☎ *563-3200 .*

Marvelous Manhattan Tours
☎ *(800) 926-8795.*

Empire State Building
Zie blz. 134-135.

Fulton Fish Market Tours
☎ *748-8590.*

Happy Apple Tours
☎ *(800) 421-4518.*

Harbour Lights
89 Fulton St.
Kaart 2 D2.
☎ *227-2800.*

Liberty Helicopters
☎ *692-4354.*

River Café
Zie Restaurants en Cafés, blz. 306.

Staten Island Ferry
Zie Vervoer in New York, blz. 369.

Windows on the World
Zie Restaurants en cafés, blz. 295.

New York voor kinderen

Ook voor kinderen is New York een stad waar ze zich al snel thuis voelen. Er is amusement te over en daarbij komen kinderen niets tekort. Meer dan tien theaters, twee dierentuinen en drie fantastische musea zijn helemaal op kinderen gericht; bovendien worden in veel musea en parken speciale evenementen voor kinderen gehouden. Een bezoek aan een tv-studio is een belevenis en New York's eigen Big Apple Circus is altijd weer een succes. In New York krijgen kinderen geen enkele kans zich te vervelen en bovendien hoeven de uitstapjes helemaal niet zo duur te zijn.

New York is een speeltuin voor alle leeftijden

Praktische informatie

New York is goed op gezinnen ingesteld. In veel hotels mogen kinderen gratis op de kamer van hun ouders slapen en er worden, zo nodig, kinderbedden bijgezet. De meeste musea rekenen voor kinderen de halve prijs of minder, maar bij sommige is de toegang gratis. Kinderen van minder dan 1,12 m kunnen in bus en metro gratis met een volwassene mee. Luiers en medicijnen zijn alom verkrijgbaar en de Rite Aid Pharmacy *(blz. 357)* is 24 uur per dag geopend. Een baby op een openbaar toilet verschonen gaat minder eenvoudig, maar niemand heeft bezwaar als u dat op de toilettafel doet. De meeste hotels regelen zelf een oppas, anders is de **Baby Sitters' Guild** een vertrouwd adres.
Om meer te ontdekken over wat er voor kinderen te doen is, moet u een exemplaar van de evenementenkalender meenemen, die verkrijgbaar is bij het New York Convention and Visitors Bureau *(blz. 352)*. Een wekelijks overzicht vindt u in het blad *New York*.

Avontuur in New York

De stad is voor kinderen één reusachtig pretpark. Voor een mooi uitzicht over de stad ben je met de lift pijlsnel op de hoogste gebouwen ter wereld. Monster aan op de klassieke rondvaartboot van **Circle Line** die om Manhattan heen vaart of op de zeilboot **Petrel** *(blz. 84)*, charter uw eigen raderboot vanuit de jachthaven bij E 23rd St. of maak een gratis boottochtje met de Staten Island Ferry *(blz. 76)*.
De Roosevelt Island Tram *(blz. 179)* is een Zwitserse gondel die u door de lucht over East River heen zet. In Central Park *(blz. 202-207)* kunt u kiezen uit allerlei ritjes, van een ouderwetse draaimolen tot een ritje op een écht paard of in een karretje achter een pony. En elk weekeinde rijdt hier een heel legioen skaters rond.

Een verfrissende douche in Central Park

Musea

Hoewel veel musea in New York mensen van alle leeftijden aanspreken, zijn er ook enkele speciaal op kinderen gericht. Het fantastische Children's Museum of Manhattan *(blz. 217)* is een van de favorieten. Buiten het centrum liggen het **Staten Island Children's Museum**, waar een enorme mierenhoop een van de populairste attracties vormt, en het Brooklyn Children's Museum *(blz. 245)*. Het *Intrepid* Sea-Air-Space Museum *(blz. 147)* is een echt vliegdekschip, waar het snelste spionagevliegtuig ter wereld is tentoongesteld.
Ten slotte is het American Museum of Natural History *(blz. 214-215)* absoluut een bezoekje waard.

Schaatsen met de kerstman bij Rockefeller Center

Buiten spelen

In de zomer speelt heel New York buiten. Central Park is een paradijs voor kinderen, waar je kunt (rol)schaatsen,

in een bootje varen, fietsen en golf spelen. In het park is ontzettend veel gratis vertier, zoals de zaterdagse rondleidingen door parkwachters en de wedstrijden voor miniatuurzeilbootjes. Het Central Park Wildlife Center en het kleinere Tisch Children's Zoo (de kinderdierentuin) zijn heel geliefd bij kinderen, en voor mensen van alle leeftijden is er natuurlijk de Bronx Zoo *(blz. 242-243)*.
De stranden van **Orchard** en **Rockaway** en Coney Island *(blz. 247)* zijn met de metro gemakkelijk bereikbaar.
's Winters is er de mogelijkheid om bij Rockefeller Center *(blz. 142)* of op een ijsbaan in Central Park te gaan schaatsen.

BINNEN SPELEN

Kindertheaters in New York doen kwalitatief en wat afwisseling betreft niet onder voor het 'normale' theater. Zeer populaire gezelschappen zijn bijvoorbeeld de **Paper Bag Players** en **Theatreworks USA**. Hun voorstellingen zijn snel uitverkocht; raadpleeg het programma en reserveer dus tijdig.
De jaarlijks terugkerende kerstvoorstelling van het New York City Ballet, *De notenkraker*, in Lincoln Center *(blz. 212)* speelt zich ongeveer tegelijk af met de opening van de tent van het **Big Apple Circus** er vlakbij. De circussen van Ringling Brothers and Barnum & Bailey treden elk voorjaar enkele weken in Madison Square Garden op.

SPEELGOEDWINKELS

Uw kinderen gaan graag mee winkelen als er een bezoek aan **F.A.O. Schwarz**,

De bekende klok van speelgoedwinkel F.A.O. Schwarz

een van de grootste en beste speelgoedwinkels ter wereld, op het programma staat.
Geliefd bij kinderen is ook **Enchanted Forest** en de jongsten zijn welkom in kinderboekwinkels zoals **Books of Wonder** waar leerzame en vermakelijke verhalenvertel-optredens gehouden worden.

UIT ETEN

De hamburger-pastatent **Ottomanelli's Café** is bij kinderen erg populair. De porties zijn zo groot dat zelfs volwassenen er moeite mee hebben. Het levendige **Hard Rock Café** is eveneens heel geliefd en veel kinderen houden ook van het eten dat in Chinatown en Little Italy te koop is. Ga naar de **Chinatown Ice Cream Factory** voor vreemde en lekkere ijssmaken. Voor een snelle warme hap zijn er pizza's per punt, pretzels of een hot dog van een straatverkoper.
De ouderwetse ijssalon **Peppermint Park** valt vast in de smaak bij jonge zoetekauwen. En dan zijn er nog de vele fastfoodrestaurants.

Kinderen vertellen verhalen in South Street Seaport

ADRESSEN

PRAKTISCH

Baby Sitters' Guild
☎ *682-0227.*

AVONTUURLIJK

Circle Line
Pier 83, W 42nd St. **Kaart** 7 A1.
☎ *563-3200.*

Petrel
Battery Park. **Kaart** 1 B4.
☎ *825-1976.*

MUSEA

Staten Island Children's Museum
1000 Richmond Terr., Staten Island. ☎ *(718) 273-2060.*

BUITEN SPELEN

Orchard Beach
☎ *(718) 885-2275.*

Rockaway Beach
☎ *(718) 474-4600.*

BINNEN SPELEN

Big Apple Circus
☎ *268-0055.*

Paper Bag Players
Broadway/95th St.
Kaart 15 C2. ☎ *864-5400.*

Theaterworks USA
787 7th Ave. **Kaart** 12 E4.
☎ *627-7373.*

WINKELEN

Books of Wonder
16 W 18th St. **Kaart** 8 C5.
☎ *989-3270.*

Enchanted Forest
85 Mercer St. **Kaart** 4 E4.
☎ *925-6677.*

F. A. O. Schwarz
767 5th Ave. **Kaart** 12 F3.
☎ *644-9400.*

UIT ETEN

Chinatown Ice Cream Factory
65 Bayard St. **Kaart** 4 F5.
☎ *608-4170.*

Ottomanelli's Café
1626 York Ave. **Kaart** 17 C3.
☎ *772-7722.*

Peppermint Park
1225 First Ave. **Kaart** 13 C2.
☎ *288-5054.*

1Y84
OFF DUTY 6H52 OFF DUTY
4840
OFF 1L34 DUTY

Wegwijs in New York

PRAKTISCHE INFORMATIE

Toeristen worden in New York meestal net zo tegemoet getreden als ieder ander. Verwacht dus geen speciale behandeling, maar als u een paar simpele richtlijnen opvolgt *(blz. 356-357)*, voelt u zich even vrij om de stad te bezichtigen als iedere Newyorker. Bussen en metro's *(blz. 372-375)* zijn betrouwbaar en goedkoop, er zijn overal geldautomaten *(blz. 358-359)* en bij banken, hotels en wisselkantoren kunt u gemakkelijk geld wisselen. Hotels *(blz. 274-275)*, restaurants *(blz. 290-292)* en allerlei vormen van amusement *(blz. 328-349)* zijn er in vele prijsklassen; van uw reis naar New York hoeft u dus niet berooid terug te keren.

Bezoekers rusten uit voor het Metropolitan Museum of Art

WAAR MOET U OP LETTEN

Op werkdagen is het van 8.00-10.00 uur, 11.30-13.30 uur en 16.30-18.30 uur spitsuur in New York. Houd er bij het maken van een dagindeling rekening mee dat het dan druk is in het openbaar vervoer en dat de straten ook te voet minder vrij begaanbaar zijn. Het loont de moeite om een aantal bezienswaardigheden in dezelfde buurt op één dag aan te doen. Dat is handiger dan een groot deel van uw tijd te verdoen aan lange verplaatsingen. De bus is comfortabel en betrouwbaar en u kunt al rijdende op uw gemak de stad bekijken. Sommige wijken kunt u op bepaalde tijden beter mijden *(blz. 356-357)*. Mijd altijd openbare toiletten in spoorweg-, bus- en metrostations. Hier komen veel druggebruikers en zwervers samen, zelfs als er toezicht is. De toiletten van Grand Central en Penn Station zijn schoon en veilig. Als u om welke reden dan ook ergens naar binnen wilt, roep dan bij voorkeur de hulp van een hotelportier in.

Hotelportier

OPENINGSTIJDEN

De meeste zaken zijn tussen 9.00 en 17.00 uur open; er is geen middagpauze. Alleen de banken sluiten eerder, om 15.00 uur, hoewel sommige langer (8.00 tot 18.00 uur) en ook op zaterdagmorgen open zijn. Veel musea zijn op maandag en op de belangrijkste feestdagen gesloten. Sommige zijn in bepaalde perioden op dinsdag- en donderdagavond geopend (bel voor informatie).

MUSEA

In New York wordt het woord 'museum' ook gebruikt voor een kunstgalerij. De musea in de stad worden op de bladzijden 34-37 behandeld. De musea heffen entreegeld, minimaal $ 2, of vragen een vrijwillige – forse – donatie. Gewoonlijk zijn er kortingen voor bejaarden, studenten en kinderen. De belangrijkste musea verzorgen gratis rondleidingen en lezingen. Op de Museum Mile *(blz. 166-167)* rond 5th Avenue staat een groot aantal musea vlak bij elkaar. Hiervan zijn de Frick Collection en het Cooper Hewitt Design Museum klein genoeg om in een paar uur te kunnen bezichtigen.

ETIQUETTE

Het is verboden te roken in *iedere* openbare ruimte in New York. Sommige restaurants hebben een afgescheiden ruimte voor rokers. Informeer telefonisch als u hierover meer wilt weten. Zakenreizigers hoeven voor hun Amerikaanse gastheer geen cadeau mee te nemen. Men verwacht dit niet en vindt het zelfs vaak ongepast. Als u wel iets meebrengt moet het goedkoop zijn en representatief voor uw land. Fooien geven is een gewoonte in New York; geef de taxichauffeur tien tot vijftien procent, de ober vijftien tot twintig procent, roomservice tien procent (indien niet bij de rekening inbegrepen), garderobe $ 1, kamermeisjes $ 1 of $ 2 per dag na de eerste dag; de piccolo ongeveer $ 1 per koffer, de dameskappers vijftien tot twintig procent en herenkappers tien tot twintig procent.

NADERE INFORMATIE

Bij het **New York Convention and Visitors Bureau**, nu bekend als **NYC & Co**.*(zie blz. 328-329)*, kunt u advies krijgen over alle aspecten van het leven in New York City. Hun 24-uurs telefonische informatieservice biedt hulp buiten kantoortijden. Brochures en informatiekiosken zijn ook te vinden in het kantoor van het **Times Square Visitors Information Bureau**. Hotellobbies en musea hebben gratis-folderrekken en alle dagbladen bevatten een schat aan informatie over wat er waar gaande is.

Nuttige informatie

NYC & Co, 810 7th Ave. **Kaart** 12 E4.
484-1222
W www.nycvisit.com
W www.ci.nyc.ny.us
ma-vr 9.00–18.00 uur; za-zo 10.00–18.00 uur.

Times Square Visitors Information Bureau, 1560 Broadway. **Kaart** 12 E5.
W www.newyork.citysearch.com

Informatie van New York State
W www.state.ny.us

Uitgaansoverzichten

In kiosken, hotels en galeries is een aantal goedkope of zelfs gratis publicaties beschikbaar die een overzicht geven van lopende tentoonstellingen en vrijetijdsbesteding in New York. Het meest geraadpleegd worden het tijdschrift *New York*, het overzicht 'Goings On About Town' in *The New Yorker* en *Time Out New York*, waarin u informatie vindt over wat de vele musea, clubs, theaters, galeries, restaurants, bioscopen, universiteiten, bibliotheken en komende veilingen te bieden hebben. De *Village Voice* is gericht op evenementen in SoHo, TriBeCa en Greenwich Village, maar besteedt ook aandacht aan andere belangrijke tentoonstellingen in de stad. De vrijdag- en zondagedities van de *New York Times* geven een overzicht van de lopende tentoonstellingen en shows onder de kopjes 'Weekend' (vrijdag) en 'Arts and Leisure' (zondag). *Art News* is een maandblad dat een overzicht geeft van belangrijke evenementen in de kunstwereld en neemt ook recensies op van de nieuwste tentoonstellingen en op handen zijnde veilingen. Verschillende tijdschriften zijn gratis verkrijgbaar, zoals het weekblad *Where* en het maandblad *Art Now/New York Gallery Guide*.

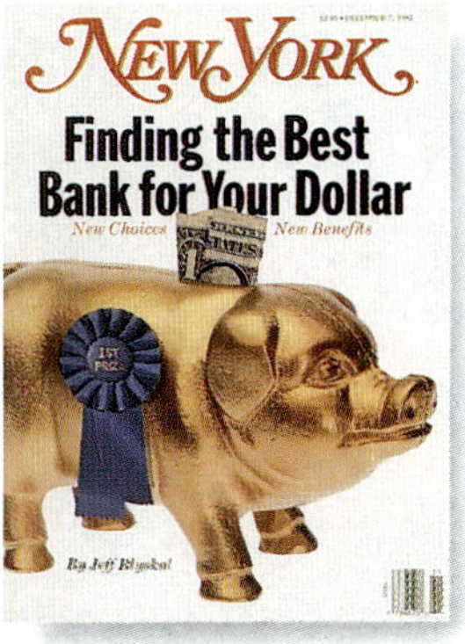

Het blad *New York*, waarin alles over het amusement in heel New York staat

Rondleidingen met gids

Hoe u New York ook wilt bezichtigen – met behulp van een cassettebandje met wandelroutes, door een helikoptervlucht, via een tochtje per boot of in een rijtuig – georganiseerde rondleidingen kunnen u veel tijd en moeite besparen.

Boottochten

Circle Line Sightseeing Yachts
Pier 83, W 42nd St.
Kaart 7 A1.
☎ *563-3200.*
Een drie uur durende tocht om Manhattan heen.

Circle Line Statue of Liberty Ferry
South Ferry, Battery Park.
Kaart 1 C4. ☎ *269-5755.*

Spirit of New York
W 23rd St. bij 8th Ave.
Kaart 8 D4.
☎ *741-4266.*
Lunch of diner is inbegrepen.

Dept. of Transport Staten Island Ferry
South Ferry.
Kaart 2 D4.
☎ *(718) 727-2508.*
Manhattan-Staten Island.

World Yacht, Inc.
Pier 81 W 41st St.
Kaart 2 D5.
☎ *630-8100. Lunch, diner en amusement zijn inbegrepen.*

Helikoptervlucht

Een ritje per rijtuig

59th St. bij Fifth Avenue en langs Central Park S.
Overdag en 's avonds stoppen de rijtuigjes, getrokken door paarden, voor het Plaza Hotel (**Kaart** 12 F3). *De gebruikelijke route loopt door Central Park.*

Bustochten

Allied Tours
165 W 46th St.
Kaart 12 E5.
☎ *869-5100.*

Gray Line of New York
42nd St. bij 8th Ave.
Kaart 8 D1. ☎ *397-2600.*

Short Line Tours/American Sightseeing NY
166 W 46th St.
Kaart 12 F5.
☎ *(800) 631-8405.*

Helikoptervluchten

Helicopter Flight Services
Sightseeing, ma-vr bij Pier 6/East River
Kaart 2 D4. ☎ *683-4575.*
za-zo Heliport bij WQ 30th St./12th Ave.
Kaart 7 B3.
☎ *355-0801.*

Wandeltochten

Backstage on Broadway
228 W 47th St.
Kaart 12 E5.
☎ *564-1343.*
Rondleidingen achter de schermen van de Broadway shows.

Big Onion Walking Tours
PO Box 250201, Columbia University.
Kaart 20 E3.
☎ *439-1090.*
Historisch en etnisch.

CityWalks
410 W 20th St. **Kaart** 7 C5.
☎ *989-2456.*
Historische buurten.

Harlem Spirituals, Inc.
690 8th Ave.
Kaart 12 D5.
☎ *757-0425.*
Harlems cultuur en geschiedenis.

Museum of the City of New York
103rd St and Fifth Ave.
Kaart 21 C5.
☎ *534-1672.*
Architectuur en geschiedenis.

NBC Studio Tour
30 Rockefeller Plaza.
Kaart 12 F5.
☎ *664-4444.*

92nd Street Y
1395 Lexington Ave.
Kaart 17 B5.
☎ *427-6000.*
Cultuur en geschiedenis.

Talk-a-Walk
30 Waterside Plaza.
Kaart 9 C4. ☎ *686-0356.*
Route op cassettebandjes.

Tochtje per rijtuig in Central Park

GEHANDICAPTEN

Gehandicapten zullen merken dat New York voor hen een stuk begaanbaarder is dan veel andere steden. Alle bussen hebben speciale drempels en kunnen ook een stukje zakken om degenen die minder mobiel zijn tegemoet te komen.
Openbare gebouwen hebben vaak voorzieningen getroffen voor rolstoelen en sommige musea geven speciale rondleidingen. Veel theaters en telefoons hebben voorzieningen voor gehoorgestoorden. *Access Guide to New York City*, dat gratis verkrijgbaar is bij de **Junior League of the City of New York**, somt de gebouwen op die voor gehandicapten toegankelijk zijn.
Nuttige informatie Junior League of the City of New York, 130 E 80th St. **Kaart** 17 A4. ☎ 288-6220.
The Mayor's Office for People with Disabilities ☎ *788-2830*

Een stadsbus in New York 'knielt' om bejaarden te laten instappen

DOUANE EN IMMIGRATIE

Bezoekers uit landen van de Europese Gemeenschap die maximaal 90 dagen in de Verenigde Staten willen blijven, hebben tegenwoordig geen visum meer nodig. Het maakt daarbij niet uit of u voor vakantie, zaken of om te studeren naar het land komt. Voor andere nationaliteiten zijn de regels niet altijd zo soepel. Als u er niet zeker van bent onder welke regels u valt, informeer dan ruim voor uw vertrek bij uw reisbureau of een ambassade of consulaat.
Bij aankomst in de Verenigde Staten gelden de volgende grenzen wat het invoeren van goederen betreft: 200 sigaretten, 50 sigaren, 2 kg tabak, 1 l alcohol, cadeaus van maximaal $ 100; geen vlees of vleesproducten (zelfs niet in blik), zaden, planten of vers fruit.
Bij aankomst op een van de luchthavens in New York volgt u de borden met 'other than American passports' naar de balie waar uw paspoort wordt gecontroleerd en gestempeld. Hebt u uw bagage van de band gehaald (volg ook hier de borden), dan wordt u door een douanebeambte aangesproken. Hij of zij zal de verklaring die u tijdens de vlucht hebt ontvangen en ingevuld, controleren en u naar de uitgang verwijzen, ofwel naar een douane-inspecteur, die vervolgens uw bagage doorzoekt. Volgens Amerikaanse douanebeambten wordt de bagage van slechts 5 procent van alle reizigers onderzocht. Bent u door de douane heen en heeft de douanebeambte uw volledig ingevulde verklaring gezien, dan bent u vrij om verder te reizen.

STUDENTEN

Veel musea en theaters geven studenten korting op hun toegangskaartje. Om hiervoor in aanmerking te komen moet u echter altijd kunnen aantonen dat u echt student bent.
Bij **Council Travel**, dat drie filialen heeft in New York, kunt u heel goedkoop een internationale identificatiekaart voor studenten kopen, als u aan de noodzakelijke voorwaarden voldoet. Als u hier toch bent, moet u vooral ook een exemplaar van het *ISIC Student Handbook* vragen. In dit buitengewoon handige boekje vindt u een overzicht van de plaatsen en diensten in de gehele Verenigde Staten die kortingen geven aan houders van studentenkaarten. Erin opgenomen zijn overzichten van accommodatie, diverse musea, theaters, tochten en attracties, nachtclubs, restaurants en zelfs de busonderneming Carey, die de diensten van Manhattan naar de luchthavens van New York verzorgt *(blz. 363)*.

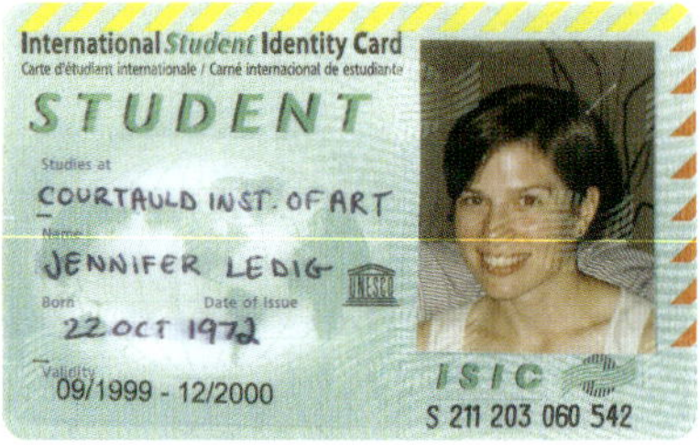

Internationale studentenkaart

INFORMATIE VOOR STUDENTEN

Bunac
895 Amsterdam Ave.
Kaart 20 E5.
☎ *316-5312.*
Alleen in de zomer.

Council on International Educational Exchange
205 E 42nd St. **Kaart** 9 B1.
☎ *822-2600.*

Council Travel
454 Greene St.
Kaart 4 E2.
☎ *254-2525.*
Alleen in de zomer.

OMREKENTABEL

Bedenk dat Amerikaanse eenheden wel eens afwijken van de gelijknamige Britse (bijvoorbeeld de pint).

Amerikaans-metriek
1 inch = 2,5 cm
1 foot = 30 cm
1 mile = 1,6 km
1 ounce = 28 g
1 pound = 454 g
1 pint = 0,5 l
1 gallon = 4,6 l

Metriek-Amerikaans
1 mm = 0,04 inch
1 cm = 0,4 inch
1 m = 3 feet 3 inches
1 km = 0,6 mijl
1 g = 0,04 ounce

Newyorkse dagbladen

Een krantenautomaat

Kranten, televisie en radio

Bij **Hotalings** kunt u buitenlandse kranten kopen, meestal van de vorige dag. Ze zijn ook verkrijgbaar op luchthavens en bij hotels en kiosken in de buurt van internationale handelscentra zoals het World Trade Center en Wall Street. Overzichten van tv-programma's vindt u in het weekblad *TV Guide* en de televisierubriek in de zondageditie van de *New York Times*.

In New York kunt u kiezen uit een groot aantal tv-kanalen. CBS zendt uit op kanaal 2, NBC op kanaal 4 en ABC op kanaal 7. PBS biedt culturele en educatieve programma's op kanaal 13. Cable TV stuurt allerlei programma's de lucht in, en heeft aparte kanalen voor kunst, amusement en tekenfilms (kanaal 16). AM-radiozenders zijn WCBS News (880 AM) en WFAN Sports (660 AM). Onder de vele FM-zenders vindt u WNEW rock (102.7 FM) WBGO jazz (88.3 FM) en WQXR klassiek (96.3 FM).

Nuttige informatie Hotalings, 1560 Broadway. **Kaart 12** E5. ☎ 730-4772.

Elektrische apparaten

In heel Amerika is de netspanning gestandaardiseerd op 115-120 Volt AC (wisselstroom). U moet een adapter en transformator meenemen die in de Amerikaanse stopcontacten passen. De stekkers hebben platte pinnen.

In de meeste moderne hotels in New York zijn föhns in de badkamer aan de muur bevestigd. Bovendien hebben sommige hotels stopcontacten waar elektrische scheerapparaten van zowel 110 als 220 volt in passen.

Andere apparatuur, zoals een radio, kunt u hier echter niet op aansluiten. Het kan ook gevaarlijk zijn om apparaten met een hoger voltage aan te sluiten. Als u moderne elektrische apparaten meeneemt, vergeet dan niet ook batterijen mee te nemen. U hebt ook een adapter nodig om uw reserve-batterijen weer op te laden.

Moet uw kleding worden gestreken, dan zal roomservice u een strijkijzer kunnen verstrekken.

Stekker

Ambassades en consulaten

Nederlands Consulaat-Generaal
1 Rockefeller Plaza. **Kaart** 12 F4.
☎ *246-1429.*

Belgisch Consulaat-Generaal
1330 Ave. of the Americas.
Kaart 12 E5.
☎ 586-5110.

Nederlandse Ambassade
4200 Linnean Avenue N.W.,
Washington D.C.
☎ (202) 244-5300.

Belgische Ambassade
3330 Garfield Street N.W.,
Washington D.C.
☎ (202) 333-6900.

Kerkdiensten

Er zijn in New York zo'n 4000 kerken, die bijna alle religies vertegenwoordigen. De meeste hotels hebben overzichten van de plaatselijke organisaties en tijden van kerkdiensten. De belangrijkste kerken en tempels zijn:

Katholiek
St. Patrick's Cathedral
5th Ave./50th St.
Kaart 12 F4.
☎ *753-2261.*

Anglicaans
St. Bartholomew's
109 E 50th St. **Kaart** 13 A4.
☎ *751-1616.*

Joods
Liberaal
Temple Emanu-El
5th Ave./65th St.
Kaart 12 F2.
☎ *744-1400.*

Orthodox
5th Avenue Synagogue
5 E 62nd St. **Kaart** 12 F2.
☎ *838-2122.*

Luthers
St. Peter's
619 Lexington Ave. **Kaart** 17 A4.
☎ *935-2200.*

Methodistisch
Christ Church United Methodist
520 Park Ave. **Kaart** 13 A3.
☎ *838-3036.*

Niet-gebonden
Riverside Church
122nd St./Riverside Dr.
Kaart 20 D2.
☎ *870-6700.*

Riverside Church

Veiligheid en gezondheid

Politie-embleem

In 1998 was New York de veiligste van de Amerikaanse steden met meer dan een miljoen inwoners. Hiermee staat New York op de 166ste plaats van steden met meer dan 100.000 inwoners. De gemeentepolitie richt zich te voet en per fiets op de veiligheid in de toeristengebieden. In Midtown, het openbaar-vervoerstelsel en op de luchthavens is de veiligheid sterk toegenomen. Er zijn plaatsen waar toeristen zich na zonsondergang beter niet kunnen ophouden, maar als u waakzaam blijft en de volgende richtlijnen in de gaten houdt, zal uw verblijf zonder problemen moeten verlopen.

Curtis Sliwa, oprichter van de Guardian Angels

De sterke arm

De politie van New York surveilleert 24 uur per dag te voet, te paard, per fiets en per auto. Op gezette tijden, bijvoorbeeld tijdens voorstellingen in het Theater District, wordt er in bepaalde wijken extra gesurveilleerd. Er zijn ook heel veel parkeerwachters en een legertje agenten in het openbaar vervoer die op metrostations en in de treinen surveilleren. Waarschijnlijk ziet u ook jongeren met rode baretten. Dit zijn – het opschrift op hun T-shirt vermeldt dat ook – de Guardian Angels. Deze privé-organisatie is altijd ongewapend en houdt toezicht in de metro en in de straten van het centrum. Hoewel ze door de politie gedoogd worden en bij het publiek vaak graag gezien zijn, hebben ze geen officiële bevoegdheden.

Richtlijnen voor uw veiligheid

Wees altijd op uw hoede en neem een houding aan alsof u weet waar u naar toe gaat. Vermijd oogcontact en confrontaties met louche figuren. Wees voorzichtig met mensen die u om geld vragen; laat u niet tot een gesprek verleiden. Loop nooit door verlaten straten. Kunt u geen taxi betalen, probeer dan 's nachts met een groep te reizen en vermijd wijken als de Lower East Side, Chinatown, Midtown ten westen van Broadway (behalve het Lincoln Center Plaza) en het gebied ten noorden van 82nd Street. Zelfs de zijstraten rond Times Square en de theaters op Broadway kunnen onveilig zijn. Het Financial District (behalve het World Financial Center) is na werktijd verlaten en sommige straten in TriBeCa en SoHo kunnen na zonsondergang gevaarlijk zijn als u alleen bent. In veel parken zijn drugdealers actief. Het is daar het veiligst als er veel mensen voor een demonstratie, concert of een ander evenement op de been zijn. Als u wilt gaan hardlopen, vraag dan aan de receptionist in uw hotel om een plattegrond met veilige routes. Stop uw portefeuille zo onopvallend mogelijk bij u en bewaar kleingeld voor telefoontjes en buskaartjes apart. Het is beter niet in uw portemonnee te moeten gaan zoeken als u ergens in de rij staat. Geef zakkenrollers geen kans, door uw tas met de sluiting naar uw lichaam toe te dragen en doe de schouderriem schuin over uw lichaam. Laat waardevolle sieraden thuis of geef ze in bewaring in uw hotel. Laat niemand uw bagage of pakjes dragen behalve hotel- en luchthavenpersoneel. Berg kostbaarheden in een afgesloten koffer, ladenkast of kluisje op.

Bereden politie

Gevonden voorwerpen

De kans dat u iets terugvindt in New York is klein. Er is algemeen bureau voor gevonden voorwerpen.

Twee bewapende politieagenten in New York

Politiepet

De bureaus voor gevonden voorwerpen van Grand Central en Penn Station zijn efficiënt en behulpzaam.

Nuttige informatie

Bureaus voor gevonden voorwerpen
Bus- en metrodiensten
712-4500.

Taxi's
692-8294.

Verloren creditcards
American Express
(800) 528-4800 (gratis).

Diners Club
(800) 234-6377 (gratis).

JCB
(800) 366-4522 (gratis).

MasterCard
(800) 627-8372 (gratis).

VISA
(800) 336-8472 (gratis).

Reisverzekering

Het afsluiten van een reisverzekering is zeer aan te bevelen, voornamelijk vanwege de hoge kosten van medische verzorging. Er zijn vele soorten dekkingen en de prijzen zijn afhankelijk van de duur van uw reis en het aantal personen voor wie de verzekering wordt afgesloten.
De belangrijkste dekkingen zijn: dood door ongeval, amputatie, spoedeisende medische en tandheelkundige hulp, annulering en verlies van bagage en waardevolle papieren.
Er zijn veel polissen waarbij dit alles inbegrepen is. Uw reisbureau of verzekeringsmaatschappij kan u adviseren over een geschikte polis.

Medische behandeling

De medische verzorging in New York is van het hoogst denkbare niveau. Maar er bestaat geen enkele beperking voor wat artsen in rekening mogen brengen, dus de prijzen zijn vaak idioot hoog. Zorg er dus voor dat u goed verzekerd bent. Misschien accepteren sommige artsen en tandartsen creditcards, maar het is waarschijnlijker dat zij contante betaling of travellercheques eisen.

Een van de apotheken die 24 uur per dag open zijn

Noodgevallen

In het geval dat u spoedeisende medische hulp nodig hebt, moet u zich onmiddellijk naar een **Hospital Emergency Room** begeven. Bel voor een ambulance het alarmnummer 911. Als uw ziektekostenverzekering in orde ist, hoeft u zich over de betaling geen zorgen te maken.
U kunt beter de drukke en vaak overbezette overheidsziekenhuizen op de Blue Pages van de telefoongids vermijden, tenzij u erg krap zit. Als alternatief hebt u de keuze uit een groot aantal privé-klinieken die op de Yellow Pages van het telefoonboek te vinden zijn.
U kunt ook 411 bellen en de telefoniste vragen om het nummer van het dichtstbijzijnde algemeen ziekenhuis of privé-kliniek. Nog een mogelijkheid is om uw hotel te vragen of men een dokter of tandarts kan laten komen of om er zelf een te zoeken via **NY Hotel Urgent Medical Services** (737-1212), **Dial-A-Doctor** of **NYU Dental Care.** Bel **Travelers' Aid** voor algemeen advies.

Noodadressen

Alle noodgevallen
911 (of 0). Alarmnummer voor politie, brandweer en medische hulp.

Dial-A-Doctor
971-9692.

Crime Victims Hot Line (slachtofferhulp)
577-7777.

NYU Dental Care (tandheelkundige hulp)
998-9487, 998-9988 (ma-vr na 17.00 uur), 998-9828 (weekeinde en na 21.00 uur).

Hospital Emergency Rooms (eerste hulp)
St. Vincent's. 11th St./7th Ave.
Kaart 3 C1.
604-7998.

St. Luke's Roosevelt.
58th St./9th Ave.
Kaart 12 D3.
523-6800.

National Organization of Women (NOW) (hulp aan vrouwen)
260-4422.

Apotheek (24 uur)
Rite Aid
200 W 70th St. **Kaart** 11 C1.
787-2903.

Poison Control Center (vergiftiging)
764-7667.

Hulp bij beroving en geweldpleging
911 voor onmiddellijke hulp van politie.

Aangifte van zedenmisdrijven
267-7273.

Travelers' Aid (hulp aan toeristen)
944-0013.

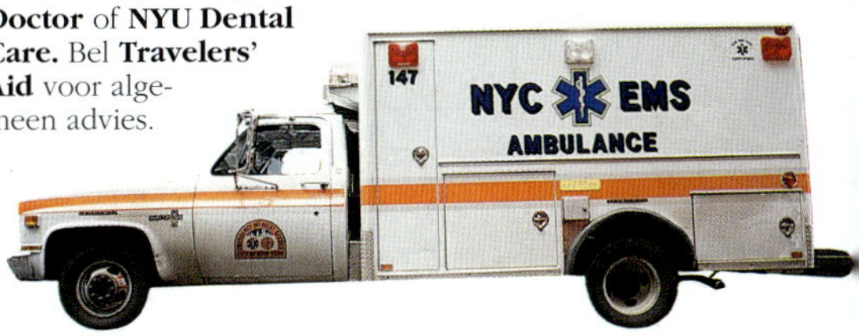

Newyorkse ambulance

Banken en valuta

New York is het financiële centrum van de Verenigde Staten. Een groot aantal lokale, regionale en nationale banken is hier gevestigd, maar er zijn ook kleine vestigingen van de belangrijkste buitenlandse banken. De grote Nederlandse en Belgische banken hebben allemaal wel een kantoor in de stad.

Banken

Banken in New York zijn meestal op werkdagen geopend van 9.00 tot 15.00 uur. Er is echter een aantal banken dat eerder opengaat of later in de avond sluit om tegemoet te komen aan de wensen van forenzen. Bij de meeste banken kunt u travellercheques en buitenlands geld omwisselen.

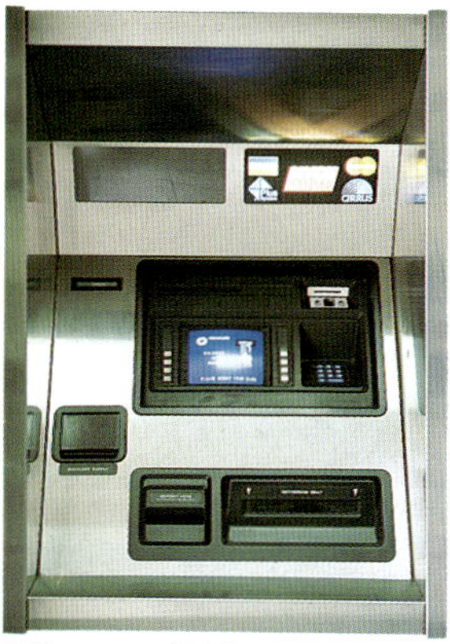

Geldautomaat (ATM)

Geldautomaten

De invoering van geldautomaten (ATM) heeft het bancaire verkeer belangrijk vereenvoudigd. U vindt ze in de portalen van bijna alle banken, waardoor het mogelijk is geworden om 24 uur per dag Amerikaans geld op te nemen door het elektronisch van uw eigen bankrekening af te halen. ATM's leveren meestal Amerikaanse bankbiljetten in coupures van $ 20. Vraag voordat u naar de VS vertrekt bij uw eigen bank welke banken en ATM-systemen in New York City uw pasje accepteren en hoeveel kosten en provisie er per transactie wordt berekend. De meeste ATM-automaten zijn onderdeel van de netwerken Cirrus of Plus. Ze accepteren verschillende soorten bankpasjes, MasterCard en VISA en nog een paar andere. Een van de vele voordelen van de ATM's is het snelle en veilige wisselen van geld tegen dezelfde gunstige koers die de banken onderling gebruiken bij het afsluiten van hun miljoenentransacties. Een waarschuwend woord is echter op zijn plaats: pas op wanneer u geld opneemt bij een automaat die niet in een afgesloten ruimte staat. Het is verstandig ze alleen overdag te gebruiken of wanneer het heel druk is op straat.

Creditcards

MasterCard, American Express, VISA, JCB en Diners Card worden in de Verenigde Staten op grote schaal geaccepteerd, ongeacht de maatschappij of bank die ze uitgeeft. Deze creditcards kunt u ook gebruiken om geld uit een automaat te halen. In de VS kunt u met een creditcard van alles en nog wat betalen, van levensmiddelen tot de restaurant- of hotelrekening en telefonische reserveringen voor bioscoop- en theaterkaartjes. Grote uitgaven zoals uitstapjes, georganiseerde reizen en dure gehuurde artikelen kunt u het eenvoudigst met een creditcard betalen. Probeer te voorkomen dat u met grote bedragen geld op zak loopt.

Cheques verzilveren

Dollar-travellercheques van American Express en Thomas Cook worden zonder provisie geaccepteerd in vrijwel alle Newyorkse warenhuizen, winkels, hotels en restaurants. Met travellercheques in andere valuta, zoals guldens of franken, gaat dat waarschijnlijk wat moeilijker. U kunt ze gewoonlijk bij uw hotelkassier inwisselen, maar misschien moet u ook wel naar een bank. In de *New York Times* en *Wall Street Journal* staat iedere dag een overzicht van de wisselkoersen en bij de banken die buitenlands geld omwisselen vindt u vaak een opgave daarvan achter het raam. American Express-cheques worden bij de kantoren van American Express altijd zonder reductie of kosten ingewisseld. Grote hotels hebben kassiers die voorbereid zijn op het inwisselen van travellercheques. Er zijn maar weinig valutamakelaars. Twee betrouwbare namen zijn **Thomas Cook Currency Services** en **MTB Banking Corporation.** De valutamakelaars die op de volgende bladzijde staan vermeld, zijn tot laat open. De anderen staan vermeld op de Yellow Pages van het telefoonboek onder *Foreign Exchange Brokers*. Reken op extra kosten, die zeer uiteen kunnen lopen, en op provisie. Op Manhattan zijn tientallen wisselkantoortjes waar u cheques kunt innen. Ze staan vermeld in de beroepengids van de Yellow Pages.

Wisselkantoor van Chequepoint USA

Wisselkantoren

Thomas Cook Currency Services
1590 Broadway.
Kaart 12 E5. ☎ *265-6049.*

MTB Banking Corporation
90 Broad St. **Kaart** 1 C3.
☎ *858-3300.*

Munten

Amerikaanse munten zijn er van 1, 5, 10, 25 en 50 dollarcent. De nieuwe goudkleurige $ 1 munt circuleert inmiddels. Men gebruikt voor iedere munt een andere naam: 25 cent is een quarter, 10 cent een dime, 5 cent een nickel en 1 cent een penny.

25 cent (quarter)

10 cent (dime)

5 cent (nickel)

1 cent (penny)

Amerikaanse zeearend op $ 1

Bankbiljetten

De geldeenheden in de Verenigde Staten zijn dollars en centen. Een dollar is 100 cent. Bankbiljetten – men noemt ze 'bills' – zijn er in coupures van $ 1, $ 5, $ 10, $ 20, $ 50 en $ 100. Ze zijn allemaal groen, dus let op. Er zijn ook nieuwe biljetten van $ 5, $ 10, $ 20, $ 50 en $ 100.

1 dollar ($ 1)

5 dollar ($ 5)

20 dollar ($ 20)

50 dollar ($ 50)

100 dollar ($ 100)

FINANCIËLE DIENSTEN

American Express
822 Lexington Ave. **Kaart** 13 A2. *758-6510. ma-vr 9.00-18.00, za 10.00-16.00 uur. Hulplijn (800) 221-7282.*

Avis Currency Exchange
1451 Broadway. **Kaart** 8 E1. *944-7600. ma-vr 10.00-20.00 uur, za, zo 12.00-20.00 uur.*

Cirrus
(800) 424-7787.

Chequepoint USA
22 Central Park South. **Kaart** 12 F3. *750-2400. zo-vr 8.00-20.00 uur, za tot 21.00 uur.*

Plus
(800) 843-7587.

Thomas Cook
1590 Broadway. **Kaart** 12 E5. *265-6049. ma-za 9.00-19.00, zo 9.00-17.00 uur. Ook op 317 Madison Ave. 883-0400. (800) CURRENCY.* ***Hulp bij restitutie*** *(800) 223-7373. ma-zo 9.00-17.00 uur.*
www.us.thomascook.com

Telefoneren in New York

Aanduiding telefooncel

Op veel straathoeken zijn telefooncellen. Verder vindt u ze in de lobby van veel hotels en in kantoorgebouwen, restaurants, bars, theaters en de grote warenhuizen. Creditcards kunt u bijna nooit gebruiken, maar sinds kort zijn er telefoonkaarten te koop. De meeste telefoons werken op muntjes van 5, 10 en 25 dollarcent. De hotels bepalen zelf hun tarief, dus bespaar uzelf extra kosten door gebruik te maken van de telefooncel in de lobby.

Telefooncellen

Een openbare telefoon heeft een gewone hoorn en 12 druktoetsen. Hij is aan de wand of op een zuil bevestigd. Er zijn ook toestellen van particuliere maatschappijen. Deze zijn vaak duurder en minder betrouwbaar. Er moet bij elk toestel een specificatie hangen over de tarieven en gratis nummers en hoe u belt met andere maatschappijen. Controleer of het logo van Bell Atlantic op de cel staat, dan bent u zeker dat u tegen het standaardtarief alle nummers bereikt. Bel voor klachten de **Public Service Commission**.

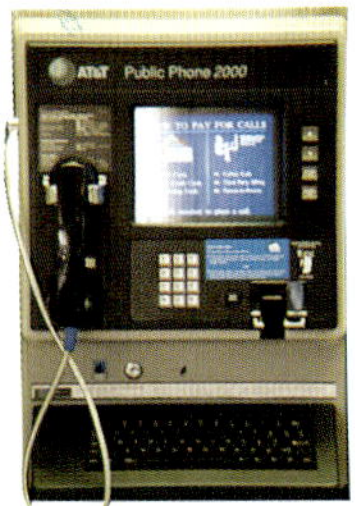

Telefoon van een particuliere maatschappij

Nuttige informatie
Public Service Commission, (800) 342-3355 (gratis).

E-mail controleren
Times Square Visitors Center, 1560 Broadway **Kaart** 12 E5; NY Computer Café, 247 E 57th St. 872-1704. **Kaart** 13 B3; veel openbare bibliotheken hebben toegang tot Internet, maar er is een tijdslimiet.

Tijd in New York

In New York geldt de Eastern Standard Time. Als u naar het buitenland wilt bellen, moet u eerst even uitrekenen hoe laat het in het land waar u heen belt is. In Nederland en België is het zes uur later dan in New York.

Tarieven in telefooncellen

Binnen de boroughs van New York kunt u voor het standaardtarief van ongeveer 25 dollarcent drie minuten telefoneren. Duurt uw gesprek langer, dan vraagt de *operator* u om bij te betalen.
Veel kiosken verkopen telefoonkaarten voor interlokale gesprekken. Ze zijn er van $ 5, $ 10 en $ 25. De kaarten bieden een fors voordeel ten opzichte van het standaardtarief. De verbinding gaat echter via het Internet, dus de geluidskwaliteit is wat minder goed. De tarieven voor automatische

Het gebruik van een munttelefoon

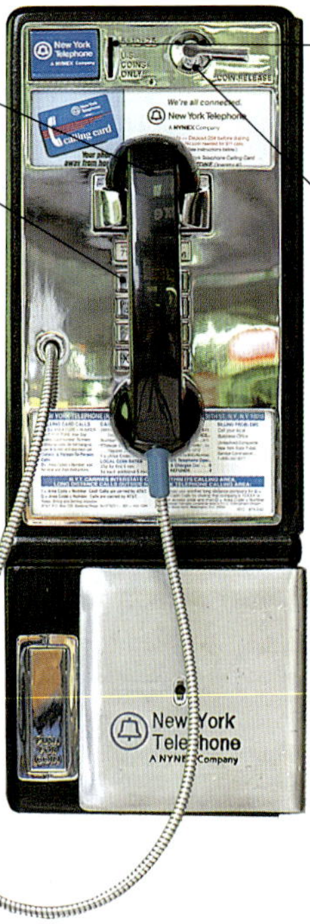

1 Neem de hoorn van de haak.

2 Werp de benodigde munt(en) in. De munt valt onmiddellijk.

3 Draai of toets het nummer.

4 Als u de verbinding voor er wordt opgenomen wilt verbreken, druk dan op de geld-terugknop.

5 Als u verbinding krijgt en uw gesprek duurt langer dan drie minuten, onderbreekt de telefoniste het gesprek en vraagt u meer munten in te werpen. Er wordt geen geld teruggegeven.

Munten
Zorg ervoor dat u munten klaar hebt voordat u intoetst.

5 dollarcent

10 dollarcent

25 dollarcent

Telefoon van de Bell Atlantic Telephone Company

internationale gesprekken variëren van land tot land. Naar Nederland en België wordt het goedkoper vanaf 14.00 uur, en tussen 19.00 uur en 8.00 uur de volgende ochtend is het tarief nog lager.

Nuttige nummers

Inlichtingen
☎ *411, 10-10-9000.*

Hoofdpostkantoor
☎ *967-8585.*

Telefoniste (operator)
☎ *0.*

De tijd
☎ *976-1616.*

Inlichtingen buitenland
☎ *00.*

Het juiste nummer

- New York heeft vijf kengetallen (area codes): 212, 917 en 646 voor Manhattan en 718 en 347 voor Brooklyn, de Bronx, Queens en Staten Island. Een 800-, 888- of 877-nummer is gratis.
- Belt u naar iemand buiten uw eigen stadsdeel, dan moet eerst een 1 worden ingetoetst. Als u dus van Queens naar Manhattan belt, toetst u 1-(718)-(abonneenummer).
- Voor een interlokaal gesprek vanuit een telefooncel toetst u een 0, en vervolgens het kengetal en het abonneenummer. De *operator* antwoordt en zegt hoeveel geld u in moet werpen.
- Als u automatisch naar het buitenland wilt bellen toetst u 011, gevolgd door het landnummer (voor Nederland 31, voor België 32), daarna het netnummer (zonder de eerste 0) en het abonneenummer.
- Als u via de *operator* naar het buitenland belt, toetst u 01, het landnummer, het netnummer (zonder de eerste 0) en het abonneenummer.
- Voor inlichtingen over internationaal bellen: 00.
- **Alarmnummer**: ☎ *911.*

Een brief versturen

Het logo van de post

Behalve bij het postkantoor kunt u brieven ook aan de balie in uw hotel posten. Brievenbussen vindt u verder in de hal van kantoorgebouwen, op luchthavens, spoorweg- en busstations en verspreid op straat. Deze laatste zijn helemaal blauw of rood, wit en blauw geverfd. In het weekeinde is er meestal geen buslichting. De postkantoren staan aangegeven in de stratengids *(blz. 378-409)*.

De posterijen

Het belangrijkste **General Post Office** van New York is 24 uur per dag geopend. U kunt hier of in de automaten in apotheken, warenhuizen en op bus- en treinstations postzegels kopen. De posterijen bieden drie speciale bezorgdiensten. **Express Mail** bezorgt de volgende dag, **Priority Mail** na twee dagen en **International Express Mail** voor internationale post. Priority Mail haalt op werkdagen, tegen extra betaling, ook brieven op. Het gebruik van deze diensten is heel eenvoudig – vraag ernaar op het postkantoor. Als u post per expresse wilt versturen, kunt u dat aan de balie van uw hotel regelen, of anders bij een van de bezorgdiensten uit het telefoonboek.

Amerikaanse postzegels

Nuttige informatie General Post Office, 421 8th Ave. **Kaart** 8 D2. ☎ *967-8585.* Priority Mail en Express Mail ☎ *(800) 222-1811.* FedEx ☎ *(800) 463-3339.* DHL ☎ *(800) 225-5345.* UPS ☎ *(800) 742-5877.* **W Internetgids** www.bigyellow.com new.usps.com

Poste restante

Brieven en pakjes blijven 30 dagen in de General Delivery op het hoofdpostkantoor liggen. Post kan ook naar andere postkantoren worden doorgestuurd. Adresseer de post als volgt: Naam, Post Restante, c/o General Delivery, New York, NY 10001.

Express Mail

Priority Mail

Brievenbussen
Brievenbussen liggen in New York soms ver van elkaar vandaan. Het is daarom eenvoudiger om een postkantoor op te zoeken (stratengids, blz. 378-409). *Gebruikt u Express of Priority Mail, weeg uw brieven dan op het postkantoor zodat u weet hoeveel postzegels u moet plakken.*

Een brievenbus

DE REIS NAAR NEW YORK

Manhattan in vogelvlucht

Vrijwel alle internationale luchtvaartmaatschappijen onderhouden een directe verbinding met New York. Ook veel chartermaatschappijen en binnenlandse vluchten doen New York aan. Prijzenoorlogen tussen maatschappijen hebben tickets goedkoper gemaakt en binnenlandse vluchten zijn geduchte concurrenten van bus en trein geworden. De haven van New York wordt door veel schepen aangedaan. Treinen met bestemming New York zijn schoon en comfortabel en ook de bus van en naar de stad is goed geoutilleerd, met airconditioning en toilet aan boord.

REIZEN PER VLIEGTUIG

De meeste grote steden hebben een directe verbinding met New York. Vanuit Brussel of Amsterdam duurt de vlucht ongeveer acht uur.
Vanuit Europa hebt u een vrijwel onbeperkte keuze in luchtvaartmaatschappijen om naar New York te vliegen. **Sabena** vliegt driemaal per dag van Brussel-Zaventem op New York en **KLM/Northwest Airlines** tweemaal van Amsterdam-Schiphol, maar talloze andere grote en kleinere maatschappijen kunnen u eveneens vervoeren. De internationale luchthavens van New York, Newark en JFK *(blz. 364-365)*, zijn speerpunten in een niet aflatende prijzenslag die er tussen de luchtvaartmaatschappijen heerst. Laat u zich dus, voordat u tot de aanschaf van een ticket overgaat, goed voorlichten of onderzoek zelf wat de mogelijkheden zijn. Met een middagje vergelijken kunt u zich honderden guldens besparen.

LUCHTVAARTMAATSCHAPPIJEN

Belangrijkste maatschappijen

American Airlines
(800) 433-7300 (gratis).
www.aa.com

KLM/Northwest Airlines
(800) 447-4747 (gratis).
www.klm.nl

Sabena
(800) 873-3900 (gratis).
www.sabena.be

United Airlines
(800) 241-6522 (gratis).
www.ual.com

REIZEN PER BOOT

New York wordt regelmatig aangedaan door veel cruiseschepen uit tal van landen. Vanuit Antwerpen en Rotterdam gaan wel passagiersschepen naar New York, maar van regelmaat is geen sprake. De aankomst per boot in New York is prachtig. Reizen per boot is een dure, maar ontspannen manier om naar New York te gaan. De schepen meren af aan de pieren in de Hudson River bij Manhattan.

Interlokale Greyhound-bus

Een passagiersschip vaart de haven binnen

REIZEN PER BUS

Het eindstation van alle interlokale bussen, zoals **Greyhound Lines**, is **Port Authority Bus Terminal**. Hiervandaan vertrekken ook bussen naar de drie luchthavens. Met de meer dan 6000 bussen die hier dagelijks komen en gaan en die zo'n 172.000 passagiers vervoeren, is het er een drukte van belang.

Nuttige informatie Greyhound Bus Lines *(800) 231-2222 (24 uur).* www.greyhound.com
Port Authority Bus Terminal. W 40th St./8th Ave. **Kaart** 8 D1. *564-8484 (24 uur).* www.panynj.gov

REIZEN PER TREIN

Alle AMTRAK-treinen – uit Canada, de noordelijke, zuidelijke, noordoostelijke en westelijke staten – stoppen op Penn Station *(blz. 376)*. Treinen van Metro North uit het noorden van de staat New York en uit Connecticut komen aan op Grand Central Terminal.

De luchthavens van New York

De drie grote luchthavens (Newark, JFK en LaGuardia) hebben alle goede verbindingen met het centrum van Manhattan. Geuniformeerde 'skycaps', kruiers met rode petten en opvallende insignes, helpen u met uw bagage. Vertrouw nooit op iemand anders die u de helpende hand biedt. Taxicoördinators zorgen voor een officiële (gele) taxi op de standplaats.

De reis naar Manhattan

Op elk van de drie luchthavens is een Ground Transportation Centre, waar u informatie over de voortzetting van uw reis kunt krijgen. De meestgebruikte diensten vanuit LaGuardia en JFK zijn de **New York Airport Service** en de **Gray Line Air Shuttle.** De eerste stopt bij Grand Central, de laatste op elk gewenst punt in Manhattan tussen 23rd en 63rd Street. De bussen van New Jersy Transit en **Olympia Airport Express** brengen u ook van de luchthavens naar Manhattan. De kaartjes voor de Olympiabussen zijn erg voordelig. Op JFK en LaGuardia kunt u ook met anderen vervoer delen bij **Classic Airport Share Ride** en **Westchester Express**. Soms kunt u een taxi of een van de onafhankelijke (*gypsy*) taxi's naar Manhattan delen. Voor de prijs van een metrokaartje gaat er een pendelbus van JFK naar metrolijn A. De stadsbus M60 gaat ook naar LaGuardia. Veel autoverhuurbedrijven hebben bij het bagageafhaalcentrum telefoons die in directe verbinding staan met hun kantoor. Telefoonnummers en internetsites voor reserveringen staan op bladzijde 371.

Taxicoördinator

Busondernemingen

New York Airport Service
(718) 706-9658.

Classic Airport Share Ride
(516) 567-5100.

Gray Line Air Shuttle
315-3006.

Olympia Airport Express
964-6233.

Westchester Express
(914).532-3730.

LaGuardia (LGA)

De luchthaven LaGuardia, die voornamelijk zakenreizigers verwerkt, ligt 13 km ten oosten van Manhattan aan de noordkant van Long Island in Queens.

Bij aankomst kunt u goedkoop karretjes voor uw koffers huren bij het bagageafhaalcentrum naast de lopende band. 'Skycaps' helpen u hier met uw koffers. U kunt uw bagage ook achterlaten in het Tele-Trip-zakencentrum, dat op dezelfde verdieping ligt als de vertrekhal. Geldwisselkantoren vindt u rond de Central Terminal.

Op de luchthaven doen tijdens de drukke uren taxicoördinators in uniform dienst. U kunt ook de Port Authority Police om hulp vragen. Gebruik alleen de gele taxi's, deze hebben een officiële vergunning.

Nuttige informatie
Airport Information Service,
(718) 533-3400.
www.laguardiaairport.com
www.panjny.gov

Transatlantisch vliegtuig

Plattegrond van La Guardia

Er rijdt een regelmatige gratis bus tussen de terminals en de parkeerterreinen. Bussen en taxi's naar de stad en voorsteden vertrekken voor de deur van de hoofdterminal.

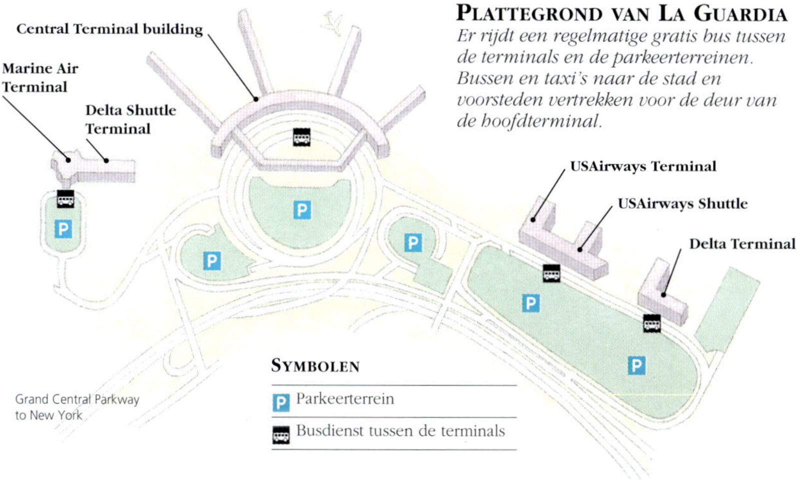

Luchthaven JFK

De belangrijkste internationale luchthaven in New York, JFK, ligt 24 km ten zuidoosten van Manhattan, in Queens. American Airlines, British Airways, Delta, TWA en United Airlines hebben hier hun eigen aankomsthal, compleet met douane en immigratie. Andere maatschappijen gebruiken Terminal 1, 2 of 4. Bedenk dat de terminals onlangs hernummerd zijn. Bagagekarretjes zijn gratis voor aankomende passagiers.

Informatieborden op JFK

De grote hal in het International Arrivals Building, JFK

Geldwisselkantoren vindt u in alle terminals.
De balie van Ground Transportation is op de begane grond vlak bij de lopende band. Hiervandaan kunt u dag en nacht vervoer naar Manhattan regelen. De autoverhuurders hebben hier gratis telefoons. De meeste hebben een pendelbus naar hun kantoor. Taxi's staan klaar buiten de terminals. Een rit naar Manhattan duurt ongeveer een uur en kost zo'n $ 30 plus tol. De busdienst van New York Airport Service is betrouwbaar, goedkoop, veilig en rijdt dag en nacht. Voor wie heel vroeg vliegt, zijn er hotels bij de luchthaven. Een hotel in de stad kunt u boeken bij de balie van Meegan Services. Momenteel wordt er op JFK een monorail, AirTran, aangelegd. Deze zal de terminals verbinden met de nabije metrolijn A en LIRR-stations

Nuttige adressen

Airport Information Service
☎ *(718) 244-4444.*
W www.jfkairport.om

Hilton JFK Airport
138-10 135th Ave., Queens.
☎ *(718) 322-8700.*

Holiday Inn JFK
144-02 135th Ave., Queens.
☎ *(718) 659-0200.*

Helicopter Flight Services ☎ *355-0801.* W www.heliny.com; Liberty Helicopters ☎ *(888) 692-4354.*

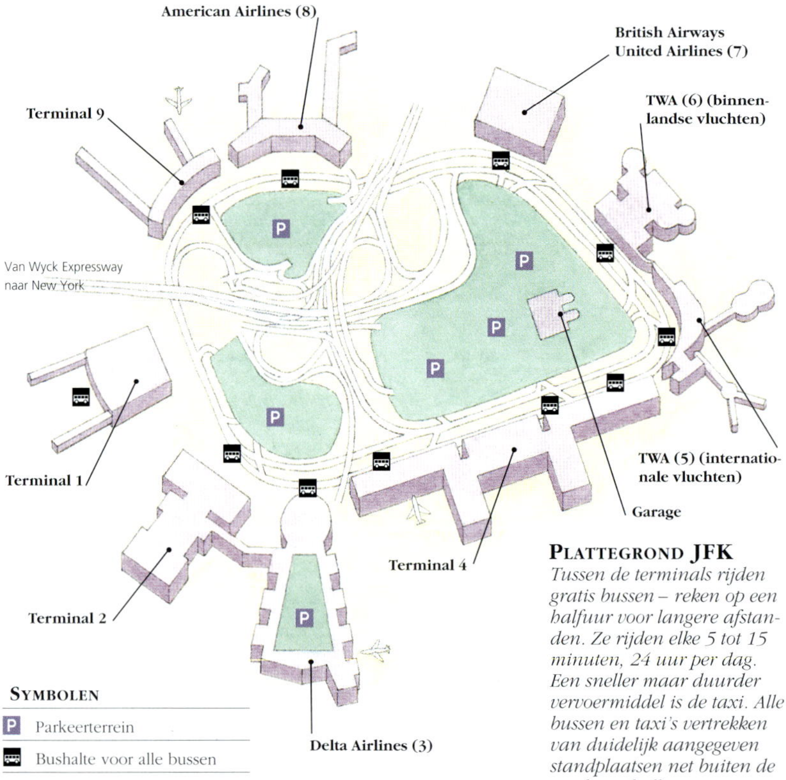

Plattegrond JFK

Tussen de terminals rijden gratis bussen – reken op een halfuur voor langere afstanden. Ze rijden elke 5 tot 15 minuten, 24 uur per dag. Een sneller maar duurder vervoermiddel is de taxi. Alle bussen en taxi's vertrekken van duidelijk aangegeven standplaatsen net buiten de aankomsthallen.

Luchthaven Newark

Busstation bij Newark Airport

Symbolen

P Parkeerterrein

Bushalte

Monorail naar de terminales

Plattegrond Newark

Een monorail verbindt de drie terminals met de parkeerterreinen. Er rijden dag en nacht gratis bussen om de 5 tot 15 minuten tussen de terminals. Reken op ongeveer een halfuur voor de verste terminals. Er rijden ook taxi's. Vertrekpunten van alle bussen en taxi's liggen buiten de aankomsthallen.

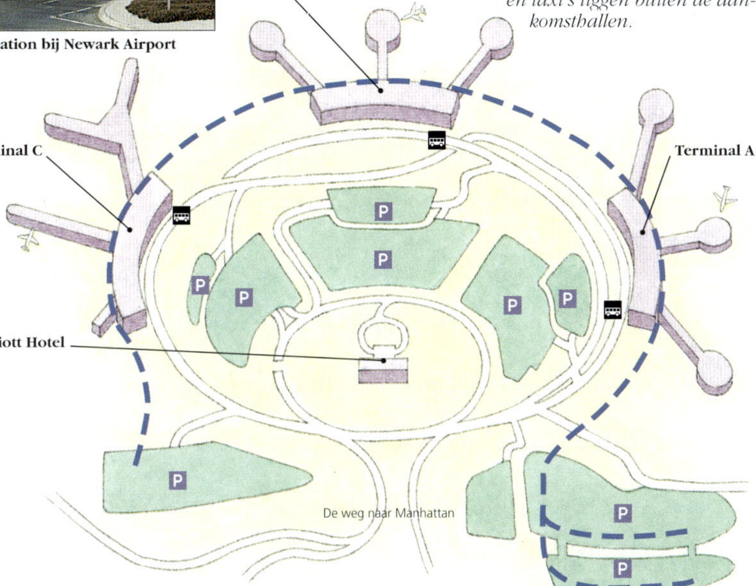

Newark, de op één na grootste internationale luchthaven van New York, ligt ongeveer 26 km ten zuidwesten van Manhattan, in New Jersey.
Alle internationale vluchten komen aan in Terminal 'B'. Bagagekarretjes zijn te huur vlak bij de lopende band op de begane grond. Er is hier geen bagagedepot. In elke terminal is een geldwisselkantoor.
De balie van Ground Transportation, die dag en nacht geopend is, zit naast de bagagebanden. Auto- en limousineverhuurbedrijven hebben hier een gratis directe telefoonverbinding met hun kantoren. De meeste hebben een gratis pendeldienst naar hun verhuurkantoren.
Als u een taxi wilt nemen, moet u op een van de vele taxistandplaatsen die buiten de aankomsthallen liggen in de rij gaan staan. Taxicoördinators in uniform helpen u bij het aanhouden van een taxi. Ga nooit in op het aanbod van mensen die u in het luchthavengebouw een rit naar de stad aanbieden; waarschijnlijk zijn ze niet verzekerd en berekenen ze een buitensporig hoog tarief. De reis naar Manhattan duurt ongeveer 40 minuten en kost zo'n $ 30.
De bus naar Manhattan duurt 40 minuten tot een uur, maar kost slechts $ 10.
Voor wie vroeg in de ochtend moet vertrekken, zijn er hotels op en rond het vliegveld. Een hotel in de stad kan gereserveerd worden met behulp van speciale telefoons in alle drie de terminals.

Nuttige adressen

Port Authority at Newark Airport
(973) 961-6000.
Parkeren *(888) 397-4636.*
www.newarkairport.com

Holiday Inn International
1000 Spring St, Elizabeth, N J.
(800) 465-4329.

Marriott Hotel
Terrein Newark Airport.
(800) 228-9290.

Monitors met informatie over het vervoer, Newark Airport

Aankomst in New York

Op deze kaart zijn de verbindingen tussen de drie luchthavens van New York en het centrum van Manhattan aangegeven. Ook treinverbindingen tussen New York en steden in de rest van de VS en Canada staan erop aangegeven. Reisinformatie en reistijden van metro, bus, interlokale bussen en helikopterdiensten zijn te vinden in elk kader. Het terminalgebouw van de passagiersschepen, ooit de belangrijkste aankomstplaats in New York, ligt vlak bij het centrum van Manhattan. Hier in de West Side bevindt zich ook de Port Authority Bus Terminal.

Passagiersschepen in de haven

Terminal Passagiersschepen

Pieren 88-92 voor aankomst en afvaart van cruiseschepen.

Symbolen

- Vliegveld *blz. 363-365*
- Haven *blz. 362*
- Treinen *blz. 362*
- Bussen *blz. 362*
- Metrolijnen *blz. 374-375*
- Veerdiensten
- Helikopters *blz. 364*
- New York Airport Service en Gray Line Air Shuttle *blz. 363*
- Veerdiensten
- Helikopters *blz. 364*
- Long Island Rail Road *blz. 376-377*
- New Jersey Transit bussen *blz. 363*
- Olympia Airport Express *blz. 363*
- Pendelbus *blz. 364*
- Metrolijn A *blz. 374*

Port Authority Bus Terminal

Alle interlokale busdiensten plus verbindingen met alle luchthavens.

Penn Station

Aankomst en vertrek van interlokale treinen uit ***Canada*** *en Amerikaanse staten; dagelijks forenzentreinen naar* ***Long Island*** *en* ***New Jersey****.*

Treinen van Amtrak, Long Island Rail Road en New Jersey Transit.

M A, C, E, 1, 2, 3, 9.

Gray Line Air Shuttle zet passagiers overal tussen 23rd en 63rd Street af.

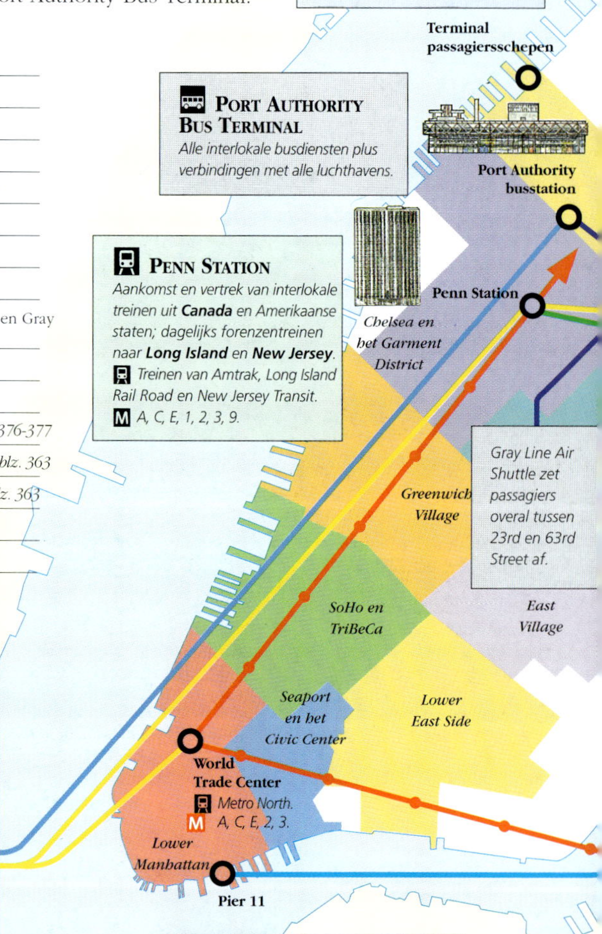

Newark

Elke 20-30 minuten busdienst naar centrum van Manhattan.

Olympia Airport Express *Elke 20-30 minuten naar het* ***World Trade Center****,* ***Penn Station*** *en* ***Grand Central Terminal****.*

New Jersey Transit *Elke 15-20 minuten busdienst naar de* ***Port Authority Bus Terminal****.*

Delta veerboot van LaGuardia

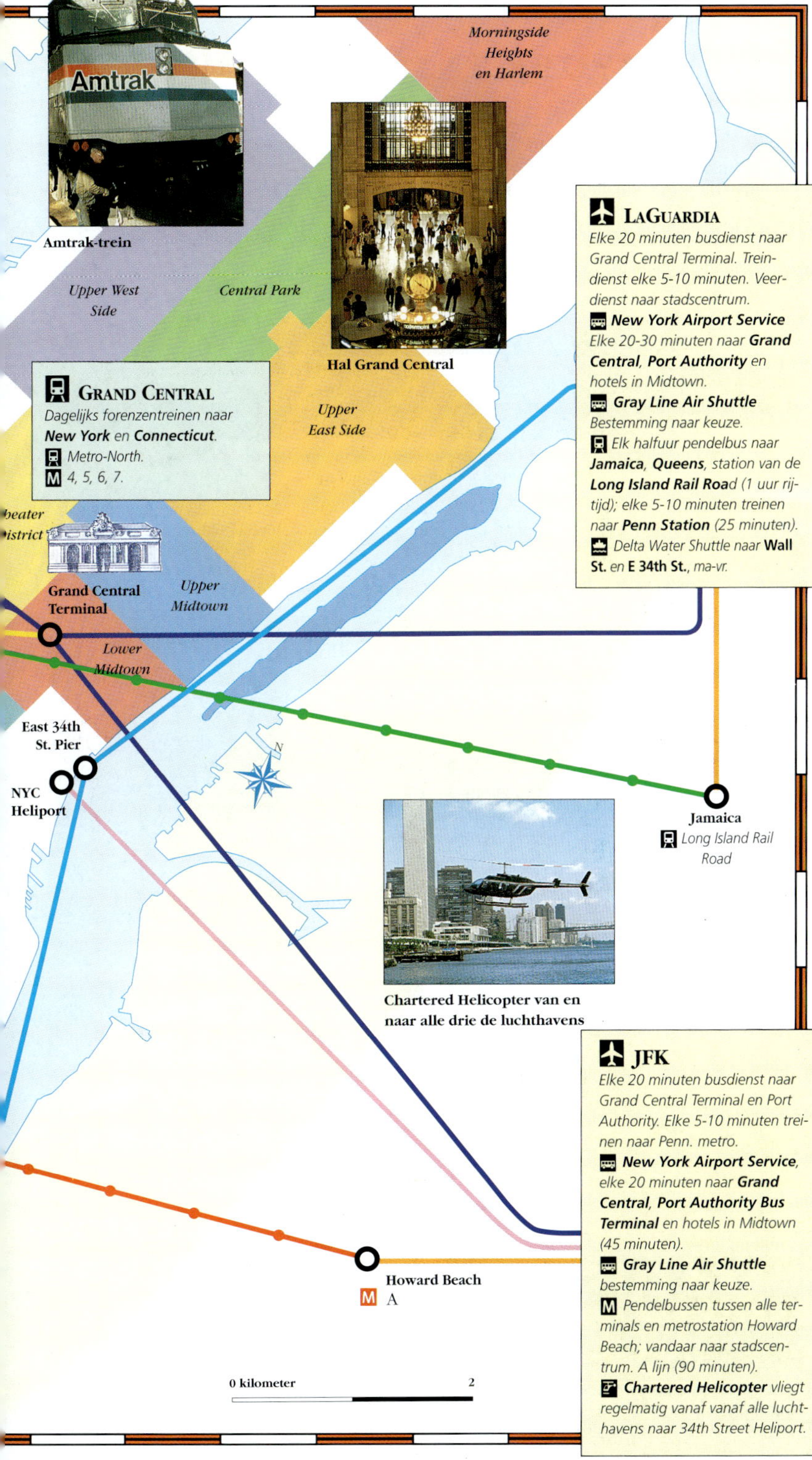

Amtrak-trein

Hal Grand Central

Chartered Helicopter van en naar alle drie de luchthavens

Grand Central

*Dagelijks forenzentreinen naar **New York** en **Connecticut**.*

Metro-North.

M 4, 5, 6, 7.

LaGuardia

Elke 20 minuten busdienst naar Grand Central Terminal. Treindienst elke 5-10 minuten. Veerdienst naar stadscentrum.

New York Airport Service

*Elke 20-30 minuten naar **Grand Central**, **Port Authority** en hotels in Midtown.*

Gray Line Air Shuttle

Bestemming naar keuze.

*Elk halfuur pendelbus naar **Jamaica**, **Queens**, station van de **Long Island Rail Road** (1 uur rijtijd); elke 5-10 minuten treinen naar **Penn Station** (25 minuten).*

*Delta Water Shuttle naar **Wall St.** en **E 34th St.**, ma-vr.*

JFK

Elke 20 minuten busdienst naar Grand Central Terminal en Port Authority. Elke 5-10 minuten treinen naar Penn. metro.

***New York Airport Service**, elke 20 minuten naar **Grand Central**, **Port Authority Bus Terminal** en hotels in Midtown (45 minuten).*

Gray Line Air Shuttle

bestemming naar keuze.

M Pendelbussen tussen alle terminals en metrostation Howard Beach; vandaar naar stadscentrum. A lijn (90 minuten).

***Chartered Helicopter** vliegt regelmatig vanaf vanaf alle luchthavens naar 34th Street Heliport.*

Vervoer in New York

De ongeveer 10.000 kilometer straten die New York rijk is, maakt de stad toegankelijker voor auto's dan voor voetgangers. Als u uw dagen zo indeelt dat u per keer diverse bezienswaardigheden in één wijk aandoet, hoeft het transport niet zo'n probleem te zijn. Een taxi is ideaal als u voor de deur afgezet wilt worden, maar loopt vooral in de spits nog wel eens vast. De bus is betrouwbaar en goedkoop, maar langzaam. De metro is sneller, ook betrouwbaar en goedkoop, maar moeilijk te doorgronden. Bussen en treinen hebben hun eigen kaartjessysteem.

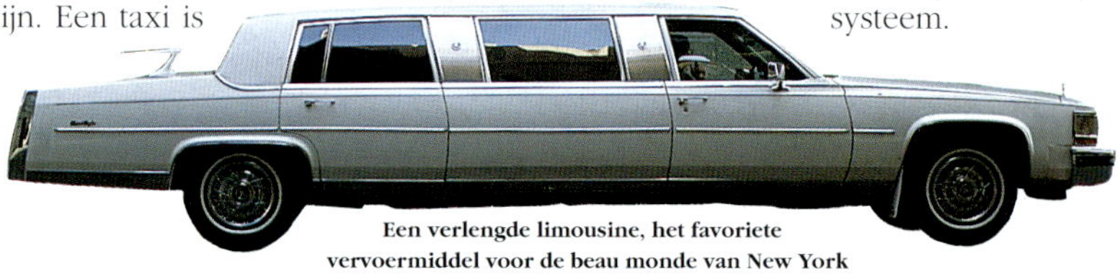

Een verlengde limousine, het favoriete vervoermiddel voor de beau monde van New York

Het patroon van streets en avenues

De *avenues* in Manhattan lopen grofweg van noord naar zuid, de *streets* (behalve in de oudere wijken) van oost naar west. Fifth Avenue is de nogal willekeurig gekozen scheidslijn tussen East en West; Zo is 5 West 40th Street een paar deuren ten westen van 5th Avenue in 40th Street, en 5 East 40th een paar huizen ten oosten ervan. In de meeste straten in Midtown geldt eenrichtingverkeer. Gebruikelijk is dat het verkeer in de straten met even nummers in oostelijke richting rijdt en in straten met oneven nummers in westelijke richting.

Ook in de avenues geldt meestal eenrichtingverkeer, afwisselend in noordelijke en zuidelijke richting. Het verkeer op 1st, 3rd (ten noorden van 23rd Street), Madison, 8th, 10th Avenues en op Avenue of the Americas (6th Ave.) rijdt in noordelijke richting, terwijl het verkeer op 2nd, Lexington, 5th, 7th en 9th Avenues en op Broadway (ten zuiden van 59th Street) naar het zuiden rijdt. Verkeer in beide richtingen is er op York, Park, 11th en 12th Avenues en op Broadway ten noorden van 60th Street.
Als u een Newyorker de weg vraagt, kan er nog wel eens verwarring over bepaalde straatnamen ontstaan: Avenue of the Americas staat nog steeds bekend als 6th Avenue, 7th Avenue heet in de volksmond Fashion Avenue. In de stratengids achter in dit boek staan de plaatsnamen vermeld

Spitsdrukte in Manhattan

Hoe vindt u een adres

Men heeft een formule bedacht waarmee u een huisnummer op een Avenue kunt lokaliseren. Laat het laatste cijfer van het adres weg, deel het overblijvende getal door twee, tel het **Sleutelgetal** (zie tabel) erbij op of trek het af en u houdt het cijfer van de dichtsbijzijnde dwarsstraat over. Voor 826 Lexington Avenue haalt u de zes weg, deelt 82 door 2, telt bij 41 **22** (het sleutelgetal) op. De dichtsbijzijnde dwarsstraat is dus 63rd Street.

Zulke straatnaamborden treft u op veel straathoeken aan

Adres	Sleutelgetal	Adres	Sleutelgetal
1st Ave.	*+3*	*9th Ave.*	*+13*
2nd Ave.	*+3*	*10th Ave.*	*+14*
3rd Ave.	*+10*	*Amsterdam Ave.*	*+60*
4th Ave.	*+8*	*Audubon Ave.*	*+165*
5th Ave., tot 200	*+13*	*Broadway ten noorden van 23rd St*	*-30*
5th Ave., tot 400	*+16*	*Central Park W, deel aantal door 10*	*+60*
5th Ave., tot 600	*+18*	*Columbus Ave.*	*+60*
5th Ave., tot 775	*+20*	*Convent Ave.*	*+127*
5th Ave. 775-1286, niet door 2 delen	*-18*	*Lenox Ave.*	*+110*
5th Ave., tot 1500	*+45*	*Lexington Ave.*	*+22*
5th Ave., tot 2000	*+24*	*Madison Ave.*	*+26*
(6th) Ave. of the Americas	*-12*	*Park Ave.*	*+35*
7th Ave. ten zuiden van 110th St	*+12*	*Park Ave. South*	*+08*
7th Ave. ten noorden van 110th St	*+20*	*Riverside Drive, deel aantal door 10*	*+72*
8th Ave.	*+10*	*St Nicholas Ave.*	*+110*
		West End Ave.	*+60*

die de meeste Newyorkers kennen en regelmatig gebruiken.

HOE VERMIJDT U DE DRUKTE

De straten en trottoirs zijn tijdens de spitsuren – op werkdagen van 8.00 tot 10.00 uur, 11.30 tot 13.30 uur en van 16.30 tot 18.30 uur – het drukst. In deze perioden kunt u zich beter te voet dan met een of andere vorm van openbaar vervoer proberen te verplaatsen. Als er parades plaatsvinden moet u geen rustige wandeling over 5th Avenue willen maken. Het bezoek van een beroemdheid of een van de vele demonstraties in City Hall *(blz. 90)* kan tot een verkeerschaos leiden. In het gebied rond 7th Avenue, ten zuiden van 42nd Street, is het meestal overdag druk met vrachtwagens en handkarren ten behoeve van de kledingindustrie in New York.

TE VOET

Op de meeste kruisingen tussen avenues en straten zijn aan lantarenpalen straatnaambordjes bevestigd. Er zijn ook vrijwel altijd verkeerslichten. Rood en groen betekenen voor auto's hetzelfde als bij ons. Voor voetgangers is de keuze tussen 'Walk' (=groen) en 'Don't Walk' (=rood). De meeste wandelende Newyorkers trekken zich echter meer van hun eigen waarneming dan van verkeerslichten aan. Het verkeer wijkt in het algemeen niet veel af van wat wij in Nederland en België gewend zijn. Slechts het grote aantal eenrichtingsstraten kan nog wel eens tot verwarring leiden, vooral als u gaat oversteken. Neem hierbij geen risico en kijk altijd naar beide kanten voordat u de straat op loopt. Verder is gemotoriseerd verkeer dat de hoek om gaat niet altijd even attent tegen overstekende voetgangers in de straat die ze inslaan.
Op sommige straten zijn officiële oversteekplaatsen voor voetgangers aangegeven, bijvoorbeeld bij Rockefeller Center. De politie let er goed op.
In Central Park zijn enkele ondergondse voetgangerspaden.

Voetgangersoversteekplaats

Niet oversteken

Oversteken

FIETSEN

Fietsen kan ook in New York, maar het is het veiligst op de fietspaden in Central Park en langs de twee rivieren. Fiets liever niet na zonsondergang. Amerikanen zijn niet zo vertrouwd met fietsers. U kunt fietsen huren bij de West Side Bicycle Store.

Nuttige informatie West Side Bicycle Store, W 96th St. bij Broadway. **Kaart** 15 C2.
☎ *663-7531.*

Fietser in Central Park

De veerboot naar Staten Island verlaat Battery Park

Rondvaartboot van Circle Line

VEERBOTEN

Er zijn twee veerdiensten die voor bezoekers interessant zijn *(zie ook blz. 353)*: de Circle Line vaart verschillende keren per dag vanaf Battery Park op het zuidelijkste puntje van Manhattan naar het Vrijheidsbeeld en Ellis Island – W www.circleline.com De 24-uursdienst tussen Battery Park en Staten Island biedt gratis een magnifiek uitzicht op Manhattan, Ellis Island, de bruggen, Govenors Island en het Vrijheidsbeeld. Ga op de heenreis achter staan en kijk naar de skyline.

Autorijden in New York

Het drukke verkeer en de dure huurauto's maken het autorijden in New York tot een frustrerende bezigheid. U bent verplicht veiligheidsgordels te dragen. De maximumsnelheid, 30 mph (48 km/u), is moeilijk te overschrijden vanwege de kuilen in het wegdek en het drukke verkeer. De meeste straten zijn één richting.

Drukte op 6th Avenue

Een auto huren

Om een auto te huren moet u minimaal 25 jaar zijn of extra betalen. U hebt een geldig rijbewijs (een internationaal rijbewijs is handig) en een erkende creditcard nodig, anders betaalt u een hoge waarborgsom. Tenzij uw eigen verzekering voldoende dekking biedt, moet u ook een schade- en aansprakelijkheidsverzekering afsluiten, omdat vandalisme en diefstal aan de orde van de dag zijn. Zorg dat de tank vol is voordat u de auto aflevert, anders moet u tweemaal de benzineprijs betalen. In de stad is autohuur goedkoper dan op het vliegveld.

Parkeren

Parkeren op Manhattan is lastig en duur. Bij de toegang tot parkeerterreinen en garages staat het tarief altijd vermeld. Bij sommige hotels is parkeergeld bij de kamerprijs inbegrepen.
In sommige wijken staan langs de stoeprand parkeermeters waar u 20 minuten tot een uur kunt staan. Laat u niet verleiden tot het parkeren bij een defecte meter – u kunt worden beboet. Een geel stuk straat of stoeprand betekent dat u daar niet mag parkeren. 'Alternate side'-parkeren geldt in de meeste kleinere straten. Auto's mogen daar de hele dag en nacht blijven staan, maar moeten voor 8.00 uur de volgende ochtend naar de andere straatkant verhuizen.

Boetes

Als u een parkeerbon krijgt, hebt u zeven dagen de tijd om de boete te betalen of om hiertegen beroep aan te tekenen. Hebt u vragen over uw parkeerbon, bel dan op weekdagen tussen 8.30 en 19.00 uur met het **Parking Violations Bureau.**
New York voert een uitermate actief beleid wat het wegslepen van auto's betreft, en een derde van de weggesleepte auto's loopt daarbij schade op. Als u uw auto niet op zijn parkeerplaats aantreft, bel dan allereerst de wegsleepdienst van het Traffic Department. Deze dienst is dag en nacht geopend, behalve op zondag. U kunt uw auto tegen een forse boete, $ 150 plus nog $ 10 parkeerkosten per dag, terugkrijgen. U kunt de boete contant, per travellercheque, of met een ander soort cheque voldoen. Er is ter plekke een geldautomaat *(blz. 358)*. Betreft het een huurauto, dan moet u het huurcontract kunnen tonen.

Nuttige informatie Politie – noodgevallen *911*; Parking Violations Bureau *477-4430*; Traffic Dept, Tow Pound, Pier 76, West 38th St./Twelfth Ave **Kaart** 7 1B; uptown bij de 207th St Pound. *788-7800*; Transportation Dept *225-5368*.

Verkeersagent

Autoverhuurbedrijven

Als u in New York een auto wilt huren, vindt u de verhuurbedrijven in het telefoonboek onder *Automobile Renting*. De belangrijkste zijn:

Avis
(800) 331-1212.
www.avis.com

Budget
(800) 527-0700.
www.drivebudget.com

Dollar
(800) 800-4000.
www.dollar.com

Hertz
(800) 654-3131.
www.hertz.com

National
(800) 227-7368.
www.nationalcar.com

Verkeersborden

Op zebrapaden op vele kruisingen tussen straten hebben voetgangers voorrang. Bij grotere kruispunten moet het verkeer ze vrijlaten als het stoplicht op rood staat. In tegenstelling tot elders in de staat New York mag men niet rechts afslaan als het stoplicht op rood staat.

Eenrichtingverkeer

Inrijden verboden

Maximumsnelheid

Verleen voorrang

Stopbord bij kruispunt

Taxi's in New York

Newyorkse taxi

Alle taxi's met een vergunning zijn geel. Als het nummer boven op de auto verlicht is, zijn ze vrij en kunt u ze aanroepen. Als ze bezet zijn, brandt het lichtje niet. Bij taxi's die geen dienst hebben, licht de tekst 'Off Duty' op. Alleen taxi's met een vergunning mogen mensen meenemen die hen op straat aanhouden. Ga bij voorkeur niet met een ander soort taxi in zee.

Een taxi nemen

Elke gele taxi heeft een meter en de meeste kunnen u een keurig kassabonnetje geven. Een taxi mag maximaal vier personen meenemen voor de prijs van één rit. Er zijn niet veel taxistandplaatsen; bij hotels, Penn Station en Grand Central Terminal maakt u verreweg de meeste kans een taxi te kunnen bemachtigen.

I ♡ NEW YORK
TRIP# 004653
09:11AM 11-15-92
MEDALLION# 6N64
DIST 2.30
FARE $ 6.00
TLC:212-221-TAXI

De meeste taxi's geven u een bonnetje

Taxi's met een vergunning moeten regelmatig gekeurd worden en zijn verzekerd tegen ongelukken en verlies. Taxi's zonder vergunning of 'gypsy'-taxi's bieden deze waarborgen waarschijnlijk niet, maar zijn een alternatief. Zodra de taxichauffeur de rit aangenomen heeft begint de meter te lopen bij $ 2. Het tarief stijgt met 30 dollarcent per 267 meter. Er worden toeslagen berekend voor wachttijd en ritten 's avonds en 's nachts. Geef de chauffeur maximaal 15 procent fooi. Taxichauffeur is van oudsher het beroep van de immigranten, waardoor de communicatie soms moeizaam verloopt. Hoewel chauffeurs van officiële taxi's in een examen hun kennis van de Engelse taal en de plattegrond van de stad moeten aantonen, wil dat niet zeggen dat die kennis toereikend is.

Controleer van tevoren of de chauffeur precies begrijpt waar u heen wilt.
Wettelijk is vastgelegd dat een chauffeur u naar elke gewenste bestemming in de stad moet brengen, tenzij het 'off duty'-lampje aan en het andere lichtje op het dak uit is. De chauffeur behoort u pas naar uw bestemming te vragen als u hebt plaatsgenomen en moet voldoen aan uw verzoek om niet te roken, een raampje open of dicht te draaien en personen af te zetten of op te halen waar u dat wenst. Als de chauffeur uw verzoeken niet inwilligt, kunt u hem of haar aangeven bij de **Taxi & Limousine Commission.**
In elke gele taxi hangt de foto en het registratienummer van de chauffeur naast de meter.

Druk eenrichtingverkeer op een van de avenues

Telefoonnummers taxi

Taxi & Limousine Commission
302-8294 of 676-1000 voor algemene informatie.

Gevonden voorwerpen
302-8294.

Hebt u voorkeur voor een taxi die voor u wordt opgeroepen in plaats van dat u er zelf een op straat aanhoudt, bel dan:

Allstate Car & Limousine
(800) 453-4099 (gratis).

Chris Limousines
(718) 356-3232.

Sabra Travel, Inc.
777-7171
of (800) 722-7122 (gratis).

De taximeter geeft het te betalen bedrag aan. De toeslagen worden afzonderlijk getoond.

Het lichtje op het dak toont het nummer van de taxi en het bordje 'Off Duty'.

De tarieven staan op de buitenkant van het rechter voorportier vermeld.

Reizen per bus

De 4000 blauw-witte bussen in de stad bestrijken ruim 200 routes in de vijf boroughs. Vele rijden dag en nacht, zeven dagen per week. De bussen zijn modern, schoon en voorzien van airconditioning, en lenen zich dan ook heel goed om door New York te reizen. Ze gelden als zeer veilig en zijn meestal niet stampvol. Roken is in alle bussen verboden en blindengeleidehonden zijn als enige dieren aan boord toegestaaan.

Kaartjes

U kunt betalen met een MetroCard *(blz. 374)*, een muntje (*token*) of gepast geld (alleen munten). De chauffeur wisselt niet en het muntenkastje accepteert geen papiergeld of penny's. U koopt de MetroCard of de tokens in metrostations. Als u betaalt met een MetroCard, is een gratis overstap van bus op metro, metro op bus of bus op bus inbegrepen. Als u betaalt met een munt of gepast geld, krijgt u een gratis overstap van bus op bus, die een uur geldig is. Vraag de chauffeur hierom bij het betalen. Voor ouderen en gehandicapten zijn er goedkopere kaartjes. Alle bussen kunnen zich laten zakken, wat het instappen voor oudere mensen vereenvoudigt *(blz. 354)*, en zijn toegankelijk voor rolstoelen.

Metro- of busfiche

Overstapkaartje

Welke bus moet u hebben?

Bij elke bushalte stoppen meerdere lijnen, dus let op het nummer dat op de voor- en zijkant van de bus is aangegeven. Vraag de chauffeur of hij of zij u waarschuwt als u uit moet stappen.

In de bus

Bussen stoppen alleen bij de officiële haltes. Op de grote avenues van Manhattan stoppen ze na elke twee of drie blokken. Bussen op de oost-west route stoppen bij elk blok *(blz. 368)*. Veel lijndiensten rijden de hele week dag en nacht, maar 's avonds en 's nachts veel minder frequent. Er zijn ook busdiensten die alleen op de drukkere tijden, tussen 7.00 en 22.00 uur, rijden.

Bushaltes herkent u aan de rode, witte en blauwe borden en aan de gele streep op de trottoirband. De meeste haltes hebben ook bushokjes. Op elke halte vindt u een routekaart en de dienstregeling. Als uw bus komt voorrijden, stap dan aan de voorkant in en stop uw munten of metrofiche in de daartoe bestemde kastje. Vraag aan de chauffeur of de bus langs de plaats van uw bestemming komt en vraag hem te stoppen bij de dichtstbijzijnde halte. De meeste chauffeurs zijn erg vriendelijk en waarschuwen u luidkeels als uw halte nadert. U kunt de bus ook laten stoppen door op de bel (een verticale strip tussen de ramen) te drukken. Als u dat doet, gaat boven de chauffeur een lampje branden.

Stap uit door de dubbele deuren achterin de bus. De chauffeur ontgrendelt de deur zodra de bus stil staat, waarna u zelf de deur moet openduwen. Als u de klink niet goed vasthoudt kan deze terugdraaien en u gemeen raken.

Het muntenkastje zit bij de ingang, naast de chauffeur.

Bushaltes hebben vaak abri's met drie wanden van plexiglas.

Op **deze routekaart** staan de route en belangrijkste haltes van bus M15 aangegeven.

Busnummers staan op de voor- en zijkant van de bus.

Verlaat de bus door de dubbele deuren achterin.

Bij het instappen gebruikt u de deuren aan de voorkant.

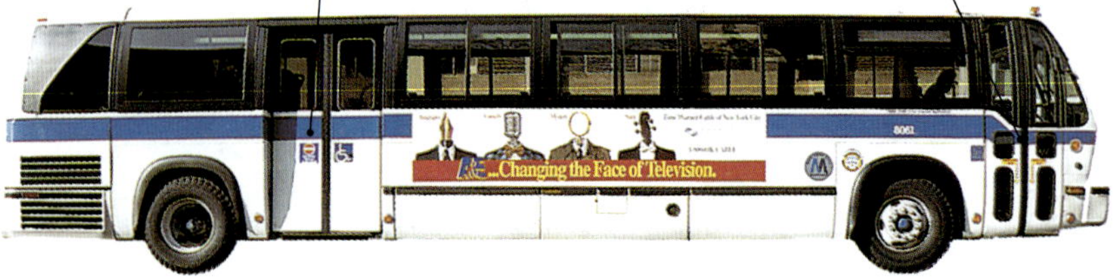

Interlokale bussen

Bussen naar andere staten in de Verenigde Staten en Canada vertrekken vanaf de **Port Authority Bus Terminal.** Het eindstation in Manhattan bij de George Washington Bridge wordt gebruikt door lokale bussen naar New Jersey en Rockland County in New York.
In Port Authority koopt u de kaartjes in de grote hal. De interlokale busmaatschappijen Greyhound, Peter Pan en Adirondack en de forenzenlijnen Short Line en NJ Transit hebben hun eigen balie. Bij geen van deze buslijnen kunt u reserveren. De toiletten zijn open van 6.00 tot 22.00 uur, maar pas wel op. Port Authority is een verzamelplaats voor daklozen.

Een Greyhound-bus is aangekomen in New York

Businformatie

Routekaarten
Verkrijgbaar bij MTA, 370 Jay St. Brooklyn, NY 11201 of NYC Visitors Center, 810 7th Ave. (212-484-1222)

MTA Travel Information
(718) 330-1234 (24 uur).
www.mta.nyc.ny.us

Port Authority Bus Terminal
West 40th St and Eighth Ave.
Kaart 8 D1. *564-8484.*
www.panynj.gov

George Washington Bridge Terminal
178th St. and Broadway.
564-1114. www.panynj.gov

Lost Property
(212) 712-4500.

De stad per bus bekijken

Als u een aangenaam en goedkoop alternatief voor een georganiseerde rondrit door de stad zoekt, neem dan een stadsbus en bekijk New York met de Newyorkers. Bus M1 en M6 rijden over 5th en 7th Avenue naar de Battery, en terug via Wall Street, Madison Avenue en 6th Avenue. Vanuit bus M5 hebt u een prachtig uitzicht op de Hudson, omdat de bussen noordelijk over Riverside Drive naar de George Washington Bridge rijden. Bus M104 rijdt van het VN-gebouw op 1st Avenue via 42nd Street en Times Square, en vervolgens over Broadway naar Columbia University op 125th Street.

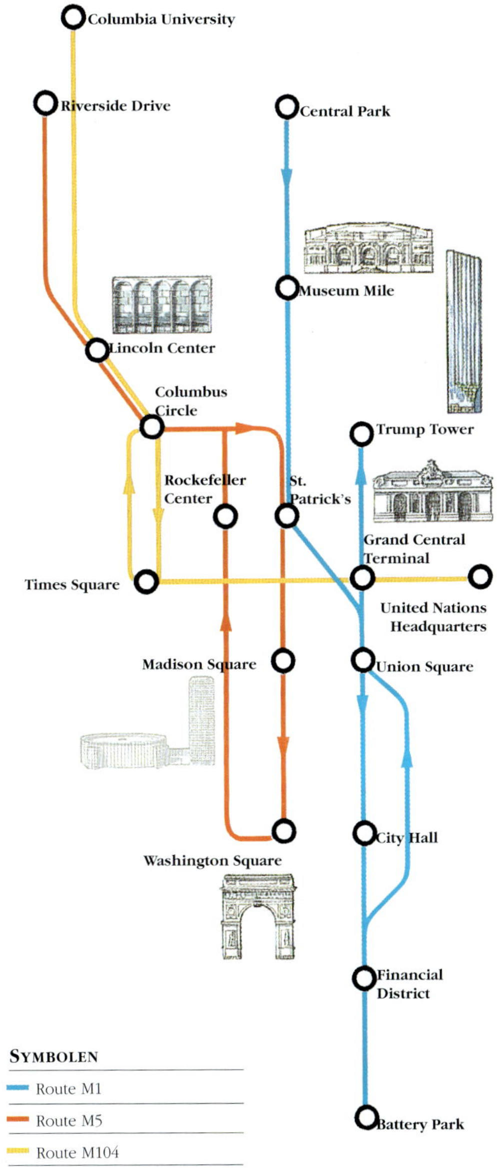

De metro

Logo van de Newyorkse metro

De metro is het snelste en betrouwbaarste vervoermiddel in de stad. Het metronet heeft een lengte van 375 km en telt 468 stations. Op de meeste routes wordt het hele jaar 24 uur per dag gereden. 's Nachts rijden er minder treinen en ook in de weekeinden is er een beperkte dienstregeling. In de afgelopen jaren is de ondergrondse volledig gemoderniseerd.

De Newyorkse metro

Bij veel ingangen van de metro staan verlichte bollen: groene waar het loket dag en nacht bemand is en rode waar dat niet het geval is. Bij andere ingangen staat een bord met daarop de naam van het station en de nummers of letters van de lijnen die er stoppen.
Het metronet is 24 uur per dag in bedrijf, maar op sommige lijnen wordt niet dag en nacht gereden. Tussen 6.00 en 24.00 uur is er een standaard dienstregeling.
Houd er altijd rekening mee dat er twee soorten treinen zijn. De stoptreinen stoppen bij alle stations, de sneltreinen rijden harder en stoppen niet overal. Op iedere metroplattegrond staat aangegeven of een station wel of niet door een sneltrein aangedaan wordt.
De veiligheid in de metro is enorm verbeterd. Tijdens de drukke uren – tussen 8.00 en 18.00 uur – is het ten zuiden van Central Park zeker veilig.

De groene bol geeft aan dat het station altijd bemand is

Voor vrouwen is het niet aan te raden na de avondspits alleen te reizen, en als u naar een van de buitenwijken gaat, doet u er goed aan in gezelschap te reizen. In geval van nood kunt u de beveiligingsbeambte op het station waarschuwen.

Subway information New York City Transit Authority ☎ *(718) 330-1234;* MetroCard Customer Service ☎ *(212) 638-7622.* W www.mta.nyc.ny.us

Metrofiches

De prijs van een rit met de metro is niet afhankelijk van de afstand van de reis. Sinds 1997 wordt de nieuwe MetroCard in toenemende mate gebruikt; het is de bedoeling dat de oude muntjes (*tokens*) op den duur verdwijnen. Er zijn verschillende soorten MetroCard. De prijs varieert van $ 5 tot 80, afhankelijk van het aantal reizen dat u wenst te maken. Vraag aan het loket om inlichtingen.

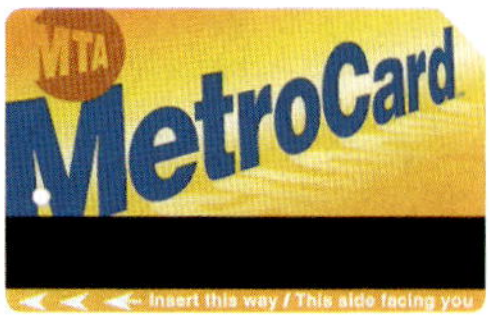

MetroCard

De plattegrond van de metro

Elke route op de metroplattegrond (zie binnenkant achterflap) onderscheidt zich met een eigen kleur, de namen van de begin- en eindstations en de letter of het nummer van de lijn. Bijvoorbeeld: de groene route verbindt Woodland met Utica Avenue en hierop rijdt lijn 4. Haltes van stop- en sneltreinen en overstapplaatsen staan aangegeven.

De letters en nummers onder de namen van de stations geven aan welke lijnen op welk station stoppen. Een vet gedrukte letter of nummer betekent dat treinen op die route op dat station stoppen tussen 6.00 en 24.00 uur, lichter gedrukte letters geven aan dat voor die lijn een beperkte dienstregeling geldt. Een letter of nummer in een vierkantje geeft de laatste halte op de lijn aan. Op alle metrostations hangen plattegronden met informatie.

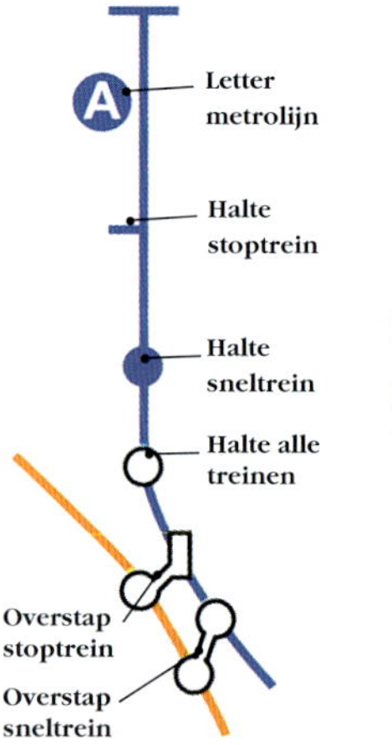

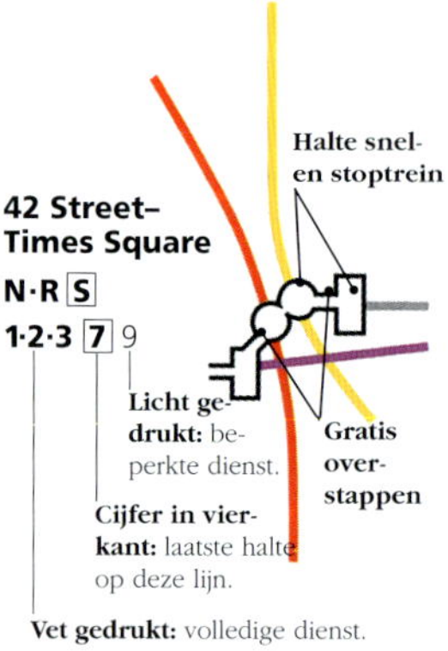

EEN REIS MET DE METRO

1 Aan de binnenkant van het achteromslag vindt u een plattegrond van het metronet. Grote plattegronden treft u op elk metrostation op een opvallende plaats aan.

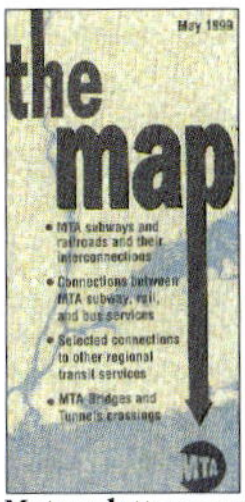

Metroplattegrond

Loket

2 Koop uw MetroCard of *token* aan het loket of bij een automaat.

Automaat

3 Gebruik de MetroCard of een *token* om via het tourniquet op het perron te komen.

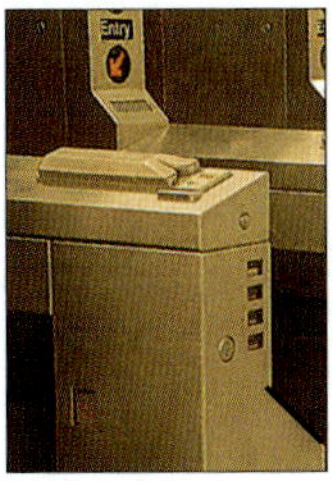

Tourniquet.

4 Volg de borden naar uw trein. Blijf uit veiligheidsoverwegingen in de buurt van de kassa terwijl u wacht. Blijf 's nachts op een van de gele wachtplaatsen staan.

Wachtplaats buiten spitsuren

5 Op elke trein staat het nummer of de letter van de lijn in de bijpassende kleur aangegeven, plus de naam van het eindstation.

Treinmarkering

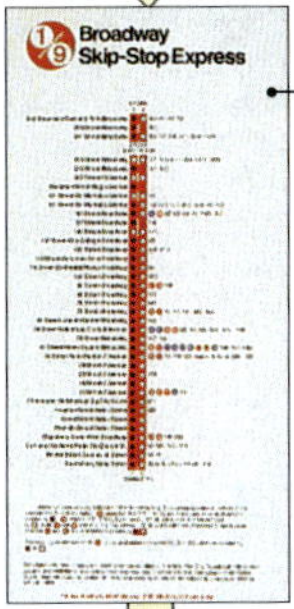

6 In de trein ziet u aan weerszijden van de wagon een schema met daarop de route van de lijn die u volgt. Houd hierop de voortgang van uw reis bij. Haltes worden over een intercom aangekondigd en u ziet ook op elk perron de naam van het station staan. De deuren worden door de bestuurder geopend. Uit veiligheidsoogpunt kunt u beter in een drukbezette coupé plaatsnemen.

7 Nadat u bent uitgestapt, volgt u de borden naar de uitgang. Als u moet overstappen volgt u de borden naar het perron voor de aansluitende trein.

Reizen per trein

New York heeft twee grote spoorwegstations. Op Grand Central Terminal komen de forenzentreinen uit de Newyorkse voorsteden en Connecticut aan, terwijl Pennsylvania (Penn) Station het eindstation is van de intercity-treinen uit de overige staten van Amerika en uit Canada. De meeste forenzentreinen hebben geen restauratiewagen, dus is het verstandig om voor vertrek voor eten en drinken te zorgen. Alleen voor de intercity-treinen kunt u plaatsen reserveren.

Een trein van Amtrak

Grand Central Terminal

Grand Central Terminal *(blz. 154-155)*, op Park Avenue tussen 41st en 42nd Street, is het belangrijkste eindstation voor de forenzentreinen van **Metro-North** (de lijnen naar Hudson, New Haven en Harlem). De Metro-North treinen gaan naar het noorden en oosten, richting Connecticut en Westchester County. Vanaf Grand Central kunt u per trein bijvoorbeeld naar de Bronx Zoo *(blz. 242-243)*, de New York Botanical Garden en het grote landgoed Hyde Park van president Franklin Roosevelt. De nummers 4, 5 en 6 op de groene lijn en nummer 7 op de paarse lijn stoppen op metrostation Grand Central, dat onder het grote station ligt. Er is een pendeldienst die Grand Central verbindt met Times Square. Veel buslijnen stoppen bij Grand Central.

Logo van Long Island Rail Road

Grand Central Terminal

Penn station

Penn Station, dat tussen 7th en 8th Avenue en tussen 31st en 33rd Street ligt, is een modern station dat in 1963 onder Madison Square Garden *(blz. 133)* werd aangelegd. Forenzentreinen, treinen van New Jersey Transit en **Amtrak**-treinen uit Canada en andere delen van de Verenigde Staten hebben dit station als eindbestemming. Er zijn hier geen bagagekarretjes, maar de kruiers met rode pet staan klaar om u te helpen.

Op straatniveau staan de taxi's. Bussen naar het centrum vertrekken vanaf 7th Avenue en in de andere richting vanaf 8th Avenue. De blauwe metrolijnen A, C en E vertrekken van het station aan de kant van 8th Avenue, de rode lijnen 1, 2, 3 en 4 vanaf de kant van 7th Avenue. De kaartjesloketten en wachtruimten bevinden zich op straatniveau, maar de treinen zelf vertrekken vanaf een niveau lager.

Vanaf Penn Station kunt u naar New Jersey en Long Island reizen, of met de Amtrak-treinen naar verder weg gelegen bestemmingen als Canada, Philadelphia of Washington.

Naast Penn Station vindt u de kaartjesloketten en beginhaltes van de **Long Island Rail Road (LIRR)**, die hoofdzakelijk voor forenzenvervoer zorgt.

Path-treinen

De PATH-treinen rijden dag en nacht tussen stations in New Jersey (Harrison, Hoboken, Jersey City en Newark) en Penn Station op Manhattan. Ze stoppen ook in Christopher Street, 9th, 14th, 23rd en 33rd Streets, het World Trade Center en de Avenue of the Americas.

LIRR trein op Penn Station

Amtrak

Amtrak is de landelijke spoorwegmaatschappij voor reizigersvervoer in de Verenigde Staten. Het onderhoudt de verbindingen tussen New York en andere steden in de VS en Canada. Sommige Amtrak-treinen hebben rijtuigen met slaapstoelen, andere zijn voorzien van restauratiewagons en salonrijtuigen. Op alle langeafstandstreinen zijn slaapcompartimenten. Op sommige trajecten van Amtrak rijden nieuwe sneltreinen, zoals de **Acela**, die via New York van Boston naar Washington gaat.

U kunt uw kaartjes in Penn Station of bij de Amtrak Travel Centers kopen. Koop uw kaartje voordat u instapt, want in de trein zijn ze duurder. Oudere reizigers krijgen 15 procent korting op vertoon aan de conducteur van een bewijs van hun leeftijd. Voor studenten is er geen korting verkrijgbaar. Om plaatsen telefonisch te reserveren dient u ten minste tien dagen voor vertrek te bestellen, want de kaartjes worden per post verzonden.

Informatiebord op Penn Station

De treinreis

De loketten zijn op alle stations goed verlicht en meestal de hele dag druk bezet. Aan het loket accepteert men de meeste creditcards, maar ook contante betaling. Er zijn allerlei soorten kaartjes en de prijs is op basis van een enkele reis; een retourtje is gewoon twee keer zo duur. Wilt u vaker met de trein reizen, dan hebben Metro-North en LIRR weekkaarten die zeer voordelig zijn. De vertrektijden, bestemmingen en perronnummers kunt u aflezen op de vele grote informatieborden. Let altijd op de borden bij de ingang van het perron, waar de namen van belangrijke tussenstations en overstapplaatsen staan aangegeven.

Wacht tot de toegang naar het perron waarvandaan u vertrekt vrijgegeven wordt. Er is maar één klasse en de plaatsen zijn niet gereserveerd. De conducteur controleert uw plaatsbewijs als de trein het station heeft verlaten.

Zowel Penn Station als Grand Central Terminal bieden goede voorzieningen.

Informatie over treinen

Amtrak Travel Centers

12 West 51st St. **Kaart** 12 F4.
1 East 59th St. **Kaart** 12 F3.
1 World Trade Center. **Kaart** 1 B2.
(800) USA-RAIL of (800) 872-7245. www.amtrak.com

Long Island Rail Road (LIRR)

(718) 217-LIRR (informatie).
(718) 558-8384 (gevonden voorwerpen). www.mta.nyc.ny.us

Acela

(800) 523-8720.
www.amtrak.com

Metro-North

532-4900 (informatie).
340-2555 (gevonden voorwerpen).
www.mta.nyc.ny.us

PATH Trains

(800) 234-7284.
www.panynj.com

Dagtochten per trein

Er zijn buiten New York een paar prachtige plekjes die, als u daar de tijd voor hebt, een bezoek zeker waard zijn. Hieronder treft u een selectie aan van mooie uitstapjes, die u binnen een straal van 200 km van New York kunt maken.

Gezicht op Tarrytown

Stony Brook
Rustig dorpje aan de kust. Ingang tot het terrein van de historische Three Villages.
93 km oostwaarts. LIRR vanaf Penn Station, reistijd 2 uur.

The Hamptons
Chique bars en boetieks tegen een historisch, door weer en wind getekend decor. Het Beverly Hills van Long Island.
161 km oostwaarts. LIRR vanaf Penn Station, reistijd 2 uur 50 min.

Montauk Point
Beschermd park op het oostelijkste puntje van Long Island; uitzicht op de oceaan.
193 km. LIRR vanaf Penn Station, reistijd 3 uur.

Westbury House, Old Westbury
Prachtige Engelse tuinen omgeven het in 1906 door John Phipp nagebouwde landhuis van Karel II.
39 km oostwaarts. LIRR vanaf Penn Station, reistijd 40 min.

Tarrytown
Het huis 'Sunnyside' van Washington Irving en het landhuis van Jay Gould.
40 km noordwaarts. Metro-North vanaf Grand Central Station, verder per taxi, reistijd 40-50 min.

Hyde Park
Landgoed Springwood van Franklin D. Roosevelt en het landhuis van de Vanderbilts.
119 km noordwaarts. Metro-North vanaf Grand Central Station naar Poughkeepsie, verder per taxi, reistijd 2 uur.

New Haven, Connecticut
De stad van Yale University.
119 km. Metro-North vanaf Grand Central Terminal, reistijd 1 uur 46 min.

Hartford, Connecticut
Het huis van Mark Twain, Atheneum Museum en Old State House.
180 km noordwaarts. Amtrak vanaf Penn Station, reistijd 2 uur 45 min.

Winterthur, Delaware
De collectie vroege Amerikaanse kunst van Henry du Pont, museum en tuinen.
187 km zuidwaarts. Amtrak vanaf Penn Station naar Wilmington, daarna bus naar Winterthur, reistijd 2 uur.

Yale University in New Haven, Connecticut

STRATENGIDS

De verwijzingen naar de kaarten bij alle bezienswaardigheden, hotels, restaurants, cafés, winkels en uitgaansgelegenheden die eerder genoemd zijn, hebben betrekking op de kaarten in dit hoofdstuk *(zie* Gebruik van kaartverwijzingen, *volgende bladzijde)*. Deze kaarten beslaan samen heel Manhattan. Een volledig straatnamenregister en alle bezienswaardigheden die op de plattegronden staan aangegeven vindt u op de volgende bladzijden. Op de overzichtskaart **(onder)** is de indeling van de kaarten aangegeven. Alle bezienswaardigheden op Manhattan (met kleurcode aangegeven) en alle belangrijke wijken staan op deze kaarten aangegeven.

De koopjesjacht in South Street Seaport

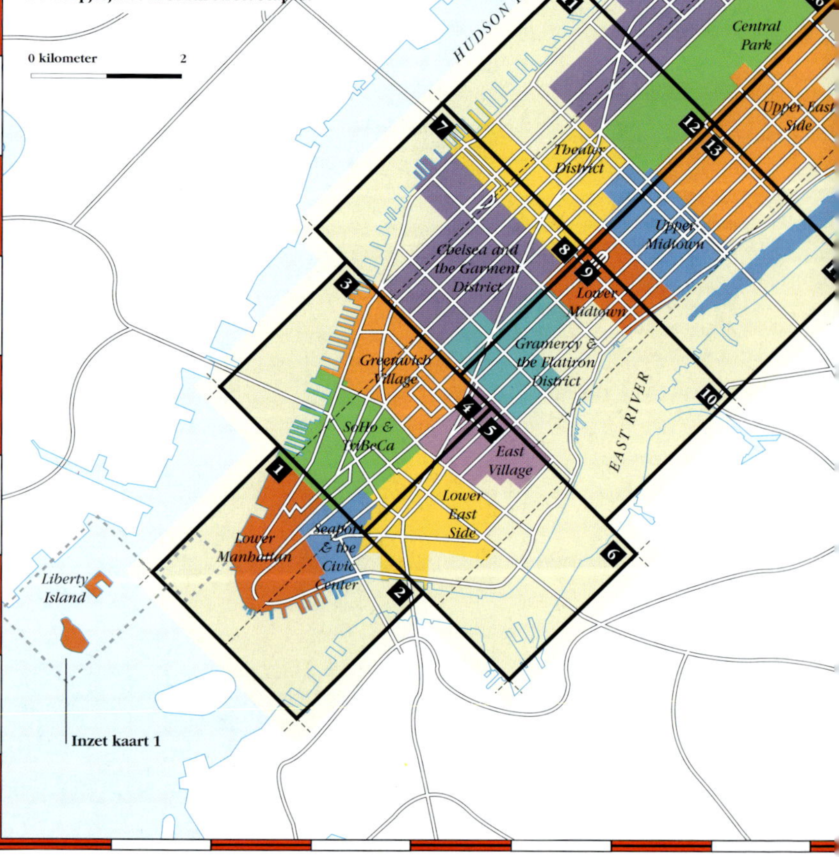

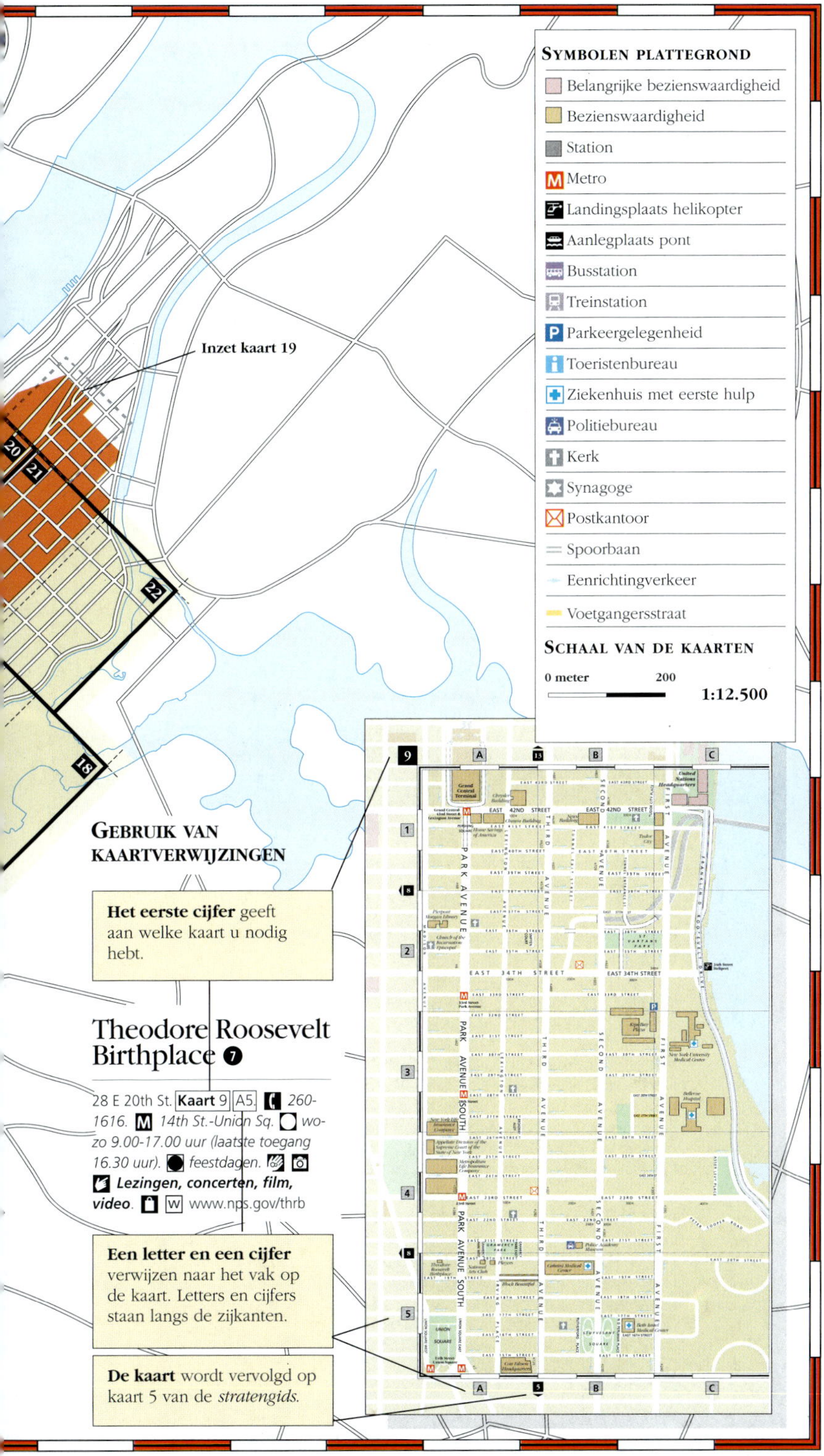

Symbolen plattegrond

- Belangrijke bezienswaardigheid
- Bezienswaardigheid
- Station
- Metro
- Landingsplaats helikopter
- Aanlegplaats pont
- Busstation
- Treinstation
- Parkeergelegenheid
- Toeristenbureau
- Ziekenhuis met eerste hulp
- Politiebureau
- Kerk
- Synagoge
- Postkantoor
- Spoorbaan
- Eenrichtingverkeer
- Voetgangersstraat

Schaal van de kaarten

0 meter 200

1:12.500

Gebruik van kaartverwijzingen

Het eerste cijfer geeft aan welke kaart u nodig hebt.

Theodore Roosevelt Birthplace 7

28 E 20th St. Kaart 9 A5. 260-1616. 14th St.-Union Sq. *wo-zo 9.00-17.00 uur (laatste toegang 16.30 uur). feestdagen.* ***Lezingen, concerten, film, video.*** www.nps.gov/thrb

Een letter en een cijfer verwijzen naar het vak op de kaart. Letters en cijfers staan langs de zijkanten.

De kaart wordt vervolgd op kaart 5 van de *stratengids*.

Stratenregister

Achter elke naam staat de wijk (behalve Manhattan), gevolgd door de Stratengids-coördinaten.

Achter elke naam staat de wijk (behalve Manhattan), gevolgd door de Stratengids-coördinaten.

M

N

O

P

Q

R

S

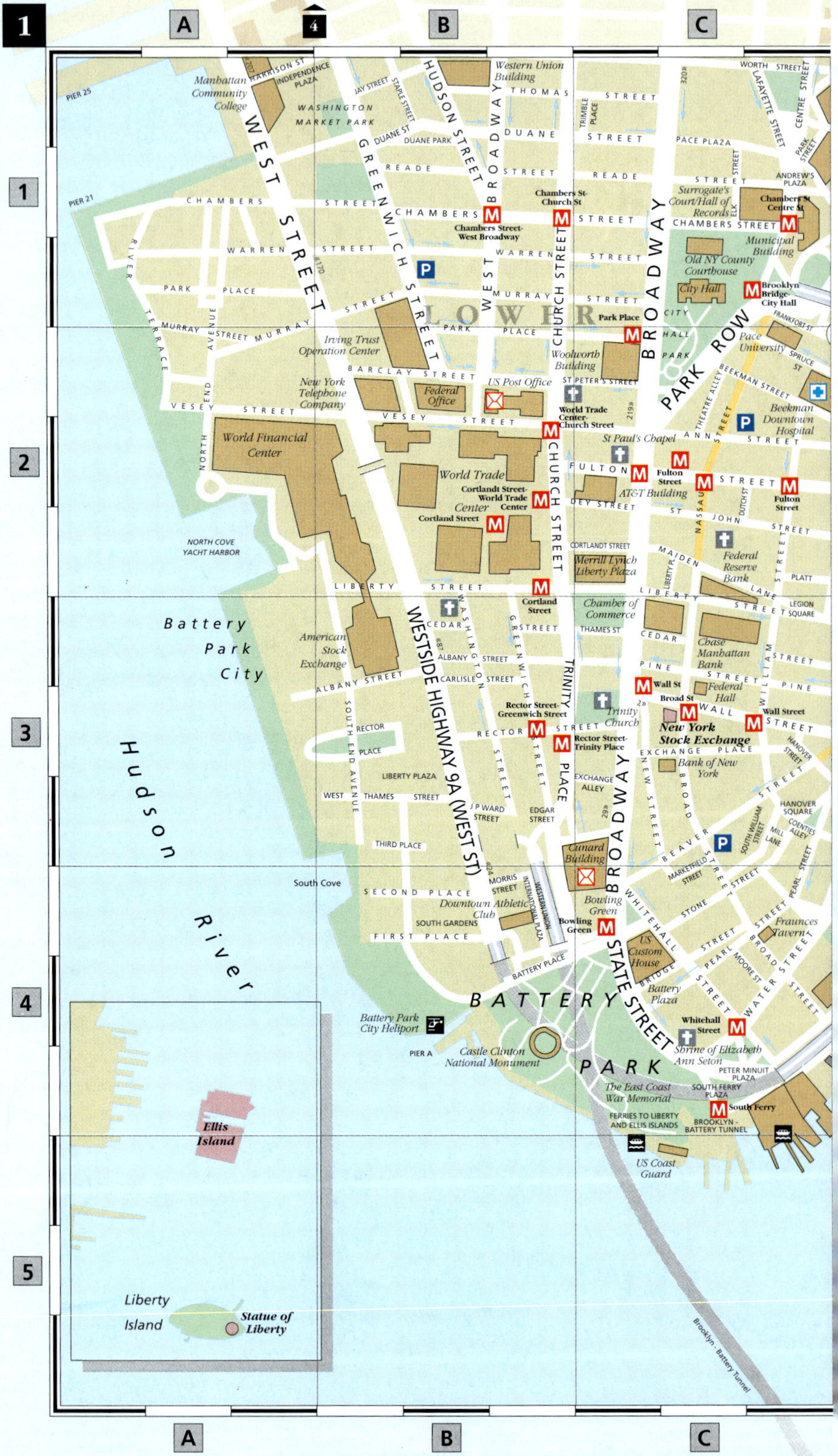
1
A
B
C
4
1
2
3
4
5
LOWER
Manhattan Community College
Harrison St
Independence Plaza
Pier 25
Pier 21
Jay Street
Staple Street
Hudson Street
Western Union Building
Thomas Street
Washington Market Park
Duane Street
Duane Park
Trimble Place
Pace Plaza
Worth Street
Lafayette Street
Centre Street
Park Street
Reade Street
Elk Street
Andrew's Plaza
Chambers Street
Chambers Street-West Broadway
Chambers St-Church St
Surrogate's Court/Hall of Records
Chambers St-Centre St
Municipal Building
West Street
Greenwich Street
West Broadway
Church Street
Broadway
River Terrace
Warren Street
Old NY County Courthouse
Park Place
City Hall
Brooklyn Bridge-City Hall
Murray Street
North End Avenue
Irving Trust Operation Center
City Hall Park
Frankfort St
Pace University
Spruce St
Park Row
Barclay Street
Woolworth Building
Beekman Street
New York Telephone Company
Federal Office
US Post Office
St Peter's Street
Theatre Alley
Beekman Downtown Hospital
Vesey Street
World Trade Center-Church Street
Ann Street
World Financial Center
St Paul's Chapel
Fulton Street
Fulton Street
World Trade Center
Cortlandt Street-World Trade Center
AT&T Building
Dey Street
Dutch St
Nassau Street
John Street
Cortland Street
North Cove Yacht Harbor
Cortlandt Street
Merrill Lynch Liberty Plaza
Maiden Lane
Federal Reserve Bank
Gold Street
Platt
Liberty Street
Liberty Pl
Legion Square
Cortland Street
Chamber of Commerce
Cedar Street
Thames St
Battery Park City
American Stock Exchange
Westside Highway 9A (West St)
Washington Street
Chase Manhattan Bank
Albany Street
Carlisle Street
Trinity Place
Pine Street
William Street
Wall St
Broad St
Federal Hall
Rector Street-Greenwich Street
Trinity Church
Wall Street
Wall Street
Rector Street
New York Stock Exchange
Rector Street-Trinity Place
Exchange Place
Hanover Street
South End Avenue
Rector Place
Bank of New York
Liberty Plaza
Exchange Alley
New Street
Broad Street
Hudson
West Thames Street
J P Ward Street
Edgar Street
Hanover Square
Coenties Alley
Mill Lane
South William Street
Third Place
Beaver Street
Marketfield Street
Cunard Building
Pearl Street
South Cove
Morris Street
International Plaza
Western Union
Second Place
Downtown Athletic Club
Bowling Green
Stone Street
Fraunces Tavern
River
South Gardens
Bowling Green
Whitehall
First Place
US Custom House
Moore St
Battery Place
Bridge Street
Battery Plaza
Water Street
Battery
State Street
Battery Park City Heliport
Whitehall Street
Pier A
Castle Clinton National Monument
Park
Shrine of Elizabeth Ann Seton
Peter Minuit Plaza
The East Coast War Memorial
South Ferry Plaza
South Ferry
Ferries to Liberty and Ellis Islands
Brooklyn-Battery Tunnel
Ellis Island
US Coast Guard
Liberty Island
Statue of Liberty
Brooklyn - Battery Tunnel

2
D
E
5
F
1
2
3
4
5
NY County Court-House
US Court House
Police Head-quarters
Knickerbocker Village
PARK ROW
ST JAMES PLACE
MADISON
WORTH
BAXTER ST
PEARL STREET
OLIVER STREET
HENRY STREET
CATHERINE STREET
MONROE STREET
MARKET STREET
CHERRY STREET
WATER STREET
SOUTH STREET VIADUCT
AVENUE OF THE FINEST
MANHATTAN
R F WAGNER SR PLACE
Manhattan Bridge
PIER 35
East River
Brooklyn Bridge
Southbridge Towers
DOVER STREET
PECK SLIP
FRONT STREET
BEEKMAN STREET
South Street Seaport
FULTON STREET
Fulton Fish Market
ST JOHN STREET
Schermerhorn Row
FLETCHER STREET
MAIDEN LANE
GOLD STREET
CLIFF STREET
RYDERS ALLEY
GOVERNEUR STREET
OLD SLIP
DOCK STREET
WATER STREET
OLD FULTON STREET
DOUGHTY STREET
VINE STREET
FURMAN STREET
COLUMBIA HEIGHTS
MIDDAGH STREET
CRANBERRY STREET
ORANGE STREET
PINEAPPLE ST
CLARK STREET
BROOKLYN - QUEENS EXPRESSWAY 278
PIER 18
PIER 17
PIER 16
PIER 15
PIER 14
PIER 13
PIER 11
WALL ST FERRY PIER
FERRIES TO FULTON LANDING
-BAY RIDGE AND ROCKAWAY
-NEWPORT
-PORT LIBERTE
JERSEY CITY
PIER 9
PIER 1
PIER 2
PIER 3
PIER 4
PIER 5
PIER 6
JEANELLE PARK
Vietnam Veterans' Plaza
New York Plaza
Downtown Manhattan Heliport
PIER 6
SOUTH FERRY
FERRIES TO GOVERNORS ISLAND
Battery Maritime Building
STATEN ISLAND FERRY
FERRIES TO STATEN ISLAND AND WEEHAWKEN

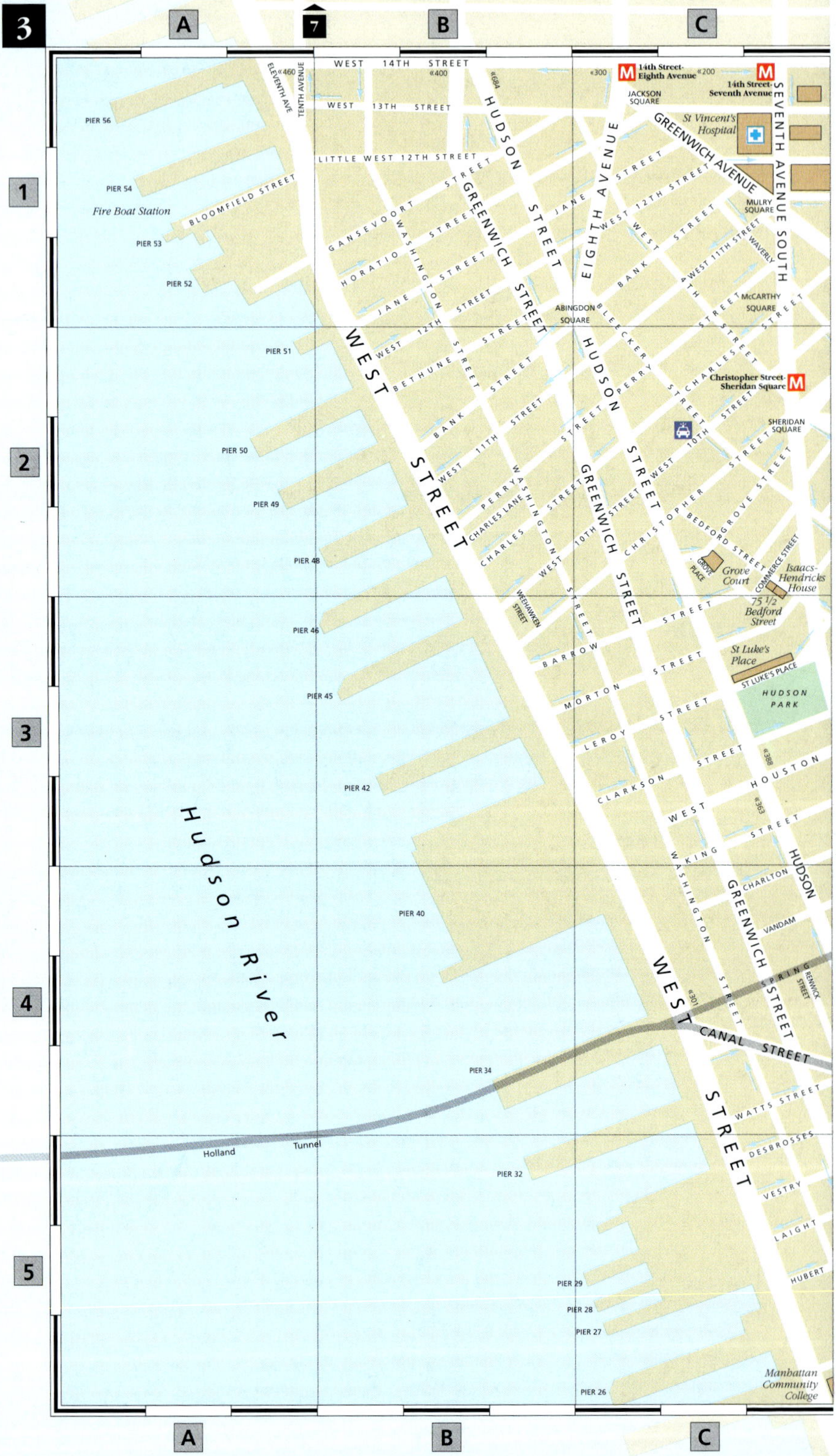
A
B
C
7
1
2
3
4
5
WEST 14TH STREET
WEST 13TH STREET
LITTLE WEST 12TH STREET
ELEVENTH AVE
TENTH AVENUE
HUDSON STREET
GREENWICH STREET
EIGHTH AVENUE
GREENWICH AVENUE
SEVENTH AVENUE SOUTH
14th Street-Eighth Avenue
14th Street-Seventh Avenue
JACKSON SQUARE
St Vincent's Hospital
MULRY SQUARE
PIER 56
PIER 54
Fire Boat Station
BLOOMFIELD STREET
PIER 53
PIER 52
GANSEVOORT STREET
HORATIO STREET
JANE STREET
WASHINGTON STREET
WEST 12TH STREET
WEST 11TH STREET
WAVERLY
BANK STREET
4TH STREET
McCARTHY SQUARE
ABINGDON SQUARE
BLEECKER STREET
PIER 51
WEST STREET
BETHUNE STREET
PERRY STREET
CHARLES STREET
Christopher Street-Sheridan Square
SHERIDAN SQUARE
PIER 50
10TH STREET
WEST 10TH STREET
PIER 49
CHARLES LANE
CHRISTOPHER STREET
BEDFORD STREET
GROVE STREET
COMMERCE STREET
GROVE PLACE
Grove Court
Isaacs-Hendricks House
PIER 48
WEEHAWKEN STREET
75 1/2 Bedford Street
PIER 46
BARROW STREET
St Luke's Place
ST LUKE'S PLACE
HUDSON PARK
PIER 45
MORTON STREET
LEROY STREET
CLARKSON STREET
HOUSTON STREET
PIER 42
WEST HOUSTON STREET
KING STREET
Hudson River
CHARLTON
VANDAM
PIER 40
SPRING STREET
BERWICK STREET
CANAL STREET
PIER 34
WATTS STREET
Holland Tunnel
DESBROSSES
PIER 32
VESTRY
LAIGHT
HUBERT
PIER 29
PIER 28
PIER 27
PIER 26
Manhattan Community College

D
E
8
F
1
2
3
4
5
West 14th Street
East 14th Street
Sixth Avenue
14th Street-Union Square
Third Avenue
West 13th Street
East 13th Street
Seaman's Institute and Marine Museum
Forbes Building
West 12th Street
East 12th Street
First Presbyterian Church
Salmagundi Club
West 11th Street
East 11th Street
St-Mark's-in-the-Bowery Church
Church of the Ascension
West 10th Street
East 10th Street
Grace Church
Milligan Pl
Patchin Pl
Avenue of the Americas (Sixth Avenue)
Fifth Avenue
University Place
Broadway
Fourth Avenue
Third Avenue
Stuyvesant Alley
Stuyvesant St
West 9th Street
East 9th Street
Village Square
Jefferson Market Courthouse
Mark Twain's House
Eighth Street-Broadway
Wanamaker Place
West 8th Street
Washington Mews
East 8th Street
Astor Place-8th Street
Astor Place
Cooper Union Building
Greenwich Village
Gay Street
Christopher Park
Waverly Place
MacDougal Alley
Colonnade Row
Cooper Square
East 7th Street
Taras Shevchenko Place
Washington Square North
West Washington Place
Washington Square Park
Washington Place
East 6th Street
Public Theater
West 4th Street-Washington Square
West 4th Street
Washington Square South
Stable Ct
East 5th Street
Jones St
Cornelia Street
The New York University Law Center
Judson Memorial Church
New York University
Old Merchant's House
East 4th Street
Second Avenue
West 3rd Street
Great Jones Street
East 3rd Street
Bleecker Street
Minetta Lane
Father Demo Square
Leroy St
Washington Square Village
Shinbone Alley
Bond Street
East 2nd Street
Jones Alley
Bayard-Condict Building
Extra Place
East 1st Street
Carmine Street
Bedford Street
Downing Street
Bleecker Street-Lafayette Street
Bowery
Sullivan Street
Thompson Street
La Guardia Place
Mercer Street
West Houston Street
East Houston Street
Broadway-Lafayette Street
Puck Building
Houston Street-Varick Street
Varick Street
Avenue of the Americas
MacDougal Street
New Museum of Contemporary Art
Jersey Street
Mulberry Street
Mott Street
Elizabeth Street
Prince Street-Broadway
Old Saint Patrick's Cathedral
Prince Street
Father Fagan Square
Singer Building
Freeman Alley
Spring Street-Sixth Avenue
Spring Street-Lafayette Street
Spring Street
New York City Fire Museum
St Nicholas Hotel
Cleveland Place
Kenmare Street
Dominick Street
Broome Street
Haughwout Building
Little Italy
Watts Street
SoHo
West Broadway
Wooster Street
Greene Street
Crosby Street
Home Savings of America
Tollgate
Grand Street
Police Headquarters Building
Centre Mkt Place
Canal Street
Canal Street-Sixth Avenue
Baxter Street
Howard Street
Hester Street
Engine Company No.31
Hudson Street
St Johns Lane
York Street
Lispenard Street
Canal Street-Broadway
Canal Street-Lafayette Street
Canal Street-Centre Street
Harry Howard Square
Tribeca
Collister Street
Walker Street
Cortlandt Alley
Beach Street
Ericsson Place
White Street
Franklin Pl
Chinatown
Greenwich Street
North Moore Street
Finn Square
Franklin Street
Criminal Courts Building
Bayard Street
Columbus Park
Pell Street
Independence Plaza
Leonard Street
Benson St
Hogan Place
Church Street
Harrison St
Catherine Lane
New York State Building
Mosco St

5
A
B
C
9
2
1
2
3
4
5
4
First Avenue
EAST 14TH STREET
EAST 13TH STREET
EAST 12TH STREET
EAST 11TH STREET
EAST 10TH STREET
EAST 9TH STREET
ST MARKS PLACE
EAST 8TH STREET
EAST 7TH STREET
EAST 6TH STREET
EAST 5TH STREET
EAST 4TH STREET
EAST 3RD STREET
EAST 2ND STREET
EAST 1ST STREET
FIRST AVENUE
AVENUE A
AVENUE B
AVENUE C
AVENUE D
SZOLD PLACE
FRANKLIN D ROOSEVELT DRIVE
TOMPKINS SQUARE
EAST VILLAGE
GUSTAVE HARTMAN SQUARE
EAST HOUSTON STREET
PERETZ SQUARE
HAMILTON FISH PARK
SHERIFF STREET
COLUMBIA STREET
Second Avenue-Houston Street
CHRYSTIE STREET
FORSYTH STREET
ELDRIDGE STREET
ORCHARD STREET
LUDLOW STREET
ESSEX STREET
NORFOLK STREET
SUFFOLK STREET
CLINTON STREET
ATTORNEY STREET
RIDGE STREET
PITT STREET
STANTON STREET
RIVINGTON STREET
ALLEN STREET
SARA D ROOSEVELT PARKWAY
Schapiro's Winery
Essex Street-Delancey Street
DELANCEY STREET
DELANCEY PARKWAY
Harry Delancey Plaza
WILLETT STREET
ABRAHAM KAZAN STREET
CANNON STREET
BROOME STREET
Bialystoker Synagogue
BIALYSTOKER PLACE
Bowery-Delancey Street
Lower East Side Tenement Museum
GRAND STREET
SAMUEL DICKSTEIN PLAZA
JACKSON
Grand Street-Chrystie Street
EAST BROADWAY
HENRY STREET
GOUVERNEUR STREET
MADISON STREET
MONTGOMERY STREET
HESTER STREET
DOVER STREET
W H SEWARD PARK
STRAUS SQUARE
East Broadway-Canal Street
JEFFERSON STREET
CANAL STREET
BOWERY
Eldridge Street Synagogue
PIKE STREET
RUTGERS STREET
CHERRY STREET
WATER SLIP WEST
GOUVERNEUR SLIP EAST
SOUTH STREET
Confucius Plaza
DIVISION STREET
MARKET STREET
EAST BROADWAY
MONROE STREET
RUTGERS SLIP
RUTGERS PARK
NYC Dept of Ports & Terminals

6
D
E
F
1
2
3
4
5
EAST RIVER PARK
Athletic Field
(EAST RIVER DRIVE)
MANGIN STREET
BARUCH PLACE
FRANKLIN D ROOSEVELT DRIVE
SOUTH STREET
Williamsburg Bridge
LEWIS STREET
SAMUEL A SPIEGEL SQUARE
CHERRY STREET
CORLEARS HOOK PARK
VIADUCT
Fireboat Station
Corlears Hook
PIER 44
NORTH 9TH STREET
NORTH 8TH STREET
NORTH 7TH STREET
NORTH 6TH STREET
NORTH 5TH STREET
NORTH 4TH STREET
NORTH 3RD STREET
METROPOLITAN AVENUE
NORTH 1ST STREET
KENT AVENUE
WYTHE AVENUE
BERRY STREET
RIVER STREET
GRAND STREET
SOUTH 1ST STREET
SOUTH 2ND STREET
SOUTH 3RD STREET
SOUTH 4TH STREET
SOUTH 5TH STREET
SOUTH 6TH STREET
DUNHAM PLACE
BROADWAY
SOUTH 8TH STREET
SOUTH 9TH ST
SOUTH 11TH ST
DIVISION AVENUE
Wallabout Channel
US Naval Reserve Center
Wallabout Bay

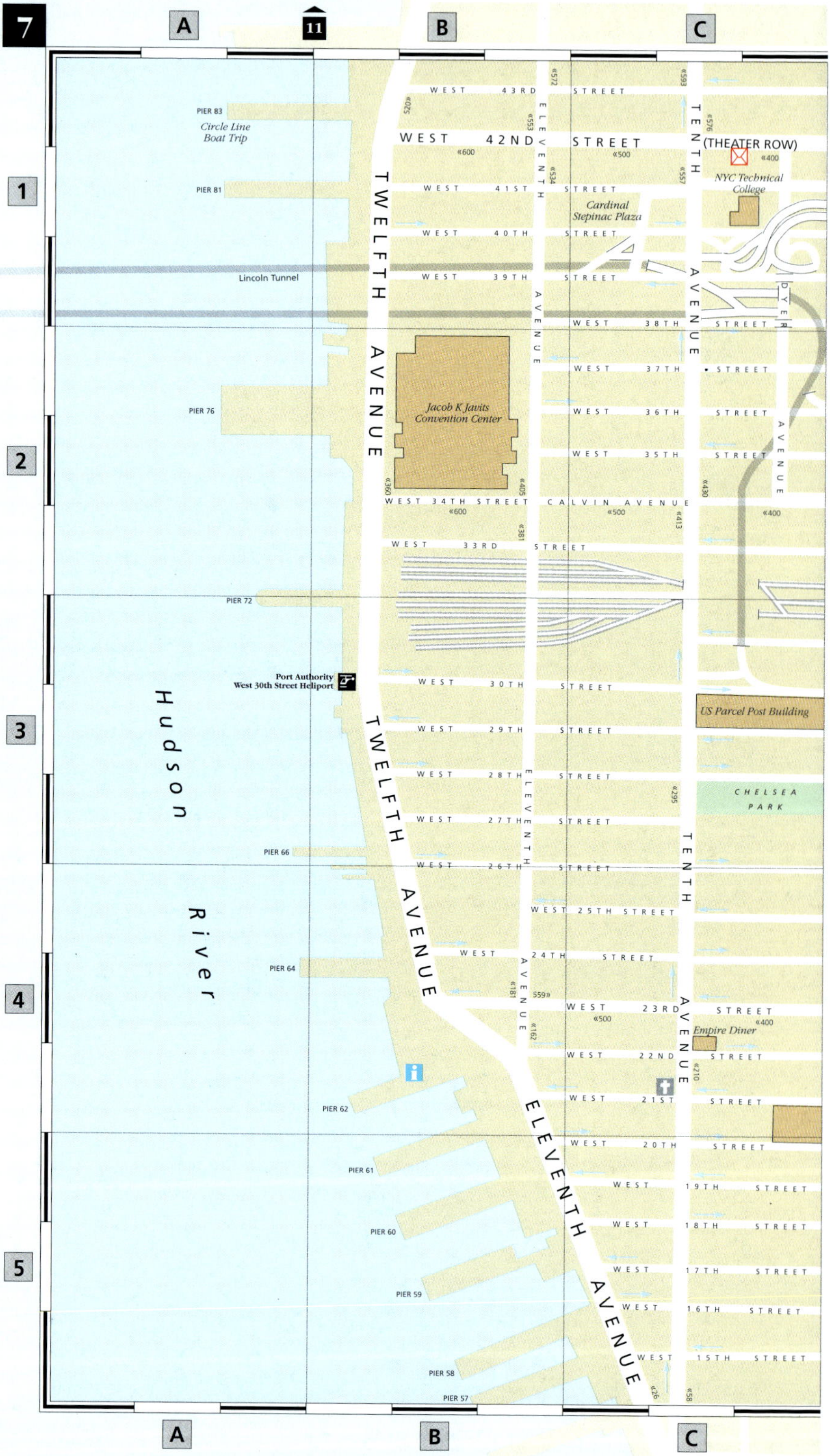
7
A
11
B
C
1
2
3
4
5
PIER 83
Circle Line Boat Trip
PIER 81
Lincoln Tunnel
PIER 76
PIER 72
Port Authority West 30th Street Heliport
Hudson River
PIER 66
PIER 64
PIER 62
PIER 61
PIER 60
PIER 59
PIER 58
PIER 57
WEST 43RD STREET
WEST 42ND STREET
(THEATER ROW)
NYC Technical College
WEST 41ST STREET
Cardinal Stepinac Plaza
WEST 40TH STREET
WEST 39TH STREET
WEST 38TH STREET
WEST 37TH STREET
WEST 36TH STREET
WEST 35TH STREET
WEST 34TH STREET
CALVIN AVENUE
WEST 33RD STREET
WEST 30TH STREET
WEST 29TH STREET
WEST 28TH STREET
WEST 27TH STREET
WEST 26TH STREET
WEST 25TH STREET
WEST 24TH STREET
WEST 23RD STREET
WEST 22ND STREET
WEST 21ST STREET
WEST 20TH STREET
WEST 19TH STREET
WEST 18TH STREET
WEST 17TH STREET
WEST 16TH STREET
WEST 15TH STREET
TWELFTH AVENUE
ELEVENTH AVENUE
TENTH AVENUE
DYER AVENUE
Jacob K Javits Convention Center
US Parcel Post Building
CHELSEA PARK
Empire Diner

D
E
12
F
8
1
2
3
4
5
9
9
Paramount Building
WEST 43RD STREET
EAST 43RD STREET
Times Square-42nd Street
Times Square-Broadway
TIMES SQUARE
Fifth Avenue-42nd Street
Group Health Insurance Building
42nd Street-Eighth Avenue
WEST 42ND STREET
42nd Street-Sixth Avenue
EAST 42ND ST
New Amsterdam Theater
WEST 41ST STREET
EAST 41ST STREET
BRYANT PARK
New York Public Library
Port Authority Bus Terminal
WEST 40TH STREET
EAST 40TH STREET
American Standard Building
WEST 39TH STREET
EAST 39TH STREET
WEST 38TH STREET
EAST 38TH STREET
WEST 37TH STREET
EAST 37TH STREET
WEST 36TH STREET
EAST 36TH STREET
WEST 35TH STREET
EAST 35TH STREET
Macy's
34th Street-Sixth Avenue
WEST 34TH STREET
EAST 34TH ST
HERALD SQUARE
34th Street Penn Station-Eighth Avenue
34th Street Penn Station-Seventh Avenue
Empire State Building
WEST 33RD STREET
EAST 33RD STREET
General Post Office
Madison Square Garden Center
Pennsylvania Station
WEST 32ND STREET
GREELEY SQUARE
EAST 32ND STREET
Pennsylvania Plaza
WEST 31ST STREET
EAST 31ST STREET
St John the Baptist Church
WEST 30TH STREET
EAST 30TH STREET
Marble Collegiate Reformed Church
Little Church Around the Corner
WEST 29TH STREET
EAST 29TH STREET
28th Street-Seventh Avenue
28th Street-Broadway
WEST 28TH STREET
EAST 28TH STREET
WEST 27TH STREET
EAST 27TH STREET
WEST 26TH STREET
WORTH SQUARE
MADISON SQUARE PLAZA
MADISON SQUARE PARK
WEST 25TH STREET
Worth Monument
WEST 24TH STREET
23rd Street
23rd Street-Broadway
23rd Street-Eighth Avenue
WEST 23RD STREET
EAST 23RD ST
Chelsea Hotel
Flatiron Building
WEST 22ND STREET
EAST 22ND ST
WEST 21ST STREET
EAST 21ST ST
Hugh O'Neill Dry Goods Store
General Theological Seminary
WEST 20TH STREET
EAST 20TH STREET
Chelsea Historic District
WEST 19TH STREET
EAST 19TH STREET
WEST 18TH STREET
18th Street
EAST 18TH STREET
WEST 17TH STREET
EAST 17TH STREET
WEST 16TH STREET
EAST 16TH STREET
Port Authority Building
WEST 15TH STREET
EAST 15TH STREET
14th Street-Eighth Avenue
Sixth Avenue
14th Street-Union Square
NINTH AVENUE
EIGHTH AVENUE
SEVENTH AVENUE (FASHION AVENUE)
BROADWAY
AVENUE OF THE AMERICAS (SIXTH AVENUE)
FIFTH AVENUE
P

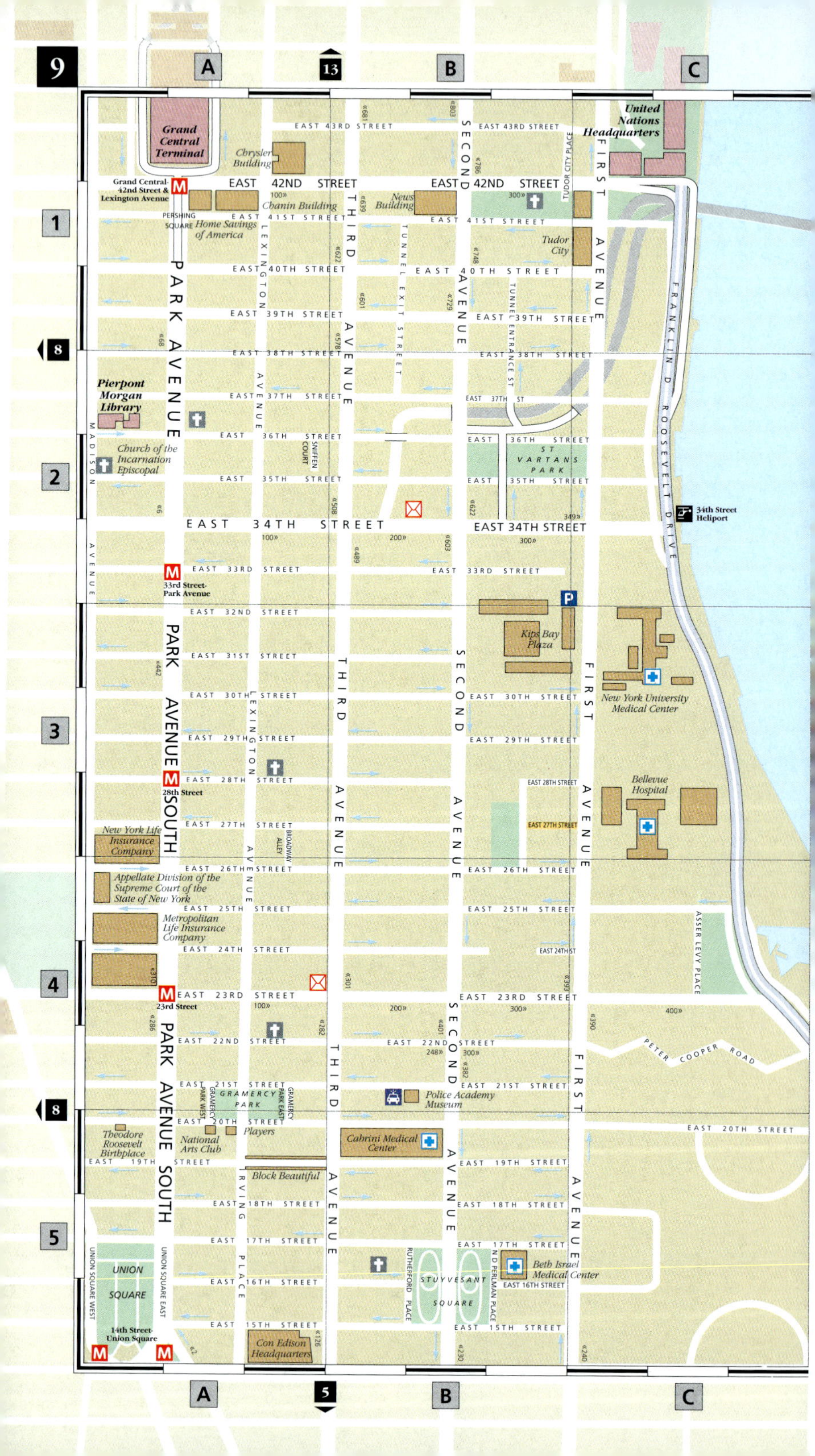

9
A
13
B
C
1
2
3
4
5
8
Grand Central Terminal
Chrysler Building
United Nations Headquarters
Grand Central-42nd Street & Lexington Avenue
EAST 42ND STREET
EAST 43RD STREET
EAST 41ST STREET
EAST 40TH STREET
EAST 39TH STREET
EAST 38TH STREET
EAST 37TH STREET
EAST 36TH STREET
EAST 35TH STREET
EAST 34TH STREET
EAST 33RD STREET
EAST 32ND STREET
EAST 31ST STREET
EAST 30TH STREET
EAST 29TH STREET
EAST 28TH STREET
EAST 27TH STREET
EAST 26TH STREET
EAST 25TH STREET
EAST 24TH STREET
EAST 23RD STREET
EAST 22ND STREET
EAST 21ST STREET
EAST 20TH STREET
EAST 19TH STREET
EAST 18TH STREET
EAST 17TH STREET
EAST 16TH STREET
EAST 15TH STREET
Chanin Building
News Building
Tudor City
TUDOR CITY PLACE
PERSHING SQUARE
Home Savings of America
PARK AVENUE
LEXINGTON AVENUE
THIRD AVENUE
SECOND AVENUE
FIRST AVENUE
MADISON AVENUE
TUNNEL EXIT STREET
TUNNEL ENTRANCE ST
FRANKLIN D ROOSEVELT DRIVE
Pierpont Morgan Library
Church of the Incarnation Episcopal
SNIFFEN COURT
ST VARTANS PARK
34th Street Heliport
33rd Street-Park Avenue
Kips Bay Plaza
New York University Medical Center
28th Street
Bellevue Hospital
New York Life Insurance Company
BROADWAY ALLEY
PARK AVENUE SOUTH
Appellate Division of the Supreme Court of the State of New York
Metropolitan Life Insurance Company
ASSER LEVY PLACE
23rd Street
PETER COOPER ROAD
GRAMERCY PARK
GRAMERCY PARK WEST
GRAMERCY PARK EAST
Police Academy Museum
Theodore Roosevelt Birthplace
National Arts Club
Players
Cabrini Medical Center
Block Beautiful
IRVING PLACE
UNION SQUARE
UNION SQUARE WEST
UNION SQUARE EAST
14th Street-Union Square
RUTHERFORD PLACE
STUYVESANT SQUARE
N D PERLMAN PLACE
Beth Israel Medical Center
Con Edison Headquarters

10
D
E
14
F
1
2
3
4
5
6
East River
Belmont Island
Queens - Midtown Tunnel 495
5TH STREET
VERNON BLVD
JACKSON AVENUE
Pulaski Bridge
50TH AVENUE
51ST AVENUE
BORDEN AVENUE
2ND (FRONT) STREET
Vernon Jackson Boulevard
Long Island City Station
54TH (FLUSHING) AVENUE
55TH AVENUE
56TH AVENUE
Newton Creek
MANHATTAN AVENUE
BOX STREET
COMMERCIAL STREET
CLAY STREET
DUPONT STREET
FRANKLIN STREET
EAGLE STREET
WEST STREET
FREEMAN STREET
GREEN STREET
HURON STREET
INDIA STREET
JAVA STREET
KENT STREET
GREENPOINT AVENUE
Manhattan Marina
PIER 70
PIER 69
PIER 68
PIER 67
FRANKLIN D ROOSEVELT DRIVE (EAST RIVER DRIVE)
AVENUE C
EAST 16TH STREET
EAST 15TH STREET

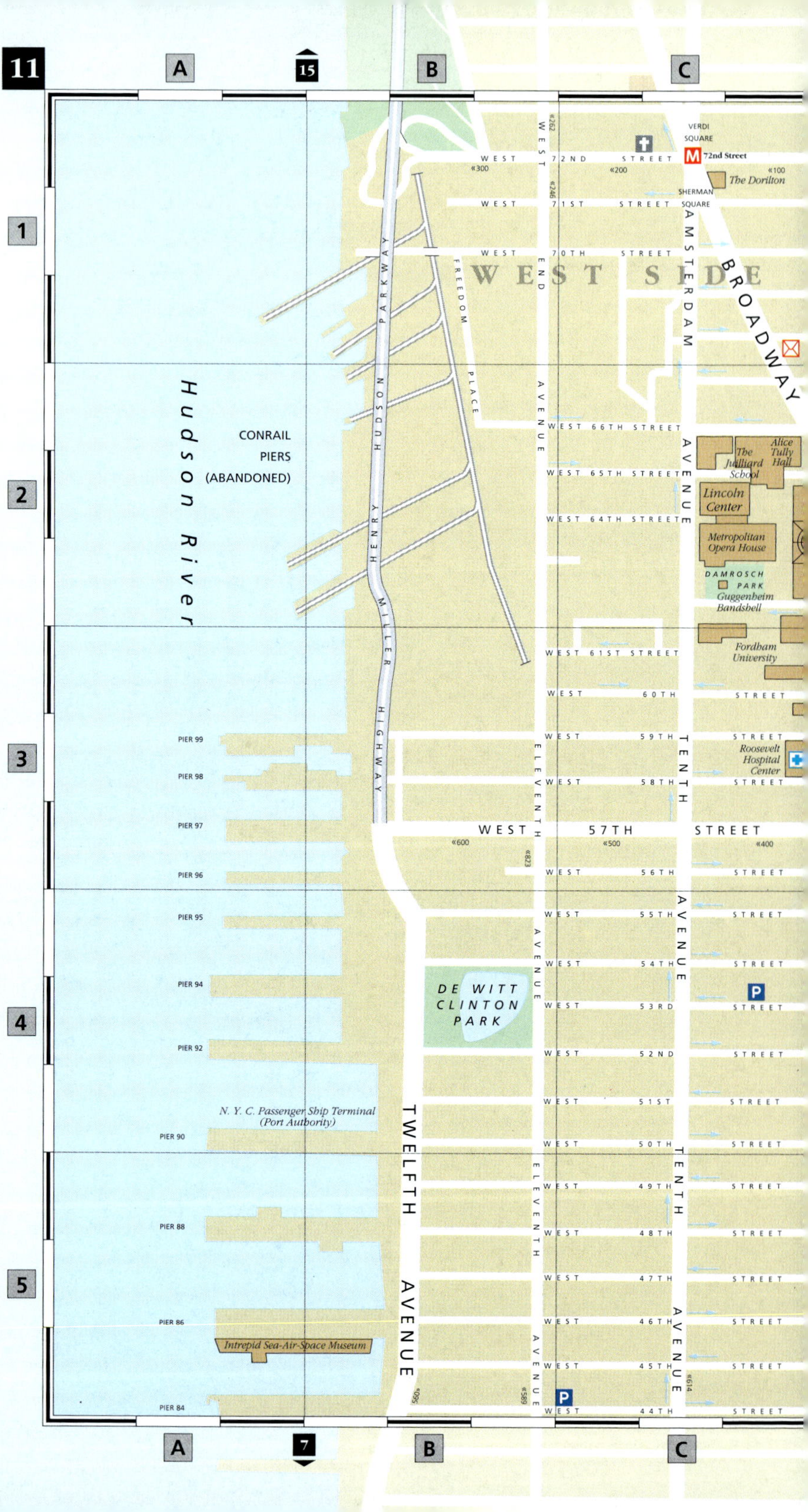

11
A
15
B
C
1
2
3
4
5
7
VERDI SQUARE
72nd Street
The Dorilton
SHERMAN SQUARE
WEST 72ND STREET
WEST 71ST STREET
WEST 70TH STREET
«300
«200
«100
«262
«246
WEST SIDE
BROADWAY
AMSTERDAM AVENUE
WEST END AVENUE
FREEDOM PLACE
HENRY HUDSON PARKWAY
MILLER HIGHWAY
Hudson River
CONRAIL PIERS (ABANDONED)
WEST 66TH STREET
WEST 65TH STREET
WEST 64TH STREET
The Juilliard School
Alice Tully Hall
Lincoln Center
Metropolitan Opera House
DAMROSCH PARK
Guggenheim Bandshell
WEST 61ST STREET
Fordham University
WEST 60TH STREET
WEST 59TH STREET
WEST 58TH STREET
Roosevelt Hospital Center
WEST 57TH STREET
«600
«500
«400
«823
PIER 99
PIER 98
PIER 97
PIER 96
PIER 95
PIER 94
PIER 92
PIER 90
PIER 88
PIER 86
PIER 84
ELEVENTH AVENUE
TENTH AVENUE
TWELFTH AVENUE
WEST 56TH STREET
WEST 55TH STREET
WEST 54TH STREET
WEST 53RD STREET
WEST 52ND STREET
WEST 51ST STREET
WEST 50TH STREET
WEST 49TH STREET
WEST 48TH STREET
WEST 47TH STREET
WEST 46TH STREET
WEST 45TH STREET
WEST 44TH STREET
DE WITT CLINTON PARK
N. Y. C. Passenger Ship Terminal (Port Authority)
Intrepid Sea-Air-Space Museum
560»
«589
«614

D
E
16
F
CENTRAL PARK
SHEEP MEADOW
CHERRY HILL
STRAWBERRY FIELDS
EAST GREEN
Bethesda Fountain and Terrace
The Dakota
72nd Street
Majestic Apartments
Frick Collection
Bandshell
Hotel des Artistes
66th Street-Lincoln Center
Museum of American Folk Art
LINCOLN SQUARE
Avery Fisher Hall
Lincoln Plaza
New York State Theater
Century Apartments
Children's Zoo
Temple Emanu-El
HECKSCHER PLAYGROUND
The Dairy
Wildlife Conservation Center
Wollman Rink
BIRD SANCTUARY
The Pond
Fifth Avenue-59th-60th St
59th Street-Columbus Circle
COLUMBUS CIRCLE
St Paul the Apostle Church
New York Coliseum
CENTRAL PARK SOUTH (OLMSTED WAY)
Plaza Hotel
GRAND ARMY PLAZA
Alwyn Court Apartments
57th Street
Carnegie Hall
Russian Tea Room
Trump Tower
IBM Building
City Center of Music and Dance
MONY Tower
The Museum of Modern Art
St Thomas' Church
Seventh Avenue-53rd Street
Fifth Avenue-53rd St
American Craft Museum
Museum of Television and Radio
W. C. HANDY'S PLACE
SWING STREET
Saint Patrick's Cathedral
Radio City Music Hall
Rockefeller Center
50th Street-Eighth Avenue
50th Street-Broadway
49th Street-Seventh Avenue
47th-50th Street-Rockefeller Center
Diamond Row
DUFFY SQUARE
Lyceum Theater
Fred F French Building
Shubert Theater
SHUBERT ALLEY
Algonquin Hotel
New York Yacht Club
BROADWAY
COLUMBUS AVENUE
CENTRAL PARK WEST
NINTH AVENUE
EIGHTH AVENUE
SEVENTH AVENUE
AVENUE OF THE AMERICAS
FIFTH AVENUE
WEST 57TH STREET
EAST 57TH STREET
1
2
3
4
5
13
8

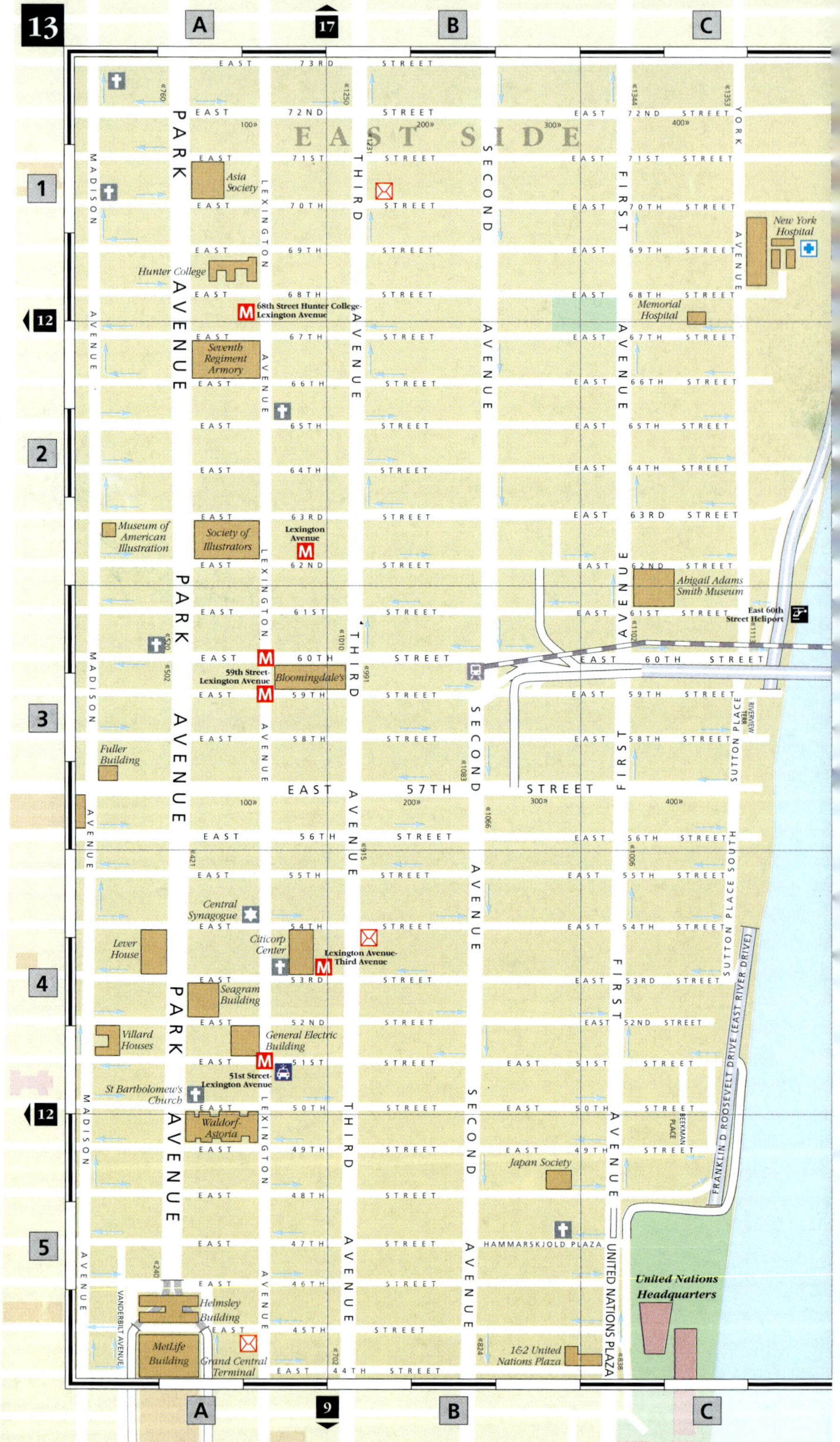
13
A
B
C
17
9
12
1
2
3
4
5
EAST SIDE
East 73rd Street
East 72nd Street
East 71st Street
East 70th Street
East 69th Street
East 68th Street
East 67th Street
East 66th Street
East 65th Street
East 64th Street
East 63rd Street
East 62nd Street
East 61st Street
East 60th Street
East 59th Street
East 58th Street
East 57th Street
East 56th Street
East 55th Street
East 54th Street
East 53rd Street
East 52nd Street
East 51st Street
East 50th Street
East 49th Street
East 48th Street
East 47th Street
East 46th Street
East 45th Street
East 44th Street
Madison Avenue
Park Avenue
Lexington Avenue
Third Avenue
Second Avenue
First Avenue
York Avenue
Sutton Place
Sutton Place South
Riverview Terr
Beekman Place
Vanderbilt Avenue
Hammarskjold Plaza
United Nations Plaza
Franklin D Roosevelt Drive (East River Drive)
Asia Society
Hunter College
68th Street Hunter College-Lexington Avenue
Seventh Regiment Armory
Museum of American Illustration
Society of Illustrators
Lexington Avenue
New York Hospital
Memorial Hospital
Abigail Adams Smith Museum
East 60th Street Heliport
59th Street-Lexington Avenue
Bloomingdale's
Fuller Building
Central Synagogue
Lever House
Citicorp Center
Lexington Avenue-Third Avenue
Seagram Building
Villard Houses
General Electric Building
51st Street-Lexington Avenue
St Bartholomew's Church
Waldorf-Astoria
Japan Society
Helmsley Building
MetLife Building
Grand Central Terminal
1&2 United Nations Plaza
United Nations Headquarters

D
E
18
F
1
2
3
4
5
10
FRANKLIN D ROOSEVELT DRIVE (EAST RIVER DRIVE)
West Channel
East Channel
BLACKWELL PARK
Roosevelt Island Bridge
MAIN STREET
ROOSEVELT ISLAND
AERIAL TRAMWAY
Queensboro Bridge
WEST ROAD
EAST ROAD
VERNON BOULEVARD
36TH AVENUE
37TH AVENUE
38TH AVENUE
9TH STREET
10TH STREET
11TH STREET
12TH STREET
13TH STREET
LONG ISLAND CITY
40TH AVENUE
41ST AVENUE
41ST ROAD
QUEENSBRIDGE PARK
QUEENS COUNTY
QUEENS PLAZA NORTH
QUEENS PLAZA SOUTH
43RD AVENUE
43RD ROAD
21ST STREET
44TH AVENUE
44TH ROAD
44th Drive
44TH DRIVE
45TH AVENUE
45TH ROAD
46TH AVENUE
46TH ROAD
47TH AVENUE
47TH ROAD
48TH AVENUE
5TH STREET
11TH STREET
JACKSON AVENUE

A
20
B
C
1
2
3
4
5
Hudson River
RIVERSIDE PARK
HENRY HUDSON PARKWAY 9A
RIVERSIDE DRIVE WEST
RIVERSIDE DRIVE EAST
JOAN OF ARC PARK
RIVERSIDE DRIVE
WEST 102ND STREET
WEST 101ST STREET
WEST 100TH STREET
WEST 99TH STREET
WEST 98TH STREET
WEST 97TH STREET
WEST 96TH STREET
96th Street
WEST 95TH STREET
POMANDER WALK
WEST 94TH STREET
WEST 93RD STREET
WEST 92ND STREET
WEST 91ST STREET
WEST 90TH STREET
WEST 89TH STREET
WEST 88TH STREET
WEST 87TH STREET
WEST 86TH STREET
86th Street
WEST 85TH STREET
EDGAR ALLAN POE STREET
WEST 83RD STREET
WEST 82ND STREET
WEST 81ST STREET
WEST 79TH STREET
79th Street
WEST 78TH STREET
WEST 77TH STREET
WEST 76TH STREET
WEST 75TH STREET
WEST 74TH STREET
WEST END AVENUE
BROADWAY
AMSTERDAM AVENUE
Jewish Center
Children's Museum of Manhattan
Ansonia Hotel
Boat Basin
A
11
B
C

D
E
21
F
The Pool
NORTH MEADOW
BALL FIELD
WEST DRIVE
EAST DRIVE
EAST MEADOW
WEST 101ST STREET
WEST 100TH STREET
WEST 97TH STREET
WEST 96TH STREET
96th Street
WEST 95TH STREET
WEST 94TH STREET
WEST 93RD STREET
WEST 92ND STREET
WEST 91ST STREET
WEST 89TH STREET
WEST 88TH STREET
WEST 87TH STREET
WEST 86TH STREET
86th Street
WEST 85TH STREET
WEST 84TH STREET
WEST 83RD STREET
WEST 82ND STREET
WEST 81ST STREET
81st Street-Museum of Natural History
WEST 77TH STREET
WEST 76TH STREET
WEST 75TH STREET
WEST 74TH STREET
COLUMBUS AVENUE
CENTRAL PARK WEST
97TH STREET TRANSVERSE ROAD
CENTRAL
SOUTH MEADOW TENNIS COURTS
Reservoir
Eldorado Apartments
(HENRY J BROWNE BOULEVARD)
86TH STREET TRANSVERSE ROAD
PARK
THE GREAT LAWN
SHAKESPEARE GARDEN
Delacorte Theater
Belvedere Lake
Belvedere Castle
79TH STREET TRANSVERSE ROAD
Hayden Planetarium
American Museum of Natural History
New-York Historical Society
San Remo Apartments
THE RAMBLE
The Lake
Bow Bridge
Boat House
Alice in Wonderland
Conservatory Water
Metropolitan Museum of Art
EAST 101ST ST
Mount Sinai Medical Center
EAST 98TH ST
St Nicholas Russian Orthodox Cathedral
EAST 97TH ST
EAST 96TH ST
EAST 95TH ST
International Center of Photography
EAST 94TH ST
EAST 93RD ST
Jewish Museum
EAST 92ND ST
Cooper-Hewitt Museum
EAST 90TH ST
National Academy of Design
Solomon R Guggenheim Museum
EAST 88TH ST
EAST 87TH ST
EAST 86TH ST
EAST 85TH ST
EAST 84TH ST
EAST 83RD ST
EAST 82ND ST
EAST 81ST ST
EAST 80TH ST
EAST 79TH ST
EAST 78TH ST
EAST 77TH ST
EAST 76TH ST
EAST 75TH ST
EAST 74TH ST
FIFTH AVENUE (MUSEUM MILE)
1
2
3
4
5
17
12

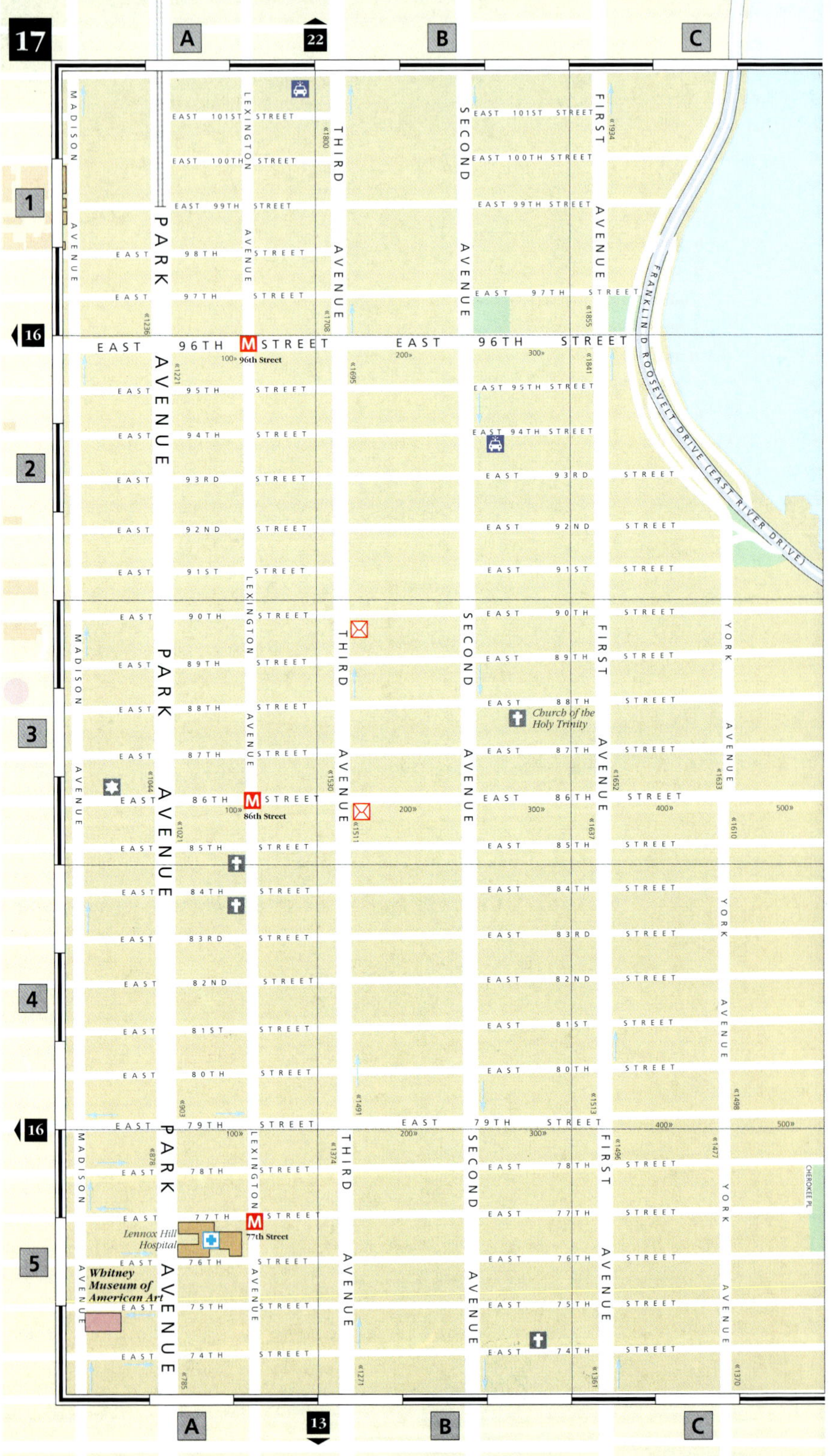
A
22
B
C
1
2
3
4
5
16
16
13
MADISON AVENUE
PARK AVENUE
LEXINGTON AVENUE
THIRD AVENUE
SECOND AVENUE
FIRST AVENUE
YORK AVENUE
FRANKLIN D ROOSEVELT DRIVE (EAST RIVER DRIVE)
EAST 101ST STREET
EAST 100TH STREET
EAST 99TH STREET
EAST 98TH STREET
EAST 97TH STREET
EAST 96TH STREET
96th Street
EAST 95TH STREET
EAST 94TH STREET
EAST 93RD STREET
EAST 92ND STREET
EAST 91ST STREET
EAST 90TH STREET
EAST 89TH STREET
EAST 88TH STREET
Church of the Holy Trinity
EAST 87TH STREET
EAST 86TH STREET
86th Street
EAST 85TH STREET
EAST 84TH STREET
EAST 83RD STREET
EAST 82ND STREET
EAST 81ST STREET
EAST 80TH STREET
EAST 79TH STREET
EAST 78TH STREET
EAST 77TH STREET
77th Street
Lennox Hill Hospital
EAST 76TH STREET
Whitney Museum of American Art
EAST 75TH STREET
EAST 74TH STREET
CHEROKEE PL

D
E
F
1
2
3
4
5
Harlem River
East River
Hell Gate
Triborough Bridge
SHORE BOULEVARD
ASTORIA PK SOUTH
Pot Cove
MILL ROCK PARK
26TH AVENUE
27TH AVENUE
28TH AVENUE
1ST STREET
2ND STREET
3RD STREET
4TH STREET
8TH STREET
9TH STREET
12TH STREET
14TH STREET
ASTORIA BOULEVARD
MAIN AVENUE
30TH AVENUE
WELLING STREET
VERNON BOULEVARD
30TH ROAD
30TH DRIVE
31ST AVENUE
12TH STREET
Hallets Cove
EAST END AVENUE
HENDERSON PL
Gracie Mansion
CARL SCHURZ PARK
LIGHTHOUSE PARK
GRACIE SQ
GRACIE TERRACE
FRANKLIN D ROOSEVELT DRIVE (EAST RIVER DRIVE)
ROOSEVELT ISLAND
West Channel
East Channel
MAIN STREET
31ST DRIVE
BROADWAY
33RD AVENUE
33RD ROAD
13TH STREET
JOHN JAY PARK
RAINEY PARK
34TH AVENUE
9TH STREET
10TH STREET
11TH STREET
12TH STREET
BLACKWELL PARK
35TH AVENUE
14

West 145th Street
West 144th Street
West 143rd Street
West 142nd Street
West 141st Street
West 140th Street
West 139th St
West 138th Street
West 137th Street
West 136th St
West 135th Street
West 134th Street
West 133rd Street
West 132nd Street
West 131st Street
Amsterdam Avenue
Convent Avenue
Hamilton Place
Hamilton Terrace
Terrace
Edgecombe Avenue
Bradhurst Avenue
St Nicholas Terrace
St Nicholas Avenue
Saint Nicholas Avenue
Frederick Douglas Boulevard (Eight Avenue)
Adam Clayton Powell Jr Boulevard (Seventh Avenue)
Lenox Avenue
145th Street
135th Street
Jackie Robinson Park
St Nicholas Park
Aunt Len's Doll and Toy Museum
Hamilton Grange National Monument
Hamilton Heights
City College of the University of NY
St Nicholas Historic District
Abyssinian Baptist Church
Schomburg Center for Research in Black Culture
Harlem YMCA
Hudson River
21

D
E
F
WEST 130TH STREET
ST CLAIR PLACE
WEST 125TH STREET
(MARTIN LUTHER KING, JR BOULEVARD)
125th Street
WEST 129TH STREET
WEST 126TH STREET
OLD BROADWAY
CONVENT HILL
CONVENT AVENUE
ST NICHOLAS TERRACE
ST NICHOLAS AVENUE
WEST 128TH STREET
WEST 127TH STREET
WEST 126TH STREET
TIEMANN PLACE
CLAREMONT AVENUE
BROADWAY
AMSTERDAM AVENUE
RIVERSIDE DRIVE EAST
RIVERSIDE DRIVE WEST
HENRY HUDSON PARKWAY 9A
LA SALLE STREET
ROOSEVELT SQUARE
WEST 125TH STREET
125th Street
HANCOCK PLACE
HANCOCK SQUARE
Grant's Tomb
WEST 123RD STREET
Jewish Theological Seminary
WEST 122ND STREET
Riverside Church
WEST 121ND STREET
Teachers' College, Columbia University
REINHOLD NIEBUHR PLACE
WEST 120TH STREET
W 119TH ST
MORNINGSIDE PARK
MORNINGSIDE AVENUE
MORNINGSIDE DRIVE
MANHATTAN AVENUE
WEST 122ND STREET
WEST 121ST STREET
WEST 120TH STREET
WEST 119TH STREET
WEST 118TH STREET
WEST 117TH STREET
WEST 116TH STREET
WEST 115TH STREET
Pedestrian Bridge
St Paul's Chapel
Low Library
Columbia University
116th Street-Columbia University
A H Sulzberger Plaza
W 115TH ST
Butler Library
RIVERSIDE DRIVE
RIVERSIDE PARK
WEST 114TH STREET
St Luke's Hospital Center
WEST 113TH STREET
WEST 112TH STREET
Cathedral of St John the Divine
WEST 111TH STREET
110th Street-Cathedral Parkway
CATHEDRAL PARKWAY
WEST 109TH STREET
WEST 108TH STREET
WEST 107TH STREET
COLUMBUS AVENUE
STRAUS PARK
WEST 106TH STREET (DUKE ELLINGTON BOULEVARD)
WEST END AVENUE
WEST 105TH STREET
WEST 104TH STREET
WEST 103RD STREET
103rd Street
1
2
3
4
5
21
21
15

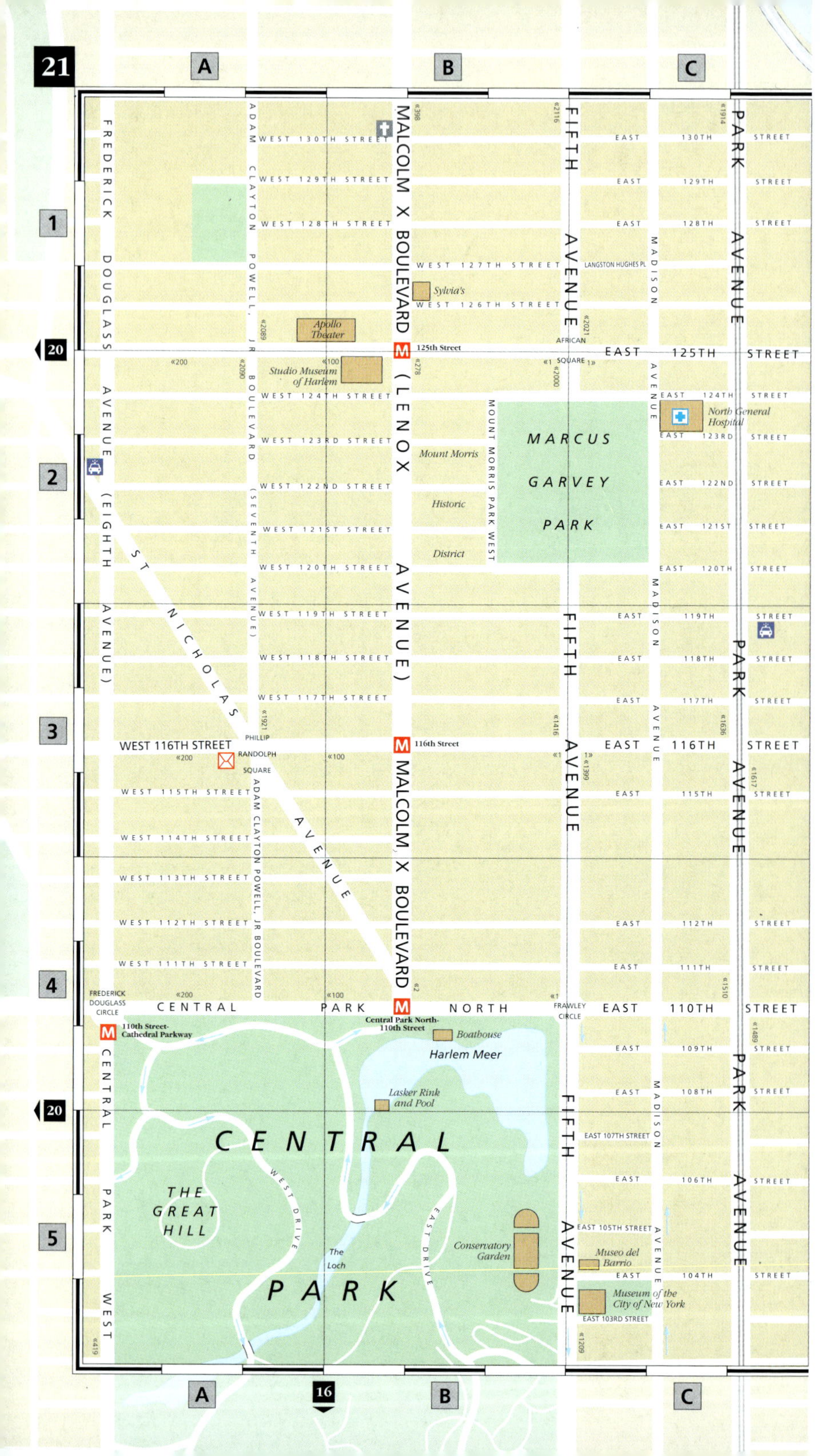

21
A
B
C
1
2
3
4
5
20
20
16
FREDERICK DOUGLASS AVENUE (EIGHTH AVENUE)
ADAM CLAYTON POWELL, JR BOULEVARD (SEVENTH AVENUE)
MALCOLM X BOULEVARD (LENOX AVENUE)
FIFTH AVENUE
MADISON AVENUE
PARK AVENUE
WEST 130TH STREET
WEST 129TH STREET
WEST 128TH STREET
WEST 127TH STREET
WEST 126TH STREET
Sylvia's
Apollo Theater
125th Street
EAST 125TH STREET
AFRICAN SQUARE
Studio Museum of Harlem
WEST 124TH STREET
WEST 123RD STREET
WEST 122ND STREET
WEST 121ST STREET
WEST 120TH STREET
WEST 119TH STREET
WEST 118TH STREET
WEST 117TH STREET
Mount Morris Historic District
MOUNT MORRIS PARK WEST
MARCUS GARVEY PARK
North General Hospital
EAST 130TH STREET
EAST 129TH STREET
EAST 128TH STREET
LANGSTON HUGHES PL
EAST 124TH STREET
EAST 123RD STREET
EAST 122ND STREET
EAST 121ST STREET
EAST 120TH STREET
EAST 119TH STREET
EAST 118TH STREET
EAST 117TH STREET
ST NICHOLAS AVENUE
WEST 116TH STREET
PHILLIP RANDOLPH SQUARE
116th Street
EAST 116TH STREET
WEST 115TH STREET
WEST 114TH STREET
WEST 113TH STREET
WEST 112TH STREET
WEST 111TH STREET
EAST 115TH STREET
EAST 112TH STREET
EAST 111TH STREET
FREDERICK DOUGLASS CIRCLE
CENTRAL PARK NORTH
FRAWLEY CIRCLE
EAST 110TH STREET
110th Street-Cathedral Parkway
Central Park North-110th Street
Boathouse
Harlem Meer
Lasker Rink and Pool
EAST 109TH STREET
EAST 108TH STREET
EAST 107TH STREET
EAST 106TH STREET
EAST 105TH STREET
EAST 104TH STREET
EAST 103RD STREET
CENTRAL PARK WEST
CENTRAL PARK
THE GREAT HILL
WEST DRIVE
EAST DRIVE
The Loch
Conservatory Garden
Museo del Barrio
Museum of the City of New York
«398
«2116
«1914
«2089
«2090
«200
«100
«278
«1
1»
«2000
«2021
«1921
«1416
«1399
«1636
«1617
«2
«1510
«1489
«1209
«419

D
E
F
Harlem River
Wills Avenue Bridge
EAST 127TH STREET
EAST 126TH STREET
125th Street
(MARTIN LUTHER KING, JR BOULEVARD)
100»
200»
«2298
«2281
Triborough Bridge
LOUIS GUVILLIER PARK
FRANKLIN D ROOSEVELT DRIVE (EAST RIVER DRIVE)
PALADINO AVENUE
RANDALL'S ISLAND PARK
LEXINGTON AVENUE
THIRD AVENUE
SECOND AVENUE
FIRST AVENUE
RONALD E MCNAIR PLACE
SYLVAN PL
EAST 120TH STREET
EAST 119TH STREET
EAST 118TH STREET
EAST 117TH STREET
PLEASANT AVENUE
116th Street
(LUIS MUÑOZ MARIN BOULEVARD)
«2120
«2103
«2254
«2238
300»
400»
EAST 115TH STREET
EAST 114TH STREET
EAST 113TH STREET
JEFFERSON PARK
EAST 112TH STREET
EAST 111TH STREET
«2002
«2135
110th Street
EAST 110TH STREET
«1981
EAST 109TH STREET
EAST 108TH STREET
Benjamin Franklin Plaza
EAST 107TH STREET
EAST 106TH STREET
EAST 105TH STREET
EAST 104TH STREET
«2001
103rd Street
EAST 103RD STREET
RECREATION PIER
Foot Bridge
Harlem River
1
2
3
4
5
17

Register

A

B

D

E

F

G

H

O

P

Q

R

T

U

V

Verantwoording

De uitgever bedankt de vele mensen wier hulp heeft bijgedragen aan de totstandkoming van dit boek.

AUTEUR
Eleanor Berman publiceert in talloze uitgaven over reizen en woont in New York. *Away for the Weekend: New York*, een gids van haar hand, is al sinds 1982 een bestseller. Andere door haar geschreven werken zijn *Cape Cod and the Islands, Away for the Weekend: New England, Away for the Weekend: Mid-Atlantic* en *Reflections of Washington, DC*. Voorts was ze medewerkster aan de *Penguin Guide to New York*.

MEDEWERKERS
Michelle Menendez, Lucy O'Brien, Heidi Rosenau, Elyse Topalian, Sally Williams.

De uitgever bedankt de volgende redacteuren en onderzoekers van Webster's International Publishers: Sandy Carr, Matthew Barrell, Sara Harper, Miriam Lloyd, Ava-Lee Tanner, Celia Woolfrey.

AANVULLENDE FOTOGRAFIE
Edward Hueber, Eliot Kaufman, Karen Kent, Norman McGrath, Howard Millard, Paul Solomon, Chuck Spang, Chris Stevens.

AANVULLENDE ILLUSTRATIES
Steve Gyapay, Kevin Jones, Dinwiddie MacLaren, Janos Marffy, Chris D. Orr, Nick Shewring, John Woodcock.

CARTOGRAFIE
Advanced Illustration (Cheshire), Contour Publishing (Derby), Europmap Ltd (Berkshire). Stratengidskaarten: ERA-Maptec Ltd. (Dublin), omgezet met toestemming van de oorspronkelijke cartografie van Shobunsha (Japan).

CARTOGRAFISH ONDERZOEK
Roger Bullen, Tony Chambers, Ruth Duxbury, Ailsa Heritage, Jayne Parsons, Laura Porter, Donna Rispoli, Joan Russell, Jill Tinsley, Andrew Thompson.

ONTWERP EN REDACTIONELE ASSISTENTIE
Keith Addison, Ron Boudreau, Linda Cabasin, Carey Combe, Maggie Crowley, Guy Dimond, Simon Farbrother, Tom Fraser, Alex Gray, Emily Green, Marcus Hardy, Sasha Heseltine, Pippa Hurst, Kim Inglis, Jeanette Leung, Helen Partington, Leigh Priest, Nicki Rawson, Marisa Renzullo, Ellen Root, Liz Rowe, Anaïs Scott, Anna Streiffert, Clare Sullivan, Andrew Szudek.

BIJZONDERE MEDEWERKING
Beyer Blinder Belle, John Beatty van de Cotton Club, Peter Casey van de New York Public Library, Nicky Clifford, Linda Corcoran van de Bronx Zoo, Audrey Manley van de Morgan Library, Jane Fischer, Deborah Gaines van het New York Convention and Visitors Bureau, Dawn Geigerich van het Queens Museum of Art, Peggy Harrington van St. John the Divine, Pamela Herrick van het Van Cortlandt House, Marguerite Lavin van het Museum of the City of New York, Robert Makla van de Friends of Central Park, Gary Miller van de New York Stock Exchange, Laura Mogil van het American Museum of Natural History, Fred Olsson van de Shubert Organization, Dominique Palermo van het Police Academy Museum, Royal Canadian Pancake House, Lydia Ruth en Laura I. Fries van het Empire State Building, David Schwartz van het American Museum of the Moving Image, Joy Sienkiewicz van het South Street Seaport Museum, Barbara Orlando van de Metropolitan Transit Authority, medewerkers van het Lower East Side Tenement Museum, Mgr. Anthony Dalla Valla van St. Patrick's Cathedral.

ONDERZOEK-ASSISTENTIE
Christa Griffin, Bogdan Kaczorowski, Steve McClure, Sabra Moore, Jeff Mulligan, Marc Svensson, Vicky Weiner, Steven Weinstein.

FOTOGRAFISCHE DOCUMENTATIE
Duncan Petersen Publishers Ltd.

TOESTEMMING VOOR FOTOGRAFIE
De uitgever bedankt de volgende instellingen voor de toestemming om bij hen te fotograferen:
American Craft Museum, American Museum of Natural History, Aunt Len's Doll and Toy Museum, Balducci's, Home Savings of America, Brooklyn Children's Museum, The Cloisters, Columbia University, Eldridge Street Project, Federal Hall, Rockefeller Group, Trump Tower.

FOTOVERANTWOORDING
b = boven; bl = boven links; bm = boven midden; br = boven rechts; mlb = midden links boven; mb = midden boven; mrb = midden rechts boven; ml = midden links; m = midden; mr = midden rechts; mlo = midden links onder; mo = midden onder; mro = midden rechts onder; o = onder; ol = onder links; om = onder midden; or = onder rechts; r = rechts.

Kunstwerken zijn afgedrukt met toestemming van de volgende rechthebbenden:
© ADAGP, Paris en DACS, London 1993: 67ml (*Vier Bomen*, april 1971-juli 1972, van Jean Dubuffet), 105ml, 170ol, 186bl, 187mro, 199mro; *Alice In Wonderland*, 1959 © Jose de Creeft/ DACS, London/VAGA, New York 1993: 53ml, 205ml; © DACS 1993: 34br, 113bm, 160br (schenking van de Noorse regering, 1952), 171mo, 172mr, 186ol, 187mrb, 187ol, 188mlb; © Erven Stuart Davis/DACS, London/VAGA, New York 1993: 199mr; © DEMART PRO ARTE BV/DACS 1993: 172ml; *The American*

Merchant Mariners Memorial, 1991, © Marisol Escobar/DACS, London/VAGA, New York 1993: 55om; © Jasper Johns/DACS, London/ VAGA, New York 1993: 199mb; © Roy Lichtenstein/DACS 1993: 140br (in opdracht van The Equitable Life Assurance Society of the United States), 173bl, 198mlo; © Erven David Smith/DACS, London/VAGA, New York 1993: 199ol.

© 1993 The Georgia O'Keeffe Foundation/ ARS, New York: 198m; © 1993 Frank Stella/ ARS, New York: 190br.

Met toestemming van Ellsworth Kelly: 35mr.

Met toestemming van E. Jan Nadelman: 199or.

Afgedrukt met toestemming van Norman Rockwell Family Trust © 1961 Norman Rockwell Family Trust: 161or.

© 1993 The Andy Warhol Foundation for the Visual Arts, Inc.: 198mlb.

© The Whitney Museum of American Art, NY: 35or (*Brooklyn Bridge: Variation On An Old Theme,* 1939, van Joseph Stella), 198ol.

De uitgever bedankt de volgende musea, bedrijven en bibliotheken voor het verlenen van toestemming om hun foto's te mogen gebruiken:

Algonquin Hotel, N.Y: 272ol; American Airlines: 363bl; American Museum-Hayden Planetarium, NY: D. Finnin 216b; American Museum of the Moving Image: Carson Collection © Bruce Polin 246bl; American Museum of Natural History, NY: 37ol, 214mb; Ashmolean Museum, Oxford: 15bm, 16m; The Asia Society, NY: 185ml; Avery Architectural and Fine Art Library, Columbia University in the City of New York: 135ml; Avery Fisher Hall: © N. McGrath 1976 331br.

© The George Balanchine Trust: *Apollo,* choreografie van George Balanchine, foto van P. Kolnik 5bm; *Vioolconcert Stravinsky,* choreografie van George Balanchine, foto van P. Kolnik 328bm; George Balanchine's *De Notenkraker,* SM, foto van P. Kolnik 331mo; The Bettmann Archive, NY: 4or, 16mlo, 17mlb, 17mr, 17ol, 18ml, 20mro, 20ol, 20-21, 23or, 25mrb, 26mlb, 26mrb, 26mro, 26or, 30mlb, 31bl, 40bl, 43mlo, 47mr, 47om, 49m, 54om, 71bl, 74ml, 79mr, 79or, 109ol, 175mlb, 183or, 207b, 210mlb, 223mr, 229b, 239br, 265br; Bettmann Newsphotos/Reuters: 31br; Bettmann/UPI: 27mrb, 27om, 28mro, 29or, 30mrb, 30ol, 30or, 44ml, 47mrb, 48ml, 49ol, 72m, 72mb, 78ml, 151m, 161m, 264or, 265mr; Bloomingdale's: 27mro; BFI: ter beschikking gesteld door Paramount Pictures 46b; © Roy Export Company Establishment 173br; The British Library, Londen: 14; Brooklyn Historical Society: (detail) 89bl; The Brooklyn Museum: 34mro (*Aankomst in Het Beloofde Land,* 1908, foto van Lewis Wick Hine), 36ml, 37m, 248mrb, 248ol, 249b, 249mrb, 249m, 249ol, 250b, 250or, 251mr, 251ol; The Cantor Collection 251ml; foto van J. Kerr 248m, 250ol; foto van P. Warchol: 249mr; Brown Brothers: 67or, 71ol, 82mrb, 90b, 104or.

Camera Press: 28mro, 28ol, 31mo, 125mr; R. Open 48br; T. Spencer 30mo; The Carlyle Hotel, NY: 273br, 328om; Carnegie Hall: © H. Grossman 331or; J. Allan Cash: 31ol, 362mr; Cathedral of St John the Divine: Greg Wyatt 1985, 225 bl, CBS Entertainment/Desilu Too: 'Vacation from Marriage' 169or; Chelsea Pers: Fred george 31 ol; Colorific!: A. Clifton 373ml; Colorific/ Black Star 47bl, 79mrb; T. Cowell 221mr; R Fraser 74b; H. Matsumoto 368mr, 371br; D. Moore 29ol; T. Spiegel 13mr, 349bl; Corbis UK: Gail Mooney 205 o; Culver Pictures, Inc.: (kader) 9, 17mro, 18mlo, 19ol, 21bl, 21or, 24bl, 24ml, 27mo, 27ol, 46br, 47mo, 48or, 49br, 74ol, 75mrb, 75mo, 76bl, 78mro, 83m, 83mro, 119ol, 122bm, 125ol, 135mr, 145m, 147ml, 227b, 227om, 227mr, 257ol, 259mro.

Daily Eagle: (detail) 89ml; Daily News: 354bl, 354br.

Essex House, NY: 268mr; collectie The Equitable Life Assurance Society: foto van G. Gorgoni 140br; Esto: P. Aaron 330ol; Mary Evans Picture Library: 22or, 46mlo, 47or, 87or, 104ol.

Chris Fairclough Colour Library: 369oml; The FORBES Magazine Collection, NY: 112bl; Four Seasons Hotel: Peter Vitale 273 mr; Fraunces Tavern Museum, NY: 20mlb; Copyright The Frick Collection, NY: 35ol (*St. Franciscus in de Woestijn* van Giovanni Bellini), 200mb, 200ml, 200mlo, 200b, 201bl, 201mb, 201mr, 201om, 201or.

Garrard The Crown Jewellers: 143m; het Solomon R. Guggenheim Museum, NY: *Blue, Green, Yellow, Orange, Red, 1966,* van Ellsworth Kelly, foto van D. Aronowitz 35mr; foto van D. Heald 186bl, 186ol, 186om, 186or, 187b, 187mrb, 187mro, 187ol.

Robert Harding Picture Library: 362bm, 362ol; Harpers New Monthly Magazine: 87bl; Harpers Weekly: 351m; Milton Hebald: *Prospero en Miranda* 203b, *Romeo en Julia* 331mr; The Hotel Millenium, NY: 269bl.

The Image Bank: 89or; M. Hilaire 75b; P. McConville 377m; M. Melford 10b, 377br; P. Miller 367br; A. Satterwhite 75or.
The Jewish Museum, NY: 182br, 184m.
© 1993 K-III Magazine Corporation: alle rechten voorbehouden. Afgebeeld met toestemming van *New York* Magazine 352br; T. Khapa:

252om; The Kobal Collection: 211bm.
Frank Leslie's Illustrated Newspaper: 86or, 87br, 267m; Library of Congress: 18om, 21mlb, 25ol, 25or; Life Magazine © Time Warner Inc./Katz/A. Feininger: 8-9; Georg John Lober: *Hans Christian Anderson,* 1956, 204or; The Lowell Hotel, NY: 273ml; Mary Ann Lynch: 310om, 356ml.
Madison Square Garden: 132r, 330mr; Magnum Photos: © H. Cartier-Bresson 173m; Erwitt 33mr; G. Peres 12or, 92; Metro-North Commuter Railroad: F. English 154br, 154mlb; The Metropolitan Museum of Art, NY: 33ol (*Vrouw met Waterkan* van Johannes Vermeer), 35mro (*Beeld van een Nijlpaard,* geglazuurd aardewerk, Egypte, 12de dynastie), 180bm, 188mlb, 188mlo, 188om, 188or, 189bl, 189br, 189mr, 189ol, (foto Al Mozell) 189or, 190br, 190m, 190ol, 190or, 191bl, 191br, 191m, 191ol, 192bl, 192br, 192m, 192o, (detail) 193bl, 193br, 193b, 194t, 194ml, 194mr, 194o, 195bl, 195mr, 195ol, 234br, 234ml, 234mr, 234o, 235mb, 235mr, 235ol, 235or, 236bl, 236br, 237br, 237m, 237o; Metropolitan Transit Authority: 372om, 374b, 375ml/m; Morris-Jumel Mansion, Inc NY: 17bl; A. Rosario 21mro; The Museum of the City of New York: 15o, 16mrb, 16-17, 17br, 18mb, 19mro (foto J. Parnell), 20bl, 20mlo, 22bl (toegeschreven aan Samuel Lovett Waldo), 22mlb, 22mlo, 23mr, 23mro, 23om, 24mo, 25bl, 25mro, 25mo, 26ol, 27br, 28bl, 28cr, 29bm, 29m, 30br, 35br (zilveren schaaltje), 87mr (Talfour); The Museum of Modern Art, NY: 33mb (*De Sterrennacht* van Vincent van Gogh, 1889), 34b (De Geit van Pablo Picasso, 1950), 6ol (Cisitalia '202' GT auto), 165bm, 170m, 170ol, 171bm, 171mrb, 171mro, 171mo, 171ol, 172ml, 172mr, 172om, 173bl, 173o.
National Baseball Library, Cooperstown, NY: 4br, 23ol, 28ml; National Museum of the American Indian/Smithsonian Institution: 16m; National Park Service: Ellis Island Immigration Museum 78mb, 78or; Statue of Liberty National Monument 75ol; The New Museum of Contemporary Art, NY: 105ml; New York Botanic garden: Jason Green 240mr; Tori Butt 240o, 241lb/ml/o; New York City Transit Authority: 374om; Ohil Bartley 375 bm, 375 ma, 375 ml; collectie van The New York Historical Society: 47br; The New Yorker Magazine Inc.: tekening omslag van Rea Irvin, © 1925, 1953, alle rechten voorbehouden, 28mlo; The New York Palace, NY: 25br; New York Post: 354bl; New York Public Library: Special Collection Office, Schomburg Center for Research in Black Culture 28mb, 29mlb; Stokes Collection 21br; New York State Department of Motor Vehicles: 370o; The New York Times: 354bl; NPA: © CNES 1993 10o; The Peninsula, NY: 271om; Performing Arts Library: Clive Barda: 210ol; collectie van The Pierpont Morgan Library, NY: 34mr (*Blanche van Castilië en Lodewijk IX van Frankrijk of France, auteur dicteert schrijver,* gemoraliseerde Bijbel, circa 1230), 162om, Devon Jarvis 162mlo; *Lied van Los* David A. Loggie (gift Mrs Landon K. Thorne) 162ml; *Biblia Latina* David A. Loggie 162o; 163bl, 163c, 163ol, 163or; Popperfoto: 29mrb, 29mr, 71mro, 260mlb; Plaza Hotel, NY: 272br.
Collection of the Queens Museum of Art: aangekocht met geld uit het George and Mollie Wolfe World's Fair Fund 29mro; souvenir, aangekocht 30mro.
Rensselaer Polytechnic Institute: 86-87, 87ol; Rex Features Ltd: 376bl; Sipa-Press 52br, 52or; ter beschikking gesteld door het Rockefeller Center © The Rockefeller Group, Inc.: 29mlo.
Luis Sanguino: *The Immigrants,* 1973, 256o; The St. Regis, NY: 270m; Scientific American: uitgave 18 mei 1878 86br; uitgave 9 november 1878 88ol; The Society of Illustrators: 196bl; South Street Seaport Museum: R.B. Merkel 83ol; Spectrum Colour Library: 376ol; Frank Spooner Pictures: Gamma 158ml; Gamma/B. Gysenbergh 367bl; Liaison/Gamma/ Anderson buitenkant achteromslag mlo, 158bl, 159mlb; Liaison/Levy/Halebian: 42br, 45m; Sygma/ A. Tannenbaum 47mb.

Turner Entertainment Company: 135or, 183or.

United Nations, NY: 159mrb, 160om, 161bm, 161mlb, 161or; United Nations Photo: 158br; © US Postal Service: 361b, © The US Postal Service 1981: 361mb, © US Postal Service 1991: 361m. met toestemming gebruikt; UN Plaza Hyatt Hotel, NY: 273ol.

© Jack Vartoogian, NY: 61om, 156b.
Judith Weller: *De Kleermaker* 128b; Lucia Wilson Consultancy: Ivar Mjell 2-3, 13or, 164; collectie van The Whitney Museum of American Art, NY: 198mlb, 198m, 198mlo, 199b, 199mb, 199mr, 199mro (aangekocht met geld uit een inzamelingsactie in mei 1982. De helft van het geld werd geschonken door The Robert Wood Johnson Jr. Charitable Trust. Andere belangrijke donaties kwamen van The Lauder Foundation, The Robert Lehman Foundation, Inc., The Howard and Jean Lipman Foundation, Inc., een anonieme schenker, The TM Evans Foundation Inc., MacAndrews & Forbes Group Inc., The DeWitt Wallace Fund Inc., Martin & Agnes Gruss, Anne Phillips, Mr. en Mrs. Laurance S. Rockefeller, The Simon Foundation Inc., Marylou Whitney, Bankers Trust Company, Mr. en Mrs. Kenneth N. Dayton, Joel en Anne Ehrenkranz, Irvin en Kenneth Feld en Flora Whitney Miller.), 199ol, 199or (aangekocht met geld van de Mr. and Mrs. Arthur G. Altschul Purchase Fund, the Joan and Lester Avnet Purchase Fund, the Edgar William and Bernice Chrysler Garbisch Purchase Fund, the Mrs. Robert C. Graham Purchase Fund ter ere van John I. H. Baur, the Mrs. Percy Uris Purchase Fund en the Henry Schnakenberg Purchase Fund ter ere van Juliana Force); Wheeler Pictures: 78b. Yu Yu Yang: *Untitled,* 1973, 57or.
Achterflap: © Metropolitan Transit Authority.

De metro van Manhattan

Hoe gebruikt u deze kaart

De Transit Authority is 24 uur per dag in bedrijf, wat niet wil zeggen dat alle lijnen de hele tijd in gebruik zijn. De letters en cijfers onder de naam van het metrostation op deze kaart geven de lijnen aan die minstens van 6.00 tot 24.00 uur rijden. Als de letter of het getal **vet** gedrukt is, is er een volledige dienst en wordt de halte tussen 6.00 en 24.00 uur altijd aangedaan. Een niet-vet gedrukte letter of getal betekent een gedeeltelijke dienst of dat het station soms wordt overgeslagen. Op het hier afgedrukte deel van de plattegrond van de metro van New York ziet u alleen Manhattan. Een kaart van het hele net is op elk metrostation gratis verkrijgbaar. Bel voor specifieke inlichtingen het NYCTA Travel Information Center, tel. (718) 330-1234 of kijk op de website: www.mta.nyc.ny.us/nyct/subway/index

Bij iedere bezienswaardigheid in dit boek is het dichtstbijzijnde metrostation aangegeven. Zie voor meer metro-informatie blz. 374–375.

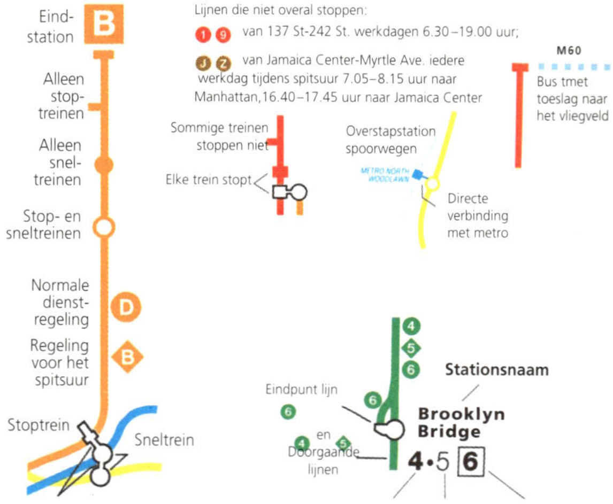